高职高专工学结合课程改革规划教材

Qiche Jiegou yu Chaizhuang Jishu

汽车结构与拆装技术

（下册）

（汽车运用技术专业用）

交通职业教育教学指导委员会
汽车运用与维修专业指导委员会　组织编写

周林福　主编
卞良勇　主审

人民交通出版社股份有限公司
China Communications Press Co.,Ltd.

内 容 提 要

本书是高职高专工学结合课程改革规划教材，是在各高等职业院校积极践行和创新先进职业教育思想和理念，深入推进“校企合作、工学结合”人才培养模式的大背景下，由交通职业教育教学指导委员会汽车运用与维修专业指导委员会根据新的教学标准和课程标准组织编写而成。

本教材以培养学生汽车拆装能力、熟悉汽车结构与工作原理为主线，内容主要包括：汽车电气和电子元件基础，汽车发动机电气系统的结构与拆装，汽车车身电气系统的结构与检修，汽油机电控系统结构与拆装，柴油机供给系统及电控燃油系统结构与拆装，车身电子控制系统的结构与拆装，液压与气动、电液结合的基本结构原理，制动系统的结构与拆装，自动变速器的结构与拆装，助力转向系统的结构与拆装，电控悬架系统的结构与拆装，汽车拆装综合训练，共12个学习任务。

本书主要供高职高专院校汽车运用技术、汽车检测与维修专业教学使用。

图书在版编目(CIP)数据

汽车结构与拆装技术. 下册 / 周林福主编. — 北京：人民交通出版社股份有限公司，2015.1

高职高专工学结合课程改革规划教材

ISBN 978-7-114-11712-1

Ⅰ. ①汽… Ⅱ. ①周… Ⅲ. ①汽车 - 结构 - 高等职业教育 - 教材②汽车 - 装配(机械) - 高等职业教育 - 教材 Ⅳ. ①U463②U472

中国版本图书馆CIP数据核字(2014)第215327号

高职高专工学结合课程改革规划教材

书　　名：**汽车结构与拆装技术**(下册)
著 作 者：周林福
责任编辑：翁志新
出版发行：人民交通出版社股份有限公司
地　　址：(100011)北京市朝阳区安定门外外馆斜街3号
网　　址：http://www.ccpress.com.cn
销售电话：(010)59757973
总 经 销：人民交通出版社发行部
经　　销：各地新华书店
印　　刷：北京市密东印刷有限公司
开　　本：787×1092　1/16
印　　张：31
字　　数：710千
版　　次：2015年1月　第1版
印　　次：2015年1月　第1次印刷
书　　号：ISBN 978-7-114-11712-1
印　　数：0001～3000册
定　　价：59.00元

交通职业教育教学指导委员会
汽车运用与维修专业指导委员会

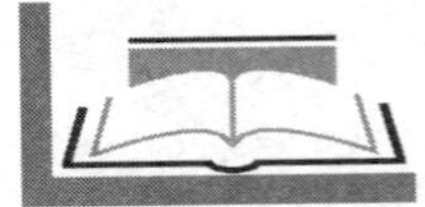

编审委员会

前言

为落实《国家中长期教育改革和发展规划纲要(2010—2020年)》精神,深化职业教育教学改革,积极推进课程改革和教材建设,满足职业教育发展的新需求,交通职业教育教学指导委员会汽车运用与维修专业指导委员会按照工学结合一体化课程的开发程序和方法编制完成了《汽车运用技术专业教学标准与课程标准》,在此基础上组织全国交通职业技术院校汽车运用技术专业的骨干教师及相关企业的专业技术人员,编写了本套规划教材,供高职高专院校汽车运用技术、汽车检测与维修专业教学使用。

本套教材在启动之初,交通职业教育教学指导委员会汽车运用与维修专业指导委员会又邀请了国内著名职业教育专家赵志群教授为主编人员进行了关于课程开发方法的系统培训。教材初稿完成后,根据课程的特点,分别邀请了企业专家、本科院校的教授和高职院校的教师进行了审阅,之后又专门召开了两次审稿会,对稿件进行了集中审定后才定稿,实现了对稿件的全过程监控和严格把关。

本套教材在编写过程中,主要编写人员认真总结了全国交通职业院校多年来的教学成果,结合了企业职业岗位的客观需求,吸收了发达国家先进的职业教育理念,教材成稿后,形成了以下特色:

1. 强调"校企合作、工学结合"。汽车运用技术专业建设,从市场调研、职业分析,到教学标准、课程标准开发,再到教材编写的全过程,都是职业院校的教师与相关企业的专业人员一起合作完成的,真正实现了学校和企业的紧密结合。本专业核心课程采用学习领域的课程模式,基于职业典型工作任务进行课程内容选择和组织,体现了工学结合的本质特征——"学习的内容是工作,通过工作实现学习",突出学生的综合职业能力培养。

2. 强调"课程体系创新,编写模式创新"。按照整体化的职业资格分析方法,通过召开来自企业一线的实践专家研讨会分析得出职业典型工作任务,在专业教师和行业专家、教育专家共同努力下进行教学分析和设计,形成了汽车运用技术专业新的课程体系。本套教材的编写,打破了传统教材的章节体例,以具有代表性的工作任务为一个相对完整的学习过程,围绕工作任务聚焦知识和技能,体现行动导向的教学观,提升学生学习的主动性和成就感。

前言

《汽车结构与拆装技术(下册)》是本套教材中的一本。与传统同类教材相比,本教材充分体现职业教育教学规律,以任务为驱动,让学生在做中学、学中做,体现教学中学生的主体地位,以培养学生汽车拆装技能、熟悉汽车结构和原理;内容与取材上,图文并茂、言简易懂,便于学生学习。

参加本书编写工作的有:四川交通职业技术学院的周林福(编写学习任务17、18、19)、吴建康(编写学习任务22、23、26)、封建国(编写学习任务20、21、27、28)、张性伟(编写学习任务24、25)。全书由四川交通职业技术学院的周林福老师担任主编,山东交通学院的卞良勇老师担任主审。

限于编者经历和水平,教材内容难以覆盖全国各地的实际情况,希望各教学单位在积极选用和推广本系列教材的同时,注重总结经验,及时提出修改意见和建议,以便再版修订时补充完善。

交通职业教育教学指导委员会
汽车运用与维修专业指导委员会
2014年6月

目录

目录

目录

目录

学习任务17　汽车电气和电子元件基础

工作情境描述

一辆丰田威驰轿车，已行驶10万km，夜间行车时，其前照灯不能正常工作，维修人员对相关线路进行了检查，发现熔断器烧坏，前照灯开关损坏。请分析故障原因，更换相关部件后，确认故障已排除。

学习目标

通过本任务学习，应能：

1. 正确描述电工、电子的基本原理；
2. 掌握汽车电路的基本参数、汽车电路组成；
3. 识别和测量汽车上的各种电子元件；
4. 运用检测仪表进行电压、电流和电阻的测量。

学习时间

6学时。

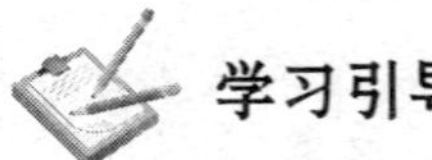

学习引导

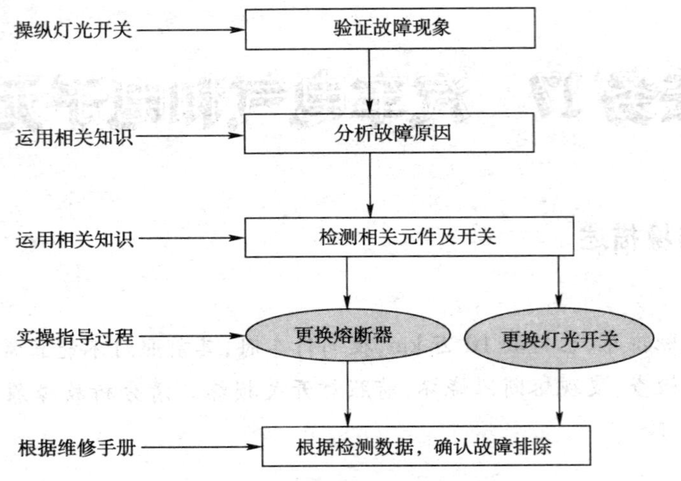

一、知 识 准 备

1 电工、电子的基本原理

1)电的基本原理

电的定义:电是电子从一个原子到另一个原子的运动。每个原子都由原子核和电子组成,电子(负)围绕着原子核运动,如图 17-1 所示。

电的三要素:电压、电流、电阻。

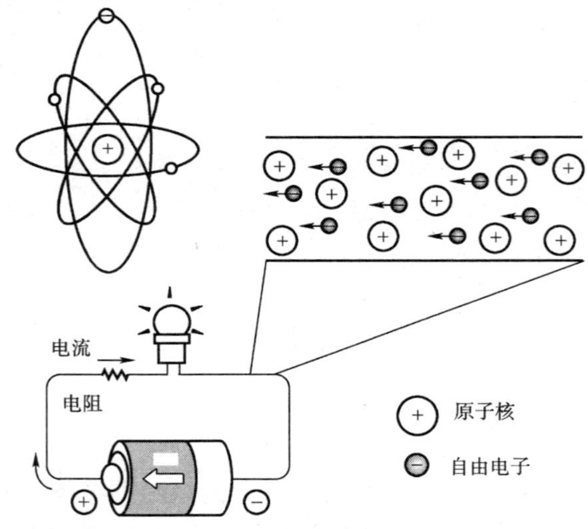

图 17-1　电的基本原理

2)电路基本组成

电路是由电源、用电设备(负载)、导线和开关等连接而成的电流通路,如图17-2所示。其中电源内部通路称为内电路;负载、连接导线和开关等称为外电路。图17-3所示为一简单的汽车电路,其电源为蓄电池,负载为灯泡。

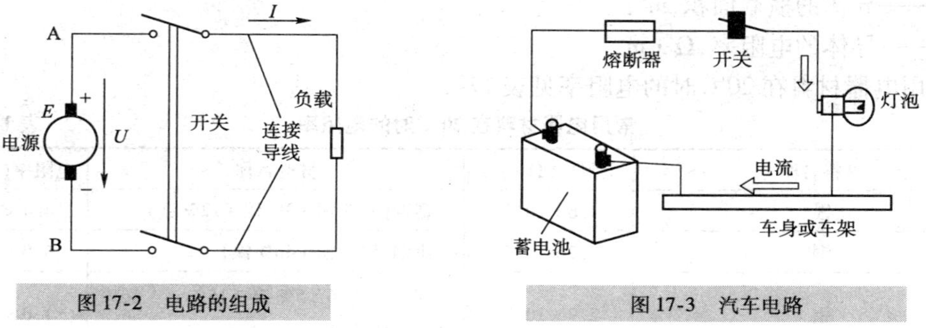

图17-2　电路的组成

图17-3　汽车电路

电源是把其他形式的能量转化为电能的供电装置。例如汽车蓄电池是把化学能转化为电能的装置,发电机则是把机械能转化为电能的装置。

负载是把电能转换为其他形式的能量的耗电装置。例如汽车起动机可把电能转换为机械能,汽车灯泡则把电能转换为光能和热能。

汽车的车身与车架都是金属部件,可以成为各种用电设备的公用导电线路。在图17-3中,蓄电池正极的电流就是经过车身或车架流回蓄电池负极的,这种连接方式又称搭铁。我国《汽车电气设备基本技术条件》(QC/T 413—2002)中规定,汽车上的用电装置应为负极搭铁。

3)基本电气参数及相互关系

(1)电流。电荷做定向移动就会形成电流。电学中将正电荷定向移动的方向规定为电流的方向。电流的大小用电流强度来衡量。在单位时间内通过导体该截面的电荷量(电量)称为电流强度,简称电流,用I表示。电流的单位为安培,简称安,用A表示。

$$I=\frac{q}{t} \tag{17-1}$$

式中:q——电量,C;

t——时间,s。

(2)电压。电路两端点之间的电势差称为电压,也就是电场力将正电荷从一点移到另一点所做的功,用U表示,单位为伏特,用V表示。当电场力将lC正电荷从一点移到另一点所做的功为1J时,则该两点间的电压为1V。

$$U=\frac{W}{q} \tag{17-2}$$

式中:W——电功,J;

q——电量,C。

(3)电阻。电流在导体中流动时,都要受到一定的阻力。导体对通电表现的阻力称为电阻,用R表示,单位为欧姆,用Ω表示。电阻器型号的命名方法及标称值请参考电子元器件手册。实验证明:在温度不变时,导线的电阻与其长度成正比,与其横截面积成反比,这

就是电阻定律。即：

$$R=\rho\frac{l}{S} \tag{17-3}$$

式中：l——导体长度，m；

S——导体的横截面积，m^2；

ρ——导体的电阻率，$\Omega\cdot m$。

常用电器材料在20℃时的电阻率见表17-1。

常用电器材料在20℃时的电阻率　　表17-1

材料名称	电阻率(Ω·m)	材料名称	电阻率(Ω·m)
银	1.6×10^{-8}	锰铜(85%铜+3%镍+12%锰)	4.4×10^{-7}
铜	1.7×10^{-8}	康铜(54%铜+46%镍)	5.0×10^{-7}
铝	2.9×10^{-8}	镍镉合金(67.5%镍+15%铬+16%铁+1.5%锰)	1.0×10^{-6}
钨	5.3×10^{-8}	电木	$10^{10}\sim10^{14}$
铁	1.0×10^{-7}	橡胶	$10^{13}\sim10^{16}$

(4)超导现象。当温度降低到0K(－273℃)附近时，某些材料的电阻率突然减小到零。这种现象称为超导现象，处于这种超导状态的物体称为超导体。目前我国对超导体的研究已经进入实用阶段。

(5)欧姆定律。

①部分电路欧姆定律。不含电源的一段电路称为部分电路。1827年德国物理学家欧姆经过实验得出结论：导体中的电流I与导体两端的电压U正比，与导体的电阻R成反比。这就是欧姆定律，用公式表达为：

$$I=\frac{U}{R} \tag{17-4}$$

式中：I——电路的电流，A；

U——导体两端的电压，V；

R——电路的电阻，Ω。

②全电路欧姆定律。含有电源的闭合电路称为全电路，如图17-4所示。在闭合电路中，电流I与电源的电动势E成正比，与电路的总电阻$(R+r)$成反比，这就是全电路的欧姆定律。用公式表达为：

$$I=\frac{E}{R+r} \tag{17-5}$$

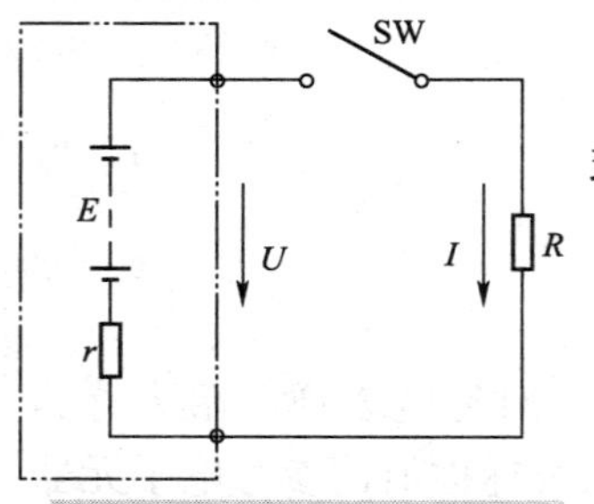

图17-4　闭合电路

式中：I——电路的电流，A；

E——电源的电动势，V；

R——电路的电阻，Ω；

r——电源的内阻，Ω。

(6)全电路欧姆定律的应用。

①测量电源的电动势。电源的电动势等于电源没有接入电

路时两极间的电压。由式(17-5)可得：

$$E = IR + Ir = U + U_i \tag{17-6}$$

式中：U——外电路的电压，称为路端电压或端电压；

U_i——内电路的电压，称为电源内阻压降或内压降。

当开关SW断开时，如图17-4所示，用电压表测量电源两端的端电压就是电源的电动势。当然，这时电压表本身构成了外电路，因此测出的端电压并不准确地等于电动势。不过由于电压表的电阻R很大，电流I很小，内压降Ir也很小，因此U与E相差很小，只要不要求特别精确(如测量汽车蓄电池的电动势)，此法测量电动势特别方便。

②测量电源的内阻。在实际工作中，测量电源的内阻是许多电工比较关心的问题。下面以测量蓄电池的内阻为例，说明利用全电路欧姆定律来测量电源内阻的方法。检测电路如图17-5所示，电阻$R_1 = 50\Omega$，$R_2 = 36\Omega$，开关S接通位置1时，测得电流为$I_1 = 239.6\text{mA}$，开关S接通位置2时，测得电流为$I_2 = 332.6\text{mA}$(注意：检测时必须使用精确的电流表)。根据全电路欧姆定律，可列出方程式：

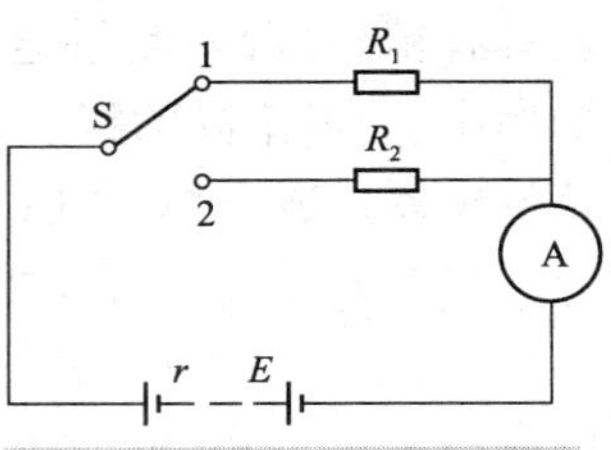

图17-5　电源内阻检测电路

$$E = I_1R_1 + I_1r$$

$$E = I_2R_2 + I_2r$$

消去E可得电源的电阻：

$$r = \frac{I_1R_1 - I_2R_2}{I_2 - I_1} = \frac{239.6 \times 50 - 332.6 \times 36}{332.6 - 239.6} = 69(\text{m}\Omega)$$

电源的电动势为：

$$E = I_1R_1 + I_1r = 239.6 \times 50 + 239.6 \times 0.069 = 12(\text{V})$$

4)电功、电功率

(1)电功。电流所做的功称为电功，用W表示，单位为焦耳(J)。

$$W = qU = qIt = I^2Rt = \frac{U^2}{R}t \tag{17-7}$$

式中：q——电量，C；

U——导体两端的电压，V；

I——流过导体的电流，A；

R——导体的电阻，Ω；

t——导体的通电时间，s。

(2)电功率。单位时间内电流所做的功称为电功率，简称功率，用P表示。单位为瓦特(W)。

$$P = \frac{W}{t} = UI = I^2R = \frac{U^2}{R} \tag{17-8}$$

常用电功单位为“度”。1度电表示电功率为1千瓦(kW)的电器使用1小时(h)所消

耗的电能,即:

$$1\text{ 度}=1\text{kW}\cdot\text{h}=3.6\times10^{6}(\text{J})$$

2 运用检测仪表进行电压、电流和电阻的测量

1)电压、电流、电阻及电路的测量

(1)万用表。万用表是一种多用途电器测试仪表。常用的万用表可以测量电阻、交直流电压、交直流电流;有的还能测量电容、电感、频率等。

万用表的种类很多,常用的有指针式万用表和数字式万用表(DMM)两类。数字式万用表具有精确度高、测量速度快、输入阻抗高、量程范围宽、过载能力强、抗干扰能力强、消耗功率小、分辨率高的特点,因而广泛应用。指针式万用表的输入阻抗低,容易对车载计算机及传感器造成损坏,所以不适用于测量汽车电子控制系统。

汽车万用表除具有数字式万用表的功能外,还具有汽车专用项目测试功能。

①测量交、直流电压。考虑到电压的允许变动范围及可能产生的过载,汽车万用表应能测量大于 40kV 的电压值,但测量范围也不能过大,否则,读数的精度下降。

②测量电阻。汽车万用表能测量 1MΩ 的电阻,测量范围大一些使用起来较方便。

③测量交、直流电流。汽车万用表能测量 10A 的电流,如配置钳形电流表可以测量更大的电流。

④测量温度。配置温度传感器后,可以检测冷却液温度、废气温度和进气温度等。

⑤测量二极管的性能。

⑥测量传感器的电信号频率。

⑦测量脉冲波形的占空比和点火线圈的闭合角。该功能用于检测喷油器、怠速稳定控制阀、EGR 电磁阀及点火系统的工作状况。

⑧测量转速。

⑨模拟条显示。该功能用于观测连续变化的数据。

⑩峰值保持、读数保持(数据锁定),记忆最大值和最小值。该功能用于检查某电路的瞬间故障。

⑪测量电容、压力、时间、半导体元件等。

⑫输出脉冲信号。该功能用于检测无分电器点火系统的故障。

丰田万用表如图 17-6 所示,功能选择开关及高低挡变换开关如图 17-7 所示。当开关设定在正确位置时,测量范围将根据输入信号值自动切换。在 AUTO 范围,小数点的位置和单位根据输入信号值自动变化。如果信号值已知,范围可设为 MAN(手动)。这样可提高测量速度,因为小数点位置和单位不必改变。显示板如图 17-8 所示,显示板上除了数字显示外还显示一个柱形图,可用于识读信号随时间的变化情况,这是很难用数字识读的。测试导线端子如图 17-9 所示,可以按照测量需要选择。如图 17-10 所示,丰田万用表配置有测试导线,可提供任选的 400A 探头(用于大电流测量),并有各种用途的测试导线适配器。

(2)万用表使用注意事项。

①在检测之前,首先需要检查功能选择开关是否处在所测参数的正确挡位。如被测参数是电压而将选择开关拨到了电流或电阻挡位,则会损坏仪表。实践证明,多数万用表的

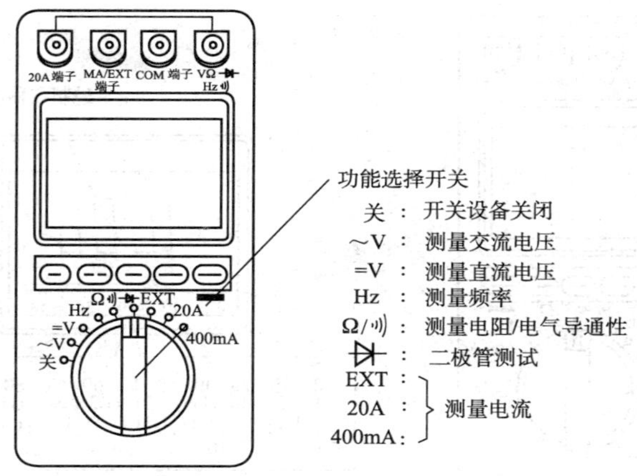

17-6　丰田万用表

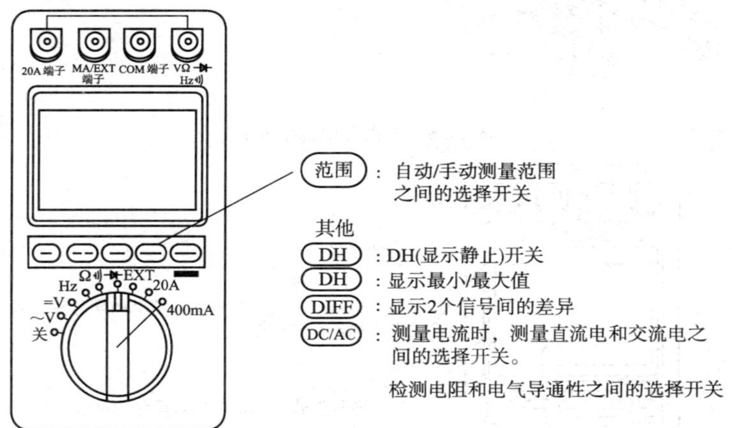

图17-7　功能选择开关的使用

损坏都是因为挡位拨错所致。

②在测量电压或电流时,如果不知被测电量大小,应将量程置于最高挡,以防过量程而损坏万用表。试测后,根据试测结果将选择开关转到合适挡位,以减小测量误差(对于指针式万用表,表针指在满量程约1/2刻度附近时,测量误差较小)。注意:不可带电转换量程。

③测量直流电压或直流电流时,需要注意被测电路的极性。仪表正负极应与被测电路的正负极相对应。测量电压时必须将仪表与被测电路并联:测量电流时仪表必须串联在电路中。

④测量2500 V交流或直流高压时,必须注意安全,防止触电。电路中有大容量电容器时,应事先放电。

⑤测量交流电压时,需要考虑被测电压的波形。万用表只适用于测量正弦波电压或电流的有效值,不能测量非正弦量。

⑥测量电阻时,被测电阻至少有一端与电路完全断开,并切断电源后再进行测量。测量电阻的量程应选得合适,对于指针式万用表,指针停在表头刻度中心位置附近为宜,因为

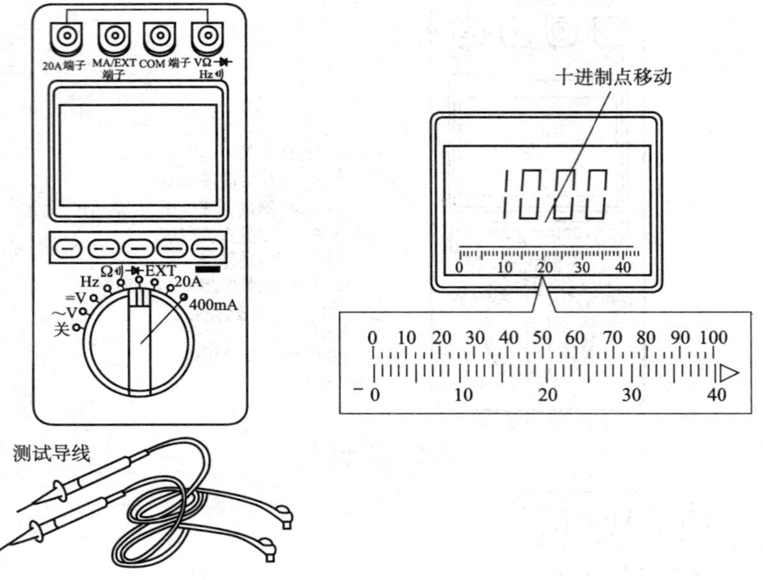

图17-8　丰田万用表显示板

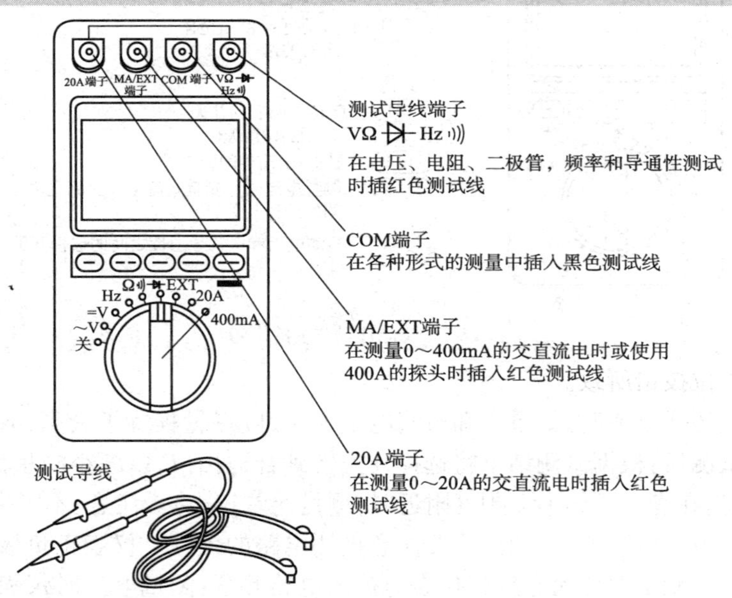

图17-9　测试导线端子

此时的测量误差最小。测量低电阻时,需要注意接触电阻;测量高电阻(大于10kΩ)时,注意不要形成并联电路,即勿将双手分别触及两只表笔金属部位或触及电阻两端引线。除此之外,在测量电阻时,当量程选择合适后,还需短路两只表笔。对于指针式万用表,要调整欧姆挡的调零旋钮,使指针对准零位。如指针无法调到零位,说明表内电池电压过低或接触不良,需检查或更换电池,否则测量误差很大或无法测量。对于数字式万用表,短路两只表笔后要记录初始电阻值,以便对实际电阻值进行校正。测量电阻时,每换一次挡位,都需

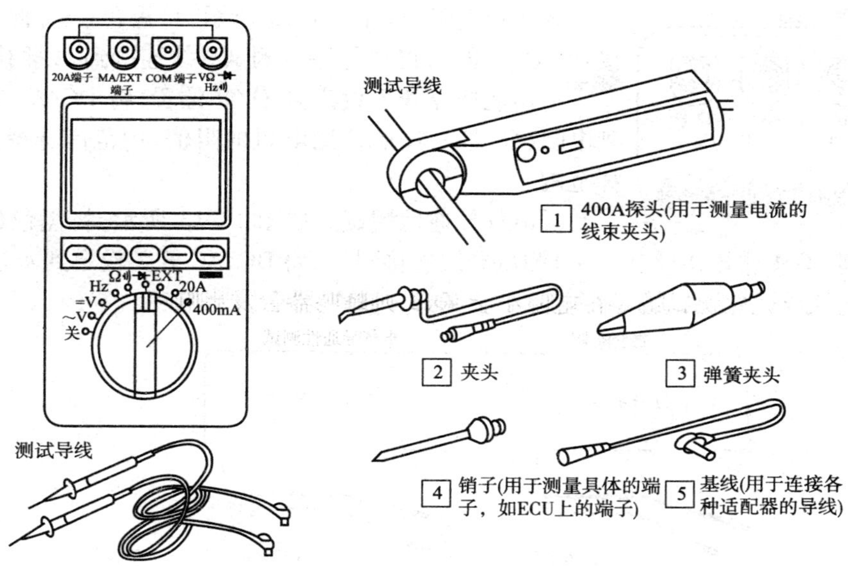

图17-10 丰田万用表配置

先调零后再测量。

⑦测量二极管或晶体管等半导体器件的极性时,需注意万用表电源的极性。指针式万用表的正极(+)与表内电池的负极连接;而数字式万用表的正极与表内电池的正极连接。这一点在检测汽车交流发电机整流器时,需要特别注意。当万用表导通(电阻约为10Ω)时,指针式万用表的正极表笔(红表笔)连接的是二极管的负极(阴极);数字式万用表的正极表笔连接的是二极管的正极(阳极)。反之,当万用表截止(电阻为∞)时,指针式万用表的正极表笔(红表笔)连接的是二极管的正极;数字式万用表的正极表笔连接的是二极管的负极。

⑧每次测量完毕,都应将选择开关拨到交流电压最高一挡,以免误用挡位损坏仪表,同时也能避免功能选择开关在电阻挡时,两只表笔碰在一起形成短路而消耗电能。

(3)万用表的使用。

①直流电电压的测量。如图17-11所示,将黑色(-)测试导线连接到COM插孔,将红色(+)测试导线连接到V插孔。将功能选择开关设定在直流(DC)电压(V)挡。将范围选择开关设定在适应于测量电压的范围上。

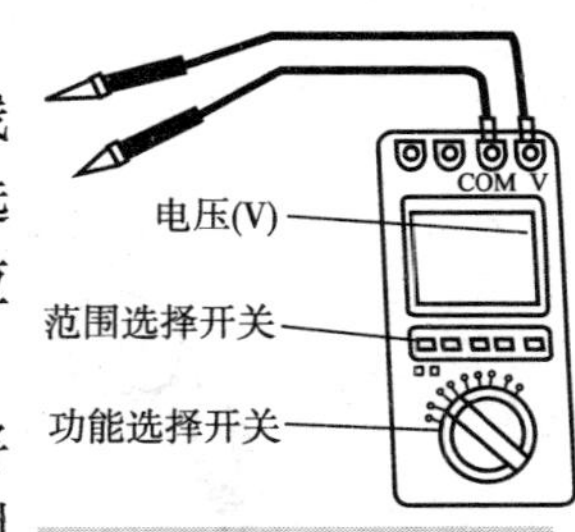

图17-11 直流电电压的测量

②直流电流的测量。测量20A以下的电流如图17-12所示,将黑色(-)测试导线连接到COM插孔,将红色(+)测试导线连接到20A或mA。将功能选择开关设在20A或400mA的范围,并用DC/AC开关转换为直流电进行测量。测量20A以上的电流如图17-12所示,将黑色(-)测试导线连接到COM插孔,将红色(+)测试导线连接到EXT插孔,将功能选择开关设定到EXT,将DC/AC开关设定到DC,并进行测量。将探头上的功率/范围选择开关切换在400A。用零位调节刻度盘将读数调整到0.000,并将探头顺电流方向夹在要测试的配线上。

在测量20A或400mA范围内的电流时,注意切勿超过规定的电流。

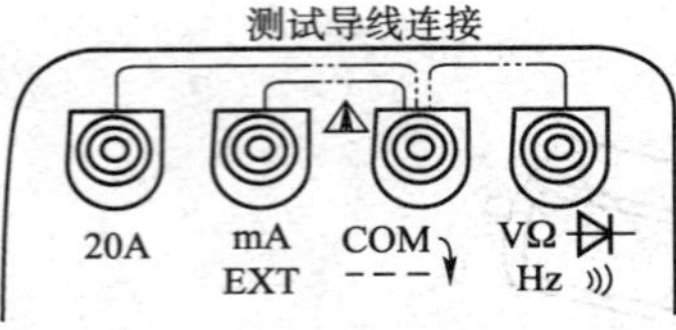

图 17-12　测量 20A 以下的电流

③测量电阻。如图 17-13 所示,将黑色(－)测试导线连接到 COM 插孔,将红色(＋)测试导线连接到 Ω 插孔。

将功能选择开关设定到 Ω/·))) 位置,将 DC/AC 开关设定到电阻(Ω)挡。按照待测电阻的阻值,用范围选择开关来选择范围。

④电气导通性测试。如图 17-13 所示,将黑色(－)测试导线连接到 COM 插孔,将红色(＋)测试导线连接到·))),将 DC/AC 开关设定到·)))进行测量。如果进行电气导通性测试的零件电阻小于 40Ω,则蜂鸣器会发出响声。

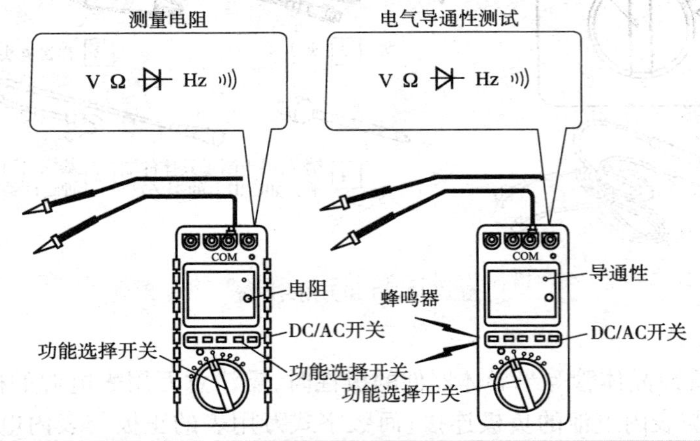

图 17-13　测量电阻

2)检测灯

检测普通电气系统的试灯可用汽车上的普通灯泡制成,但由于普通灯泡的内阻很小,如果用于检测电控系统电路,容易造成电路短路。

如图 17-14 所示,检测电控系统的检测灯一端为鳄鱼夹,另一端带探针。探针一端的线路上串联一只发光二极管和一个 1kΩ 的电阻,因此在检测电控系统电路时不会造成短路。

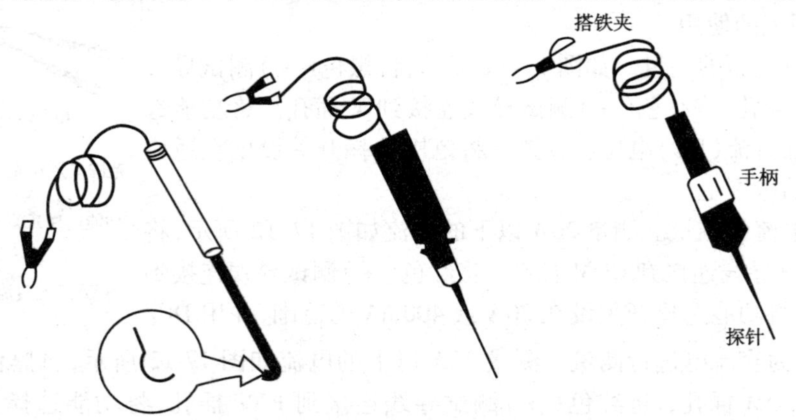

图 17-14　检测灯

3)跨接线

简单的跨接线就是一段多股导线,如图 17-15 所示。它的两端分别接有鳄鱼夹或不同形式的插头、探针，也可以在跨接线中间接入汽车熔断丝插头，用于检测熔断丝座。检测时应有多种样式的跨接线，用作特定位置的测量。

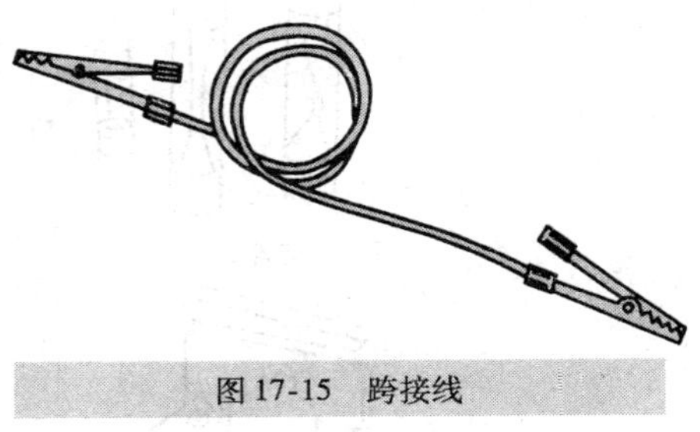
图 17-15　跨接线

跨接线虽然简单，但却非常实用。如果一个电气部件未工作，首先将跨接线连接在被测试部件“－”接头与车身搭铁之间，此时部件工作，说明部件搭铁线路断路；如搭铁电路很好，就将跨接线连接在蓄电池“＋”极与被测试部件的电源接柱之间，此时部件工作，说明部件电源电路有故障（断路或短路）。如部件仍不工作，说明部件有故障。

注意事项：

(1)用跨接线将电源加至测试部件之前，必须先确认被测试部件的电源电压。若部件的电源电压为5V，加上12V电压就可能使其损坏。

(2)还要注意所跨接的部位是否有一定的阻值，如有一定的阻值，使用跨接线跨接时，会使部件因承受大电压而损坏。

(3)跨接线不可错误连接在测试部件“＋”接头与搭铁之间，这样会造成电源短路。

3　电子元件在汽车电气系统中的应用

1)电路保护装置

电气部件过载或短路等电路故障都会引起电流过大，为了避免部件和导线损坏，需要采取一定的保护措施。汽车上常用的保护装置有熔断器、易熔线、断路保护器等。当流过电路的电流超过规定值时，保护装置起作用，从而暂时或永久切断电路，防止烧坏电路连接导线和用电设备，并把故障限制在最小范围内。通常情况下，将很多熔断器组合在一起安装在熔断器盒内，并在熔断器盒盖上注明各熔断器的名称、额定容量和位置，并用不同的颜色来区别熔断器的容量。

(1)熔断器（保险丝）。熔断器是最常用的电路保护装置，熔断器的结构形式如图17-16所示。

熔断器集中安装在熔断器盒内。熔断器盒的位置、数量随车型的不同而不同（部分继电器与熔断器集中在熔断器盒中，但继电器的分布比熔断器的分布更为复杂，继电器的分布一般采用就近原则，例风扇继电器一般在风扇附近）。

对熔断器的要求：在环境温度为18～32℃，流过熔断器的电流为额定电流的1.1倍时，熔断丝不熔断；达到1.35倍时，熔断丝在60s内熔断；达到1.5倍时，20A以内的熔断丝，15s以内熔断，30A熔断丝，在30s以内熔断。

引起熔断器熔断的主要原因是电路短路和接触不良。

熔断器的好坏通常用观察法、试灯法和万用表检测法进行判断。使用万用表可检测熔断器的导通性，如图17-17所示。熔断器熔断时电阻为无穷大。

熔断器在使用中应注意以下几点：

①熔断器熔断后，必须找到真正的故障原因，彻底排除故障。

②更换熔断器时，一定要与原规格相同。

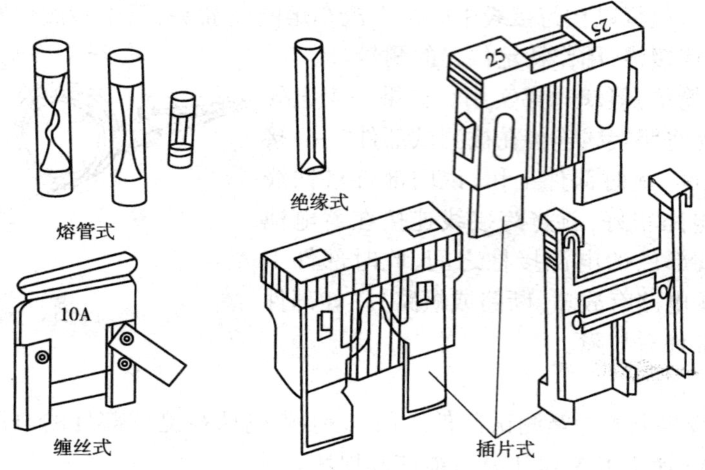

图 17-16 国产熔断器的结构形式

③熔断器支架与熔断器接触不良会产生电压降和发热现象,安装时必须保证接触良好。

(2)易熔线。易熔线是截面积小于被保护电路导线,并且可长时间通过额定电流的铜线或铝合金导线,长度为 50 ~ 200mm,通常安装在电路的起始端(蓄电池正极附近)。

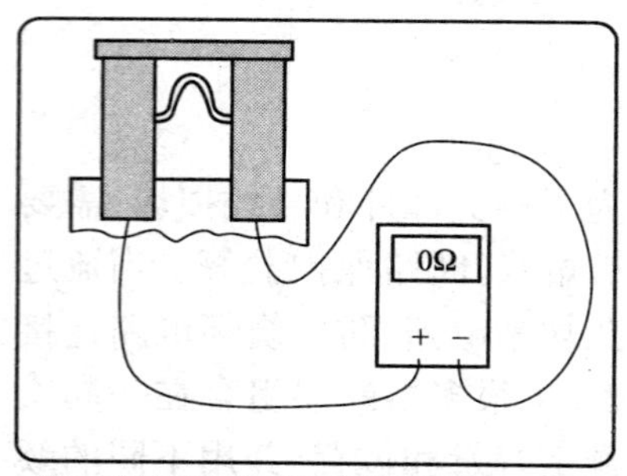

图 17-17 用万用表检测熔断器

当线路中有超过额定电流数倍的电流时,易熔线首先熔断(熔断过程较长),用于保护重要电路,如北京切诺基设有五条易熔线,分别保护充电电路、预热加热器、雾灯、灯光及辅助电路。

易熔线的外套要耐热、绝缘性能良好(如用玻璃丝),且不能捆绑于线束内部。

国产易熔线的规格见表 17-2。

国产易熔线的规格

表 17-2

标称容量(A)	截面积(mm^2)	额定电流(A)	5s 熔断电流(A)	颜色
20	0.3	13	150	棕
40	0.5	20	200	绿
60	0.85	25	250	红
80	1.25	33	300	黑

美国易熔线的规格:American wire gauge (美国线规)简称 AWG。直径 0.46in 为 4/0 号,直径 0.00124in 为 48 号,4/0 号与 48 号间按等比级数分为 52 个号。

常用美国线规线号和颜色见表 17-3。

常用美国线规线号和颜色

表 17-3

易熔线规格	颜色	易熔线规格	颜色
12	蓝	14	棕
16	红	18	绿
20	橙		

易熔线的电流容量由它的线号决定，对于美国线规的易熔线，一般比被保护的导线大四个线号，例如 14 号线需要 18 号易熔线保护。

为了确定易熔线的好坏，应使用万用表或试灯检测其导通性。还可以看易熔线的绝缘保护套是否起泡，起泡者表示已熔断。

使用易熔线时应注意：易熔线熔断时，一定是主电路和大电流电路发生故障，必须先找出短路的原因，排除故障。不能随意更换比规定容量大的易熔线或者用粗导线代替。易熔线的四周不能用聚四氟乙烯塑料带包扎。

(3)电路断路器。对于容易过载的电路，一般用电路断路器进行保护，如玻璃升降器电路。电路断路器一般为双金属片式，按复位方式可分为手动复位式和自动复位式两种，如图 17-18 所示。

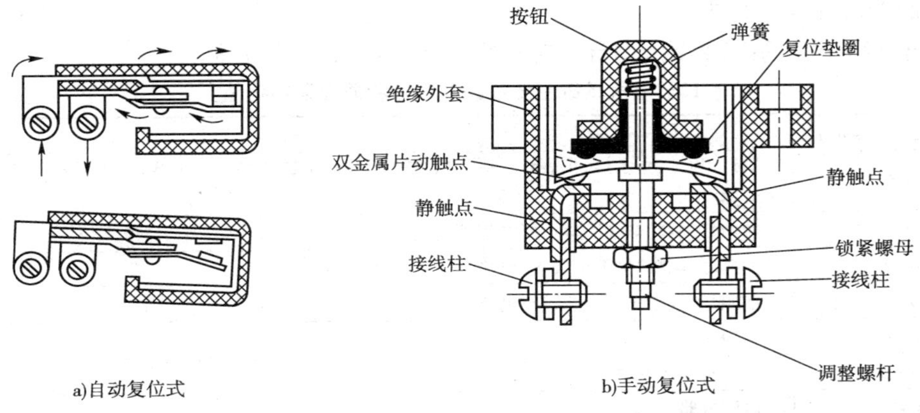

图 17-18　双金属片断路器的结构

对于自动复位式断路器，当出现过载或电路故障引起过电流时，双金属片被流过的大电流加热而弯曲，触点随之张开。触点一旦张开，电流便不再流过双金属片，双金属片自然冷却而再次将触点闭合。如果电路仍然过电流，电路断电器触点再次张开。

对于手动复位式断路器，当电路过载，其触点断开时，必须手动按下复位按钮，双金属片才能复位，从而接通电路。

例如玻璃升降器电路，当玻璃表面结冰升降受阻时，可能引起电路过载，于是电路断路器受热断开，从而保护电动机。

2)汽车导线

汽车用导线分为低压导线、高压导线和屏蔽线。

导线的选用主要考虑其绝缘程度、通过的电流和需要的机械强度。长时间工作的电气设备可选用实际载流量 60% 的导线；短时间工作的用电设备可选用实际载流量 60% ~ 100% 的导线。

汽车电气系统属于低压供电，工作电流大，电压损失也大。电压损失过大将影响电气设备的正常工作，因此在导线截面及选用时，要保证电压损失不得超过一定值：12V 系统不大于 0.5V，24V 系统不大于 1.0V。导线的实际工作电流，不允许大于导线的允许载流量。

在电流和电压降都满足要求的前提下，还要考虑导线的机械强度。规定汽车低压导线的最小截面积不少于0.5mm^2。

对于汽车高压导线主要考虑耐压值和线芯电阻(6～25kΩ/m)。

(1)低压导线。

①导线的截面积。导线的截面积决定了导线的工作电流。汽车用低压导线允许载流量(单位:A)见表17-4。

低压导线允许载流量与标称截面积 表17-4

标称截面积(mm^2)	0.5	0.75	1.0	1.5	2.5	4	6	10	16	25	35	50
载流量(60%)	7.5	9.6	11.4	14.4	19.2	25.2	33	45	63	82.8	102	129
载流量(100%)	12.5	16	19	24	32	42	55	75	105	138	170	215

所谓标称截面积是经过换算而统一规定的线芯截面积,不是实际线芯的几何面积,也不是各股线芯几何面积之和。

汽车12V电气系统主要线路导线标称截面积推荐值见表17-5。

12V电气系统主要线路导线标称截面积推荐值 表17-5

标称截面积(mm^2)	用途
0.5	尾灯、顶灯、指示灯、仪表灯、牌照灯、风窗玻璃刮水器、时钟、燃油表、冷却液温度表、油压表等电路
0.8	转向灯、制动灯、驻车灯、断电器等电路
1.0	前照灯、电喇叭(3 A以下)电路
1.5	前照灯、电喇叭(3 A以上)电路
1.5～4.0	其他5 A以上电路
4～6	柴油车电热塞电路
6～25	电源电路
16～95	起动电路

②导线颜色。随着汽车电器增多,导线数量也不断增加。为了便于维修,低压导线常以不同颜色来区分。其中,横截面积在4mm^2以上的采用单色,4mm^2以下的采用双色。双色导线的绝缘层由主色和辅色组成。主色为导线的基础颜色(面积最大的颜色),辅色为导线上呈轴向条纹的色条或者螺旋状的色环。辅色条纹与主色条纹沿圆周表面的比例为1:3～1:5。

主要颜色确定以后,相应的辅色要按照配套规定(随电气系统的不同而不同)选择。

我国规定汽车导线颜色的选用程序见表17-6。

导线颜色选用程序 表17-6

选用程序	1	2	3	4	5	6
导线颜色	B	BW	BY	BR		
	W	WR	WB	WB	WY	WG
	R	RW	RB	RY	RG	RBl
	G	GW	GR	GY	GB	GBl
	Y	YR	YB	YG	YB	YW
	Br	BrW	BrR	BrY	BrB	
	Bl	BlW	BlR	BlY	BlB	BlO
	Gr	GR	GrY	GrBl	GrB	GrO

世界各国汽车制造商所用汽车导线颜色代号见表17-7。

汽车用导线颜色代号　　表17-7

	中国	英国	美国	日本	德国
黑	B	Black	BLK	B	SW
白	W	White	WHT	W	WS
红	R	Red	RED	R	RO
绿	G	Gree	GRN	G	GN
黄	Y	Yellow	YEL	Y	GE
蓝	BL	Blue	BLU	L	BL
粉红	P	Pink	PNK	P	RS
紫	V	Violet	PPL	PU	VI
橙	O	Orange	ORN	OR	OR
灰	GR	Grey	GRY	GR	GR
棕	BR	Brown	BRN	BR	BR

③线束。汽车用低压导线除蓄电池导线外，都用绝缘材料(如薄聚氯乙烯带)缠绕包扎成束，避免水、油的侵蚀及磨损。

为使全车线路规整、安装方便和保护导线的绝缘层，汽车上的全车线路除高压线、蓄电池电缆和起动机电缆外，一般将将走向相近的同区域的不同规格的导线用棉纱或薄聚氯乙烯带缠绕包扎成束，称为线束。

线束一般由导线、端子、插接器、保护套以及各种附件组成。在线束布线过程中不许拉得太紧，线束穿过洞口或绕过锐角处都应有套管保护。线束位置确定后，应用卡簧或绊钉固定，以免松动损坏。现在普遍采用分段式线束，这种线束易于更换且成本较低。

在全车线路中，导线上一般都标注数字和字母符号，用来表示导线的截面积和颜色。如2.5RY、1.0RW等，其中数字2.5、1.0表示导线横截面积，单位为mm^2；第一个字母R表示导线主色，第二个字母Y或W表示导线的辅助颜色，即轴向条纹状或螺旋状条纹的颜色。

(2)高压导线。在汽车点火线圈至火花塞之间用高压导线来传送高压，这种导线称为高压导线。由于工作电压很高(一般都在10kV以上)、电流较小，因此高压导线的绝缘包层很厚、线芯截面积很小，但耐压性能很好。国产汽车用高压导线有铜芯线与阻尼线两种。其型号与规格见表17-8。带阻尼的高压线可抑制和衰减点火系统产生的高频电磁波，降低对无线电设备及电控装置的干扰。

高压点火线的型号与规格　　表17-8

<table>
<tr><th rowspan="2">型号</th><th rowspan="2">名　称</th><th colspan="2">线芯结构</th><th rowspan="2">标称外经(mm)</th></tr>
<tr><th>根数</th><th>单线直径(mm)</th></tr>
<tr><td>QGV</td><td>铜芯聚氯乙烯绝缘高压点火线</td><td rowspan="3">7</td><td rowspan="3">0.39</td><td rowspan="5">7.0±0.3</td></tr>
<tr><td>QGXV</td><td>铜芯橡胶绝缘聚氯乙烯护套高压点火线</td></tr>
<tr><td>QGX</td><td>铜芯橡皮绝缘聚氯乙烯护套高压点火线</td></tr>
<tr><td>QGZ</td><td>全塑料高压阻尼点火线</td><td>1</td><td rowspan="2">2.3</td></tr>
<tr><td>QGZV</td><td>点抗性高压阻尼点火线</td><td>1</td></tr>
</table>

(3)屏蔽线。导线外部有导体包裹的导线称为屏蔽线,包裹的导体称为屏蔽层,一般为编制铜网或铜泊(铝),屏蔽层需要搭铁,外来的干扰信号可被该层导入大地。

屏蔽线的作用是避免干扰信号进入内层导体干扰,同时降低传输信号的损耗。

屏蔽线由信号导线、绝缘层、屏蔽层与护套组成,如图 17-19 所示。

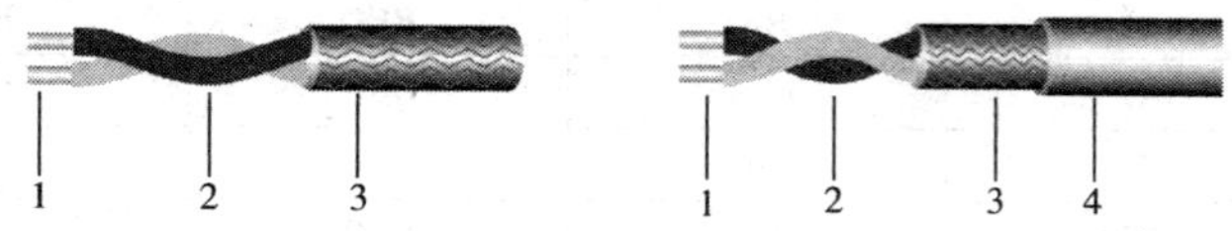

图 17-19 屏蔽线结构

1-镀银铜芯线;2-聚四氟乙烯绝缘(颜色为红、白两种);3-镀银铜线屏蔽;4-F46 护套(颜色白色一种)

屏蔽层搭铁必须连接在控制单元的参考搭铁(信号搭铁)上。车身搭铁是不干净的搭铁,如果将屏蔽线的搭铁接在车身,那么就会降低甚至破坏屏蔽的效果。

3)开关

开关是支配电流流到附件最常用的部件,能控制电路工作的开/停或引导电流流到各个电路,开关总成内的触点副,当它们闭合时便承载电流,打开时便切断电流。汽车上常用的开关主要有手动开关、压力开关、温控开关等。其中手动开关主要有点火开关、照明灯开关、信号灯开关及各种控制面板与驾驶座附近的按键式、拨杆式开关及组合式开关等。

开关在电路图中的表示方法有多种,常见的有:结构图表示法、表格表示法和图形符号表示法等。

下面以柴油车一般采用的点火开关为例,介绍电路中开关的表示方法,参见图 17-20。点火开关的功能主要有:锁住转向盘转轴(LOCK 挡),接通仪表指示灯(ON 或 IG 挡),起动发动机(ST 或 START 挡)、给附件供电(ACC 挡主要是收放机专用),发动机预热(HEAT 挡)。其中起动、预热挡工作时消耗电流很大,开关不宜接通过久,所以这两个挡位在操作时必须用手克服弹簧力,扳住钥匙,一松手就弹回点火挡,不能自行定位;其他各挡位均可自行定位。

4)半导体元件

自然界所有的物质,按照它们的导电能力,可分为导体、绝缘体和半导体三类,半导体的导电能力介于导体和绝缘体之间。

(1)半导体二极管。一个 PN 结,由两侧各引出一个电极并用管壳封固,即构成一个晶体二极管。P 型半导体引出的电极称为正极或阳极;N 型半导体引出的电极称为负极或阴极。

根据所用半导体材料的不同,二极管又分为锗管和硅管两类。

为了适应汽车、拖拉机等机动车交流发电机整流电路的需要,专门研制了汽车、拖拉机整流二极管,分为正极管和负极管两种。正极管的外壳为负极,引出极为正极,以红色标记;负极管外壳外正极,引出极为负极,以黑色标记,如图 17-21 所示。

几种常见车型点火开关的挡位与接线柱的对应关系见表 17-9。

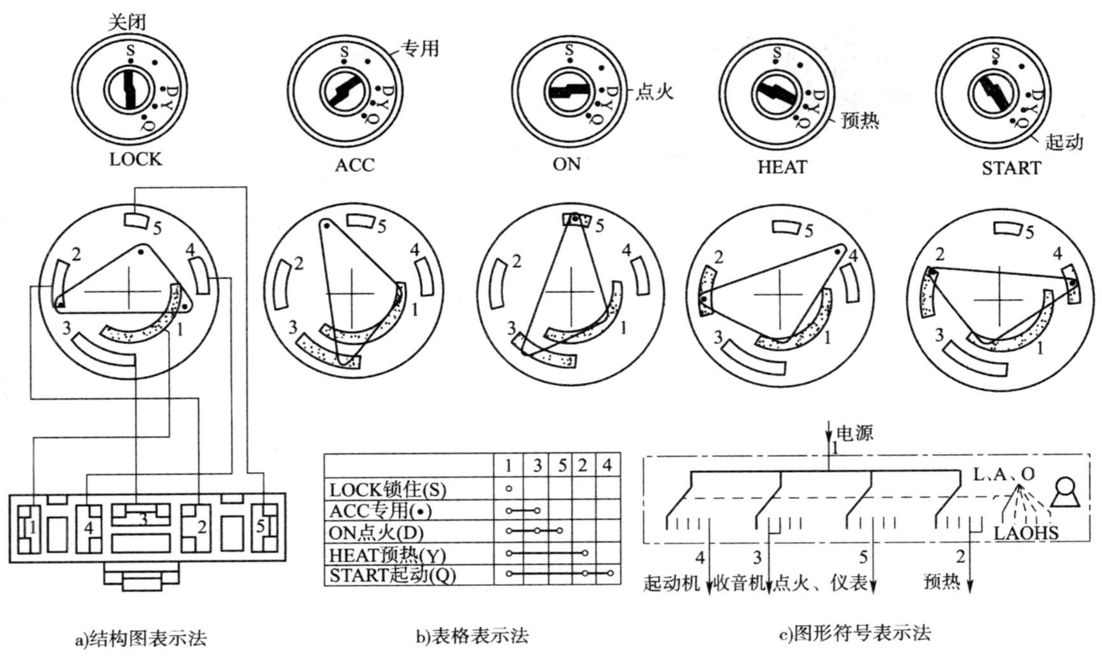

a)结构图表示法　　b)表格表示法　　c)图形符号表示法

图 17-20　点火开关的三种表示方法

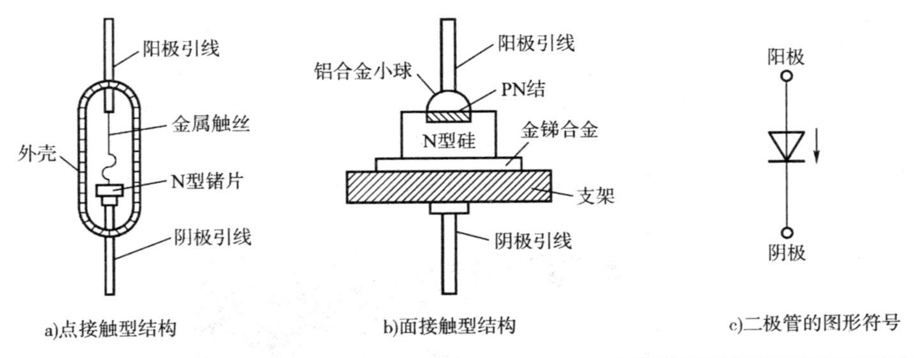

a)点接触型结构　　b)面接触型结构　　c)二极管的图形符号

图 17-21　二极管示意图与符号

(2)稳压二极管。稳压二极管是一种由特殊工艺制成、工作在反向击穿状态的面接触型二极管。稳压管又称齐纳二极管,通常简称稳压管,它具有稳定电压的作用,广泛用在稳压设备和电子电路中,如汽车交流发电机电子调节器和电子点火器等。

由二极管的反向特性可知,当反向电压增大到一定数值(击穿电压)以后,反向电流急剧增大,可能导致 PN 结烧坏。如果在制作工艺上采取适当措施,使 PN 结接触面上各点的电流均匀分布,并在使用时将反向电流限制在一定数值范围内,就可达到既能使 PN 结工作在击穿状态,又能使 PN 结的温度不超过允许数值而不致损坏的目的。

(3)发光二极管。发光二极管和普通二极管的特性一样,只不过当正向导通时能够发光。它可以发出各种颜色的光(比如:红、黄、绿)。

点火开关的挡位与接线柱关系　　表 17-9

						接线柱标志						
						电源	附件	点火仪表指示灯	起动	预热	驻车灯	厂家或车型
						1	3	2	4			解放
						1	3	5	4	2		跃进
挡位符号						30	15A	15	50	17.19	P	依维柯
	解放1092	跃进	富康	依维柯	日产、丰田	B1 B2 B3	A	I1 I3	C	R1 R2		日产
						AM1 AM2	ACC	IG	ST1 ST2			丰田
锁定	O	S	O	STOP	LOCK	○					○	
断开	O	S	O	STOP	OFF	○						
附件(专用)	3	○	A		ACC	○	○					
点火(工作)	1	D	M	MAR	ON 或 IG	○	○	○				
起动	2	Q	D	AVV	START	○		○	○			
预热	4	H			HEAT	○				○		

发光二极管具有以下特点：比普通灯泡发热小，寿命长；以低功率消耗发出亮光；只需较低电压便可工作(反应速度快)。

发光二极管在汽车上通常用于高位制动灯和指示灯，如图 17-22 所示。

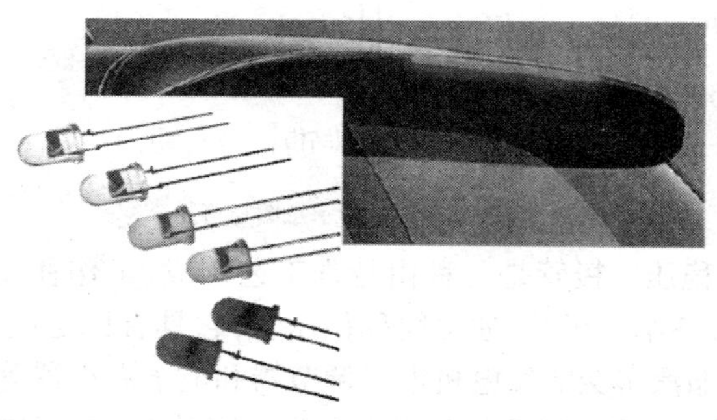

图 17-22　发光二极管在汽车上的应用

(4)半导体晶体管。具有两个 PN 结的半导体器件称为半导体三极管，简称晶体管，又称三极管。晶体管有 NPN 型和 PNP 型两大类，其结构如图 17-23 所示。

由于硅晶体管的温度特性较好，应用也较多，如汽车电子调节器、点火器、燃油喷射控制器等都大量采用。

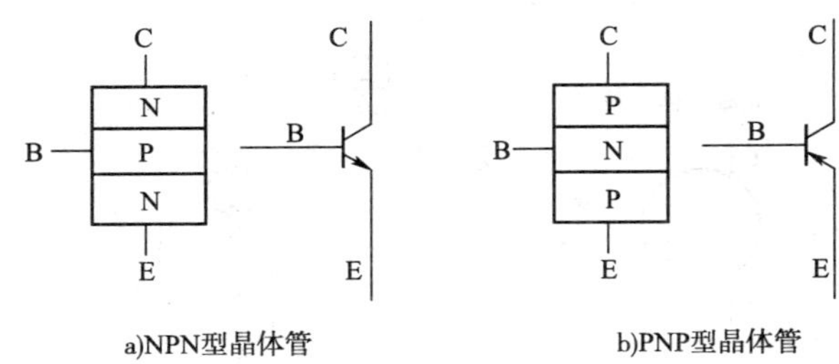

图17-23　晶体管示意图与符号

5）光电元件

（1）光电效应。光照射到某些物质上，引起物质的电性质发生变化，也就是光能转换成电能。这类光能转换成电能的现象被人们统称为光电效应。汽车上常用的光电元件有光敏二极管和光敏晶体管。

（2）光敏二极管。光敏二极管是PN结二极管，由半导体和透镜组成的。如果在有光线照射的光敏二极管上加上反向电压，则反向电流就会通过，如图17-24所示。它的电流的变化和照在光敏二极管的光线多少成正比。换句话说，当光敏二极管加上反向电压时，它测试的逆向电流的多少就可以确定光照量的多少。常用于汽车上自动空调系统的光敏传感器，如图17-25所示。

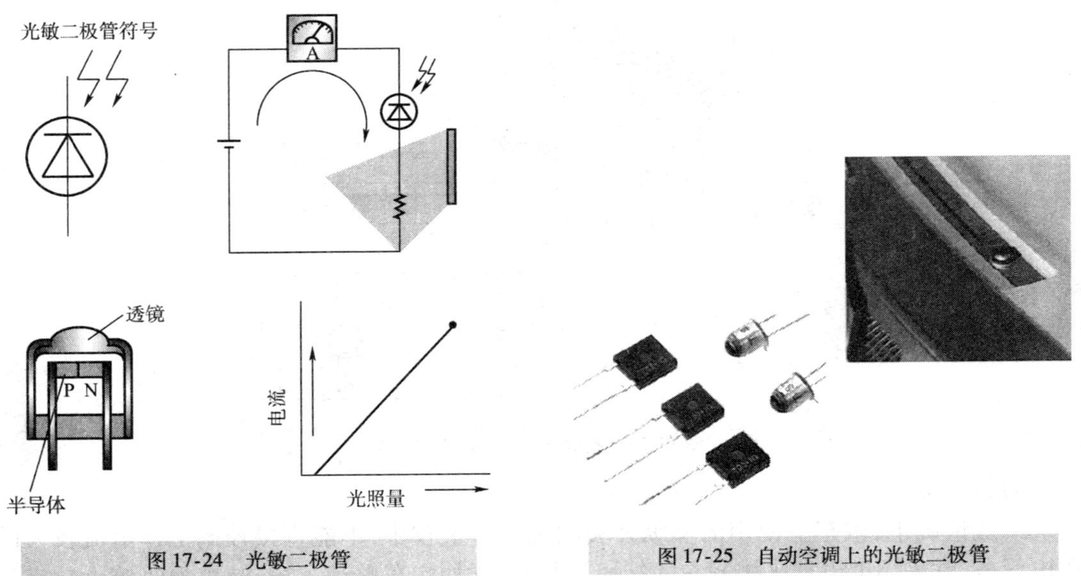

图17-24　光敏二极管

图17-25　自动空调上的光敏二极管

（3）光敏晶体管。当光敏晶体管接收到光时，如果集电极加电源正极、发射极搭铁，这时就会产生电流通过电路，如图17-26所示。

通过电路的电流强度是根据光敏晶体管上的光照量而变化的。因此，照在光敏晶体管上的光照量和普通晶体管通过基极电流的光照量有同样的功能。在汽车上，光敏晶体管常用于减速传感器等处，如图17-27所示。

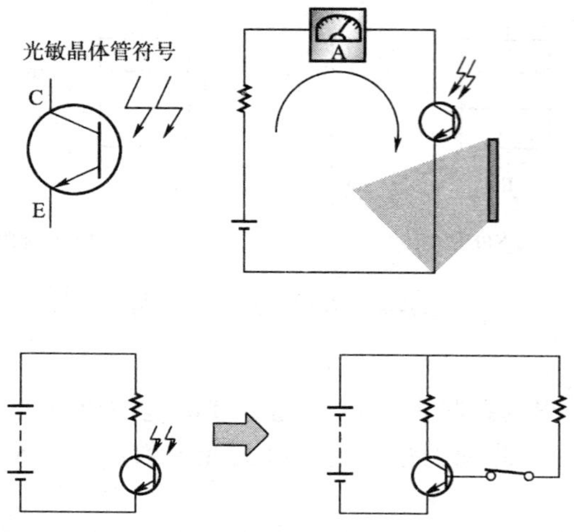

图 17-26　光敏晶体管

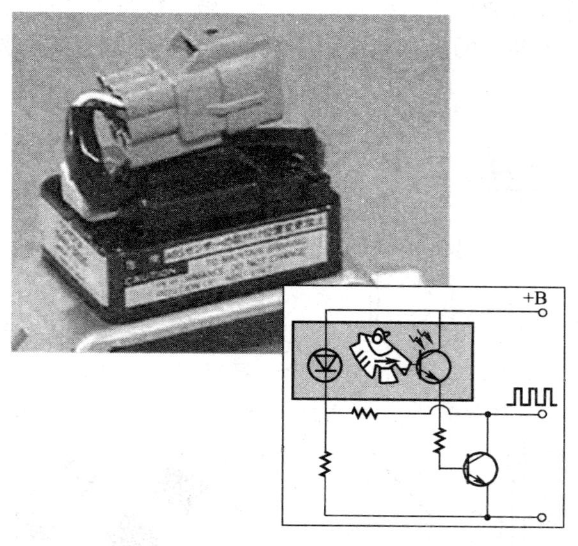

图 17-27　光敏晶体管式减速传感器

6)继电器

一般情况下,汽车上使用的操纵开关的触点容量较小,不能直接控制工作电流较大的用电设备,常采用继电器来控制它的接通与断开,比如汽车电动车窗、汽车喇叭等大功率的用电设备。

汽车上的继电器有很多,常见的有三类,如图 17-28 所示。

常开继电器平时触点是断开的,继电器动作后触点才接通;常闭继电器平时触点是闭合的,继电器动作后触点断开;混合型继电器平时常闭触点接通,常开触点断开,如果继电器线圈通电,则变成相反状态。

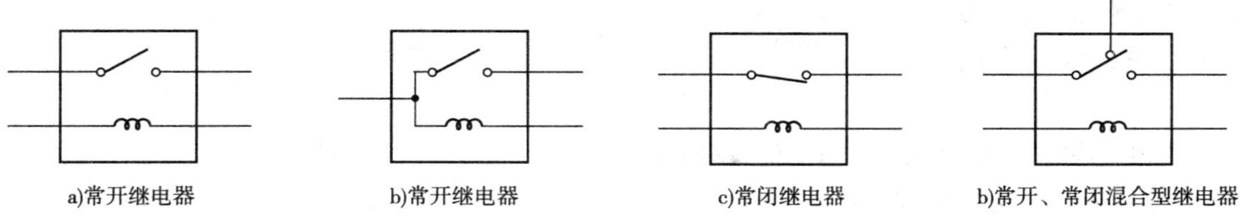

图 17-28　继电器类型

图 17-29 所示为继电器的工作原理。当开关闭合时，电流经过触点 1 及 2，使线圈激磁。线圈的磁力吸引点 3 和 4 之间的移动触点，结果触点 3 和 4 接通并使电流流向灯泡。因此，使用继电器，可以使用较低容量的开关及接线。

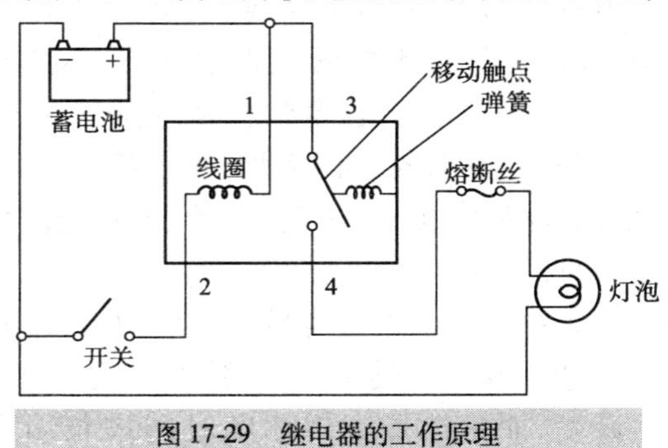

图 17-29　继电器的工作原理

7）电容器

（1）电容器。在两个导体之间夹上一层绝缘物质（也称电介质）所构成的电气元件称为电容器。电容器是容纳电荷的电气元件。使电容器带电称为充电；使充电后的电容器失去电荷（量）称为放电。使电容器在单位电压作用下所能储存的电荷（量）称为该电容器的电容，用 C 表示，计算公式为：

$$C=\frac{q}{U} \tag{17-9}$$

式中：C——电容器的电容，F；

q——进入电容器的电量，C；

U——电容器两端的电压，V。

（2）电容器的充电特性。电容器的充放电电路如图 17-30 所示。当开关与电压为 U 的电源接通（转到位置 1）时，电容器 C 即被充电，充电电流 i_c 和充电电压 u_c 随时间 t 而变化的关系称为电容器的充电特性，如 17-30b）所示，由此可见，电容器充电时具有以下特点：

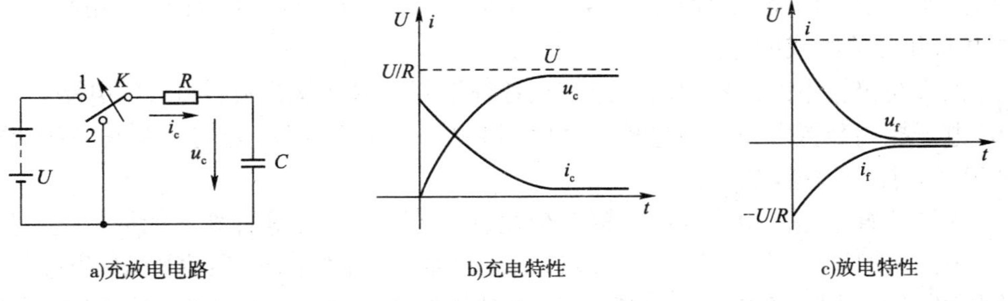

图 17-30　电容器充放电特性

①在充电电路接通瞬间，充电电流 i_c（$i_c=U/R$）很大，电容器相当于短路。

②在充电过程中电容器 C 具有一个电荷积累的过程，其上的充电电压 u_c 不能产生跃

变,而是按指数规律随时间增长而趋于稳定值。指数曲线开始变化较快,而后逐渐缓慢变化,经过 5τ 时间后,即可认为达到稳定状态。

③充电时间常数 τ 为:

$$\tau = RC(\mathrm{s})$$

充电时间 t 与充电电压 u_c 的关系如下:

当 $t=1\tau$ 时,$u_c=63.2\%U$

当 $t=2\tau$ 时,$u_c=86.5\%U$

当 $t=5\tau$ 时,$u_c=99.3\%U$

充电时间常数 τ 越大,电容器充电就越慢。因为在相同的电压下,电容 C 越大,则容纳的电量就越多;而电阻 R 越大,则使电量送入电容器的速率越小。因此,改变 R 或 C 的数值,即改变时间常数,就可改变充放电的快慢。

④当电路达到稳定状态时,充电电流 i_c 很小($i_c \approx 0$),电容器相当于断路。

(3)电容器的放电特性。在图 17-30a)所示电路中,当开关从位置 1 转到位置 2 时,电容器即经过电阻 R 放电。放电电流 i_f 的方向与充电电流方向相反,放电电流与放电电压 u_f 随时间 t 而变化的关系称为电容器的放电特性,如图 17-30c)所示。由图可见,电容器放电时具有以下特点:

①在放电电路接通瞬间,放电电流 i_f($i_f \approx U/R$)很大,电容器相当于短路。

②在放电过程中,电容器 C 具有一个电荷释放的过程,其上的放电电压 u_f 不可能产生跃变,而是按指数规律随时间增长而逐渐衰变,直到电容器中储存的电量释放完毕为止。

电容器在汽车控制电路中运用比较广泛,比如汽车闪光器、刮水器间歇控制电路及电压调节器电路等。

8)基本电路

(1)电源电路。由蓄电池、发电机、调节器及工作状况指示装置(电流表、充电指示灯)等组成。

(2)起动电路。由起动机、启动继电器、起动开关及起动保护装置组成。

(3)点火电路。由点火线圈、分电器、点火控制器、火花塞、点火开关等组成的电路。此外,采用由发动机控制单元进行点火控制时,可以不使用分电器。

(4)照明与信号电路。由前照灯、雾灯、示廓灯、转向灯、制动灯、倒车灯、电喇叭等及其控制继电器和开关组成的电路。

(5)仪表与警报电路。由仪表、传感器、各种报警指示灯及控制器组成的电路。

(6)电子控制装置电路。由电控燃油喷射系统、自动变速器、防抱死制动系统、恒速控制及悬架平衡控制等组成的电路。

(7)辅助装置电路。由为提高车辆安全性、舒适性、经济性等各种功能的电气装置组成的电路。因车型不同而有所差异。一般包括风窗刮水/清洗装置、风窗除霜/防雾装置、启动预热装置、音响装置、车窗电动升降装置、电动座椅调节装置及中央电控门锁等装置组成的电路。

图 17-31 ~ 图 17-33 所示为解放 CA1110PK2L2 汽车基本电路及电路原理图。

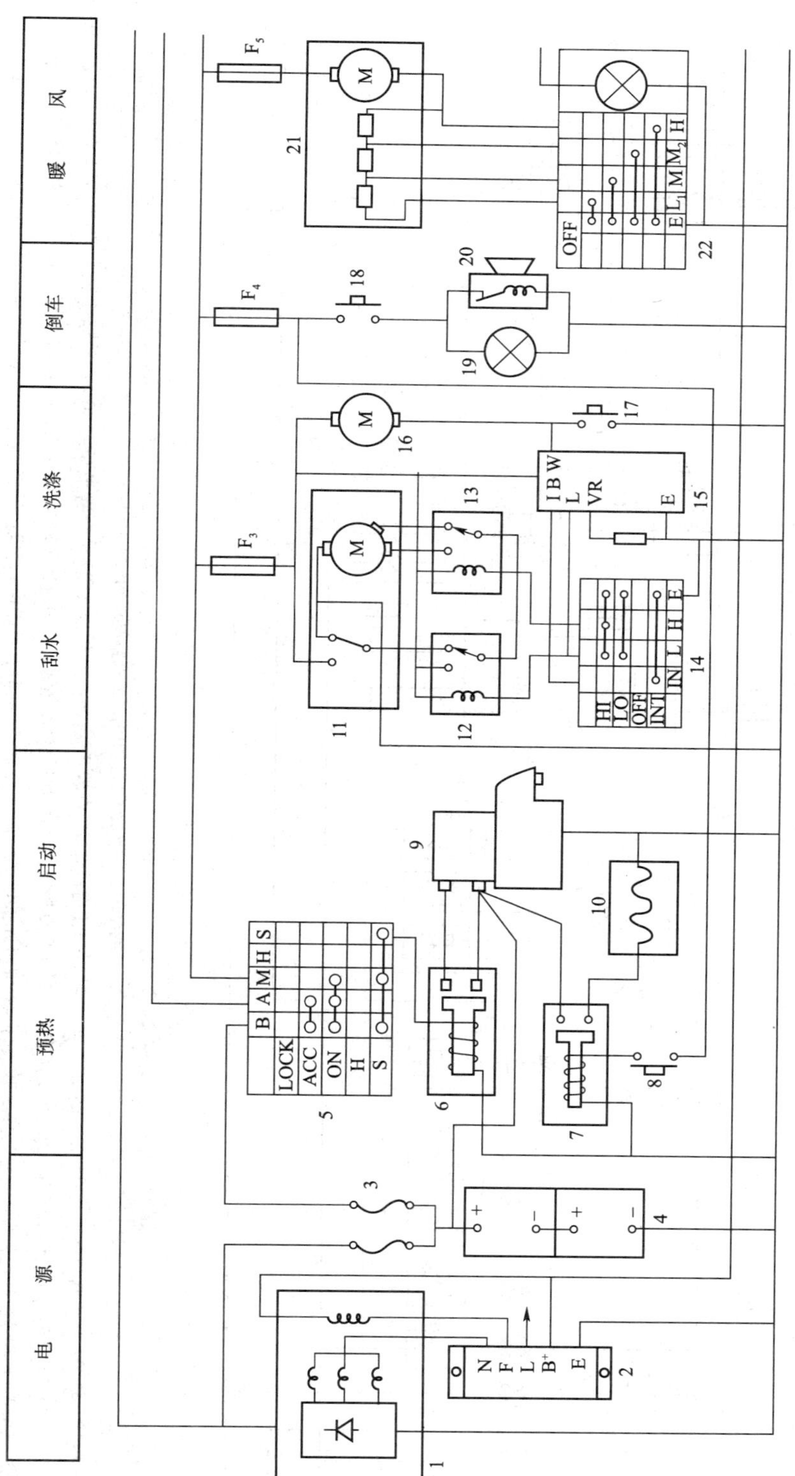

图17-31　解放 CA1110PK2L2 电路原理图(1)

1-发电机;2-调节器;3-易熔线;4-蓄电池;5-起动开关;6-启动继电器;7-预热继电器;8-预热按钮;9-起动机;10-空气加热器;11-风窗玻璃刮水器;12、13-风窗玻璃刮水器继电器;14-风窗玻璃刮水器开关;15-间歇控制器;16-洗涤泵;17-洗涤泵开关;18-倒车开关;19-倒车灯;20-蜂鸣器;21-暖风电动机;22-暖风电动机开关

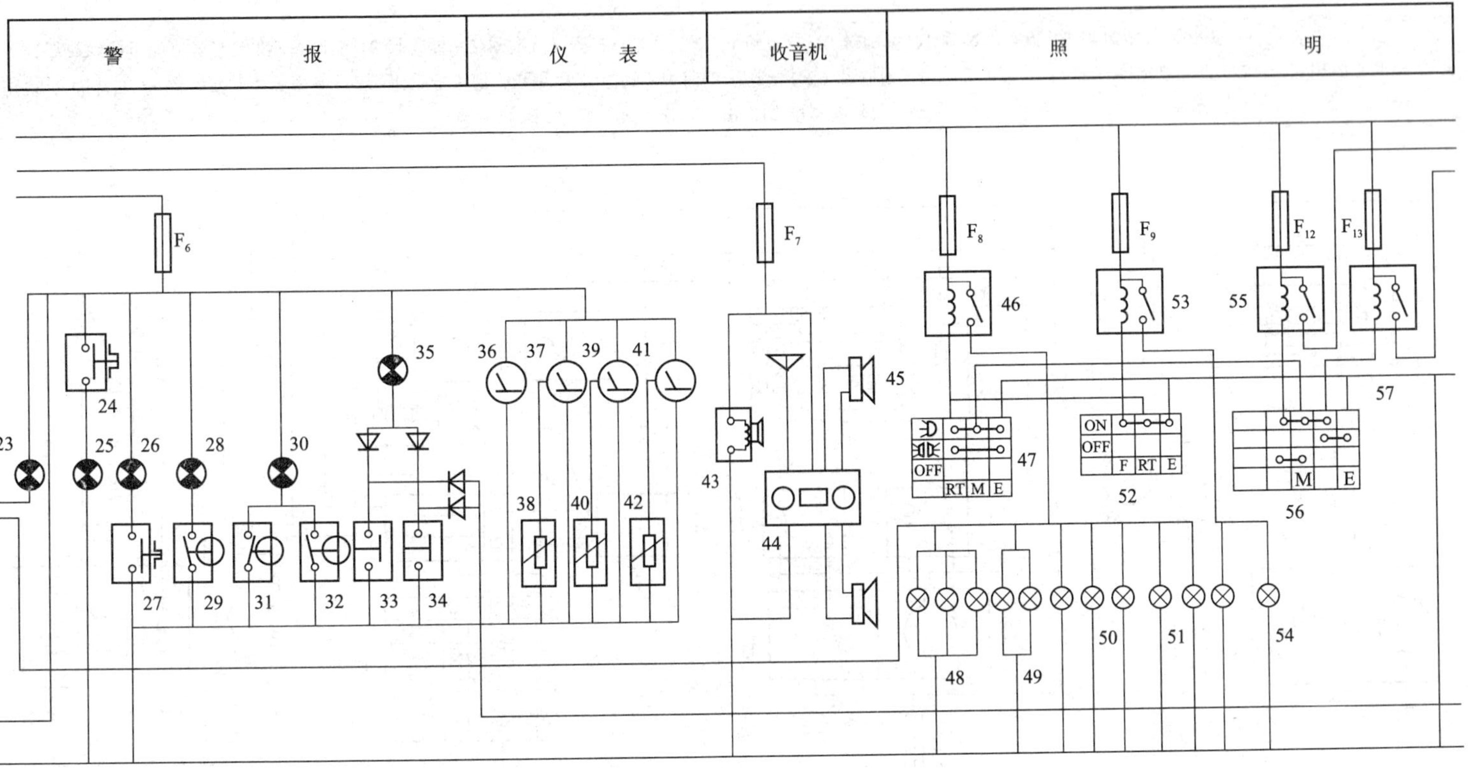

图 17-32 解放 CA1110PK2L2 电路原理图(2)

23-充电指示灯;24-驻车制动灯开关;25-驻车制动灯;26-驾驶室翻转指示灯;27-翻转开关;28-气压警报灯;29-气压警报开关;30-机油警报灯;31、32-机油警报开关及机油压力警报开关;33、34-车门开关;35-车门指示灯;36-电压表;37、39、41-冷却液温度表、油量表、油压表;38、40、42-冷却液温度传感器、油量传感器、油压传感器;43-点烟器;44-收放机;45-扬声器;46-小灯继电器;47-灯光开关;48-仪表灯;49-牌照灯;50-示宽灯;51-尾灯;52-雾灯开关;53-雾灯继电器;54-雾灯;55-远光继电器;56-变光开关;57-近光继电器

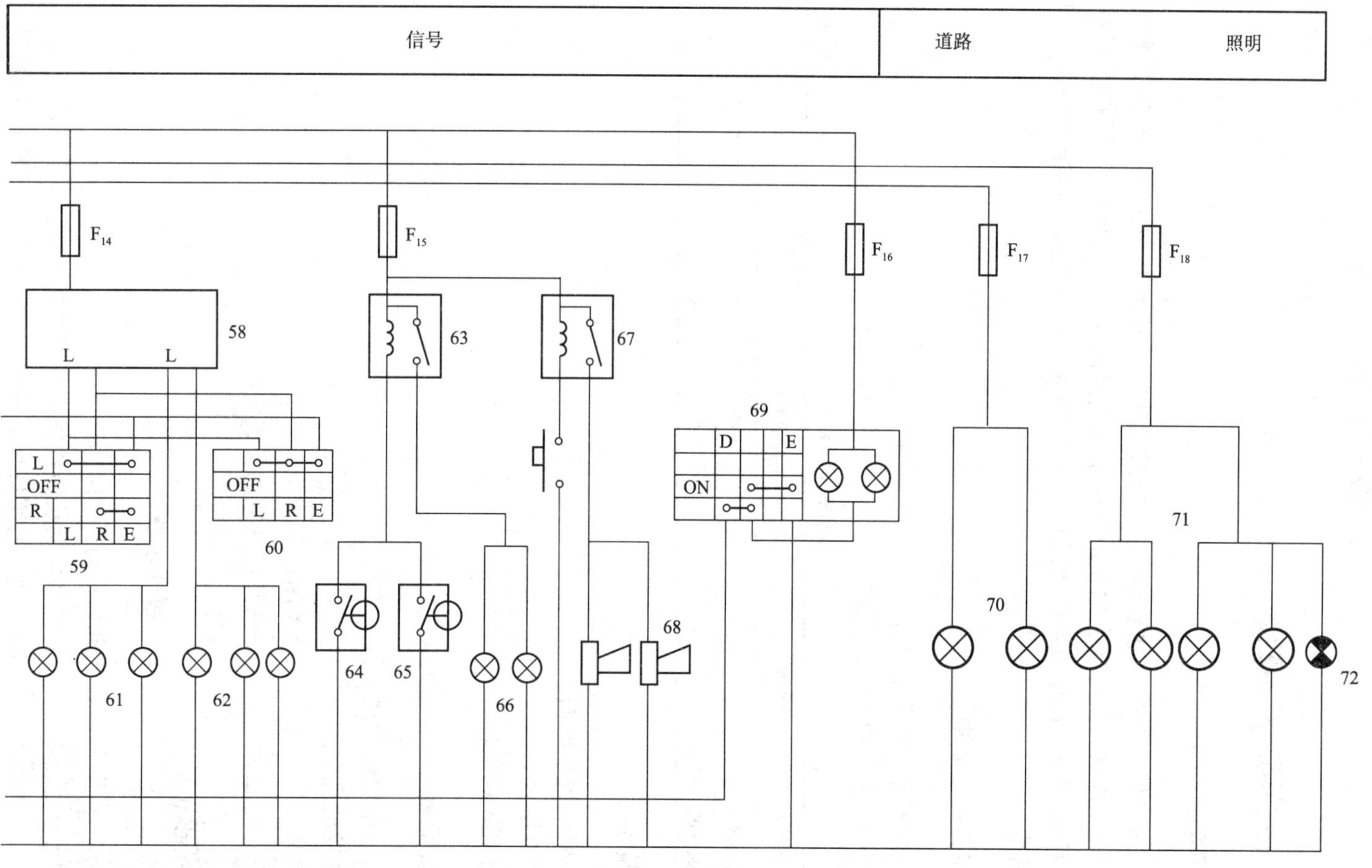

图17-33　解放CA1110PK2L2电路原理图(3)

58-闪光器;59-转向开关;60-遇险开关;61-左转向灯;62-右转向灯;63-制动灯继电器;64、65-制动开关;66-制动灯;67-喇叭继电器;68-电喇叭;69-室内灯;70-近光灯;71-远光灯;72-远光指示灯

二、任 务 实 施

项目1　更换前照灯熔断丝

1 项目说明

丰田威驰轿车由于发生交通事故后,进行过全车线束更换及相关电气设备的修复,在维修操作过程中,维修人员可能会错误地给此车配置比标准灯泡功率更大的灯泡或使用比额定功率小的保护装置,从而导致在质量检验的时候将前照灯电路中熔断丝烧坏,出现前照灯不亮的情况。

2 技术标准与要求

(1)每个学员独立完成此项目。

(2)技术标准见表17-10。

技 术 标 准　　　表17-10

熔断丝额定电流与前照灯的功率	左前照灯	右前照灯
熔断丝额定电流(A)	10	10
前照灯的功率(W)	55	55

3 设备器材

(1)丰田威驰轿车一辆。

(2)丰田万用表。

(3)丰田10A熔断丝。

4 作业准备

(1)铺上汽车检修用翼子板布。

(2)打开发动机罩。

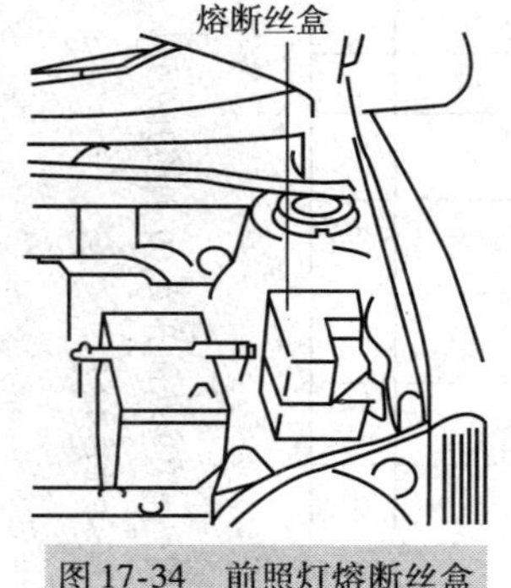

图17-34　前照灯熔断丝盒

(3)关闭点火开关。

(4)断开蓄电池的负极电缆接头。

(5)准备作业单。

5 操作步骤

拆卸前照灯熔断丝。

(1)打开发动机舱内的前照灯熔断丝盒,如图17-34所示。

(2)找到与前照灯相关的熔断丝并用随车配置工具将其拔下。

(3)安装相同型号的熔断丝。

6 记录与分析(表 17-11)

更换前照灯熔断丝作业记录单　　表 17-11

<table>
<tr><td>姓名</td><td></td><td>班级</td><td></td><td>学号</td><td></td><td>组别</td><td></td><td></td></tr>
<tr><td>车型</td><td></td><td>发动机编号</td><td></td><td>作业单号</td><td></td><td>作业日期</td><td></td><td></td></tr>
<tr><td rowspan="2">熔断丝在中央配电盒中的位置</td><td>左前</td><td></td><td rowspan="2">是否正常</td><td>左前</td><td></td><td rowspan="2">所选用熔断丝的额定电流</td><td>左前</td><td></td></tr>
<tr><td>右前</td><td></td><td>右前</td><td></td><td>右前</td><td></td></tr>
<tr><td colspan="3">处理措施</td><td colspan="6"></td></tr>
</table>

项目2 拆卸汽车前照灯开关

1 项目说明

一辆丰田威驰轿车已经行驶 10 万 km 以上,出现前照灯不亮的情况。

2 技术标准

技术标准见表 17-12。

技 术 标 准　　表 17-12

开 关 动 作	测 试 端 子	规 定 状 态
OFF	10 – 11、12 – 13	不导通
TAIL	10 – 13	导通
HEAD	10 – 13、11 – 12	导通
HEAD	11 – 12	导通

3 设备器材

(1)丰田威驰轿车一辆。
(2)丰田轿车维修手册。
(3)丰田轿车电路图。
(4)丰田万用表。
(5)十字螺丝刀一把。
(6)一字螺丝刀一把。

4 作业准备

(1)套上汽车三件套。
(2)准备作业单。

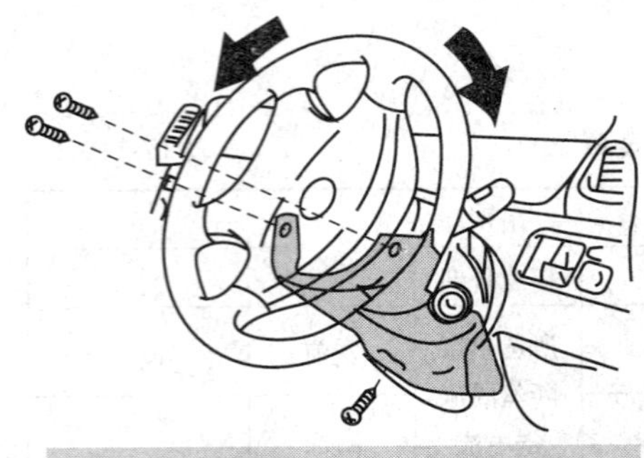
图 17-35　拆卸螺钉和转向管柱罩

5 操作步骤

(1)拆卸 3 个螺钉和转向管柱罩。如图 17-35 所示。

(2)一只手按下连接器锁销,另一只手握住连接器向外拉,以便拆开连接器,如图 17-36 所示。

(3)一只手用缠有胶带的一字螺丝刀压下线束连接器锁销,另一只手握住前照灯控制开关根部将其向外拉出,如图 17-37 所示。

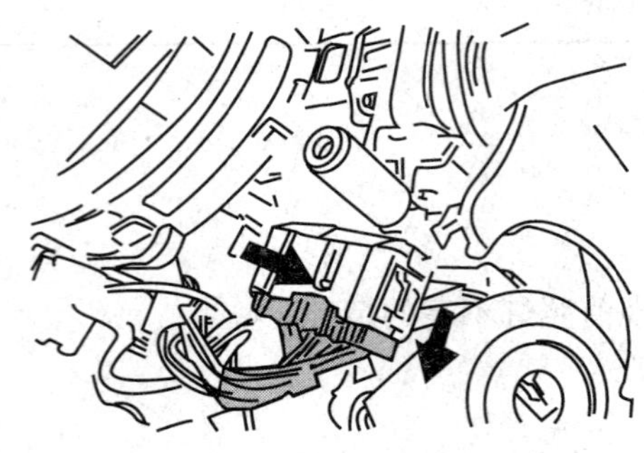
图 17-36　拆卸前照灯连接器

图 17-37　拆卸前照灯控制开关

三、学习评价

1)分析题

(1)分析丰田威驰轿车前照灯电路的工作原理。

(2)如何运用检测仪表进行电压、电流和电阻测量?

(3)简述汽车电气系统的基本检修方法及技术要点。

2)判断题

(1)丰田汽车前照灯受点火开关控制。　(　　)

(2)汽车电气设备都设置有保护装置。　(　　)

(3)汽车电气设备都可以用万用表测量其电阻值。　(　　)

(4)更换汽车前照灯灯泡后,需要进行灯光调整。　(　　)

(5)继电器的主要作用是用小电流控制大电流。　(　　)

3)选择题

(1)内装式电池密度计是通过观察显示窗的(　　)来判断电池存电量及性能的。(　　)

A. 刻度　　B. 颜色　　C. 亮度　　D. 密度

(2)下列关于灯泡使用不当的说法,哪一项正确?(　　)

A. 灯泡接触不良易烧　　B. 导线截面积过大易烧
C. 灯泡功率过小易烧　　D. 电压过高易烧

(3)行车灯左右亮度不一,甲认为,灯泡功率不一样,乙认为,亮度暗的灯具接触不良,你认为(　　)

A. 甲对　　B. 乙对　　C. 甲乙都对　　D. 甲乙都不对

(4)下列哪种说法是错误的?(　　)

A. 远光灯泡的功率比近光灯泡的功率大
B. 前照灯的灯泡是不能单独更换的
C. 前照灯的光束是可调的
D. 前照灯需要防水

四、拓 展 学 习

1 汽车电路的特点

1)低压

汽车电气系统的额定电压有6、12、24V三种。汽油车普遍采用12V电源,柴油车多采用24V电源(由两个12V蓄电池串联而成)。汽车运行中的电压,12V系统通常为14V,24V系统通常为28V。

2)直流

现代汽车发动机大多依靠电力起动,起动时的电力来源于蓄电池。由于交流电不能存储,所以蓄电池只能采用直流充电,汽车电气系统必然成为由蓄电池和发电机组成的直流供电系统。

3)单线制

单线连接是是指汽车上所有电气设备的正极均采用导线相互连接;而所有的负极则直接或间接(通过导线)与车架或车身金属部分相连,即搭铁。任何一个电路中的电流都是从电源的正极出发,经导线流入用电设备,再由电气设备自身或负极导线搭铁,通过车架或车身流回电源负极而形成回路。

由于单线制的导线用量少,线路清晰,接线方便,因而广泛采用。

4)并联连接

各用电设备均采用并联连接。亦即汽车上的两个电源(蓄电池与发电机)之间以及所有用电设备之间,都是正极接正极,负极接负极的并联连接。

由于采用并联连接,当某一支路的用电设备损坏时,并不影响其他支路用电设备的正常工作。

5)负极搭铁

采用单线制时,蓄电池的一个电极需接至车架或车身上,俗称“搭铁”。蓄电池的负极接车架或车身时,称之为负极搭铁。蓄电池的正极接车架或车身时,称之为正极搭铁。负极搭铁对车架或车身金属的化学腐蚀较轻,对无线电干扰小。汽车用电设备必须采用负极搭铁。

6)设有保护装置

为了防止因短路或搭铁而烧坏线束,电路中通常都设有保护装置,如熔断器、易熔线、断路器等。

7)汽车线路有颜色和编号特征

为了便于区别各线路的连接,汽车所有低压导线,必须选用不同颜色的单色或双色线,并在每根导线上编号。编号规则由生产厂家统一规定。

2 汽车电气系统故障种类

汽车电气系统的故障总体上可分为两大类:一类是电气设备故障;另一类是线路故障。

1)电气设备故障

电气设备故障是指电气设备自身丧失其原有机能,包括电气设备的机械损坏、烧毁,电子元件的击穿、老化、性能减退等。电气设备故障通常是因为线路故障引起的,而电气设备故障一般是可修复的。但对于一些不可拆的电子设备,出现故障后只能更换。

2)线路故障

线路故障包括断路、短路、接线松脱、接触不良或绝缘不良等。这一类故障有时容易出现一些假象,给故障诊断带来困难。例如:某搭铁线与车身出现接触不良,就有可能造成电气设备开关失控、电气设备工作出现混乱。这是因为有的搭铁线多为几个用电设备共用,一旦搭铁线出现接触不良,就有可能通过其他线路找到搭铁途径,造成一个或多个电气设备工作异常。

3 汽车电路检修方法

汽车电路发生故障主要有:断路、短路、电气设备损坏等。为了能迅速准确地诊断故障,下面介绍几种常见的诊断方法。

1)直观诊断法

汽车电路发生故障时,有时会出现冒烟、火花、异响、焦臭、发热等异常现象。这些现象可通过人的眼、耳、鼻、身感觉到,从而可以直接判断出故障所在部位。

例如汽车行驶中,突然发现转向指示灯不亮,用手一摸,发现闪光器烫手,说明闪光器已被烧坏或熔断丝烧断。

2)断路法

汽车电气设备发生搭铁(短路)故障时,可用断路法判断。即将怀疑有搭铁故障的电路断路后,根据电气设备中搭铁故障是否还存在,来判断电路搭铁的部位和原因。

例如,汽车行驶时,听到电喇叭长鸣,则可以将继电器“按钮”接柱上的导线拆开,此时如果喇叭停鸣,则说明喇叭按钮至继电器这段电路中有搭铁现象。

3)短路法

汽车电路出现断路故障,可以用短路法判断,即用螺丝刀或导线将被怀疑有断路故障的电路短接,观察仪表指针变化或电气设备的工作状况,从而判断出该电路中是否存在断路故障。

例如，怀疑汽车电路中的各种开关有故障，可用导线将开关短接来判断开关的好坏。

4）试灯法

试灯法就是用一只汽车用灯泡作为试灯，检查电路中有无断路故障。

例如，发动机不运转时，用试灯的一端和交流发电机的“电枢”接柱连接，另一端搭铁。如果灯不亮，说明蓄电池至交流发电机“电枢”接柱间有断路现象；若灯亮，说明该段电路良好。

5）仪表法

观察汽车仪表板上的电流表、冷却液温度表、燃油表、机油压力表等的指示情况，判断电路中有无故障。

例如，发动机冷态，接通点火开关时，电热式冷却液温度表指示满刻度位置不动，说明冷却液温度表传感器有故障或该线路有搭铁。

6）高压试火法

对高压电路进行搭铁试火，观察电火花状况，判断点火系统的工作情况。具体方法是：取下点火线圈或火花塞的高压导线，将其对准火花塞或缸盖等，距离约5mm，然后起动发动机，看其跳火情况。如果火花强烈，呈天蓝色，且跳火声较大，说明点火系统工作基本正常；反之为不正常。

7）低压搭铁试火法

拆下用电设备的某一接线端子，对汽车的金属部分（搭铁）碰试，根据产生火花的强弱来判断故障。这种方法简单实用，应用较广。但对于装用电子设备的系统，一般不允许使用这种方法，必须借助于一些仪表和工具，按照一定的方法进行。否则“试火”产生的过电流，会给某些电路和元件带来意想不到的损害。

搭铁试火法可分为直接搭铁和间接搭铁两种。

所谓直接搭铁，是指未经过负载而直接搭铁。例如，要判断点火线圈至蓄电池的一段电路是否有故障，可拆下点火线圈上连接点火开关的接线端子，在汽车车身或车架上刮碰，如果有强烈火花，说明该电路正常；如果无火花，说明该段电路断路。

间接搭铁是指通过汽车电器的某一负载搭铁。例如，将点火线圈初级绕组的搭铁控制端搭铁，如果有火花，说明这段线路正常；如果无火花，说明电路有断路故障。

8）仪器仪表法

利用万用表、示波器等仪器仪表可对电气元件和电子控制系统工作参数进行快速准确检测，以判断其技术状况。

对现代汽车上越来越多的电子设备来说，仪器仪表检测法具有省时、省力和诊断准确的优点，但要求操作者必须具备熟练应用万用表、示波器等的技能，并准确把握汽车电气元件和系统的工作原理和标准数据。

9）换件对比法

是指用规格相同、性能良好的电器去代替怀疑有故障的电气设备，以进行比较和判断故障的方法。对于难以诊断且故障涉及面广的故障（如电控单元），可利用换件对比的方法以确定或缩小故障范围。

电喷发动机的喷油器不喷油时，若怀疑电控单元有故障，可用良好的电控单元进行代换，若喷油，说明电控单元损坏，否则，应继续查找。

10)模拟法

用于对各种传感器、指示机构工况的判断,此法必须熟悉汽车的电路参数。例如,解码器显示冷却液温度为40℃,用200Ω的电阻代替冷却液温度传感器后,若解码器显示90℃,说明冷却液温度传感器损坏。

4 检修汽车电路注意事项

(1)拆下或装上蓄电池时,应确保点火开关和其他开关都已断开,否则,会导致半导体元器件的损坏。同样,拆卸和安装元器件时,应切断电源。

(2)拆卸蓄电池时,应先拆下负极电缆接头;装上蓄电池时,应最后连接负极电缆接头。

(3)更换熔断器时,其规格不能更改,切勿用导线替代。

(4)正确拆卸线束插接器(插头与插座)。为了防止插接器在汽车行驶中脱开,所有的插接器均采用了闭锁装置。要拆开插接器,首先要解除闭锁,然后把插接器拉开,不允许在未解除闭锁的情况下用力拉导线,否则,会损坏闭锁或连接导线。

(5)在发动机工作时,不要拆下蓄电池连接线。这对于装有电控装置的车辆尤为重要。

(6)不允许使用绝缘电阻表及指针式万用表的R×100以下低阻欧姆挡检测小功率晶体管,以免过电流损坏晶体管。对电子控制单元和传感器等电子设备的测试,一般应使用高阻抗(内阻不低于10kΩ)的数字式万用表。

(7)靠近振动部件(如发动机)的线束应用卡子固定,并将松弛部分拉紧,以免由于振动造成线束与其他部件碰擦。

(8)紧挨尖锐金属部件的线束部分应用胶带缠好,以免磨破;安装固定零件时,应确保线束不被夹住或损坏。

(9)安装线束插接器时,应确保插接到位、锁止牢靠。

(10)维修工作中,对电器和电子元器件应轻拿轻放,不能粗暴对待;若维修工作区温度超过80℃(如进行焊接作业时),应先拆下对温度敏感的器件(如继电器、ECU等)。

(11)焊接电子元件时,用恒温或功率小于75W的电烙铁。如无特殊说明,元件引脚距焊点应不小于10mm。对于金属氧化物半导体管(MOS),则应当心静电击穿。焊接时,烙铁插头应从电源上拔下。

(12)更换晶体管时,应首先接入基极;拆卸时,则应最后拆卸基极。

(13)对于不可拆卸的电子元器件,如厚膜封装调节器、固封电子电路等,当电路故障可能涉及它们的内部时,往往难以判断。此时应先从外围逐一检查排除,最后才能确定它们是否损坏。有些进口汽车的电子元器件,虽然可以拆卸,但往往因缺少同型号可以代替的分立元件而无法修复。

学习任务18　汽车发动机电气系统的结构与拆装

工作情境描述

某丰田威驰轿车，已行驶10万km。起动过程中发动机不易着车，行驶过程中动力不足。经检查汽油压力正常，空气滤清器无堵塞，发动机无故障码，没有相应的故障记录，经过这一系列检查后，基本可以判定该发动机的电气系统出现故障从而导致上述故障。

本章任务是能够掌握汽车发动机的电气系统，结合丰田维修手册，拆装交流发电机、起动机、分电器及点火正时的调整。

学习目标

通过本任务学习，应能：

1. 正确使用和维护蓄电池；
2. 正确使用和维护交流发电机；
3. 正确使用和维护起动机；
4. 正确调整点火正时。

学习时间

18学时。

学习引导

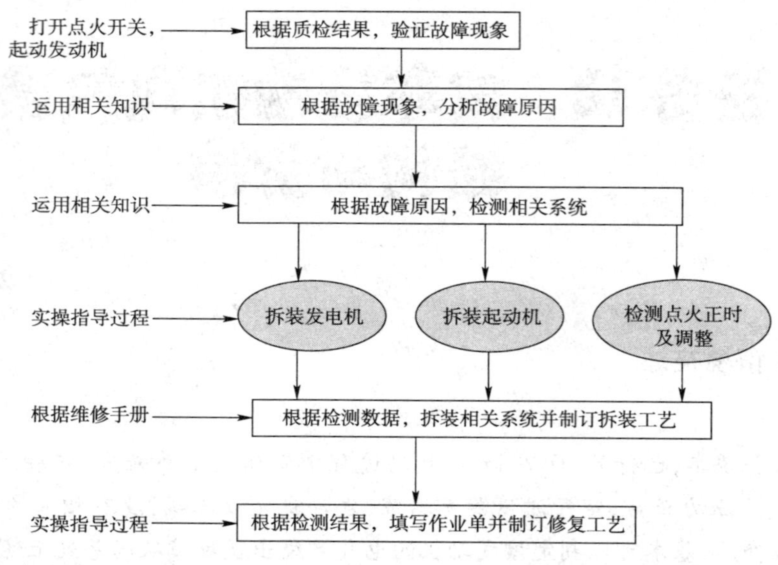

一、知 识 准 备

1 电源系统组成和工作原理

1)电源系统组成

电源系统主要由蓄电池、发电机、起动机和点火开关组成,如图18-1所示。

2)电源系统工作原理

(1)蓄电池。蓄电池的正极用一根黑/红色电缆与起动机的30号接线柱相连,以向起动机供电。蓄电池的正极的另外一支路则通过60A熔断丝连接至点火开关,以向其他用电设备供电。

发电机的B+端子用一根的黑/红色线通过熔断丝盒中的100A熔断丝与蓄电池的正极相连,以在发动机运转时向蓄电池充电。

(2)起动机。起动机自身内部搭铁。接点30如前所述,接点50用黑/白两色线与插接器连接,并通过插接器接点与启动继电器连接,组成起动机电磁开关的控制电路,当启动继电器1端子得电,起动机便工作。起动机接点30的接线如前蓄电池接线所述。

(3)发电机。发电机的L端子,通过一根黄线与IG1插接器的5号端子连接,再通过线路IE10和IG9端子连接仪表板,经充电指示灯连接点火开关。在点火开关断开时,发电机的L端子无电,而B端子与S端子为蓄电池电压。点火开关闭合发动机未起动时,蓄电池向发电机的L端子供电,并通过发电机自身搭铁。此时仪表板内的二极管正向导通,充电指示灯亮。在发电机内部,L端子通过IG端子向发电机激磁绕组提供励磁电流,此时发电机处于他励状态。发电机起动后,发电机发电,IG端子的电压由发电机提供,从而进入自激

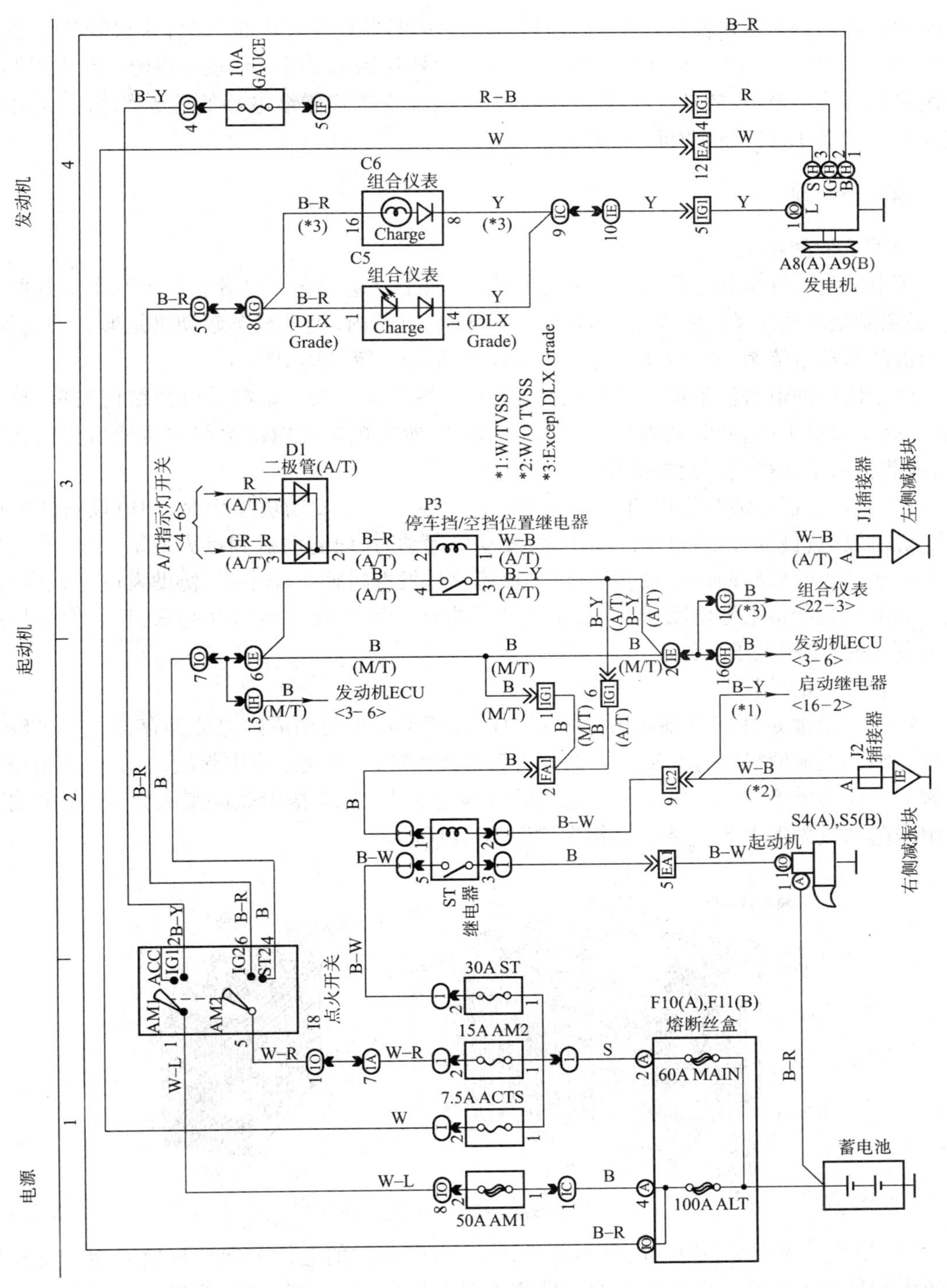

图 18-1　丰田威驰轿车电源系统电路

状态。由于此时二极管两端等电位而不导通,因此充电指示灯熄灭。

(4)点火开关。点火开关有 6 个接点。其上的 3 号 A_{CC}端子用白蓝双色线,控制收放机及时钟电路。2 号 IG1 端子用黑黄线通过 10A 的熔断器连接发电机、组合仪表等其他用电设备。6 号 IG2 端子向发动机控制单元、自动变速器控制单元等其他设备供电。4 号 ST2 端子用黑色线连接至 IE 的端子 6,其一支路经停车挡/空挡位置继电器的端子 5,另一支路连接发动机 ECU 以提供起动机起动信号。

2 蓄电池

1)蓄电池的功用

蓄电池是一种将化学能转变为电能的装置,属于可逆的直流电源。用于汽车上的蓄电池,必须满足起动发动机的需要,即在 5 ~ 10s 的短时间内,提供汽车起动机足够大的电流。汽油机的起动电流为 200 ~600A,有些柴油机的起动电流可达 1000A。

由于使用的电解液不同,起动型蓄电池分为酸性和碱性。铅酸蓄电池结构简单,价格低廉,易于大量生产,同时其内阻小,起动性能好,能在短时间内供给起动机所需要的大电流,因此在汽车上得到广泛的应用。

在汽车上,蓄电池与发电机并联向用电设备供电。在发动机工作时,用电设备所需电能主要由发电机供给。蓄电池的功用为:发动机起动时,向起动机和点火系统供电;发电机不发电或电压较低时向用电设备供电;电负荷超过发电机输出功率时,协助发电机供电;发电机端电压高于蓄电池电动势时,将发电机的电能转变为化学能储存起来;吸收发电机的过电压,保护车用电子元件。

2)蓄电池的结构

铅酸蓄电池是在盛有稀硫酸的容器中插入两组极板而构成的电能储存器,它由极板、隔板、外壳、电解液等部分组成。容器分为 3 格或 6 格,每格里装有电解液,正负极板组浸入电解液中成为单格电池。每个单格电池的标称电压为 2V,3 格串联起来成为 6V 蓄电池,6 格串联起来成为 12V 蓄电池。其构造如图 18-2 所示。

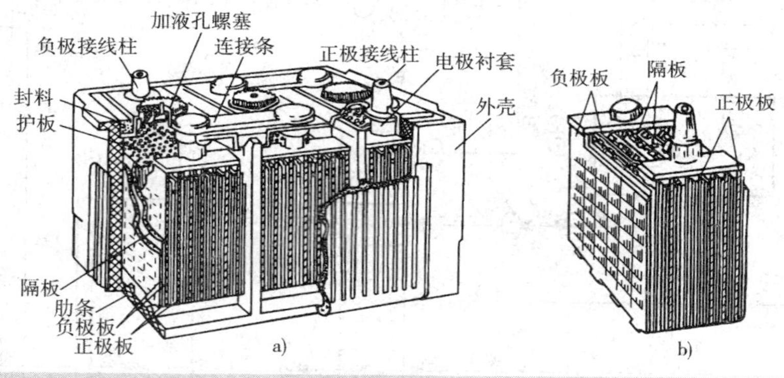

图 18-2 蓄电池的构造

(1)极板。极板是蓄电池的基本部件,由它接受充入的电能和向外释放电能。极板分正极板和负极板两种。正极板上的活性物质是二氧化铅,呈棕红色;负极板上的活性物质是海绵状纯铅,呈青灰色。蓄电池在充电与放电过程中,电能和化学能的相互转换是依靠极板上的活性物质和电解液中硫酸的化学反应来实现的。

正、负极板上的活性物质分别充填在铅锑合金铸成的栅架上。铅锑合金中,铅占 94%,

锑占6%。加入少量的锑是为了提高栅架的机械强度，并改善浇铸性能。但是铅锑合金耐电化学腐蚀性能较差，在要求高倍率放电和提高比能量而采用薄形极板时，高锑含量板栅势必导致使用寿命的降低，因此，采用低锑合金就十分重要了。目前板栅含锑量为2%～3%。在板栅合金中加入0.1%～0.2%的砷，可以减缓腐蚀速度，提高硬度与机械强度，增强其抗变形能力，延长蓄电池的使用寿命。目前国内外已普遍使用铅锑砷合金做板栅。

出于对使用期限的考虑，正极活性物质脱落和板栅腐蚀是决定蓄电池使用寿命的主要原因，因此正极板栅要厚一些，负极板栅厚度一般为正极板栅厚度的70%～80%。国产蓄电池负极板厚度为1.6～1.8mm，也有薄至1.2～1.4mm的；正极板厚度为2.2～2.4mm，也有薄至1.6～1.8mm的。薄形极板的使用能改善汽车的起动性能，提高蓄电池的比能量。

为了增大蓄电池的容量，一般将多片正极板（4～13片）和多片负极板（5～14片）分别并联，组成正极板组和负极板组。安装时，将正负极板组相互嵌合，中间插入隔板，就成了单格电池。在每个单格电池中，负极板的数量总是比正极板要多一片。正极板都处在负极板之间，最外面2片都是负极板。因为正极板活性物质较疏松，机械强度低，这样把正极板都夹在负极板中间，使其两侧放电均匀，保持正极板工作时不易因活性物质膨胀而翘曲，造成活性物质脱落。

（2）隔板。为了减少蓄电池内部尺寸，降低蓄电池的内阻，蓄电池内部正负极板应尽可能靠近。但为了避免相互接触而短路，正负极板之间要用绝缘的隔板隔开。隔板材料应具有多孔性结构，以便电解液自由渗透，而且化学性能应稳定，具有良好的耐酸性和抗氧化性。常见的隔板材料有木质、微孔橡胶、微孔塑料、玻璃纤维纸浆和玻璃丝棉等几类。

隔板为一厚度小于1mm的长方形片，其长和宽均比极板略大一点，成形隔板的一面有特制的沟槽。安装时，应将带沟槽的一面竖直朝向正极板。

（3）铅酸蓄电池的电解液，是由密度为1.84g/cm^{3}的纯硫酸和蒸馏水配制而成，密度一般为1.24～1.31g/cm^3。电解液的纯度是影响蓄电池的电气性能和使用寿命的重要因素。一般工业用硫酸和普通水因含有铁、铜等有害杂质，绝对不能加入到蓄电池中，否则容易产生自行放电现象，并且容易损坏极板。蓄电池电解液要用规定的蓄电池专用硫酸和蒸馏水配制，硫酸标准见GB 4554—1984《蓄电池用硫酸》，蒸馏水标准见ZBK 84004—1989《铅酸蓄电池用水》。配制不同密度的电解液必须按一定的体积比或质量比进行，如电解液密度为1.20g/cm^3，则硫酸与蒸馏水的体积比应为1∶4.33，硫酸与蒸馏水的质量比应为1∶2.36（以25℃时硫酸密度为1.83g/cm^{3}计算），其他密度的电解液可按此关系进行换算。

（4）外壳。蓄电池外壳为一整体式结构的容器，极板、隔板和电解液均装入外壳内。蓄电池电压一般有6V和12V两种规格，外壳内由间壁分隔成3个和6个互不相通的单格。例如，12V蓄电池内分成6个单格，由5个单格壁将容器分为互不相通的6个小容器。各个单格底部做有垫角，其凸起的肋条用以搁置极板组，使其下方有足够的空间作为沉淀槽，容纳脱落的活性物质，以免堆积起来，使正负极板相接触而造成短路。

外壳应耐酸、耐热、耐寒、抗振动，并具有足够的机械强度。常用的材料有硬质橡胶、沥青塑料、工程塑料。其中工程塑料美观透明，耐酸抗腐蚀，质量轻，强度高，发展迅速。我国目前已大量生产聚丙烯等工程塑料外壳。

（5）铅连接条。由于蓄电池各单格为串联连接，因此不同极性的极桩应用铅连接条连接起来。铅连接条由铅锑合金铸成,有外露式、跨桥式和穿壁对焊式三种,前者用在硬橡胶外壳和盖上,后两种用在塑料外壳和盖上。

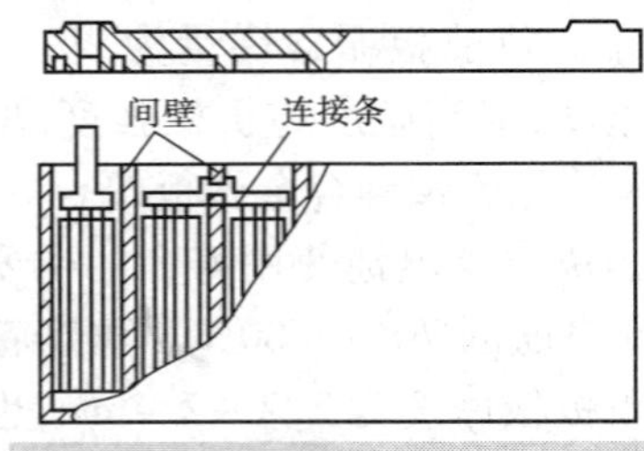

图 18-3 单格电池之间的穿壁焊示意图

外露式是指连接条外露在蓄电池盖的上面;跨桥式是指连接条下部在蓄电池的平面上,或埋在盖下,连接部分跨接在各单格电池的中间壁上;穿壁对焊式是指在中间壁上钻孔,使极板组柄直接穿过中间隔壁而将各单格电池连接起来,如图 18-3 所示。

3)蓄电池工作原理

根据双极硫酸盐化理论,蓄电池中参与化学反应的物质,正极板上是 PbO_2,负极板上是 Pb,电解液是 H_2SO_4的水溶液。蓄电池放电时,正极板上的 PbO_2和负极板上的 Pb 都变成 $PbSO_4$,电解液中的 H_2SO_4减少,密度下降。蓄电池充电时,则按相反的方向变化,正极板上的 $PbSO_4$恢复成 PbO_2,负极板上的 $PbSO_4$恢复成 Pb,电解液中的 H_2SO_4增加,密度增大。

(1)蓄电池电动势的建立。极板浸入电解液后,由于少量的活性物质溶解于电解液,产生了电极电位,并且由于正负极板的电极电位不同而形成了蓄电池的电动势。

在正极板处,少量的 PbO_2溶入电解液中,与水生成 $Pb(OH)_4$,再分离成四价铅离子和氢氧根离子,即:

$$PbO_2 + 2H_2O \longrightarrow Pb(OH)_4$$
$$Pb(OH)_4 \longrightarrow Pb^{4+} + 4OH^-$$

其中,溶液中的 Pb^{4+}有沉淀极板的倾向,使极板呈正电位,同时由于正、负电荷的吸引,极板上 Pb^{4+}有与溶液中 OH^-结合生成 $Pb(OH)_4$的倾向,当两者达到动态平衡时,正极板的电极电位约为 +2.0V。

同理,在负极板处,金属铅受两方面的作用:一方面它有溶解于电解液的倾向,因而极板表面上有少量 Pb^{2+}进入电解液,使极板带负电;另一方面,由于正、负电荷的吸引,Pb^{2+}有沉淀于极板表面的倾向。当两者达到动态平衡时,极板的电极电位约为 -0.1V。

因此,一个充足电的蓄电池,在静止状态下的电动势 E_0约为 2.1V。实际测定的结果是 $E_0 = 2.044V$。

(2)蓄电池的放电过程。如果将蓄电池与外电路的负荷接通,例如接通汽车前照灯开关,蓄电池与前照灯就组成了完整的电路。当电路中产生电流时,电子 e 从负极板经过外电路的负荷流向正极板,使正极板的电位下降,从而破坏了原有的平衡状态。流到正极板的电子 e 与 Pb^{2+}化合,变成二价离子 Pb^{2+},Pb^{2+}与 SO_4^{2-}化合,生成 $PbSO_4$而沉淀在正极板上,即:

$$Pb^{4+} + 2e \longrightarrow Pb^{2+}$$
$$Pb^{2+} + SO_4^{2-} \longrightarrow PbSO_4$$

在负极板处,Pb^{2+}与电解液中的 SO_4^{2-}化合也生成 $PbSO_4$,沉附在负极板上,而极板上的金属铅继续溶解,生成 Pb^{2+},留下电子 2e。

在外部电路的电流继续流通时,蓄电池正极板上的 PbO_2和负极板上的 Pb 将不断转变为 $PbSO_4$,电解液中的 H_2SO_4逐渐减少,而 H_2O 逐渐增多,电解液密度下降。铅蓄电池放电时的化学过程如图 18-4 所示。

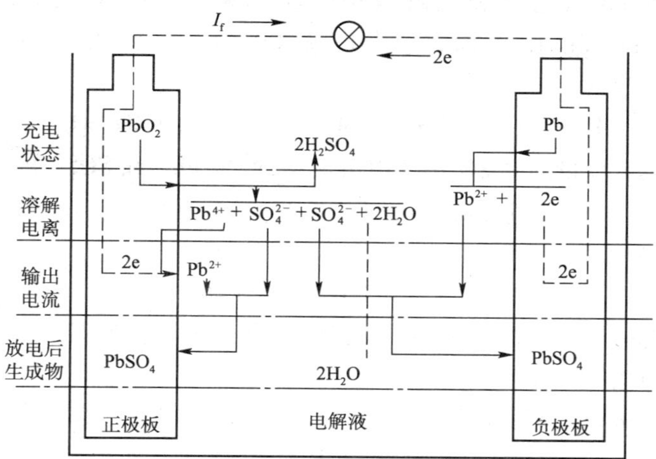

图18-4　铅蓄电池的放电过程

从理论上说，蓄电池的这种放电过程将进行到极板上的所有活性物质全部转变为Pb_2SO_4为止，而实际上不可能达到这种情况，因为电解液不能渗透到极板活性物质最内层中去。在使用中所谓完全放电的蓄电池，极板上的活性物质材料实际上只有20%～30%转变成了$PbSO_4$。因此，采用薄型极板，增加多孔性，提高极板活性物质的利用率是蓄电池工业的发展方向。我国已经有一些厂家生产薄型极板蓄电池。

(3)蓄电池的充电过程。充电时蓄电池的正负两极接通直流电源，当电源电压高于蓄电池的电动势E时，在电源力的作用下，电流将以相反的方向通过蓄电池，即由蓄电池的正极流入，从蓄电池的负极流出，也就是电子由正极板经外电路流向负极板。这时正负极板发生的化学反应正好与放电过程相反，其化学反应过程如图18-5所示。

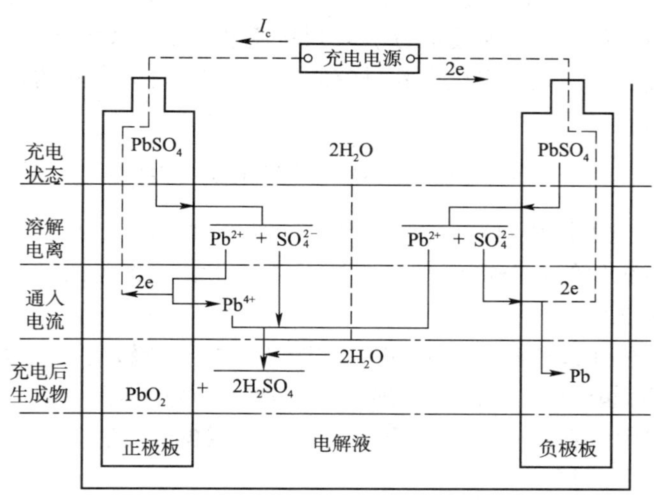

图18-5　铅蓄电池的充电过程

在正极板处，有少量的$PbSO_4$溶于电解液中，产生Pb^{2+}和SO_4^{2-}，Pb^{2+}在电源力作用下

失去两个电子变成 Pb^{4+},它又和电解液中解析出来的 OH^- 结合,生成 $Pb(OH)_4$,$Pb(OH)_4$再分解成为 PbO_2和 H_2O,而 SO_4^{2-} 与电解液中的 H^+化合生成 H_2SO_4。正极板上的总反应为:

$$PbSO_4 - 2e + 2H_2O + SO_4^{2-} \longrightarrow PbO_2 + 2H_2SO_4$$

在负极板处,也有少量的 $PbSO_4$溶于电解液中,产生 Pb^{2+} 和 SO_4^{2-},Pb^{2+} 在电源力的作用下获得两个电子变成金属 Pb,沉附在极板上,而 SO_4^{2-} 则与电解液中的 H^+化合生成 H_2SO_4。负极板上的总反应为:

$$PbSO_4 + 2e + 2H^+ \longrightarrow Pb + H_2SO_4$$

由此可见,在充电过程中,正负极板上的 $PbSO_4$将逐渐恢复为 PbO_2和 Pb,电解液中的硫酸(H_2SO_4)成分逐渐增多,水(H_2O)逐渐减少。

充电期间,电解液相对密度将升到最大值,并且会引起水的分解。其反应式为:

$$H_2SO_4 \rightleftharpoons 4H^+ + 2SO_4^{2-}$$

负极上的反应为:

$$4H^+ + 4e \longrightarrow 2H_2 \uparrow$$

正极上的反应:

$$2SO_4^{2-} - 4e + 2H_2O \longrightarrow H_2SO_4 + O_2 \uparrow$$

蓄电池的总反应为:

$$H_2SO_4 + 2H_2O \longrightarrow H_2SO_4 + 2H_2 \uparrow + O_2 \uparrow$$

因此,实际上分解的是 H_2O,即:

$$2H_2O \longrightarrow 2H_2 \uparrow + O_2 \uparrow$$

由蓄电池充放电时的化学反应过程,可以得出如下几点结论:

①蓄电池在放电时,电解液中的硫酸将逐渐减少,而水将逐渐增多,电解液相对密度下降;蓄电池在充电时,电解液中的硫酸将逐渐增多,而水将逐渐减少,电解液相对密度增加。因此,可以通过测量电解液相对密度的方法来判断蓄电池的充放电程度。在蓄电池的充放电过程中,极板的活性物质是处在化合和分解的运动之中,略去中间的化学反应,这一运动的过程可以表示为:

$$PbO_2 + Pb + H_2SO_4 \underset{\text{充电}}{\overset{\text{放电}}{\rightleftharpoons}} 2PbSO_4 + 2H_2O$$

②在充放电时,电解液相对密度发生变化,主要是由于正极板的活性物质化学反应的结果,因此要求正极板处的电解液流动性要好。所以在装配蓄电池时,应将隔板有沟槽的一面对着正极板,以便电解液流通。

③蓄电池放电终了时,极板上只有 20% ~30% 的活性物质转变为硫酸铅,尚余有 70% ~80% 的活性物质没有起作用。因此,要减轻铅蓄电池的质量,提高供电能力,应该充分提高极板活性物质的利用率,在结构上提高极板的多孔性,减少极板的厚度。

4)蓄电池的使用与维护

(1)蓄电池的安全使用注意事项。

①如果取下车上的蓄电池,首先拆下蓄电池的负极电缆。

②严格遵守各种充电方法规定的充电规范。

③将充电机与蓄电池连接时，要注意极性，正对正，负对负，以免损坏蓄电池。

④在充电机工作时，不要连接或脱开充电机引线。

⑤在充电过程中，要注意各个单格电池电压和电解液相对密度，及时判断充电程度和技术状况。

⑥在充电过程中，要注意各个单格电池的温升，以免温度过高，影响蓄电池的使用寿命。

⑦室内充电时，打开蓄电池加液孔盖，使气体顺利逸出，以免发生事故。

⑧充电室要安装通风设备，严禁在蓄电池附近产生电火花、明火和吸烟。

⑨充电时，连接导线必须连接可靠。

(2)蓄电池的维护。实践证明，只有正确使用与维护蓄电池，才能保证蓄电池经常处于完好的工作状态并延长其使用寿命。在日常使用中，应注意做好如下工作：

①定期检查蓄电池安装是否牢固，线夹与极桩的连接是否牢固，并及时清除线夹和极桩上的氧化物。在其表面涂上凡士林或黄油可防止氧化。

②经常检查蓄电池表面是否清洁。应及时清除灰尘、油污、电解液等脏物。保持加液孔盖通气小孔畅通。

③定期检查电解液的液面高度，液面一般应高出极板 10 ~ 15mm。液面过低时应及时补充蒸馏水。除非确实知道液面降低是由于电解液溅出所致，否则一般不允许加注硫酸溶液。

④检查蓄电池的放电程度，如果放电程度冬季超过 25%，夏季超过 50% 时，就应对蓄电池进行补充充电。

⑤定期对蓄电池进行补充充电(不考虑蓄电池放电程度强制性进行补充充电)，以保证蓄电池始终保持充足电状态，避免极板硫化。定期补充充电一般为每月一次，城市公共汽车可短些，而长途运输车辆可长一些。

⑥连接蓄电池时，细心查明极性，正对正，负对负。

⑦脱开蓄电池时，始终要先拆负极(搭铁)电缆。

⑧千万不要将金属工具放置在蓄电池上，否则，可能引起蓄电池短路而引发事故。

⑨蓄电池充电时析出的气体(H_2和 O_2)极易爆炸，应避免在蓄电池附近电焊或明火，禁止在蓄电池周围吸烟。

3　交流发电机

1)交流发电机的作用

交流发电机是汽车上的电源之一，它与发电机调节器互相配合工作，其主要任务是对除启动机以外的所有用电设备供电，并向蓄电池充电。发电机有交流和直流两种。交流发电机是随着半导体整流技术的出现而发展起来的，目前主要有硅整流式交流发电机、感应子式交流发电机等几种，其中以硅整流交流发电机应用最为普遍，已基本取代了传统的直流发电机。

2)交流发电机的结构

汽车用交流发电机多采用三相同步交流发电机，由 6 只二极管构成三相桥式全波整流器。各国生产的交流发电机大同小异,主要由定子、转子、集电环、电刷、整流二极管、前后端盖、风扇及带轮等组成。有的还将调节器与发电机装在一起。

(1)转子。交流发电机的转子是发电机的磁场部分,它主要由两块爪极、磁场绕组、集电环及轴等组成。如图 18-6 所示。

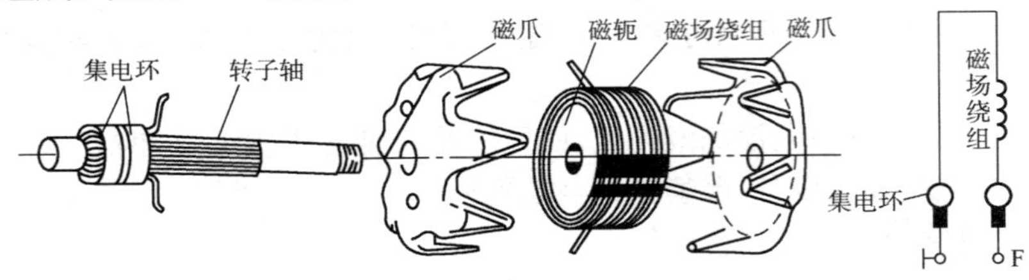

图 18-6　交流发电机转子

两块爪极被压装在转轴上,且内腔装有磁轭,其上绕有磁场绕组。绕组两端的引线分别焊在与轴绝缘的两个集电环上。两个电刷装在与端盖绝缘的电刷架内,通过弹簧力使其与集电环保持接触。当发电机工作时,两电刷与直流电源连通,可为磁场绕组提供定向电流并产生轴向磁通。使两块爪极被分别磁化为 N 极和 S 极,从而形成犬牙交错的磁极对并沿圆周方向均匀分布。磁极对数可为 4 对、5 对、6 对和 7 对。国产发电机大多采用 6 对磁极。爪极凸缘的外形像鸟嘴,这种形状可以使定子感应的交流电动势近似于正弦波形。转子每转一周,定子的每相电路就能产生周波个数等于磁极对数的交流电动势。

(2)定子。定子是产生和输出交流电的部件,又称电枢,由定子铁芯和定子绕组组成。定子铁芯由相互绝缘的内圆带槽的环状硅钢片叠成。定子槽内置有三相对称绕组,三相绕组连接方法大多数为Y形(星形)连接,也有用△形(三角形)连接的。

为使三相绕组中产生大小相等、相位差 120°(电角度)的对称电动势,三相绕组的绕法应遵循以下原则:

①每相绕组的线圈个数、每个线圈的匝数和每个线圈的节距都必须完全相等。

以 JF11 型发电机为例,磁极对数为 6 对,定子总槽数为 36,每相绕组占有的槽数为 36/3 = 12,并且采用单层集中绕法,即每个槽内放置一个有效边(1 个线圈 2 个有效边,分别放在 2 个定子槽内)。因此,每相绕组都由 6 个线圈串联而成,每个线圈有 13 匝,则每相绕组共有 6 × 13 = 78 匝。

每个线圈的两个有效边之间所间隔的定子槽数称为线圈节距,相邻两异性磁极中心线之间的槽数称为极距。即:

$$\text{线圈节距} = \frac{\text{字子铁芯总槽数}}{2\times\text{磁极对数}} = \frac{36}{12} = 3(\text{槽})$$

②三相绕组的起端 A、B、C(或末端 X、Y、Z)在定子槽内的排列,必须相隔 120°电角度。

转子旋转时,磁极的磁场不断和定子中的导体做相对运动,在定子绕组中产生交流电动势。每转过一对磁极,定子导体中的感应电动势就变化一个周期,即 360°电角度。每个磁极在定子圆周上占有槽数为 36/12 = 3 槽,即 180°电角度,所以 2 个相邻的槽的中分线之间为 180°/3 = 60°电角度。为了使三相绕组各个起端之间相隔 120°电角度,即线圈的节距为 3,各起端之间的距离则应为 2 + 3n 个槽(n = 0、1、2、3…),即 2,5,8,11…个槽均可。

图18-7为三相绕组展开图。A、B、C三个首端依次放入1、9、17三个槽中，而末端X、Y、Z则相应地放入34、6、14三个槽内，这时三相绕组之间的电位差仍为120°电角度。

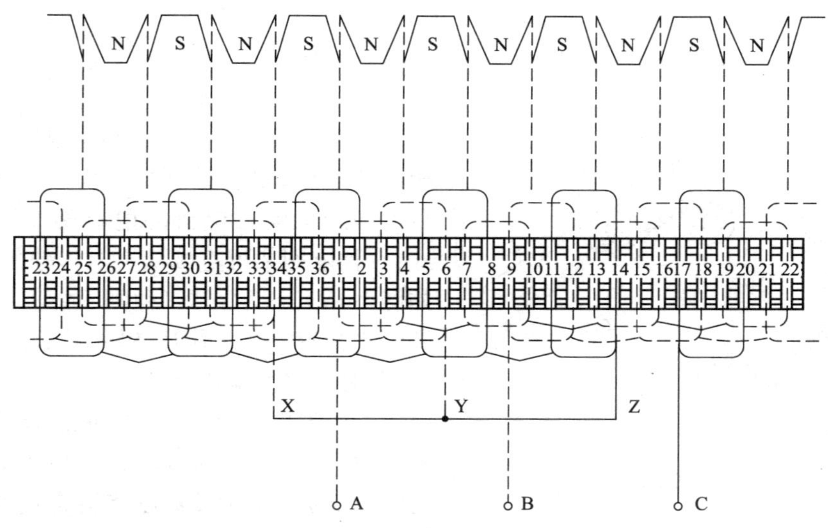

图18-7 JF11型交流发电机定子绕组的展开图

（3）整流器。交流发电机的整流器大多由6个硅二极管组成。近年来又生产了9管发电机，增加了3个小功率的磁场二极管。如图18-8所示，外壳为正极、中心引线为负极的二极管称为负极管或反烧管，管壳底上有黑字标记；壳体为负极、中心线为正极的二极管称为正极管或正烧管，管壳底上有红色标记。

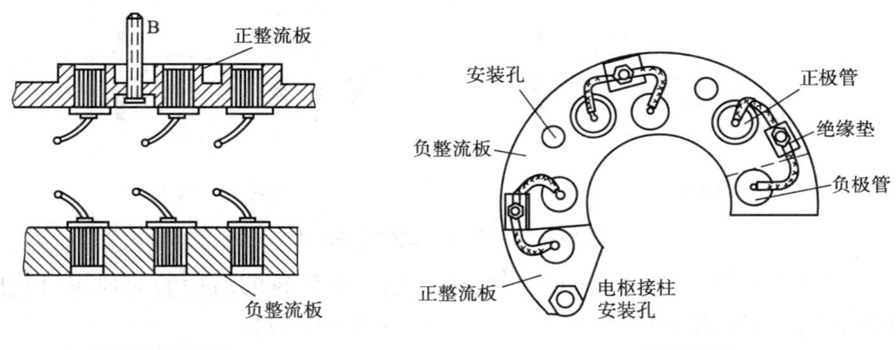

图18-8 整流板及二极管的安装

安装二极管的散热板称为整流板（也称元件板），通常用铝合金制成，以利散热。现代汽车用交流发电机都有两块整流板，安装三只正极管子的整流板（装在外侧）称为正整流板，安装三只负极管子的整流板（装在内侧）称为负整流板，两块整流板相互绝缘地安装在一起，然后与后端盖用尼龙或其他绝缘材料制成的垫片隔开并固定在后端盖上。

安装在正整流板上并与之绝缘的三个接线柱分别安装正、负极管子的引线和来自三相绕组某一相的端头。与正整流板连接在一起的螺栓引至后端盖外部作为发电机的电源输出端,并标记为“B”(“+”、“A”或“电枢”)。

(4)端盖与电刷总成。端盖包括驱动端盖、整流端盖以及安装在其上的轴承、轴承盖等零部件。端盖由铝合金制成。因为铝合金为非导磁材料,可减少漏磁并具有轻便、散热性能良好等优点。为了提高轴承孔的机械强度,增加其耐磨性,有的发电机在端盖的轴承座内镶有钢套。

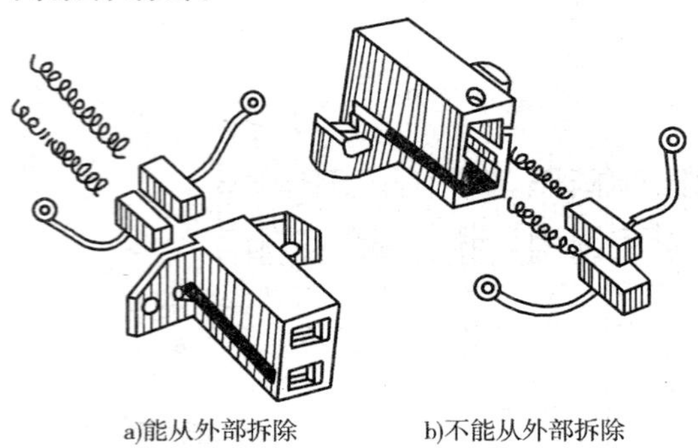

a)能从外部拆除　　b)不能从外部拆除

图 18-9　电刷架的结构

后端盖装有电刷架。两个电刷分别装在电刷架的孔内,借弹簧压力与集电环保持接触。目前国产交流发电机的电刷架有两种结构形式:一种电刷架可直接从发电机外部进行拆装,如图 18-9a)所示;另一种则不能直接在发电机外部进行拆装,如图 18-9b)所示,若需要更换电刷,必须将发电机拆开。

交流发电机有内、外搭铁之分,如图 18-10 所示,故电刷引线的接法也有所不同。对于内搭铁的交流发电机,磁场绕组直接通过交流发电机的外壳搭铁,故其中一根引线接至后端盖上的磁场接线柱“F”(或“磁场”),另一根则直接与发电机外壳上的搭铁接线柱“-”(或“搭铁”)连接。而外搭铁交流发电机的磁场绕组必须通过电压调节器后(交流发电机的外部)再搭铁,故电刷引线必须分别与发电机后端盖“F+”(或“F_1”)和“F-”(或“F_2”)接线柱相连。

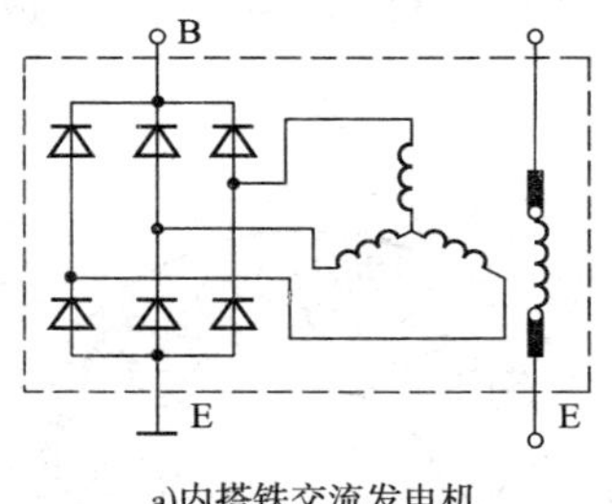

a)内搭铁交流发电机　　b)外搭铁交流发电机

图 18-10　交流发电机的搭铁形式

发电机前端装有带轮,由发动机通过皮带驱动。在带轮的后面装有风扇,以便为发电机进行强制通风。前后端盖用 3~4 个螺栓与定子紧固在一起。

3)交流发电机工作原理

交流发电机工作原理如图 18-11 所示。

当磁场绕组接通直流电源时便产生磁场,转子的爪极被磁化为 N 极和 S 极。其磁力线由 N 极出发,穿过转子与定子之间很小的气隙进入定子铁芯,最后又通过气隙回到相邻的 S 极。

当转子旋转时,由于定子绕组与磁力线有相对的切割运动,所以在三相绕组中产生频率相同、幅值相等、相位相差 120°的正弦电动势 e_A、

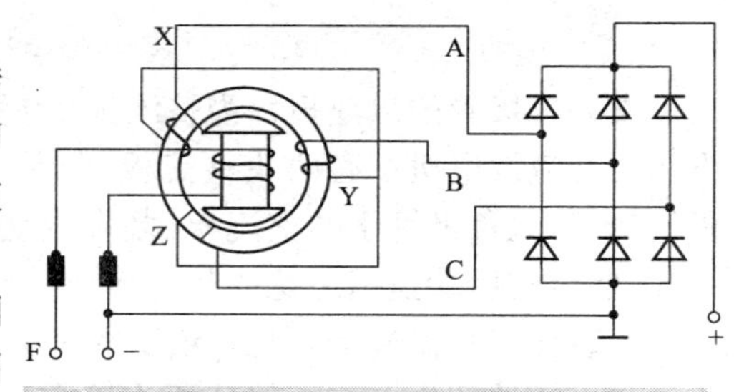

图 18-11　交流发电机工作原理图

e_B、e_C，如图 18-12a）所示，其波形如图 18-12b）所示。三相绕组产生的感应电动势可用下列方程式表示：

$$e_A = E_m \sin\omega t = \sqrt{2}E_\phi \sin(\omega t) \quad (18\text{-}1)$$

$$e_B = E_m \sin(\omega t - 120°) = \sqrt{2}E_\phi \sin(\omega t - 120°) \quad (18\text{-}2)$$

$$e_C = E_m \sin(\omega t - 240°) = \sqrt{2}E_\phi \sin(\omega t - 240°) \quad (18\text{-}3)$$

式中：E_m——相电动势的最大值；

E_ϕ——相电动势的有效值；

ω——电角速度（$\omega = 2\pi f$）。

发电机每相绕组所产生的电动势的有效值为：

$$E_\phi = 4.44KfN\Phi(\mathrm{V}) \quad (18\text{-}4)$$

式中：K——定子绕组系数，一般小于1；

f——感应电动势的频率，Hz，$f = Pn/60$（P 为磁极对数，n 为转速，r/min）；

N——每相绕组的匝数；

Φ——磁极的磁通，Wb。

上式表明，使用中的交流发电机，其交变电动势的有效值取决于发电机的转速和转子的磁通量，这一性质将直接决定着交流发电机的输出电压值。

4）整流原理

（1）六管交流发电机的整流原理。六管交流发电机的整流装置实际是一个由 6 只硅整流二极管组成的三相桥式整流电路。如图 18-12a）所示。3 个二极管 VD_1、VD_3、VD_5组成共阴极组接法，3 个二极管 VD_4、VD_6、VD_2组成共阳极组接法。管子导通顺序为 1→2→3→4→5→6，每个时刻有 2 个二极管同时导通，其中一个在共阴极组，另一个在共阳极组。同时导通的两个管子总是将发电机的电压加在负荷两端，如图 18-12c）所示。

当 $t=0$ 时，C 相电位最高，而 B 相电位最低，所对应的二极管 VD_5、VD_4均处于正向导通状态。电流从绕组 C 出发，经 VD_5→负载 R_L→VD_4→绕组 B 构成回路。由于二极管的内阻很小，所以此时发电机的输出电压可视为 B、C 绕阻之间的线电压。

在 $t_1 \sim t_2$ 时间内，A 相的电位最高，而 B 相电位最低，故对应 VD_1、VD_4处于正向导通。同理，交流发动机的输出电压可视为 A、B 绕阻之间的线电压。

在 $t_2 \sim t_3$ 时间内，A 相电位最高，而 C 相电位最低，故 VD_1、VD_6处于正向导通。同理，交流发动机的输出电压可视为 A、C 绕阻之间的线电压。

依次类推，周而复始，在负载上便可获得一个比较平稳的直流脉动电压。交流发动机输出电压的平均值为：

$$U = 2.34U_\Phi \quad (18\text{-}5)$$

式中：U——输出直流电压平均值，V；

U_Φ——发电机相电压有效值，V。

（2）八管交流发电机。八管交流发电机（如夏利车用）和六管交流发电机的基本机构是相同的，所不同的是整流器。有 8 只硅整流二极管，其中 6 只组成三相全波桥式整流电路，还有 2 只是中性点二极管，1 只正极管接在中性点和正极之间，1 只负极管接在中性点和负

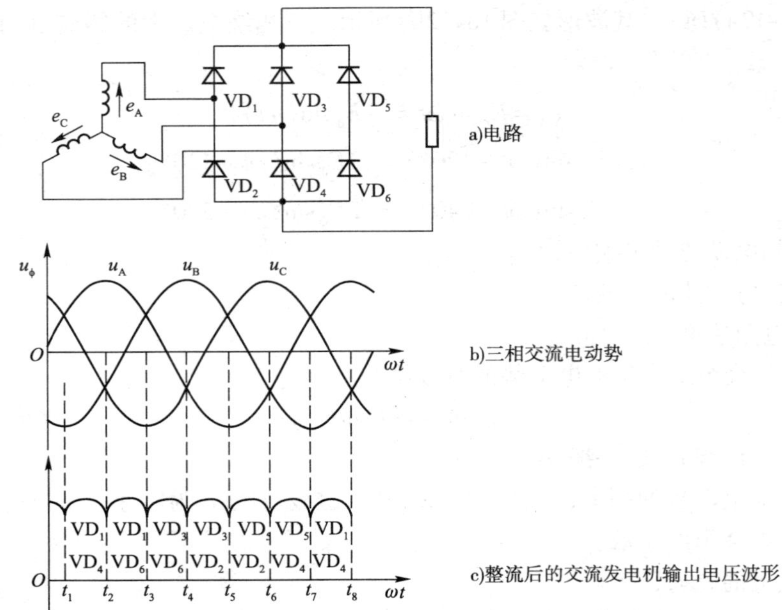

图 18-12　三相桥式整流电路中的电压、电流波形

极,对中性点电压进行全波整流,如图 18-13 所示。

中性点电压:在定子绕组为星形联结时,三相绕组的公共结点称为中性点,从三相绕组的中性点引一根导线到发电机外,标记为“N”。

中性点对发电机外壳(搭铁)之间的电压称为中性点电压,是通过三个负极管的电压整流后得到的直流电压(即三相半波整流),所以中性点电压为发电机输出电压的一半。

试验表明:加装中性点二极管的交流发电机在结构不变的情况下可以提高发电机功率 10% ~15% 。

八管交流发电机中性点二极管的工作原理:

①中性点电压瞬时值高于输出电压平均值(14V)时,中性点正极管导通对外输出电流。电流回路为:中性点→中性点正极管→负载→某一负极管→定子绕组→中性点。如图 18-14 所示。

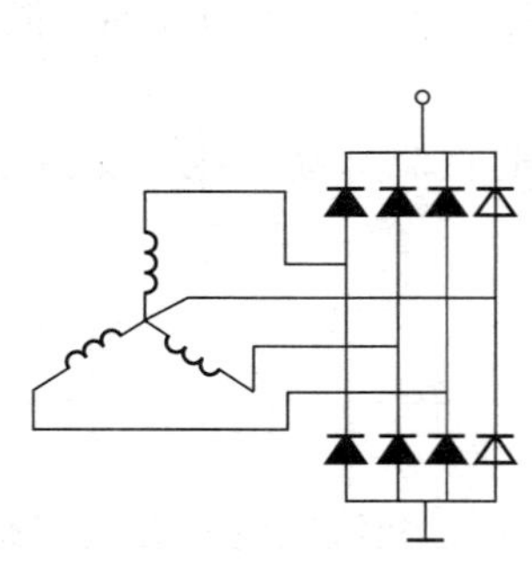

图 18-13　八管交流发电机

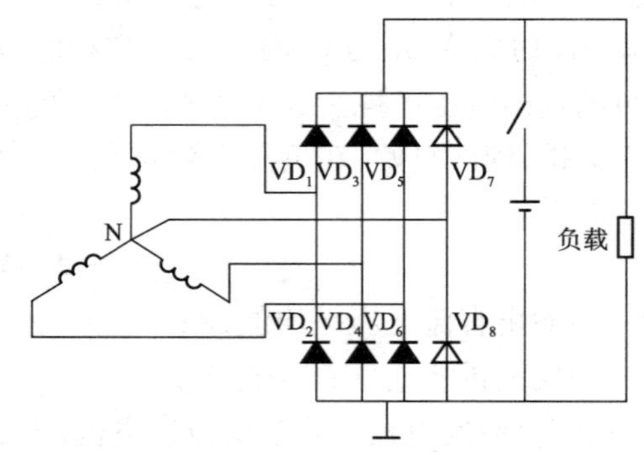

图 18-14　八管交流发电机工作原理

②中性点电压瞬时值低于搭铁电压(0V)时,中性点负极管导通对外输出电流。

电流回路:中性点→定子绕组→某一正极管→负载→中性点负极管→中性点。如图18-14所示。

结论:通过整流二极管将中性点的输出提供给负载,增大了功率输出。

(3)九管交流发电机。九管交流发电机的基本结构和六管交流发电机相同,所不同的是整流器。九管交流发电机的整流器是由6只大功率整流二极管和3只小功率励磁二极管组成的交流发电机(专用于励磁)。

其中6只大功率整流二极管组成三相全波桥式整流电路,对外负载供电。

3只小功率二极管与三只大功率负极管也组成三相全波桥式整流电路专门为发电机磁场供电。所以称3只小功率管为励磁二极管。

一般装有充电指示灯。可通过控制充电指示灯,指示充电系统的工作情况,使充电指示灯电路简化。

九管交流发电机工作原理:

①非充电状态:电源开关接通后,励磁电流从蓄电池+ → 点火开关→充电指示灯→调节器(电源线接线柱→ F"磁场"接线柱)→励磁绕组→搭铁→蓄电池负极。他励,指示灯亮,如图18-15所示。

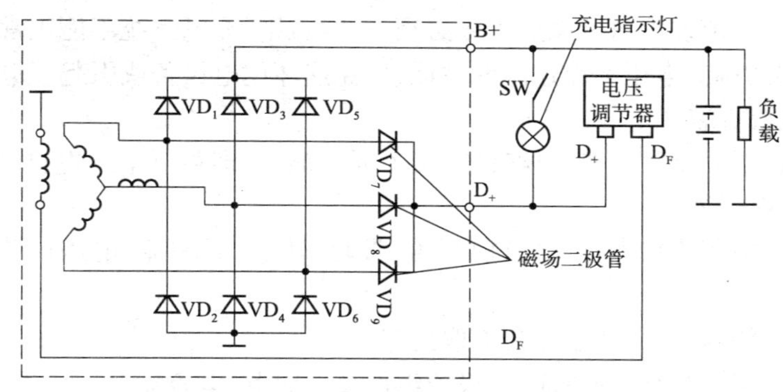

图18-15　九管交流发电机

②充电状态:发电机工作后,随转速的提高,三个励磁二极管输出端的电压升高,充电指示灯亮度减弱,当发电机电压达到蓄电池充电电压时,自励,指示灯灭。

一方面通过VD_1 ~ VD_6六个二极管整流输出直流电压向蓄电池充电,一方面通过三个励磁二极管VD_7、VD_8、VD_9和三个负极二极管VD_2、VD_4、VD_6六个二极管整流后向励磁电路供电。

(4)十一管交流发电机的工作原理。十一管交流发电机的整流器总成由六只整流二极管、三只磁场二极管和两只中性点二极管组成,如图18-16所示。桑塔纳、丰田皇冠轿车等均装有此类交流整流发电机。十一管交流发电机兼有八管交流发电机与九管交流发动机的特点和作用。

5)交流发电机与电压调节器的使用注意事项

(1)蓄电池的搭铁极性必须与发电机搭铁极性相同。国产及进口交流发电机均为负极搭铁,蓄电池必须负极搭铁。否则,蓄电池通过二极管的大电流放电,将使二极管烧坏。

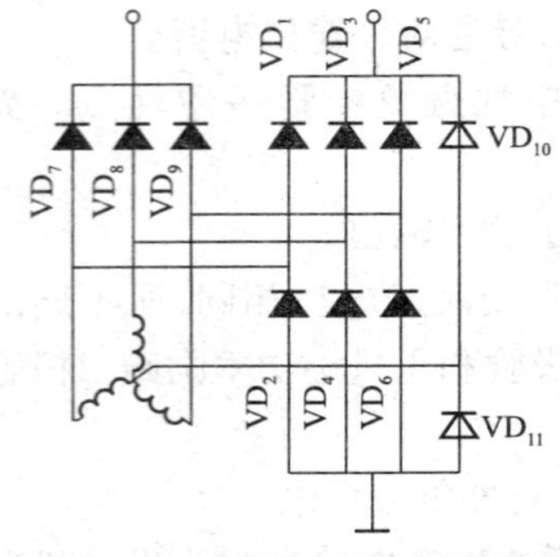

图 18-16　十一管交流发电机的线路

(2)发电机运转时,不能用试火法检查发电机是否发电,否则,容易损坏二极管及其他电子元件。

(3)发现交流发电机不发电或者充电电流较小时,应及时找出故障原因予以排除。若发电机长期带病运行,可能引起更加严重的故障甚至损坏。例如一个二极管短路,其他二极管和定子绕组有可能烧坏。

(4)绝对禁止用200V 以上的交流电压或绝缘电阻表检查发电机的绝缘性能,否则可能损坏整流二极管及调节器中的电子元件。

(5)发电机正常运行时,切不可任意拆卸各用电设备的连接线,以防引起瞬时过电压而损坏二极管及调节器中的电子元件或其他电子设备。

(6)蓄电池可起到电容器的作用,可在一定程度上吸收电路中的瞬时过电压。

(7)发动机熄火后,应及时关闭点火开关,否则,磁场绕组会因长期通电而过热损坏。

(8)调节器与交流发电机的搭铁形式必须一致。内搭铁型调节器只能与内搭铁型发电机配合使用,外搭铁型调节器只能与外搭铁型发电机配合使用。否则发电机会因无磁场电流而不能发电。

(9)调节器与交流发电机的电压等级必须一致,否则,充电系统不能正常工作。

(10)调节器的调节电压不能过高或过低,以免损坏用电设备或引起蓄电池充电不足。

6)交流发电机拆装

(1)用专用扳手固定发电机多楔带轮,旋下紧固螺母,即可拆下发电机,安装发电机时,可按拆卸相反的顺序进行。

(2)拆下前后端盖连接螺栓,分解前端盖、带轮、转子、后端盖、电压调节器、整流板、电刷及定子。

(3)拆下定子绕组端头,从后端盖上取出定子。

(4)拆下电刷架,取出电刷总成、二极管组件及换向器、电容器。

(5)拆下带轮紧固螺母,取下带轮、半圆键、风扇、轴套,使转子和前端盖分离。

当发电机轴承与端盖因配合过紧或有锈蚀而拆卸困难时,不能用手锤硬敲硬打,而应用拉器拆卸。

4　起动机

1)起动机的作用

起动机的作用是起动发动机,发动机起动之后,起动机便立即停止工作。

发动机常用的起动方式有人力起动、辅助汽油机起动和电力起动机起动三种。目前大多数车辆都采用电力起动机起动。电力起动方式是由直流电动机通过传动机构驱动发动机起动的,它具有操作简单、体积小、质量轻、安全可靠、起动迅速并可重复起动等优点,一般将这种电力起动机简称为起动机。

起动机安装在汽车发动机飞轮壳前端的座孔上,如图 18-17 所示。

2)起动机的结构

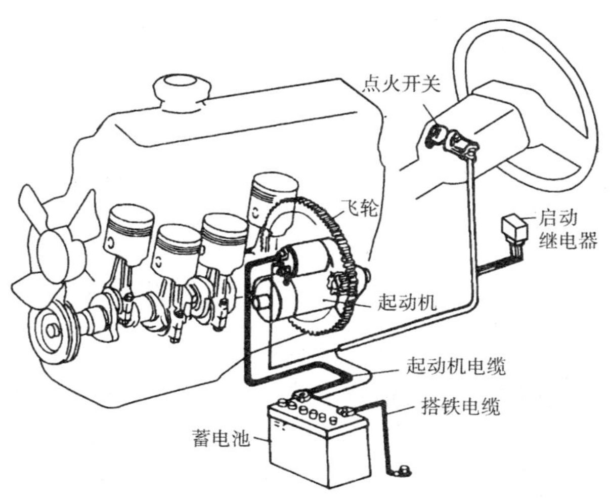

图 18-17　起动机在发动机上的安装

起动机由串励直流电动机、传动机构和操纵机构三个部分组成。

(1)串励直流电动机的构造。

串励直流电动机:电动机的作用是产生电磁转矩,将蓄电池输入的电能转换为机械能。串励直流电动机是起动机最主要的组成部件,它的工作原理和特性决定了起动机的工作原理和特性。

串励直流电动机主要由电枢、磁极、换向器等主要部件构成。

①电枢。电枢是直流电动机的旋转部分,包括电枢轴、换向器、电枢铁芯、电枢绕组。为了获得足够的转矩,通过电枢绕组的电流一般为 200 ~ 600 A,因此,电枢绕组采用较粗的矩形裸铜线绕制成成型的绕组。电枢绕组一般采用单波绕组,图 18-18 所示为电枢总成。

电枢绕组各线圈的端头均焊接在换向片上,通过换向器和电刷将蓄电池的电流引进来。换向片和云母片叠压成换向器。

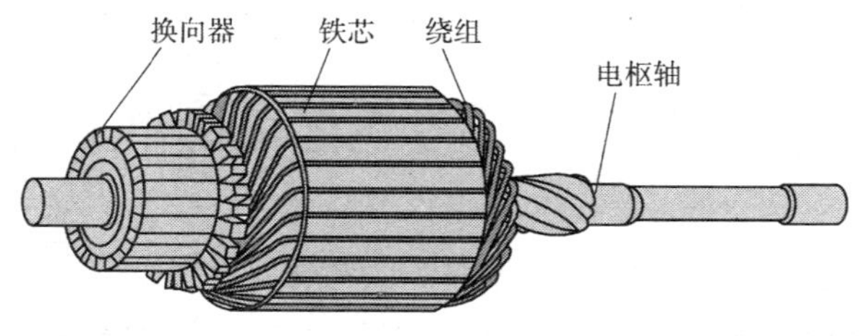

图 18-18　电枢总成

②磁极。磁极一般有 4 个,两对磁极相对交错安装在电动机定子内壳上。励磁线圈也有 4 个,这 4 个线圈有的是互相串联后再与电枢绕组串联;有的是每 2 个分别先串联后再并联,最后再与电枢绕组串联,如图 18-19 所示。

图 18-20 中,励磁绕组一端接在外壳的绝缘接线柱上,另一端与两个非搭铁电刷相连,当启动开关接通时,起动机的电路为:蓄电池正极→接线柱 1→励磁绕组 4→电刷 6→电枢绕组→搭铁电刷→搭铁→蓄电池负极。

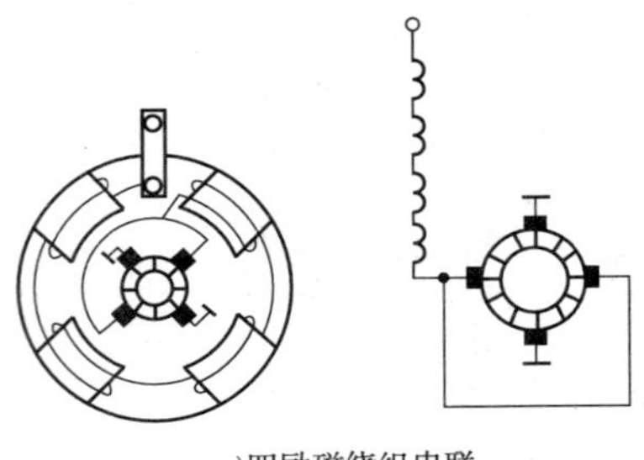

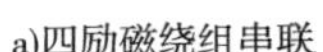

a)四励磁绕组串联

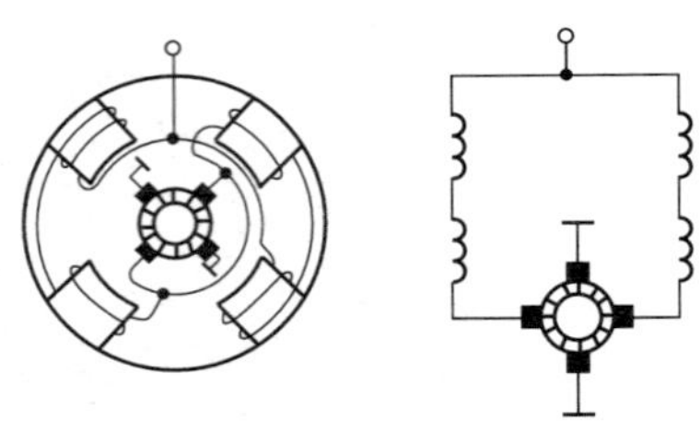

b)励磁绕组两两串联后并联

图 18-19　励磁绕组的接法

③电刷架与机壳。电刷架一般为框式结构,其中正极电刷架与端盖绝缘安装,负极电刷架则直接搭铁。电刷置于电刷架中,电刷由铜粉与石墨粉压制而成,呈棕红色。电刷架上装有弹性较好的盘形弹簧。电刷与电刷架的组合如图 18-21 所示。

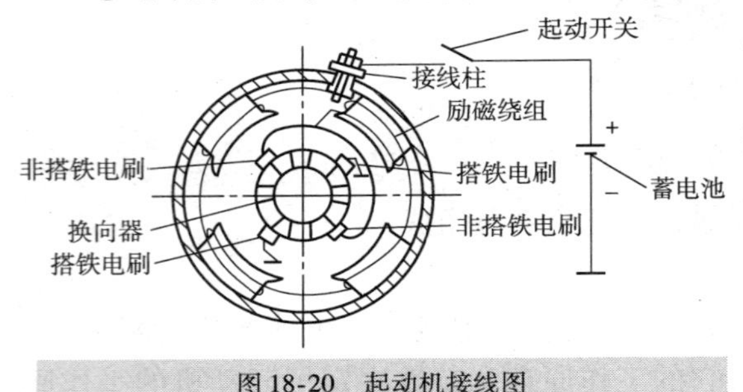

图 18-20　起动机接线图

(2)串励直流电动机的工作原理。

①电磁转矩的产生。直流电动机是根据带电导体在磁场中受到电磁力作用的这一原理而制成的。其工作原理如图 18-22 所示。电动机工作时,电流通过电刷和换向片流入电枢绕组。如图 18-22a)所示,换向片 A 与正电刷接触,换向片 B 与负电刷接触,绕组中的电流从 a→d,根据左手定则判定绕组匝边 ab、cd 均受到电磁力 F 的作用,由此产生逆时针方向的电磁转矩 M 使电枢转动;当电枢转动至换向片 A 与负电刷接触,换向片 B 与正电刷接触时,电流改由 d→a(图 18-22b),但电磁转矩的方向仍保持不变,使电枢按逆时针方向继续转动。

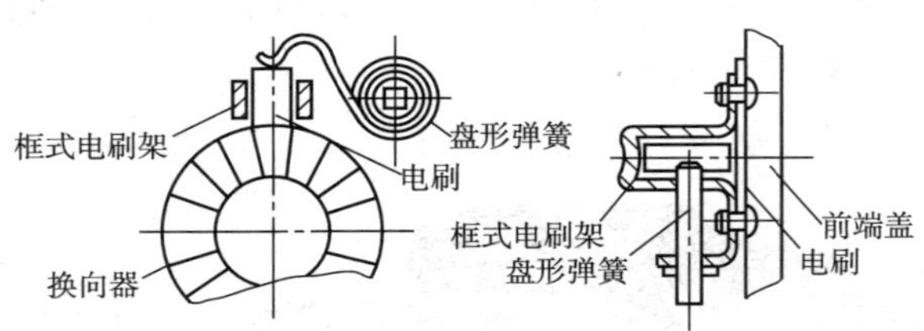

图 18-21　电刷与电刷架的组合

由此可见,直流电动机的换向器可将电源提供的直流电转换成电枢绕组所需的交流电,以保证电枢产生的电磁力矩方向不变,使其产生定向转动。但实际的直流电动机为了产生足够大且转速稳定的电磁力矩,其电枢上绕有很多组线圈,换向器的铜片也随之相应增加。

根据安培定律,可以推导出直流电动机通电后所产生的电磁转矩 M 与磁极的磁通量 Φ 及电枢电流 I_s 之间的关系:

$$M = C_m \Phi I_s \tag{18-6}$$

式中,C_m 为电动机的结构常数,它与电动机磁极对数 P、电枢绕组导线总根数 z 及电枢绕组电路的支路对数 a 有关，即 $C_m = Pz/2\pi a$。

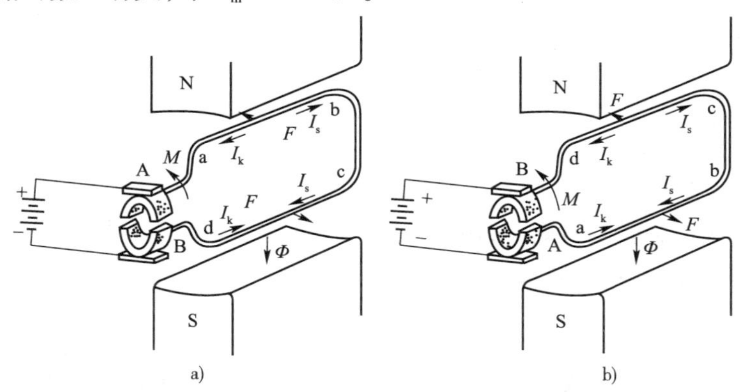

图 18-22　直流电动机的工作原理

②直流电动机转矩自动调节原理。根据上述原理分析，电枢在电磁力矩 M 作用下可产生转动，但绕组在转动的同时切割磁力线会产生感生电动势，根据右手规则判定其方向与电枢电流 I_s 的方向相反，故称反电动势 E_f。反电动势 E_f 与磁极的磁通量 Φ 和电枢的转速 n 成正比，即：

$$E_f = C_e \Phi n \tag{18-7}$$

式中：C_e——电动机的结构常数。

由此可推导出电枢回路的电压平衡方程式为：

$$U = E_f + I_s R_s \tag{18-8}$$

式中：R_s——电枢回路电阻，其中包括电枢绕组的电阻和电刷与换向器的接触电阻。

在直流电动机刚接通电源的瞬间，电枢的转速 n 为 0，电枢反电动势也为 0，此时，电枢绕组中的电流达到最大值，即 $I_{sm} = U/R_s$，将相应产生最大电磁转矩，即 M_{max}。若此时的电磁转矩大于电动机的阻力矩 M_z，电枢就开始加速转动起来。随着电枢转速的上升，E_f增大，I_s下降，电磁转矩 M 随之下降。当 M 下降至与 M_z 相平衡（$M = M_z$）时，电枢就以此转速运转。如果直流电动机在工作过程中负载增大，就会出现如下的变化：$M < M_z \to n\downarrow \to E_f\downarrow \to I_s\uparrow \to M\uparrow \to M = M_z$，达到新的稳定。

或直流电动机的工作负载减小，则出现如下的变化：$M > M_z \to n\uparrow \to E_f\uparrow \to I_s\downarrow \to M\downarrow \to M = M_z$，达到新的稳定。

可见，当负载变化时，电动机能通过转速、电流和转矩的自动变化来满足负载的需要，使之能在新的转速下稳定工作。故直流电动机具有自动调节转矩功能。

（3）传动机构。起动机的传动机构是起动机的第二大主要组成部件，它包括离合器和拨叉两个部分。离合器的作用是将电动机的电磁转矩传递给发动机使之起动，同时又能在发动机起动后自动打滑，以保护起动机不致飞散损坏。传动机构中的离合器有滚柱式离合器、摩擦片式离合器、弹簧式离合器等几种。拨叉的作用是使离合器做轴向移动，将驱动齿轮啮入和脱离飞轮齿环。

发动机起动时，按下按钮或启动开关，线圈通电产生电磁力将铁芯吸入，于是带动拨叉摆动，由拨叉头推出离合器，使驱动齿轮啮入飞轮齿环。发动机起动后，只要松开按钮或开

关,线圈即断电,电磁力消失,在复位弹簧的作用下,铁芯退出,拨叉返回,拨叉头将打滑工况下的离合器拨回,驱动齿轮脱离飞轮齿环。

①滚柱式离合器。滚柱式离合器是目前国内外汽车起动机中使用最多的一种,解放牌汽车、东风牌汽车、北京牌吉普车等均使用滚柱式离合器。滚柱式离合器的构造如图 18-23 所示。其中,驱动齿轮采用 40 号中碳钢经加工淬火而成,与外壳连成一体。外壳内装有十字块和 4 套滚柱及复位弹簧,十字块与花键套筒固定连接,壳底与外壳相互折合密封。花键套筒的外面装有缓冲弹簧及衬圈,末端固装拨环与卡圈。整个离合器总成利用花键套与起动机轴的花键部位连接,可以做轴向移动和随轴移动。

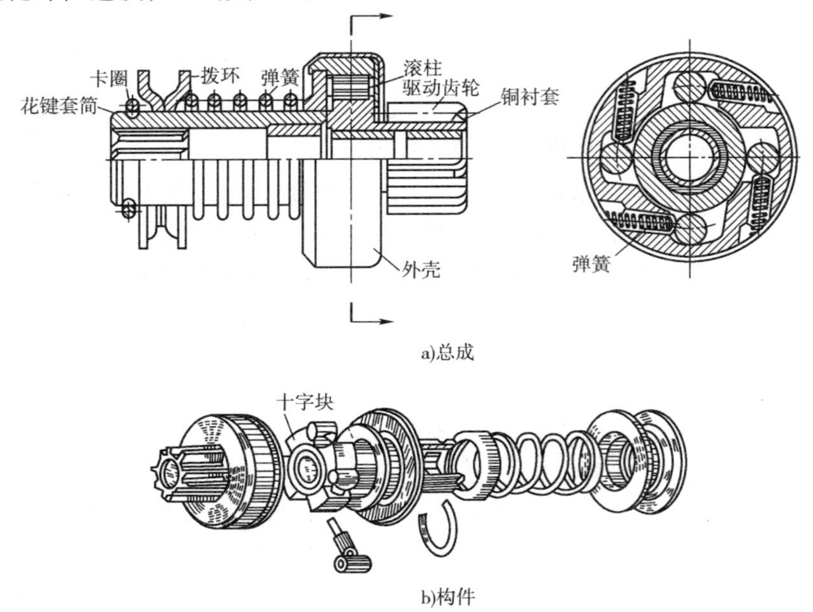

a)总成

b)构件

图 18-23　滚柱式离合器的结构

滚柱式离合器的工作原理如下:在图 18-24a)中,发动机起动时,经拨叉将离合器沿花键推出,驱动齿轮啮入发动机飞轮齿环。由于十字块处于主动状态,随电动机电枢一起旋转,促使 4 套滚柱进入槽的窄端,将花键套筒与外壳挤紧,于是电动机电枢的转矩通过十字块经滚柱离合器外壳传给驱动齿轮,从而达到驱动发动机飞轮齿环旋转、起动发动机运转的目的。在图 8-24b)中,发动机起动后,飞轮齿环的转速高于驱动齿轮,十字块处于被动状态,促使滚柱进入槽的宽端而自由滚动,只有驱动齿轮随飞轮齿环做高速旋转,起动机转速并不升高。离合器的打滑避免了电枢超速飞散的危险。起动完毕后,离合器在拨叉复位弹簧的作用下被推离飞轮齿环。

滚柱式离合器具有结构简单、坚固耐用、体积小、质量轻、工作可靠等优点,因此得到广泛采用。其不足是不能用于大功率起动机。

②摩擦片式离合器。摩擦片式离合器的驱动齿轮与外接合鼓制成一个整体,如图 18-25 所示。在外接合鼓的内壁有 4 道轴向槽沟,钢质被动摩擦片利用外围 4 个齿插装其中。在花键套筒的一端表面也有 3 条螺旋花键,其上套着内接合鼓。内接合鼓的表面也有 4 条轴

向槽沟,用钢或青铜制造的主动摩擦片利用内圆4个齿套装在沟槽内。主动摩擦片和被动摩擦片彼此相间地排列组装。内接合鼓的外面装有缓冲弹簧,端部固装着拨环。

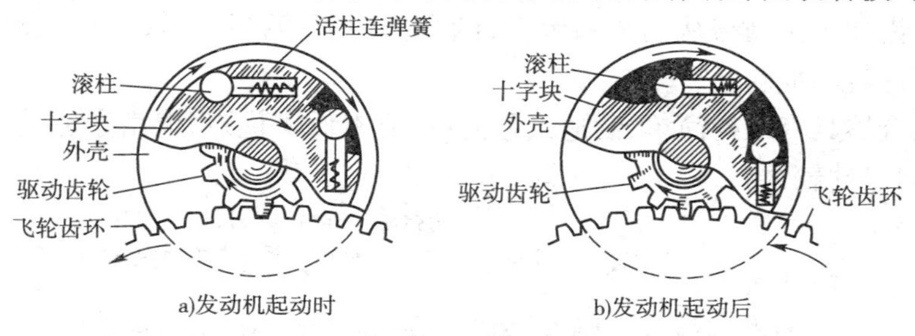

图18-24　滚柱式离合器的工作原理

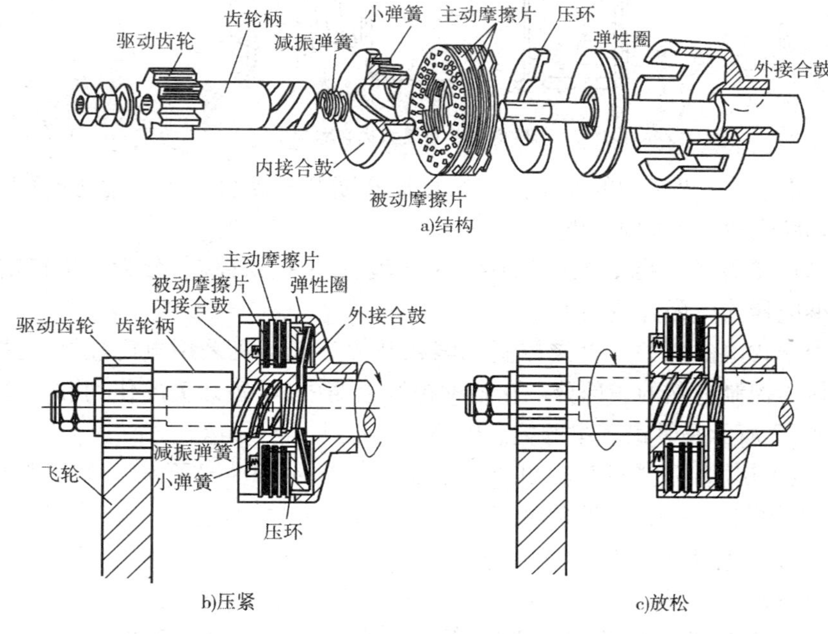

图18-25　摩擦片式离合器

离合器总成在起动机不工作时,主动摩擦片、被动摩擦片之间处于放松状态。发动机起动时,通过拨叉推动拨环使内接合鼓沿3条螺旋花键向外移动,主动摩擦片和被动摩擦片相互压紧,具有了摩擦力。当驱动齿轮啮入飞轮齿环时,就能利用起动机转矩驱动曲轴旋转。发动机起动后,驱动齿轮被飞轮齿环带动做高速旋转,在惯性力和拨叉返回力的作用下,内接合鼓沿3条螺旋花键向内移动,于是主动摩擦片和被动摩擦片之间的摩擦力消失而打滑,防止了电枢超速飞散的危险。

摩擦片式离合器具有传递大转矩、防止超载损坏起动机的优点,多用在大功率起动机上。但由于摩擦片容易磨损而影响起动性能,需要经常检查、调整或更换摩擦片。

③弹簧式离合器。弹簧式离合器的主动套筒套装在电枢轴的花键上,如图18-26所示。小齿轮套筒套在电枢轴的光滑部分,在小齿轮套筒与主动套筒外圆上装有驱动弹簧,驱动弹簧内径略小于两套筒的外径。起动发动机时,传动叉拨动滑环,并压缩弹簧,推动离合器

移向飞轮齿环一端,使小齿轮啮入飞轮齿环。电枢旋转时带动主动套筒,在摩擦力的作用下,驱动弹簧被扭紧,将两个套筒抱死,起动机转矩便由此传给飞轮。起动机起动后,驱动小齿轮和飞轮齿环的主动与从动关系改变,啮合器因驱动弹簧被放松而打滑,从而使电枢轴避免了超速运转的危险。

弹簧式离合器具有结构简单、制造工艺简单、成本低等优点,但由于驱动弹簧所需圈数较多,使其轴向尺寸较大。

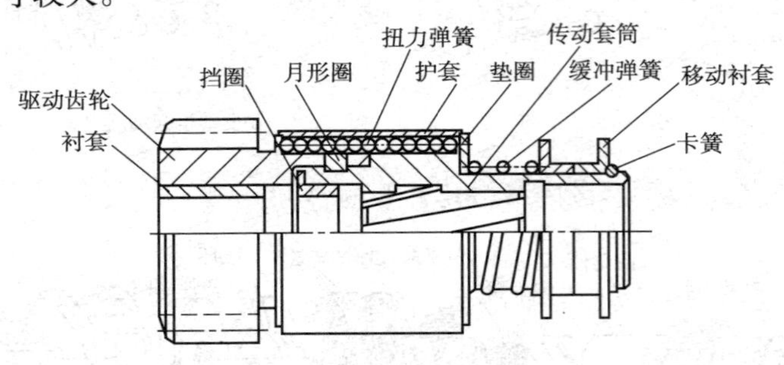

图 18-26　弹簧式离合器

(4)操纵机构。操纵机构的作用是用来接通和断开电动机与蓄电池之间的电路,同时还能接入和切断点火线圈的附加电阻。

起动机的电磁开关与电磁式拨叉合装在一起,利用挡铁控制,分为直接控制式电磁开关和带起动继电器式电磁开关两种。

①直接控制式电磁开关。直接控制式电磁开关型起动机采用电磁控制电路。起动机的电磁开关作为控制电路的一部分。在各种控制电路中,电磁开关的作用和工作原理都是相同的,图 18-27 所示是其最基本的控制电路。

起动时,点火钥匙打到"ST"位,电流由蓄电池正极→"50"端子→吸拉线圈→导电片→"C" 端子→起动机搭铁→蓄电池负极,起动机慢慢转动,同时电流由电磁开关"50"端子经保持线圈,回到蓄电池负极。吸拉线圈与保持线圈产生同方向的电磁力,在电磁力作用下,铁芯压缩复位弹簧,向左移动,带动拨叉,使驱动小齿轮与发动机飞轮啮合,电磁开关内的接触盘将"C"与"30"、旁通接柱相继接通,电流由蓄电池正极→"30" 端子 →接触盘→"C" 端子→起动机绕组→搭铁→蓄电池负极,起动机主电路接通,起动机电枢产生电磁转矩旋转。由于此时吸拉线圈被短路,只有保持线圈的电磁力使驱动小齿轮与飞轮保持啮合,以保证发动机起动着车。起动后,发动机飞轮转速超过起动机电枢转速时,单向离合器切断飞轮与小齿轮之间的动力传递。松开点火钥匙,"50"端子断电,由于机械惯性,短时间内接触盘仍将"30" 端子与"C"端子接通,蓄电池电流经接触盘→吸拉线圈→保持线圈→搭铁→蓄电池负极,由于吸拉线圈与保持线圈产生相反方向的电磁力,接触盘在复位弹簧的作用下迅速复位,接触盘与"C"、"30"端子分开,起动主电路断开,起动完毕。

图中旁通接柱接点火线圈附加电阻接柱(起动开关接柱),由于起动机工作时电流很大,为保证点火系统火花能量,电磁开关上的旁通接柱是在起动时将附加电阻短路的。目前,汽车较多采用电子点火,点火系统已不再设置附加电阻,在这种类型的车上,起动机电磁开关也没有旁通接柱。

②带启动继电器控制的电磁开关。发动机起动时，将点火开关钥匙旋至起动挡位，启动继电器线圈通电后，其触点闭合，从而接通电磁开关线圈电路，起动机投入工作。发动机起动后，只需松开点火开关钥匙，点火开关自动转回到点火工作挡位，启动继电器线圈断电，其触点断开，电磁开关也随即断电，起动机停止工作，如图18-28所示。

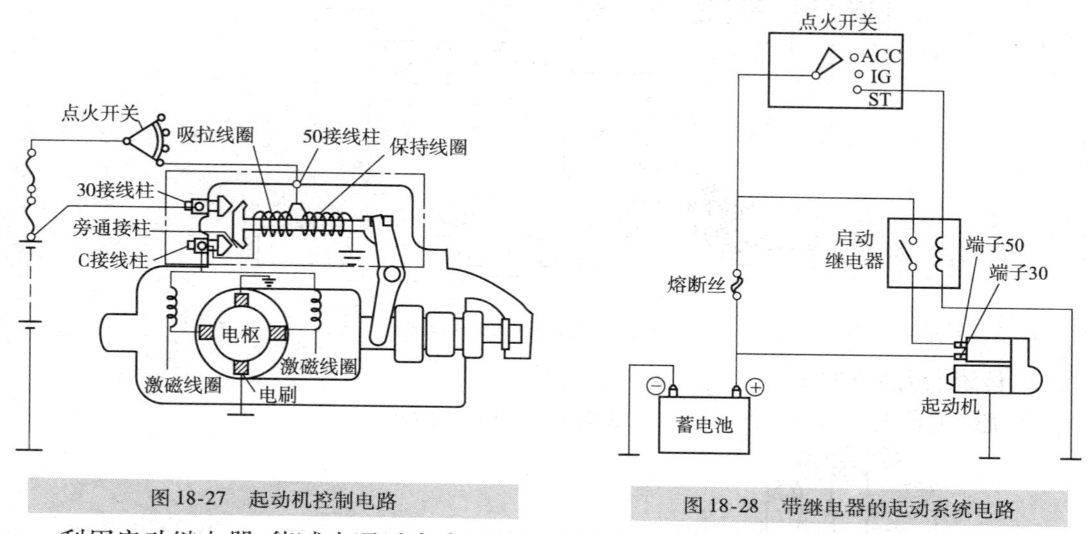

图18-27　起动机控制电路

图18-28　带继电器的起动系统电路

利用启动继电器，能减小通过点火开关起动触点的电流，避免触点烧蚀，延长其使用寿命。有些汽车上的启动继电器在改进控制电路以后，还能起到自动停止起动机工作及安全保护作用。

(5)起动机的正确使用。

①每次起动时间不超过5s，起动次数大于3次，每次起动时间间隔大于15s，使蓄电池得以恢复。

②在冬季或低温情况下起动时，发动机应采取加温措施，例如加热冷却液，以减小起动阻力。

③发动机起动后，必须立即切断起动机控制电路，使起动机停止工作。

5　传统点火系统

1)传统点火系统的组成

传统点火系统的组成如图18-29所示。主要包括：

(1)电源。供给点火系统所需的电能，由蓄电池和发电机提供。

(2)点火线圈。将电源12V的低压电变成15～20kV的高压电。

(3)分电器。它包括断电器、配电器、电容器和点火提前机构等部分。各部分作用如下：

①断电器：接通与切断点火线圈初级电路。

②配电器：将点火线圈产生的高压电按汽缸的工作顺序送至各缸火花塞。

③电容器：减小断电器触点火花，延长触点使用寿命并提高次级电压。

④点火提前机构：随发动机转速、负荷和汽油辛烷值变化改变点火提前角。

⑤火花塞：将高压电引入燃烧室，产生电火花点燃混合气。

⑥点火开关：控制点火系统的初级电路。

⑦附加电阻：改善点火性能。

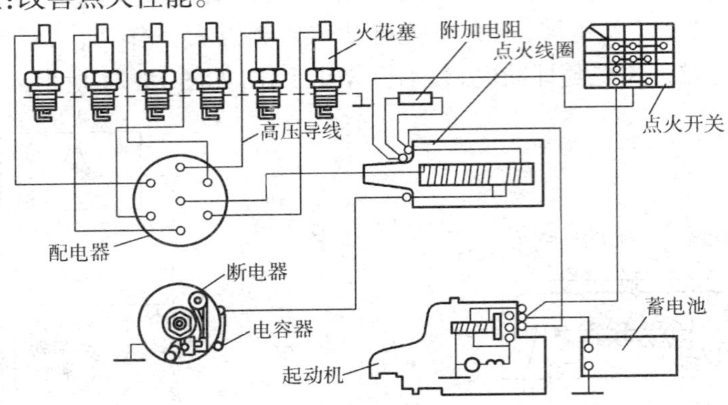

图 18-29　传统点火系统的组成

2）传统点火系统的结构

传统分电器的组成、传统分电器的结构如图 18-30 所示。

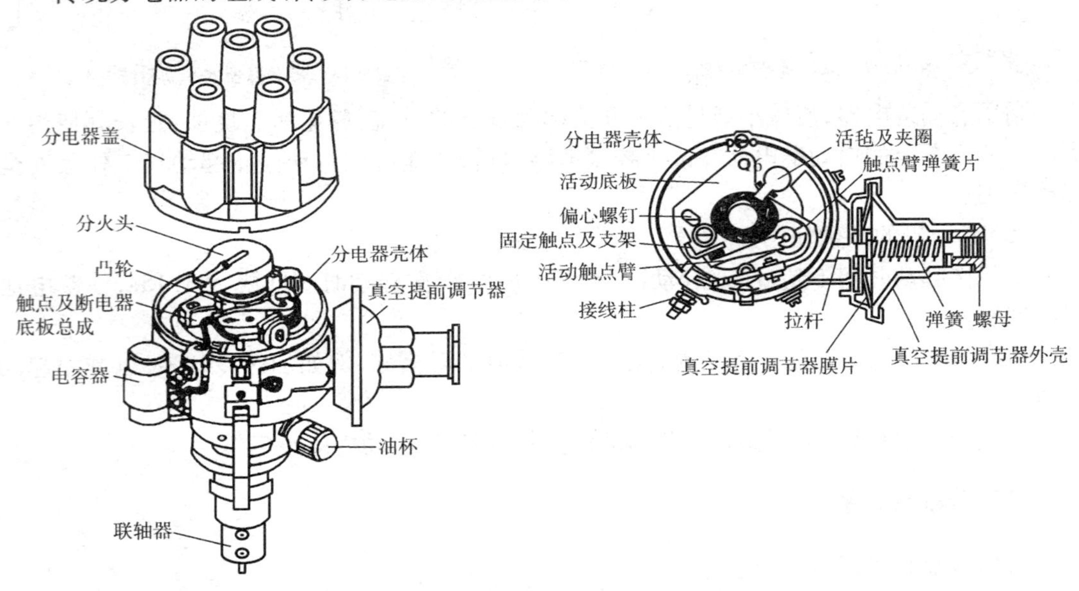

图 18-30　分电器结构示意图

（1）断电器。断电器由固定在断电器底板上的断电器触点和断电器凸轮组成。断电器的底板由固定底板和活动底板两部分组成。固定底板通过固定螺钉与分电器外壳相连，活动底板与固定底板之间通过弹簧连接，可以相对转动。断电器的触点是由钨合金制成，一个触点固定，另一个触点活动。固定触点固定在活动底板上，可借助转动偏心螺钉调整触点间隙。活动触点固定在活动触点臂的一端，臂的另一端有孔，套在销钉上。臂中部连有夹布胶木顶块，靠弹簧片压紧在凸轮上。断电器凸轮安装在分电器轴上，其凸角数和发动机汽缸数相同。

（2）配电器。配电器安装在断电器的上方，它由胶木制的分电器盖和分火头组成。分电器盖的中央有一高压线座孔（中央电极），其内装有带弹簧的炭柱，压在分火头的导电片上。分电器盖的四周均布有与发动机汽缸数相等的旁电极，可通过高压分线与各缸火花塞相连。分火头装在分电器凸轮的顶端，随凸轮一起旋转。当断电器触点分开时，分火头上的导电片总是正对某一旁电极。发动机工作时，断电器触点分开瞬间，来自点火线圈的高压电经中央电极的炭柱、分火头上导电片，以火花形式跳到旁电极上，再经高压导线送往火花塞。

（3）点火提前调节机构。点火时刻对发动机的工作影响很大，应当在活塞达到上止点前点火，使气体压力在活塞位置相当于曲轴转到上止点后 10～15℃时达到最高值。这样，气体能在做功行程中得到比较完全的膨胀，而热能得到最有效的利用。

点火时，曲轴的曲拐位置与压缩行程结束，活塞在上止点时曲拐位置之间的夹角为点火提前角。最佳点火提前角最主要的影响因素是发动机转速和混合气的燃烧速度。当转速一定时，随着负荷的加大，点火提前角应适当减少；发动机负荷减少时，点火提前角应当加大。当负荷一定时，点火提前角应随转速提高适当增大。

在分电器中一般设有两套自动调节点火提前角的装置。一套能随发动机转速的变化而自动调节点火提前角的离心式点火提前调节器，另一套是按发动机负荷不同而自动调节点火提前角的真空式点火提前调节器。

①离心式点火提前调节器。离心式点火提前调节器是在发动机不同转速下自动调节点火提前角的装置，其结构如图 18-31 所示。

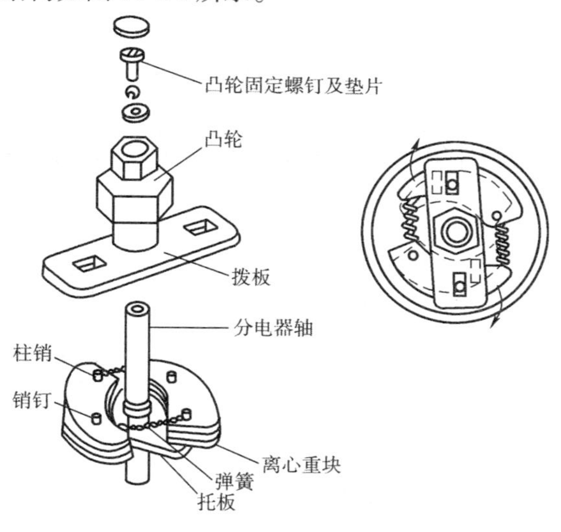

图 18-31　离心式点火提前调节器

离心式点火提前调节器一般安装在断电器触点底板的下面。分电器轴上装有托板，两个离心重块的一端分别套装在托板的两个柱销上，可绕柱销转动，离心重块的另一端通过弹簧拉向内侧。跟断电器凸轮为一体的拨板套装在分电器轴上，其上的长方形孔套在两个离心重块的销钉上。工作时，离心重块随分电器轴一起转动，而断电器凸轮则通过插入拨板孔内的离心重块上的销钉带动。

当发动机转速升高时，离心重块在离心力的作用下克服弹簧拉力向外甩开，其上的销钉推动拨板连同凸轮沿原旋转方向相对于分电器轴转动一个角度，使凸轮提前顶开触点，点火提前角增大。当发动机转速降低时,离心重块的离心力相应减小,弹簧将离心重块拉回一些,点火提前角减小。

在发动机高速范围,转速的变化对混合气的燃烧速度影响较大(燃烧速度增幅较大),这时,希望随着转速的升高点火提前角的增量小一些。为此,有些离心式点火提前角调节器的每个离心重块设有一粗一细两个弹簧。细弹簧只要离心重块一开始甩开就起作用,而粗弹簧要在转速达到一定值,离心重块外甩的角度较大时才能起作用。由于离心重块在发动机高速时有两个弹簧起作用,相应的点火提前角的增量也就较小,使之更符合发动机的要求。

②真空式点火提前调节器。真空式点火提前调节器能根据发动机负荷的变化自动调节点火提前角,使点火提前角随发动机的负荷增大而减小。真空式点火提前调节器装在分电器壳体的外侧,其结构原理如图 18-32 所示。

真空式点火提前调节器内膜片的左侧通大气,右侧通过真空管与节气门上方的吸气孔相通。当发动机启动和怠速时,由于曲轴转速低,混合气燃烧时间只占很小的曲轴转角,故点火提前角应当很小,或为零。此时,节气门接近关闭,因吸气孔在节气门的上方,该处的真空度几乎为零,真空式点火提前调节器内的膜片在弹簧力作用下向左拱曲至最大,拉杆拉动断电器底板连同触点顺分电器轴旋转方向转动最大角度,使点火提前角最小或不提前,如图 18-32c)所示。当发动机小负荷工作时,在节气门开度小于 1/4 开度(图 18-32a))时,随着负荷增大,节气门开度增大,吸气孔处的真空度也增加,膜片克服弹簧力向右拱曲,拉杆拉动断电器底板连同触点逆分电器轴旋转方向转动一个角度,使凸轮顶开触点的时间提前,点火提前角增大。当发动机大负荷工作时,随着负荷增大,节气门开度增大,吸气孔处的真空度减小,弹簧推动膜片使点火提前角减小,如图 18-32b)所示。

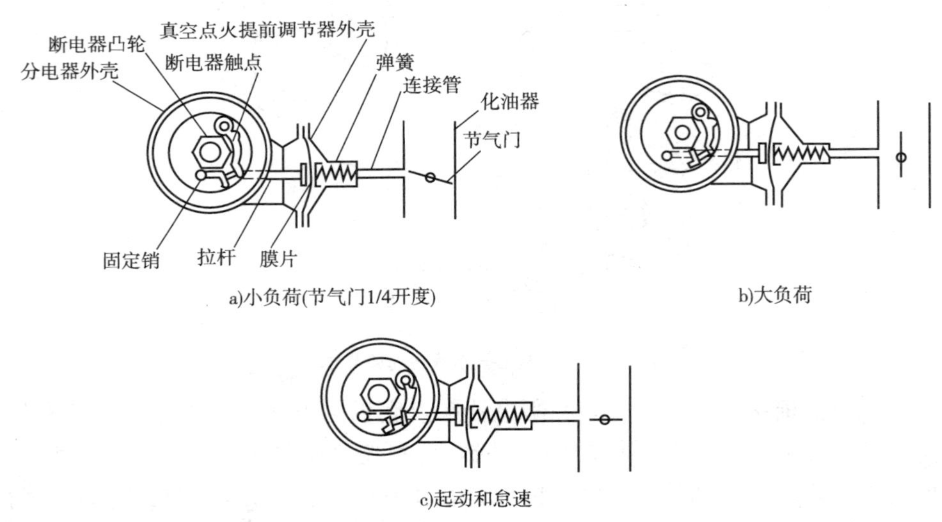

图 18-32 真空式点火提前调节器结构原理示意图

另外,为适应不同汽油的不同抗爆性能,在换用不同品质的汽油时,常需调整点火时间,为此在分电器上常装有辛烷选择器。通常可将分电器总成的固定螺栓旋松,使分电器外壳相对于轴转过一个角度后再紧固以改变点火提前角。为了使调整时能看到调整的角度，在有些分电器壳体的下部装有指针和刻度板，即辛烷选择器。它可以指示出壳体转过的角度。

3）无触点分电器

无触点分电器主要由点火信号发生器、配电器和点火提前调节装置组成。配电器和离心式点火提前调节装置与传统分电器相同。霍尔效应式分电器的真空式点火提前调节装置拉杆拉动的是触发开关托盘，如图18-33所示。磁脉冲式分电器的点火提前调节装置拉杆拉动的是托板，如图18-34所示。

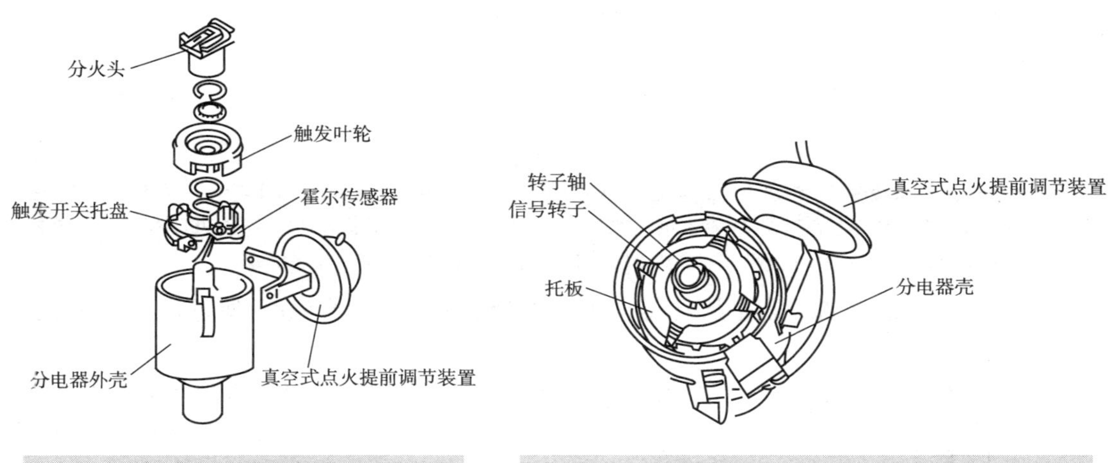

图18-33　装有霍尔发生器的分电器结构

图18-34　磁脉冲式分电器结构

4）点火线圈

（1）点火线圈的类型。点火线圈由初级绕组、次级绕组和铁芯等组成。按磁路的结构形式不同，可分为开磁路式和闭磁路式两种。

①开磁路式点火线圈。开磁路式点火线圈的结构如图18-35所示。点火线圈的中心是用硅钢片叠成的铁芯，在铁芯外面套上绝缘的纸板套管，套管上绕有次级绕组，它用直径为0.06～0.10mm的漆包线绕11000～23000匝。初级绕组用直径为0.5～1.0mm的高强漆包线，绕在次级绕组的外面，以利于散热，一般绕230～370匝。绕组绕好后在真空中浸以石蜡和松香的混合物，以增强绝缘。绕组和外壳之间装有导磁钢套，底部有瓷质绝缘支座，上部有绝缘盖，外壳内充满沥青或变压器油等绝缘物，加强绝缘并防止潮气侵入。

三接线柱式点火线圈的绝缘盖上有接线柱“－”、“开关”、“＋开关”和高压插孔，它们分别接断电器、起动机附加电阻短路接线柱、点火开关和配电器。其与两接线柱式点火线圈的主要区别是外壳上装有一个附加电阻。为固定该电阻，增加了一个低压接线柱。附加电阻就接在标有“开关”和“＋开关”的两接线柱上，与点火线圈的初级绕组串联。附加电阻可用低碳钢丝、镍铬丝或纯镍丝制成，具有受热时电阻迅速增大，而冷却时电阻迅速降低的特性。因此，在发动机工作时，可自动调节初级电流，改善高速时的点火特性。

当初级电流流过开磁路式点火线圈的初级绕组时，铁芯被磁化，其磁路如图18-36所

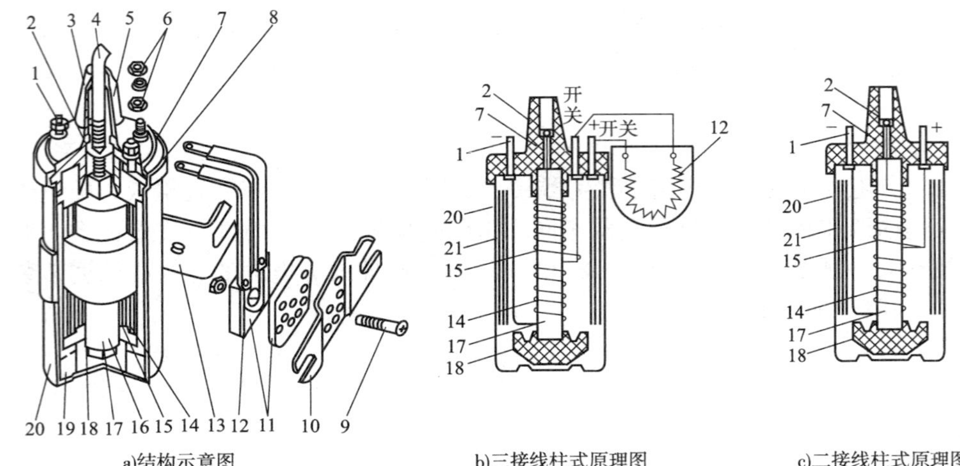

图 18-35　开磁路式点火线圈

1-“－”接线柱;2-次级绕组引出头及弹簧;3-橡胶罩; 4-高压阻尼线;5-高压线插座;6-螺母及垫片;7-绝缘盖;8-橡胶密封圈;9-螺钉及螺母; 10-附加电阻盖;11-附加电子瓷质绝缘体;12-附加电阻及接线片;13-固定夹;14-初级绕组;15-次级绕组;16-绝缘纸;17-铁芯;18-瓷绝缘体;19-沥青材料;20-外壳;21-导磁钢套

示。由于磁路的上、下部分都是从空气中通过的,铁芯未构成闭合磁路,所以称为开磁路式点火线圈。

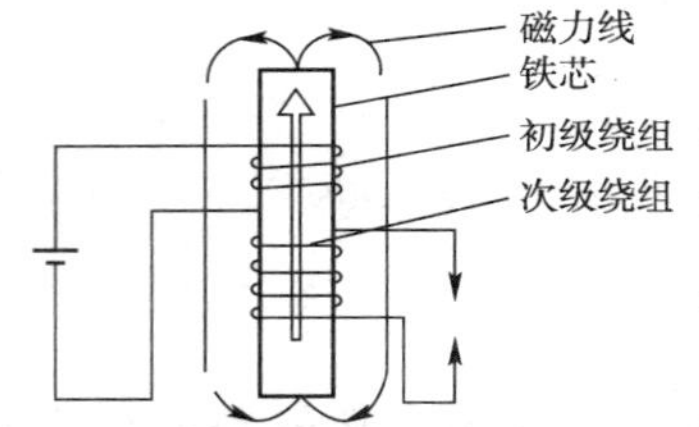

图 18-36　开磁路点火线圈的磁路

②闭磁路式点火线圈。闭磁路式点火线圈的结构如图 18-37 所示。在“口”字形或“日”字形铁芯内绕有初级绕组,在初级绕组外面绕有次级绕组。初级绕组在铁芯中的磁通,通过铁芯形成闭合磁路,故称其为闭磁路式点火线圈。

与开磁路点火线圈相比,闭磁路点火线圈具有漏磁少、转换效率高、体积小、质量轻、铁芯裸露易于散热等优点,故广泛应用。

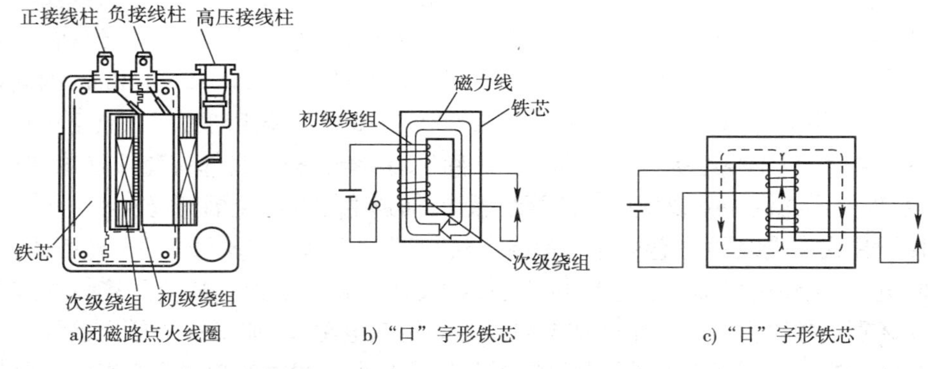

图 18-37　闭磁路点火线圈

5)火花塞

火花塞的工作条件极其恶劣,它要承受高压、高温以及燃烧产物的强烈腐蚀,因此,必须具有足够的机械强度，能够承受冲击性高压电的作用，能承受剧烈的温度变化，具有良好的热特性，并要求火花塞的材料能抵抗燃气的腐蚀。

火花塞的结构如图18-38所示。在钢制壳体的内部固定有高氧化铝陶瓷绝缘体，使中心电极与侧电极之间保持足够的绝缘强度。绝缘体孔的上部装有金属杆，通过接线螺母与高压导线相连，下部装有中心电极。金属杆与中心电极之间用导电玻璃密封。中心电极用镍锰合金制成。中心电极与侧电极之间的间隙一般为0.8～1.1mm。火花塞借壳体下部的螺纹旋入汽缸盖中，旋紧时密封垫圈受压变形保证壳体与缸盖之间密封良好。为了适应不同发动机的需要，火花塞下部的形状和绝缘体裙部长度有多种。

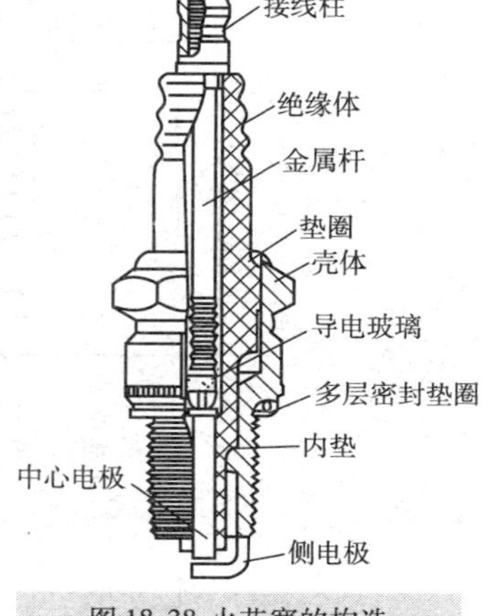

图18-38　火花塞的构造

火花塞工作时，周期性地受到高温燃气作用，使绝缘体裙部温度升高，这部分热量主要通过壳体、绝缘体、中心电极、金属杆等传至缸体或散发到空气中。当吸收和散发的热量达到平衡时，火花塞的各个部分将保持一定的温度。火花塞的发火部位吸热并向发动机冷却系统散发的性能，称为火花塞的热特性。实践证明，当火花塞绝缘体裙部的温度保持在500～600℃时，落在绝缘体上的油滴能立即烧去，不形成积炭，这个温度称为火花塞的自净温度。低于这个温度时，火花塞常因产生积炭而漏电，导致不点火；高于这个温度时，混合气与炽热的绝缘体接触可能引起早燃或爆震，甚至在进气行程中燃烧，产生回火。

火花塞的热特性主要取决于绝缘体裙部的长度。绝缘体裙部长的火花塞，受热面积大，传热距离长，散热困难，裙部温度高，称为热型火花塞；反之，裙部短的火花塞，受热面积小，传热距离短，容易散热，裙部温度低，称为冷型火花塞。热型火花塞适用于低速、低压缩比、小功率发动机；冷型火花塞适用于高速、高压缩比、大功率发动机。

火花塞的热特性常用热值或炽热数表示。我国是以绝缘体裙部长度标定的热值(1～11)表示火花塞的热特性。热值代号1、2、3为热型火花塞；4、5、6为中型火花塞；7、8、9、10、11为冷型火花塞。

6)传统点火系统工作原理

在传统点火系统中，蓄电池或发电机供给的12V低压电，经点火线圈和断电器转变为高压电，再经配电器分送到各缸火花塞，在其电极间产生电火花。其工作原理如图18-39所示。

发动机工作时，断电器轴连同凸轮一起在发动机凸轮轴的驱动下旋转。凸轮转动时，断电器触点交替地闭合和打开。当触点闭合时，接通点火线圈初级绕组电路而产生磁场；当触点分开时，切断初级绕组电路，在点火线圈的次级绕组中感应出高压电，击穿火花塞的电极间隙产生电火花，从而点燃混合气。其工作过程可分为三个阶段。

(1)触点闭合，初级电流增长。在点火开关接通的情况下，当触点闭合时，点火线圈初级绕组中有电流通过，流过初级绕组的电流称为初级电流 i_1，其电路是：蓄电池正极→电流表→点火开关→点火线圈“+开关”接线柱→附加电阻→“开关”接线柱→点火线圈初级绕组→“-”接线柱→断电器触点→搭铁→蓄电池负极。此时初级电流 i_1 增长，但由于初级绕组中产生了一个与初级电流 i_1 方向相反的自感电动势，阻碍初级电流的迅速增长，使初级电

流 i_1 表现出指数规律增长的特性,如图 18-40a)所示。如果触点不分开,经过一段时间(约20ms)后,初级电流 i_1 将达到最大稳定值。

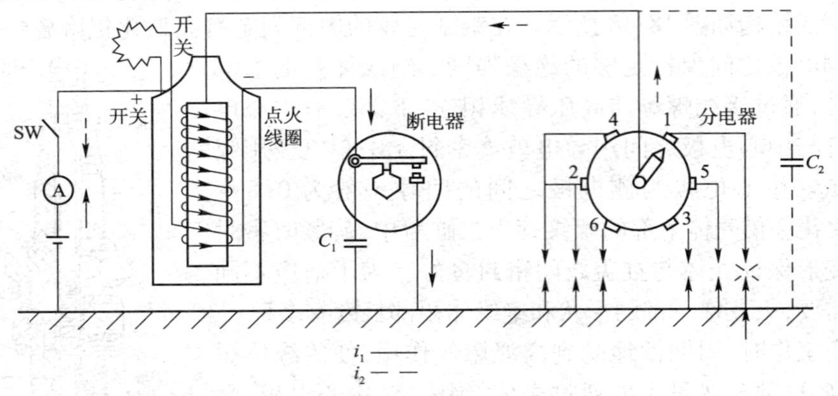

图 18-39 传统点火系统的工作原理

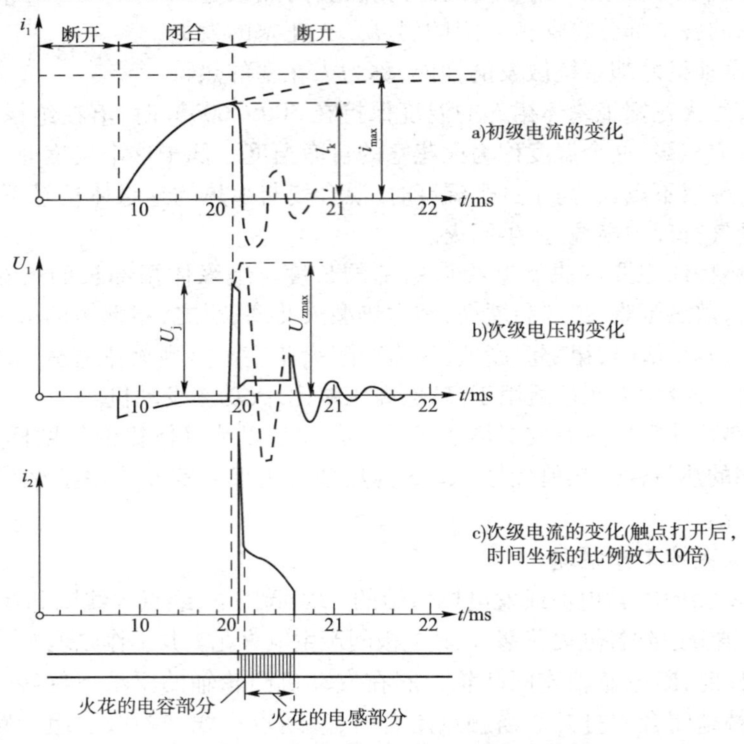

图 18-40 传统点火系统工作过程波形图

(2)触点分开,次级绕组中产生高压电。断电器凸轮转过一定角度后,将触点顶开,初级电路被切断,初级电流 i_1 迅速下降到零,它所形成的磁场也迅速消失,于是在初级绕组和次级绕组中都产生感应电动势。初级绕组匝数少,产生 200～300V 的自感电动势,次级绕组匝数多,产生的互感电动势高达 15～20kV。

初级绕组中产生的自感电动势在触点分开时将作用在触点之间,并击穿触点间隙形成火花,使初级电流 i_1 通过触点间的火花放电而继续形成通路。初级电流 i_1 的不能迅速断流,就会造成铁芯中磁场的下降速率减小，而使次级绕组的互感电动势降低。此外，触点间的火花会很快将触点烧蚀，使点火系统不能正常工作。为此，在断电器触点之间并联一个电容器 C_1，在触点分开瞬间吸收初级绕组中的自感电动势，减小触点火花，提高次级绕组的互感电动势。

次级绕组中产生的互感电动势作用于火花塞间隙的同时也向分布在次级电路中的分布电容器 C_2 充电。分布电容器 C_2 是分布在高压导线与高压导线之间、高压导线与机体之间、火花塞中心电极与侧电极之间的电容器，它相当于一个并联在次级绕组两端的电容器 C_2。如果火花塞电极间隙很大，不能击穿，则次级电压将达到最大值 U_{2max}，铁芯中积蓄的磁场能全部转变为 C_1、C_2 的电场能。次级电压达到最大值以后，将随初级电流的变化进行衰减振荡，如图 18-40b）中虚线所示。

（3）火花塞电极间隙被击穿，产生电火花，点燃混合气。通常火花塞的击穿电压 U_j 总是低于 U_{2max}，这样，当增长的次级电压 U_2 达到 U_j 时，就使火花塞电极间隙击穿而形成电火花，使次级电流 i_2 迅速增加，次级电压 U_2 急剧下降，如图 18-40b）、c）所示。

火花塞电极间隙击穿以后，储存在 C_1、C_2 中的电场能首先放出。这部分由电容器储存的能量维持的放电称为“电容放电”，其特点是放电时间极短，放电电流很大。由于电火花是在次级电压达到最大值 U_{2max} 以前发生的，所以电容放电只消耗了磁场能的一部分。火花塞间隙击穿以后，阻力减小，铁芯中剩余的磁场能将沿着电离了的火花塞间隙缓慢放电，形成“电感放电”（又称“火花尾”），其特点是放电时间较长，放电电流较小，放电电压较低。实验证明，电感放电的持续时间越长，点火性能越好。

发动机工作期间，断电器凸轮每转一转，各缸按点火顺序轮流点火一次。若要停止发动机的工作，只要断开点火开关，切断初级电路即可。

二、任 务 实 施

项目1　拆装交流发电机

1　项目说明

丰田威驰轿车在使用过程中，由于发电机内部元件的损坏或者线路故障引起蓄电池充电不足，从而导致发动机起动困难。应按照技术标准对发电机进行检测与维修，并进行拆装。

2　技术标准与要求

（1）每个学员独立完成此项目。

（2）技术标准见表 18-1。

技 术 标 准　　　　表 18-1

检 测 条 件	发动机转速（r/min）	测量电流
不加负载检查充电线路	2000	不大于 10A
加负载检查充电线路	2000	不小于 30A

3 设备器材

(1)丰田威驰轿车一辆。
(2)丰田万用表两只。
(3)SST1(发电机转子轴扳手)。
(4)SST2(发电机皮带轮定位螺母扳手)。

4 作业准备

(1)打开发动机罩。
(2)铺上汽车检修用翼子板布。
(3)准备作业单 。

5 操作步骤

1)从汽车上拆下交流发电机
(1)脱开蓄电池负极(-)端子电缆,如图18-41所示。
(2)脱开发电机电缆防短路盖,拆下电缆定位螺母,断开发电机电缆,如图18-42所示。

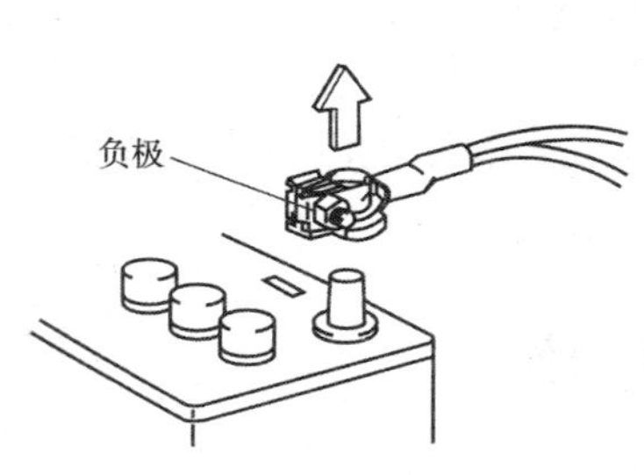

图18-41 脱开蓄电池负极端子电缆

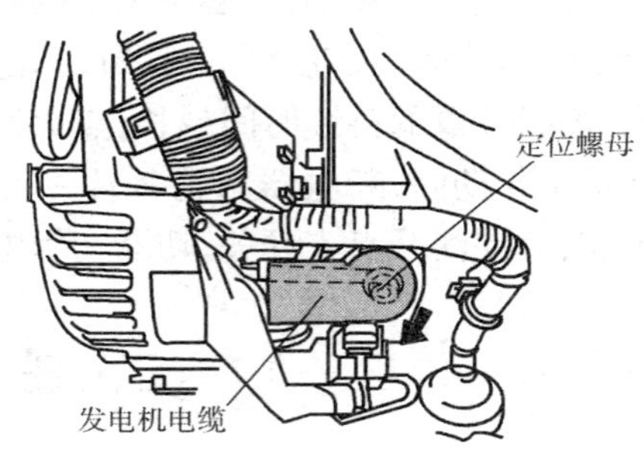

图18-42 脱开发电机电缆

(3)断开连接器的卡爪,握住连接器,脱开发电机线束连接器,如图18-43所示。
(4)拧松发电机安装螺栓,然后拆卸发电机皮带,最后拆卸发电机,如图18-44所示。

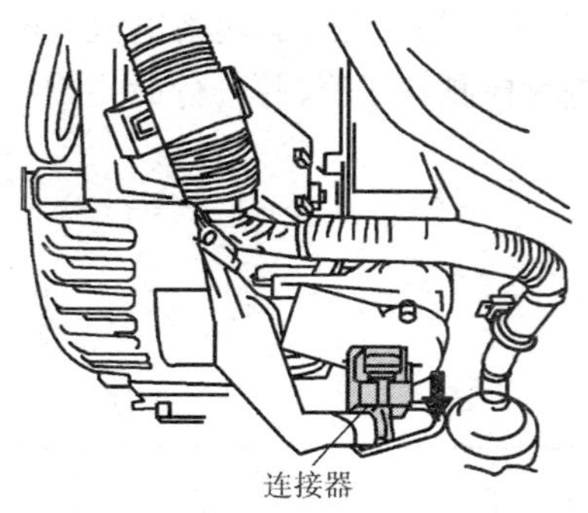

图18-43 脱开发电机连接器

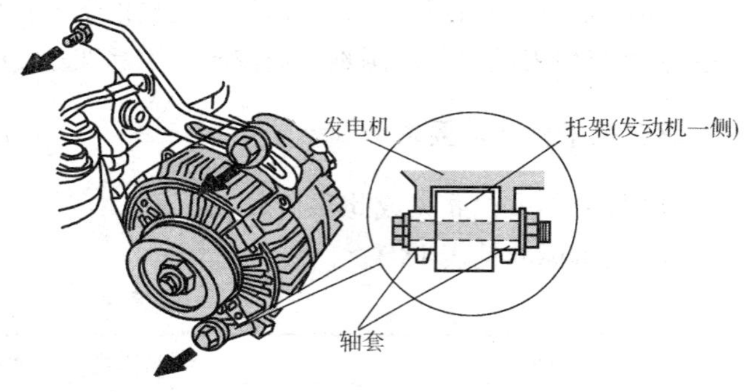

图18-44 拆卸发电机安装螺栓

(5)在皮带轮轴的末端安装SST1-A和SST1-B，将SST1-B按逆时针方向拧紧到指定力矩(39.2 N·m)，如图18-45所示。

◆SST1-A(发电机转子轴扳手-A)。

◆SST1-B(发电机转子轴扳手-B)。

(6)将SST2夹在台虎钳上，然后在SST1-A和SST1-B安装到发电机上的情况下，将皮带轮锁止螺母插入SST2的六角部分，如图18-46所示。

◆SST2(发电机皮带轮定位螺母扳手)。

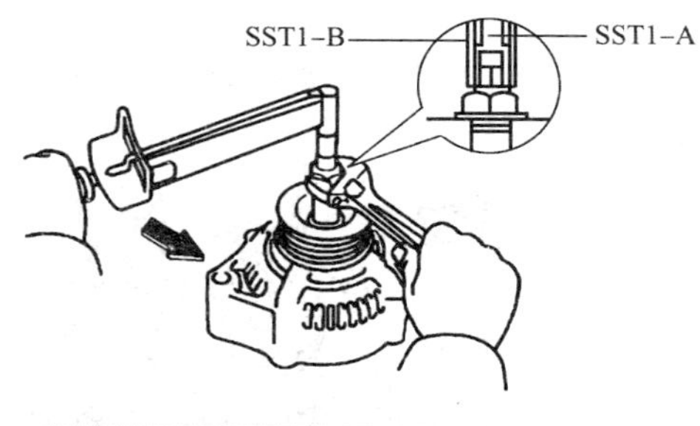

图18-45　拆卸发电机皮带轮

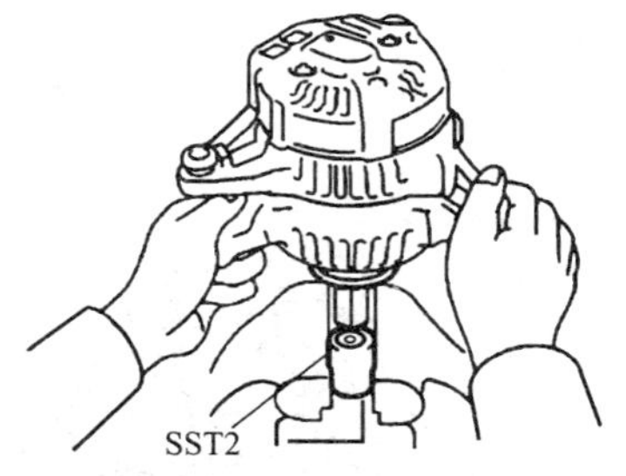

图18-46　将SST2夹在台虎钳上

(7)顺时针旋转SST1-A以拧松皮带轮锁止螺母，如图18-47所示。

(8)从SST2上拆卸发电机，然后使SST1-B保持不动的同时，顺时针旋转SST1-A，然后从发电机上拆下SST1-A和SST1-B，拆卸皮带轮螺母和发电机皮带，如图18-48所示。

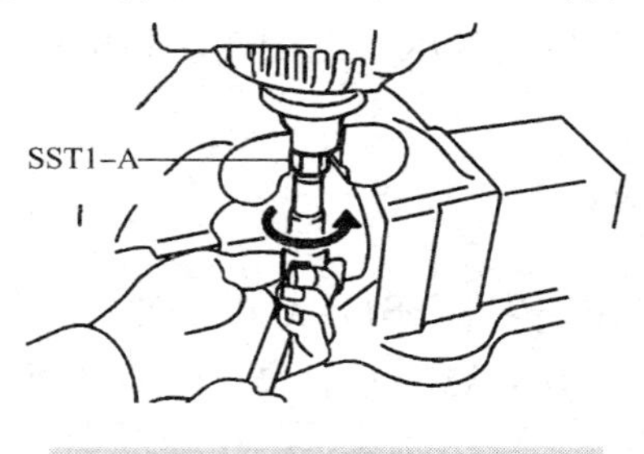

图18-47　拧松皮带轮锁紧螺母

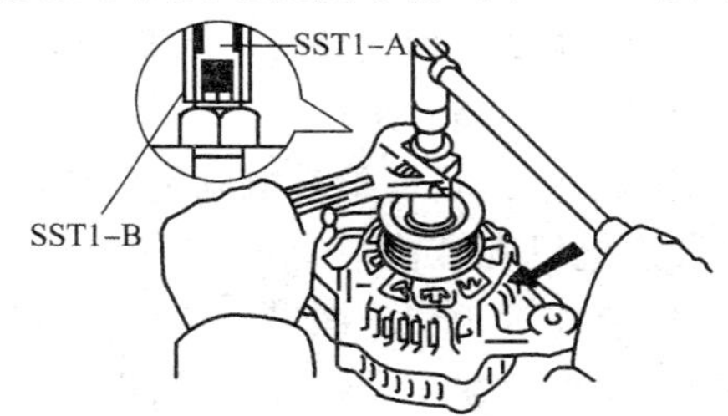

图18-48　拆卸皮带轮螺母和发电机皮带轮

2)拆卸发电机转子总成

(1)拆卸发电机密封盘处的螺栓、垫圈、电刷架盖和电刷架。

(2)从整流器端盖上拆下密封盘，并拆下四个螺栓。由于机座和转子轴承是结合在一起的，钩住SST的卡爪，拆卸整流器端盖，如图18-49所示。

(3)用手锤敲打，从主动机座一端拆卸转子，如图18-50所示。

(4)从转子上拆下垫圈。

3)安装发电机转子总成

(1)将转子安装到驱动端盖，将垫圈安装到转子上。

(2)将29mm套筒扳手放在机座的中心，用压机将整流器端盖慢慢压入驱动端盖内，这样压机不会压到转子轴。如图18-51所示。

(3)安装导线夹子与螺母，如图18-52所示。

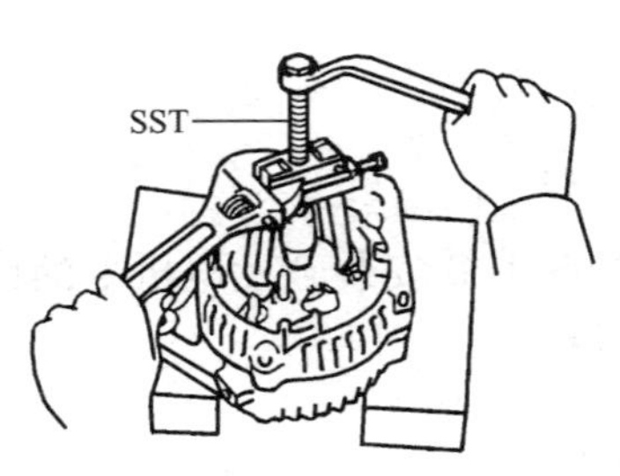

图 18-49 用 SST 拆卸整流器端盖

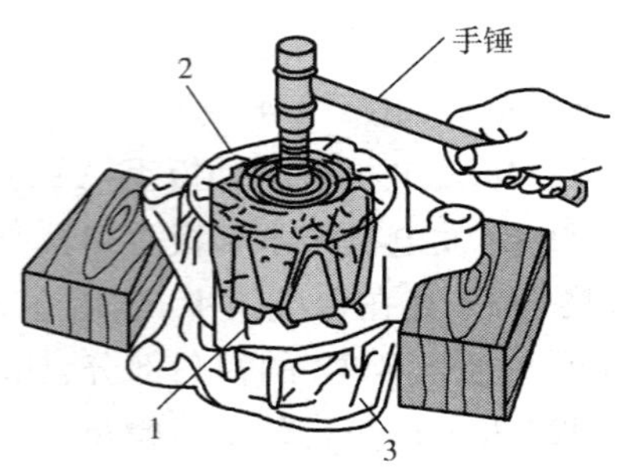

图 18-50 拆卸发电机转子

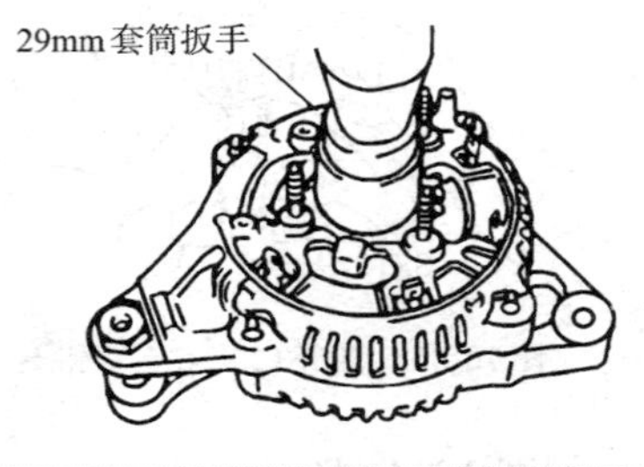

图 18-51 安装发电机转子

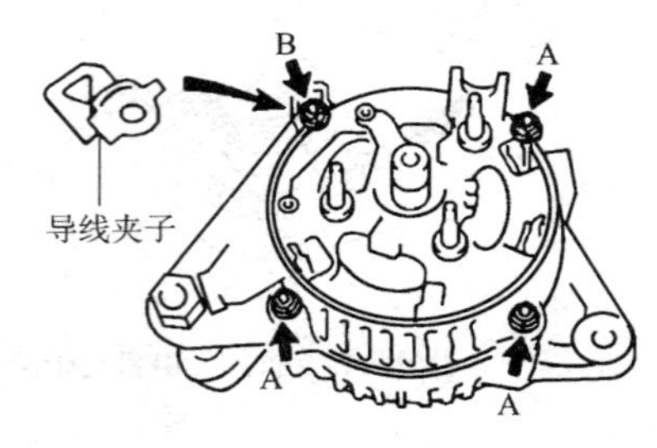

图 18-52 安装导线夹子与螺母

4)安装发电机电刷座总成

(1)在一字螺丝刀的末端包一些聚氯乙烯绝缘带,将电刷压入电刷座。将电刷座安装到端机座内,如图 18-53 所示。

(2)取出螺丝刀,目视检查电刷是否碰撞到集电环。

5)安装发电机皮带轮

(1)先安装皮带轮锁止螺母。然后在皮带轮轴的末端安装 SST1-A 和 SST1-B。用扭力扳手将 SST1-A 支撑在皮带轮轴一端,逆时针旋转 SST1-B 至规定力矩,如图 18-54 所示。

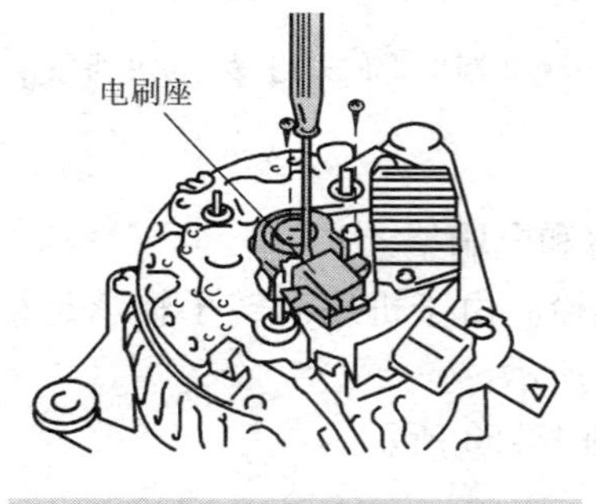

图 18-53 安装电刷座总成

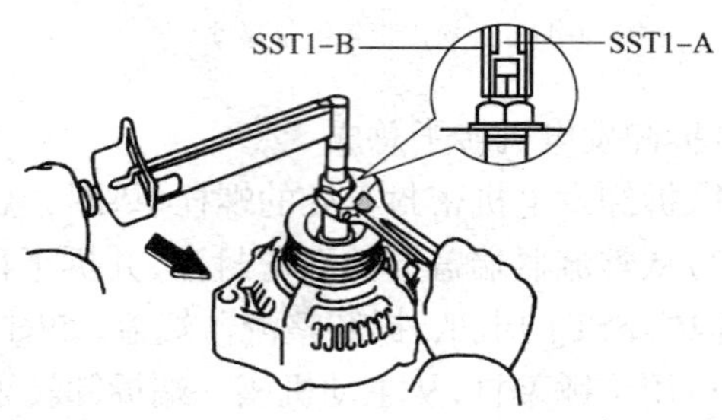

图 18-54 安装发电机带轮(1)

(2)将 SST2 夹在台虎钳上,将 SST1-A 和 SST1-B 放置到 SST2,将皮带轮锁止螺母装入 SST2 的六角部分,如图 18-55 所示。

◆SST1(发电机转子轴扳手)。

◆SST2(发电机皮带轮定位螺母扳手)。

(3)拧紧皮带轮锁止螺母,按图18-56所示方向旋转SST1-A。其拧紧力矩为111N·m。

(4)从SST2上取下发电机。

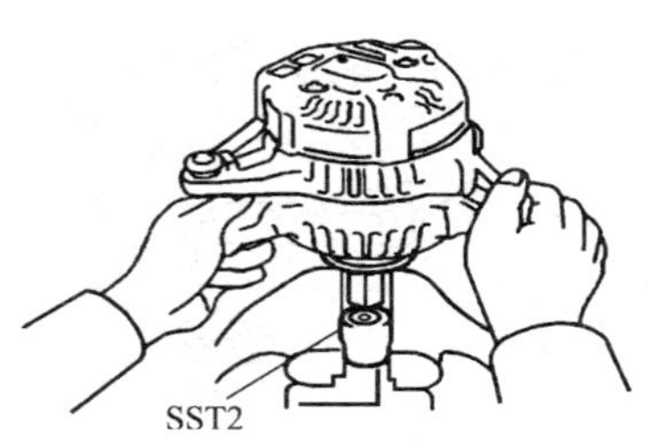

图18-55 安装发电机带轮(2)

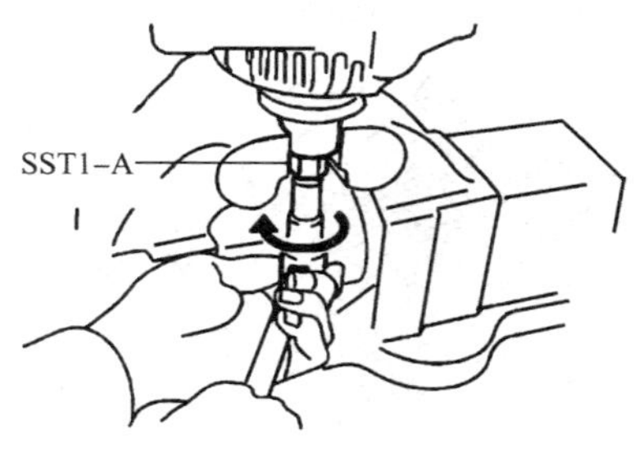

图18-56 安装发电机带轮(3)

(5)使SST1-B保持不动的同时,顺时针旋转SST1-A来旋松它,然后从发电机上取下SST1-A和SST1-B。如图18-57所示,确认皮带轮旋转平稳。

6)安装发电机

(1)滑动轴套直到表面和托架平齐(管接头一端),如图18-58所示。

(2)初步安装发电机,安装贯穿螺栓(A)。

(3)安装螺栓(B)。

(4)安装传动皮带。

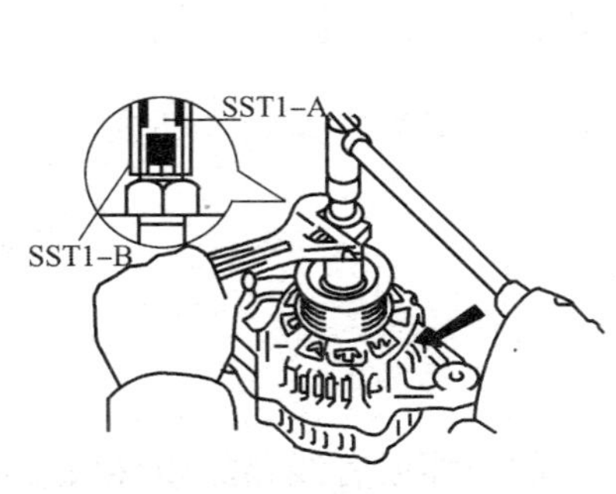

图18-57 安装发电机带轮(4)

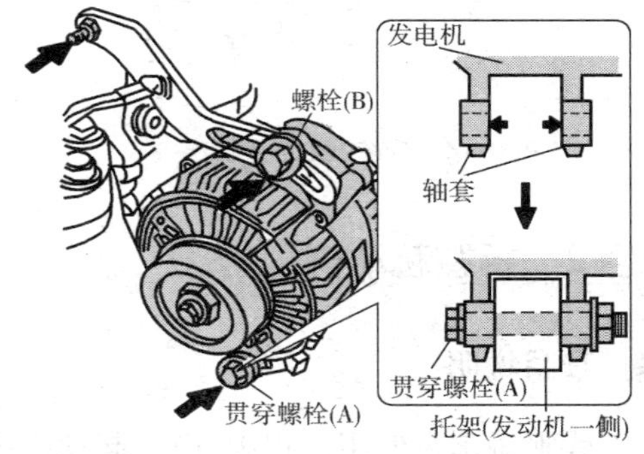

图18-58 安装发电机

(5)使用手锤柄等物移动发电机来调整皮带的张紧度,如图18-59所示。

(6)拧紧安装螺栓(A)和螺栓(B),以牢固地安装发电机。

(7)检查皮带松紧并旋紧螺栓。

7)连接发电机电缆和连接器

(1)平直连接发电机的电缆,这样不会损伤发电机的端子。

(2)安装定位螺母,如图18-60所示。

(3)安装防短路罩壳,如图18-60所示。

(4)握住连接器主体,然后连接连接器,如图18-61所示。

(5)确认卡爪已经牢固地连接。

8)连接蓄电池负极(-)端子电缆

(1)平直连接蓄电池负极(-)电缆,这样不会损伤蓄电池端子,如图18-62所示。

(2)恢复车辆信息。

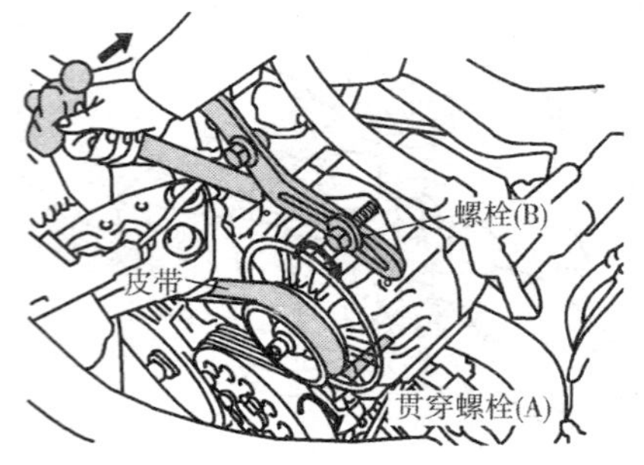

图 18-59　安装发电机皮带

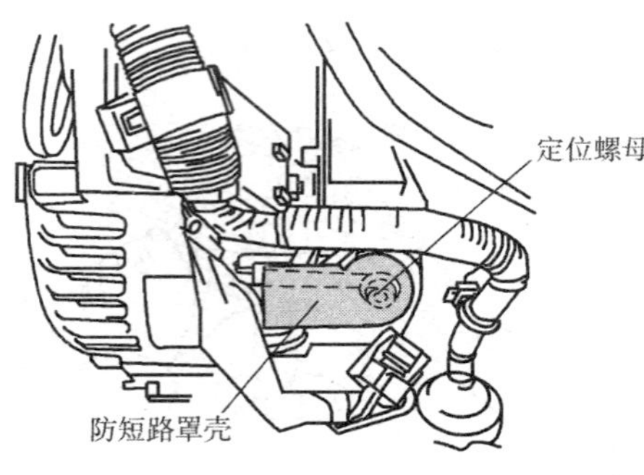

图 18-60　安装发电机电缆

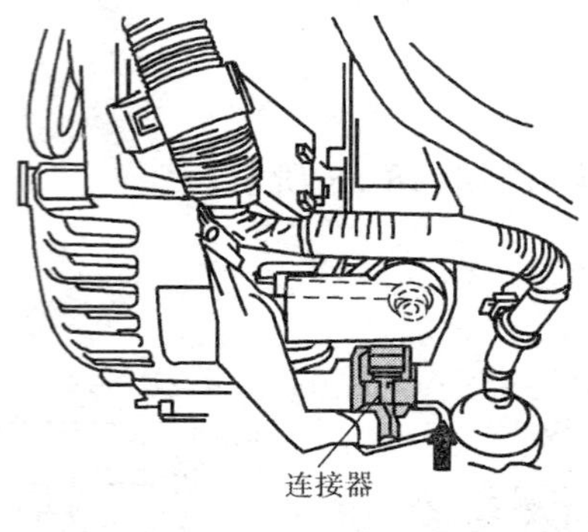

图 18-61　安装发电机连接器

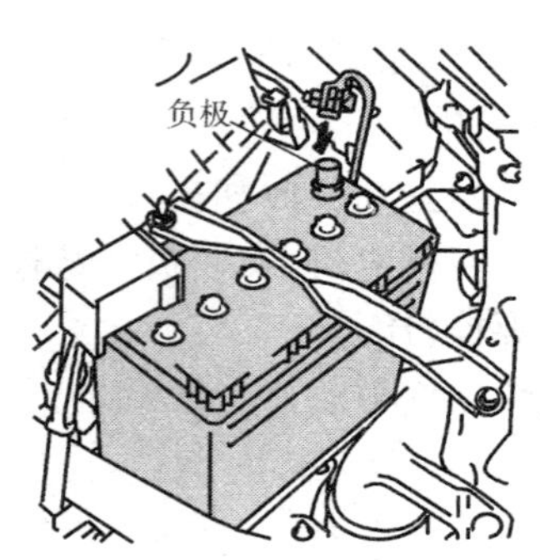

图 18-62　连接蓄电池负极(－)电缆

项目2　拆装起动机

1　项目说明

丰田威驰轿车在使用过程中,由于起动机内部元件的损坏或者线路故障导致发动机起动困难。因此,应按照技术标准对发电机进行检测拆装与维修。

2　技术标准与要求

(1)每个学员独立完成此项目。
(2)技术标准见表 18-2。

技术标准　　表 18-2

端子名称	是否导通	端子名称	是否导通
端子 50 与端子 C	是	端子 50 与开关体	是

3　设备器材

(1)丰田威驰轿车一辆。
(2)丰田轿车维修手册。

(3)丰田轿车电路图。
(4)丰田万用表。
(5)十字螺丝刀一把。
(6)一字螺丝刀一把。

4 作业准备

(1)套上汽车三件套。
(2)断开蓄电池负极电缆。
(3)准备作业单。

5 操作步骤

1)从汽车上拆下起动机

(1)断开蓄电池的负极电缆,如图18-63所示。断开蓄电池的负极电缆之前,记录存储在ECU内的信息。

(2)拆卸防短路盖。如图18-64所示。

(3)拆卸起动机电缆定位螺母,如图18-64所示。

(4)断开起动机端子30的起动机电缆,如图18-64所示。

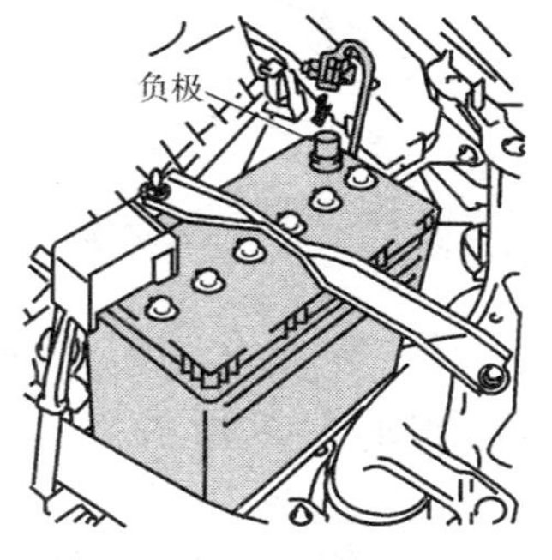

图18-63　断开蓄电池负极电缆

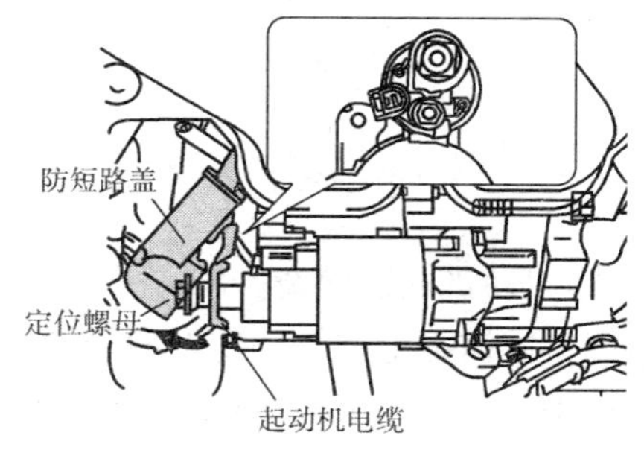

图18-64　拆卸起动机电缆

(5)按压连接器锁舌以解除连接器锁止,然后向外拉出连接器。如图18-65所示。

(6)拆下起动机安装螺栓,如图18-66所示,然后移出起动机,如图18-66中箭头方向所示。

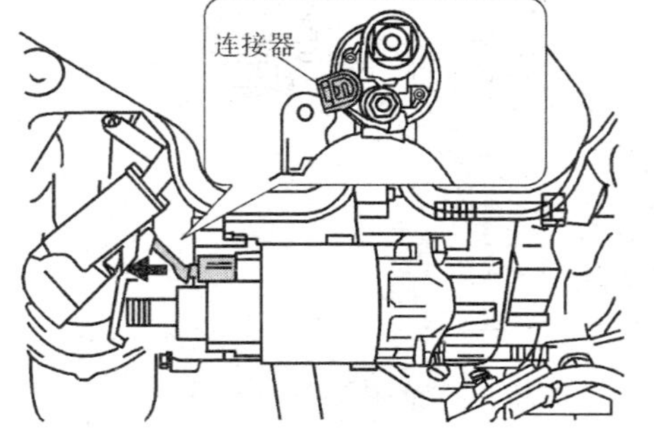

图18-65　断开起动机连接器

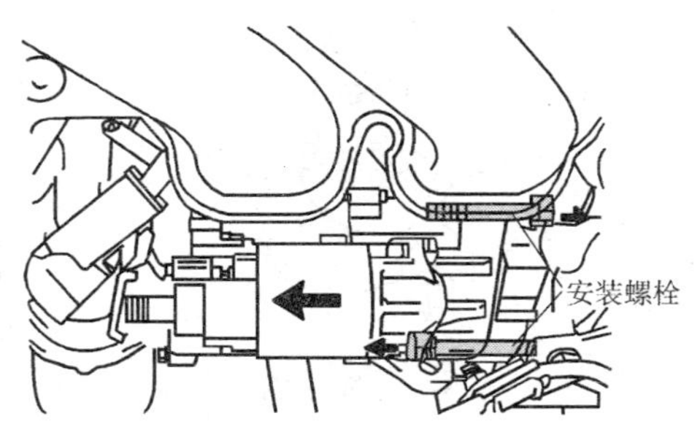

图18-66　拆卸起动机

2)拆卸电磁起动机开关总成

(1)断开引线,拆卸定位螺母并断开引线,如图 18-67 所示

(2)拆卸 2 只螺母并将电磁起动机开关拉到后侧。

(3)向上拉电磁起动机开关的顶端,从驱动杆中取出柱塞钩,如图 18-67 所示。

(4)拆卸电磁开关。

3)拆卸起动机磁轭总成

(1)拆卸 2 个螺栓。如图 18-68 所示。

(2)拆卸换向器端盖,如图 18-68 所示。

(3)从起动机磁轭分开起动机外壳,如图 18-68 所示。

(4)拆卸驱动杆。

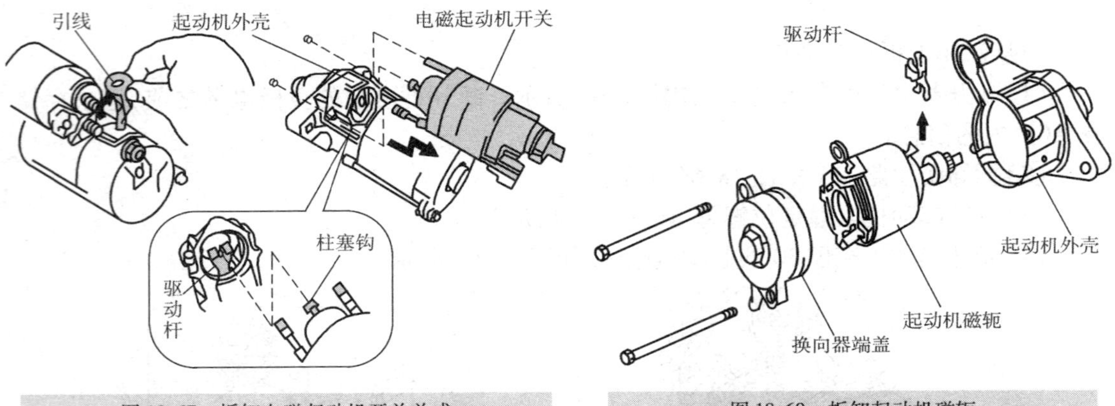

图 18-67　拆卸电磁起动机开关总成

图 18-68　拆卸起动机磁轭

4)拆卸起动机电刷弹簧

(1)用台虎钳将电枢轴固定在两块铝板或者布之间,如图 18-69 所示。

(2)用手指向上扳卡销,然后拆下盖板。

(3)用胶带缠住螺丝刀,为防止弹簧弹出,执行此操作时请用一块布盖在电刷座上。用一字螺丝刀(或其他工具)压住弹簧,然后拆下电刷,如图 18-70 所示。

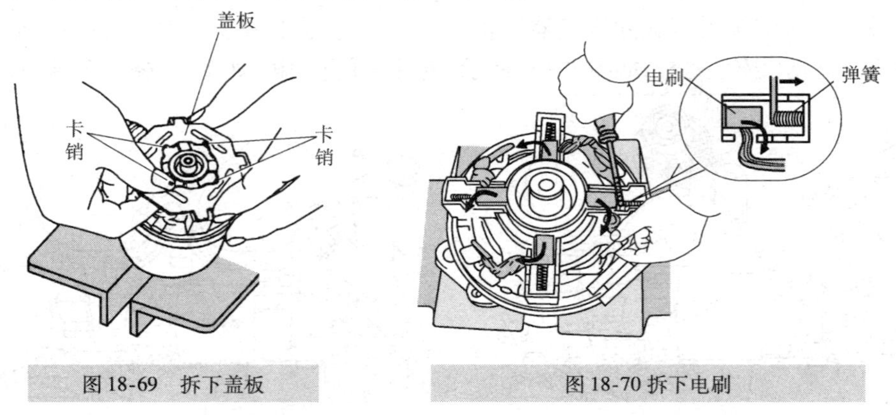

图 18-69　拆下盖板

图 18-70 拆下电刷

(4)从电刷座绝缘体上拆下电刷弹簧,如图 18-71 所示。

（5）拆卸电刷座绝缘体，如图 18-72 所示。

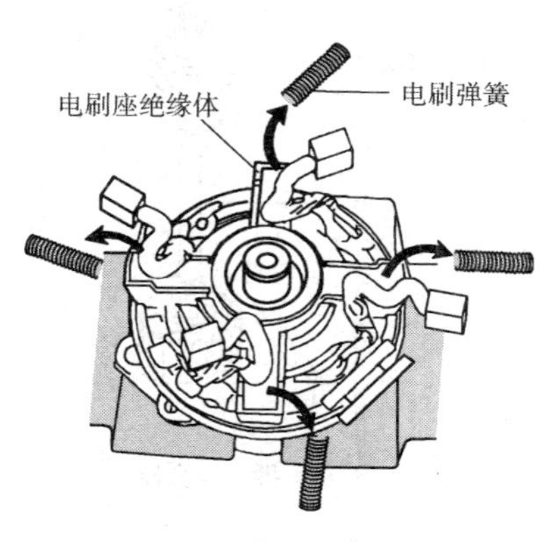

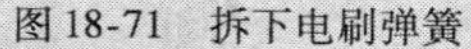
图 18-71　拆下电刷弹簧

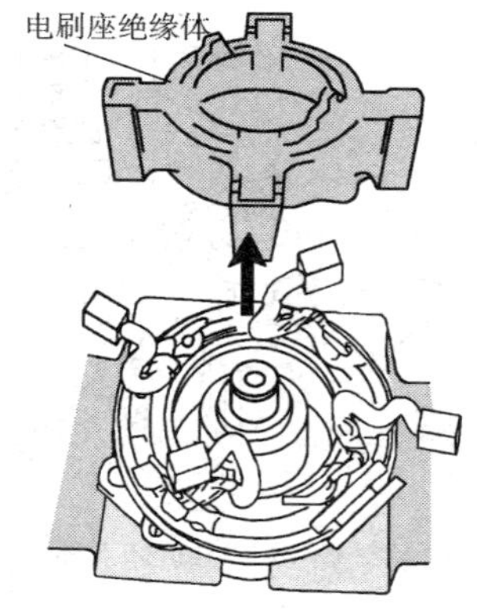

图 18-72　拆卸电刷座绝缘体

5）拆卸起动机离合器

（1）从起动机磁轭中拆下起动机电枢总成，然后用台虎钳将电枢固定在两块铝板或布之间，如图 18-73 所示。

（2）用一字螺丝刀轻敲止动环，使其向下滑动，如图 18-74 所示。

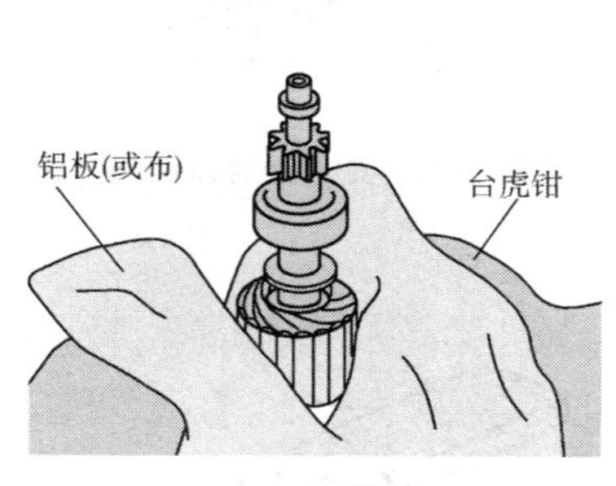

图 18-73　将电枢固定在两块铝板之间

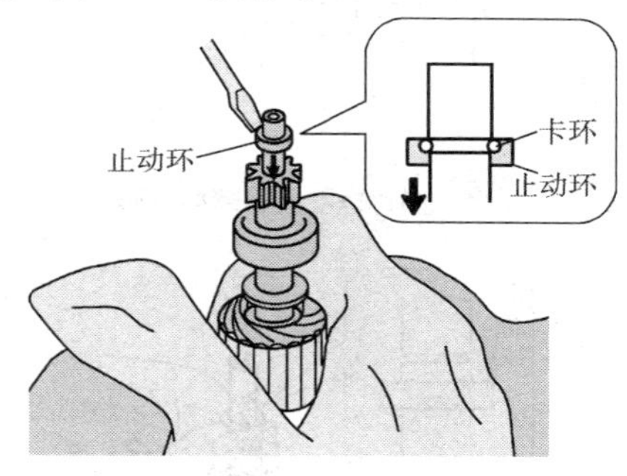

图 18-74　用一字螺丝刀轻敲止动环

（3）用一字螺丝刀打开卡环的开口。

（4）向上推动移出卡环，如图 18-75 所示。

（5）从电枢轴上拆下止动环和起动机离合器，如图 18-76 所示。

6）安装起动机离合器分总成

（1）在起动机离合器花键上涂一些润滑脂，如图 18-77 所示。

（2）将起动机离合器安装到电枢轴上，如图 18-78 所示。

（3）将止动环安装到电枢轴上，较小的内径端应向下，如图 18-79 所示。

（4）将卡环对齐轴上的凹槽，用台虎钳夹紧，将其固定在轴上，如图 18-80 所示。

（5）抬起起动机离合器，将其保持在该位置，然后用塑料锤敲打轴，将卡环装入止动环中，如图 18-81 所示。

7）安装起动机电刷弹簧

（1）将起动机电枢总成安装在起动机磁轭上。

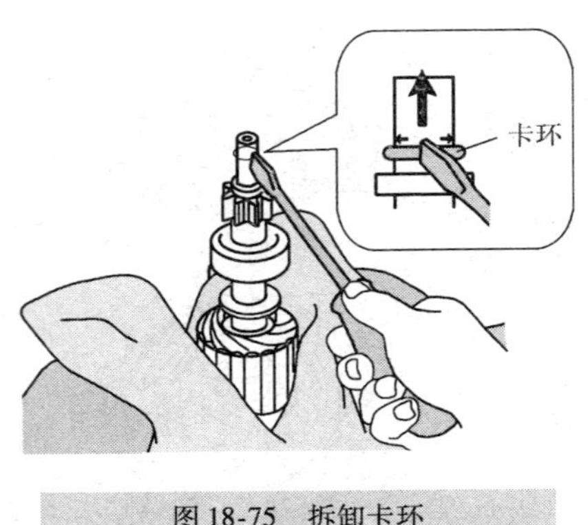

图 18-75　拆卸卡环

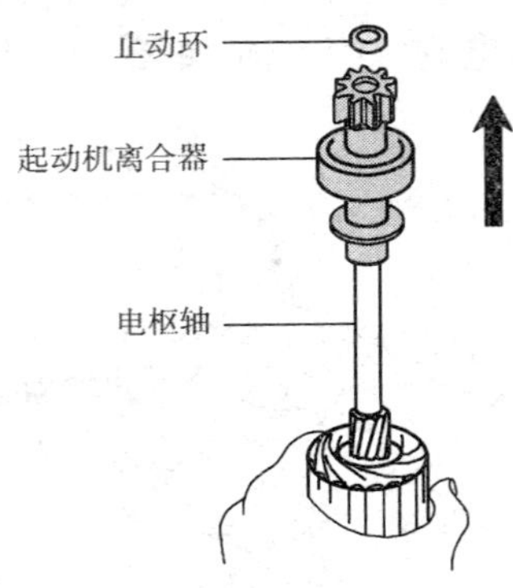

图 18-76　拆卸离合器

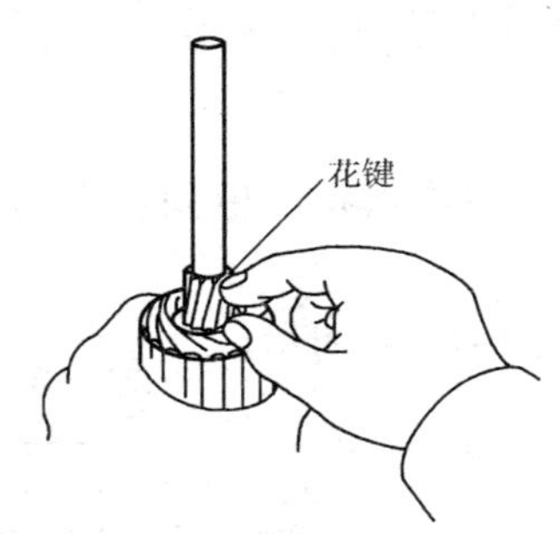

图 18-77　涂抹润滑脂

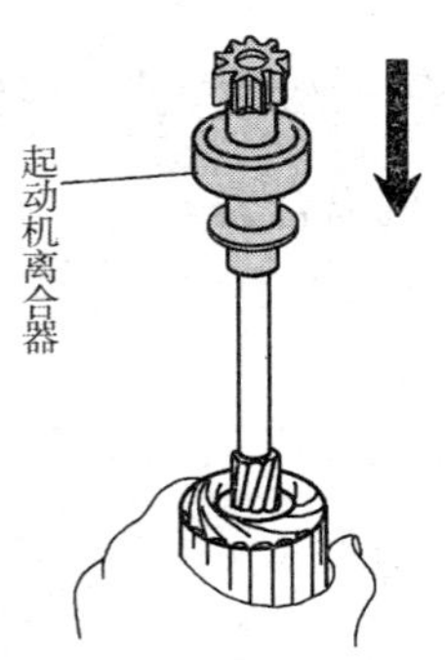

图 18-78　安装起动机离合器

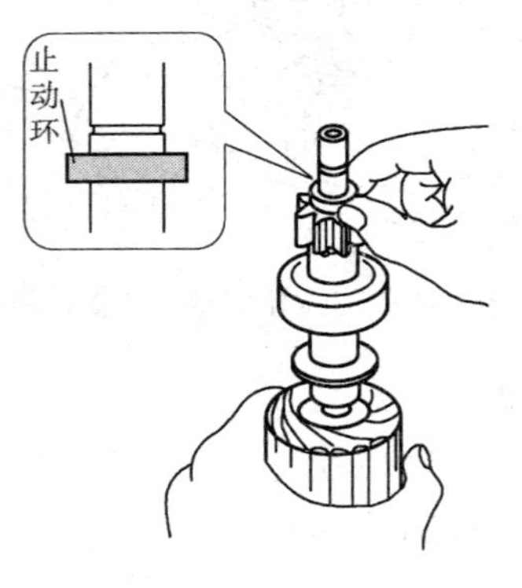

图 18-79　安装止动环

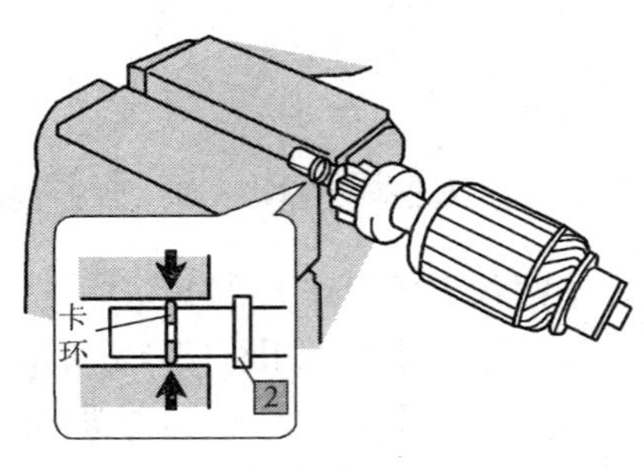

图 18-80　安装卡环

(2)用台虎钳将电枢轴固定在两块铝板或者布之间,如图 18-82 所示。

(3)安装电刷座绝缘体,如图 18-83 所示。

(4)将电刷弹簧安装在电刷座绝缘体上,如图 18-84 所示。

(5)压住电刷弹簧,同时将电刷装到电刷座绝缘体上,如图 18-85 所示。

(6)用手指按住卡销,装入盖板,如图 18-86 所示。

8)安装起动机磁轭总成

(1)在驱动杆和起动机离合器互相接触的部位涂一些润滑脂,如图 18-87 所示。

(2)将驱动杆放到轴上,如图18-87所示。

(3)将换向器端盖和磁轭安装到起动机外壳上,如图18-87所示。然后拧紧2个螺栓。

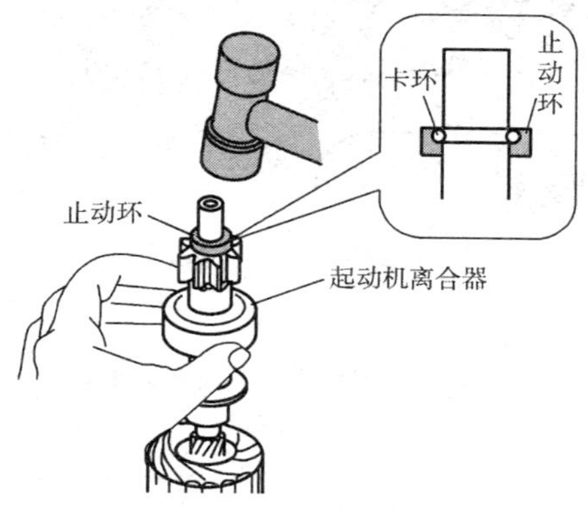

图18-81　将卡环装入止动环中

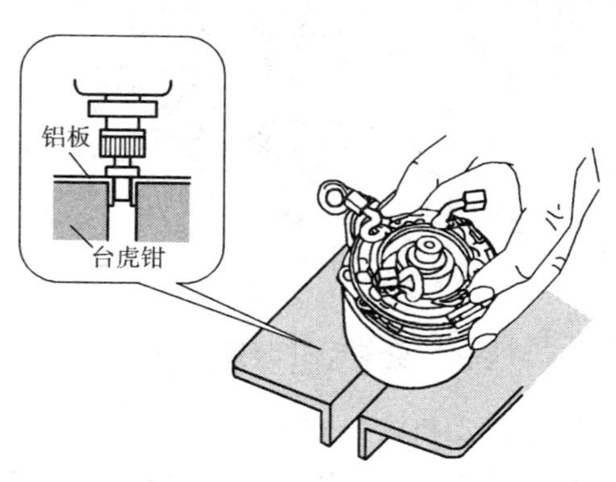

图18-82　用台虎钳固定住电枢轴

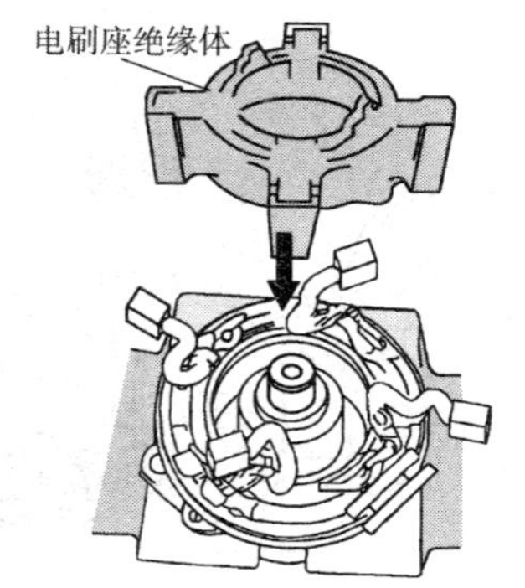

图18-83　安装电刷座绝缘体

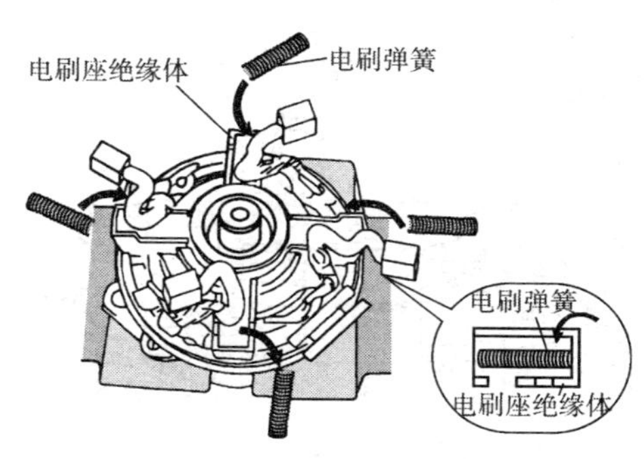

图18-84　安装电刷弹簧

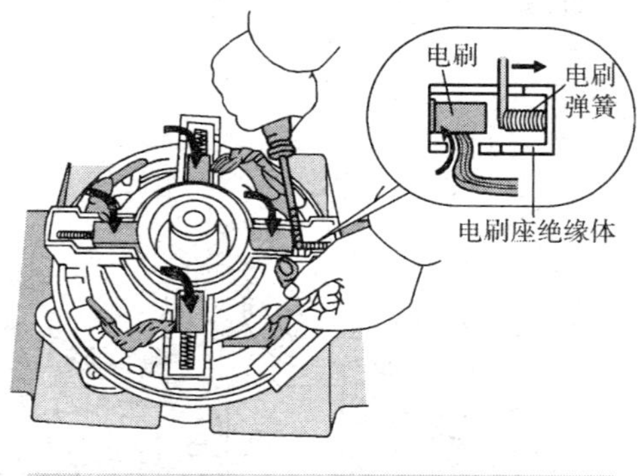

图18-85　安装电刷

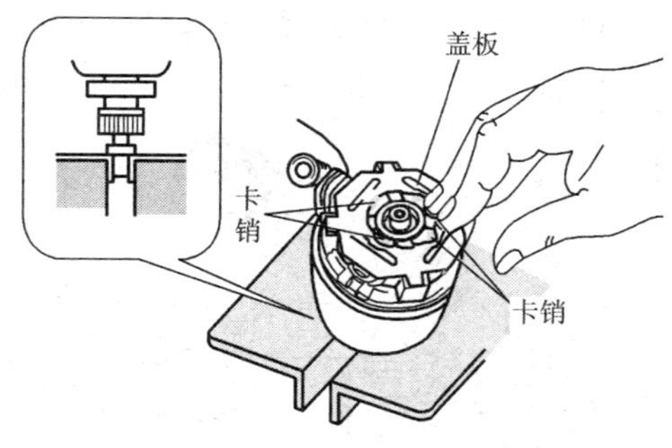

图18-86　安装板

9)安装电磁起动机开关总成

(1)将柱塞钩钩到驱动杆上,然后用2个螺栓将电磁起动机开关安装到起动机外壳上。如图18-88所示。

(2)连接引线和螺母。

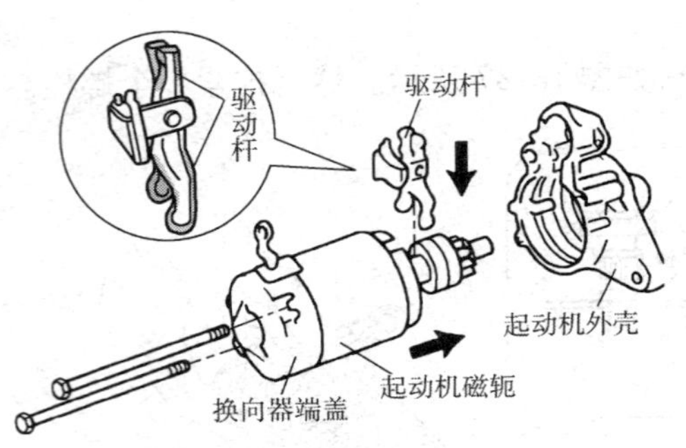

图 18-87　安装起动机磁轭

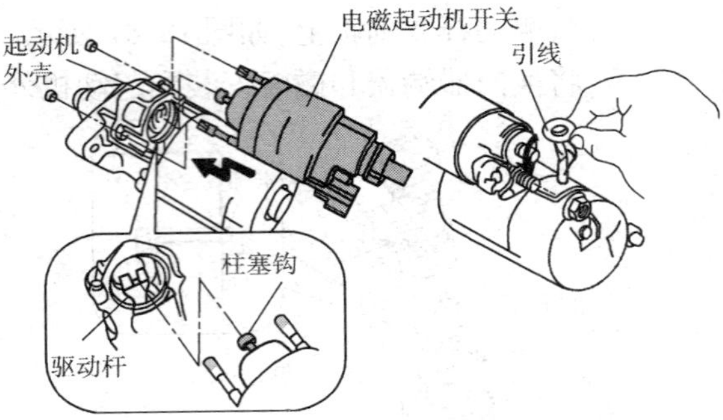

电磁起动机开关
起动机
外壳
引线
柱塞钩
驱动杆

图 18-88　安装电磁起动机开关总成

10)将起动机安装到车上

(1)插入起动机,用起动机安装螺栓安装起动机,如图 18-89 所示。

(2)握住线束连接器体,将其与电磁开关插座相连,如图 18-90 所示。

(3)确定线束连接器连接可靠。

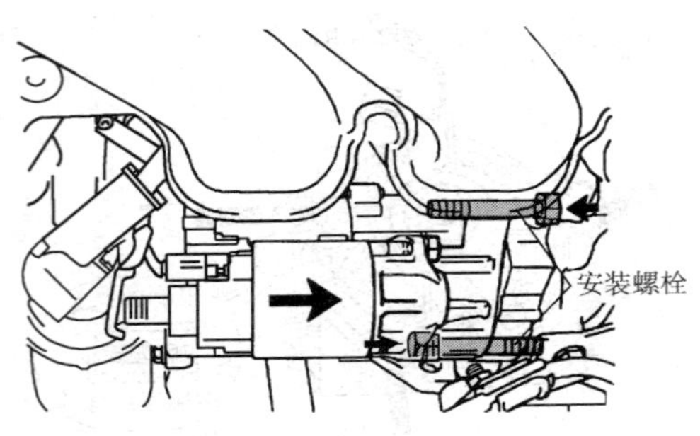

图 18-89　安装起动机

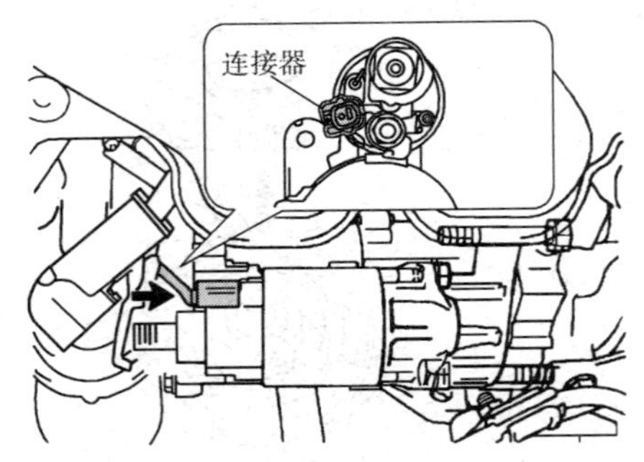

图 18-90　连接起动机连接器

(4)将起动机电缆连接到起动机的端子 30 上,如图 18-91 所示。

(5)用启动机电缆定位螺母将其固定住。

(6)将防短路盖安装到端子 30 上,如图 18-92 所示。

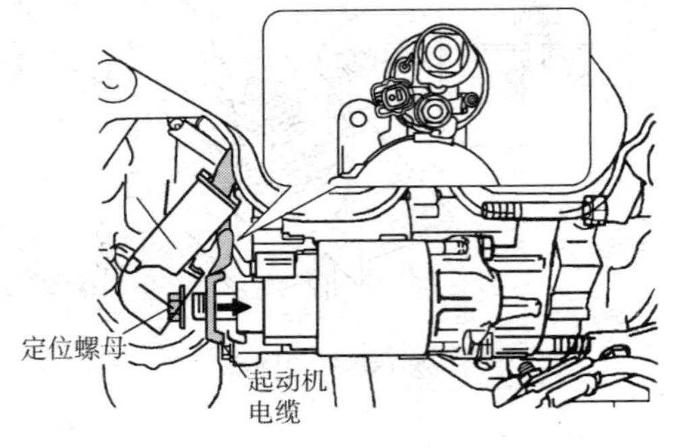

图 18-91　连接起动机电缆

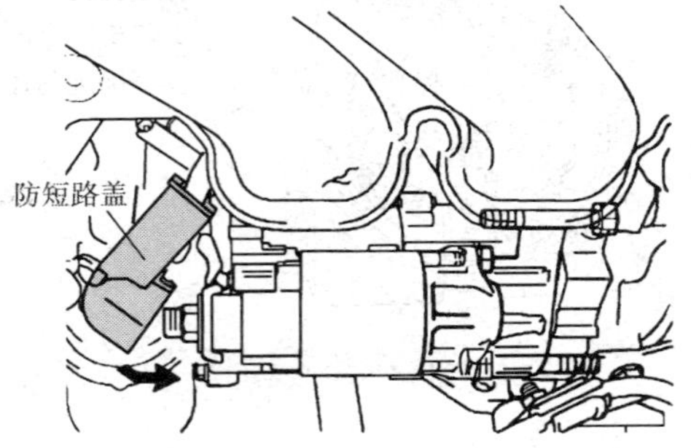

图 18-92　安装防短路盖

(7)连接蓄电池的负极(－)电缆,为防止损坏蓄电池端子,请正确连接蓄电池负极(－)电缆,如图 18-93 所示。

(8)复原车辆信息。

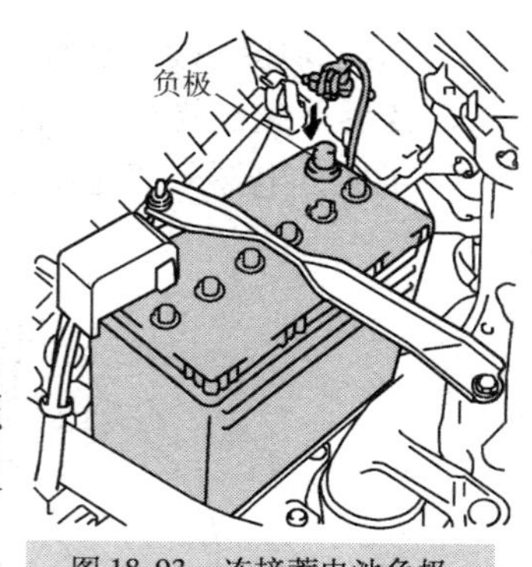

图18-93 连接蓄电池负极

项目3 拆装分电器

1 项目说明

丰田威驰轿车在使用过程中,由于点火系统中分电器损坏,导致发动机在起动时出现不能正常起动的状况。因此,应按照技术标准对分电器进行检测与维修,并进行相应的拆装与点火正时调整。

2 技术标准与要求

(1)每个学员独立完成此项目。
(2)技术标准见表18-3。

技 术 标 准 表18-3

测 试 对 象	测试电阻值	
初级点火线圈	冷的时候	0.36~0.55Ω
	热的时候	0.45~0.65Ω
次级点火线圈	冷的时候	9.0~15.4kΩ
	热的时候	11.4~18.1kΩ

"冷":-10~50℃。
"热":50~100℃。

3 设备器材

(1)丰田威驰轿车一辆。
(2)丰田轿车维修手册。
(3)丰田万用表。
(4)十字螺丝刀一把。
(5)一字螺丝刀一把。

4 作业准备

(1)套上汽车三件套。
(2)关闭点火开关。
(3)准备作业单。

5 操作步骤

1)拆装分电器
(1)拆卸分电器。
①用一字螺丝刀撬起锁卡,把定位销从分电器盖上拆下来。如图18-94所示。

②把高压线接头从橡胶垫上拆下来,不要拉线体。

③拆下装配螺栓,拉出分电器总成。如图 18-95 所示。

④从分电器外壳上拆下 O 形密封圈。

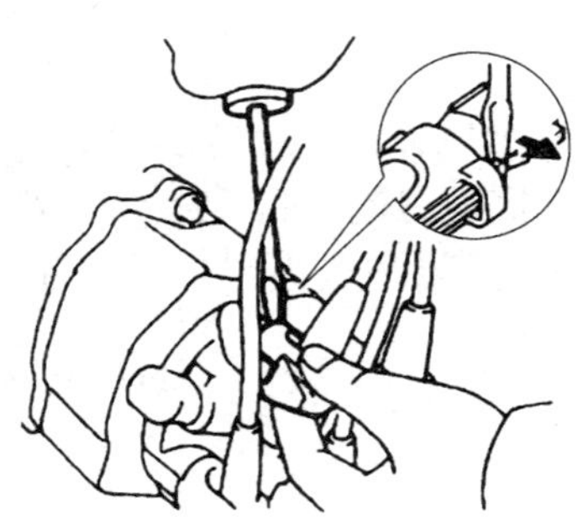
图 18-94　拆卸高压线

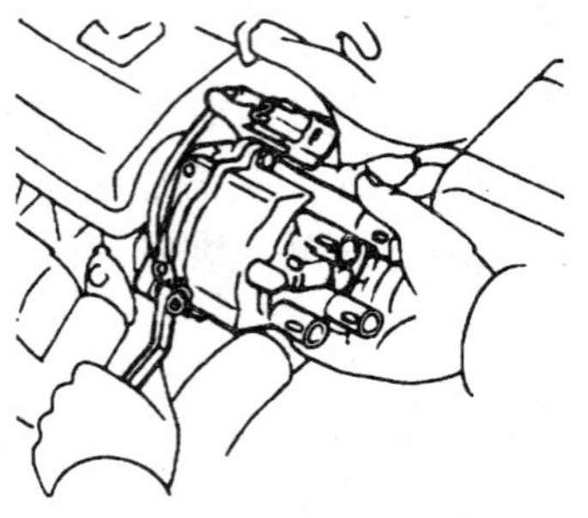
图 18-95　拆下分电器总成

⑤从点火线圈端子上卸开 4 条导线,拆下点火线圈,如图 18-96 所示。

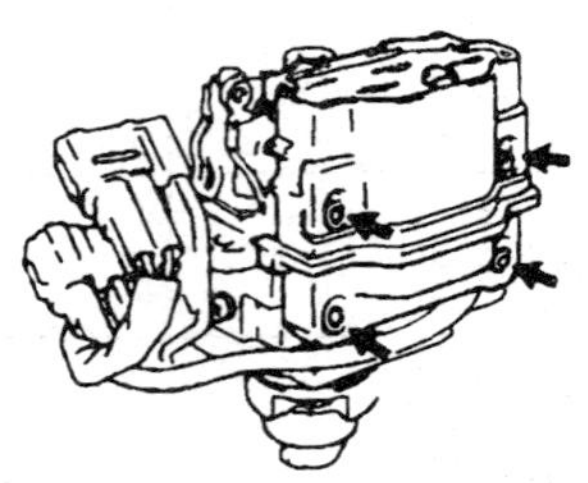
图 18-96　拆下点火线圈

⑥从点火器端子上卸开 3 条导线,拆下点火器,如图 18-97 所示。

⑦从导线夹处拆下 2 个接头,拆下螺钉和导线夹,如图 18-98 所示。

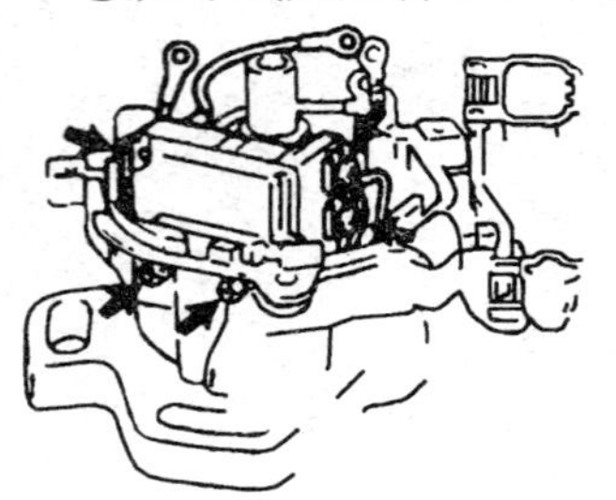
图 18-97　拆下点火器

⑧从分配器外壳组件上拆下分配器导线,如图 18-99 所示。

⑨拆下电容器,如图 18-100 所示。

(2)安装分电器。

①安装电容器,安装分配器接线和导线夹。

②用螺钉固定点火器,并用螺钉将 3 条导线连接到点火器端子上,如图 18-101 所示。

③清除旧填料(FIPG),在外壳的点火线圈安装表面上涂抹密封填料。用 4 个螺钉安装点火线圈,并用 2 个螺母将 4 根导线连接到点火线圈端子上。如图 18-102 所示。

④安装点火线圈,要注意将导线连接到点火线圈上时,一定要将 2 条导线正确地插入到可在点火线圈一侧找到的槽中,并且一定不要让导线与信号转子或分配器外壳组件接触。如图 18-103 所示。

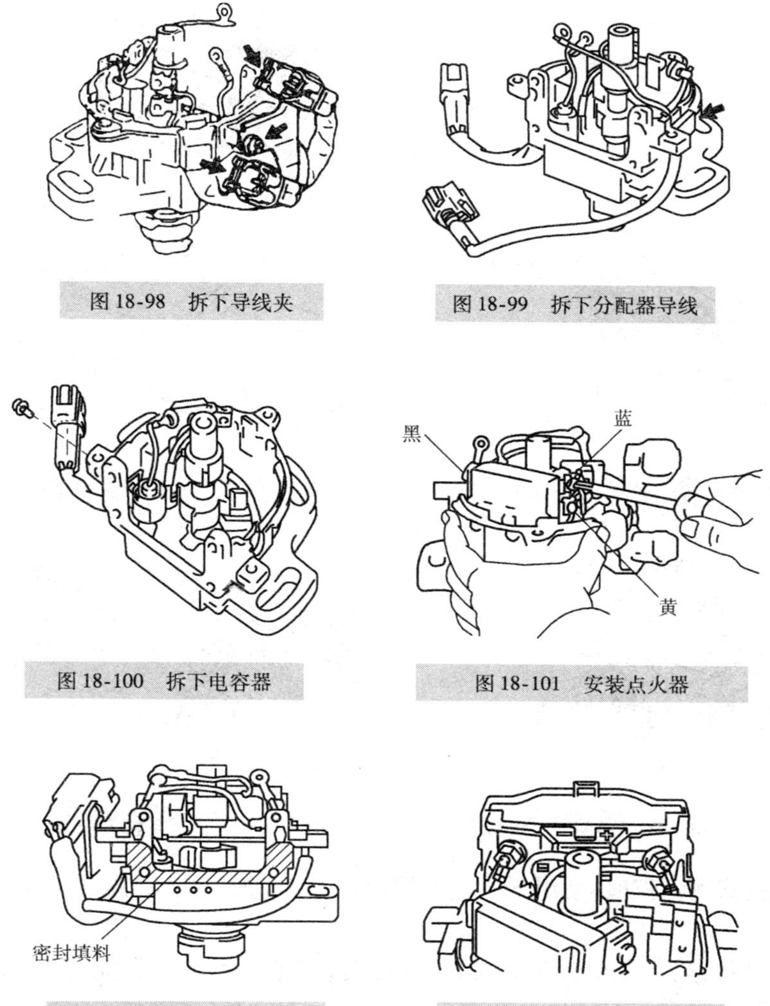

图 18-98　拆下导线夹

图 18-99　拆下分配器导线

图 18-100　拆下电容器

图 18-101　安装点火器

图 18-102　涂抹密封填料

图 18-103　安装点火线圈

⑤将新的垫片装到分配器外壳上，安装点火线圈防尘罩。如图 18-104 所示。

⑥安装转子和分配器盖。

⑦顺时针转动曲轴，将 1 缸设置为压缩行程上止点，使进气凸轮轴缝隙的位置处于图 18-105 所示位置。

⑧将新的 O 形密封圈装在分配器外壳组件上。在 O 形密封圈上涂上薄薄一层发动机油，如图 18-106 所示位置。

⑨将连接器的切口部分与外壳的凸起部分对准。使法兰中心与汽缸盖上的螺栓孔中心对准后，再插入整套点火组件，最后轻轻拧紧安装螺栓，如图 18-107 所示位置。

2）点火正时的检查与调整调整

（1）检查点火正时。

①发动机暖机后，将解码器连接到 DLC3 上，读取数据流中的点火正时应为 10°～20°。

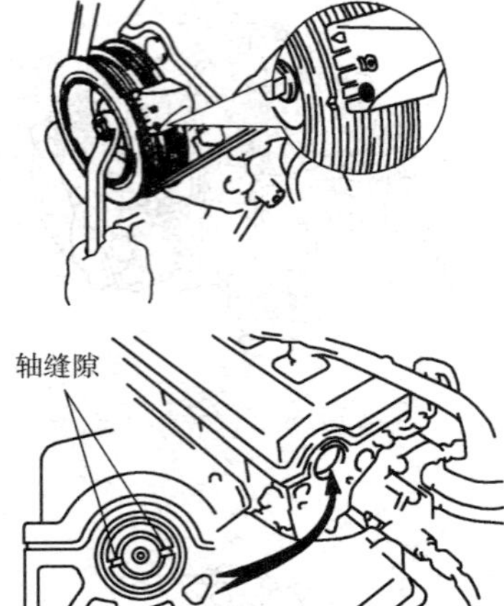

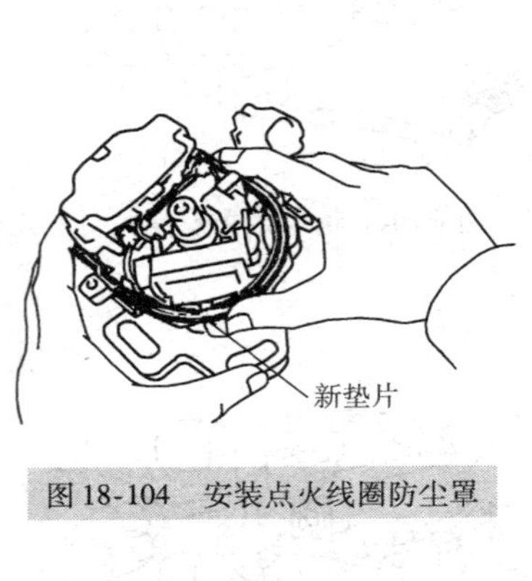

图 18-104 安装点火线圈防尘罩

图 18-105 1 缸压缩上止点记号

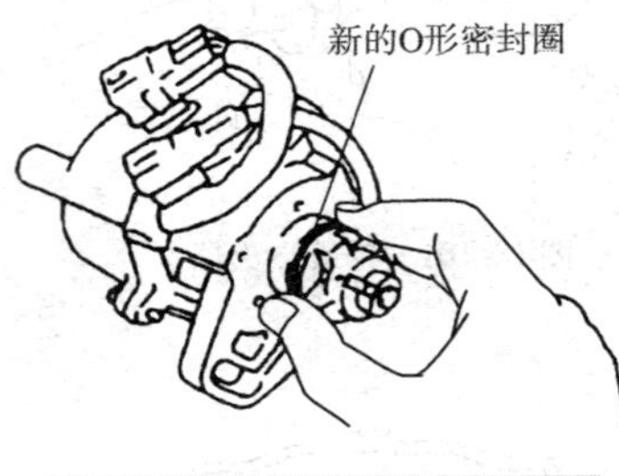

图 18-106 安装新的 O 形密封圈

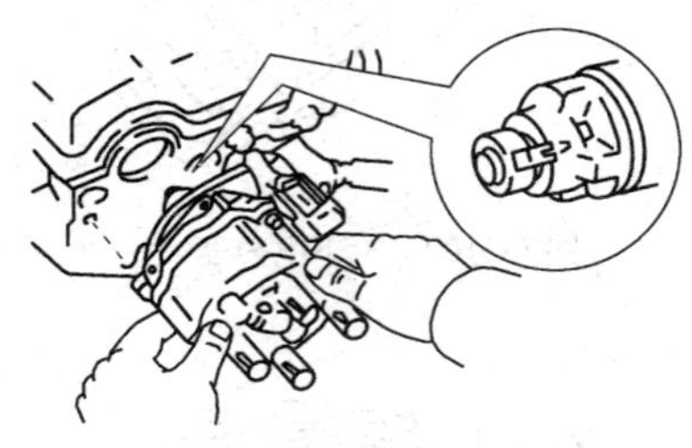

图 18-107 安装整套点火组件

②不用便携式测试仪时,使用 SST 连接线短接 DLC3 的 13(TC)端子和 4(CG)端子,如图 18-108 所示。

◆确保不要接错,否则会损坏发动机;短接时,应把所有电气系统关闭;在冷却风扇电动机断开时进行检查。

③用正时灯检查点火正时,点火正时应为 8°~12°。如图 18-109 所示。

◆检查点火正时时,变速器应在空挡位置。注意:让发动机转速保持在 1000~1300r/min 达 5s 以后,在怠速时检查。

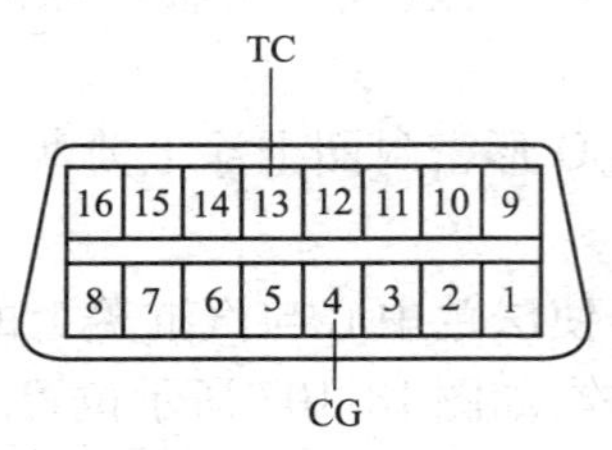

图 18-108 不用便携式测试仪测试点火正时

图 18-109 用正时灯检查点火正时

④取下 DLC3 上的短接线,在怠速时用点火正时灯检查点火正时,应为 10°~20°。发动

机转速升高时，点火正时提前角增大。

⑤拆下点火正时灯。

（2）调整点火正时。

①检查后的点火正时如需调整时，应松开2个分电器固定螺栓，并通过转动分电器外壳来调整，如图18-110所示。

②调整后拧紧2个固定螺栓。

③再次检查点火正时直至符合要求为止。

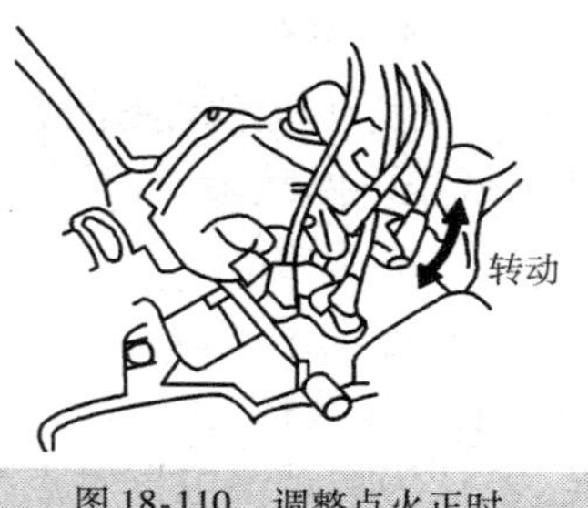

图18-110　调整点火正时

三、学 习 评 价

1　理论考核

1）分析题

（1）分析丰田威驰轿车发动机电源系统电路的工作原理。

（2）简述如何正确使用起动机。

（3）简述发动机能正常起动必须满足的条件。

（4）简述蓄电池自行放电故障的原因及排除方法。

（5）交流发电机的中性点输出有何功用？

（6）点火提前角过大或过小有何危害？

2）判断题

（1）发电机正常运转时，蓄电池供给点火系统、起动系统用电。（　　）

（2）铅蓄电池的电解液密度越高越好。（　　）

（3）蓄电池从汽车上拆下时，应先拆正极。（　　）

（4）威驰轿车采用了十一管硅整流交流发电机。（　　）

（5）电池极性接反，会使永磁式起动机反转，交流发电机二极管烧毁。（　　）

（6）起动机打滑一定是单向离合器打滑。（　　）

3）选择题

（1）起动机起动无力时，短接起动开关两主接线柱后起动机转动仍然缓慢无力，甲认为，起动机本身故障，乙认为电池电量不足，你认为：（　　）

A. 甲对　　B. 乙对　　C. 甲乙都对　　D. 甲乙都不对

（2）讨论蓄电池结构，甲认为12V蓄电池由6个单格并联组成，乙认为12V蓄电池由6个单格蓄电池串联组成，你认为：（　　）

A. 甲对　　B. 乙对　　C. 甲乙都对　　D. 甲乙都不对

（3）讨论断电器的闭合角，甲认为断电器触点间隙越大闭合角越大，乙认为断电器触点间隙越小，闭合角越大，你认为：（　　）

A. 甲对　　B. 乙对　　C. 甲乙都对　　D. 甲乙都不对

（4）交流发电机不充电时，闭合点火开关，交流发电机处无磁性现象，甲认为磁场线圈及控制部分有故障，乙认为定子线圈及二极管电路有故障，你认为：（　　）

A. 甲对　　B. 乙对　　C. 甲乙都对　　D. 甲乙都不对

(5)发动机起动不能着车,试火时,各分缸高压线无高压电,甲认为,高压电路故障,乙认为低压电路故障,你认为:(　　)

A. 甲对　　B. 乙对　　C. 甲乙都对　　D. 甲乙都不对

(6)起动系统故障分析:点火开关在起动位置时,不能起动,但有磁吸声,用一字螺丝刀短接电源接线柱与磁吸开关接线柱,能起动着车,甲认为控制线电流过小,导致磁吸力不足,乙认为启动继电器触点接触不良或连接线接触不良。你认为:(　　)

A. 甲对　　B. 乙对　　C. 甲乙都对　　D. 甲乙都不对

(7)对于高速、大功率、高压缩比的发动机,甲认为使用冷型火花塞,乙认为使用热型火花塞,你认为:(　　)

A. 甲对　　B. 乙对　　C. 甲乙都对　　D. 甲乙都不对

(8)讨论点火系统次级线圈产生高压电流的流动方向,甲认为,次级线圈→高压线圈+线柱、连线→点火开关→电池→搭铁→火花塞→分缸高压线→配电器→分火头→次级线圈。乙认为:次级线圈→中心高压线→分火头→分缸高压线→火花塞→搭铁→电池→开关→高压线圈+线柱、连线→次级线圈。你认为(　　)

A. 甲对　　B. 乙对　　C. 甲乙都对　　D. 甲乙都不对

2 技能考核

"项目1　拆装交流发电机"的评分表见表18-4。

拆装交流发电机项目评分表　　表18-4

基本信息	姓名		学号		班级		组别	
	规定时间		完成时间		考核日期		总评成绩	
任务工单	序号	步骤		完成情况			标准分	评分
				完成		未完成		
	1	考核准备: 机件: 工具:					10	
	2	车辆支垫					5	
	3	三件套的放置					5	
	4	丰田维修手册的使用					5	
	5	丰田万用表的使用					5	
	6	丰田 SST 工具的使用					5	
	7	拆卸发电机					5	
	8	安装发电机					5	
	9	清洁及整理					5	
安全							5	
5S							5	
沟通表达							5	
工单填写							10	
工艺制订							10	

“项目2　拆装起动机”的评分表见表18-5。

拆装起动机项目评分表

表18-5

基本信息	姓名			学号		班级		组别	
	规定时间			完成时间		考核日期		总评成绩	
任务工单	序号	步　骤				完成情况		标准分	评分
						完成	未完成		
	1	考核准备： 机件： 工具：						5	
	2	车辆支垫						5	
	3	三件套的放置						5	
	4	丰田维修手册的使用						5	
	5	丰田万用表的使用						5	
	6	拆卸起动机						15	
	7	安装起动机						15	
	8	清洁及整理						10	
安全								5	
5S								5	
沟通表达								5	
工单填写								10	
工艺制订								10	

“项目3　拆装分电器”的评分表见表18-6。

拆装分电器项目评分表

表18-6

基本信息	姓名			学号		班级		组别	
	规定时间			完成时间		考核日期		总评成绩	
任务工单	序号	步　骤				完成情况		标准分	评分
						完成	未完成		
	1	考核准备： 机件： 工具：						5	
	2	车辆支垫						5	
	3	三件套的放置						5	
	4	丰田维修手册的使用						5	
	5	丰田万用表的使用						5	
	6	拆装分电器						10	
	7	安装分电器						10	
	8	点火正时调整						10	
	9	清洁及整理						10	
安全								5	
5S								5	
沟通表达								5	
工单填写								10	
工艺制订								10	

学习任务19　汽车车身电气系统的结构与检修

工作情境描述

一辆乘用车发生交通事故，送至4S店维修。经检查，发动机舱严重损坏，车窗被挤压变形。相关人员诊断、鉴定完毕后，维修服务顾问安排由你及你的团队对前照灯、转向信号灯组合开关、仪表总成、点火开关、空调系统进行拆装。

学习目标

通过本任务学习，应能：

1. 识别、描述车身电气系统的组成、结构、工作原理和安装位置；
2. 从整车上拆装车身主要电气零部件；
3. 进行车身电气系统的基本维护。

学习时间

20学时。

学习引导

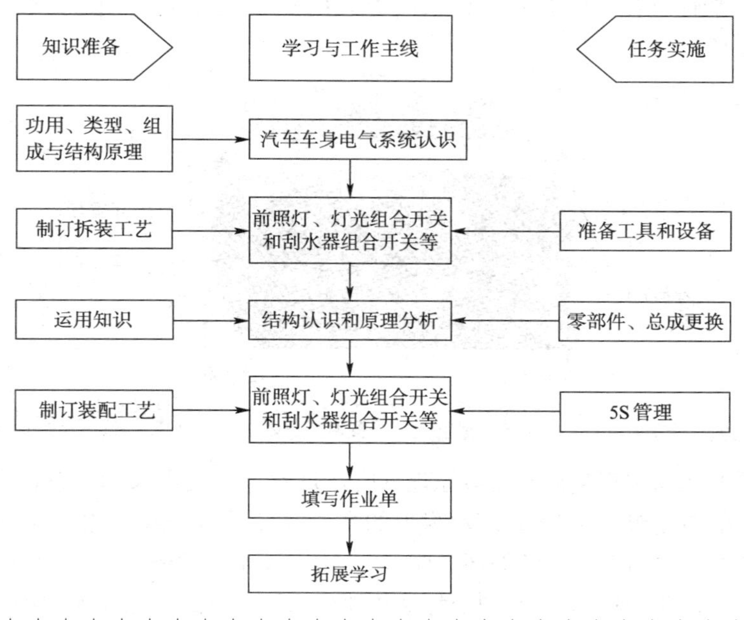

一、知识准备

1　照明系统分类、组成和工作原理

照明灯主要包括：前照灯、雾灯、示宽灯与尾灯、制动灯、转向信号灯、危险警告灯、牌照灯、倒车灯、仪表灯、顶灯、阅读灯等。按照明灯的安装位置不同，可分为前部照明灯和后部照明灯，也可分为外部照明灯和内部照明灯。前部照明灯的安装位置如图 19-1 所示，后部照明灯的安装位置如图 19-2 所示。前照灯是最重要的照明装置，为使汽车外形美观，目前各种汽车普遍采用组合式外部照明灯即组合前照灯和组合后灯。

1）前照灯

（1）前照灯的基本要求。

①使驾驶员能看清车前 150m 内路面上的物体且有明亮而均匀的照明，现代汽车的行驶速度越来越高，所以其照明距离应当达 200 ~ 250m。

②防止炫目功能。以避免夜间两车相会时，使对方驾驶员炫目而造成交通事故。

图 19-1　前部照明灯

（2）前照灯的组成。

①前照灯灯泡。目前，汽车前照灯的灯泡

主要是白炽灯泡和卤钨灯泡，两种灯泡的灯丝都是用钨丝制成的。由于钨丝在使用时蒸发消耗，使用寿命缩短，为延长其寿命，将玻璃泡的空气抽出，然后充入其他气体。若充入玻璃泡中的气体为惰性气体，即为白炽灯泡；若充入的是卤族元素（一般为碘或溴）即为卤钨灯泡，如图19-3所示。

图19-2　后部照明灯

卤钨灯泡是利用卤钨再生循环反应原理，即：从灯丝上蒸发出来的气态钨，与卤素反应生成的一种挥发性的卤化钨，它扩散到灯丝附近的高温区又受热分解，使钨重新回到钨丝上，被释放的卤素继续扩散参与下一次的循环反应，如此周而复始地循环下去，防止了钨的蒸发和钨灯泡的黑化现象。因此，卤钨灯泡与白炽灯泡相比较，具有寿命长、亮度大的特点。

目前，现代汽车的前照灯可设计成各种样式，以符合汽车外观整体美的要求。不同汽车前照灯的配光镜和反光镜也有很大的差异，但不论前照灯的样式如何，都应满足汽车行驶照明的要求。

②反射镜。前照灯灯泡的功率不大，因此，灯丝发出的光度有限。如无反射镜反射光束是远远达不到要求的。反射镜的作用是将灯泡发出的光线经反射镜反射后成平行光束射向远方，如图19-4所示，使光束增强几百倍甚至几千倍，使汽车前方150～400m范围内的路面和物体清晰可见。

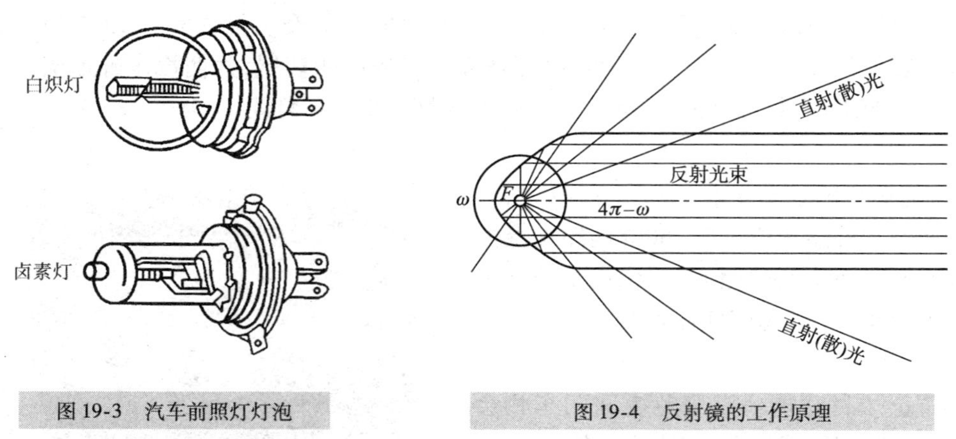

图19-3　汽车前照灯灯泡

图19-4　反射镜的工作原理

③配光镜。又称为散光玻璃，装于反射镜之前，可将反射光束扩散分配，如图19-5所示，使路段的照明更加均匀。配光镜是由透明玻璃压制而成的棱镜和透镜的组合体。

(3)前照灯的防炫目措施。夜间会车时,强光束会导致迎面车辆的驾驶员炫目,容易引发交通事故。为了避免驾驶员炫目,一般前照灯采用双丝灯泡,双丝灯泡又分为对称和非对称两种配光方式。采用四灯制时,其远近光前照灯是分开的,如图19-6所示,会车时,关闭远光灯即可。由于近光灯丝光度较弱且处于反射镜焦点的上方或前方,所以接通近光灯丝,前照灯光束倾向路面,使车前50m内路面照得十分清晰,从而避免了迎面来车驾驶员的炫目现象。

图19-5　配光镜

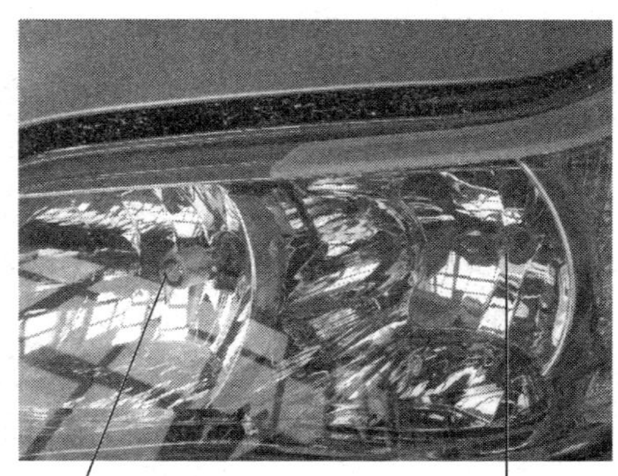

图19-6　前照灯远近光灯丝

2)雾灯

雾灯有前雾灯和后雾灯两种。前雾灯装于汽车前部比前照灯稍低的位置。用于在雨雾天气行车时道路的照明;为给雾天高速行驶汽车的后方车辆或行人提供本车的位置信息,交通管理部门规定,车辆应在车辆后部加装功率较大的后雾灯,以降低交通事故的发生率。雾灯的光色规定为光波较长的黄色、橙色或红色。

3)牌照灯

牌照灯装于汽车尾部的牌照上方,用于夜间照亮汽车牌照。

4)仪表灯

仪表灯装于汽车仪表板上,用于仪表的照明,以便驾驶员获取行车信息和进行正确的操作,其数量根据仪表设计和布置而定。

5)顶灯

顶灯装于驾驶室或车厢顶部,用于车内照明。

6)工作灯

车上一般只装工作灯插座,配导线及移动式灯具,用于车辆检修时的照明。

2　信号系统

1)灯光信号系统

(1)转向信号灯。转向信号灯又称转向灯。它的功用是当汽车转弯时,在闪光器的控制下,向其他车辆和行人发出明暗交替的闪烁信号,指示汽车向左或向右的行驶方向。转向信号灯一般采用功率为20W左右的白炽灯泡,安装在汽车前部、后部和中部左右两侧,每车4只或6只,受转向灯开关和闪光器控制。通常将前转向信号灯和示宽灯制成双丝灯泡,其中功率较大的灯丝用于转向信号灯,功率较小的灯丝用于示宽灯。后转向信号灯与尾灯通常也制成双丝灯泡。

(2)转向信号灯。转向指示灯的功用是向驾驶员指示汽车转向方向和转向信号灯的工作情况。转向指示灯安装在仪表板上,每辆汽车安装两只,受转向灯开关和闪关器控制。

(3)危急报警信号灯与指示灯。在汽车行驶过程中,如遇危险或紧急情况,可将危险报警信号灯开关接通,前、后、左、右及两侧转向信号灯和仪表板上的转向指示灯同时闪烁,向其他车辆和行人发出报警信号。危急报警信号灯与指示灯受危急报警灯开关和闪光器控制。实际上危急报警功能是转向信号系统的扩展功能,是利用危急报警灯开关将左右转向信号灯电路同时接通来实现的。

(4)制动灯。制动信号灯的功用是在汽车制动时,向后车发出红色信号,提醒跟进车辆驾驶员采取相应措施,以免发生追尾事故。制动信号灯受制动灯开关控制。在驾驶员踩下制动踏板的同时,制动灯开关将制动信号灯电路接通。

(5)示廓灯。示廓灯是示宽灯与示高灯的统称。其功用是汽车夜间行驶时,分别指示汽车的宽度和高度。示宽灯又称为小灯,安装在汽车前后部两侧边缘。示高灯配装在载货汽车和大客车上,安装在汽车前后左右外侧顶部,能够指示车身高度和顶部宽度。

(6)停车灯。停车灯的功用是指示汽车夜间停放的位置。汽车前后各 2 只,通常示宽灯兼作停车灯。

(7)门控灯。门控灯的功能是指示车门的开闭状况。通常将顶灯兼作门控灯。门控灯受车门轴处的门控开关控制。当车门关闭时,门控开关断开,门控灯熄灭;当车门打开时,门控开关接通,门控灯发亮,以便乘员入座。

(8)尾灯。尾灯的功能是在夜间行车时,提醒跟进车辆保持一定距离。尾灯安装在汽车尾部左右两侧,受车灯开关控制。

现代汽车特别是小汽车外形美观,流线型好,普遍都是将汽车后部的后转向信号灯、制动灯、倒车灯和尾灯等组合在一起构成组合后灯,而将前照灯、防雾灯和前转向信号灯等组合在一起构成组合前灯。

2)闪光器

在转向信号系统和危险报警信号系统中,控制信号灯和指示灯闪烁发光的装置,称为闪光继电器,简称闪光器。闪光器按结构不同可分为热电式、电容式、水银式、电子式等几种类型。国产汽车目前使用较多的有电热式和电子式两种。轿车目前普遍采用闪光频率稳定、使用寿命较长的电子式闪光器。

3 音响信号

1)电喇叭

汽车用喇叭分为电喇叭和气喇叭两种。现代汽车普遍采用电喇叭。电喇叭是利用电磁转换原理使金属膜片产生振动而发出音响信号的装置。电喇叭又分为筒形、盆形和电子式三种。盆形电喇叭的结构如图 19-7 所示,主要由电磁铁、触点和金属膜片组成。盆形电喇叭体积和质量较小,轿车普遍采用。

2)声音报警器

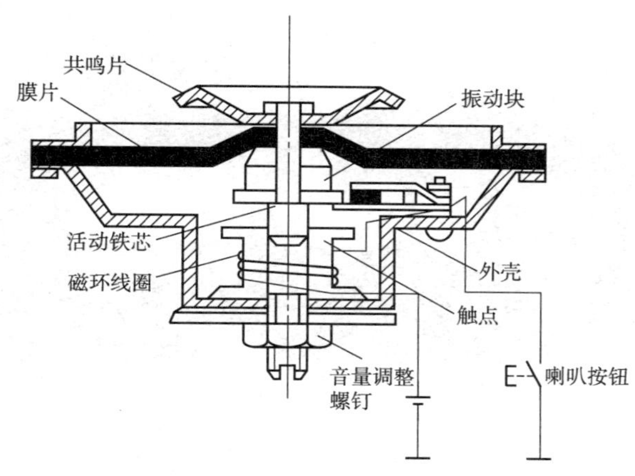

图 19-7　电喇叭结构

(1)倒车蜂鸣器和语言报警器。当汽车倒车时,为了警告车后的行人和其他车辆,除了在尾部装备有倒车灯外,部分汽车还备有倒车蜂鸣器。当变速器换挡杆拨入“倒挡”位置时,安装在变速器盖上的倒车灯开关接通,倒车蜂鸣器或语言倒车报警器以及倒车灯的电路接通,倒车灯点亮,同时倒车蜂鸣器发出断续鸣叫声,或语言倒车报警器播放提示语。

(2)座椅安全带报警器。当接通点火开关而没有扣紧座椅安全带时,座椅安全带报警器会发出报警声并点亮仪表板上的报警灯。座椅安全带扣环开关是一端搭铁的常闭式开关,如果安全带未扣好,常闭式开关便接通蜂鸣器及报警灯电路。

4　仪表系统

现代轿车仪表多为电子显示的组合仪表(图 19-8),组合仪表本身就是一台计算机,其显示内容的信息则来源于传感器和其他计算机。组合仪表显示的内容主要有车速—里程表、发动机转速表、冷却液温度表、燃油表、动态油压报警、机油液位报警、高温报警、燃油不足报警、驻车制动、充电、远光指示、危险警告、ESP 报警等很多种仪表或显示装置。

1)燃油量表

东风雪铁龙凯旋轿车的燃油表传感器为滑片电阻式,可将燃油箱内燃油平面高低以电压信号的形式传给多功能电子控制盒(BSI),并由其通过 CAN 舒适网把信号发给组合仪表(0004),以指示燃油存量。当油量低到一定程度后,仪表的油量报警灯点亮。其工作原理如图 19-9 所示。

2)冷却液温度表

冷却液温度表用于显示发动机冷却液的工作温度,其结构与工作原理如图 19-10 所示,冷却液温度传感器(1220)是一个负温度系数热敏电阻。当发动机冷却液温度改变时,将引起冷却液温度传感器电阻值的变化,其分压值也发生变化,发动机电控单元(1320)得到这个信息以后通过 CAN 高速网把信息发给多功能电子控制盒(BSI),多功能电子控制盒再通过 CAN 舒适网把信息发给组合仪表(0004),由其显示发动机冷却液温度。当发动机的冷却液温度超过 118℃时,组合仪表的冷却液温度报警灯点亮。

3)车速—里程表

如图 19-11 所示,车速—里程表是用来指示车辆瞬时行驶速度,并记录车辆行驶累计里

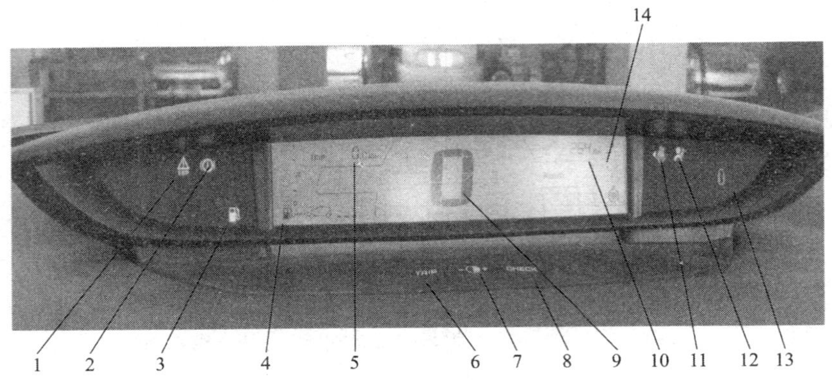

图 19-8 组合仪表

1-ESP 报警灯;2-驻车制动灯;3-燃油量报警灯;4-油量信息灯;5-日里程计数器;6-日里程计数器归零;7-组合仪表背景亮度显示调节;8-功能状态和报警显示;9-车速表;10-点火时显示维护里程、然后是总里程;11-安全带未系报警灯;12-气囊故障报警灯;13-车门未关信息灯;14-冷却液温度表

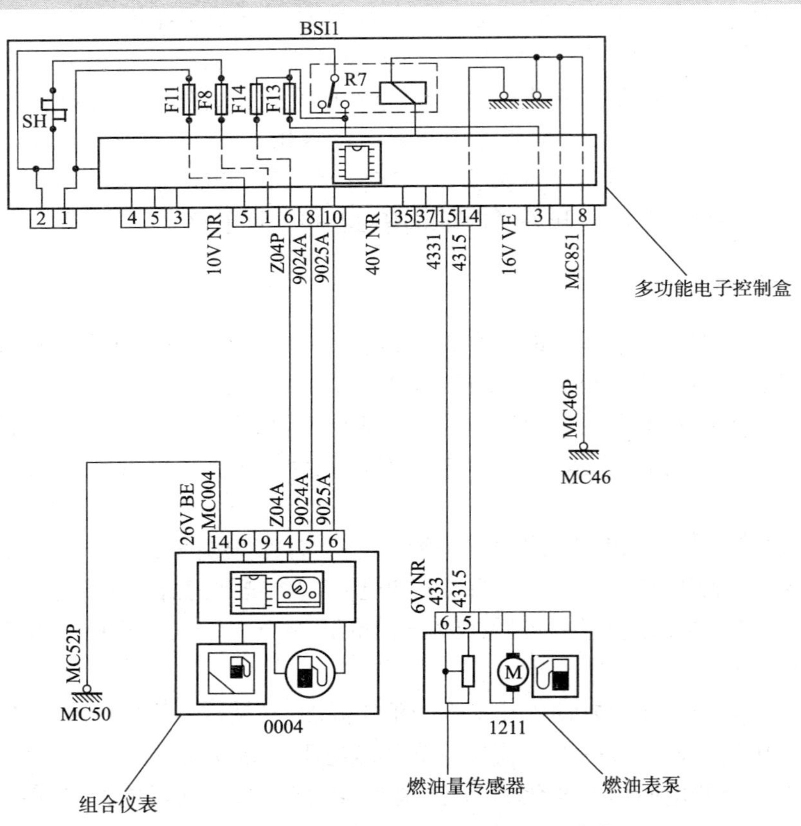

图 19-9 燃油量表电路图

程和日行驶里程的综合仪表。

四个轮速传感器把信号传给电子稳定程序计算机(7800),由其通过 CAN 高速网把信息传给多功能电子控制盒(BSI),多功能电子控制盒再通过 CAN 舒适网把信息发给组合仪

表(0004),组合仪表就可以显示车辆瞬时行驶速度,并记录车辆行驶累记里程和日行驶里程。驾驶员可把日行驶里程归零;每次做完定期维护后还可以把维护提示里程归零。

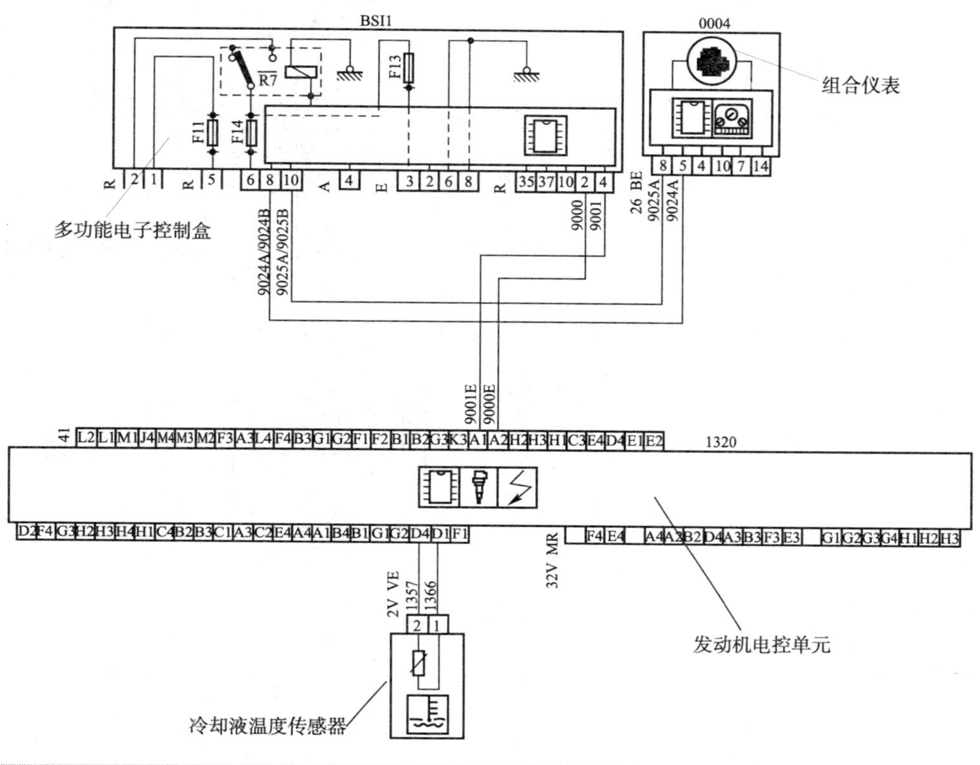

图19-10 冷却液温度表电路图

4)发动机转速表

如图19-12所示,发动机电控单元(1320)从曲轴转速与位置传感器得到曲轴转速信号,然后通过CAN高速网把信号传给多功能电子控制盒(BSI),多功能电子控制盒再通过CAN舒适网把信息传给组合仪表(0004)把信息显示出来。

5)发动机机油液位—油温指示表

如图19-13所示,当发动机的机油液面低于最低限时,液面传感器(4100)会给发动机电控单元(1320)一个低电压,发动机电控单元通过CAN高速网把信号传给多功能电子控制盒(BSI),由其通过CAN舒适网把信息传给组合仪表(0004)并点亮液面过低报警灯。

6)其他指示灯

(1)驻车制动拉起和制动液面警告灯。该指示灯在点火开关置于ON、驻车制动拉起时点亮,完全释放驻车制动时熄灭。如该灯在驻车制动释放情况下仍常亮,则应检查制动液面是否过低。如发生警告灯点亮报警或线路不正常,应及时检查排除后再使用。

(2)机油压力警告灯。当点火开关接通后,该指示灯即点亮,发动机起动后,该灯应熄灭。如车辆在行驶时,该灯仍然发亮或闪烁,应马上停车,立即检查发动机润滑系统是否有故障,故障排除后才能继续使用。

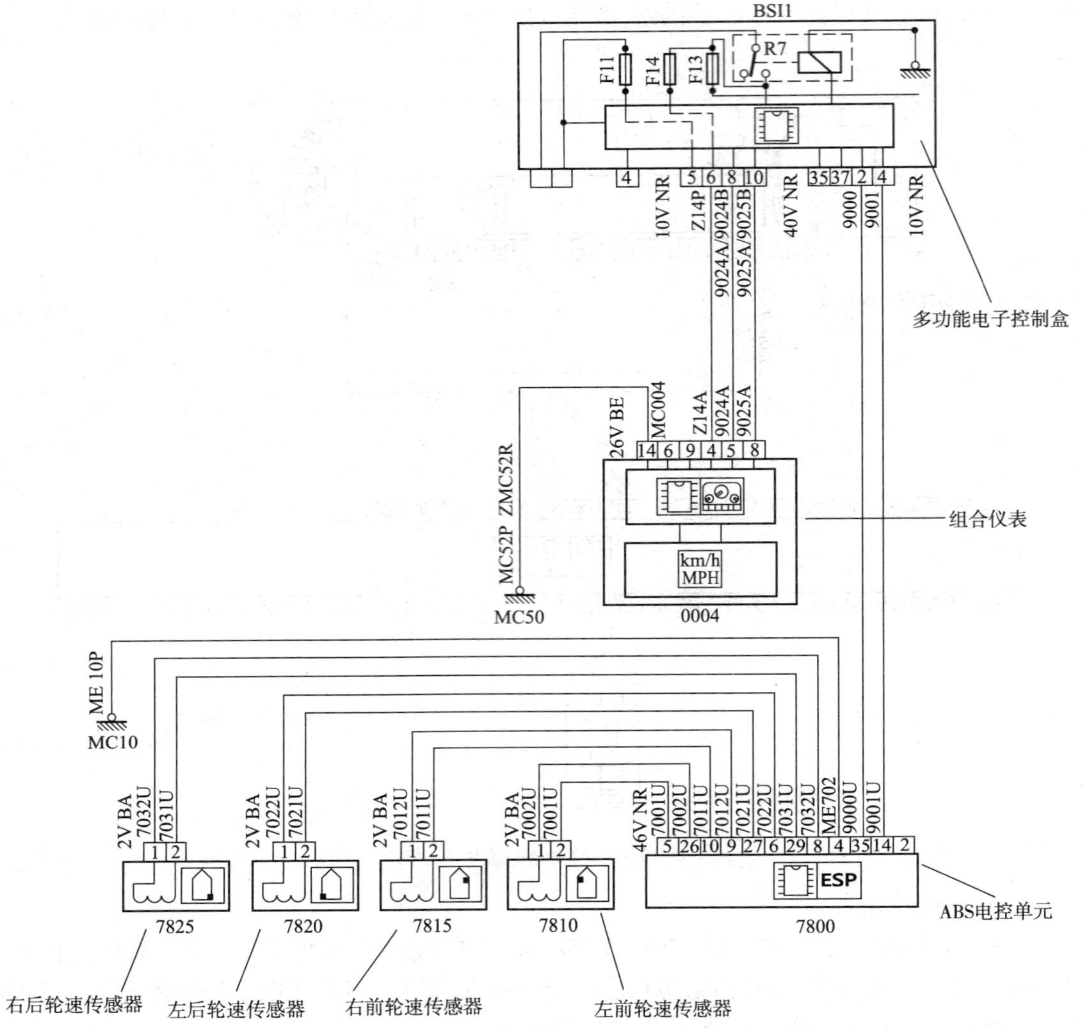

图 19-11　车速—里程表电路图

(3)充电指示灯。打开点火开关到点火挡,充电指示灯应点亮,起动发动机后,该灯应熄灭,如果是这样,表明充电系统工作正常。如发动机起动后该灯点亮,则说明充电系统有故障,应及时维修,否则会造成蓄电池耗尽。

(4)远光指示灯。该指示灯在示宽灯、前照灯开关开启时,表示远光灯已点亮,波段转向盘左侧的变光拨杆,可以关闭和开启远光灯。日常使用中把变光拨杆向转向盘侧抬起,此指示灯点亮,以使远光灯瞬间点亮,用于提示前方车辆避让或需超越。若远光指示灯在点火开关关闭时点亮,则应检查相关远光灯继电器、组合灯开关等线路和装置,及时排除故障。

(5)后窗除霜加热指示灯。后窗除霜加热指示灯在后窗加热开关开启时点亮,表示后窗加热器通电工作,从车内后视镜中观察到后窗除霜已达到效果时,应及时关闭后窗加热器，以免耗电和使后窗加热器过热，同时该灯应熄灭。若此灯在关闭后窗加热器时常亮，或开启后窗加热器时不亮，均应送修检查相关线路和装置，及时排除故障。

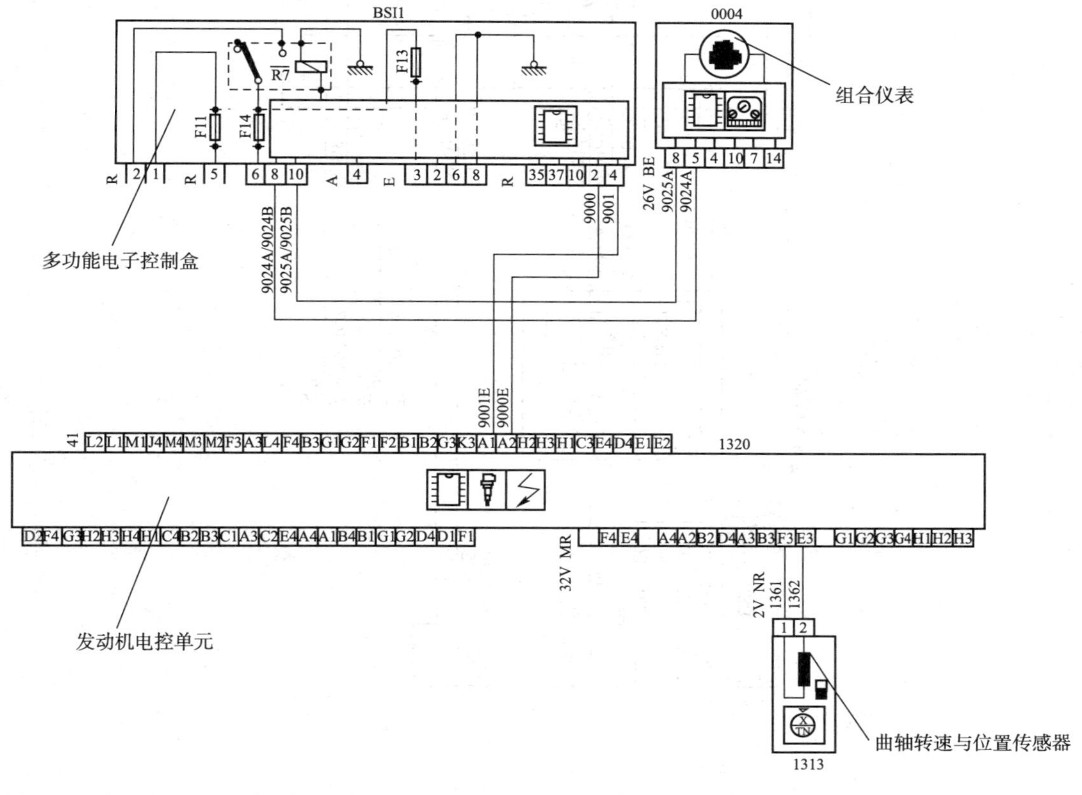

图19-12　发动机转速表电路图

5 风窗玻璃刮水器洗涤装置

1)风窗玻璃刮水器的功用及类型

汽车设置了风窗玻璃刮水器。风窗玻璃刮水器的功用是刮除风窗玻璃上的雨水、雪、泥土及灰尘等污物，以确保驾驶员有良好的视野。

风窗玻璃刮水器的类型有以下几种：

(1)按刮水片与刮水臂的停置方式分类。

①自动复位外露式。当关闭风窗玻璃刮水器开关时，刮水臂和刮水片自动复位到风窗玻璃的最下沿。

②自动降位外露式。当关闭风窗玻璃刮水器开关时，刮水臂和刮水片自动复位到比正常刮刷低限位置还要低的位置。

③自动复位(降位)凹入式。在风窗玻璃的底部设有凹槽，刮水臂和刮水片停置时部分或全部掩蔽在槽内。

④隐藏式。当风窗玻璃刮水器不工作时，刮水臂与刮水片全部隐藏在凹槽内，并由活动盖板封住，起到保护和美观的作用。

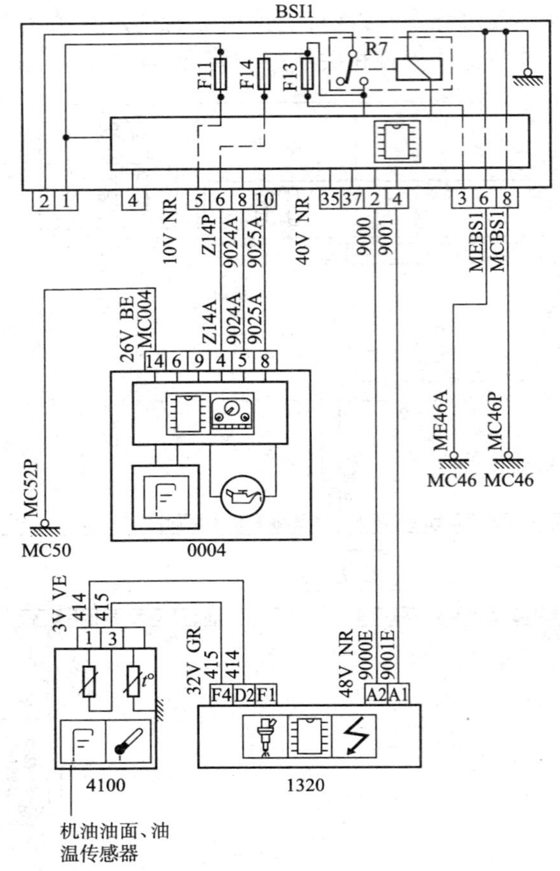

图 19-13　机油油面、油温传感器电路图

(2)按刮水器刮水片的刮拭方式分类。

①同向刮拭式。两个或者两个以上的刮水臂和刮水片刮拭时呈同一方向,相互之间平行运动。同向刮拭是使用最广泛和最经典的刮拭方式,适用于高速汽车,如图 19-14a)、b)、f)所示。

②对向刮拭式。刮水片刮拭时相互交叉运动,如图 19-14d)所示。它的缺点是:刮水片工作时,易在风窗玻璃的中部形成一个顶部下垂的倒三角形的刮刷盲区,会影响驾驶员的视野。

同向刮拭式、对向刮拭式的刮水器均装有两个以上的刮水臂和刮水片。还有一种单刮水片式,如图 19-14c)所示,同样具有很好的高速适用性,多用于赛车或者汽车后风窗玻璃。图 19-14e)为双刮臂式结构,它可改变刮水臂与刮水片之间的角度,可使刮水片在刮到终端时平行于车窗的侧立柱,扩大了驾驶员的视野,多用于客车。

(3)根据驱动刮水器的动力源分类。

①气动式刮水器。气动式刮水器只适用于具有压缩空气气源的汽车,利用汽车上气泵所产生的压缩空气作为动力源,推动刮水器本体内的大活塞,经过换向阀使左右腔交替接通压缩空气或者与大气接通,使大活塞做往复运动,通过扇形齿轮和齿条的传动,带动刮水

臂左右转动，使刮水片左右摆动，清除风窗玻璃上的污垢。

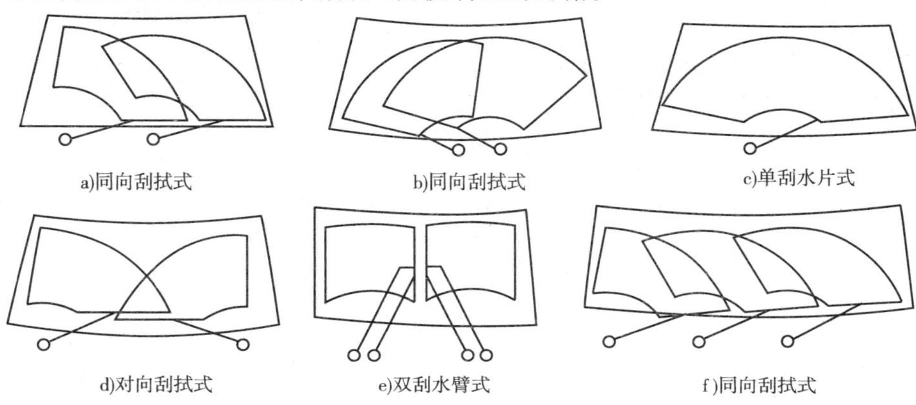

图19-14　风窗玻璃刮水器的分类

②电动式刮水器（图19-15）。电动式刮水器是用电动机驱动的，刮水器的左、右刮水片被刮水臂压靠在风窗玻璃外表面上，电动机驱动变速机构旋转，通过驱动杆系统做往复运动，带动刮水臂和刮水片左右摆动，刮拭风窗玻璃。其动力源是汽车自身的蓄电池，工作时不受任何条件的限制，所以被广泛使用。

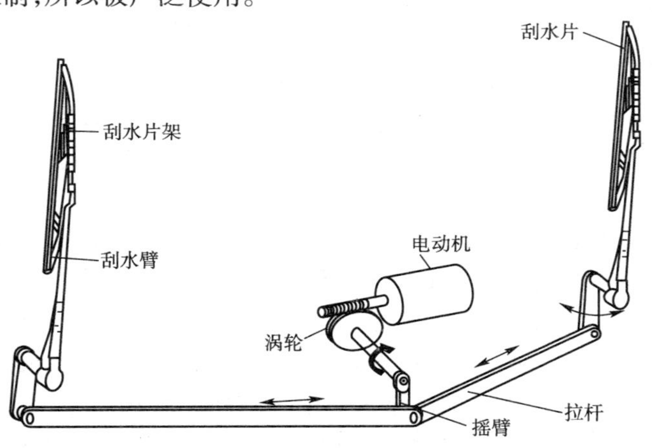

图19-15　电动式刮水器

③东风雪铁龙凯旋轿车的电动刮水器控制电路。

凯旋的电动刮水器如图19-16所示，其工作过程是：首先驾驶员扳动刮水器组合开关，开关的信号传给CV00，CV00通过CAN的车身网（9017B、9018B）传给BSI，BSI通过CAN的车身网把命令传给PSF1，PSF1再控制刮水器电动机或清洗泵工作。

2）除霜装置

车辆在冬季行驶时，车内人员呼吸散发出的气体使车厢内的空气湿度增大，如果玻璃内表面的温度低于露点，小水珠就会凝结在玻璃上，使玻璃内表面起雾。再就是风窗玻璃外表面上的霜和冰雪，用刮水器是无法清除的，必须用除霜装置来消除汽车风窗玻璃上的雪、霜和雾气。

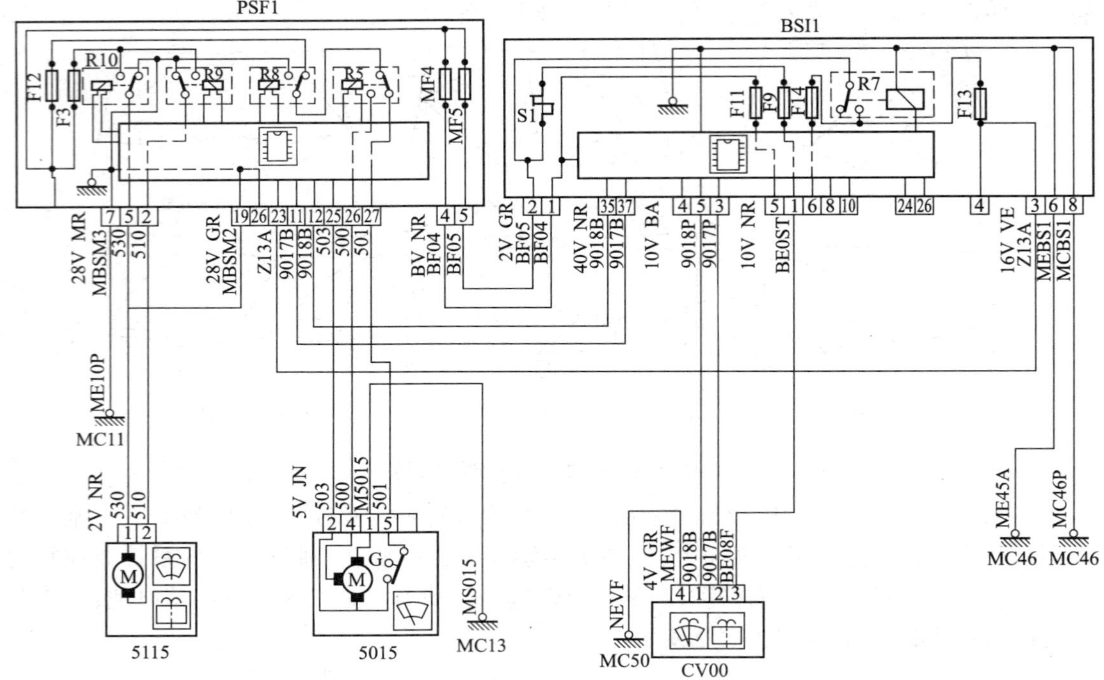

图 19-16 凯旋车电动刮水器控制电路

5115-前风窗清洗泵;5015-前刮水器电动机;CV00-转向盘下转换模块计算机;PSF1-机舱伺服控制盒计算机;BSI1-多功能电子控制盒计算机

(1)前风窗除霜装置。大多数汽车前风窗除霜装置结构由鼓风机、进出暖风风管、除霜喷口等组成。除霜器喷口安装在风窗玻璃的下部,喷口长度应占风窗玻璃半边的2/3左右。暖风的进口和车内暖风装置的风管相连,以便直接用暖风将覆盖于风窗玻璃外表面的霜、冰雪融化,消除风窗玻璃内外表面的雾气。

(2)后风窗除霜装置。向风窗玻璃上吹热空气的除霜方法需较长的时间,且不能快速将整个风窗玻璃上的霜融化。不少汽车采用电热式除霜装置。电热式除霜装置是把电阻丝直接嵌在玻璃层内,即用肉眼看见的那几道红线,利用汽车电源加热电阻丝,达到除霜目的。但线条印在玻璃上会影响视线,因此,这种方法仅用于后风窗。电热丝式除霜装置由一组平行的含银陶瓷电阻丝组成,玻璃两侧有汇流条,各焊一个接线柱,一个用以供电,另一个搭铁。因为后风窗电阻丝消耗电流较大,电路中除开关外还设置一个定时器,通电10min后将自动断开电热丝的电流,如霜未除净,驾驶员可再接通除霜开关,但每一次只能通电5min。

3)风窗玻璃洗涤器

汽车行驶的环境通常灰尘较多,灰尘会飘落在风窗玻璃上,遮挡驾驶员的视线。为了消除附在风窗玻璃上的赃物,增设了风窗玻璃洗涤器,与刮水器配合使用,构成完善的风窗刮洗系统。在需要的情况下,汽车风窗洗涤装置向风窗玻璃表面喷洒专用的洗涤液或水,在风窗玻璃刮水器配合工作下,保持风窗玻璃表面的清洁。

(1)风窗玻璃洗涤器的类型。不同型号汽车上的风窗玻璃洗涤器各具特色。有的用单独的电动机驱动,有的与风窗玻璃刮水器共用一个电动机。风窗洗涤器的喷嘴有的采用单座可调节偏置喷管,大多数的风窗玻璃洗涤器在前围板总成的左右两面各装一个喷管,各自冲洗自己的区域;还有一些风窗洗涤剂的喷管装在刮水器刮水臂里,当刮水臂做弧线运动时,喷管就向风窗玻璃喷洒清洗液。

(2)风窗玻璃洗涤器的结构。电动风窗玻璃洗涤器由储液罐、电动机、洗涤泵、喷嘴、软管、三通接头和控制开关组成。风窗清洗装置的电路比较简单,一般和电动刮水器共用一个熔断丝。有些车的清洗开关单独设置,有的则和风窗玻璃刮水器开关组合在一起,便于操作,当清洗开关接通时,清洗电动机带动液压泵转动,将清洗液加压,通过输液管和喷嘴喷洒到风窗玻璃表面。

6　点火开关与组合开关

1)点火开关

凯旋轿车的点火开关为一多功能转换开关,其安装位置如图 19-17 所示,点火钥匙插入点火开关钥匙孔后,有两个位置:

D 位置:点火开关转至 D 位置时,起动机运转,起动发动机。当发动机起动后,应立即松开钥匙,发动机运转时切勿将钥匙转到该位置上。否则,将损坏起动机和飞轮齿圈。

M 位置:点火开关转至 M 位置时,蓄电池充电指示灯、机油液面高度指示灯、驻车制动器指示灯、机油压力指示灯、冷却液温度警报指示灯和发动机自诊断指示灯亮。以上任一指示灯不亮,均说明有故障。

2)组合开关

组合开关的结构一般有两种设计:一种是如图 19-18 所示,凯旋轿车组合开关与 CV00 电控单元一体设计,不能分离维修。另一种是机械式组合开关,现用富康轿车的组合开关具体说明。富康轿车组合开关采用模块化设计,易安装;在结构上,采用了球面运动副,提高了操作件的强度和运动间隙的稳定性,使其工作可靠。这种组合开关在实现远、近光变换上采用了独特设计,利用单独设置的超车信号控制电路,对远、近光变换电路进行补偿,使远、近光变换时不会出现暗区,从而确保行车安全,如图 19-19 所示。

图 19-17　点火钥匙

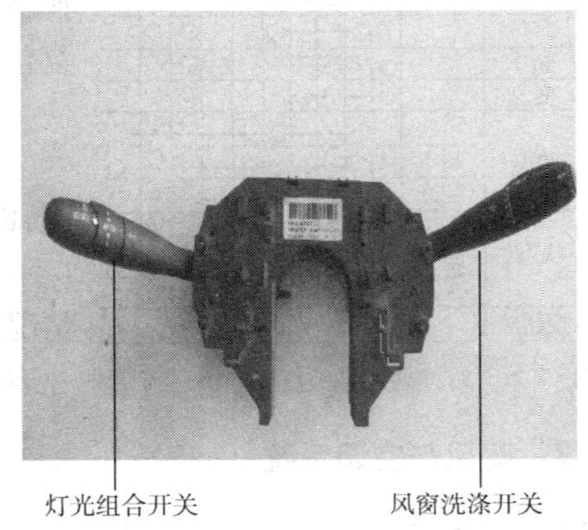

图 19-18　CV00 总成

组合开关由两个具有单独功能的开关模块组成,即灯光转向开关模块和刮水洗涤开关模块。

(1)灯光转向开关模块。灯光转向开关能控制汽车的小灯、前照灯、超车信号、远近光变换、电喇叭,以及转向、变道信号等。超车、变光,按喇叭、左右变道等动作完成后,手柄杆和按钮均能自动复位,为下一个动作做好准备。

灯光转向开关的功能及操作,如图19-20所示,图19-20a)、b)表示开关操作手柄各种位置的功能,K向视图表示该组合开关各触点的插片号位置。

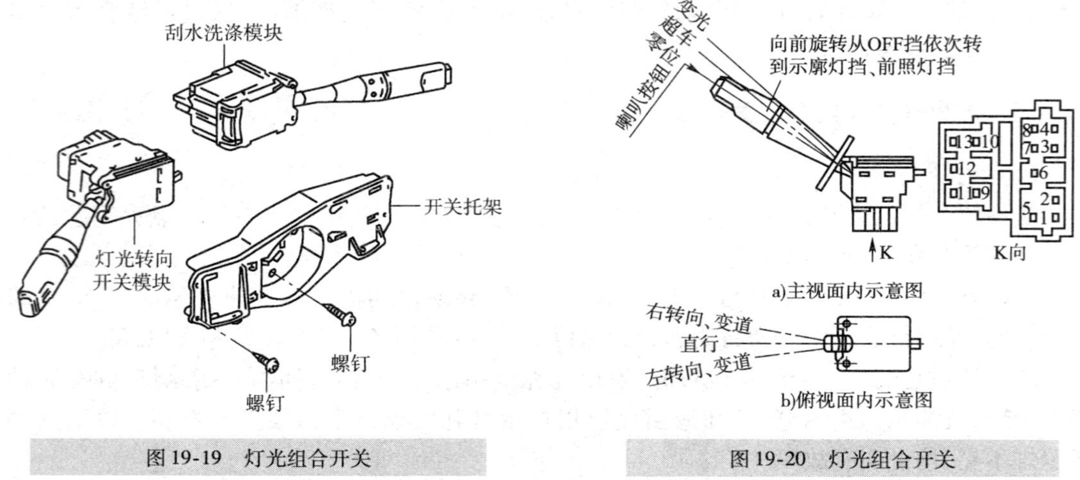

图19-19 灯光组合开关

图19-20 灯光组合开关

灯光转向开关模块各种工作状态的挡位通断情况,如图19-21所示。由粗黑线连接起来的两个插片表示该开关内部接通。

插片号			1	2	3	4	5	6	7	8	9	10	11	12	13
左转向、变道			○	○											
直行															
右转向、变道			○		○										
OFF	零位						○			○					
	超车					○	○	○		○					
	变光					○		○	○						
小灯	零位						○			○			○	○	
	超车					○	○	○		○			○	○	
	变光					○		○	○				○	○	
前照灯	状态Ⅰ	零位					○			○			○	○	○
		超车				○	○	○		○			○	○	○
		变光				○		○	○	○			○	○	○
	状态Ⅱ	零位						○	○	○			○	○	○
		超车				○		○	○	○			○	○	○
		变光				○	○	○		○			○	○	○
喇叭按钮											○	○			

图19-21 灯光转向开关模块挡位通断

(2)刮水洗涤开关模块。刮水洗涤开关,具有控制汽车前风窗刮水器和刮水片复位、变速刮水、洗涤以及控制后风窗刮水器和洗涤器的多种功能。其中,与前、后风窗洗涤和前风窗刮水片复位等功能对应的操作件(手柄、旋钮等),具有带动相关的触点副自动复位的特性。

刮水洗涤器开关的功能及操作如图19-22所示。图19-22a)、b)表示开关操作手柄各种位置的功能,K向视图表示该组合开关各触点的插片号位置。

刮水洗涤器开关模块各种工作状态的挡位通断情况,如图19-23所示。由粗黑线连接起来的两个插片表示该开关内部接通。

7 暖风与空调系统

1)暖风系统

(1)暖风系统的结构与工作原理。暖风系统是为了冬季取暖和风窗除霜而设置的,由鼓风机、导风管、内装有热交换器的散热器壳体、下风道、控制机构等组成。其中鼓风机、风道与控制机构与制冷系统共用，散热器壳体与制冷系统的蒸发器壳体相连，如图19-24所示。

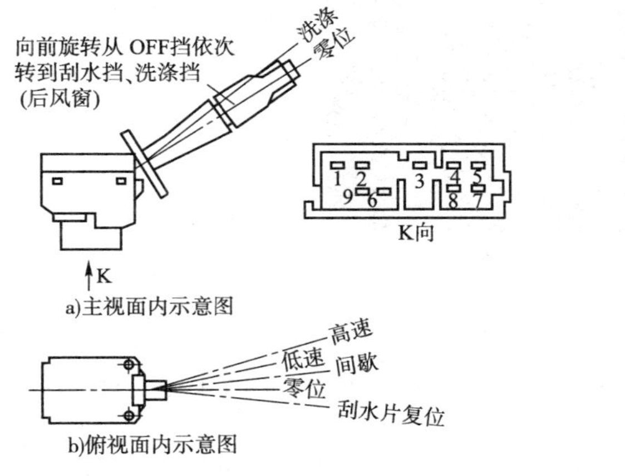

图19-22　刮水器组合开关

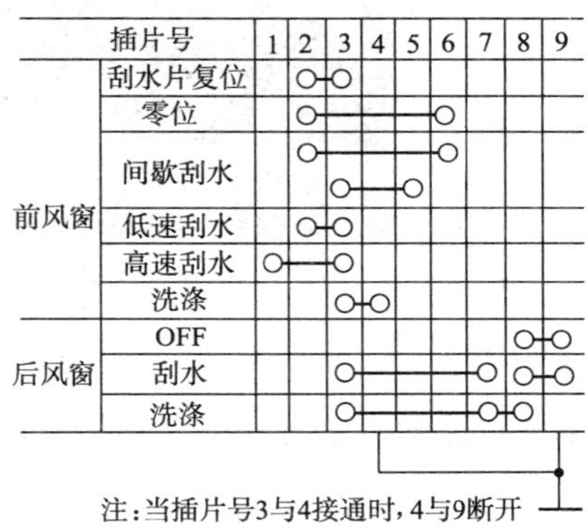

图19-23　刮水洗涤开关模块挡位通断

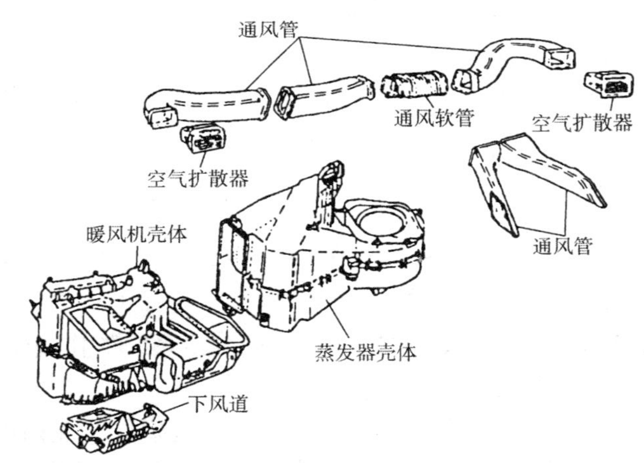

图19-24　暖风系统结构

两条软管与散热器壳体内的暖风热交换器相连，由进水管输入来自发动机的热冷却液，出水管则将其输出到发动机的水泵。导风管内有4个活门，即外部回路再循环活门、温度调节活门、车厢中空气流向分配活门(2个)。外部回路再循环活门供新风、回风调节，并与温度调节活门共同进行温度控制；而空气流向分配活门则用来分配车内空气流向。这些活门均由暖风及通气控制开关进行控制。

暖风系统的热源来自发动机冷却液，进入暖风系统热交换器的冷却液，加热了空气并通过鼓风机将热空气送入车厢内来提高车内温度。调节鼓风机的风量，便可起到调节热量的作用。

(2)暖风及通风控制开关。暖风及通风控制开关如图19-25所示。它们安装在驾驶台仪表板上。

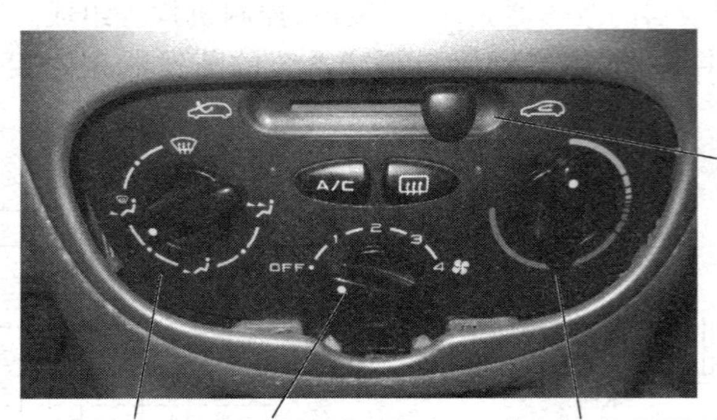

图 19-25 暖风系统控制面板

①风扇速度调节开关。仪表板上风扇速度调节开关旋钮设有四个挡,可根据需要选择调节风速大小。

②输出空气温度调节开关。此开关可根据需要调节导风管的温度调节活门,从而调节输出空气的温度。

③车厢中空气流向分配开关。此开关旋钮有四个位置:向头部供气;向足部供气;向足部和风窗玻璃同时供气;向风窗玻璃供气(用于除霜和除雾)。

④座舱空气循环方式选择开关。用户可根据需要,选择空气是室内循环还是车外空气参与循环。

2)空调制冷系统

(1)空调系统概况。

①定义。空调系统总成产品,该产品可以保持汽车车厢内的空气湿度和温度均分别适合外部空气条件的要求。

②作用。在汽车车窗完全关闭好的情况下,空调制冷系统的作用是夏天将车厢内的热量排出车厢外,降低车厢内的温度。

③空调系统的组成。由冷气装置(该装置可以人为地降低车厢内的空气温度,同时除掉空气中的部分湿度和灰尘)、空调空气分配管系和用于冷却风扇运行系统运行的电路组成。

(2)制冷系统的组成。空调制冷系统的组成如图 19-26 所示。

(3)制冷系统的零件。

①压缩机。压缩机的构造如图 19-27 所示。

②冷凝器。冷凝器是热交换器,用于将制冷剂中所包含的热量排放出去,如图 19-28 所示。

冷凝器始终置放在汽车的前部,以便电动风扇可通过扇叶压送空气,从而更好地将热量排放出去。

制冷液在高温和高压下以蒸汽形式从压缩机进入冷凝器的上部。在经过冷凝器时,损失了大量包含其中的热量。从冷凝器中输出时,它经过散热和高压变成液态。

③干燥罐。干燥罐的构造如图 19-29 所示。

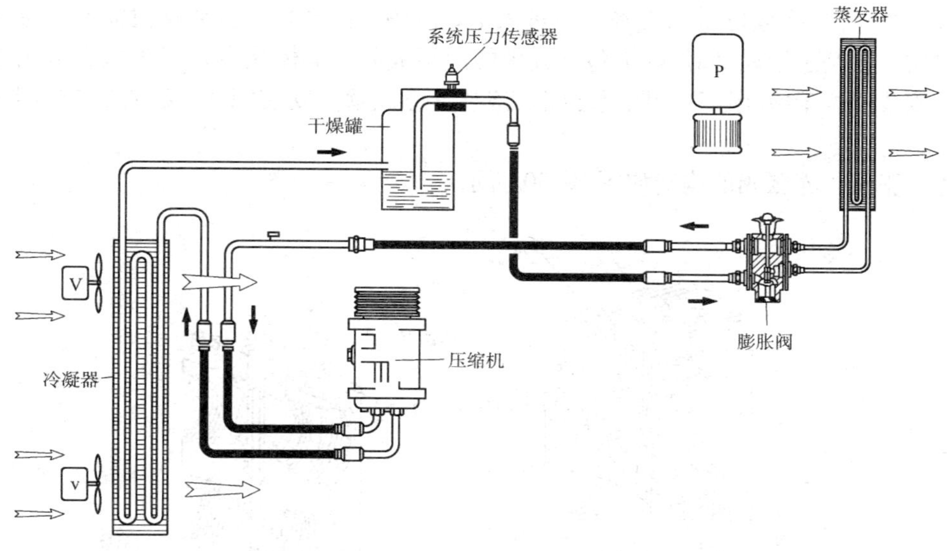

图 19-26　空调系统总体结构

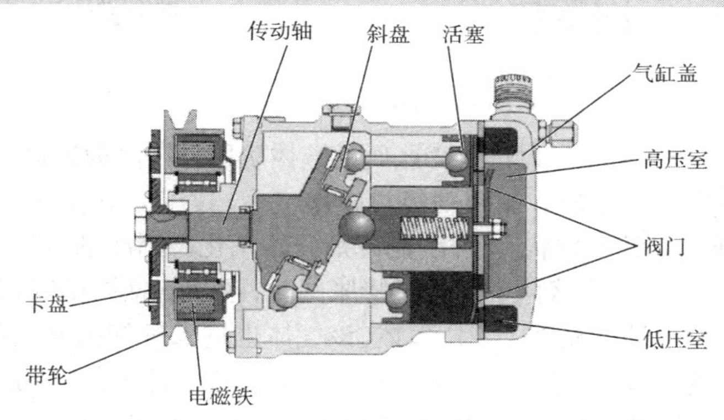

图 19-27　压缩机的构造

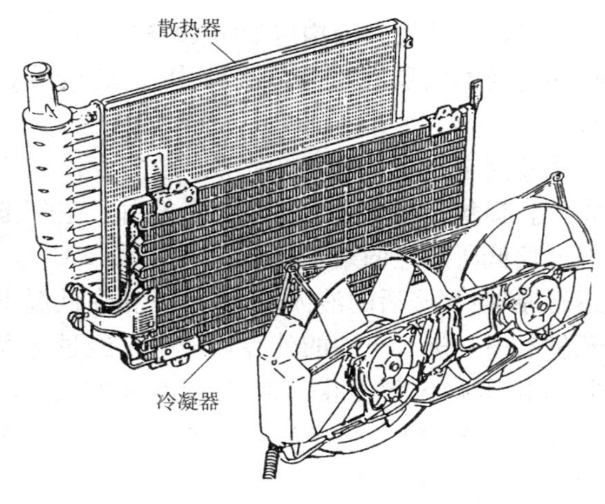

图 19-28　冷凝器

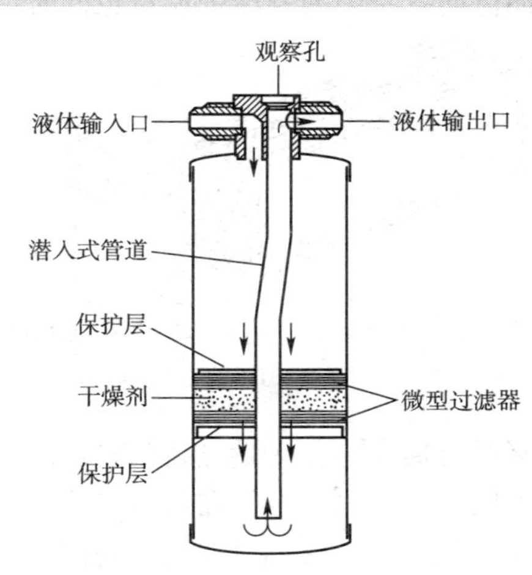

图 19-29　干燥罐构造

工作原理:制冷液(液体)在高压下进入干燥罐中,并经过过滤器,该过滤器中悬浮着许多颗粒物。在经过干燥剂时,除去包含其中的潮湿成分。液体从潜入式管道和输出接头处输出。该装置位于冷凝器和膨胀阀之间。该装置应该垂直安装,其连接方式应与图示方向一致。

④膨胀阀。膨胀阀的构造如图 19-30 所示。

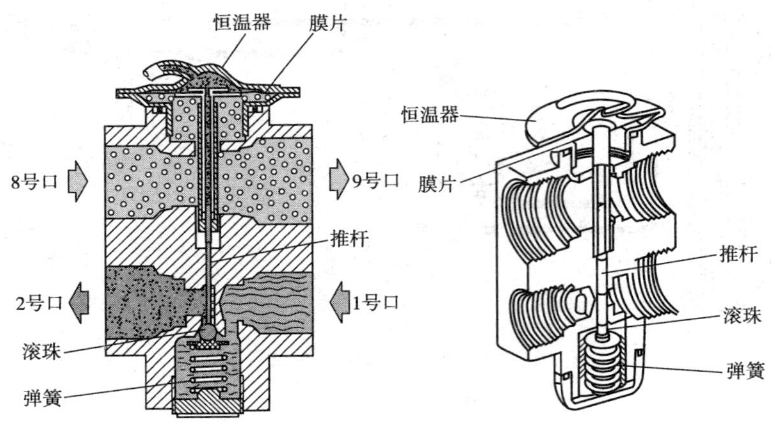

图 19-30　膨胀阀

制冷剂 HP（高压）从 1 号口进入膨胀阀的液体阶段。制冷剂经过一个校准口,其校准量是根据滚珠的位置而变化的。制冷剂经过校准口后,其压力下降许多,并导致温度下降(减压)。该现象还可导致诱发状态变化:制冷剂开始汽化。制冷剂以气体形式从蒸发器出来后,通过 8 和 9 号口流经膨胀阀。在经过膨胀阀时,两个信息被提取:蒸发器出口处的压力和温度。恒温器的上部分充满了专用气体,该气体也进入推杆的某些部位。如果制冷液从蒸发器输出是热的,恒温器的气体开始膨胀,而恒温器上部分的压力增加。在这种条件下,膜片下降,并带动顶在滚珠上的推杆。该动作导致流向蒸发器的制冷剂通过截面增大,而流向管系中的制冷剂流量也同时增大。

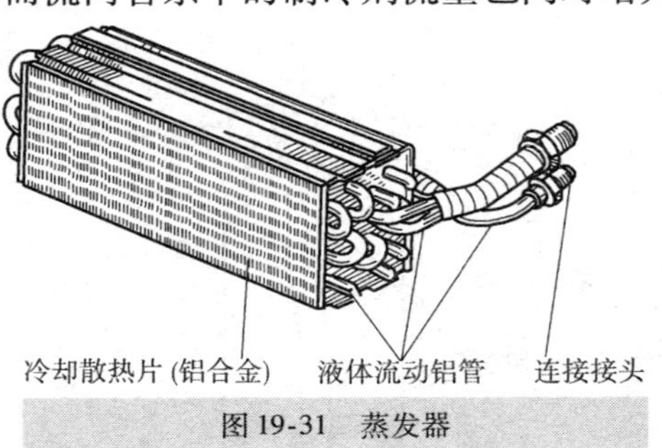

图 19-31　蒸发器

⑤蒸发器。蒸发器的构造如图 19-31 所示。

该热交换器安装在空调器壳体中,后者嵌装在仪表板中。

传感器固定在散热片上,用于记录蒸发器的温度和将信息提供给电子控制盒,以避免由于空气潮湿和温度偏低所产生的结霜。温度限值:约 2℃。

运行原理:膨胀后的液体以液/气态和在低温下流入蒸发器中。进入车内的外界环境空气经过蒸发器时会损失部分热量,这将有助于制冷剂进行汽化作业。空气得以冷却,制冷剂也在低压下以气态输出。空气在经过蒸发器时,会被除湿,而湿气将会在冷凝时演变成冷凝水。因此,当空调装置在运行时,看到汽车下面有水是非常正常的现象。

3)凯旋轿车的全自动空调

凯旋轿车全自动空调的电气架构如图19-32所示。

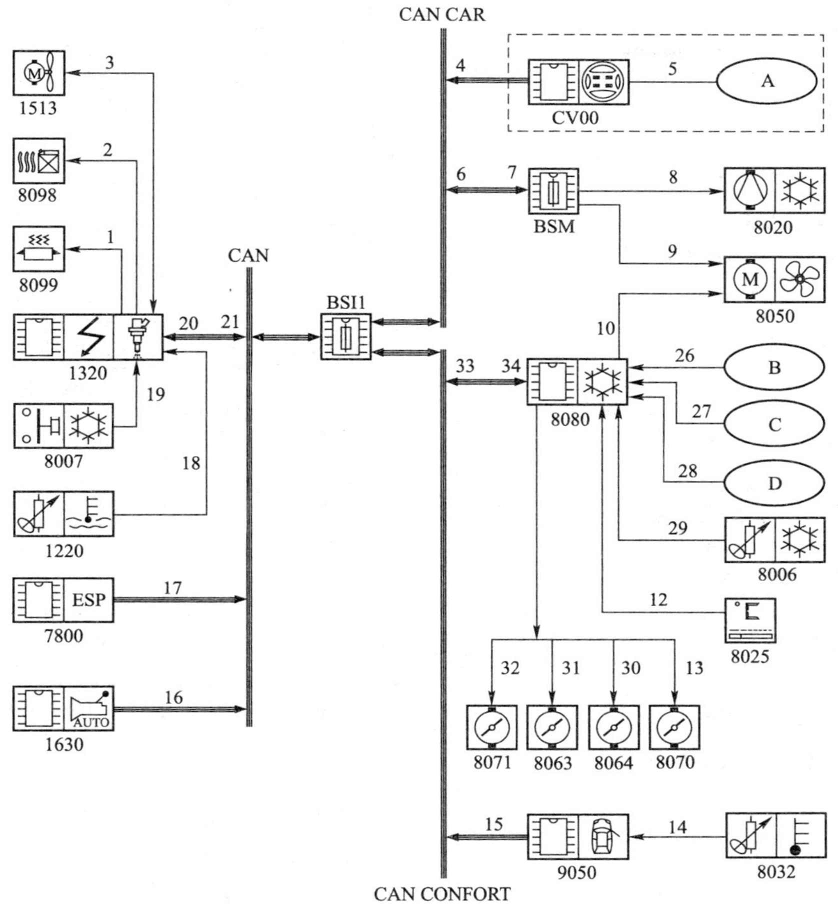

图19-32 凯旋轿车全自动空调电气架构

每条控制电路的说明见表19-1。

凯旋轿车全自动空调电气控制电路说明 表19-1

连接			
连接序号	信号	信号属性	发射器/接收器
1	副燃烧器的控制(＊)	全部或没有	1320/8099
2	电取暖器的控制(＊)	全部或没有	1320/8098
3	冷却风扇速度的控制(通过电子调速器)	占空比(RCO)	1320/1513
	冷却风扇旋转信息	全部或没有	1513/1320
4	进风指令	CAN CAR	CV00/BSI1
5	进风指令	LIN	A/CV00
6	制冷压缩机的故障 制冷压缩机阀故障	CAN CAR	BSM/BSI1

续上表

连　　接			
连接序号	信　号	信号属性	发射器/接收器
7	鼓风机的运行许可 制冷压缩机的控制 制冷压缩机阀的控制	CAN CAR	BSI1/BSM
8	制冷压缩机的控制 制冷压缩机阀的控制	全部或没有	BSM/8020
9	鼓风机的供电	全部或没有	BSM/8050
10	鼓风机的控制	全部或没有	8080/8050
12	使用者的设定值	模拟	8025/8080
13	进风门减速电动机的控制	模拟	8080/8070
14	外部空气温度的信息	模拟	8032/8050
15	外部空气温度的信息	CAN CONFORT	9050/BSI1
16	禁止制冷压缩机改变运行状态	CAN	1630/1320
17	汽车速度	CAN	7800/BSI1
18	发动机冷却液温度的信息	模拟	1220/1320
19	制冷剂压力信息	模拟	8007/1320
20	制冷压缩机的状态 发动机怠速增加指令 冷却风扇对既定指令的控制提高的要求 副取暖器的控制	CAN	BSI1/1320
21	发动机冷却液温度信息 发动机转速信息 制冷剂压力信息 切断制冷压缩机的缓和指令(例如:BVA换挡) 给冷却风扇的通风控制的状态	CAN	1320/BSI1
26	CO 污染信息 NO 污染信息	模拟	B/8080
27	左出风口空气温度	模拟	C/8080
28	右出风口空气温度	模拟	D/8080
29	蒸发器的温度信息	模拟	8006/8080
30	左前混风门减速电动机的控制	模拟	8080/8064
31	右前混风门减速电动机的控制	模拟	8080/8063
32	送风门减速电动机的控制	模拟	8080/8076

续上表

连　　接			
连接序号	信　号	信号属性	发射器/接收器
33	左右出风口气温度信息 蒸发器的温度信息 CO 污染和 NO 污染级别信息 使用者的指令(OFF 模式,AC/ON 指令,鼓风机的状态,鼓风机的设定,前部的温度设定,前部送风,进气)	CAN CONFORT	8080/BSI1
34	右置的信息/左置的信息 鼓风机的控制 进气的控制 右前混风门减速电动机的控制 左前混风门减速电动机的控制 送风门减速电动机的控制	CAN CONFORT	BSI1/8080

凯旋轿车自动空调的控制面板如图19-33所示。

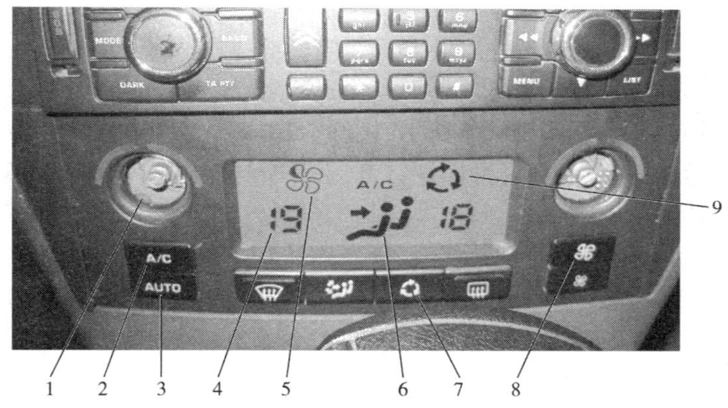

图19-33　凯旋轿车自动空调的控制面板

1-温度设定调节开关,左边;2-AC/ON 开关;3-自动调节开启开关;4-用户设置的温度;5-鼓风机的风量;6-出风口气流的方向;7-空气循环开关;8-鼓风机的速度选择开关;9-显示空气的循环方式

二、任 务 实 施

项目1　前照灯的拆装

1　项目说明

当要对发动机舱前端进行钣金作业,或更换前照灯总成时,需要拆装前照灯总成。

2　技术标准与要求

(1)要先看懂工艺文件,然后准备专用工具和普通工具。

(2)在作业之前汽车装上五件套。
(3)做好安全防护。

3 设备器材

(1)凯旋轿车一辆。
(2)普通工具一套。
(3)工作台一个。
(4)零件车一个。
(5)举升机一台。

4 作业准备

(1)清洁车辆。
(2)清洁工具。
(3)准备作业单。

5 操作步骤

(1)拆卸保险杠。

①汽车放在举升机上,如图 19-34 所示,拆卸卡扣 A 和卡扣 B;如图 19-35 所示,拆除塑料中心轴定位销,拆卸 3 只螺钉 A,拆卸螺钉 B,松开“a”处卡扣;如图 19-36 所示拆卸螺钉,平行朝前拖出前保险杠。

②断开连接。断开辅助前照灯导线束,断开前照灯灯清洗器电源。

③拆卸前照灯清洗器。如图 19-37 所示,松开“a”处的前照灯清洗器的卡扣。

④拆卸前照灯总成。如图 19-38 所示,拆卸螺钉 A 和螺钉 B,断开电源,拆卸前照灯。

(2)前保险杠和前照灯的装配。作完相关的作业后,逆向进行拆卸作业的各个步骤装回前保险杠和前照灯。

(3)前照灯的调整。装配完成后,如图 19-39 所示,用前照灯检查仪调整前照灯的灯光高度。

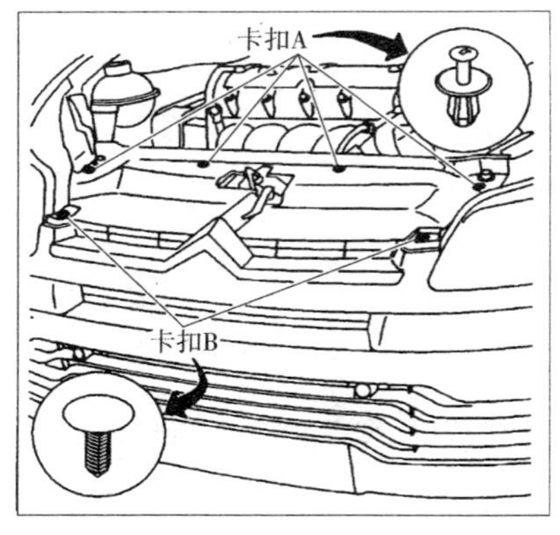

图 19-34 拆卸塑料卡扣

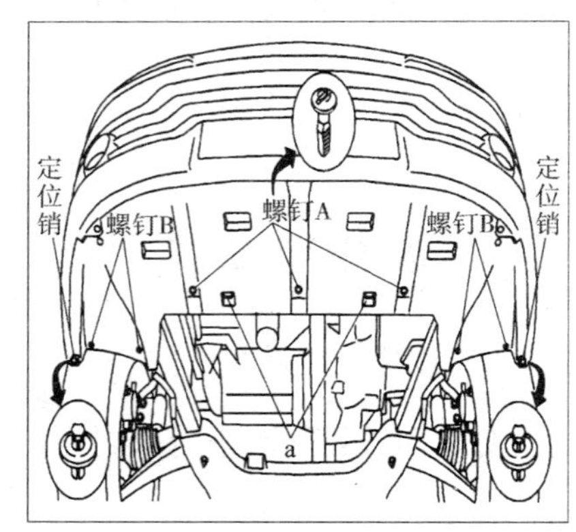

图 19-35 拆卸定位销和相关螺钉

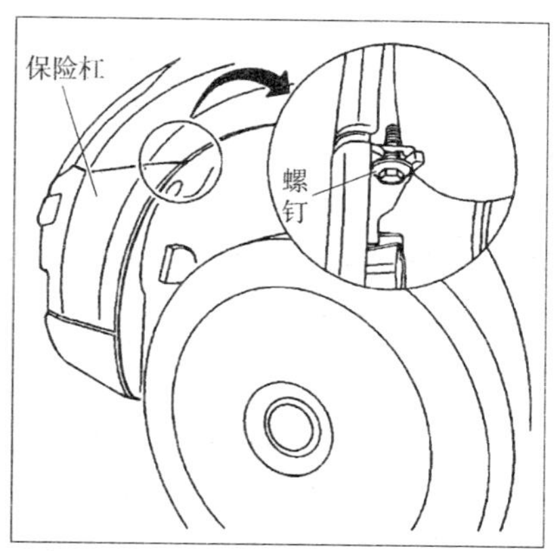

图 19-36　拆卸保险杠下方螺钉

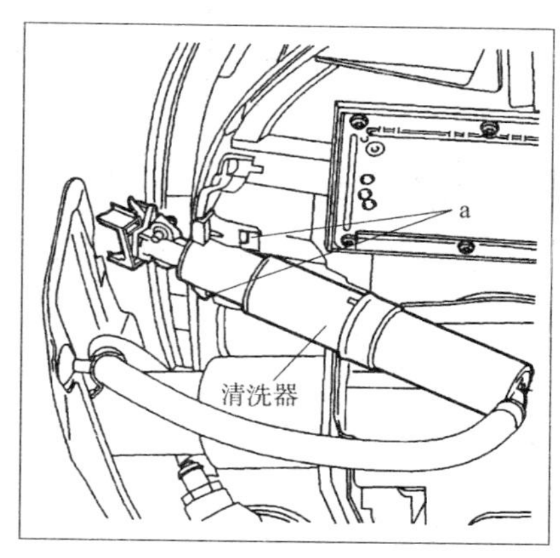

图 19-37　拆卸前照灯清洗器的卡扣

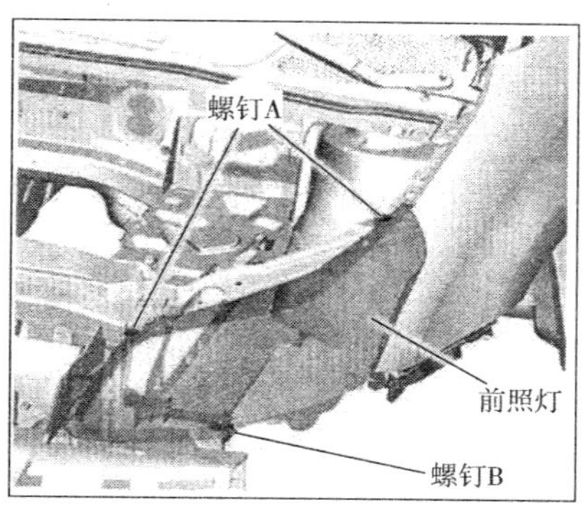

图 19-38　拆卸螺钉 A 和螺钉 B，拆卸前照灯

图 19-39　灯光高度调整螺钉

6　记录与分析

前照灯的拆装作业记录单见表 19-2。

前照灯的拆装作业记录单　　表 19-2

姓名		班级		学号		组别	
车型		发动机号		底盘号		作业日期	
作业顺序		过程记录				技术标准	

项目2 转向信号灯开关的拆装

1 项目说明

由于凯旋轿车的转向信号灯开关与 CV00 电控单元(转向盘下转换模块)是制成一体的,不可分离,所以转向信号灯开关的拆装就是 CV00 总成的拆装,更换转向信号灯开关就是更换 CV00 总成。

2 技术标准与要求

(1)要先看懂工艺文件,然后准备专用工具和普通工具。
(2)在作业之前汽车装上五件套和翼子板护套。
(3)做好安全防护。

3 设备器材

(1)凯旋轿车一辆。
(2)普通工具一套。
(3)工作台一个。
(4)零件车一个。

4 作业准备

(1)清洁车辆。
(2)清洁工具。
(3)准备作业单。
(4)举升机一台。

5 操作步骤

1)驾驶员侧安全气囊的拆卸
(1)拆卸气囊之前先断开蓄电池的正负极,并等待 1min;
(2)如图 19-40 所示,用一字螺丝刀插进“a”处的孔中。
(3)用一字螺丝刀推 U 形夹。
(4)松开气囊。
(5)断开气囊的连接。
(6)拆下气囊。
2)拆卸中央固定集控式转向盘和 CV00
(1)准备图 19-41 所示的专用工具。
(2)拆卸图 19-42 所示的左下盖板。
(3)松开转向柱的上装饰罩和下装饰罩并取下上装饰罩和下装饰罩。
(4)如图 19-43 所示,松开接头“a”。

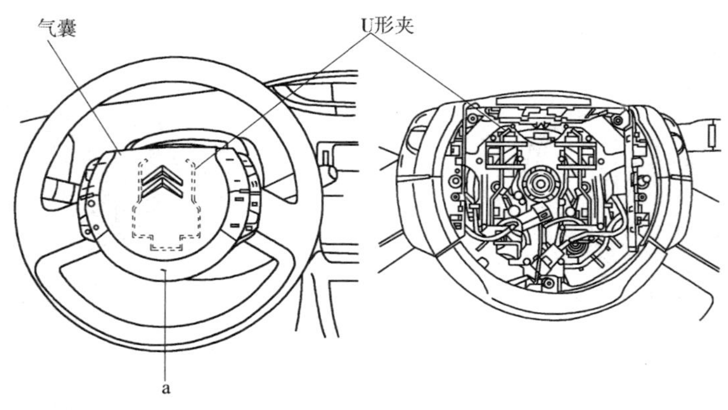

图19-40　凯旋轿车驾驶员侧气囊固定与拆卸位置

(5)如图19-44所示,松开接头“b”。

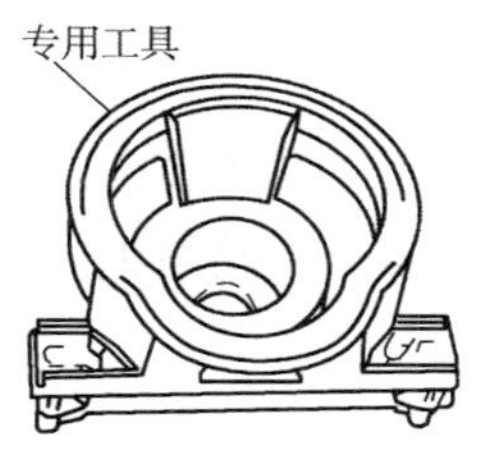

图19-41　转向盘固定专用工具

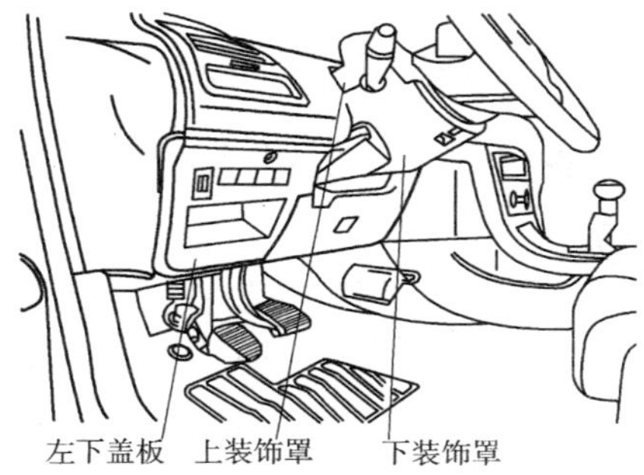

图19-42　拆卸左下盖板、上装饰罩和下装饰罩

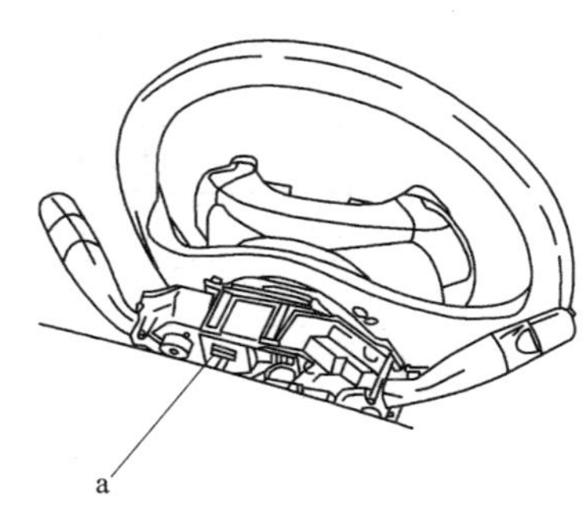

图19-43　拆卸CV00的插接器

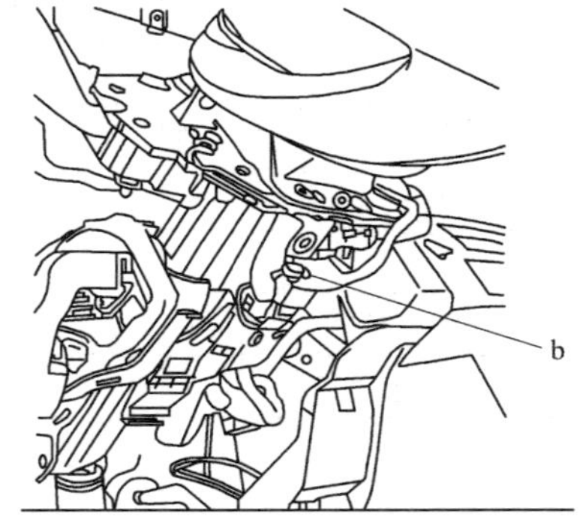

图19-44　拆卸点火钥匙线束的插接器

(6)如图19-45所示,拆卸螺母A(警告:不要敲击转向盘)。

(7)如图19-46所示,将专用工具固定在“c”中央集控式转向盘上。

(8)如图19-47所示,拆卸螺母B。

(9)取下中央集控式转向盘,拔下CV00的插头,取下CV00。

3)CV00的更换和装配

(1)更换新的CV00(即更换新的灯光组合开关)。

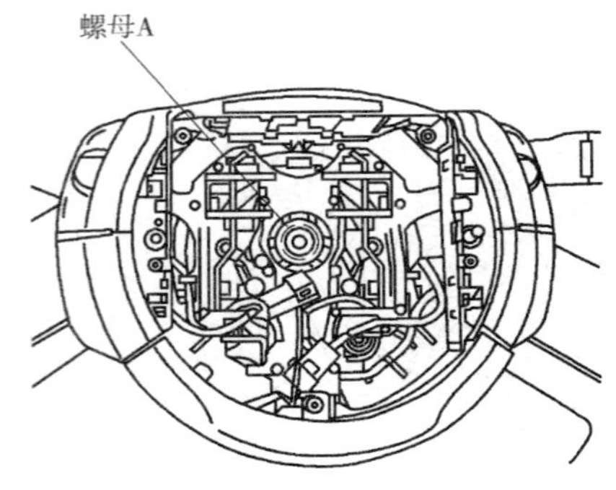

图 19-45 拆卸转向盘中央固定螺母 A

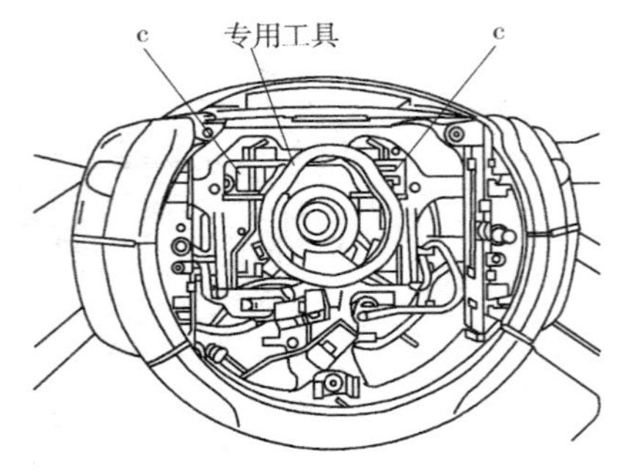

图 19-46 用专用工具固定转向盘

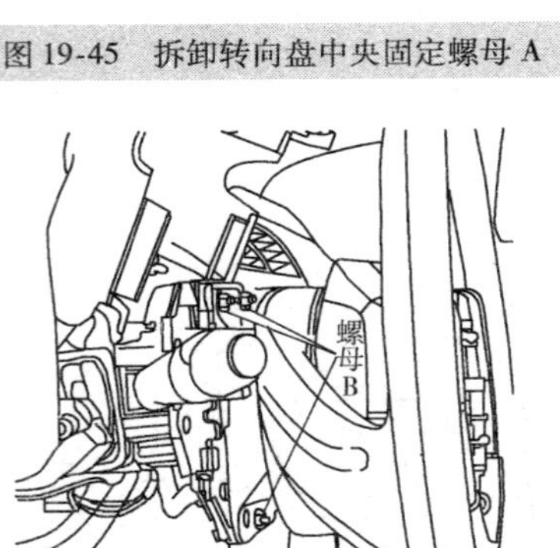

图 19-47 拆卸转向盘总成四个固定螺母 B

(2)安装中央固定集控式转向盘,螺母 B 的拧紧力矩为 7N · m。

(3)拆下专用工具,将螺母 A 涂上密封胶并拧紧到力矩为 33N · m。

(4)连接接头"a"和"b"安装转向柱下装饰罩。

(5)连接转向柱上、下装饰罩。

(6)安装左下盖板,连接蓄电池。

6 记录并分析

转向信号灯开关的拆装作业记录单见表 19-3。

转向信号灯开关的拆装作业记录单　　表 19-3

姓名		班级		学号		组别	
车型		发动机号		底盘号		作业日期	
作业顺序		过程记录				技术标准	

项目3　点火开关与风窗洗涤组合开关的拆装

1 项目说明

由于凯旋轿车的风窗洗涤开关与 CV00 电控单元(转向盘下转换模块)是制成一体的,不可分离,所以风窗洗涤开关的拆装就是 CV00 总成的拆装,更换风窗洗涤开关就是更换

CV00总成。因此项目三的大部分内容与项目二相同，只增加点火开关的拆装。

2 技术标准与要求

(1)要先看懂工艺文件，然后准备专用工具和普通工具。
(2)在作业之前汽车装上五件套和翼子板护套。
(3)做好安全防护。

3 设备器材

(1)凯旋轿车一辆。
(2)普通工具一套。
(3)工作台一个。
(4)零件车一个。

4 作业准备

(1)清洁车辆。
(2)清洁工具。
(3)准备作业单。
(4)举升机一台。

5 操作步骤

(1)驾驶员侧安全气囊的拆卸（与项目二相同）。
(2)中央集控式转向盘的拆装（与项目二相同）。
(3)CV00的拆卸（与项目二相同）。
(4)点火开关的拆卸。

如图19-48所示，拆卸点火开关。更换新的组合开关和新的CV00。其他的装复与项目二相同。

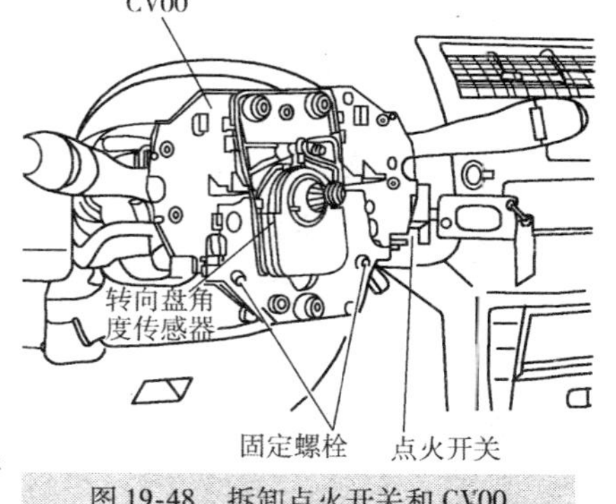

图19-48　拆卸点火开关和CV00

6 记录并分析

点火开关与风窗洗涤组合开关的拆装作业记录单见表19-4。

点火开关与风窗洗涤组合开关的拆装作业记录单　　表19-4

姓名		班级		学号		组别	
车型		发动机号		底盘号		作业日期	
作业顺序		过程记录				技术标准	

项目4 暖风热交换器的拆装

1 项目说明

在进行操作之前,冷却系统的温度应降下来,防止烫伤,同时在拆装管道时应使用专用工具将热交换管道扎死,防止冷却液泄漏并污染地板。

2 技术标准与要求

(1)要先看懂工艺文件,然后准备专用工具和普通工具。
(2)在作业之前汽车装上五件套和翼子板护套。
(3)做好安全防护。

3 设备器材

(1)凯旋轿车一辆。
(2)普通工具一套。
(3)工作台一个。
(4)零件车一个。

4 作业准备

(1)清洁车辆。
(2)清洁工具。
(3)准备作业单。
(4)举升机一台。

5 操作步骤

1)热交换器的拆卸

(1)拆卸前的准备

先准备好专用工具,管子夹钳4153-T,如图19-49所示。拆卸以下部件:左底座侧边装饰罩、转向柱下装饰罩、左下围板,如图19-50所示。

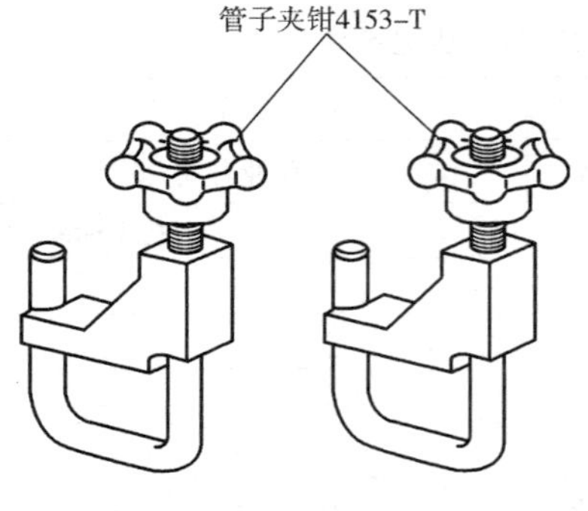

图19-49 专用工具、管子夹钳4153-T

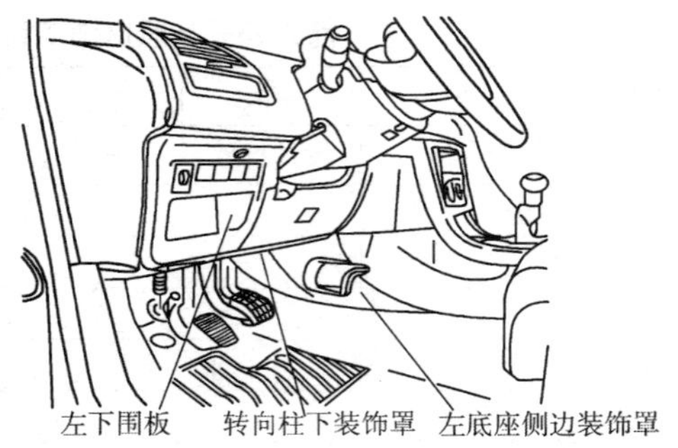

图19-50 拆卸装饰罩

(2)发动机舱的相关拆卸。

①如图19-51所示,拆卸发动机装饰罩。

②去除冷却管路的密封。

③在管子上安装专用工具4153-T。

④安装固定卡子。

⑤分离管子。

注:入口处安装气枪,将热风交换器中的冷却液尽可能排出,使用一个容器来回收冷却液。

⑥拆卸螺栓、固定板、密封橡胶套。

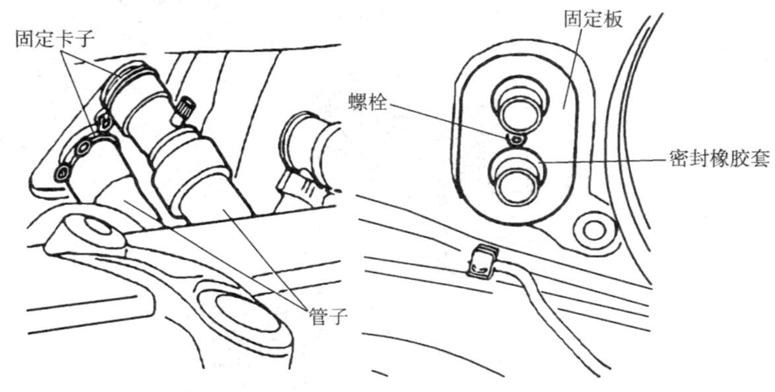

图19-51 发动机舱的相关拆卸

⑦如图19-52所示,分离并拔下接头(在“b”和“c”)。

⑧将线束固定在一边。

(3)热交换器的拆卸

①如图19-53所示,拆卸螺栓。

②拆下热交换器。

③拆卸管子。

2)热交换器的更换与安装

如图19-53所示,分离管子和热交换器,在“e”处。

更换新的热交换器,如图19-54所示,同时取出管子(箭头“f”),取出热交换器(依据箭头“f”)。

如图19-55所示,连接管子到暖风热交换器(依据箭头“g”)。

按照拆卸的相反顺序安装各个部件。

最后进行冷却管路的加注与排气。

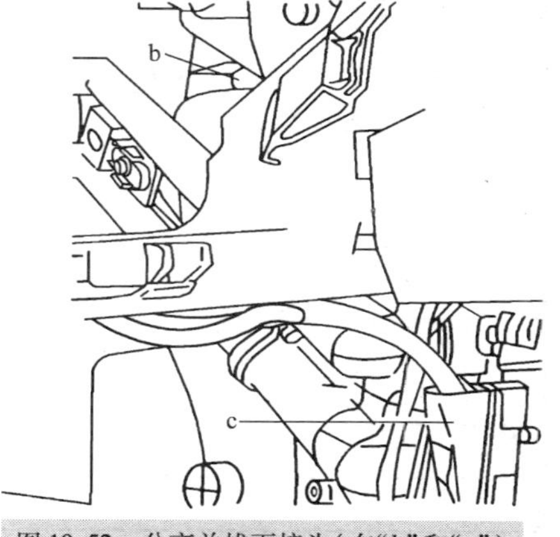

图19-52 分离并拔下接头(在“b”和“c”)

6 记录并分析

暖风热交换器的拆装作业记录单见表19-5。

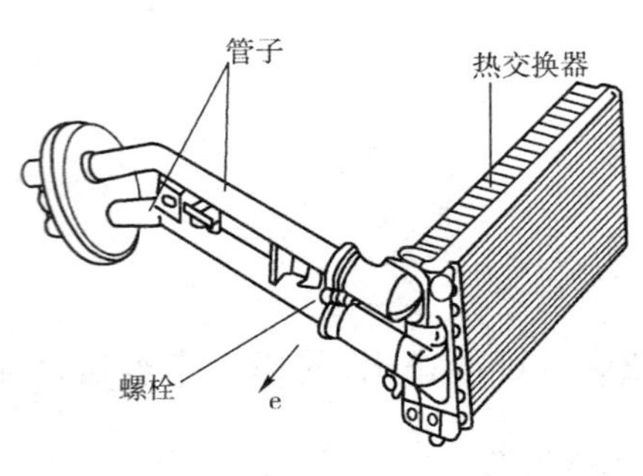

图 19-53　分离管子和热交换器

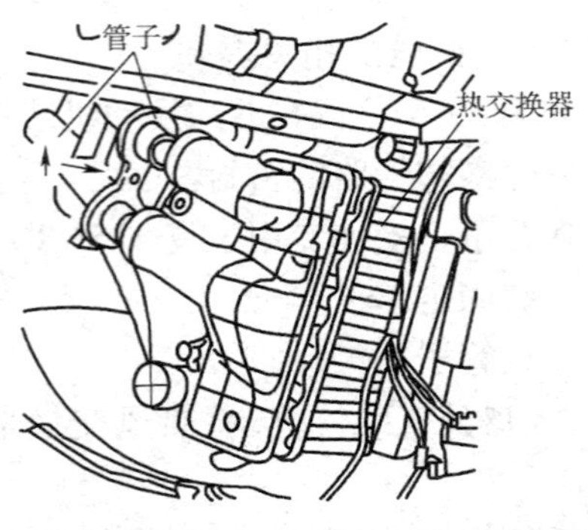

图 19-54　取出管子和热交换器

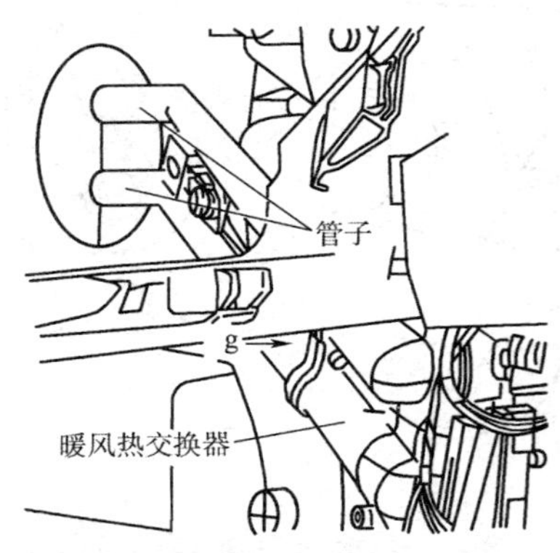

图 19-55　连接管子到暖风热交换器

暖风热交换器的拆装作业记录单　　表 19-5

姓名		班级		学号		组别	
车型		发动机号		底盘号		作业日期	
作业顺序		过程记录				技术标准	

项目 5　空调压缩机驱动盘的拆装

1　项目说明

压缩机驱动盘的拆装一定要使用专用工具,在拆装的过程中禁止任何形式的敲击。

2 技术标准与要求

(1)要先看懂工艺文件,然后准备专用工具和普通工具。
(2)在作业之前汽车装上五件套和翼子板护套。
(3)做好安全防护。

3 设备器材

(1)压缩机一台。
(2)普通工具一套。
(3)工作台一个,带台虎钳。
(4)零件车一个。

4 作业准备

(1)清洁压缩机。
(2)清洁工具。
(3)准备作业单。

5 操作步骤

1)操作前的准备

如图 19-56 ~ 图 19-58 所示,先准备好三个专用工具,它们分别是顶出器 4161-TB、可调节间距的扳手 4164-TC、压缩机支架 4161-TA。

2)压缩机驱动盘的拆卸

如图 19-59 所示,将压缩机支架安装在台虎钳上并拧紧台虎钳;将压缩机置于支架上。

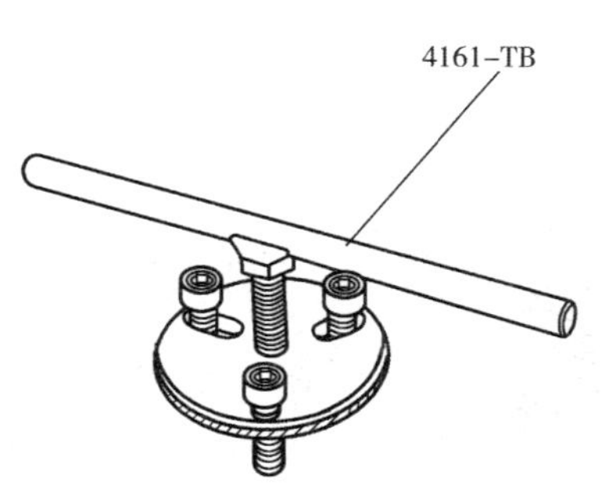

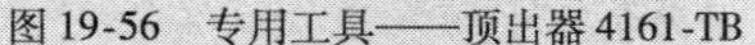
图 19-56　专用工具——顶出器 4161-TB

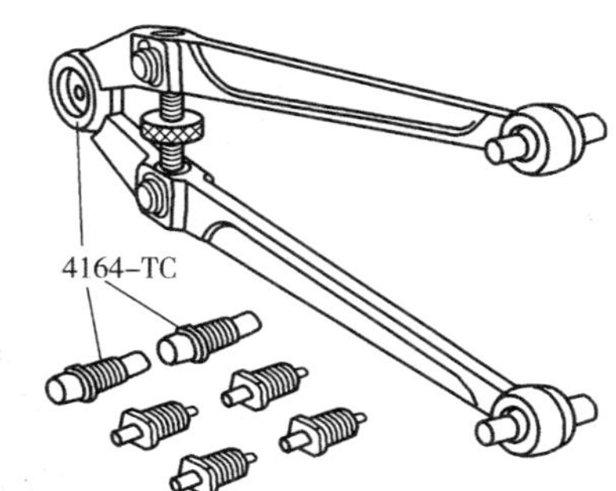

图 19-57　专用工具——可调节间距的扳手 4164-TC

如图 19-60 所示,安装工具 4164-TC,并拆卸压缩机的中心螺母;如图 19-61 所示,安装工具 4161-TB 并检查工具 4161-TB 的平面是否与驱动盘的平面是否平行,然后顶出驱动盘。

3)压缩机驱动盘的装复

注意:在安装驱动盘之前,先检查轴上键销是否还在。

如图 19-62 所示,安装驱动盘,然后使用 19mm 的套筒扳紧,中心螺母的拧紧力矩为 18N · m。

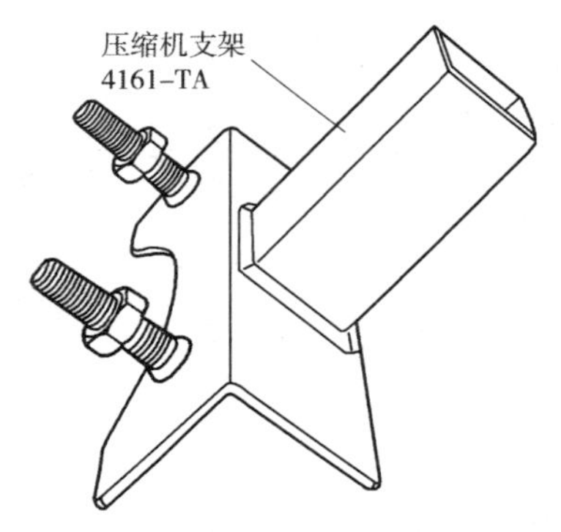

图 19-58　专用工具——压缩机支架 4161-TA

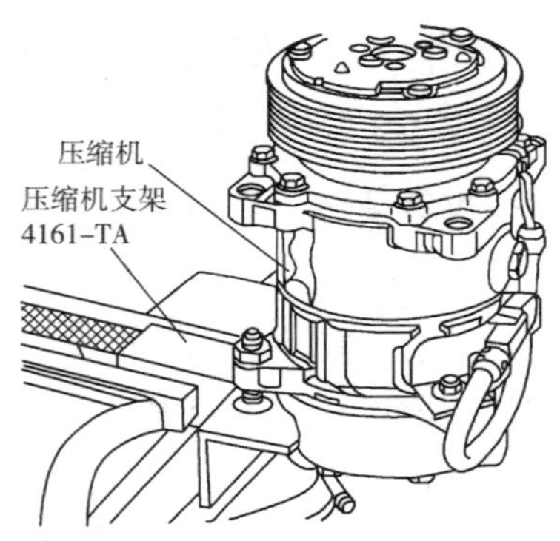

图 19-59　压缩机的安装

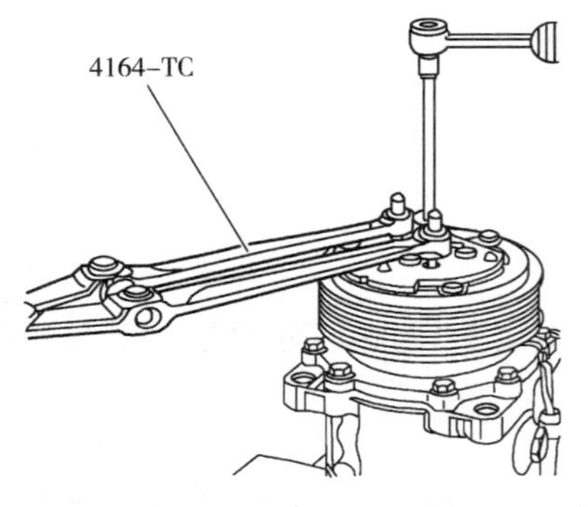

图 19-60　安装工具、拆卸压缩机的中心螺母

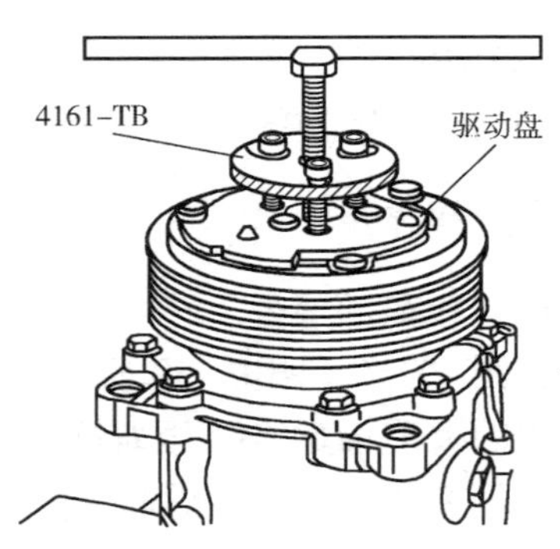

图 19-61　顶出驱动盘

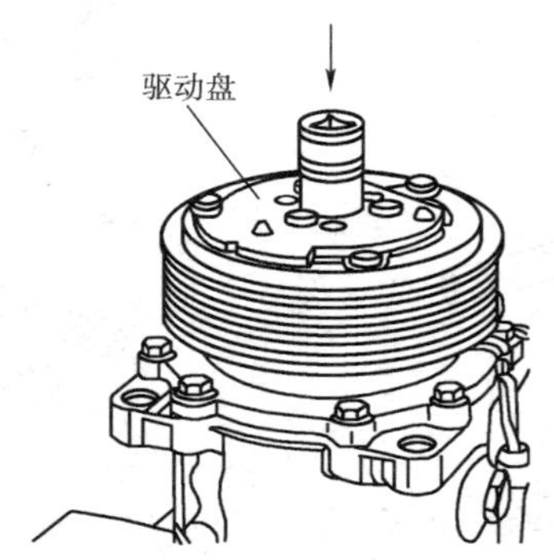

图 19-62　安装驱动盘

6 记录并分析

空调压缩机驱动盘的拆装作业记录单见表 19-6。

空调压缩机驱动盘的拆装作业记录单　表19-6

姓名		班级		学号		组别	
车型		发动机号		底盘号		作业日期	
作业顺序		过程记录				技术标准	

三、学习评价

1　理论考核

1）分析题

（1）根据电路图请叙述凯旋轿车燃油量是怎样在组合仪表上显示出来的？

（2）请总结一下在哪些情况下BSI会禁止空调压缩机的起动。

（3）请叙述凯旋轿车的前照灯是怎样实现防炫目的？

2）判断题

（1）凯旋轿车的危险警告灯要受点火开关的控制。　（　　）

（2）燃油量传感器的信号是给BSI，而不是给1320。　（　　）

（3）自动空调的鼓风机吹风量是不可以人工调整的。　（　　）

（4）凯旋轿车暖风系统的热源不是来自于发动机冷却液。　（　　）

3）选择题

（1）凯旋轿车的风窗洗涤开关与CV00电控单元（转向盘下转换模块）是（　　）。

A. 分开的，没有在一起　　B. 制成一体，不可分离

C. 没有关系　　D. 以上说法都不对

（2）制冷剂循环到干燥罐时，可除掉制冷剂中的（　　）。

A. 冷冻油　　B. 颗粒杂质

C. 水分　　D. 以上说法都不对

（3）后风窗除霜装置一般采用的方法是（　　）。

A. 空调吹空气　　B. 电阻丝加热

C. 吹空气与电阻丝都有　　D. 以上说法都不对

（4）组合仪表显示的发动机冷却液温度信息是来至于（　　）。

A. BSI　　B. 发动机冷却液温度传感器

C. 组合仪表　　　　D. 以上说法都不对

2 技能考核

"项目1　前照灯的拆装"评分表见表19-7。

前照灯的拆装项目评分表　　表19-7

序号	评分项目	得分	评分备注
1	5S现场管理 是否遵守车间安全操作规程: 是否正确举升车辆 是否注意废气排放 是否注意保持工作环境清洁 穿戴合适的防护用品 车辆防护操作: 是否使用车辆防护三件套 是否使用车辆翼子板保护套 是否清洁车辆内部与发动机舱等		(此项共8分,错、漏1项扣2分)
2	操作之前阅读维修手册		(此项共12分,错、漏1项扣3分)
3	能够正确选择所用专用工具		(此项共14分,错、漏1项扣2分)
4	能进行正确的拆装		(此项共12分,错、漏1项扣6分)
5	是否按规定时间完成		(此项共4分,不合格不得分)
总　分			

"项目2　转向信号灯开关的拆装"评分表见表19-8。

转向信号灯开关的拆装项目评分表　　表19-8

序号	评分项目	得分	评分备注
1	5S现场管理 是否遵守车间安全操作规程: 是否正确举升车辆 是否注意废气排放 是否注意保持工作环境清洁 穿戴合适的防护用品 车辆防护操作: 是否使用车辆防护三件套 是否使用车辆翼子板保护套 是否清洁车辆内部与发动机舱等		(此项共8分,错、漏1项扣2分)
2	拆装之前阅读维修手册		(此项共12分,错、漏1项扣3分)
3	能够正确选择所用专用工具		(此项共14分,错、漏1项扣2分)
4	能进行正确的拆装		(此项共12分,错、漏1项扣6分)
5	是否按规定时间完成		(此项共4分,不合格不得分)
总　分			

“项目 3　点火开关与风窗洗涤组合开关的拆装”评分表见表 19-9。

点火开关与风窗洗涤组合开关的拆装项目评分表　　表 19-9

序号	评分项目	得分	评分备注
1	5S 现场管理 是否遵守车间安全操作规程： 是否正确举升车辆 是否注意废气排放 是否注意保持工作环境清洁 穿戴合适的防护用品 车辆防护操作： 是否使用车辆防护三件套 是否使用车辆翼子板保护套 是否清洁车辆内部与发动机舱等		（此项共 8 分，错、漏 1 项扣 2 分）
2	操作之前先阅读维修手册		（此项共 12 分，错、漏 1 项扣 3 分）
3	能够正确选择所用工具		（此项共 14 分，错、漏 1 项扣 2 分）
4	能进行正确的拆装		（此项共 12 分，错、漏 1 项扣 6 分）
5	是否按规定时间完成		（此项共 4 分，不合格不得分）
总　分			

“项目 4　暖风热交换器的拆装”评分表见表 19-10。

暖风热交换器的拆装项目评分表　　表 19-10

序号	评分项目	得分	评分备注
1	5S 现场管理 是否遵守车间安全操作规程： 是否正确举升车辆 是否注意废气排放 是否注意保持工作环境清洁 穿戴合适的防护用品 车辆防护操作： 是否使用车辆防护三件套 是否使用车辆翼子板保护套 是否清洁车辆内部与发动机舱等		（此项共 8 分，错、漏 1 项扣 2 分）
2	操作之前阅读维修手册		（此项共 12 分，错、漏 1 项扣 3 分）
3	能够正确选择所用专用工具		（此项共 14 分，错、漏 1 项扣 2 分）
4	能进行正确的拆装		（此项共 12 分，错、漏 1 项扣 6 分）
5	是否按规定时间完成		（此项共 4 分，不合格不得分）
总　分			

“项目5　空调压缩机驱动盘的拆装”评分表见表19-11。

空调压缩机驱动盘的拆装项目评分表　　表19-11

序号	评分项目	得分	评分备注
1	5S现场管理 是否遵守车间安全操作规程: 是否正确举升车辆 是否注意废气排放 是否注意保持工作环境清洁 穿戴合适的防护用品 车辆防护操作: 是否使用车辆防护三件套 是否使用车辆翼子板保护套 是否清洁车辆内部与发动机舱等		(此项共8分,错、漏1项扣2分)
2	操作之前阅读维修手册		(此项共12分,错、漏1项扣3分)
3	能够正确选择所用专用工具		(此项共14分,错、漏1项扣2分)
4	能进行正确的拆装		(此项共12分,错、漏1项扣6分)
5	是否按规定时间完成		(此项共4分,不合格不得分)
总分			

四、拓展学习

1　前照灯的延迟照明控制

东风雪铁龙有此功能的凯旋轿车进入车库或其他光线昏暗的地方,当点火开关切断后关闭灯光,将照明开关手柄向转向盘平面方向拉一下,前照灯点亮约1min,使驾驶员在黑暗中方便离开停车位,延迟结束,前照灯自动关闭。

2　自动前照灯控制

有此控制功能的车辆,只要激活自动控制功能,当环境光线较为昏暗时,亮度传感器会把信号传给灯光电控单元,灯光电控单元会将前照灯自动点亮。环境光线变明亮时又会自动关闭前照灯。

学习任务20 汽油机电控系统结构与拆装

工作情境描述

在维修车间有一台电控汽油发动机无法起动，经维修技术人员确诊为电控燃油系统故障，现需对其实施拆卸和检修。

请你制订合理的拆检方案，并正确地实施拆装和检修。

学习目标

通过本任务学习，应能：

1. 描述自动控制系统的基本概念；
2. 描述汽油机电控系统的组成和工作原理，以及各种传感器、执行器的结构与原理；
3. 识别ECU、传感器、执行器的功能和安装位置；
4. 拆装、检修汽油机电控系统的主要部件；
5. 制订合理的拆检方案和工艺流程。

学习时间

24学时。

学习引导

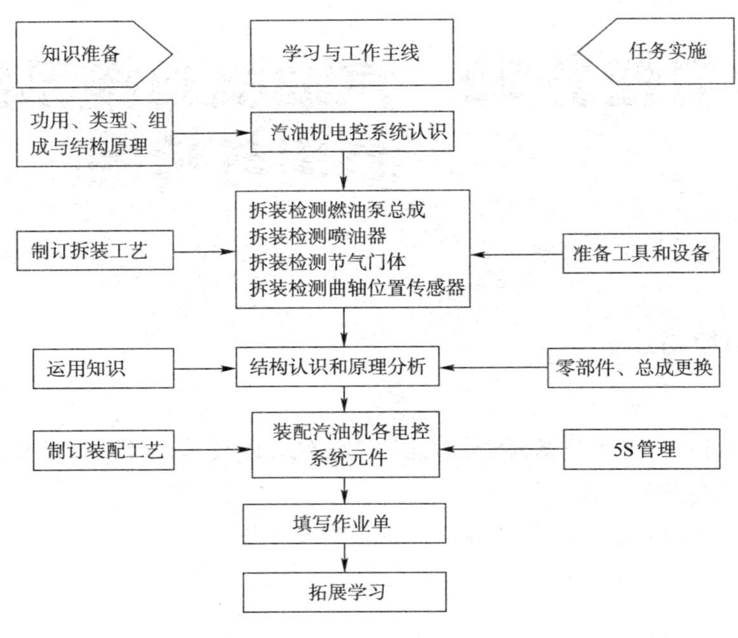

一、知 识 准 备

1 控制系统的基本概念与功能

电控发动机是在传统化油器式发动机的基础上发展起来的,主要从如何增大发动机充气效率和使燃料充分燃烧这两大方面作进一步改进,以达到提高发动机功率、满足排放和燃油消耗量等法规要求。发动机电控系统的基本功能是依据传感器采集其运行工况的各种信号(如位置信号、转速信号、负荷信号、温度信号、燃烧状况信号等),通过一定的电子控制程序对发动机的供油、点火和排放实施适时控制。

发动机电控系统由空气供给系统、燃油供给系统和电子控制系统三大部分组成。其中电子控制系统由 ECU(或称 ECM,PCM)、传感器、执行器等组成。

电控发动机的控制原理是以控制理想空燃比(A/F = 14.7/1)为目的的。发动机 ECU 获取相应传感器提供的信号,经内部程序运算后获得当前运行工况下进入汽缸的空气质量,并按理想空燃比确定燃油供给量,ECU 同时向其执行器(喷油器、OCV 阀、点火线圈)发出指令分别控制燃油的喷射、配气相位角的调节和适时的点火。发动机电控系统控制原理框图如图 20-1 所示。

发动机在任何工况下运转,都由 CKP 传感器提供发动机曲轴转角和转速信号(Ne 信号),TSP 传感器提供节气门开度信号(负荷信号),THA 传感器提供进气温度信号,MAP 传

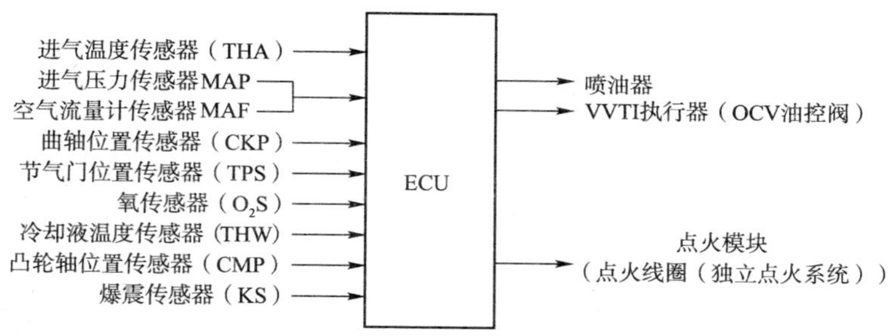

图20-1　发动机电控系统控制原理框图

感器提供进气绝对压力信号，MAF传感器提供空气流量信号，ECU根据CKP、TSP、THA、MAP（或MAF）传感器确定当前运行工况下进入汽缸的空气质量，从而确定该工况下的基本喷油量，并根据O_2S、THW、THA传感器提供的信号完成对基本喷油量的修正。发动机电控系统油量控制原理框图如图20-2所示。

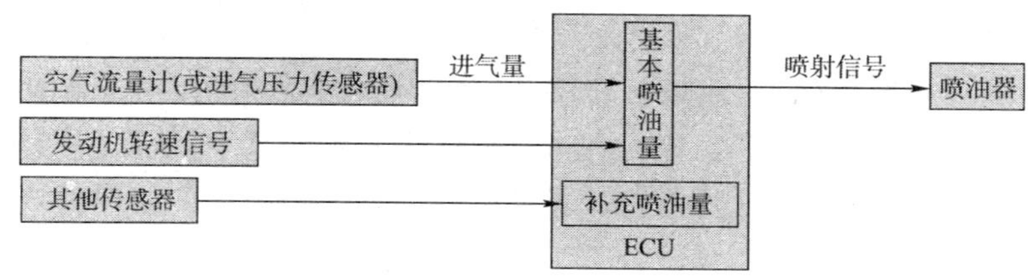

图20-2　电子控制系统油量控制原理框图

CMP传感器向ECU提供1缸活塞上止点信号（G信号），ECU根据CKP、CMP传感器提供的判缸信号实施喷油时刻和点火时刻的控制。ECU根据KS传感器信号对点火时刻实施控制（获得爆震信号则实施延迟点火）。ECU依据曲轴转速信号和节气门负荷信号对配气相位实施控制。

2　燃油供给系统的组成、结构与工作原理

任何车辆的燃油供给系统都由用于储存燃油的油箱、为燃油流动提供一定能量的油泵、为防止燃油中的杂质堵塞燃油管路的燃油滤清器、用于调节燃油管路油液压力相对恒定的油压调节器、用于实现燃油喷射的喷油器、用于安装油压调节器和喷油器的燃油总管等部件组成。

有的车型燃油总管末端安装燃油脉动阻尼器而不是油压调节器，这类车型的油压调节器和燃油泵集成一体内置于燃油箱内。

1）燃油泵总成

电动汽油泵的作用是将汽油从汽油箱内吸出，加压后经喷油器供入发动机汽缸。汽油泵按其安装位置分为外装式和内装式两种。外装式是指将汽油泵安装在汽油箱之外的输油管路中，内装式则是指将汽油泵安装在汽油箱内。与外装式比较，内装式汽油泵具有不易产生气阻和燃油泄漏、噪声小等优点，所以广泛应用。甚至有些轿车还将模块化的汽油泵总成（包括汽油泵、燃油滤清器、油压调节器等）内装于燃油箱内。

内装式电动汽油泵常采用翼片式、涡轮式、齿轮式等几种结构形式。外装式电动汽油

泵多采用滚柱式结构,但现已淘汰。

(1)涡轮式电动汽油泵(内装泵)。涡轮式电动汽油泵由电动机、涡轮泵、止回阀、限压阀及滤网等组成,如图20-3所示。

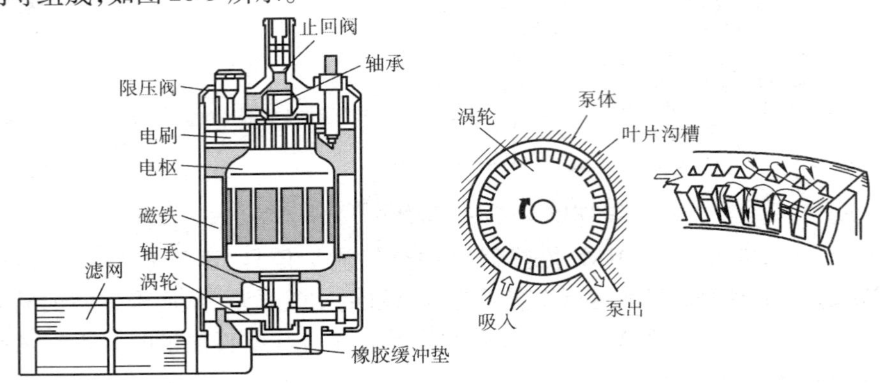

图20-3 涡轮式电动汽油泵

电动机驱动涡轮泵运转时,涡轮泵转子圆周槽内的燃油随转子一起高速旋转,在离心力作用下,使燃油出口处油压增高,同时在进口处产生一定的真空,从而使燃油从进口被吸入并经止回阀泵向出口。设置止回阀可使发动机熄火后油路内燃油仍保持一定压力,减少气阻现象,便于发动机热启动。

这种电动汽油泵的优点是:运转噪声小、出油压力脉动小、转子无磨损、使用寿命长。电动汽油泵中的涡轮泵和电动机都是浸在汽油中。在泵油过程中,燃油不断穿过涡轮泵和电动机,涡轮泵本身及电动机中的线圈、电刷、轴承等部位都靠燃油来润滑和冷却的。由此,要绝对禁止在无油的情况下运转电动汽油泵,以免烧坏。

(2)翼片式和齿轮式电动汽油泵(内装式)。翼片式和齿轮式电动汽油泵的区别在于装置于电动机轴端的使燃油形成压力的机构不同,一种是翼片,另一种是齿轮。其工作原理分别与水泵和机油泵的工作原理相同,在此不作详细阐述。

2)喷油器

喷油器是电控汽油喷射系统中的重要执行元件,按用途可分为单点喷射系统用喷油器和多点喷射系统用喷油器;按燃料的进入位置可分为上方供油式和侧方供油式;按喷口形式分为孔式和轴针式;按电磁线圈阻值大小进行区分可分为低阻式和高阻式;按驱动方式分为电流驱动和电压驱动两种。单点喷射系统的喷油器位于节气门后方进气总管处;多点喷射系统的喷油器安装在各进气歧管或进气道附近的缸盖上,并用燃油总管来固定。

所谓电压驱动是指ECU驱动喷油器喷油的脉冲电压是恒定的。这种喷油器又可分为高阻型和低阻型两种。低阻型喷油器是用5～6V的电压驱动;其电磁线圈的电阻较小,为2～5Ω;不能直接和12V电源连接,否则,会烧坏电磁线圈。高阻型喷油器是用12V电压驱动,其电磁线圈电阻较大,为12～16Ω,在检修时,可直接和12V电源连接。轴针式喷油器均采用电压驱动方式。

在电流驱动回路中无附加电阻,低阻喷油器直接与蓄电池连接,通过ECU中的晶体管对流过喷油器电磁线圈的电流进行控制。电流驱动脉冲开始时是一个较大的电流,使电磁线圈产生较大的吸力，以打开针阀，然后再用较小的电流保持针阀的开启。孔式喷油器均采用电流驱动方式。

目前电控汽油喷射系统大都使用电磁式喷油器，多点喷射系统的喷油器结构如图20-4所示。它的一端为进油口，与分配油管连接；另一端为喷油口，插入进气歧管中，两端分别用O形密封圈密封。喷油器内部有一个电磁线圈，经线束与ECU连接。喷油器头部的针阀与衔铁连接为一体。当电磁线圈通电时，便产生吸力，将衔铁和针阀吸起，打开喷孔，燃油经针阀头部的轴针与喷孔之间的环形间隙高速喷出，并被粉碎成雾状。电磁线圈不通电时，磁力消失，弹簧将衔铁和针阀下压，关闭喷孔，停止喷油。

缸内直喷式喷油器多采用多孔式喷油器，在此不再对其结构进行阐述。

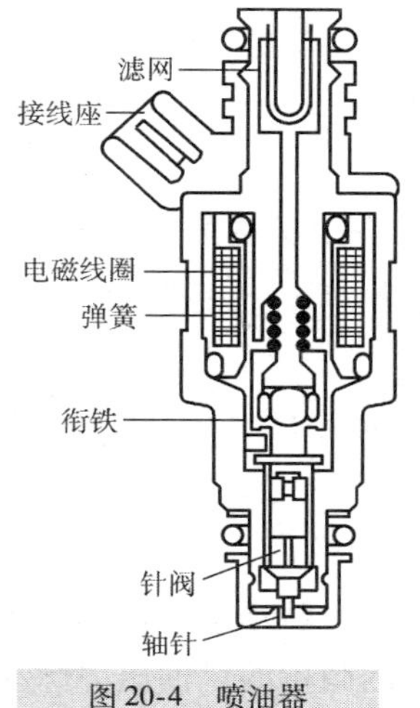

图20-4 喷油器

ECU利用调整喷油脉冲的宽度来控制喷油器每次打开的时间，从而控制喷油量。喷油脉冲宽度通常为2~10ms，时间越长，喷油量就越大。

3）油压调节器和脉动阻尼器

燃油压力调节器用于将燃油系统的压力控制在一定范围内。此外，压力调节器还可以像燃油泵的止回阀一样，维持燃油管内的残余压力。

燃油压力的调节一般有两种调节方法，一种是将燃油总管内的燃油压力控制在一个恒定的压力值，当燃油压力超过油压调节器弹簧压力时，阀门开启，使燃油回流到燃油箱并调节压力，此种油压调节器常与电动燃油泵集成一体，其结构如图20-5所示，由于通往喷油器的燃油管路为单管（无回油管），故称此种供油系统为无回油供油系统，系统压力通常控制在350kPa。

喷油器的喷射通道利用歧管真空造成真空状态，抽取燃油。这种真空状态随着发动机工作状态的变化而不断变化。因此，这种燃油调节方式，发动机ECU根据进气歧管真空的变化，计算每次喷射时间内燃油喷油量，确保喷油器喷射适当数量的燃油。这种燃油调节方法中，装备有一个高压的燃油总管，它持续调节燃油压力，使燃油总管内的压力高于歧管压力，并保持一个恒定压力。

燃油压力调节的另一种调节方法是保持燃油管与进气歧管之间的压力恒定，此压力通常为250kPa。这类油压调节器的结构如图20-6所示。油压调节器安装于燃油总管末端，出油口与油箱相连，膜片弹簧腔用橡胶软管与进气歧管相连。燃油管内油压等于进气歧管内的负压力加上油压调节器膜片弹簧弹力时，回油阀开启，多余油量流回燃油箱。由于进气歧管内真空度大小会因发动机运行工况的不同而不同，所以，燃油管内的燃油压力大小也不是一个定值，但燃油管与进气歧管之间的压力差却是恒定不变的，从而确保喷油量的多少与喷油器的喷射时间成正比。

脉动阻尼器在构造上与外置式油压调节器的构造有些类似，同样装置于燃油总管上，只是膜片弹簧侧不需连接进气歧管，也没有回油管路，因此，其内部也无用来控制回油的止回阀。

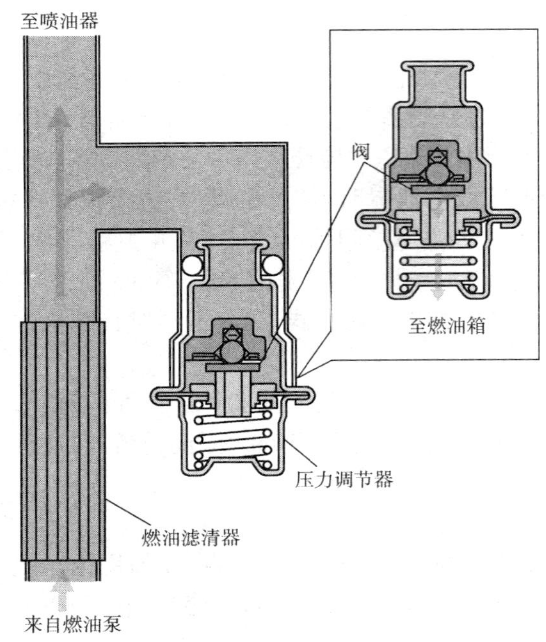

图 20-5　无回油燃油压力调节器

脉动阻尼器的作用是:利用其膜片和弹簧来吸收因燃油喷射以及燃油泵的压缩而产生的微量的燃油压力脉动。

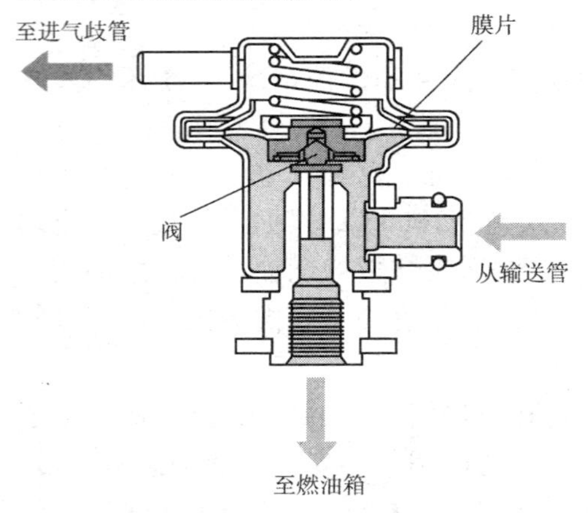

图 20-6　有回油燃油压力调节器

3　电控点火系统的组成、结构与工作原理

电控发动机的点火系统由曲轴位置传感器(CKP)、凸轮轴位置传感器(CMP)、电子点火模块、点火器(独立点火系统的点火线圈)、火花塞以及冷却液温度传感器(THW)、爆震传感器(KS)等组成。CKP、CMP 为电子点火模块提供判缸信号,确定基本点火提前角,点火模块再向点火器发出点火指令(断开点火线圈初级线圈的电流),点火器产生点火高压后由火花塞执行点火,点火模块同时又依据 THW 提供的发动机冷热状态信号修正点火时刻(一般温度低于 80℃时会加大点火提前角),依据 KS 提供的爆震信号延迟点火时刻。

(1)曲轴位置传感器(CKP)。电控汽油喷射系统中使用的曲轴位置传感器主要有三种类型:电磁脉冲式、霍尔效应式和光电式。现代汽车常用的是电磁脉冲式、霍尔效应式。

CKP 传感器为 ECU 提供 Ne 信号(曲轴转角和转速信号),用于控制基本供油量大小,同时,为确定各缸的喷射时刻和顺序,还需知道基准汽缸的活塞位置,在电控汽油喷射系统中，这两个参数的检测是由曲轴位置及转速传感器来完成的。发动机曲轴位置及转速传感器是控制系统中的主控参数之一，其作用是检测发动机转速、识别活塞上止点位置，提供ECU选取合适的喷油时刻和点火时刻。

磁电式曲轴位置传感器的结构如图20-7所示，安装于发动机前端的正时链盖上，正对曲轴前端的信号轮。其他部分车型的CKP安装于曲轴后端的飞轮处，也有装在分电器内的。传感器由转子和绕在永久磁铁上的耦合线圈等组成，永久磁铁的磁力线经转子、耦合线圈、托架构成封闭回路，转子旋转时，由于转子凸齿与托架间的磁隙不断发生变化，通过线圈的磁通也不断变化，线圈中便产生交变的感生电动势，将此信号放大后传输给ECU。

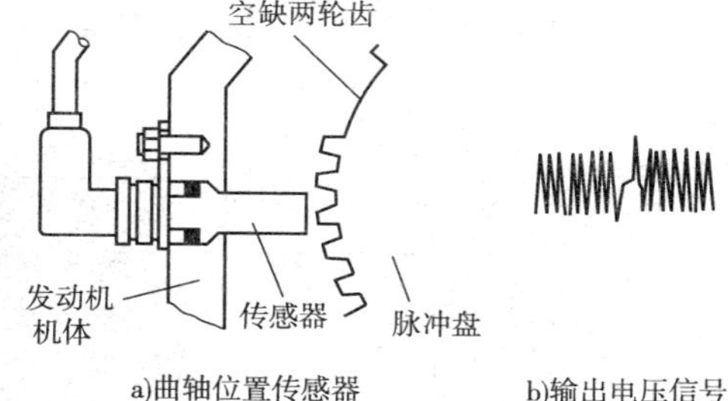

图20-7 电磁脉冲式曲轴位置及转速传感器

(2)凸轮轴位置传感器(CMP)。凸轮轴位置传感器(Camshaft Position Sensor)多采用磁电传感结构，安装于凸轮轴G信号板的对应位置，如图20-8所示，有的CMP也采用霍尔式或光电式，置于分电器内。凸轮轴上带有凸舌的位置即为CMP传感器的G信号板位置，凸舌有1个或3个，根据发动机型号而定(图中有三个凸舌)。当凸轮轴转动时，凸轮轴上的凸舌和传感器间的气隙改变，气隙改变将使传感器内的感应线圈产生感生电压，形成G信号。这个G信号被送至发动机ECU作为标准凸轮轴转角的信息实现汽缸位置的判别。发动机ECU将G信号和曲轴位置传感器送来的NE信号合并，由此确定每个汽缸点火用的压缩“上止点(TDC)”，以及确定喷射时间和点火正时。当发动机ECU未能收到从传感器送来的G信号，部分型号发动机仍继续运转，部分型号会停机。

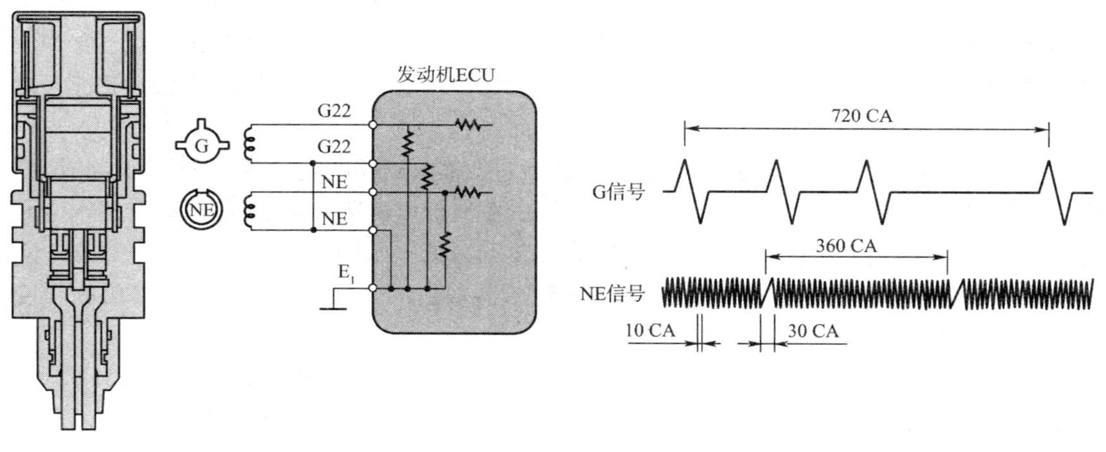

图20-8 凸轮轴位置传感器结构及原理图

(3)冷却液温度传感器(THW)。冷却液温度传感器(THW)和进气温度传感器(THA)都采用负温度系数热敏电阻(半导体材料)制成，两者具有相同的特性。如图20-9所示。

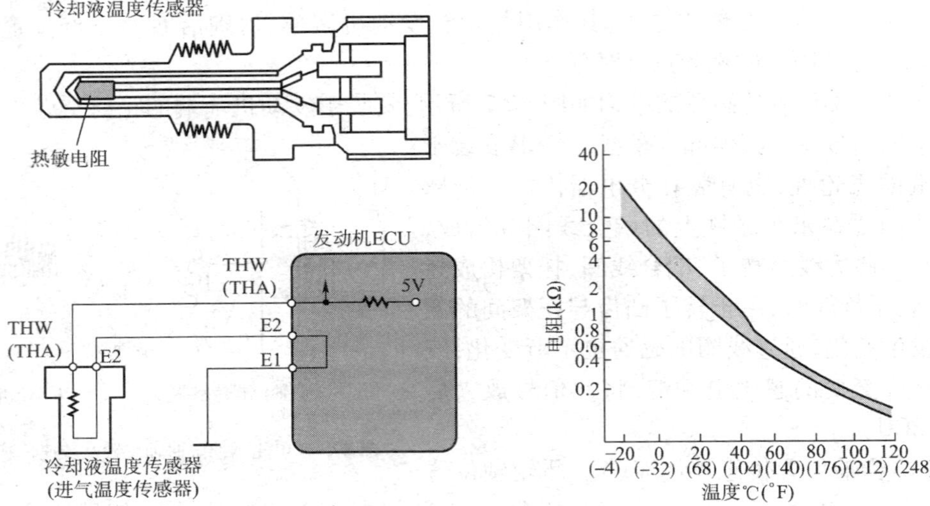

图 20-9 温度传感器

THW 传感器安装在发动机缸体或缸盖的水套上,与冷却液接触,用来检测发动机冷却液的温度。有的机型安装两个冷却液温度传感器,其中一个给仪表提供信号,另一个给 ECU 提供信号,ECU 依此信号进行燃油喷射量和点火时刻的修正。

ECU 中的固定电阻与冷却液温度传感器串联,组成分压电路。冷却液温度低时,热敏电阻阻值变大,ECU 检测到的分压值就高,并据此增加燃油喷射量和增大点火提前角。冷却液温度高时,ECU 检测到的分压值较小,并据此信号减少喷油量和减小点火提前角。

在电子燃油喷射系统(EFI)中,无论是压力型(D 型)进气系统还是流量型(L 型)进气系统,都应考虑空气温度对实际进气量的影响(因空气温度或压力的变化将影响空气密度,从而影响进气量)。进气温度传感器(THA)用来检测进气温度,并将检测信息输送给 ECU 作为修正喷油量的参考依据之一。D 型 EFI 系统中 THA 安装在空气滤清器之后的进气总管上,L 型则装在进气管的动力腔上或空气流量计内。

(4)爆震传感器(KS)。爆震传感器安装在进气侧的汽缸体上,通常采用压电式,如图 20-10 所示。爆震传感器内有压电元件,当爆震在汽缸体内造成振动时,振动波使压电元件变形,且其电阻值发生变化,在发动机 ECU 提供的载波电压(常为 2.5V)作用下爆震传感器产生交变电压信号。发动机 ECU 根据爆震传感器输出的电压信号即可确定爆震的强度和时刻,从而适时延迟点火正时,抑制爆震产生。

压电式爆震传感器有两种类型。一种是共振型,可在较窄振动频率范围(6 ~ 13kHz)内与爆震信号产生共振而输出高电压,如图 20-10 右侧上图所示;另一种是非共振型,可在发动机的整个运转范围内的输出电压信号,如图 20-10 右侧上图所示。在非共振型爆震传感器中加入一个电阻,即可检测出爆震传感器电路是断路还是短路,发动机 ECU 向这一电阻提供 2.5 V 基准电压,如果 ECU 的检测电路没有收到 2.5V 电压,即判定为断路;若收到 0V 电压,即判定为对地短路。

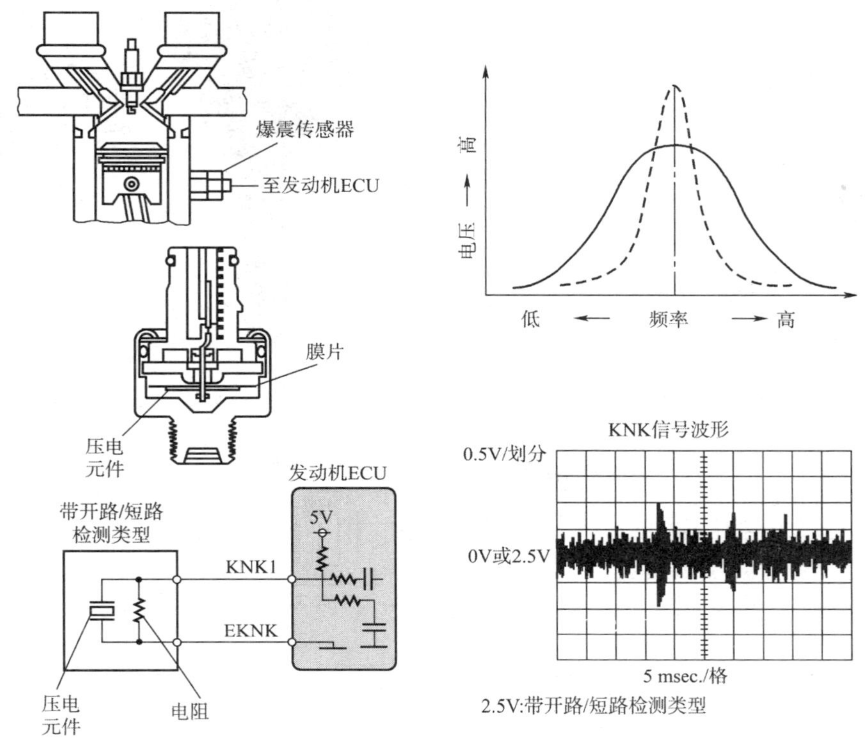

图 20-10　爆震传感器

(5)点火器。

①双点火式点火器。双点火式点火器外形结构如图 20-11 所示(如捷达轿车发动机用)。此种点火器内有两个点火线圈,其中 1、4 缸共用 1 个点火线圈,2、3 缸共用 1 个点火线圈;点火器内部的功率放大器接收来自发动机 ECU 的点火信号后切断点火线圈初级绕组电流,使点火线圈次级绕组产生点火高压,再通过高压线将点火高压传输到火花塞之上(相同曲柄方向的两个汽缸),点火高压击穿火花塞电极间的空气隙并产生强大的电火花,从而点燃可燃混合气。

在发动机的一个工作循环中,此种点火器的每个点火线圈将获得两次点火信号,而每一个点火信号都会使两个汽缸的火花塞同时点火。其中在压缩行程末的点火称之为有效点火,在排气行程末的点火称之为无效点火。

②独立式直接点火系统(DIS)点火器。独立式直接点火系统点火器的外形如图 20-12 所示。其控制原理图如图 20-13 所示。

DIS 系统(Direct Ignition System,简称 DIS)点火器内点火线圈的初级回路由一功率晶体管来控制,次级线圈末端与火花塞直接相连。次级回路与初级回路间设有二极管,在初级回路导通时不允许电流流向次级回路。当初级回路被切断时,次级线圈产生 10kV 以上的感生电动势(点火高压),击穿火花塞中心电极与旁电极间的空气隙产生电火花点燃可燃混合气。由于 DIS 系统减少了高压线,因此减少了点火高压所带来的电磁干扰。

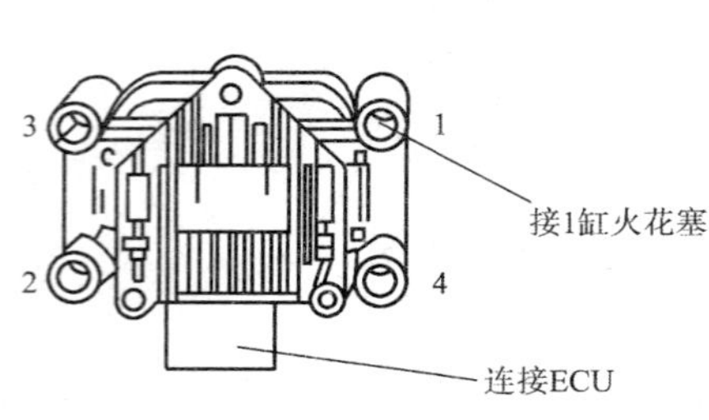

图 20-11　双点火式点火器外形图

图 20-12　独立式直接点火系统点火器外形图

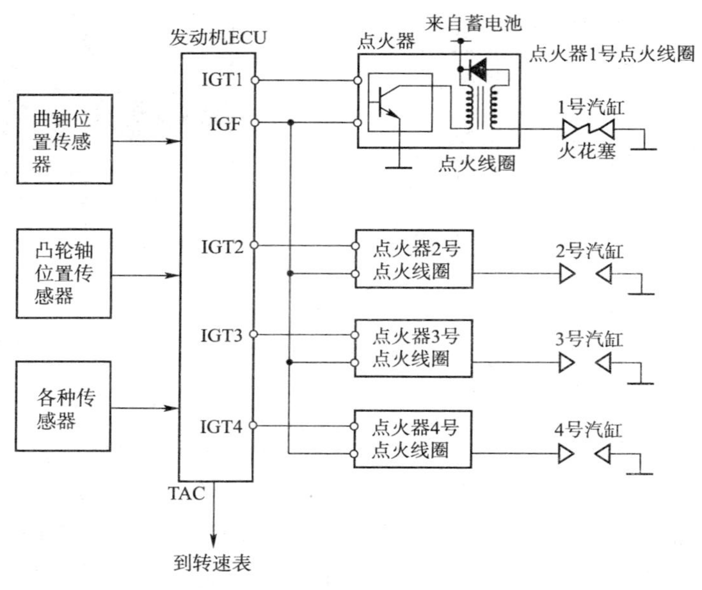

图 20-13　独立式直接点火系统控制原理图

(6)电子点火模块。如图 20-13 所示，在直接点火系统(DIS)中，电子点火模块是集成在发动机 ECU 内的一个小模块，它依据 CKP、CMP 所提供的 NE 信号和 G 信号来计算目标点火正时，再依据 THW、MAF(或 MAP)、TPS、KS 等传感器所提供的冷却液温度、空气流量(或压力)、节气门开度、爆震信号等来修正点火时刻，点火模块最后向点火器发出点火指令。点火模块向 IGT 端子输出低电位时，点火器内的 PNP 型功率晶体管导通，点火器初级回路充电，当点火模块向 IGT 端子输出高电位(断开)时，点火器初级回路切断，次级回路产生高压并跳火。在 IGT 被切断的同时，点火器若能将点火确认信号 IGF 发送回点火模块，即可确认点火成功。

4　其他辅助控制系统的组成和工作原理

1)怠速控制系统

怠速空气控制系统通常在发动机 ECU 的控制下，通过改变进入节气门后方的空气量，将发动机的怠速保持在设定的最佳转速内。根据怠速空气控制方式的不同，可将怠速空气控制系统分为旁通通道式和节气门直动式两种，其原理如图 20-14 所示。

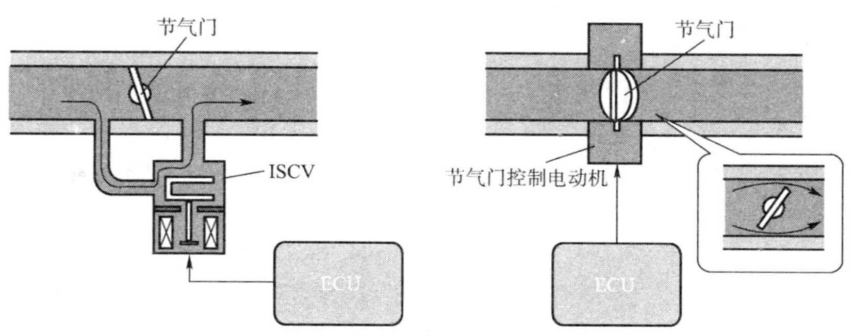

图 20-14　怠速空气控制系统原理图

(1)旁通通道式怠速控制系统。旁通通道式怠速控制系统在发动机怠速运转时，由于节气门处于全闭位置，怠速运转所需要的空气要经过怠速空气旁通通道进入进气总管。

旁通通道式怠速控制阀的常见形式有步进电动机式和旋转滑阀式两种。

步进电动机式怠速控制阀由步进电动机、旁通气阀阀芯、阀座以及把旋转运动变成直线运动的进给丝杆等组成，如图 20-15 所示。

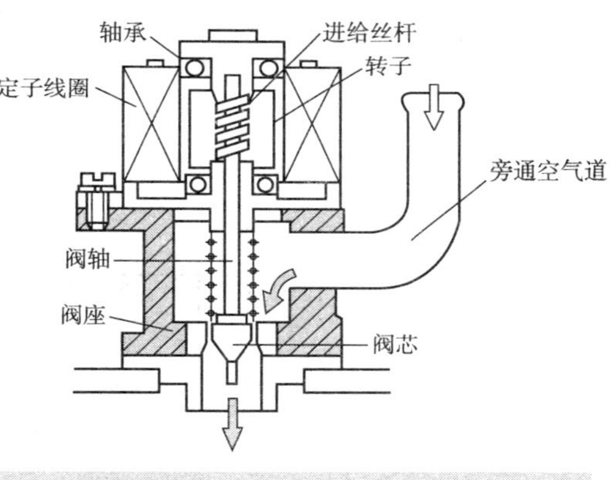

图 20-15　步进电动机式怠速控制阀

雷克萨斯 LS400 轿车用步进电动机结构及工作原理如图 20-16 所示。

步进电动机的转子用永久磁铁制成，N 极和 S 极在圆周上相间排列，形成八对磁极。定子有 A、B 两个，上下重叠，内绕 A、B 两组线圈。每个定子各有八对爪极，每对爪极之间的间距为一个爪极宽度，A、B 两定子爪极也相差一个爪极宽度。

ECU 通过控制定子线圈绕组的通电次序改变永磁转子的旋转方向，通过改变通电脉冲的个数改变永磁转子的旋转角度。

定子与转子的异性磁极对正时，转子呈静止状态。通过对通向定子各绕组电压脉冲的控制，使其爪极的极性发生变化；在同性磁极推斥力和异性磁极引力的作用下，转子步进一个爪极宽度。若将转子移动一个爪极宽度称为移动一步，步进电动机从怠速位置到最大开度一般可达 125 个步级。

当步进电动机转动时，进给丝杆做轴向移动。丝杆上固定着阀芯，丝杆上下移动时，带动阀芯关小或开大旁通气道。ECU 通过控制步进电动机的转动方向和转角，就可以控制丝杆的移动方向和移动距离，从而达到控制旁通气阀开度，调整怠速进气量的目的。

暖机过程中，ECU 控制步进电动机转动，使怠速控制阀从刚启动时的最大开度逐渐减小。当冷却液温度达到 70℃时，暖机控制结束，怠速控制阀恢复到正常怠速开度。

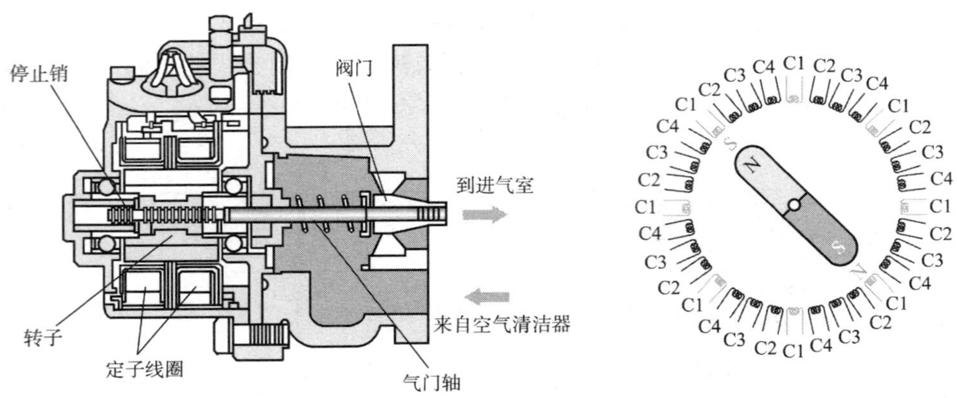

图 20-16　LS400 轿车用步进电动机结构图

转阀式怠速控制阀的结构及工作原理如图 20-17 所示。

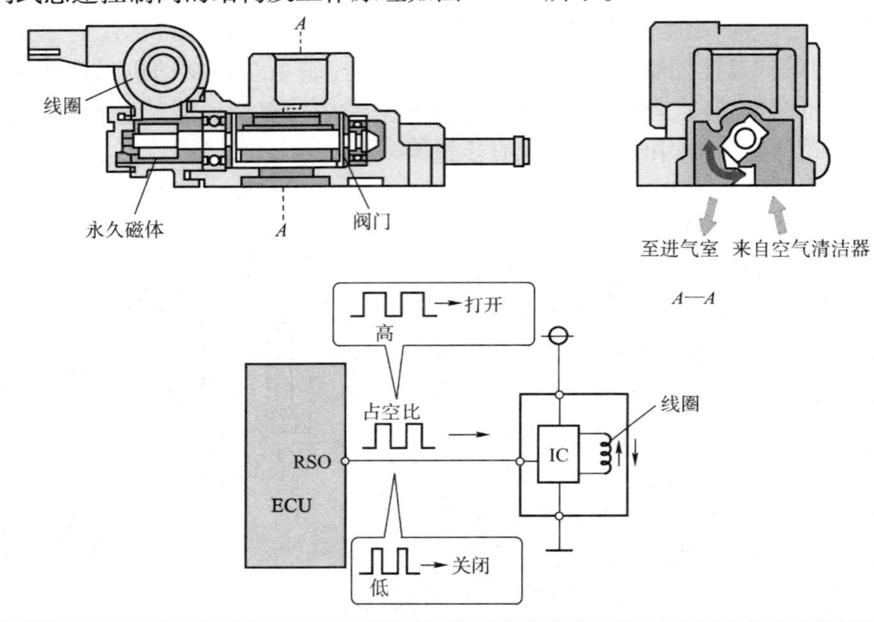

图 20-17　转阀式怠速控制阀结构及工作原理图

安装于节气门体上的电磁转阀式怠速控制阀包括一组电磁线圈,IC(集成电路)、永久磁铁和阀。IC(集成电路)接收发动机 ECU 信号输出的占空比信号,控制流入电磁线圈的电流方向和大小,从而控制转阀的旋转方向和开度大小(当占空比信号为高电位时,打开转阀,反之则关闭转阀),即控制从节气门的旁通通道流入的空气量,以满足发动机维持在设定的最佳怠速转速。

(2)节气门直动式。现在很多电控汽油喷射系统采用智能电子节气门控制系统(ETCS-i),其怠速空气的控制依靠安装在节气门轴端的电动机直接控制节气门的开启角度来实现。电子节气门体的构造如图 20-18 所示。

ETCS-i 系统的节气门控制电动机采用了反应灵敏度高、耗能少的直流电动机。发动机 ECU 控制流向节气门控制电动机的电流大小,使电动机转动或维持。节气门的实际开启角度由节气门位置传感器检测并反馈给发动机 ECU。

当发动机 ECU 检测到电子节气门控制系统有故障时，点亮组合仪表上的故障指示灯并同时切断电动机电源，节流门在复位弹簧作用下开启到一个固定位置（大约 7°），此位置比发动机怠速时的节气门开度要大，所以车辆仍能以较高怠速移至安全的地方。

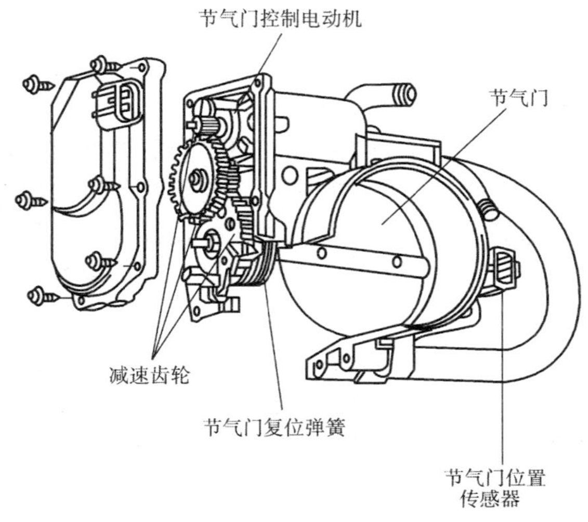

图 20-18　电子节气门体

2）进气控制系统

进气控制系统既包含进气量的检测部分又包含进气的控制部分。整个系统包含空气流量计 MAF（或进气压力传感器 MAP）、节气门位置传感器（TPS）、加速踏板位置传感器（ACPS）、智能可变配气正时系统（VVT-I）、智能可变气门升程系统（VVTL-I）、进气增压装置、谐振控制进气系统（ACIS）等组件。

（1）空气流量计（MAF）。空气流量计按其测量原理的不同可分为两种类型：一种是质量型空气流量计（如热线式和热膜式空气流量计），二是体积型空气流量计（如翼片式空气流量计、光学卡尔曼涡流式空气流量计）。热线式空气流量计目前应用比较广泛，其外观结构图如图 20-19 所示。热线式空气流量计原理图如图 20-20 所示。

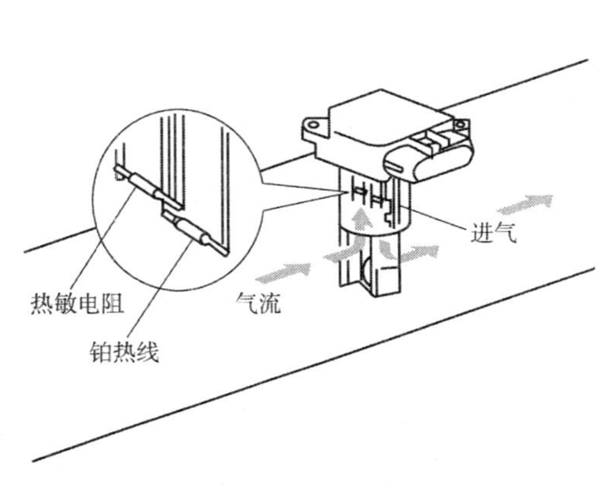

图 20-19　热线式空气流量计外观结构图

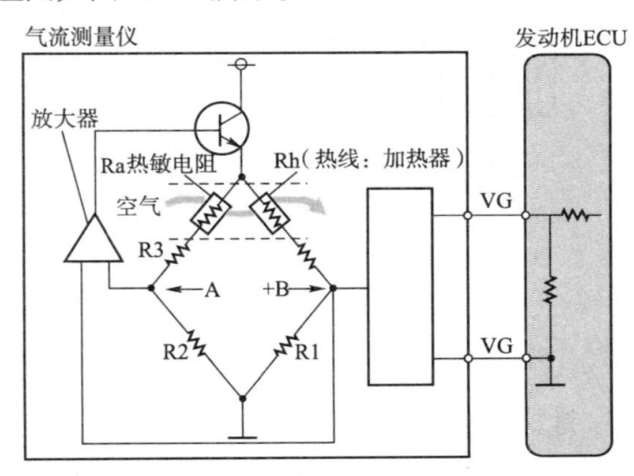

图 20-20　热线式空气流量计原理图

热线式空气流量计内部有用铂丝制作的热线电阻 Rh(发热元件)和温度补偿电阻 Ra(进气温度传感器)分别连接在惠斯顿电桥电路的两个桥臂上。

当桥式电路沿着对角线的阻值相等($[Ra+R3]\cdot R1=Rh\cdot R2$)时,A 点和 B 点的电位相等。当热线(Rh)被吸入的空气冷却时,电阻值降低导致 A 点、B 点产生电位差,运算放大器检测到电位差并且施加电压给电路(增加热线(Rh)电流),这样热线(Rh)温度上升使热线阻值增大,直到 A 点和 B 点的电位相等(A、B 电压升高)。利用这种桥式电路的特性,空气流量计就可以通过检测 B 点电压来测量进气量。

当 Rh 的温度高于进气温度时,电桥电路中 A、B 两点的电压打破平衡。热线电阻的温度控制目标是高出大气温度 100~120℃,并通过晶体管调节 Rh 的电流,保证 Rh 和大气的恒定温差。由于空气的冷却能力永远和进气质量成正比,因此,即使进气温度是变化的,也能精确地测量出进气的质量,发动机 ECU 不需要用进气温度来校正燃油喷射时间。此外,在高海拔地区的空气密度较小,与处于海平面处的相同容积空气做比较,则其冷却能力也较小,其结果是热线的冷却量降低,检测到的进气质量也将降低,所以也不需要采用高海拔补偿校正。

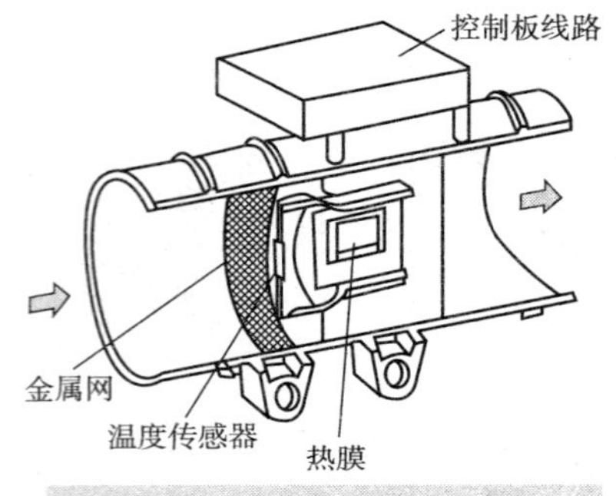

图 20-21 热膜式空气流量计

热膜式空气流量计有与热线式空气流量计相同的工作原理,只是在结构上用热膜替代了热线。其结构如图 20-21 所示。

(2)进气压力传感器(MAP)。进气压力传感器是一种间接检测空气流量的传感器,其种类很多,根据信号产生的原理可分为半导体压敏电阻式、电容式、膜盒传动式和可变电感式等。

常见的半导体压敏电阻式进气歧管绝对压力传感器主要由硅片、IC 电路和绝对真空室组成,其结构如图 20-22 所示。

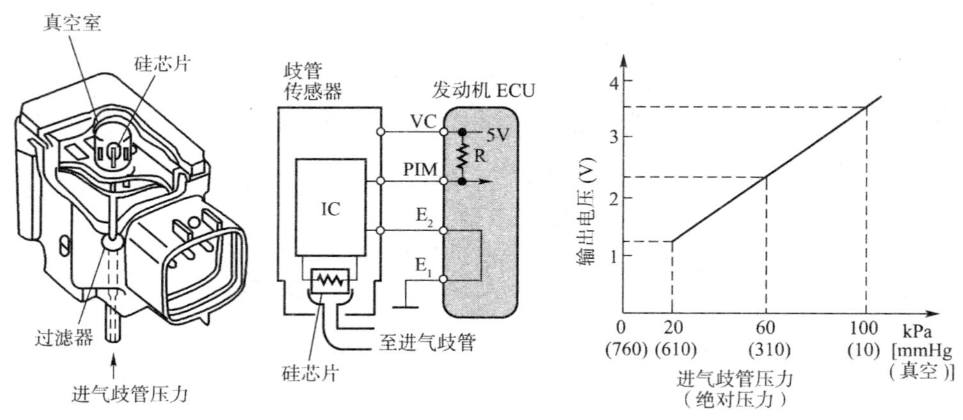

图 20-22 进气歧管绝对压力传感器

封装在真空室内的硅片,由于一侧受进气压力的作用,另一侧是真空,所以在进气歧管压力发生变化时,硅片产生变形,使扩散在硅片上电阻的阻值改变,导致输出电压发生变化。该电压经 IC 变换成 PIM 信号输送给 ECU。发动机 ECU 根据此 PIM 信号,确定基本喷射时间和基本点火提前。即使海拔有变化，歧管进气压力也能精确测量，所以，不需要采用高海拔补偿校正。ECU 根据发动机转速、节气门开度、进气歧管绝对压力与进入发动机汽缸的空气流量的对应关系，计算出进气量，从而计算出基本喷油量。

（3）节气门位置传感器（TPS）。节气门位置传感器（Throttle Position Sensor）安装在节气门体上，由节气门轴驱动。节气门位置传感器可将节气门开度转换成电压信号输送到ECU，ECU 用以确定喷油控制方式和对喷油时间进行修正。按照检测原理不同，可将节气门位置传感分为开关式、线性可变电阻式和霍尔式。

①开关式节气门位置传感器。开关式节气门位置传感器现已淘汰，在此不再对其进行讲述。

②线性可变电阻式节气门位置传感器。线性可变电阻式节气门位置传感器的结构和电路如图 20-23 所示。其主要特点是表示节气门开度的输出电压与节气门开度呈线性关系。

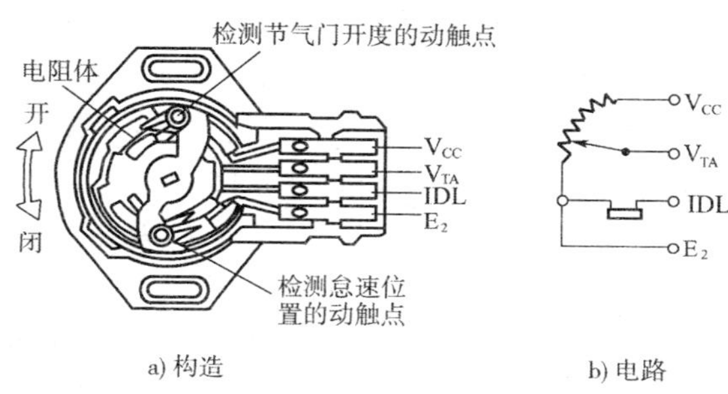

图 20-23　线性输出型节气门位置传感器

V_{CC}-电源；V_{TA}-节气门开度输出信号；IDL-怠速触点信号；E_2-搭铁

传感器内部有两个与节气门联动的可动电刷触点。一个触点在电阻体上滑动，利用变化的电阻值，测得与节气门开度对应的线性输出电压，根据输出的电压值，可知节气门开度。另一个电刷触点在节气门全关闭时与怠速触点接触，给 ECU 提供怠速信号，用于发动机急减速时的断油控制和点火提前角的修正。

③霍尔式节气门位置传感器。有些智能电子节气门控制系统（ETCS-i）的节气门位置传感器（TPS）采用霍尔式，其结构如图 20-24 所示，其电路原理图如图 20-25 所示。TPS 与加速踏板位置传感器（ACPS）共同向 ECU 提供发动机负荷信号。

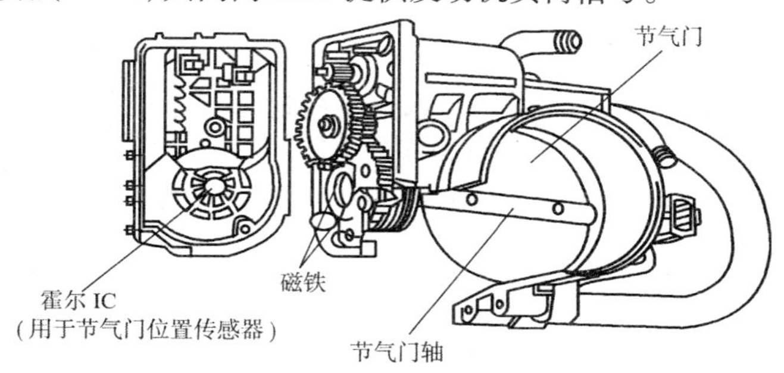

图 20-24　电子节气门位置传感器（ETPS）结构图

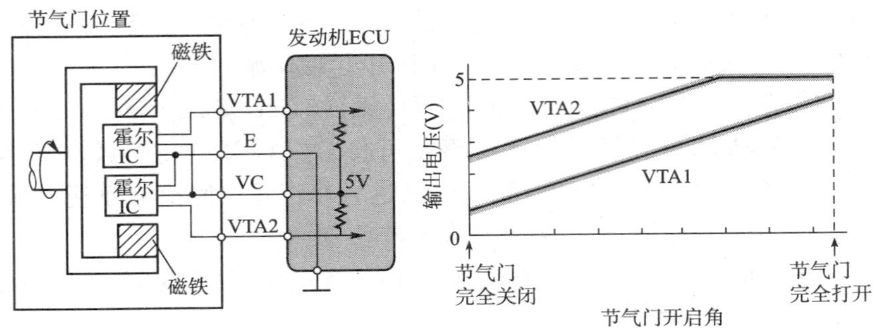

图 20-25 电子节气门位置传感器(ETPS)电路原理图

霍尔式节气门位置传感器由霍尔元件制成的霍尔 IC 和可绕其转动的磁铁构成。磁铁与节气门一起转动。当节气门开启时,磁铁也同时转动,此时霍尔 IC 探测到因磁铁位置变化所造成磁通量的变化,并根据此变化量从 VTA1 端子和 VTA2 端子输出经放大后的霍尔效应输出电压。此信号被送至发动机 ECU 作为节气门开度信号。霍尔式节气门位置传感器不仅能精确地探测节气门的开启程度,还采用了非接触方式,所以不易发生故障。并且为了确保传感器的可靠性,还采用了高冗余的、具有不同输出特性的两个节气门位置传感器。

电子节气门位置传感器包括主系统和辅助系统两个传感器电路。发动机 ECU 检测两个节气门位置传感器电路,如果其中一个出现故障,就切断节气门控制直流电动机的供电电流,由复位弹簧将节气门开启到固定开度(约为 7°),并且喷油量和喷射时间由加速踏板信号来控制(此种控制方式称为跛行模式)。虽然发动机的输出功率受到很大限制,但是车辆仍能行驶。

当发动机 ECU 检测到节气门控制电动机系统出现故障时,所采用的控制方法和节气门位置传感器出现故障时采用的控制方法相同。

(4)加速踏板位置传感器(ACPS)。加速踏板位置传感器按检测原理可分为线性可变电阻式和霍尔式两种。

线性可变电阻式加速踏板位置传感器的结构和工作原理与线性可变电阻式节气门位置传感器相同,在此不再赘述。

霍尔式加速踏板位置传感器(ACPS)的结构图如图 20-26 所示,原理图如图 20-27 所示。该传感器的构造和运行基本上与霍尔式节气门位置传感器相同。为确保较好的可靠性,两个霍尔传感器的每一个传感器都有独立的电路。

加速踏板位置传感器包含有主系统和辅助系统两个传感器电路。如果其中一个出现故障,发动机 ECU 能够检测到由于两个传感器电路之间的信号差别而产生的反常电压。发动机 ECU 就转换到跛行模式(故障慢行模式)。在跛行模式(故障慢行模式)控制中,使用剩余的一条线路来计算加速踏板的开启角度,并且车辆是在节气门开启角度大于正常值的有限条件下行驶。此外,如果两个电路都出现故障,则发动机 ECU 将节气门置于怠速状态。此时,车辆只能在怠速范围内运行。

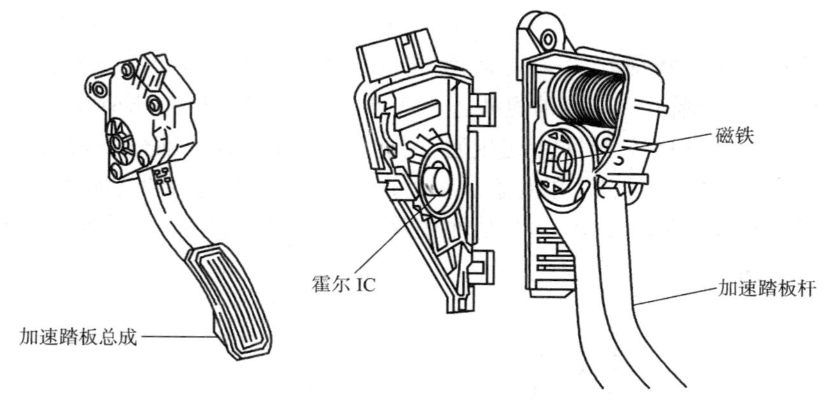

图 20-26 加速踏板位置传感器结构图

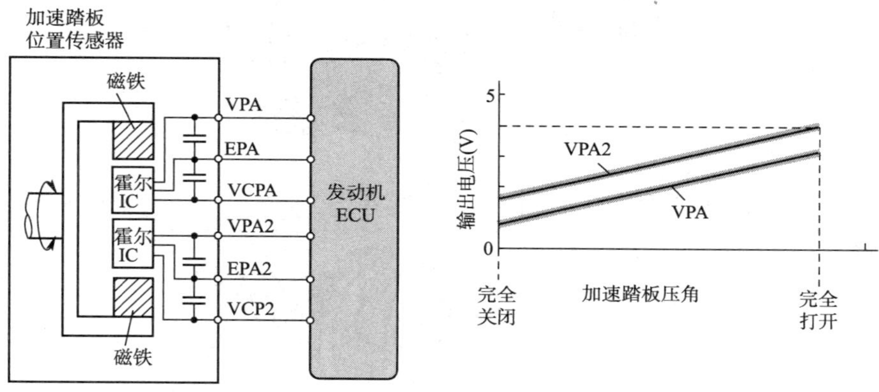

图 20-27 加速踏板位置传感器原理图

(5)智能可变气门正时系统(VVT-i)。在传统的发动机中,为提高发动机的输出功率,常常采取增大进气流通截面、减少进气阻力、提高进气压力等措施。随着发动机电控技术的发展,目前可实现动态配气相位的适时调整,即在进气通道截面、进气压力、气门间隙不变的情况下,发动机 ECU 根据 CKP 提供的曲轴转角和转速信号(Ne 信号)、CMP 提供的判缸信号(G 信号)、TPS 提供的发动机负荷信号,向 VVT-i 系统的 OCV 阀(Oil Control Valve)提供占空比控制信号,控制进入 VVT-i 执行器内的机油流向和压力,从而使凸轮轴相对于凸轮轴正时齿轮向其旋转方向提前转过一定角度,最终使气门提前开启,相对增长充气时间而提高充气效率和增大输出功率。

发动机进、排气凸轮轴均设有 VVT-i 执行器,其结构如图 20-28 所示。螺栓将叶片同凸轮轴连成一体,外壳与凸轮轴正时齿轮制成一体,当发动机停止时,锁销将通过弹簧力锁住叶片和外壳。发动机启动后,ECU 向 OCV 阀发出指令,由 OCV 阀控制进入 VVT-i 执行器内的机油流向和压力。在油压作用下,锁销克服其弹簧作用实现解锁,于是叶片与外壳可相对旋转,并通过叶片两侧型腔内的机油压力的变化来实现凸轮轴提前转角的调整,图示叶片左侧型腔内机油压力高于右侧型腔时,凸轮轴则向提前侧转动。

OCV 阀的结构如图 20-29 所示。随着发动机转速和负荷的增加,为确保发动机有足够动力输出,须增大进气量,于是 ECU 向 OCV 阀电磁线圈输出 5V 电压,电磁线圈通电后产生磁场,线圈内的铁芯(柱塞)则产生轴向运动(图示左侧方向),使滑阀向着提前侧运动,打开提前侧油道孔,压力油则从提前侧油道孔进入 VVT-i 执行器叶片左侧型腔,此时,VVT-i 执行器叶片右侧型腔则与 OCV 阀回油孔相通,因此,凸轮轴向着提前侧转动(凸轮轴相对于凸轮轴正时齿轮),使气门开启角相对于活塞上止点前的开启角度(曲轴转角)增加,亦即使单位进气时间所对应的曲轴转角加大,从而使得进气量相对增多,ECU 所决定的喷油量增大,最终提高发动机的输出功率。

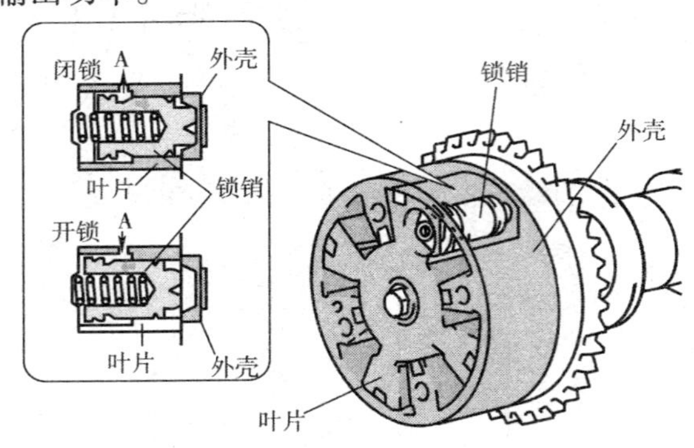

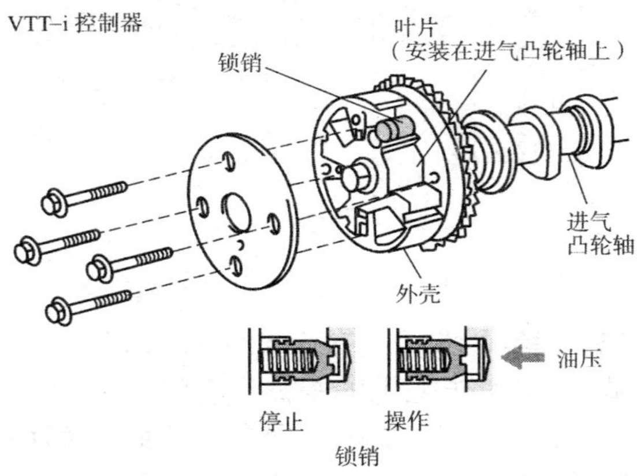

图 20-28 VVT-i 执行器

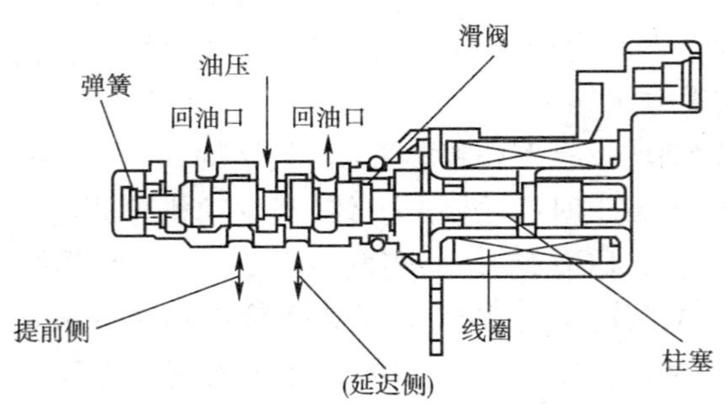

图 20-29 OCV 油控阀

当OCV阀电磁线圈的通电电流方向发生改变时,则VVT-i执行器分别工作于提前侧或延迟侧。在发动机运转时,ECU不向OCV阀提供电压时,VVT-i执行器处于一种保持状态。

(6)智能可变气门升程系统(VVTL-i)。智能可变气门正时行程系统(Variable Valve Timing&Lift-intelligent)是在VVT-i系统的基础上增设凸轮转换机构,用于改变气门升程,最大限度地增大充气量和提高充气效率,从而实现在不影响燃油经济性和排放性能的情况下,提高动力性。

凸轮转换机构有两种控制方式:一种是用机油压力来控制的,另一种是用电动机来驱动。

①机油压力控制式VVTL-i系统。其控制原理图如图20-30所示。发动机ECU在获取CKP、CMP、TPS、MAF、THW等传感器信号后,依据发动机不同的运行工况,向VVT-i系统的OCV阀提供占空比信号,由OCV阀去控制进入摇臂轴内的油压,从而使凸轮轴在高、低速两个凸轮之间进行转换控制,进一步控制气门开启的升程量。

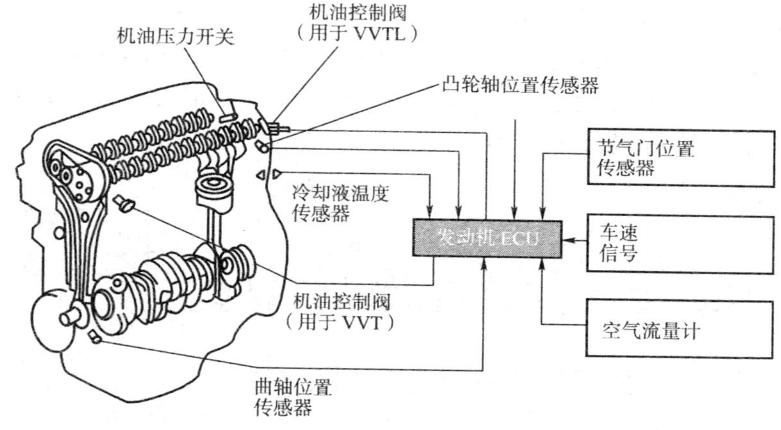

图20-30　VVTL-i系统控制原理图

VVTL-i系统凸轮转换机构的结构如图20-31所示。凸轮转换机构由高速用凸轮、低—中速用凸轮、摇臂、垫块等组件组成。

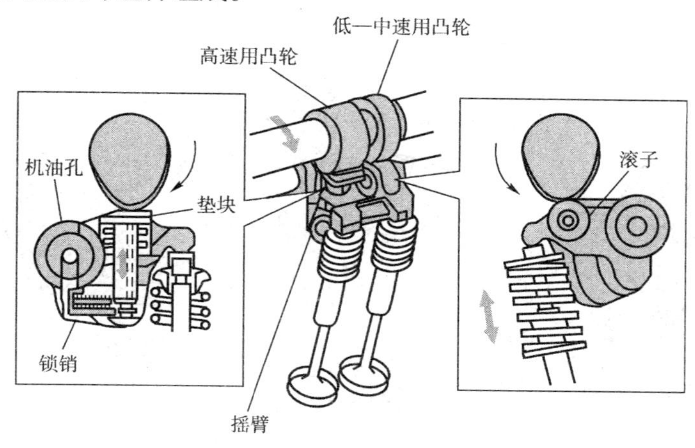

图20-31　VVTL-i系统凸轮转换机构

发动机配气凸轮轴上设有高速用凸轮和低—中速用凸轮,两凸轮的凸角高度相同。在凸轮与气门脚之间装有摇臂,摇臂由中空的摇臂轴支撑(中空部分为油道)。摇臂上设有与低—中速用凸轮常接触的滚轮。在中低速时,由低—中速用凸轮向摇臂滚轮传递动力来打开气门,此时高速用凸轮悬空,不与摇臂接触。在摇臂中对应于高速用凸轮的下方设有垫块,当发动机转速达到一定程度后,发动机 ECU 控制 VVTL-i 系统的 OCV 阀,使摇臂轴内油压升高,摇臂轴上对应于摇臂处开有径向油道孔,摇臂轴内的压力油通过径向孔流向摇臂内,在油压作用下摇臂内的锁销将克服其复位弹簧的作用力而产生水平移动,并抬升垫块,使垫块与高速用凸轮接触,垫块的厚度值即为气门增大的升程值。当失去油压作用时,锁销被弹簧力压回,使垫块处于自由状态。这使得垫块能在垂直方向自由移动,从而使高速凸轮不起作用。

进气和排气凸轮轴所对应的每个汽缸都有两个不同的升程的凸轮,并且发动机 ECU 通过油压来控制这些凸轮使之运作。

中、低速时(发动机转速低于 6000r/min) VVTL-i 系统油压控制原理图如图 20-32 所示,此时机油控制阀(OCV 阀)的回油口打开,油压不能作用在凸轮的转换机构上,如图 20-33 所示。由于油压没有作用在锁销上,因此弹簧将锁销推到未锁定的方向。在这种情况下,垫块丧失互顶作用,由低-中速凸轮(LO)提升气门。

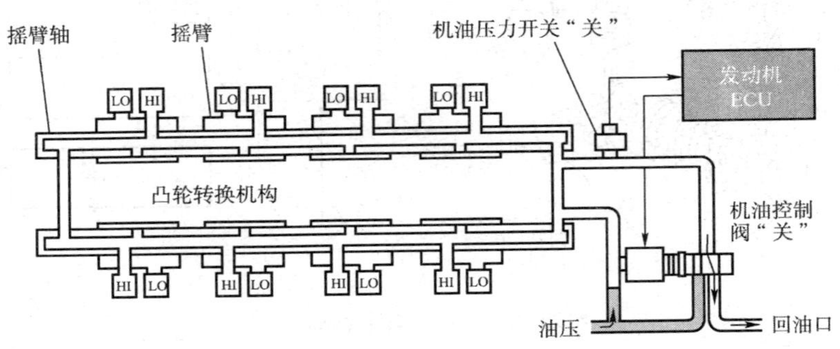

图 20-32 VVTL-i 系统中低速油压控制原理图

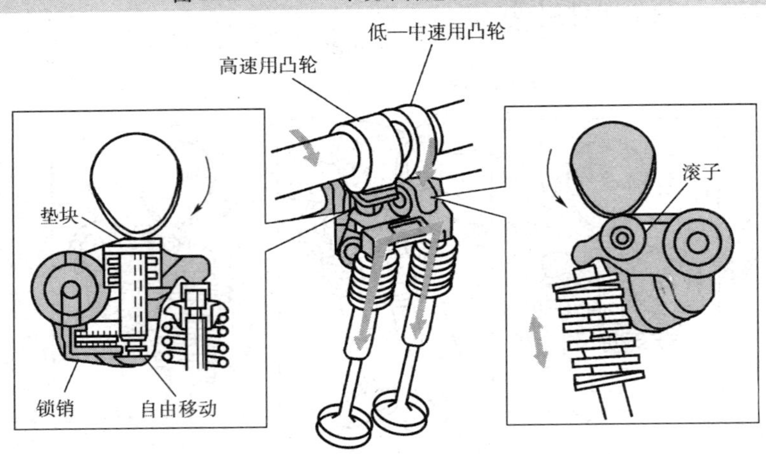

图 20-33 VVTL-i 系统中低速情况凸轮转换机构工作状态

发动机高速运转时(高于6000r/min,冷却液温度高于60℃)VVTL-i系统油压控制原理图如图20-34所示。此时机油控制阀的回油口关闭,油压作用于凸轮转换机构的高速用凸轮上(HI),如图20-35所示。在摇臂内部,油压将锁销推到垫块的下方,以使垫块作用于摇臂,此时由高速用凸轮提升气门。发动机ECU同时根据机油压力开关转送的信号探测到所使用的凸轮已转换为高速用凸轮。

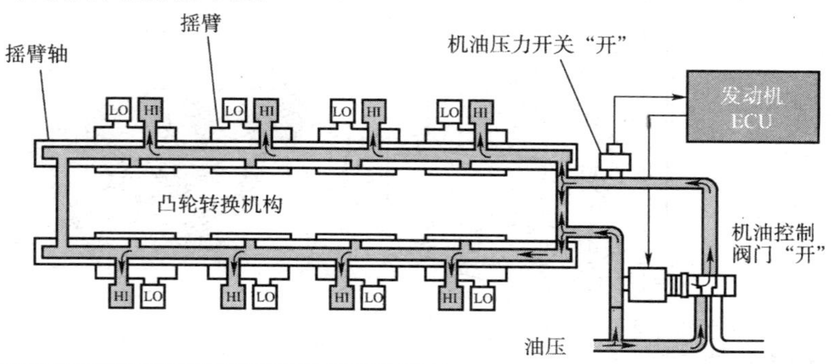

图20-34 VVTL-i系统高速油压控制原理图

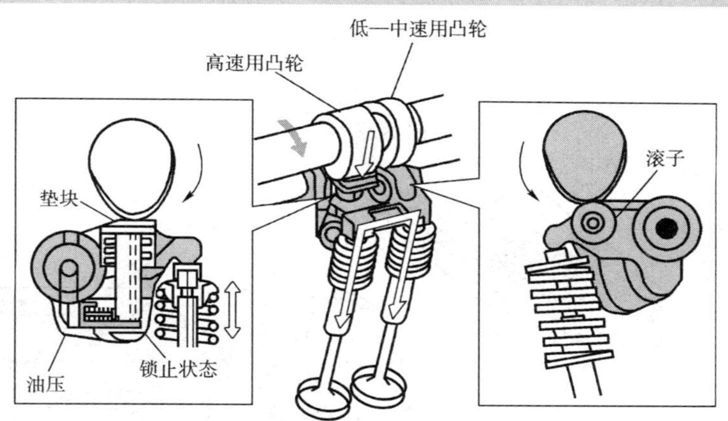

图20-35 VVTL-i系统高速情况凸轮转换机构工作状态

②电动机驱动式VVTL-i。电动机驱动式VVTL-i系统的控制原理图如图20-36所示。

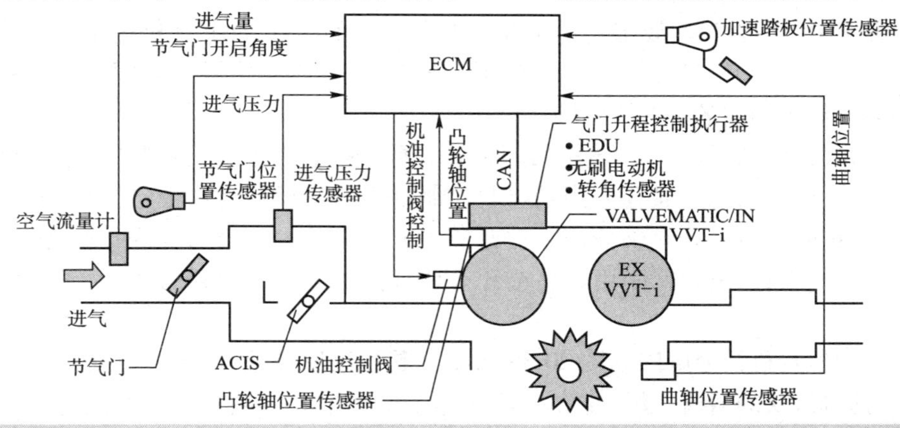

图20-36 电动机驱动式VVTL-i系统控制原理图

发动机 ECM 控制 VVT-i(气门正时),执行器 EDU 控制气门提升量。该系统与调节气门正时的 VVT-i 协同运行,随发动机工况不同而改变气门升程以控制进气量。

电动机驱动式 VVTL-i 系统主要由气门升程控制执行器和气门升程控制机构两大组件组成。其中气门升程执行器的结构如图 20-37 所示;执行器内部放大图如图 20-38 所示。

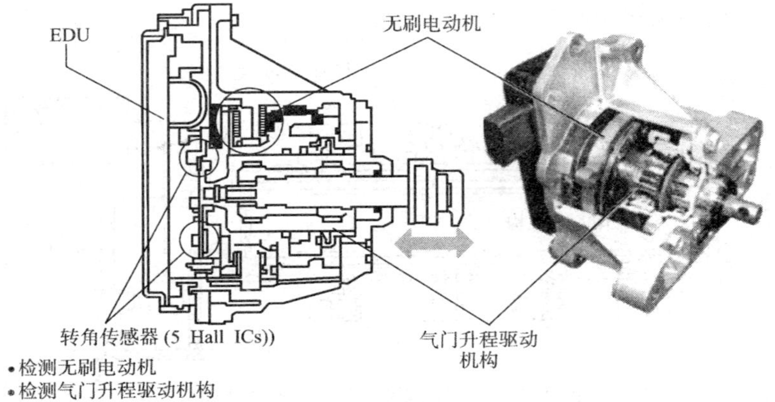

图 20-37 气门升程执行器结构图

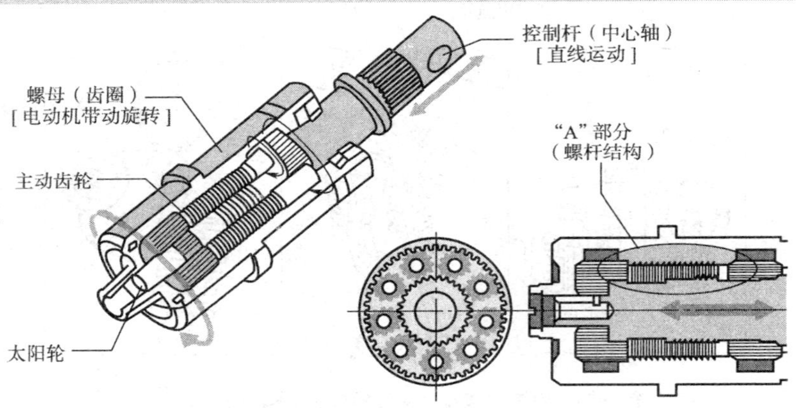

图 20-38 气门升程执行器内部放大图

执行器 EDU 通过 CAN 线接收发动机 ECU 传输来的指令,使其无刷电动机旋转。无刷电动机带动螺母转动,螺母再带动主动齿轮转动。太阳轮在被主动齿轮驱动旋转的同时又可带动控制杆沿太阳轮的轴线产生轴向位移。

控制杆设置在摇臂轴内,并与摇臂滑块(斜齿轮)相对固定。摇臂滑块上的三个斜齿轮是一个整体,中间较大斜齿轮径向用销钉与控制杆连接。摇臂滑块中空,摇臂轴贯穿于其中,摇臂轴与摇臂对应处开有轴向槽。摇臂滑块大斜齿与滚轮臂啮合,两侧小斜齿与气门摇臂啮合。气门摇臂、滚轮臂间用调整垫片来调整其相对空间位置,并相对于摇臂轴有一确定位置。

气门升程执行机构分解图如图 20-39 所示。其控制原理是:控制杆拉动摇臂滑块轴向移动,由于摇臂滑块的斜齿作用,使滚轮臂和气门摇臂同时偏转,从而改变凸轮轴驱动滚轮臂和气门摇臂的时间早晚以及摇臂驱动气门的升程。气门摇臂、滚轮摇臂等零件因磨损使其间隙发生变化时，由液压气门间隙调整器（液力挺杆）来自动补偿。

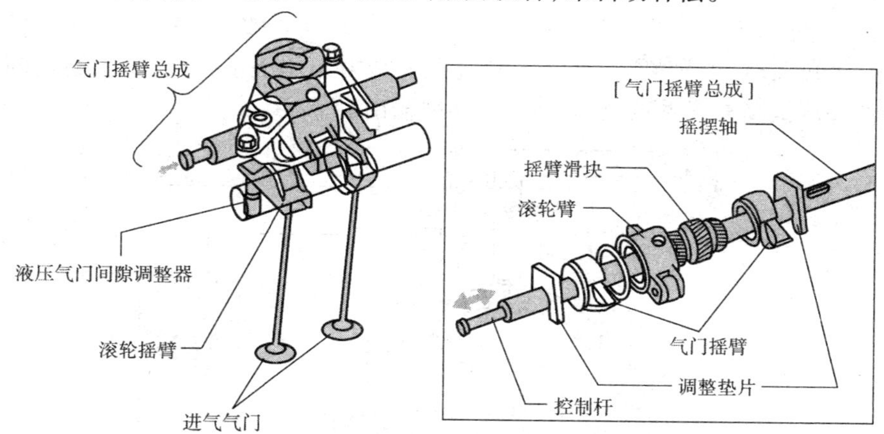

图20-39　气门升程执行机构分解图

（7）进气增压装置。发动机输出功率的大小是由单位工作循环内燃烧的燃料量和燃料的热值而决定的，而电控发动机又是按“进多少气，配多少油”的原则来实施燃油喷射控制的。因此，对进气加压以增大进气密度和空气质量成为提高发动机功率的有效措施。配有进气增压装置的发动机即可采用缸外汽油喷射，也可通常采用缸内直接喷射。

进气增压装置有两种结构类型：废气涡轮增压装置和机械增压装置，如图20-40所示。左图是利用发动机排出废气的残余压力去推动排气侧涡轮旋转，从而带动同轴的进气通道侧涡轮对空气进行压缩，加压后的空气密度增加，但其温度也升高了，为此增压系统通常设置中间冷却器（简称中冷器），让增压后的压缩空气进入其中进行冷却以进一步提高空气密度。由于废气涡轮增压装置的排气侧涡轮吸收了大量的废气余热，所以涡轮轴的温度很高。要保证废气涡轮增压装置的正常工作，必须依靠发动机的机油压力进行强制冷却和润滑。

图20-40a）则是采用消耗发动机的一定的机械能来驱动增压器对空气进行加压，目前使用较少。

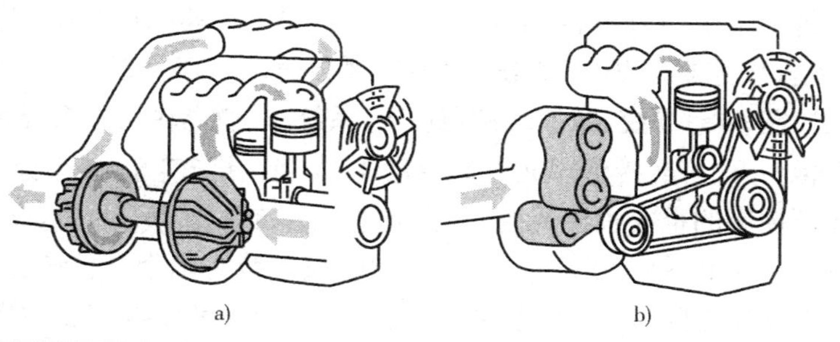

图20-40　进气增压装置

（8）谐振控制进气系统（ACIS）。谐振控制进气系统（ACIS）结构原理图如图20-41所示。该系统通过改变进气歧管的有效长度来改善和提高从低速到高速所有转速范围内的动力性。发动机ECU在获取曲轴转速信号和节气门开度信号后打开进气控制阀，把进气歧管分成两段。当发动机低中转速、小负荷时，ECU控制打开真空控制阀VSV（使来自真空罐的真空与其相连),将真空引入进气控制阀执行器膜片的上方,吸动膜片上移从而关闭进气控制阀,使进气通道变长,以充分利用进气涡流提高充气系数,实现低速大转矩输出。相反,在高速、大负荷时,VSV关闭,进气控制阀在弹簧力作用下被打开,进气通道缩短,以充分利用谐波增压提高充气系数,实现高速大功率输出。

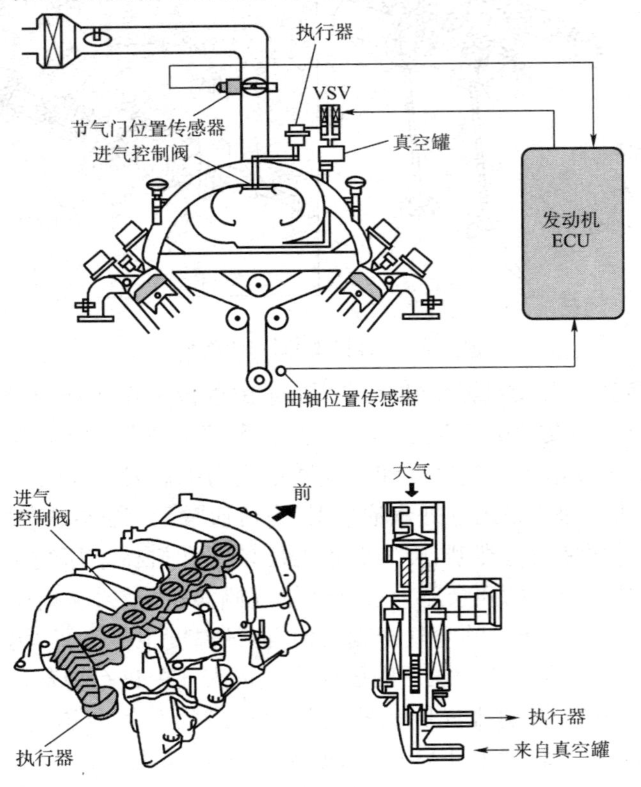

图20-41　ACIS系统结构原理图

3)排放控制系统

汽车排放控制系统主要有氧传感器(O_2S)、三元催化转换器(TWC)、废气再循环装置(EGR)、燃料蒸发排放控制(EVAP)系统、曲轴箱强制通风(PCV)系统、二次空气喷射(AI)系统或空气吸入控制(AS)系统、减速缓冲器(DP)系统、减速燃料切断系统等。

(1)氧传感器(O_2S)。氧传感器又称λ传感器,安装在排气管的接头处。氧传感器是发动机燃油喷射闭环控制的重要检测元件,可探测排气中的氧浓度,并将其转化为电信号输入ECU。在设有三元催化装置(TWC)的排气系统,通常装有两个氧传感器,前氧传感器装于排气管与三元催化器之间,用于检测排气中的氧含量,以确保按理想空燃比控制燃油供给,使进入汽缸内的燃油完全燃烧;后氧传感器装于三元催化器之后,用于检测三元催化器的转化效率,并为ECU进行长期燃油修正提供信号。

氧传感器(O_2S)有两类,一类是氧化锆式,另一类是氧化钛式。氧化锆式又分为开关型和宽频带型两种。重点介绍氧化锆式。

①氧化锆式氧传感器。氧化锆式氧传感器实际上是一个氧化锆陶瓷管,其内外表面覆

盖多孔性金属铂。氧化锆陶瓷管内侧与大气相通，外侧与发动机排气接触，如图20-42所示。排气中残余氧含量与大气中的氧含量存在浓度差，能在氧化锆陶瓷管内外表面产生电位差，此电位差能反映出排气中的氧含量，即混合气的浓稀状态。发动机控制单元据此对喷油量进行修正。

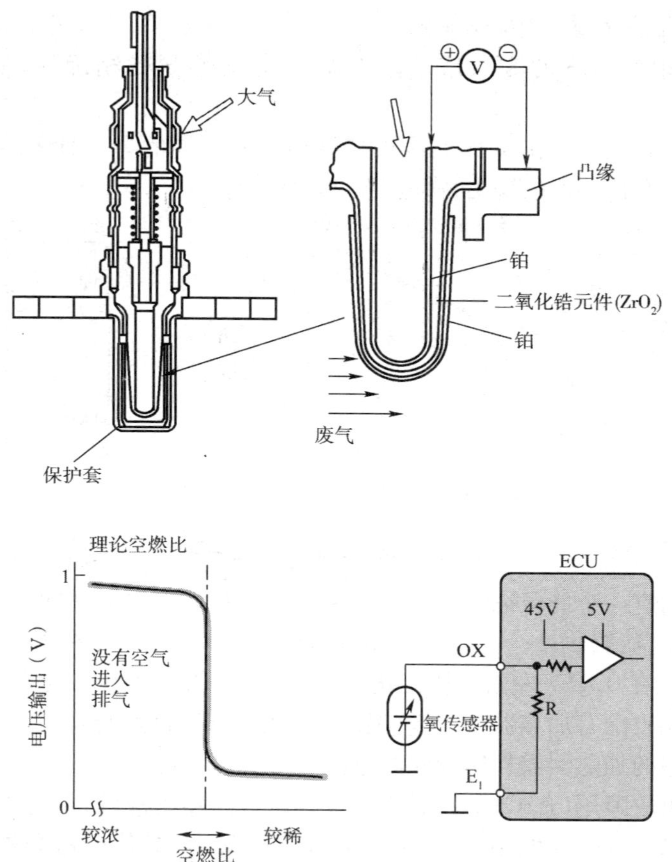

图20-42　氧传感器原理与输出特性曲线

氧化锆式氧传感器产生的电压有在过量空气系数 $\lambda=1$ 时产生突变的特性，如图20-42所示。所以在发动机闭环控制过程中，氧传感器相当于一个浓稀开关（所以此种氧传感器也称为开关型氧传感器），可根据混合气空燃比的变化向发动机控制单元输送变化的电压信号。

由于氧化锆在温度超过300℃后才能正常工作，所以在氧传感器内装有一个电加热元件，可在发动机起动后的20～30s内迅速将氧传感器加热至工作温度。带有加热器的传感器通常有四根或三根连接线。

发动机运转时，排出的废气从氧传感器锆管外表面流过，在高温状态下氧分子发生电离。由于锆管内外表面上氧分子浓度不同，因而使氧离子从浓度大的锆管内表面向浓度小的锆管外表面移动，从而在锆管内外表面的两个电极之间产生一个微小的电压。当混合气的实际空燃比小于理论空燃比，即发动机以较浓的混合气运转时，排气中缺氧，锆管中氧离子移动较快,并产生0.9V左右的电压;当混合气的实际空燃比大于理论空燃比,即发动机以较稀的混合气运转时,废气中有一定的氧分子,使锆管中氧离子的移动能力减弱,只产生约0.1V的电压。因此,这种氧传感器输出的电压信号是随混合气成分不同而变化的,并以理论空燃比(约0.45V)为界产生凸变。

发动机在闭环控制过程中,O_2S相当于一个氧浓度开关,O_2S并且向ECU输出电压脉冲信号。ECU根据O_2S的输入信号修正喷油量,把空燃比精确地控制在理论空燃比附近。

同样用于检测排气中氧浓度而其输出特性却有所不同的另一种氧传感器称为空燃比(A/F)传感器。A/F传感器的输出特性如图20-43所示。

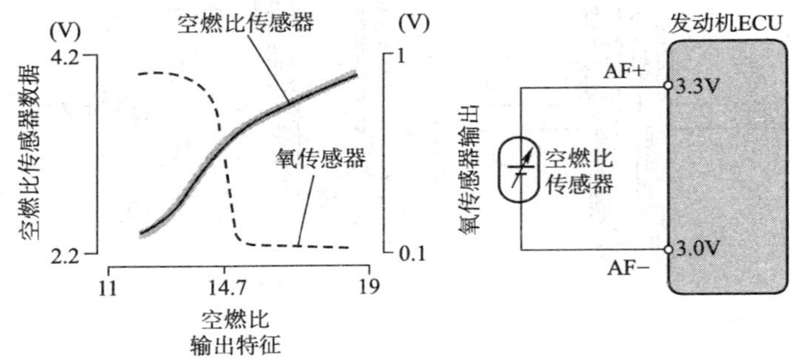

图20-43 空燃比传感器输出特性

A/F传感器内有一个能保证发动机ECU的AF+和AF-端子之间有恒定电压的电路,A/F传感器将为ECU提供一个与氧浓度成正比的在2.2~4.2V的某一恒定电压(而O_2S提供0.1~1.0V且在0.45V左右急剧变化的电压)。当A/F发生变化,ECU将立刻校正喷油量。A/F传感器也配有加热器,在排气温度低时用来提高检测精度。但空燃比传感器的加热器比氧传感器的加热器需耗用较大的电流。

氧传感器输出故障码(DTC)的时候不一定是氧传感器有故障,可能这是由于三元催化转换器的催化效果不好引起的结果,三元催化作用不好时,氧传感器会进行混合气的反馈调节,但是调到极限以后还是催化不良,此时输出氧传感器的DTC。另外,空燃比传感器对混合气的调节幅度要比氧传感器大。当A/F传感器出现故障时,不能使用数字万用表直接检测,而只能利用解码器读其数据流来判断其好坏。

②宽频氧传感器。宽频氧传感器是在普通氧化锆型氧传感器的基础上扩展而来,主要由检测单元和泵氧单元、加热器组成,其结构如图20-44所示。氧化锆型氧传感器工作时,氧离子的扩散会产生电压。相反,改变传感器的电压大小就会改变氧离子扩散量。宽带传感器就是利用改变氧离子扩散量的方法检测排气中的氧含量的。

检测单元的一面与大气接触,另一面通过扩散通道与排气接触。当检测单元两侧的氧含量不同时,会产生一个电动势。如果发动机控制单元要把这一电动势维持在0.45V的参考标准值,就需要改变排气的扩散量。

泵氧单元的一面是排气,另一面与检测单元相连。发动机控制单元把排气中的氧泵入测试室中或把测试室中的氧泵出,以保证检测单元两侧的电压值维持在0.45V。这个施加在泵氧单元上的电流变化,就是排气中氧含量信号。

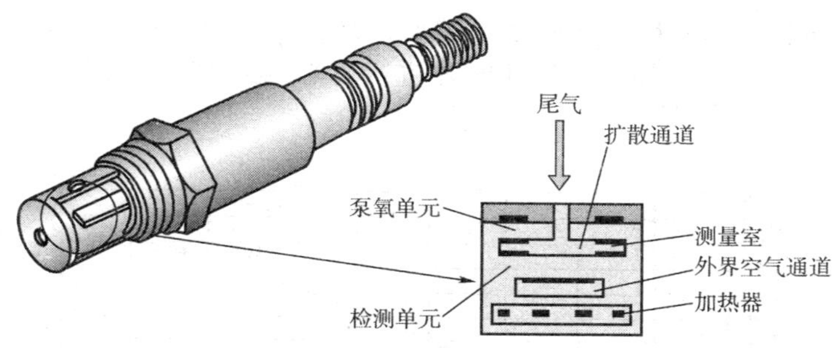

图 20-44　宽带氧传感器结构

宽带氧传感器工作原理如图 20-45 所示。如果混合气太浓，则排气中的含氧量减少。此时，从测量室经扩散通道溢出的氧增多，于是检测单元两侧的电压升高。为保持 0.45V 电压不变，发动机控制单元会增加泵氧单元的电流以增加进入测量室的氧含量，于是检测单元的电压恢复到 0.45V；如果混合气太稀，则排气中的含氧量增加，此时排气中的氧从扩散通道进入测量室，于是检测单元两侧的电压降低。此时泵氧单元向外排出氧来平衡测量室中的含氧量，使检测单元两侧的电压维持在 0.45V。

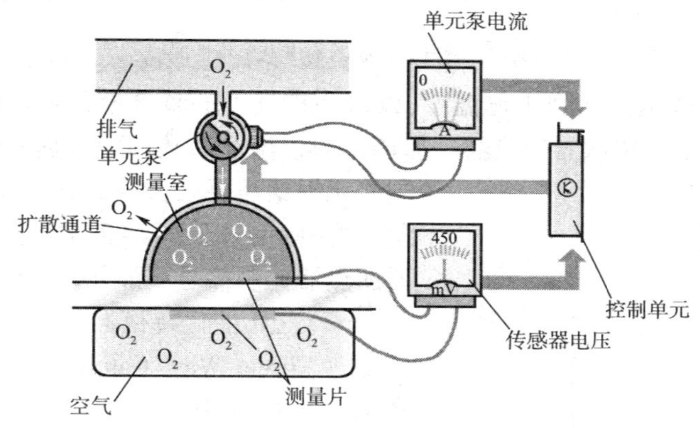

图 20-45　宽带氧传感器工作原理

总之，加在泵氧单元上的电压可以保证当测量室内的氧多时，泵出多余的氧气，这时的控制电流是正电流；当测量室内的氧少时，泵入氧气，这时的控制电流是负电流。所以发动机控制单元提供给泵氧单元的电流大小及方向，就反映了排气中的氧含量。泵电流与过量空气系数的关系如图 20-46 所示。

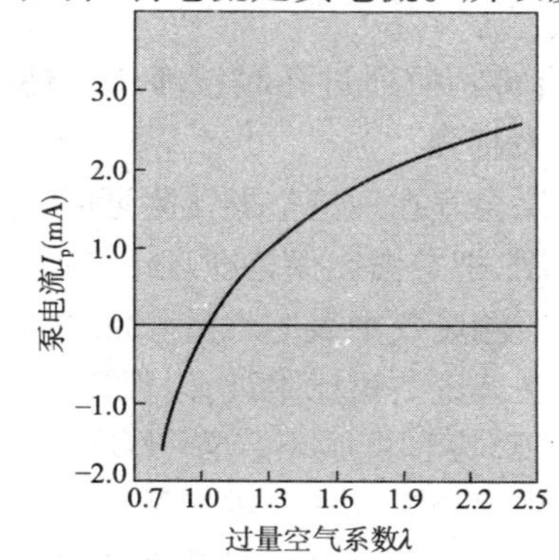

图 20-46　泵电流与过量空气系数之间的关系

宽带氧传感器输出电压特性曲线如图 20-47 所示。宽频带氧传感器的特点是工作曲线平滑，能够连续检测 10 ~ 20 的空燃比，相当于过量空气系数 λ 从 0.686 ~ 1.405 的范围。当线性电压在 2.5V 时，就达到了理论空燃比 14.7 的控制。持续空燃比的确定意味着可实现较小的控制振幅，这是实现高质量控制的决定性因素。除此之外，宽带氧传感器还能根据需要执行不同于 $\lambda=1$ 的控制过程,如发动机预热阶段在排气管内进行的二次空气喷射。此调节总是在达到规定空燃比时才进行,以最终确保二次空气喷射不会使混合气浓度过高。

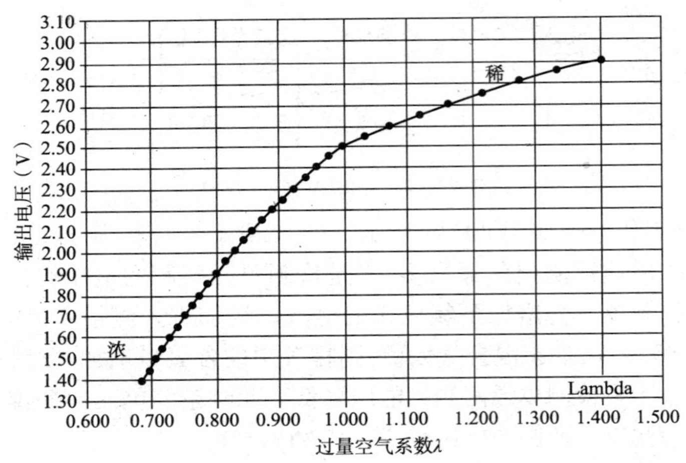

图 20-47　宽带氧传感器输出电压特性曲线

为了使氧传感器迅速达到工作温度,以检测排气中的氧含量并输出电压信号,所以在氧传感器内部设置了氧传感器加热器。加热器为正温度系数(PTC)热敏电阻式,发动机控制单元根据需要以占空比的方式对其进行搭铁控制,以保持使氧传感器正常的工作温度。氧传感器加热器控制信号波形如图 20-48 所示。

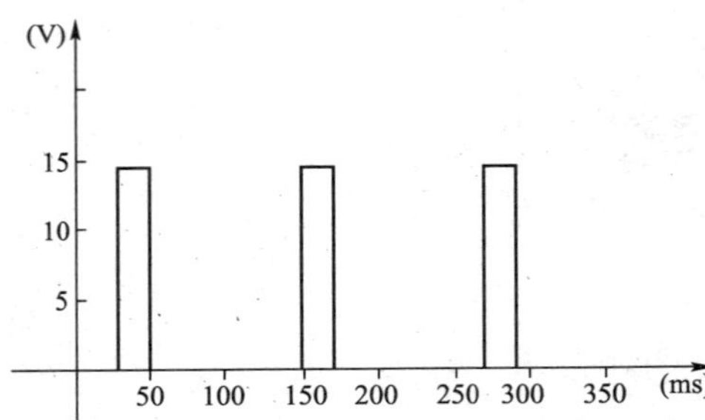

图 20-48　氧传感器加热器控制信号波形

(2)三元催化转换器(TWC)。在三元催化转换器(Three Way Catalytic Converter,缩写为 TWC)内,排气中的 HC 和 CO 可进行氧化反应,变成 H_2O 和 CO_2;NO_x 可进行还原,变成 N_2。这样排气中的污染物就可以得到净化。整体式三元催化转化器的结构如图 20-49 所示。氧化铝催化剂涂在整体格栅式载体上,格栅上面有许多孔,有害物质通过孔时被净化。格栅式载体有两种类型:陶瓷型和金属型。格栅越薄,净化能力越强。

混合气在理论空燃比附近时,三元催化转化器的效率最高。因此需要通过空燃比的反馈控制,把空燃比保持在理论空燃比附近。空燃比反馈控制系统使用插入排气管内的氧传感器监测废气中氧的含量。发动机控制单元依据氧传感器信号调整燃油喷油量,将空燃比保持在理论空燃比附近,以保证三元催化转化器达到最高的转化效率。

(3)废气再循环装置(EGR)。废气再循环(Exhaust Gas Recirculation,缩写为 EGR)系统可将部分废气导入进气系统。因为废气中大部分为惰性(不可燃)气体,废气的导入一方面使空气—燃料混合气燃烧过程中的火焰传播速度减慢,另一方面可吸收燃烧所产生的热量使燃烧后的温度降低，所以能减少或抑制 NO_x 的产生。废气再循环（EGR）系统的废气循环原理图如图20-50所示。

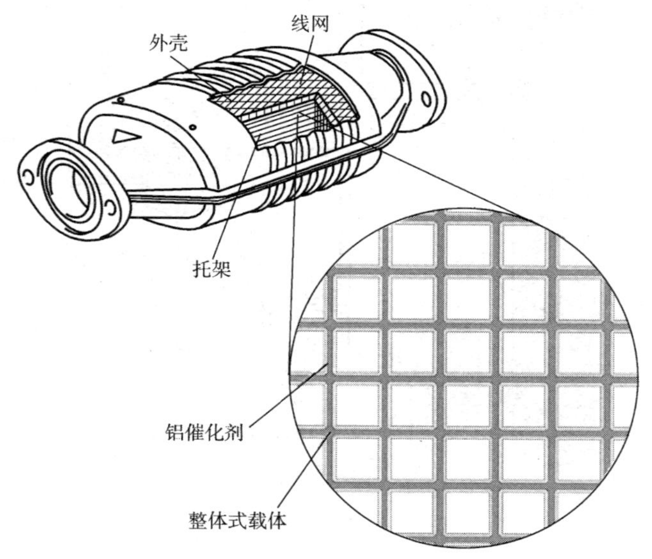

图20-49　整体式三元催化装置结构图

发动机ECU根据发动机冷却液温度和节气门开启程度来控制真空是否作用于EGR阀，并通过控制EGR阀门的开度，达到控制废气再循环率的目的。

发动机处于冷态时，双金属真空开关阀（Bimetallic Vacuum Switching Valve，缩写为BVSV）内的双金属片向上拱曲，使阀门关闭，真空不能作用于EGR阀上，无废气再循环，如图20-51所示。当发动机处于热态时，双金属片向下拱曲，阀门开启，真空作用于EGR阀上，废气再循环开始。

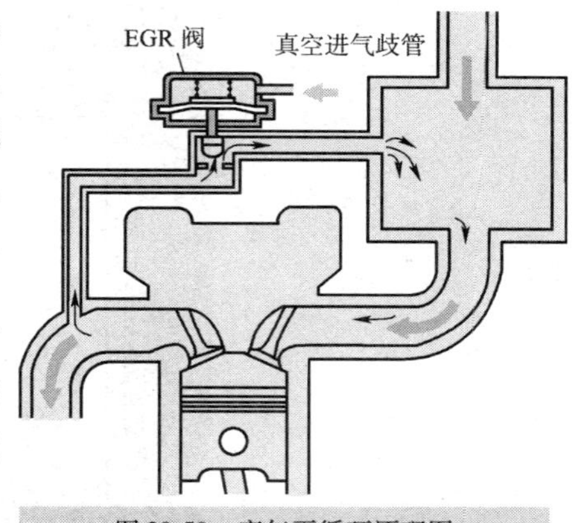

图20-50　废气再循环原理图

发动机热怠速运转时，尽管BVSV阀门已经打开，但由于节气门处于关闭状态，没有真空作用于EGR阀上，所以废气无法进行再循环，如图20-52所示。

发动机热态时，随着节气门开度的增大，EGR口首先进入节气门后方，由于EGR真空调节器节流孔的限制作用，阀门的开度较小，作用在EGR阀上的在真空吸力也较小，此时的EGR率较低，如图20-53所示。随着节气门开度的逐渐增大，节气门后方的真空度随之减小。通过EGR“R”口作用于EGR真空调节器膜片的真空流量加大，但其阀门开度却在膜片弹簧和排气背压的作用下逐渐减小，对EGR阀的综合作用结果是先随节气门开度的增大而增大，而后又逐渐减小，如图20-54所示。当发动机大负荷运转时，EGR阀关闭，废气再循环停止。

（4）燃料蒸发排放控制（EVAP）系统。燃料蒸发排放控制（EVAP）系统的原理图如

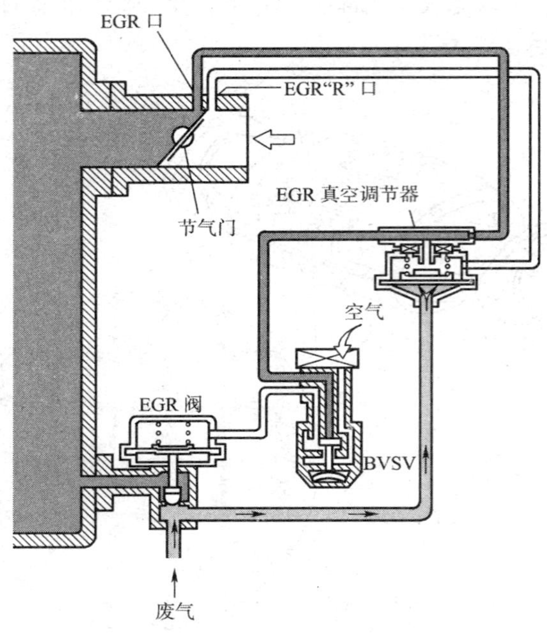

图 20-51　发动机冷机时废气再循环状态图

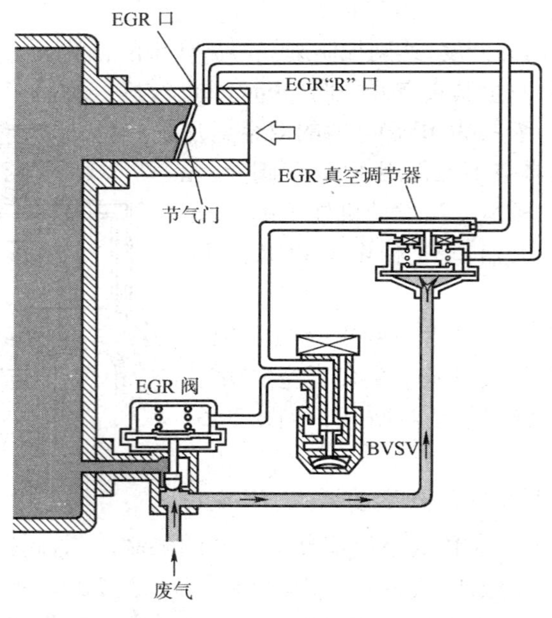

图 20-52　发动机热怠速时废气再循环状态图

图 20-55 所示。它是利用活性炭罐内的活性炭吸附燃油箱内的燃油蒸气。发动机 ECU 依据温度信号、转速信号、负荷信号、蒸气压力信号等向活性炭罐关闭电磁阀(VSV)发出指令,打开活性炭罐关闭阀,使空气滤清器与节气门间的空气进入活性炭罐,与燃油蒸气混

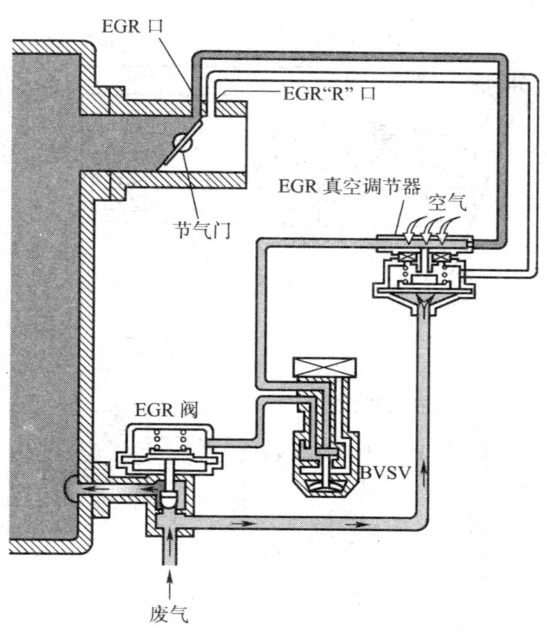

图 20-53　发动机小负荷时废气再循环状态图

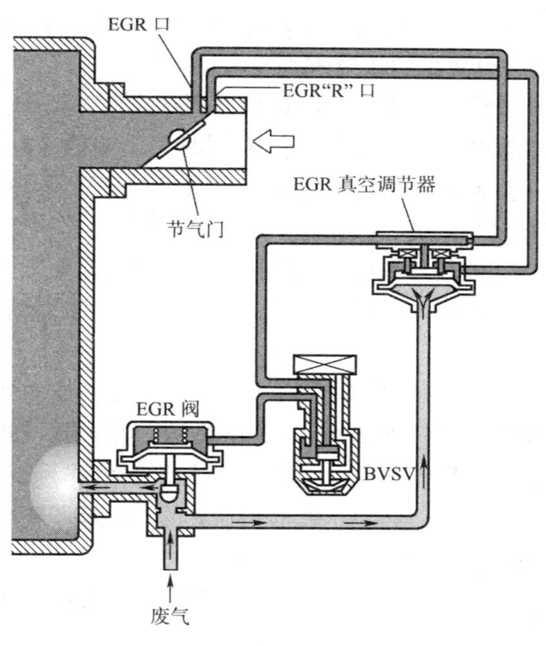

图 20-54　发动机中等负荷时废气再循环状态图

合；ECU 同时向活性炭罐电磁阀的真空控制阀 EVAP 发出占空比控制信号，控制 EVAP 阀的开度，使活性炭罐内的可燃混合气（燃油蒸气与空气的混合气）在进气真空作用下被吸入缸内燃烧利用。

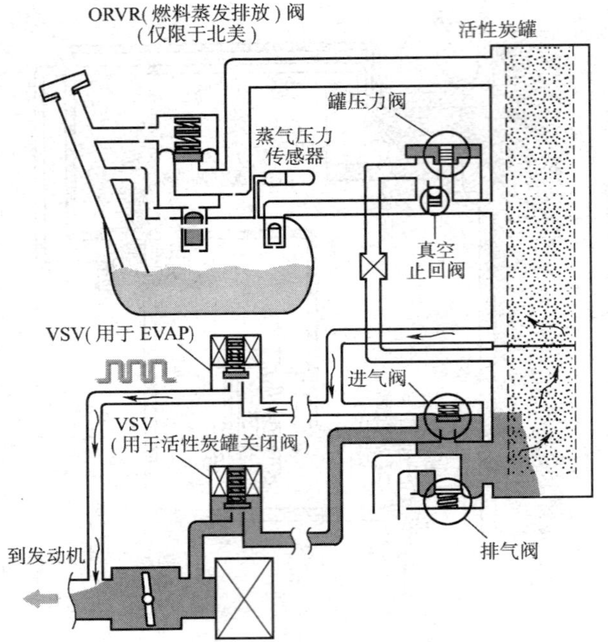

图20-55　燃料蒸发排放控制(EVAP)系统原理图

发动机ECU利用占空比信号来控制VSV的EVAP,是为了防止在怠速和其他状态下过多实施净化流程,引起发动机故障和排放进一步恶化。

(5)曲轴箱强制通风(PCV)系统。曲轴箱强制通风(PCV)系统是让节气门前方(节气门与空气滤清器之间)的清洁空气进入曲轴箱内,同时又让曲轴箱废气(因缸壁磨损等原因进入)通过止回阀(PCV阀)流入节气门后方的进气歧管内再次参与燃烧,避免曲轴箱废气直接排入大气而造成空气污染。

(6)二次空气喷射(AI)控制系统或空气吸入(AS)控制系统。二次空气喷射(AI)控制系统或空气吸入(AS)控制系统可向排气歧管导入空气,使未完全燃烧的废气再次燃烧,以达到降低HC和CO的目的。

AI控制系统原理图如图20-56所示,该系统利用发动机ECU控制电动空气泵和电磁阀VSV。仅当发动机冷态和车辆减速而造成HC和CO废气排放增大时,发动机ECU起动电动空气泵,同时接通电磁阀VSV,空气喷射阀在进气歧管真空作用下打开,压缩空气进入排气歧管,未完全燃烧的HC和CO因得到O_2而再次燃烧,从而降低尾气排放。发动机ECU依据空气流量计信号评估流入TWC的压缩空气量。老式的AI控制系统是使空气泵在全时间保持运转,当系统不运作时,采用一个ASV(空气开关阀)来代替空气喷射阀将不需要的压缩空气排出。

空气吸入(AS)控制系统原理图如图20-57所示,该系统是利用发动机ECU打开电磁阀VSV,接通吸入控制阀AS与进气歧管的真空通道,从而打开AS阀,再利用排气歧管中所存在的真空吸力将来自空气滤清器的空气吸入排气管口,使排气管内未完全燃烧的可燃气体进行二次燃烧,最终降低尾气排放。

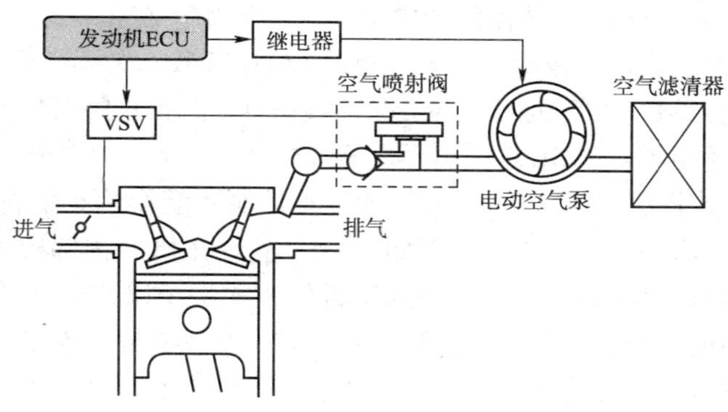

图20-56　二次空气喷射(AI)系统原理图

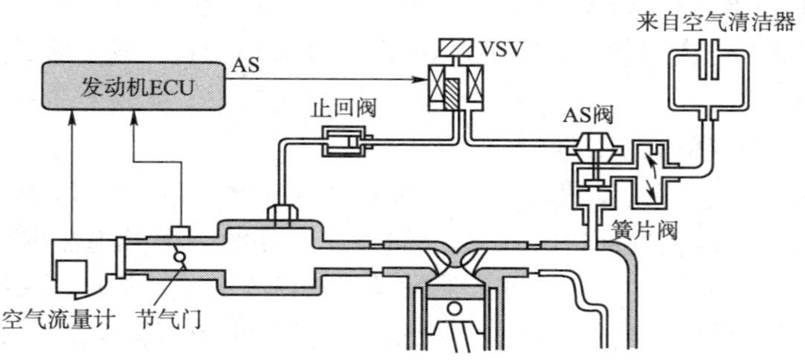

图20-57　空气吸入控制(AS)系统原理图

(7)减速燃料切断系统。减速燃料切断系统是在行车减速时,停止燃料喷射,以节省燃料和减少CO和HC排放。发动机ECU根据发动机转速和节气门关闭信号确定停止和恢复燃油喷射的时刻。切断燃油时刻的转速由发动机冷却液温度传感器信号决定,温度越高,切断燃油时刻的转速越高;温度越低,切断燃油时刻的转速越低。

4)自诊断控制系统

车载诊断系统由ECU内部的检测电路、仪表板上的故障指示灯(MIL灯或CHECK灯)和诊断座(DLC3)等组成。常用的车载诊断系统有MOBD、CARB OBDⅡ、EURO OBD或ENHANCEDOBDⅡ等四种。

(1)MOBD诊断系统。MOBD是丰田独有的车载诊断系统,即多路车载诊断系统。可用来检测丰田汽车公司专有的故障码(DTC)及诊断数据。

(2)CARB OBDⅡ诊断系统。CARB OBDⅡ系统是适用于美国及加拿大的排放检测系统。可用来检测美国及加拿大法规所要求的检测项目的故障码及诊断数据。

(3)EURO OBD诊断系统。EURO OBD系统是适用于欧洲国家的排放检测系统。可用来检测欧洲法规所要求的检测项目的故障码及诊断数据。

(4)ENHANCED OBDⅡ诊断系统。ENHANCED OBDⅡ系统是适用于美国及加拿大的车载诊断系统。可用来检测美国及加拿大法规要求的检测项目,也可以用来检测丰田汽车公司专有的故障码及诊断数据。

发动机ECU内部设计的检测电路,可对传感器、执行器的信号进行实时监控,一旦检测到某一信号异常,ECU 就将该信号存储于内部的存储器中。在正常运行模式下,ECU 对部分故障的信息是采用单程检测逻辑的形式进行监控的,当第一次检测到异常时,其信息(包含车辆运行状态的各参数、发动机的运行工况等数据)除了存储于 ECU 内的存储器外,同时点亮仪表板上的故障指示灯(MIL 灯),警示驾驶员,如采用 EURO OBD 诊断系统的发动机 ECU,一旦检测到排放控制系统传感器异常,或传动控制系统影响车辆排放的执行器(如换挡电磁阀)故障,或 ECU 故障时,立即点亮 MIL 灯。发动机 ECU 内部检测电路监测传感器、执行器故障时,对多数 DTC 都采用双程检测逻辑的方式来予以存储和警示,即当首次检测到故障时,该故障暂时存储在 ECU 存储器中,关闭点火开关(OFF)后再次打开(ON)时,如果再次检测到同一故障,则点亮 MIL 灯,同时故障信息存储于存储器中。如果 ECU 在三个工作循环内没有检测到同一故障,则 MIL 灯熄灭,但数据仍存储在存储器中。

注意:使用解码器进行故障诊断时,选择“检测模式”仍是采用单程检测逻辑来模拟故障症状,并增强系统检测故障的能力,包括对间歇性故障(或称偶发性故障)的检测诊断。

5)发动机电控系统的其他功能

(1)失效保护功能。当发动机电控系统的某些传感器(或执行器)出现故障后,为防止车辆停使或油耗显著升高,发动机 ECU 则以储存在内部的一个常规数据作为参考(即用存储在 ECU 内的标准值来取代异常信号),使发动机继续工作,实现失效保护,进而防止可能引起的发动机故障或催化转化器过热。异常信号电路和失效保护功能的关系见表 20-1。

发动机控制系统失效保护功能表 表 20-1

<table>
<tr><th>有异常信号的电路名称</th><th>信号端子名称</th><th>失效保护功能</th></tr>
<tr><td>点火器确认信号电路</td><td>IGT</td><td>停止喷油</td></tr>
<tr><td>歧管压力传感器信号电路</td><td>PIM</td><td rowspan="2">燃油喷射持续时间和点火正时可通过 VTA 节气门打开和发动机转速来确定或计算</td></tr>
<tr><td>空气流量计信号电路</td><td>VG</td></tr>
<tr><td>节气门位置传感器信号电路</td><td>VTA</td><td>节气门开度控制在 0°~25°开度角的标准值,对于 ECTS-i 系统的节气门开度角控制在 7°左右</td></tr>
<tr><td>冷却液温度传感器信号电路</td><td>THW</td><td>冷却液温度控制在 80℃的标准值</td></tr>
<tr><td>进气温度传感器信号电路</td><td>THA</td><td>进气温度控制在 20℃的标准值</td></tr>
<tr><td>爆震传感器信号电路</td><td>KNK</td><td>点火校正延迟角开启到最大值</td></tr>
</table>

特别注意当 KNK 信号异常时,校正延迟角开到最大值,这样将使耗油量大大升高。

(2)备份功能。当发动机 ECU 中的某一个系统发生故障无法实现该部分功能时,ECU 则使用备份功能来控制发动机继续工作(即用 ECU 内部另一系统功能模块来替代该功能模块),从而使车辆能继续行驶。备份功能仅能控制确保发动机运转的基本功能(即固定的喷油脉宽和点火提前角),因此发动机的运行性能不能与正常情况相比。

例如 ECU 不能输出点火正时(IGT)信号,发动机 ECU 就转换到备份模式。当发动机 ECU 执行了备份模式后,ECU 则根据启动器信号(STA)和 IDL 信号用固定值控制燃料喷射持续时间和点火正时,同时点亮故障指示灯,通知驾驶员有故障发生,但发动机 ECU 并不储存故障码。

丰田汽车的备份功能数据表见表20-2。注意不同车型其数值也有不同。

发动机ECU备份功能数据表　　表20-2

STA	IDL	燃油喷射持续时间(ms)	点火提前角
开	—	20.0	BTDC7.25°CA
关	开	3.5	
	关	6.0	

二、任务实施

项目1　更换检测燃油泵总成

1　项目说明

有一辆丰田卡罗拉轿车在行驶中发现动力逐渐减小且慢慢熄火，停车后驾驶员多次起动发动机而未能正常起动。经维修技术人员检查后确定为电动燃油泵已烧坏，需更换燃油泵总成。

你现在作为一名维修人员，请按照维修技术规范要求，完成燃油泵总成的检查更换作业。

2　技术标准与要求

(1)每3～4名学员为一个小组，完成该项作业。

(2)技术标准：在20℃条件下检测燃油泵总成两接线端子间的电阻值为0.2～3Ω。

3　设备器材

(1)常用工具：鲤鱼钳或钢丝钳1把，一字螺丝刀1把，10mm梅花扳手1把，6mm六角套筒扳手1把，铲刀一把。

(2)专用工具(SST)：09808-14020(或09808-01410、09808-01420、09808-01430)一套。

(3)检测仪表：数字万用表一只。

4　作业准备

(1)确认燃油管路无残余油压。

(2)断开蓄电池负极端子。

(3)拆下后排座椅。

(4)准备作业单。

5　操作步骤

(1)先用铲刀切开后地板检修孔盖与后地板之间的密封胶，再用一字螺丝刀撬开后地板检修孔盖，如图20-58所示。

(2)断开燃油泵线束插接器。

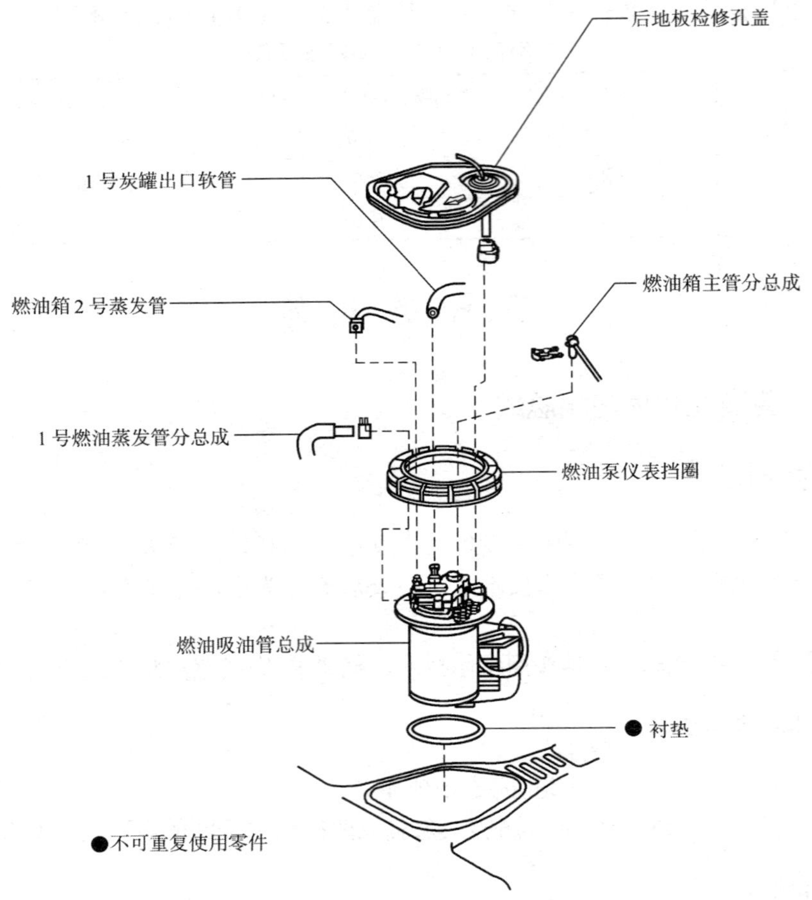

图 20-58　燃油泵总成与油箱间的关系图

(3)燃油系统卸压(注意:针对情景故障而言,该步骤无须进行,只需确认发动机不能再次起动即可)。

①起动发动机,让其自然熄火,关闭点火开关(注意可能设置 DTC P0171/P0125)。

②再次起动发动机,确认不能再次起动。

③拆下燃油箱盖并释放燃油箱内压力。

(4)断开蓄电池负极电缆(针对情景故障而言,该步骤可先行完成)。

(5)用鲤鱼钳或钢丝钳断开燃油软管、1 号燃油蒸发软管、1 号炭罐出口软管、2 号燃油蒸发软管等。

(6)用 6mm 六角套筒扳手将 SST 安装到燃油泵仪表挡圈上(图 20-59),并用手固定燃油吸油管总成,拆下燃油泵仪表挡圈。

(7)取下燃油吸管总成,确保燃油表传感器臂不受弯曲。

(8)断开燃油表传感器总成插接器,从线束上拆下线束保护装置,断开 3 个线束卡夹,解除锁止,并滑动燃油表传感器总成将其拆下(图 20-60)。

(9)断开燃油泵线束插接器,断开 2 个线束卡夹,断开燃油泵滤清器软管,用头部缠有保护胶带的螺丝刀，分离2个卡爪，并从副燃油箱上拆下燃油滤清器和燃油泵（图20-60），并断开燃油泵线束。

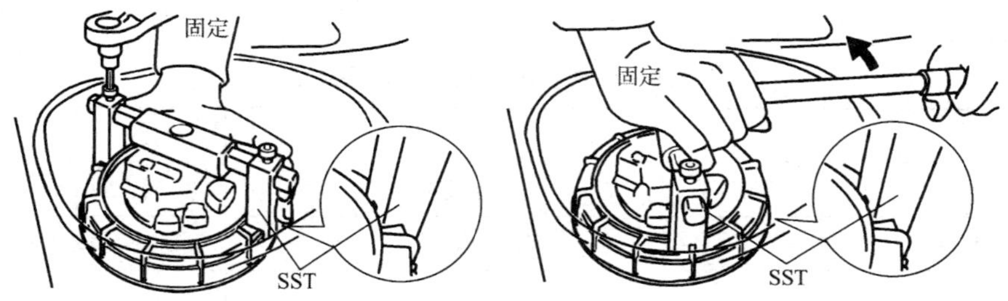

图20-59 拆卸燃油泵仪表挡圈专用工具安装例图

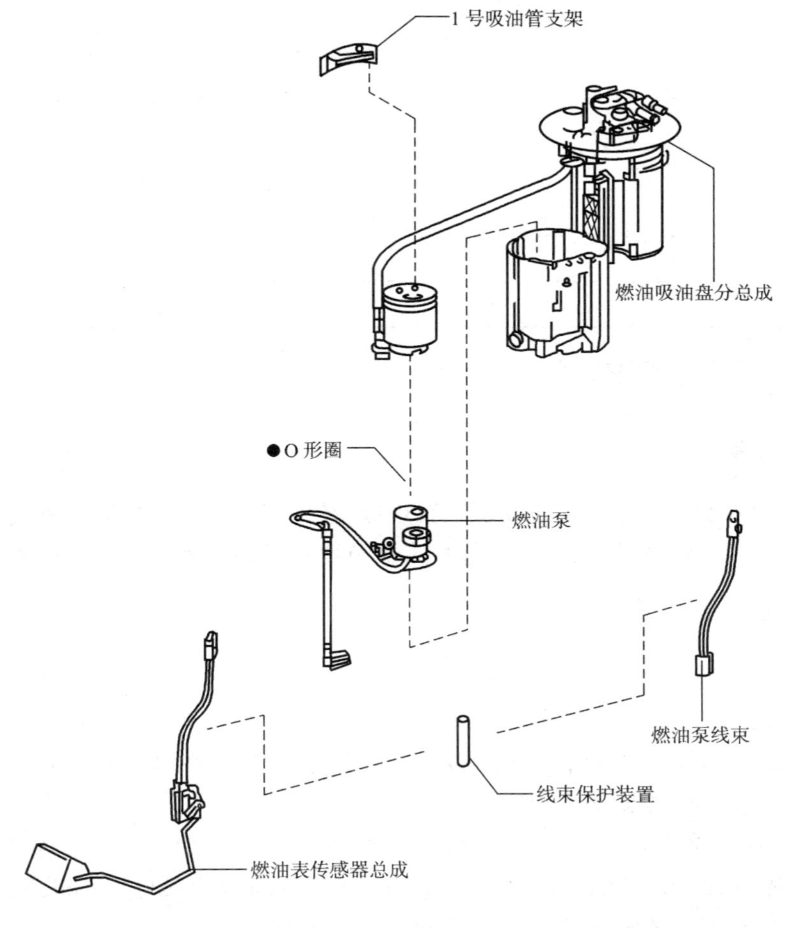

图20-60 燃油泵总成分解图

（10）用数字万用表检测燃油泵电阻（亦可在步骤2中作初步检测）。

（11）更换燃油泵总成后，按拆卸的相反顺序进行安装（在此不再赘述）。

注意：安装时必须更换新的O形橡胶密封圈。

6 记录与分析

燃油泵总成更换检测作业记录单见表20-3。

燃油泵总成更换检测作业记录单 表20-3

姓名		班级		学号		组别	
车型		发动机号		底盘号		作业日期	
作业顺序		过程记录				技术标准	

项目2 更换检测喷油器

1 项目说明

有一辆丰田卡罗拉轿车出现发动机缺缸现象,经检查确认1缸喷油器不喷油,需更换。你现在作为一名维修技师,请按维修技术规范要求对该车喷油器进行检测更换。

2 技术标准与要求

(1)每3~4名学员为一个小组,完成该项作业。

(2)技术标准:

①在20℃条件下检测喷油器总成两接线端子间的电阻值为11.6~12.4Ω。

②燃油总管支架螺栓紧固力矩为21N·m。

③将更换后的喷油器总成安装于喷油嘴清洗机上,调节清洗机系统压力在304~343kPa,检测喷油器15s喷油量应在60~73ml,各缸油量差不超过13ml,喷油结束后每12min喷口不得超过1滴燃油滴漏,允许喷口湿润或挂有油滴。

3 设备器材

(1)常用工具:12mm套筒扳手1把,10mm、12mm梅花扳手各1把,锂鱼钳或钢丝钳1把。

(2)专用工具:SST09268-21010一套。

(3)检测设备:数字万用表1只,喷油器清洗机1台。

4 作业准备

(1)确认检测设备性能可靠。
(2)铺设车辆防护用品:翼子板布、前格栅布。
(3)燃油系统卸压。
(4)断开蓄电池负极电缆。
(5)准备作业单。

5 操作步骤

(1)铺设翼子板布、前格栅布。
(2)燃油系统卸压。
①拔下仪表板接线盒(驾驶室前围左侧,驾驶员左脚上方)内的IGN7.5A熔断器。
②起动发动机,让其自然熄火,关闭点火开关。
③再次起动发动机,确认不能再次被起动。
④用10mm梅花扳手拆卸蓄电池负极电缆。
⑤拆卸汽缸盖罩。
⑥用锂鱼钳或钢丝钳拆卸分离曲轴箱通风软管。
⑦使用SST09268-21010夹住燃油管分总成快速接头,并旋转SST,同时向外拔燃油箱侧的燃油管(图20-61)。

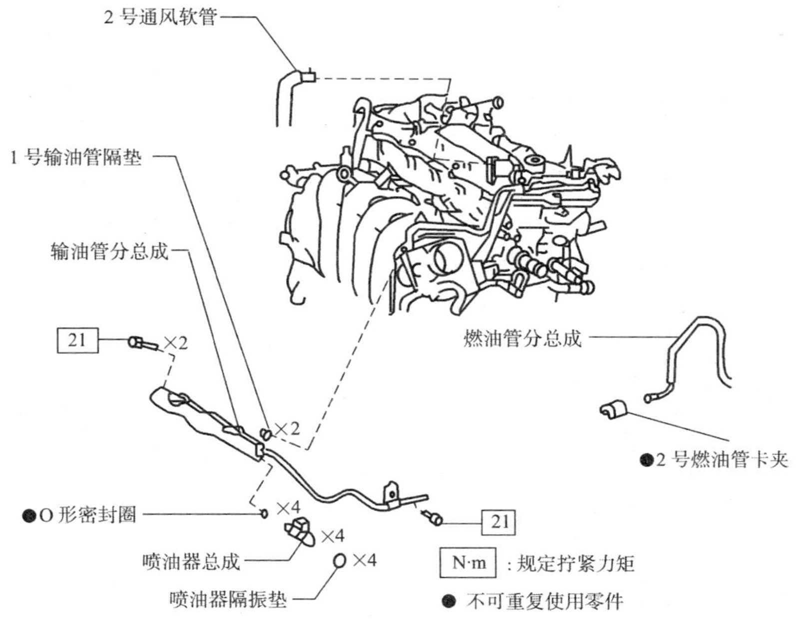

图20-61 燃油总管连接示意图

⑧用12mm梅花扳手拆卸燃油管分总成(燃油总管)快速接头处的固定卡夹螺栓。

⑨用12mm套筒扳手拆卸燃油总管支架紧固螺栓,并拆下燃油总管。

⑩取下燃油管隔垫。

⑪拆下喷油器总成,并用数字万用表检测喷油器电阻。

⑫将电阻值正常的喷油器安装在喷油器清洗机上。

⑬开启喷油器清洗机电源,调节系统油压。

⑭选择喷油器清洗机试验程序,检测喷油器15s喷油量和有无滴漏。

⑮在完全合格的喷油器总成上靠燃油总管侧安装新的O形密封圈(安装时在O形密封圈上涂抹少许汽油),在靠发动机侧安装喷油器隔振垫,再将其安装在燃油总管上。

⑯按上述拆卸相反方向将燃油总管及喷油器总成安装在发动机上,并确保支架螺栓拧紧力矩为21N·m,同时,完成其他相应作业。

⑰启动发动机,试验检查,恢复车辆信息,所有作业完毕。

6 记录与分析

喷油器总成更换检测作业记录单见表20-4。

喷油器总成更换检测作业记录单 表20-4

<table>
<tr><td>姓名</td><td></td><td>班级</td><td></td><td>学号</td><td></td><td>组别</td><td></td></tr>
<tr><td>车型</td><td></td><td>发动机号</td><td></td><td>底盘号</td><td></td><td>作业日期</td><td></td></tr>
<tr><td colspan="2">作业顺序</td><td colspan="4">过程记录</td><td colspan="2">技术标准</td></tr>
<tr><td colspan="2"></td><td colspan="4"></td><td colspan="2"></td></tr>
<tr><td colspan="2"></td><td colspan="4"></td><td colspan="2"></td></tr>
<tr><td colspan="2"></td><td colspan="4"></td><td colspan="2"></td></tr>
<tr><td colspan="2"></td><td colspan="4"></td><td colspan="2"></td></tr>
<tr><td colspan="2"></td><td colspan="4"></td><td colspan="2"></td></tr>
<tr><td colspan="2"></td><td colspan="4"></td><td colspan="2"></td></tr>
<tr><td colspan="2"></td><td colspan="4"></td><td colspan="2"></td></tr>
<tr><td colspan="2"></td><td colspan="4"></td><td colspan="2"></td></tr>
<tr><td colspan="2"></td><td colspan="4"></td><td colspan="2"></td></tr>
<tr><td colspan="2"></td><td colspan="4"></td><td colspan="2"></td></tr>
<tr><td colspan="2"></td><td colspan="4"></td><td colspan="2"></td></tr>
<tr><td colspan="2"></td><td colspan="4"></td><td colspan="2"></td></tr>
<tr><td colspan="2"></td><td colspan="4"></td><td colspan="2"></td></tr>
</table>

项目3 拆装检测节气门体

1 项目说明

有一辆丰田卡罗拉轿车出现发动机怠速转速过高,行车中动力不足,车速不能超过80km/h的现象。经维修技术人员诊断检测,确认节气门驱动电动机有故障,需拆卸节气门体，检修或更换节气门驱动电动机。

你作为一名维修技师，请按维修技术规范要求完成该项工作。

2 技术标准与要求

（1）要求每3～4位学员作为一个小组，协同完全该项作业。

（2）技术标准：

①节气门体与进气歧管间连接螺栓拧紧力矩为10N·m。

②在20℃时测量节气门驱动电动机的电阻（1号端子M－与2号端子M＋之间）为0.3～100Ω。

3 设备器材

（1）常用工具：10mm套筒扳手1把，锂鱼钳或钢丝钳1把。

（2）检测仪表：数字万用表1只。

4 作业准备

（1）车辆安全防护用品：翼子板布、前格栅布1套。

（2）抹布数张。

（3）准备作业单。

5 操作步骤

（1）铺设翼子板布、前格栅布。

（2）用锂鱼钳或钢丝钳拆卸进气软管（空滤器与节气门体之间）。

（3）用锂鱼钳或钢丝钳拆卸节气门体冷却水管。

（4）用锂鱼钳或钢丝钳拆卸活性炭罐电磁阀真空软管。

（5）取下节气门位置传感器的线束插接器。

（6）用套筒扳手拆卸节气门体。

（7）用数字万用表检测节气门位置传感器线束插接器1号端子（M－）与2号端子（M＋）之间电阻，判断节气门驱动电动机的好坏。

（8）安装完好的节气门体总成。

（9）按拆卸的相反顺序安装好节气门位置传感器插接器、活性炭罐电磁阀真空软管、节气门体冷却水管、进气软管等。

（10）试车检验。

注意：该车型更换节气体总成后，无须对其进行匹配（其他部分车型需要进行匹配），因其具有自学习功能。发动机起动初期，怠速转速仍然较高，当车辆行驶一会儿后，重新起动便恢复正常。

6 记录与分析

节气门体总成更换检测作业记录单见表20-5。

节气门体总成更换检测作业记录单　　表 20-5

姓名		班级		学号		组别	
车型		发动机号		底盘号		作业日期	
作业顺序	过程记录					技术标准	

项目4　拆装检测曲轴位置传感器

1　项目说明

有一辆丰田卡罗拉轿车行驶中突然熄火,起动检查无着火迹象,在排气管口闻不到汽油味。进一步检查发现既不喷油又无点火,但燃油泵工作正常。最终确定要拆检和更换曲轴位置传感器。

你作为一名维修技师,请按维修技术规范要求完成曲轴位置传感器的拆装检测工作。

2　技术标准与要求

(1)要求每两位学员协同完成该项作业。

(2)技术标准:

①曲轴位置传感器紧固螺栓拧紧力矩为10N·m。

②在-10~50℃情况下,曲轴位置传感器电阻为1630~2740Ω;在50~100℃时,曲轴位置传感器电阻为2065~3225Ω。

3　设备器材

(1)常用工具1套(配有10mm套筒板手)。

(2)车辆举升机1台。

(3)数字万用表1只。

4　作业准备

(1)车辆安全停放于举升工位。

(2)拆下发动机窗底部挡泥板。

(3)准备车辆安全防护用品:翼子板布、前格栅布。
(4)准备作业单。

5 操作步骤

(1)在车辆举升工位,打开发动机罩,铺设翼子板布、前格栅布。
(2)拆卸蓄电池负极电缆。
(3)举升车辆至适合高度。
(4)拆卸发动机窗底部挡泥板。
(5)拆卸曲轴位置传感器插接器。
(6)拆卸曲轴位置传感器紧固螺栓。
(7)检测曲轴位置传感器电阻。
(8)安装完好的曲轴位置传感器。
(9)按拆卸时的相反顺序完成其他作业。
(10)起动试验,恢复车辆。

6 记录与分析

曲轴位置传感器拆装检测作业记录单见表20-6。

曲轴位置传感器拆装检测作业记录单　　表20-6

姓名		班级		学号		组别	
车型		发动机号		底盘号		作业日期	
作业顺序		过程记录				技术标准	

三、学习评价

1 理论考核

1)分析题
(1)按控制方式分类,汽油喷射系统可分为哪几类?它们各有什么特点?

(2)按空气量测量方式分类,电控汽油喷射系统可以分为哪几类?它们各有什么特点?

(3)体积流量型和质量流量型空气流量计各有什么特点及典型系统?

(4)体积流量型空气流量计有哪几种类型?各有什么特点?

(5)压力调节器的作用是什么?为什么要使燃油分配管内油压与进气歧管内气压的差值保持为常数?

(6)发动机转速及曲轴位置传感器起什么作用?有哪些类型?

(7)什么叫同步喷射?什么叫异步喷射?

(8)什么情况下 ECU 执行断油控制?

(9)分析缸内直喷技术和传统喷射技术的差别和优点。

(10)如何检测空气流量计的性能?

2)判断题

(1)通过进气管压力与发动机转速测量计算出进气量的方式是间接测量方式。(　　)

(2)通过空气流量计测量单位时间内发动机吸入的空气量是直接测量方式。(　　)

(3)空气流量计的作用是测量发动机的进气量,电控单元根据空气流量计的信号确定基本喷油量。(　　)

(4)进气歧管绝对压力传感器与空气流量计的作用是相当的,所以在一般车辆上,这两种传感器装一种。(　　)

(5)燃油压力调节器的作用是使燃油分配管内压力保持不变,不受节气门开度的影响。(　　)

(6)当发动机在高转速运行下节气门突然关闭时将切断喷油。(　　)

(7)只要点火开关置于 OFF 位置,无论步进电动机型怠速电磁阀位于何位置,都将迅速退回到全部打开状态,为下次冷起动做好准备。(　　)

(8)步进电动机式怠速控制阀,在点火开关关闭后处于全闭状态。(　　)

(9)缸内直喷技术必须和稀薄燃烧技术配合使用。(　　)

(10)静态油压测试时,油压偏高,说明电动汽油泵控制有问题。(　　)

3)选择题

(1)采用燃油喷射系统的汽油机与采用化油器的汽油机相比较,以下描述错误的是(　　)。

A. 动力性有所提高

B. 经济性有所提高

C. 有害物排放量有所提高

D. 加速性能有所提高

(2)用间接测量方式测量进气量的是(　　)。

A. 翼板式流量计　　B. 热膜式流量计　　C. 真空压力传感器

(3)在多点电控汽油喷射系统中,喷油器的喷油量主要取决于喷油器的(　　)。

A. 针阀升程　　B. 喷孔大小

C. 内外压力差　　D. 针阀开启的持续时间

(4)负温度系数的热敏电阻其阻值随温度的升高而(　　)。

A. 升高　　B. 降低　　C. 不受影响　　D. 先高后低

(5)桑塔纳2000型时代超人发动机采用(　　)怠速控制执行机构。

A. 节气门直动式　B. 节气门被动式　C. 旁通空气式　D. 主气道式

(6)丰田车系步进电动机式怠速控制阀,在点火开关关闭后处于(　　)状态。

A. 全开　B. 全闭　C. 半开　D. 打开一个步级

(7)用万用表判断氧传感器性能好坏的标准是电压值(　　)。

A. 小于0.45V　B. 大于0.45V

C. 不变　D. 在0.45V左右变化

(8)测量高阻值喷油器电磁线圈的电阻值时,线圈阻值应为(　　)。

A. 30~50Ω　B. 10~15Ω　C. 50~80Ω　D. 2~5Ω

(9)缸内直喷的喷油压力一般为(　　)。

A. 12~14MPa　B. 3~5MPa　C. 20~40MPa　D. 120~140MPa

2 技能考核

"项目1　更换检测燃油泵总成"的评分表见表20-7。

更换检测燃油泵总成项目评分表　　表20-7

基本信息	姓名		学号		班级		组别	
	规定时间	30min	完成时间		考核日期		总评成绩	
任务工单	序号	步骤	完成情况		标准分	评分		
			完成	未完成				
	1	考核准备: 卸油压,断蓄电池负极电缆,拆后排座椅 车辆: 工、量具:			10			
	2	释放燃油箱压力,拆卸燃油泵维修孔盖			5			
	3	断开燃油软管、1号燃油蒸发软管、1号炭罐出口软管、2号燃油蒸发软管等			10			
	4	安装SST,拆下燃油泵仪表挡圈			5			
	5	正确拆卸燃油吸管总成			5			
	6	正确拆卸燃油表传感器			5			
	7	正确拆卸燃油滤波器和燃油泵			5			
	8	正确使用数字万用表检测燃油泵电阻			5			
	9	正确组装和安装燃油泵总成			10			
	10	安装蓄电池负极电缆,起动检验,恢复车辆			5			
安全					5			
5S					5			
沟通表达					5			
工单填写					10			
工艺制订					10			

"项目2　更换检测喷油器"的评分表见表20-8。

更换检测喷油器项目评分表　　表20-8

<table>
<tr><td rowspan="2">基本信息</td><td>姓名</td><td></td><td>学号</td><td></td><td>班级</td><td></td><td>组别</td><td></td></tr>
<tr><td>规定时间</td><td>30min</td><td>完成时间</td><td></td><td>考核日期</td><td></td><td>总评成绩</td><td></td></tr>
<tr><td rowspan="12">任务工单</td><td rowspan="2">序号</td><td rowspan="2" colspan="3">步　骤</td><td colspan="2">完成情况</td><td rowspan="2">标准分</td><td rowspan="2">评分</td></tr>
<tr><td>完成</td><td>未完成</td></tr>
<tr><td>1</td><td colspan="3">考核准备：
车辆：
量具：</td><td></td><td></td><td>10</td><td></td></tr>
<tr><td>2</td><td colspan="3">铺设翼子板布、前格栅布，断蓄电池负极电缆</td><td></td><td></td><td>5</td><td></td></tr>
<tr><td>3</td><td colspan="3">拆卸汽缸盖罩、分离曲轴箱通风软管</td><td></td><td></td><td>5</td><td></td></tr>
<tr><td>4</td><td colspan="3">用SST拆卸燃油管快速接头</td><td></td><td></td><td>5</td><td></td></tr>
<tr><td>5</td><td colspan="3">拆卸燃油管总成，取下喷油器</td><td></td><td></td><td>5</td><td></td></tr>
<tr><td>6</td><td colspan="3">用数字万用表检测喷油器电阻</td><td></td><td></td><td>5</td><td></td></tr>
<tr><td>7</td><td colspan="3">将阻值符合要求的喷油器安装于清洗机上</td><td></td><td></td><td>5</td><td></td></tr>
<tr><td>8</td><td colspan="3">开启清洗机电源，调节系统油压，进行喷油器试验</td><td></td><td></td><td>10</td><td></td></tr>
<tr><td>9</td><td colspan="3">安装符合要求的喷油器、燃油总管，连接快速接头</td><td></td><td></td><td>10</td><td></td></tr>
<tr><td>10</td><td colspan="3">安装蓄电池负极电缆，起动检验，恢复车辆</td><td></td><td></td><td>5</td><td></td></tr>
<tr><td colspan="2">安全</td><td colspan="5"></td><td>5</td><td></td></tr>
<tr><td colspan="2">5S</td><td colspan="5"></td><td>5</td><td></td></tr>
<tr><td colspan="2">沟通表达</td><td colspan="5"></td><td>5</td><td></td></tr>
<tr><td colspan="2">工单填写</td><td colspan="5"></td><td>10</td><td></td></tr>
<tr><td colspan="2">工艺制订</td><td colspan="5"></td><td>10</td><td></td></tr>
</table>

"项目3　拆装检测节气门体"的评分表见表20-9。

拆装检测节气门体项目评分表　　表20-9

<table>
<tr><td rowspan="2">基本信息</td><td>姓名</td><td></td><td>学号</td><td></td><td>班级</td><td></td><td>组别</td><td></td></tr>
<tr><td>规定时间</td><td>30min</td><td>完成时间</td><td></td><td>考核日期</td><td></td><td>总评成绩</td><td></td></tr>
<tr><td rowspan="12">任务工单</td><td rowspan="2">序号</td><td rowspan="2" colspan="3">步　骤</td><td colspan="2">完成情况</td><td rowspan="2">标准分</td><td rowspan="2">评分</td></tr>
<tr><td>完成</td><td>未完成</td></tr>
<tr><td>1</td><td colspan="3">考核准备：
车辆：
量具：</td><td></td><td></td><td>10</td><td></td></tr>
<tr><td>2</td><td colspan="3">铺设翼子板布、前格栅布，断蓄电池负极电缆</td><td></td><td></td><td>5</td><td></td></tr>
<tr><td>3</td><td colspan="3">拆卸进气软管、冷却水管、真空软管</td><td></td><td></td><td>10</td><td></td></tr>
<tr><td>4</td><td colspan="3">拆卸节气门位置传感器连接器</td><td></td><td></td><td>5</td><td></td></tr>
<tr><td>5</td><td colspan="3">拆卸节气门体</td><td></td><td></td><td>5</td><td></td></tr>
<tr><td>6</td><td colspan="3">校对数字万用表</td><td></td><td></td><td>5</td><td></td></tr>
<tr><td>7</td><td colspan="3">测量节气门体控制电动机电阻</td><td></td><td></td><td>5</td><td></td></tr>
<tr><td>8</td><td colspan="3">安装节气门体，安装节气门位置传感器连接器</td><td></td><td></td><td>5</td><td></td></tr>
<tr><td>9</td><td colspan="3">安装真空软管、冷却水管、进气软管</td><td></td><td></td><td>10</td><td></td></tr>
<tr><td>10</td><td colspan="3">安装蓄电池负极电缆，起动检验，恢复车辆</td><td></td><td></td><td>5</td><td></td></tr>
</table>

续上表

基本信息	姓名		学号		班级		组别	
	规定时间	30min	完成时间		考核日期		总评成绩	
安全							5	
5S							5	
沟通表达							5	
工单填写							10	
工艺制订							10	

"项目4　拆装检测曲轴位置传感器"的评分表见表20-10。

拆装检测曲轴位置传感器项目评分表　　表20-10

基本信息	姓名		学号		班级		组别	
	规定时间	30min	完成时间		考核日期		总评成绩	
任务工单	序号	步　骤			完成情况		标准分	评分
					完成	未完成		
	1	考核准备： 车辆： 量具：					10	
	2	铺设翼子板布、前格栅布，断蓄电池负极电缆					5	
	3	举升车辆，拆卸发动机舱底部挡泥板					10	
	4	拆卸曲轴位置传感器插接器					5	
	5	拆卸曲轴位置传感器					5	
	6	校对数字万用表					5	
	7	测量曲轴位置传感器电阻					5	
	8	安装曲轴位置传感器及其连接器					5	
	9	安装发动机舱底部挡泥板和降下车辆					10	
	10	安装蓄电池负极电缆，起动检验，恢复车辆					5	
安全							5	
5S							5	
沟通表达							5	
工单填写							10	
工艺制订							10	

四、拓 展 学 习

1　L型进气系统的体积型空气流量计

1）翼片式空气流量计

翼片式空气流量计由测量翼片、缓冲翼片、复位弹簧、电位计、旁通空气道及怠速混合气调节螺钉等组成,如图 20-62 所示。发动机工作时,空气通过空气流量计并推动测量翼片偏转,使其开启。翼片开启角度大小取决于空气气流对翼片的推力与翼片轴上卷簧弹力的平衡状况。在翼片轴上连着一个电位计,电位计由平衡配重、滑臂、螺旋形复位弹簧、调整齿圈和印制电路板等组成。它把翼片开启角度的变化(即进气量的变化)转换成电压信号输送给 ECU。

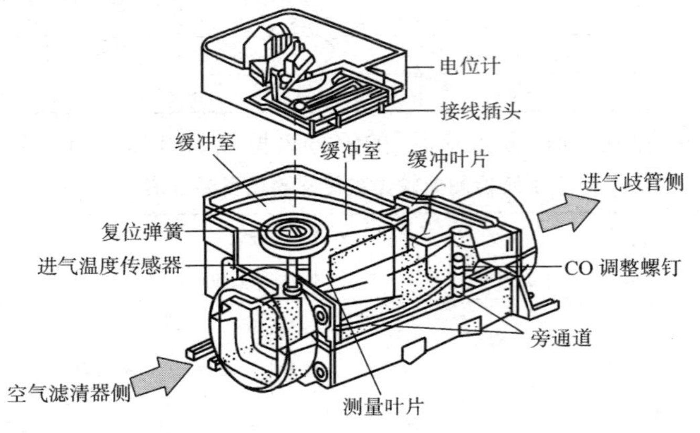

图 20-62　翼片式空气流量计

缓冲翼片与测量翼片一同偏转,它在缓冲室内的摆动对测量翼片产生一定的阻力,以避免测量翼片的不正常振摆,防止进气管内出现气流脉动现象。进气通道旁还有一个旁通空气道,经此气道进入发动机的空气不经流量计计量。在旁通空气道上设有怠速混合气调节螺钉(亦称 CO 调整螺钉)。

翼片式空气流量计内通常还设有一个电动汽油泵开关。当发动机运转时翼片偏转,使开关触点闭合,电动汽油泵电路才接通。空气流量计内的进气温度传感器用于测量进气温度,因不同温度下的空气密度不同,所以 ECU 就根据测得的进气温度对进气量信号进行修正。翼片式空气流量计结构简单,工作可靠,但有一定的进气阻力,而且容易磨损。传统的博世 L 型汽油喷射系统及一些中档轿车采用这种空气流量计。

2)光学卡尔曼涡流式空气流量计

光学卡尔曼式空气流量计的结构及检测原理如图 20-63 所示。

这种方式的空气流量计通过光电直接感应吸入空气量。这既简化了进气道的构造,也减少了吸入空气阻力。如果将一个物体放在气流通道内,在物体进气口便产生一个或多个涡流,称之为卡尔曼涡流。卡尔曼涡流的频率与空气流速成比例,因此,可通过测量涡流频率来计算气流容积。即通过把涡流的压力变化引向金属箔膜制成的反光镜表面,利用一对光敏副(发光二极管和光电晶体管)来检测反光镜的振动频率。进气量信号是一个脉冲信号。当进气量低时,信号频率也低,反之进气量大时,信号频率就很高。

2　开关信号

1)起动信号

起动信号(STA)用来判断发动机是否处于起动状态。起动时,进气管内混合气流速慢,温度低，燃油雾化不良，为改善起动性能，必须增加喷油量以加浓混合气。STA信号与起动开关连在一起，起动开关接通，ECU便检测到STA信号，确认发动机处于起动状态，并自动增加喷油量。

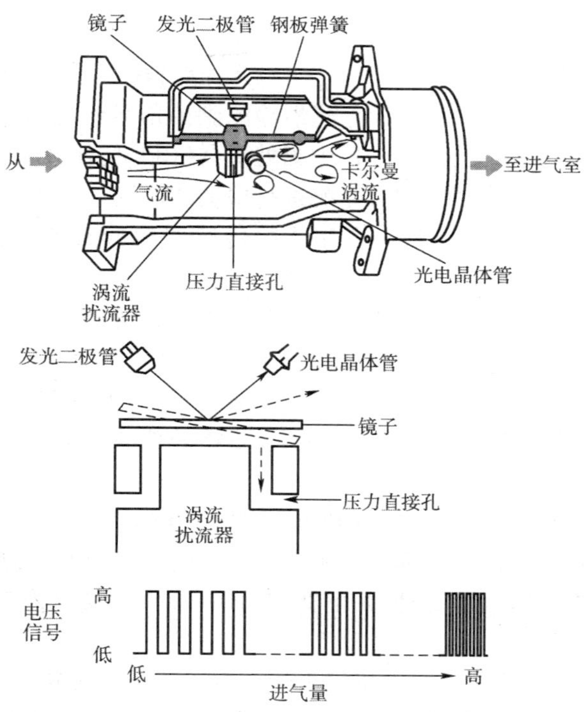

图20-63　光学卡尔曼式空气流量计

2）空挡起动开关信号

空挡启动开关信号（NSW）主要用于怠速系统的控制。在装有自动变速器的汽车中，ECU用空挡启动开关信号判定变速器的挡位。识别变速器是处于空挡或停车（N或P挡位）状态，还是处于行驶（OD、D、2、L或R挡位）状态。ECU通过对NSW信号的识别，对怠速系统进行控制，在发动机过渡工况时，修正喷油量。

3）空调信号

空调信号（A/C）用来检测空调压缩机是否工作。该信号与空调压缩机电磁离合器的电源接在一起，ECU根据A/C信号控制发动机怠速时的点火提前角和进行怠速喷油量修正等。

4）车速传感器

车速传感器（SPD）用以检测汽车行驶速度。SPD信号主要用于发动机怠速和汽车加减速时的空燃比控制。车速传感器主要有舌簧开关型和光电耦合型两种，一般安装在组合仪表内。

3　电子控制单元

电控单元（ECU）的作用是按照预置程序对各个传感器输入的信息进行运算、处理、判断,然后发出指令,控制有关执行元件(如喷油器等)动作,以达到快速、准确、自动控制发动机工作的目的。

电控单元的组成:电控单元主要由输入通路、A/D 转换器、微型计算机和输出通路四部分组成,如图 20-64 所示。

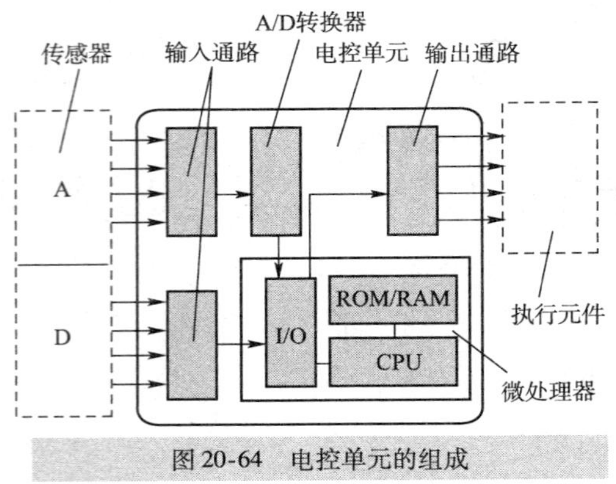

图 20-64 电控单元的组成

输入通路:输入通路的作用是将系统中各传感器检测到的信号经输入/输出(I/O)接口送入中央处理器(CPU),使计算机能对汽油机运行工况进行检测和控制。在控制过程中,需要检测与输入的传感器信号有的是模拟信号,如空气流量、空气温度、冷却液温度、发动机负载、氧传感器反馈的电压信号等;有的是脉冲数字信号,如曲轴位置传感器、车速传感器等信号。

A/D 转换器:A/D 转换器的作用是将对计算机不能直接处理的模拟信号转换为数字信号,再输入计算机。

微型计算机:计算机由中央处理器(CPU)、存储器(ROM、RAM)、输入/输出(I/O)接口和总线等构成。计算机的作用是根据发动机运行工况的需要,把各传感器送来的信号用内存中的处理程序和数据进行运算处理,并把处理结果(如汽油喷射控制信号、点火提前角控制信号等)送往输出通路。

输出通路:输出通路是用来将计算机输出的低电压数字信号转换成可以驱动执行元件的输出信号。在汽油机电控系统中,由输出通路输出的控制信号有喷油器驱动信号、点火控制信号和电动汽油泵驱动信号。

4 汽油喷射的控制过程

电控汽油喷射系统的工作过程就是对喷油正时和喷油持续时间(即喷油量)的控制过程。

(1)喷油正时控制。喷油正时控制就是对喷油器开始喷油时刻的控制。多点间歇喷射汽油机的喷油时刻控制分为同步喷射和异步喷射两种方式。

①同步喷射是指汽油的喷射与发动机运转同步,ECU 根据曲轴的转角位置来控制开始喷射的时刻。在发动机稳定工况的大部分运转时间里,汽油喷射控制系统以同步方式工作。

②异步喷射是指 ECU 只是根据传感器的输入信号控制开始喷油时刻,与曲轴转角位置无关。异步喷射方式是一种临时的补偿性喷射,发动机处于起动、加速等非稳定工况时,汽油喷射控制系统以异步喷射方式工作或增加异步喷射对同步喷射的喷油量进行补偿。

(2)喷油持续时间(即喷油量)控制。电控汽油喷射系统对喷油量精确控制就是通过精确地确定和控制喷油的持续时间来实现的。根据发动机的运行特点,喷油持续时间控制分为起动时喷油持续时间的控制和起动后喷油持续时间的控制。

发动机起动时的基本喷油时间不是根据进气量(或进气歧管绝对压力)和发动机转速确定的,这与发动机起动后的控制方式不同。发动机起动时,由于转速低且波动大,因此,ECU 不能用进气量来计算喷油量,而是根据发动机的热状态而定。即 ECU 根据发动机当时的冷却液温度,从预存的冷却液温度—喷油时间数据图表中找出相应的基本喷油时间,如图 20-65 所示。然后进行进气温度和蓄电池电压修正,得到起动时的喷油持续时间。

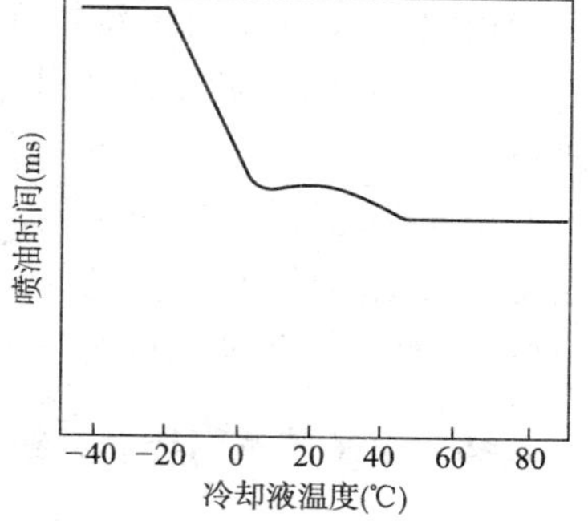

图 20-65　冷却液温度—喷油时间图

有些电控汽油喷射系统为改善发动机起动性能,在起动时,除同步喷射外,还根据启动开关接通状态,ECU 自曲轴位置传感器检测到的第一个转速信号开始,以一个固定的喷油持续时间,同时向各缸进行异步喷射,以补充冷起动过程中对燃油量的额外要求。

发动机起动后的喷油持续时间由发动机转速和进气量确定的基本喷油持续时间、由发动机运行状态参数决定的修正喷油持续时间构成。

在发动机冷车起动后的暖机过程中,为了使冷车怠速能平稳运转并缩短暖机过程的时间,应让发动机的转速高于热车时的怠速转速,这种工况称为冷车快怠速。此时,ECU 额外增加喷油量,以保持较浓的混合气。喷油量的初始修正值根据冷却液温度确定,且随着冷却液温度的上升,燃油喷射修正量逐渐减少,逐步达到正常。

发动机在大负荷工况下运转时,要求供给较浓混合气以满足动力性的要求。发动机负载状况可以根据节气门开度或进气量的大小确定。故 ECU 可根据进气压力传感器、空气流量计、节气门位置传感器的信号判断发动机负荷状况,决定相应增加的燃油喷射量。大负荷的加浓量为正常喷油量的 10% ~30%。有些发动机的大负荷加浓量还与冷却液温度信号有关。

为保证发动机具有良好的加速性能,在加速时需要额外地增加喷油量,以增大发动机的输出功率。对加速工况,ECU 根据一定时间内节气门开度的变化,或者空气流量的变化来判断。当 ECU 确认汽车正处于加速工况,则 ECU 除了根据空气流量增加同步喷射的喷油量外,还增加异步喷射,以满足加速工况对喷油量的特殊要求。

当 ECU 发出喷油信号后,喷油器电磁线圈通电,但喷油器针阀实际开启时刻(开始喷油时刻)相对于喷油信号存在动作滞后。同样,喷油器停止喷油时,针阀实际关闭时刻也有一个动作滞后,且针阀开启的滞后时间比关闭的滞后时间长。通常把开启滞后与关闭滞后时间的差值称为无效喷射时间。由于在无效喷射时间内,实际上没有进行喷射,因此,需要进行补偿修正。发动机实际运行时,针阀开启滞后时间受蓄电池电压影响较大,针阀关闭滞后时间受蓄电池电压影响较小,因此,ECU 根据蓄电池电压对喷油持续时间进行修正。

5　断油控制

断油控制是指 ECU 停止向喷油器驱动电路发送喷油信号,喷油器暂时停止工作。电控汽油喷射系统中,ECU 断油控制基于两种情况:以降低燃油消耗,改善排气污染为目的的减速断油控制;以防治发动机超速运转为目的的超速断油控制。

减速断油控制:发动机在高速运行时,节气门突然关闭而处于急减速状态,为避免混合气过浓、燃料经济性和排放性能变坏,ECU 发出停止喷油信号。当发动机转速降至预定转速之下或节气门重新打开时,ECU 才使喷油器恢复喷油。断油转速和恢复喷油转速与冷却液温度、空调是否工作、用电器情况等因素有关。发动机冷却液温度越低,断油转速越高。

超速断油控制:为避免发动机超速运行而造成损坏,ECU 执行发动机超速断油控制,对发动机的最高转速进行限制。发动机运行时,当转速超过设定转速时,ECU 停止输出喷油信号,转速下降至设定转速时再恢复喷油,如此反复循环,防止发动机转速继续上升。

6 电子节气门控制系统(ETCS-i)的其他功能

(1)装用 ETCS-i 系统的部分车辆有三种控制模式:正常模式、雪地模式、强动力模式。

①正常控制模式是一种基本的控制模式。在该控制模式下,加速踏板的踩压量与节气门的开度保持平衡,易于平稳驾驶。

②在雪地控制模式下,节气门维持在一个较小的开度,以防止在较滑的路面上行驶时,车辆打滑,例如下雪天的路面上。

③在强动力控制模式中,节气门的开度要比正常模式大很多,这种模式可提供增强与加速踏板的直接反应性,发动机能输出比正常模式更为强劲的动力。强动力模式控制只限于某些车型。

使用开关选择雪地控制模式或强动力控制模式。

(2)ETCS-i 系统可实现转矩激活传动系控制:转矩激活传动系控制能使节气门开启角度小于或者大于加速器踏板的踩压角度,来达到平稳的加速。当加速踏板保持在一定的踩压位置时,对于未配有转矩激活传动系控制系统的车辆,节气门的开启度变化和加速踏板的踩压度接近同步,在较短的期间内,车辆得到的驱动力会迅速的升高而后又逐渐下降。与这种情况相比较,配有转矩激活传动系控制系统的车辆,节气门逐渐开启,以便于车辆的驱动力逐渐上升,从而得到平稳加速。

(3)ETCS-i 系统还可完成其他控制:

①怠速控制,控制发动机的怠速性能。

②换挡减振控制,换挡时减小节气门开度减少输出转矩。

③牵引力控制(TRAC),如果车轮出现过度打滑现象,作为 TRAC 系统的一部分,来自防滑控制 ECU 的请求信号将会关闭节气门以利于减小发动机输出功率,来提高车辆平稳性和获得驱动力。

④车辆稳定性控制(VSC),这种控制是利用防滑控制 ECU 的综合控制来控制节气门的开启角度以达到最大效率地利用 VSC 系统控制效果。

⑤巡航控制,在常规的巡航控制中,巡航控制 ECU 是通过巡航控制执行器和拉索来实施节气门的开启和关闭,但是配有 ETCS-i,或在发动机 ECU 内含着巡航控制 ECU,可通过控制节气门电动机来直接控制节气门的开启角度,执行巡航控制运作。

(4)ETCS-i 系统具有失效保护功能:如果发动机 ECU 检测到 ETCS-i 出现故障,它将打开组合仪表中的故障指示灯以通报驾驶员，同时，发动机 ECU 以固定节气门开度角（7°左右）来控制发动机的运行状态。

7　汽油直喷技术

1）缸内直喷发动机的构造

（1）概述。以前，汽油机大都是采用多点喷射供油，也就是喷油器置于进气歧管上，经由计算机检测、计算所需的供油量后，将汽油喷入进气歧管与空气混合，待进气门开启后再进入燃烧室。20 世纪 90 年代已经有车厂提出缸内直喷的概念，不过，真正将这项技术用于量产车上，也只是近几年的事。缸内直喷技术其实就是将汽油直接喷入汽缸内（图 20-66），其优点是在供油时不需要再等待气门的开启，也不会受进气门的开关而影响油气进入汽缸的量，且能经由计算机的判断来自由地控制供油的时刻和供油量。进气门打开时，单纯使空气进入汽缸。

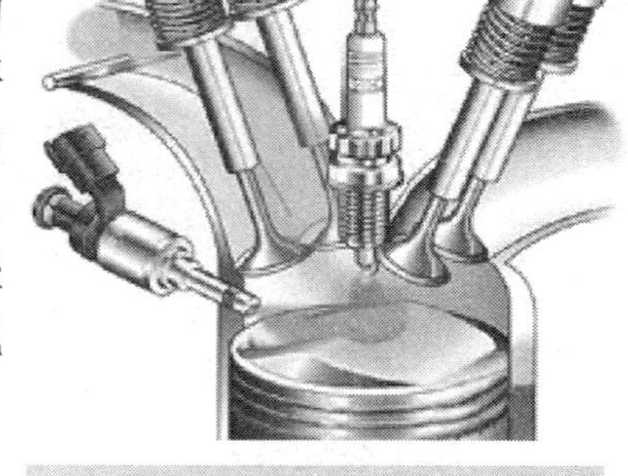

图 20-66　缸内直喷发动机

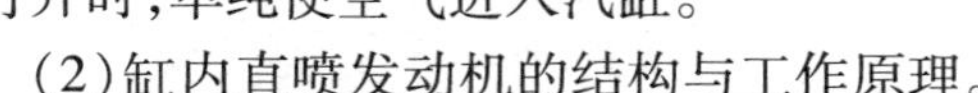

（2）缸内直喷发动机的结构与工作原理。

①缸内直喷发动机的结构。供油系统采用缸内直喷结构的最大特点是其喷油器是安装在汽缸内，因此喷油嘴、活塞、燃烧室都需特别设计，并使用强度高的材料精密制造而成，在这种情况下，零部件的价格就会比采用多点喷射供油系统的昂贵。由于燃油是以极高压力（约 14MPa）直接注入于燃烧室中，因此缸内直喷系统油压采用两级增压。首先由安装在油箱内的燃油泵将燃油增压至 300 ~ 500kPa，起到为高压油泵输送燃油的作用。由凸轮轴驱动的高压油泵将燃油压力提高到 12 ~ 14MPa，供给至燃油总管（图 20-67）。燃油总管上的油压传感器检测油压总管内的压力状况，并提供给发动机 ECU。ECU 根据油压情况，通过高压泵上的压力控制阀调节高压泵的输出油压，并保持油压的稳定。缸内直喷发动机的喷油器一般需要用冷却液冷却。

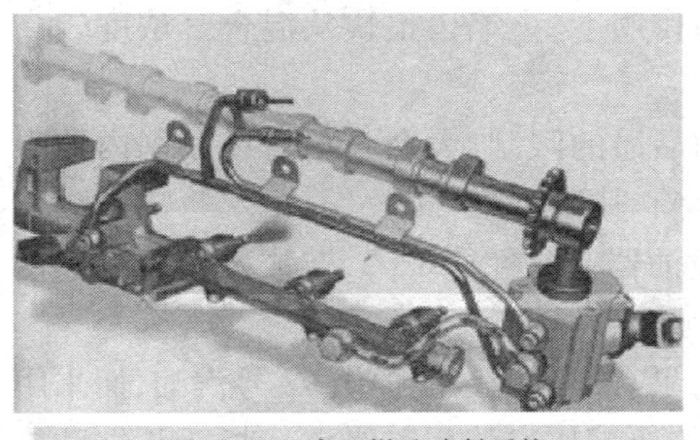

图 20-67　高压燃油喷射系统

②缸内直喷发动机的工作原理。缸内直喷发动机在中低转速时，节气门处于半开状态，空气由进气门进入汽缸，由于采用缸内直喷技术的发动机活塞顶部有特殊的曲面设计，会使空气进入汽缸后在火花塞与活塞顶部间形成一股涡流，当压缩行程接近尾声时，高压喷油器会喷出少量适当的汽油来进行点燃，以充分提高发动机的燃烧效率和降低发动机运转时的油耗。

③缸内直喷发动机的优点。可以使油气的混合更加充分，燃烧更加彻底，如图 20-68 所示。因为在转速较低、负载较小时，除了火花塞周围需要浓度较高的油气外，燃烧室的其他地方只需要空气含量较高的混合气即可。当需要大功率、节气门完全开启时，大量空气会快速进入汽缸并形成强劲的涡流，待计算机指令喷油器将所需的喷油量注入汽缸后，油气便会均匀混合，经火花塞点火形成强大的爆炸来推动活塞，以提供动力。在整个发动机运转的过程中不管是低转速还是高转速，计算机都会不断地根据发动机的运行状

况改变供油的模式。所以,在需要大功率、节气门全开时,缸内直喷与多点喷射所需的燃油消耗相差不大,反而是在中低转速的工作情况下,缸内直喷发动机的优点才会充分地展现出来。

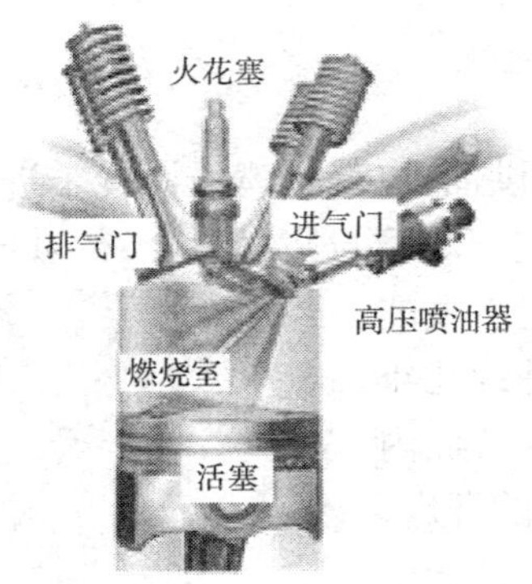

- 进气效率优化
- 最佳雾化效果
- 燃烧效率更高

⇩

- 动力更加强劲
- 低速转矩表现出色，动力响应更快
- 宽转速范围持续高动力输出

- 油耗比普通发动机降低20%
- 排放达欧Ⅳ标准

图 20-68　缸内直喷发动机的优点

2) 稀薄燃烧技术

将燃油直接喷射到汽缸中,只是实现燃油分层燃烧的技术基础,而燃油分层燃烧的目的则是为了实现稀薄燃烧。

(1)稀薄燃烧过程。发动机工作时,在一个工作循环过程中进行两次喷油,当发动机进入进气行程时,喷油器第一次向汽缸内喷入较少的燃油,这与普通的电喷发动机在进气管内喷油类似,但由于喷油量较小,汽缸内混合气浓度也相对较稀,在进入压缩行程后,较稀的混合气甚至不能在火花塞发出的电弧下发火燃烧,这样就避免了汽油在高压缩比下产生爆震,当进入压缩行程末段,活塞还未运动到上止点时,喷油器在汽缸内进行第二次喷油,此时,高速喷出的燃油在高压下,借助活塞顶部的特殊凹陷结构在汽缸内形成的强涡流,运动到燃烧室顶部,在火花塞附近形成一个混合气浓度相对较高的区域,此处混合气的浓度足以保证火花塞放出的电弧能将其引燃,在涡流的作用下,火焰也很快从混合气浓度较高的区域扩散到浓度较低的区域。

(2)稀薄燃烧与燃油品质。由于中国内地燃油品质的限制,大众公司对在中国内地生产车辆的 FSI 技术进行了精简,取消了汽油分层燃烧。其原因如下:

①由于国内的燃油中含有的杂质较多,会使喷油器密封性能下降,造成发动机冷起动时供油压力不足,出现启动困难的现象。

②考虑到国内现在广泛采用的都是 93 号汽油,只有部分地区能提供 97 号汽油,而采用燃油分层燃烧是为了达到稀薄燃烧的目的,所需要的压缩比也就相对要高一些,FSI 发动机也是针对高抗爆性的燃油开发的,而 93 号汽油的抗爆性无法适应发动机稀薄燃烧技术的高压缩比,长期使用会使发动机性能下降、振动和噪声加剧。

综合上述两点,大众公司决定在中国内地销售的汽车取消分层燃烧技术,而只是单纯采用燃油直喷技术,这样一来就降低了对燃油品质的要求,虽然发动机技术水平略有下降,但可靠性却得到了很大的提升。

3)燃油缸内直喷与涡轮增压技术

应用涡轮增压技术提高发动机充气效率，是提高发动机动力性能的一个重要技术手段。大众汽车的涡轮增压直喷汽油机采用了水冷式涡轮增压器，涡轮叶片经过空气动力学优化，使进气气流的分布状态有助于降低能量损耗，同时，又保证了汽油和空气均匀混合。使得TSI发动机在较大的发动机转速范围内都具有充沛的动力，同时油耗表现也十分出色。燃油缸内直喷与涡轮增压技术的完美结合，使发动机动力更强，油耗更低，排放更清洁。

学习任务21　柴油机供给系统及电控燃油系统结构与拆装

工作情境描述

有一辆中型柴油车,出现动力严重不足,排气管冒黑烟现象。经维修技师诊断确认系发动机燃油供给系统故障,需对其进行拆卸检修和调整。

请你以一名维修人员的身份,正确规范地实施拆装检修和调整相关部件。

学习目标

通过本任务学习,应能:

1. 正确描述柴油机燃油系统各总成件的结构和工作原理;
2. 正确描述柴油机电控燃油系统的结构组成和工作原理;
3. 正确拆装柴油机燃油系统各大总成件。

学习时间

8 学时。

学习引导

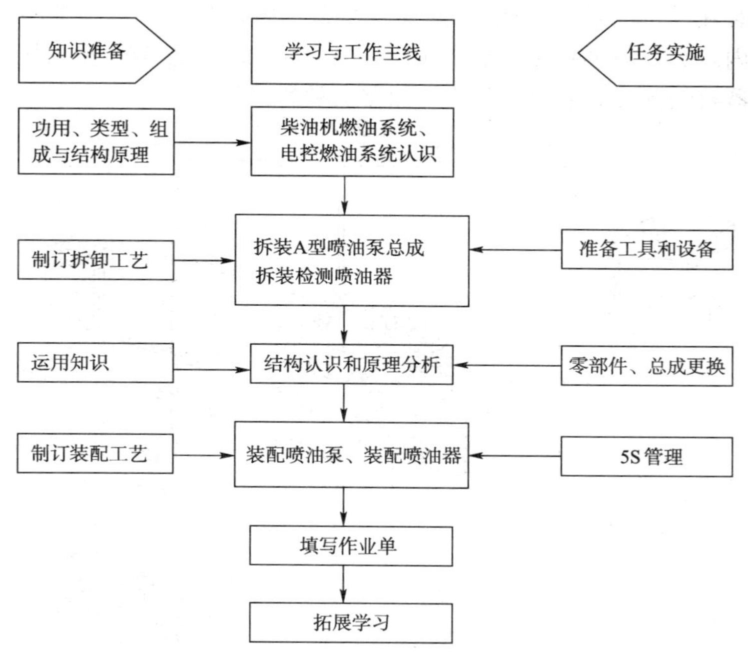

一、知识准备

1　柴油机燃油供给系统的功用

柴油机燃油供给系统的功用是根据柴油机的工作要求，定时、定量、定压地将雾化质量良好的柴油喷入汽缸内，使燃油与空气迅速地混合并自行着火燃烧。所谓定时是指按照供油相位要求；定量则是保证一定的油量，满足动力性输出的要求；定压则要求喷入汽缸的燃油具备一定的动能与空气进行混合。燃油供给系统的工作情况对柴油机的功率和油耗有重要的影响。

2　柴油的特性

(1)蒸发性差、流动性差、自燃温度低——必须采用高压喷射雾化的方法与空气混合，因此，柴油机必须具有很大的压缩比、很高的喷油压力、很小的喷油器喷孔尺寸。

(2)热值高——发动机功率大，经济性好。

(3)燃烧极限范围宽——属稀燃发动机，排放中 CO、HC 较少，输出功率取决于油量的调节。

3　柴油机传统燃油供给系统的组成、结构和工作原理

传统的燃油供给系统都是机械式的，其组成如图21-1所示。包含燃油箱、输油泵、燃油

滤清器、高压油泵、喷油器、高低压油管等。

柴油机机械式燃油供给系统中有三大精密偶件:柱塞偶件、出油阀偶件、针阀偶件。其中柱塞偶件安装在高压油泵内;出油阀偶件安装在柱塞偶件上方的出油座口内;针阀偶件安装在喷油器内。高压油泵有柱塞泵和叶片泵(VE 泵)两种,多数车型采用柱塞式喷油泵。柴油机用喷油器有轴针式喷油器和孔式喷油器两种类型。

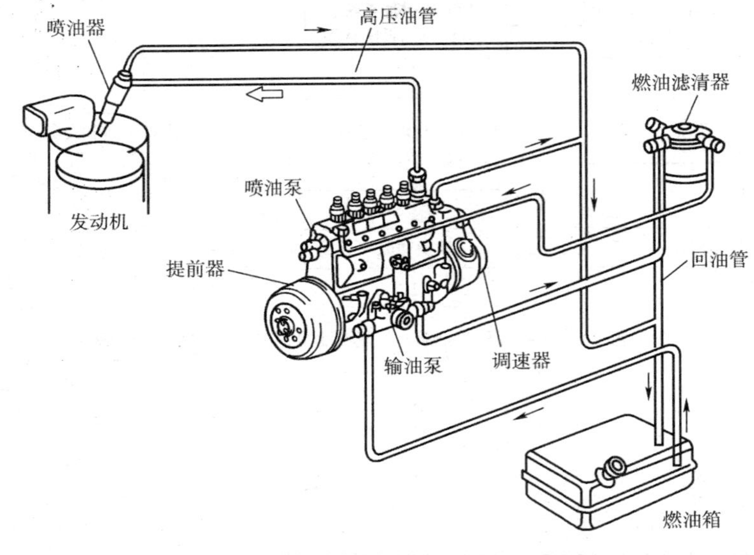

图 21-1　燃油供给系统的组成

机械式燃油供给系统的主要零部件及其基本功能:

(1)喷油泵——对燃油进行加压、计量,并按照一定的顺序将燃油供入各个汽缸所对应的喷油器。

(2)提前器——连接在发动机驱动轴和喷油泵凸轮轴之间,由于其内部机构的作用,可改变喷油泵的喷油时间。是一种相位自动调节机构。

(3)调速器——能检测出发动机的即时转速,并将即时转速和设定的转速进行比较,产生与两种速度差相对应的作用力,使发动机的转速向设定转速逼近。调速器既是一种速度传感器,又是调节喷油量的执行器,是一种典型的速度自动调节装置。

(4)喷油器——喷油器安装在发动机汽缸盖上,将喷油泵送来的高压燃油喷入燃烧室内。喷油器是一个自动阀,可以设定其开阀压力,而喷油嘴的结构决定其关闭压力。

(5)输油泵——将燃油箱中的燃油吸出来,送入到喷油泵的低压腔中。

(6)高压油管——用无缝钢管制作,将喷油泵中的高压燃油送入喷油器中。

(7)滤清器——将燃油中的杂物滤去,保证喷油器正常工作。

(8)回油管——将多余的燃油送回燃油箱。

机械式燃油供给系统的工作过程:柴油机工作时,输油泵将柴油从燃油箱经粗滤器吸入,压送到油水分离器、燃油滤清器。柴油滤清后,经油管流到高压油泵总成。高压油泵使柴油压力增加,并将高压柴油定时、定量地经高压油管等压送到喷油器。喷油器将柴油喷射进入汽缸内,形成雾状燃油燃烧做功。喷油器多余的柴油经回油管流回到燃油箱。

机械式燃油供给系统的尾气排放不能满足法规的要求，从2008年开始，柴油机已全部采用电控燃油喷射系统。

4　燃油系统的基本功能

（1）通过加压机构使燃油压力升高。

（2）调节喷油量，以改变输出功率。

（3）能调节喷油时刻，以使燃油燃烧彻底。

5　柴油机的燃烧过程和燃烧室

1）柴油机的燃烧过程

柴油机的柴油与空气在汽缸内混合，因此，需要有较大的供油提前角（一般为22°～26°），如图21-2所示。

供油提前角——泵油始点O至活塞上止点所对应的曲轴转角。若供油提前角过大，则着火准备期过长，使发动机工作粗暴，噪声增加，甚至引起爆震；若供油提前角过小，则着火发生在活塞下行时，发动机动力下降。

喷油提前角——喷油始点A至活塞上止点所对应的曲轴转角。

喷油延迟期——泵油始点O到喷油始点A的间隔时间。高压油管越长，高压油腔的膨胀量越大，喷油延迟期越长。因此，应尽量缩短高压油管。

着火延迟期——喷油始点A至燃烧室内产生第一个火焰中心B所对应的曲轴转角。由于喷油后，混合气形成需要一定的时间才能着火，因此存在着火延迟期。着火延迟期越长，累积的燃油就越多，着火时的压力增加越快，使柴油机工作粗暴，发动机的噪声增大。

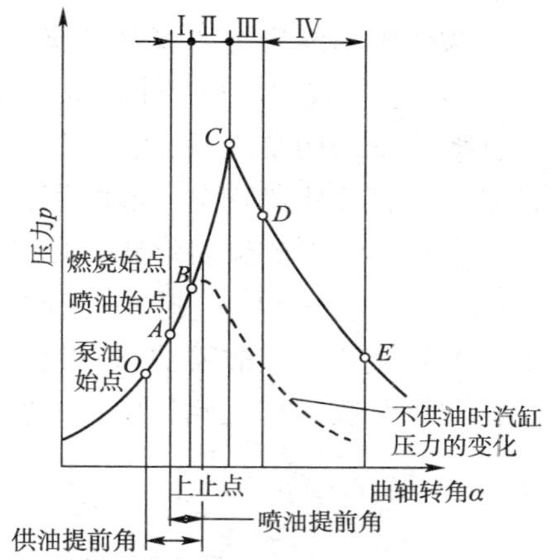

图21-2　汽缸压力与曲轴转角的关系
O-高压泵开始供油时刻；A-喷油器开始喷油时刻；B-自燃点

着火延迟期取决于：

（1）燃油的十六烷值。

（2）混合气形成的过程（喷油压力、喷油器形式、压缩比和燃油喷射方式等）。

（3）发动机的温度等。

速燃期——从火焰中心B点至缸内产生最高气压力C点所对应的曲轴转角。在这个阶段内，随着压缩行程的继续进行，缸内的压缩压力、温度不断升高，使得燃料的燃烧速率加快或称火焰的传播速率加快，火焰中心周围的大量可燃混合气迅速参与燃烧，汽缸内的燃烧气体压力急剧升高，直至压缩行程结束后（做功行程初期）达到最高压力点C。

在速燃期内，燃料在继续喷入，参与燃烧的燃油越多则缸内燃烧气体压力升高得越高，燃烧气体压力（热能）转换成曲轴旋转的动能（机械能）越多，发动机输出功率越高。但其平均压力升高率$\Delta p/\Delta\alpha$的大小将决定发动机工作的平稳性，若$\Delta p/\Delta\alpha$过大，发动机则易出现工作粗暴，其解决办法有两种措施：缩短着火延迟期或减少着火延迟期内喷入的燃油量。

速燃期的长短主要取决于：

(1)燃料的品质。

(2)可燃混合气形成的条件,如燃烧室的结构形式、压缩比、活塞行程等。

缓燃期——指从做功行程初期的最高压力点 C 至缸内燃烧气体压力变得较低不再对活塞做功的 D 点所对应的曲轴转角。在这一阶段,随着做功行程的进行,汽缸内空间容积增大,可燃混合气燃烧速率降低,参与燃烧的混合气数量减少,燃烧气体所产生的气压力迅速降低。在这一时期如果参与燃烧的燃油越多,则会因缸内温度高、氧气少废气多,燃油缺氧裂解生成黑色炭烟排出。

补燃期——指从做功行程末期的 D 点位置至排气行程结束的 E 点所对应的曲轴转角。它属于在速燃期和缓燃期内还未完全燃烧的可燃气体继续燃烧的时期。这一阶段时间过长或参与燃烧的燃料越多则燃料燃烧后的热效率越低,易导致发动机过热。

2)柴油机的燃烧室

柴油机的燃烧室大致有直喷式、预燃室式、涡流室式三种

(1)直喷式燃烧室(图21-3)。直喷式燃烧室呈浅盆形,喷油器的喷嘴直接伸入燃烧室。这种燃烧室结构紧凑,散热面积小。因将燃油直接喷入燃烧室,故发动机起动性能好,做功效率高。直喷式燃烧室一般配用孔式喷油器,可选配双孔或多孔喷油器。

根据喷油器的安装形式,可选用ω形活塞和锥形活塞,如图21-4、图21-5所示。ω形活塞配合四孔喷油器,可使喷注在燃烧室内形成ω形涡流,有利于燃油与空气的混合。锥形活塞配合直列放置的喷油器,可使喷注沿锥形凹坑由中间向四周形成涡流。目前,新型的燃油共轨系统多采用此种形式的燃烧室和活塞。

图21-3 直喷式燃烧室

图21-4 ω形活塞

(2)分隔式燃烧室。为了增加主燃烧室内的涡流,使燃油能得到充分的空气进行扩散燃烧,有些柴油机设有主副燃烧室。一部分位于活塞顶与缸盖底面之间,称为主燃烧室;另一部分在汽缸盖内,称为副燃烧室。主燃烧室与副燃烧室有通道相连。喷油器装在副燃烧室内,柴油在副燃烧室内燃烧后喷入主燃烧室,推动活塞向下运动。

副燃烧室有涡流室式和预燃室式两种。预燃室式燃烧室如图21-6所示,一般采用浅盆形(图21-7)或平顶活塞。涡流室式燃烧室如图21-8所示,一般采用平顶活塞。

图21-5　锥形活塞

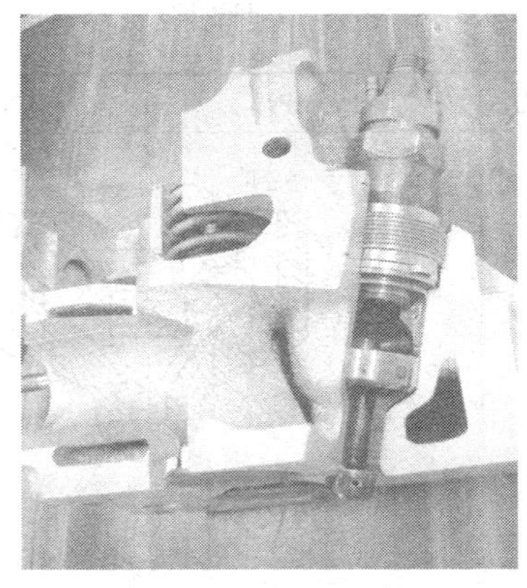

图21-6　预燃室式燃烧室

图21-7　浅盆形活塞

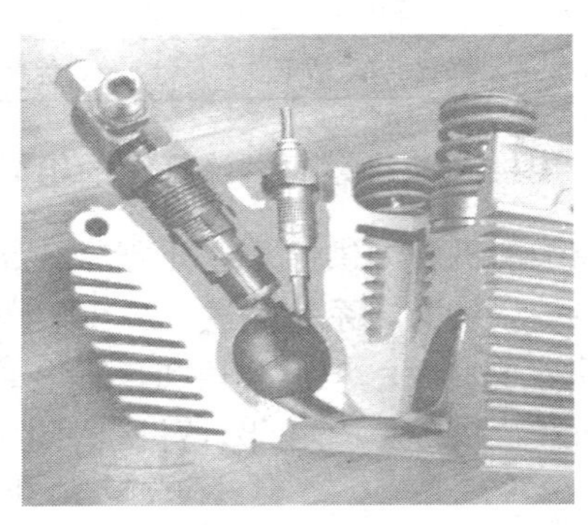

图21-8　涡流室式燃烧室

分隔式燃烧室一般采用轴针式喷油器，喷油压力要求不高。其优点是：运转平稳，转速范围宽。缺点是：燃烧压力低，动力性差，起动性能差，一般需要使用预热装置。分隔室式燃烧室在客车上使用广泛。

各种燃烧室系统比较：各类燃烧室的特点比较见表21-1。

各种燃烧系统比较　　表21-1

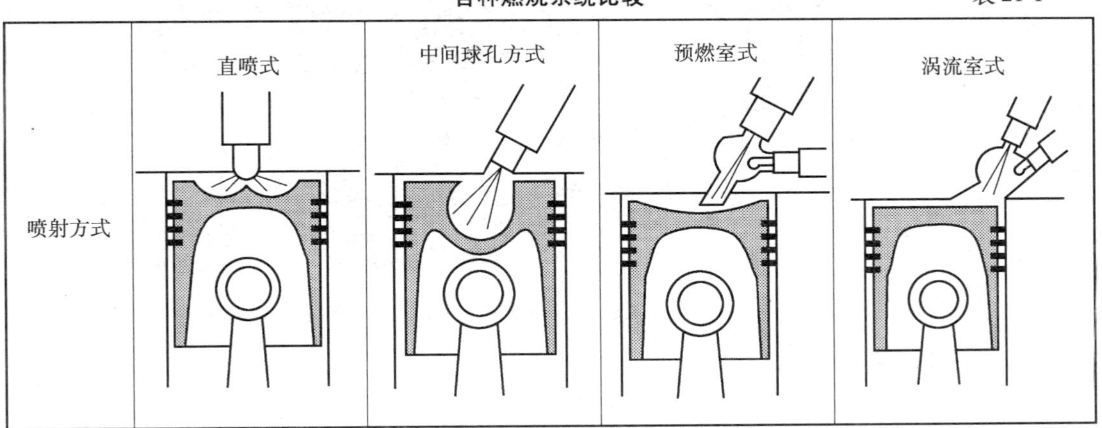

	直喷式	中间球孔方式	预燃室式	涡流室式
喷射方式				

续上表

喷射压力	150MPa	70MPa	50MPa	50MPa
喷油嘴形式	孔式		轴针式	
燃油消耗	少		增加 10% ~15%	
辅助装置	无		预热塞	
发动机运转	噪声大	噪声小	平稳、噪声小	
使用	载货汽车、轿车	载货汽车	轿车	

6 电控柴油机燃油供给系统的组成、结构和工作原理

电控柴油机燃油供给系统分为常规型和共轨型两种。

1)电控柴油共轨系统简述

20 世纪 90 年代,博世公司和日本电装公司先后研制出一种全新的燃油喷射系统——电控柴油共轨系统。1994 年,博世公司生产的第一代电控柴油共轨系统如图 21-9 所示。

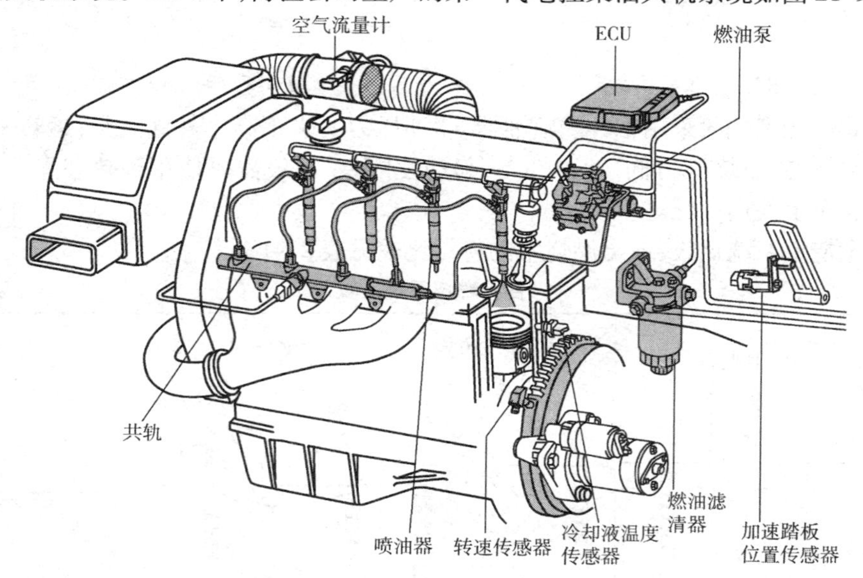

图 21-9 电控柴油共轨系统

2)电控柴油共轨系统的组成

电控柴油共轨系统主要由 ECU、燃油泵、喷油器、空气流量计、共轨组件、限压阀和调压

阀、加速踏板位置传感器、电磁断油阀等组成。

3)电控柴油共轨系统的使用特点

(1)共轨压力高达135～200MPa,使得喷油雾化极好,燃烧彻底,发动机的动力性和经济性好。

(2)采用高速电磁阀控制燃油喷射,可以实现预喷射(一个工作循环可以实现4～6次燃油喷射),使柴油燃烧更彻底。

(3)闭环控制。

(4)满足欧Ⅲ以上排放法规。

4)电控柴油共轨系统的优点

(1)自由调节喷油压力(共轨压力):利用传感器测量共轨内的燃油压力,从而调整供油泵的供油量、控制共轨压力(共轨压力就是喷油压力)。此外,还可以根据发动机转速、喷油量的大小与设定的最佳值(指令值)始终一致地进行反馈控制。

(2)自由调节喷油量:以发动机的转速及加速踏板位置信息等为基础,由计算机计算出最佳喷油量,通过控制喷油器电磁阀的通电、断电时刻直接控制喷油参数。

(3)自由调节喷油率曲线形状:根据发动机用途的需要,设置并控制喷油率曲线形状,预喷射、后喷射、多段喷射等。

(4)自由调节喷油时间:根据发动机的转速和负荷等参数,计算出最佳喷油时间,并控制电控喷油器在适当的时刻开启或关闭,从而准确控制喷油时间。

在电控柴油共轨系统中,由各种传感器(发动机转速传感器、加速踏板位置传感器、温度传感器等)实时检测出发动机的实际运行状态,由微型计算机根据预先设计的计算程序进行计算后,定出适合于该运行状态的喷油量、喷油时间、喷油率等参数,使发动机始终都能在最佳状态下工作。

5)电控柴油共轨系统的结构与工作原理

(1)电控柴油共轨系统的工作过程。燃油从燃油箱经输油泵供入供油泵中,在供油泵中提升压力之后,送入共轨。共轨内的燃油压力在25(怠速)～160MPa(额定转速)。共轨内的高压燃油供给各个汽缸所对应的喷油器,设置在电控喷油器上的电磁阀严格按照ECU发来的指令动作,控制各个汽缸的喷油时间和喷油量,向各个汽缸内喷射最适量的燃油。

发动机转速、发动机负荷等各种传感器信息、各种开关的信号送入ECU。ECU根据这些信息,通过预先编制好的计算处理程序计算处理后向供油泵、喷油器等执行器发出控制指令,从而实现对燃油喷射过程的最佳控制。

(2)供油泵的结构与工作原理。供油泵的结构如图21-10所示,由驱动轴、柱塞、进出油阀、电磁断油阀、压力调节阀和机体等组成。驱动轴由发动机驱动,其偏心凸轮有三个凸轮,分别驱动三组柱塞,驱动轴每转一圈,三柱塞分别上下运动一次。

当柱塞下行时,将燃油从吸油管经止回阀、进油阀被吸入,如图21-11所示。当柱塞克服弹簧弹力上行时,进油阀关闭,出油阀打开,将燃油从高压油管压出。柱塞的复位靠的是复位弹簧的弹力。

①压力调节阀。由电磁阀、阀针、密封球和平衡弹簧等组成。油压传感器可检测共轨中的压力,如图21-12所示。当油压过高时,ECU控制压力调节阀打开(电磁阀通电),磁力

将针阀向上抬起,密封孔打开而卸压。

②电磁断油阀。供油泵产生的高压燃油经共轨分配到各个汽缸的喷油器中,燃油压力由设置在共轨内的油压传感器检出,反馈到控制系统,并使实际压力值和事先设定的、与发动机转速和发动机负载相适应的压力值始终一致。

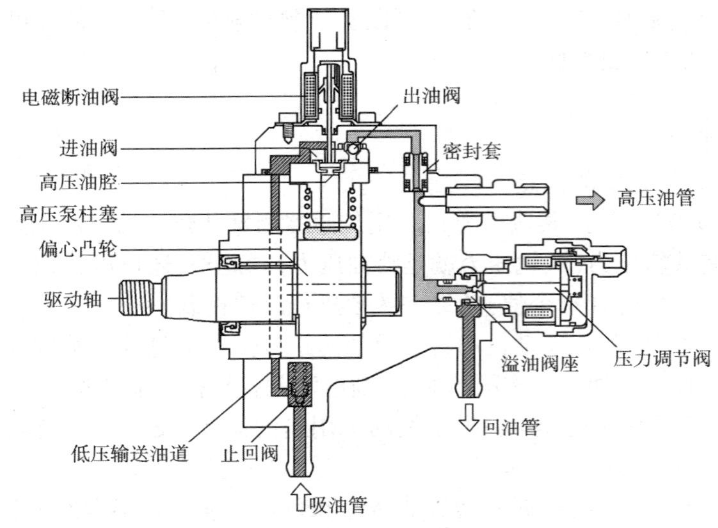

图 21-10　供油泵结构

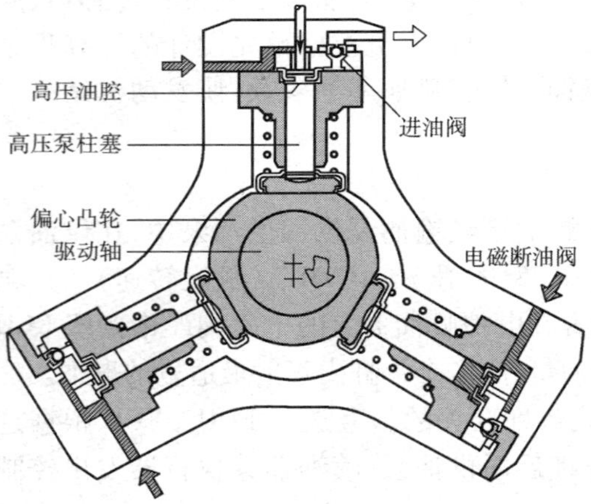

图 21-11　供油泵工作原理

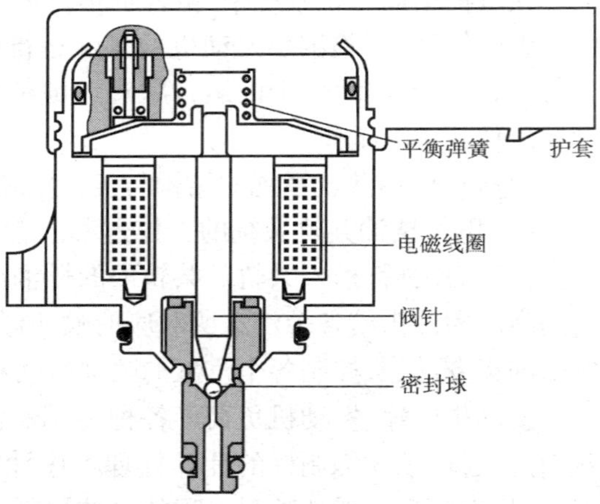

图 21-12　压力调节阀

a. 柱塞下行,控制阀开启,低压燃油经控制阀流入柱塞腔。

b. 柱塞上行,电磁断油阀尚未通电,控制阀仍处于开启状态,吸进的燃油并未升压,而是经电磁断油阀流回低压腔。

c. ECU 计算出所需供油量对应的电磁断油阀通电时间,并适时地向控制阀供电,其阀门开启,切断回油通路,柱塞腔内的燃油增压,高压燃油经出油阀(止回阀)被压入共轨内。如果改变电磁断油阀的开启时间(柱塞的预行程),则供油量随之改变,从而可以控制共轨压力。

d. 凸轮越过最大升程后，柱塞进入下降行程，柱塞腔内的压力降低，随着出油阀的关闭，压油停止。继续下行，由于电磁断油阀处于断电状态，其阀门开启，低压燃油将被吸入柱塞腔内，即回复到a状态，之后周而复始。

(3)喷油器的结构与工作原理。喷油器的结构如图21-13所示，主要由喷油嘴、顶针、电磁阀、控制活塞和球阀等组成。

电控喷油器中由电磁阀直接控制喷油始点、喷油间隔和喷油终点，从而直接控制喷油量、喷油时间和喷油率。电控喷油器实际上完成了传统喷油装置中的喷油器、调速器和提前器的功能。

与直喷式柴油机中的机械式喷油器体相似，喷油器可用压板等安装在汽缸盖上。

高压油从进油管进入，通过油道进入喷油器A腔，同时也通过节流孔进入喷油器的B腔。由于B腔和A腔压力相同，故喷油器针阀关闭，如图21-13a)所示。

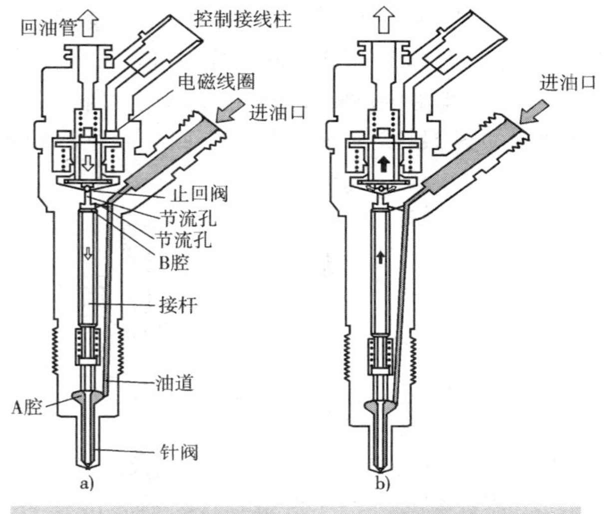

图21-13　喷油器结构

当电磁阀通电后，接杆被电磁力吸起，止回阀在油压作用下打开，B腔卸压，A、B腔的压力差将针阀抬起，喷油器喷油，如图21-13b)所示。

(4)共轨组件。共轨组件如图21-14所示，它的作用是接受从供油泵供来的高压燃油，并按照ECU的指令向各个汽缸分配燃油。共轨组件中还有压力限制器、流动缓冲器和压力传感器等，随时监测有无过剩燃油流出、喷射，并监测压力是否正常。

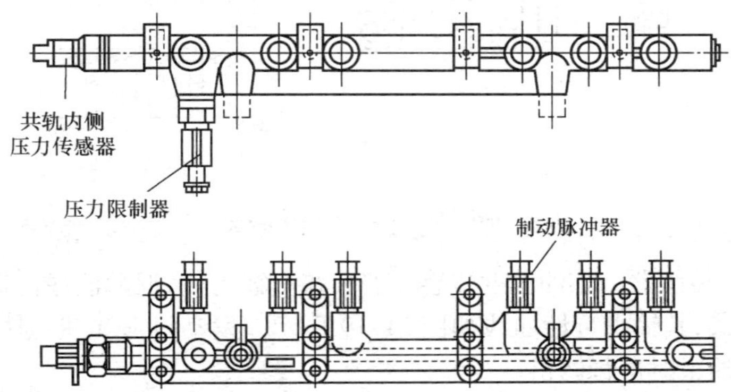

图21-14　共轨组件

6)燃油共轨系统的各种传感器

(1)发动机转速传感器。霍尔式发动机转速传感器如图21-15所示，它安装在飞轮壳上，以脉冲形式检测发动机转速。供油泵传感器布置在供油泵上，具有传感器功能，对汽缸进行判别。

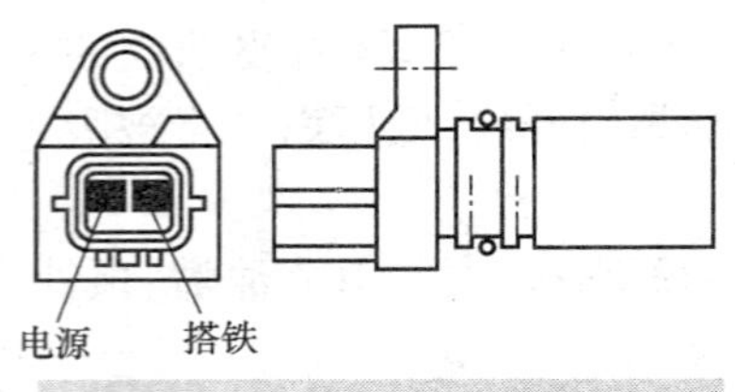

图 21-15　发动机转速传感器

(2)加速踏板位置传感器。加速踏板位置传感器的外形如图 21-16 所示,由加速踏板轴驱动,内置两套输出电路,可以检测出脚踩加速踏板的力(加速踏板转过的角度和速度)并确保可靠性。

(3)增压压力传感器。增压压力传感器如图 21-17 所示,它安装在进气管上,随时监视增压器提供的进气压力变化,发动机 ECU 据此对燃油喷射进行最佳化控制。

(4)冷却液温度传感器。冷却液温度传感器通常为负温度系数热敏电阻式,其输出特性曲线如图 21-18 所示。发动机 ECU 根据冷却液温度的变化,对燃油喷射量和喷油正时进行修正。

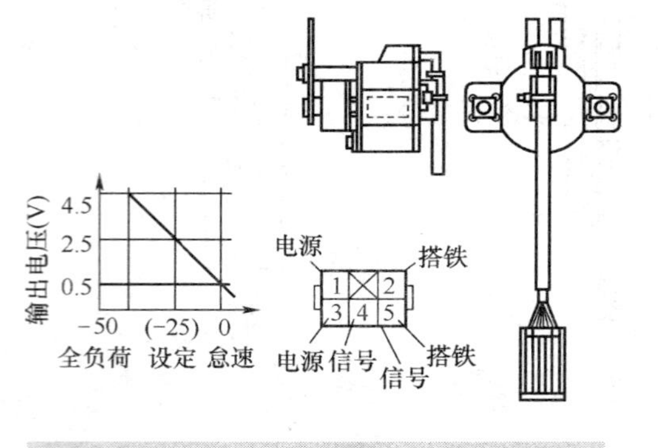

图 21-16　加速踏板位置传感器

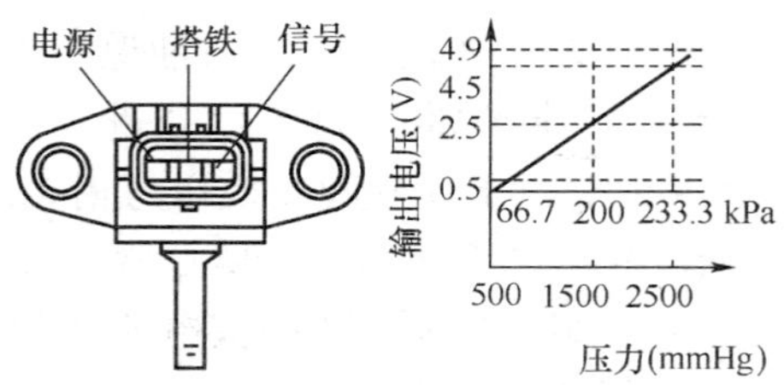

图 21-17　增压压力传感器

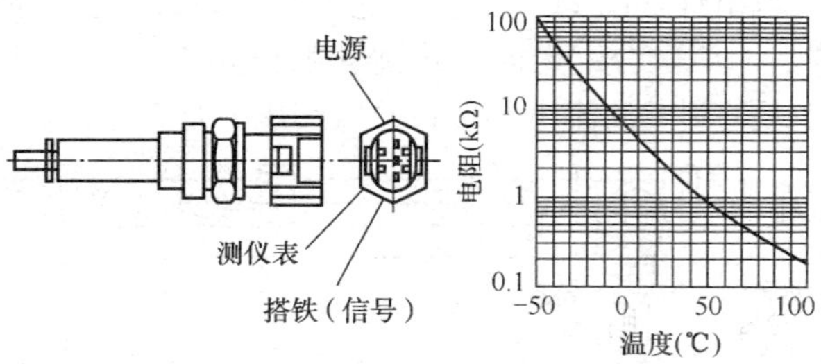

图 21-18　冷却液温度传感器

(5)燃油温度传感器。燃油温度传感器安装在汽缸上,靠近燃油滤清器的位置,为负温度系数热敏电阻式,其输出特性曲线如图 21-19 所示。发动机 ECU 根据燃油温度变化,对燃油喷射量和喷油正时进行修正。

(6)大气温度传感器。大气温度传感器安装在进气管的前部,为了确保燃油喷射最佳化,随时都在监视着大气温度的变化。

(7)车速传感器。车速传感器安装在变速器上,其外形如图 21-20 所示。发动机 ECU 根据车速信号,对燃油喷射量、喷油正时和发动机怠速进行控制。

(8)加速踏板开关。加速踏板开关安装在加速踏板上,其外形如图 21-21 所示。发动机 ECU 据此确定是否进行怠速控制。

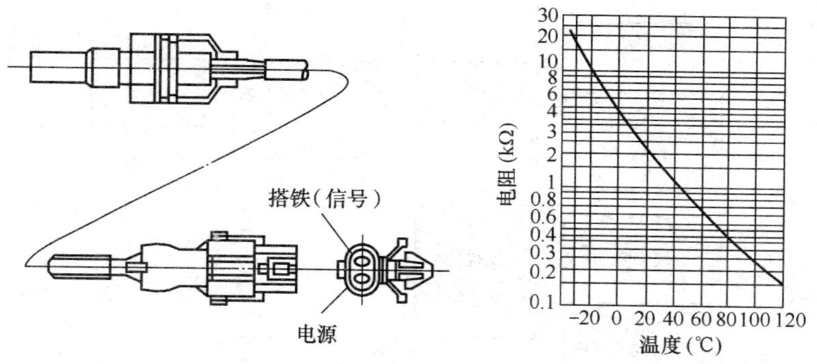

图21-19 燃油温度传感器

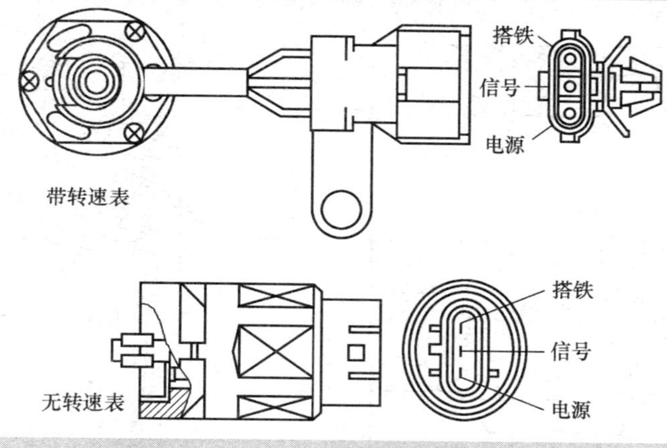

图21-20 车速传感器

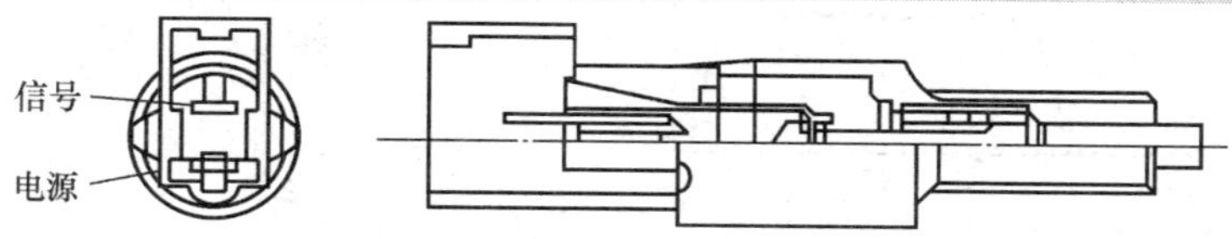

图21-21 加速踏板开关

(9)大气压力传感器。大气压力传感器布置在ECU内部,ECU用于监测大气压力,并对燃油喷射量进行修正。

(10)诊断开关。诊断开关(插座颜色:白色)布置在检查盒内,在进行故障诊断时使用。

7)发动机ECU的控制

(1)喷油正时的确定。电控柴油共轨发动机的喷油正时由基本喷油正时和修正喷油正时两部分组成,基本喷油正时由发动机转速和加速踏板开启度角决定;修正喷油正时则由冷却液温度、进气压力等参数来决定,如图21-22所示。发动机ECU将两者合并计算即可得到最佳喷油正时。

(2)喷油控制。喷油器电磁阀的通电时刻决定了喷油始点,电磁阀通电时间的长短决定了喷油量。发动机ECU将喷油正时和喷油量这些基本喷油参数以脉冲的方式驱动喷油器工作。喷油器中的指令脉冲、针阀升程、指令压力和喷油率图形随时间变化的过程如图21-23所示。

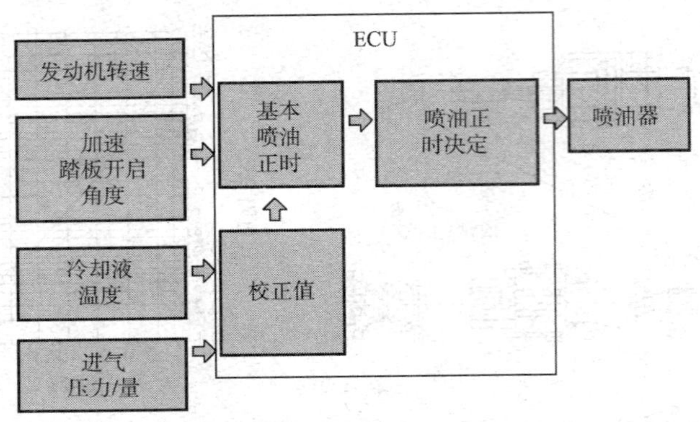

图 21-22　喷油正时的确定

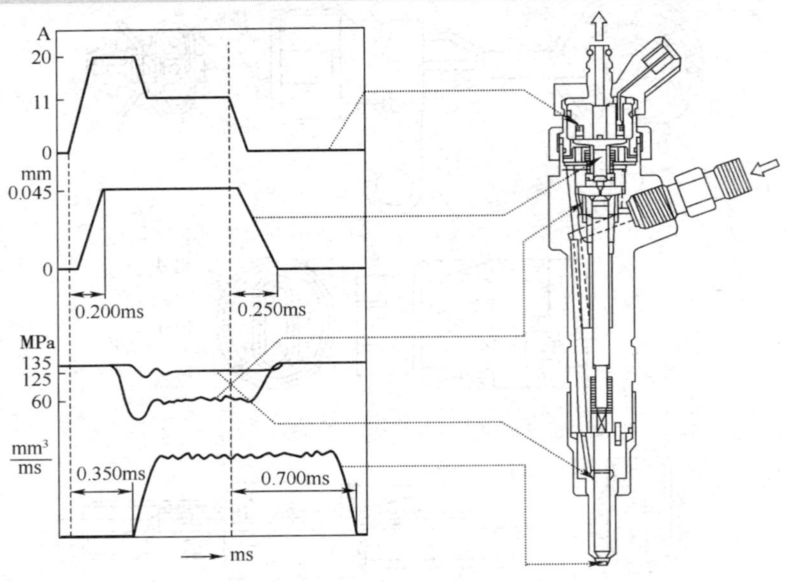

图 21-23　喷油控制

(3)起动时的喷射控制。ECU 根据起动信号和冷却液温度传感器信号确定起动时的喷油量。发动机温度越低,喷油量越大,如图 21-24 所示。

为确保能够起动,当冷却液温度低时,ECU 将喷油提前,并提高发动机转速。

(4)喷油率控制。电磁阀通过控制喷油器控制腔内的压力来控制喷油的开始和喷油终了。量孔大小既控制喷油嘴针阀的开启速度,也控制喷油率图形。

由于高速电磁阀的使用,可以实现在一个做功循环内的多次喷油。喷油器喷油可分为三个阶段。

①预喷阶段。在主脉冲之前,有一个脉宽相当小的预喷射脉冲。根据缸内温度控制柴油起燃,如图 21-23 所示。根据发动机的实际需要,预喷射形状可以有多种形式。

决定预喷射形状的参数有:预喷油量大小及预喷油与主喷油之间的时间间隔。但是,实现该理想喷油速率图形的具体方法主要是准确而细致地调节脉冲始点、脉冲宽度和脉冲间隔。

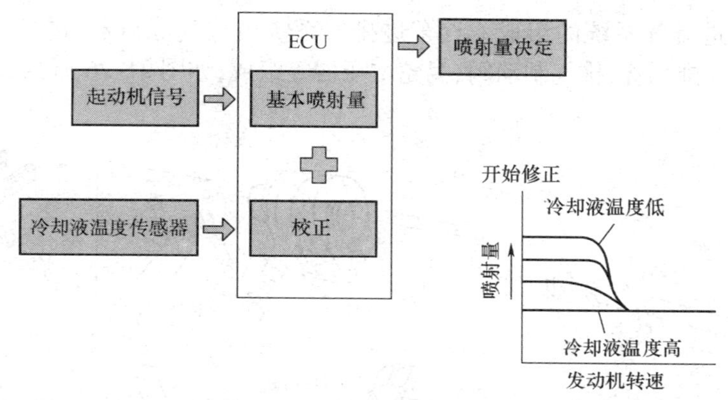

图21-24 喷射控制

②主喷阶段。如图21-23所示，根据发动机转速、负荷信号和驾驶员的操作意图，控制发动机的动力输出。

③后喷阶段。是在排气门打开时的喷射，如图21-23所示。

其作用是：

a. 降低缸内温度，抑制 NO_x 的产生。

b. 在排气管中二次燃烧，有利于颗粒物的消除。

(5)怠速控制。ECU根据各传感器的信号，按驱动状态计算目标转速，再将目标转速与发动机转速进行比较，通过控制喷油量，以校正怠速，如图21-25所示。

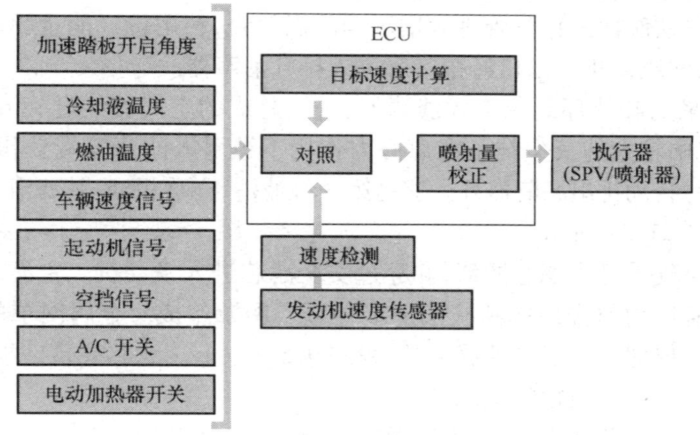

图21-25 怠速控制

当发动机暖机或空调/电加热器运行期间，ECU为防止负荷的增加而引起怠速不稳，在发动机转速波动前会自动增加喷油量。

在怠速时，如发动机的转速超过规定范围，ECU可校正每个汽缸的喷油量，从而减少怠速的振动和噪声。

8)柴油机进排气系统

(1)柴油机进排气系统的功用。柴油机进排气系统的功用是向柴油机供给新鲜、无灰尘、高密度的空气，并将汽缸内燃烧后的废气尽量排除干净。

(2)柴油机进排气系统的组成。汽车进排气系统由空气滤清器、进气歧管、空气加热器、滤网、进气管、排气管、排气制动阀、涡轮增压器等组成,如图21-26所示。

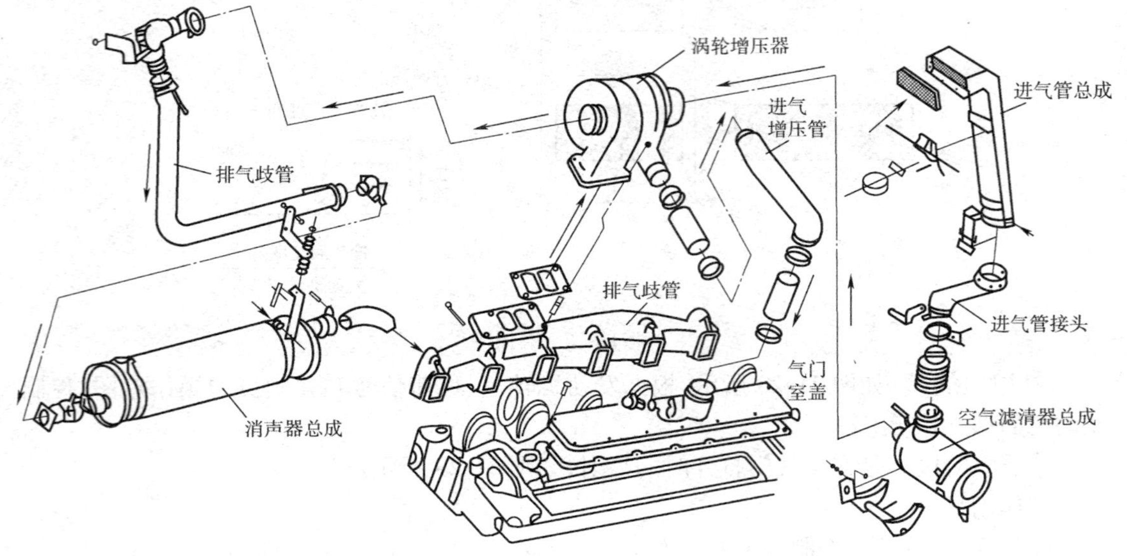

图21-26 进排气系统

空气通过空气滤清器进入增压器的进口,然后经增压器的压缩,以较高的压力、密度和温度经过进气歧管进入发动机进气管、进气道,最终进入发动机燃烧室。

燃烧后的废气从脉冲式排气管进入增压器的涡轮壳,利用排气能量驱动涡轮压气机转子转动,然后进入增压器排气出口经排气管进入排气消声器。

空气滤清器采用叶片环旋流干式滤清器,进入总成的空气流经过旋流叶片时,产生强烈的旋流,使空气中较大的灰尘粒子在离心力作用下被甩入滤清器端盖积灰盘内,并通过排尘袋(俗称鸭嘴)自动排出滤清器外。这是第一级滤清,亦称粗滤,其滤清效果达到75% ~ 80%。其总成如图21-27所示。

经过粗滤的空气再经主滤芯滤清,并穿过安全滤芯进入发动机。主滤芯是由经树脂处理的微孔滤纸折棱后均匀排列成圆柱形加上外金属网罩组成。金属网罩的作用是防止滤纸在使用和维护时损坏。主滤芯的滤清效果在99.5%以上。滤芯一旦破损,会失去滤清效果,因此,决不允许使用已破损的主滤芯。

安全滤芯也是由滤芯加内、外金属网罩组成,滤芯的材料为滤纸。一旦主滤芯破损,安全滤芯可暂时起到滤清作用。

通常空气滤清器在汽车行驶4000 ~ 8000km时进行除尘;20000 ~ 25000km时更换滤芯和密封圈。

经空气滤清器过滤后的清洁空气进入涡轮增压器,再由增压器加压,以增大进入汽缸的空气密度和质量。增压器的结构可参见图20-40。

增压后的空气,其压力、密度、温度都相应得到提高。但其温度的上升,又相应减小了空气密度。因此,在进气增压系统中通常都设置中间冷却器(简称中冷器)。中冷器多为空冷式,设置于发动机散热器前面,如图21-28所示。

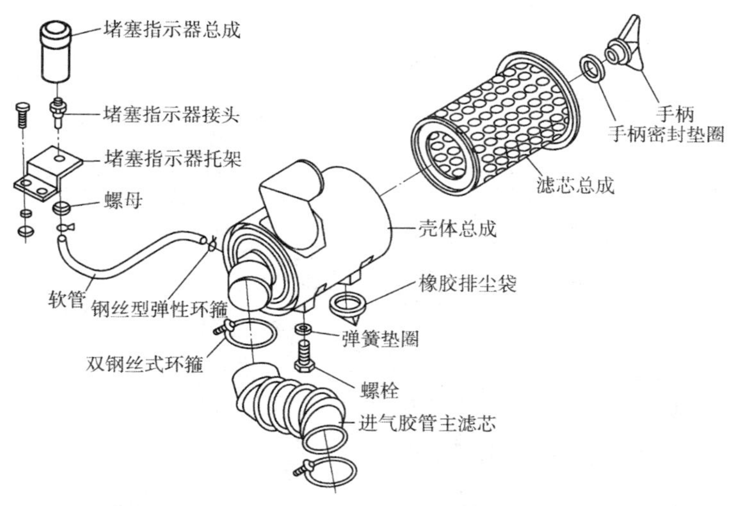

图21-27　空气滤清器总成

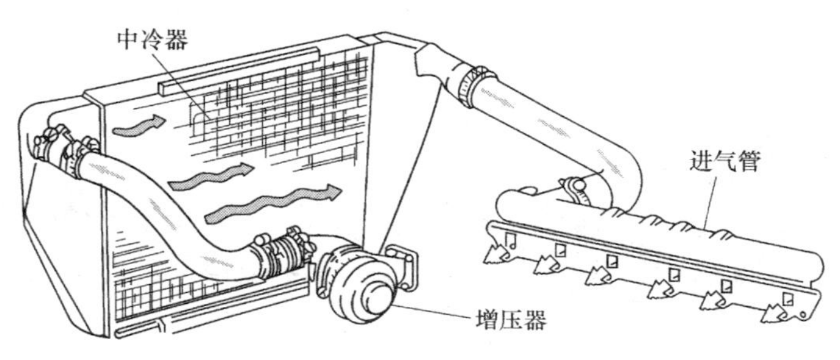

图21-28　中间冷却器

二、任务实施

项目1　拆卸更换高压油泵总成

1　项目说明

现有一辆2010款奥迪A6轿车(装备共轨型电控柴油发动机,其型号为CANA-TDI型)出现动力严重不足现象,经维修技术人员的诊断检测,确定为高压油泵故障。

你作为一名维修人员,请按企业维修技术规范的要求完成高压油泵总成的拆装更换作业。

2　技术标准与要求

(1)每3~4名学员为一个小组,完成该项作业。

(2)技术标准:该车型燃油供给系统和高压油泵齿形带装配关系分别如图21-29、图21-30所示,其中连接螺栓(或螺母)和油管接头的拧紧力矩等相关技术参数见表21-2。

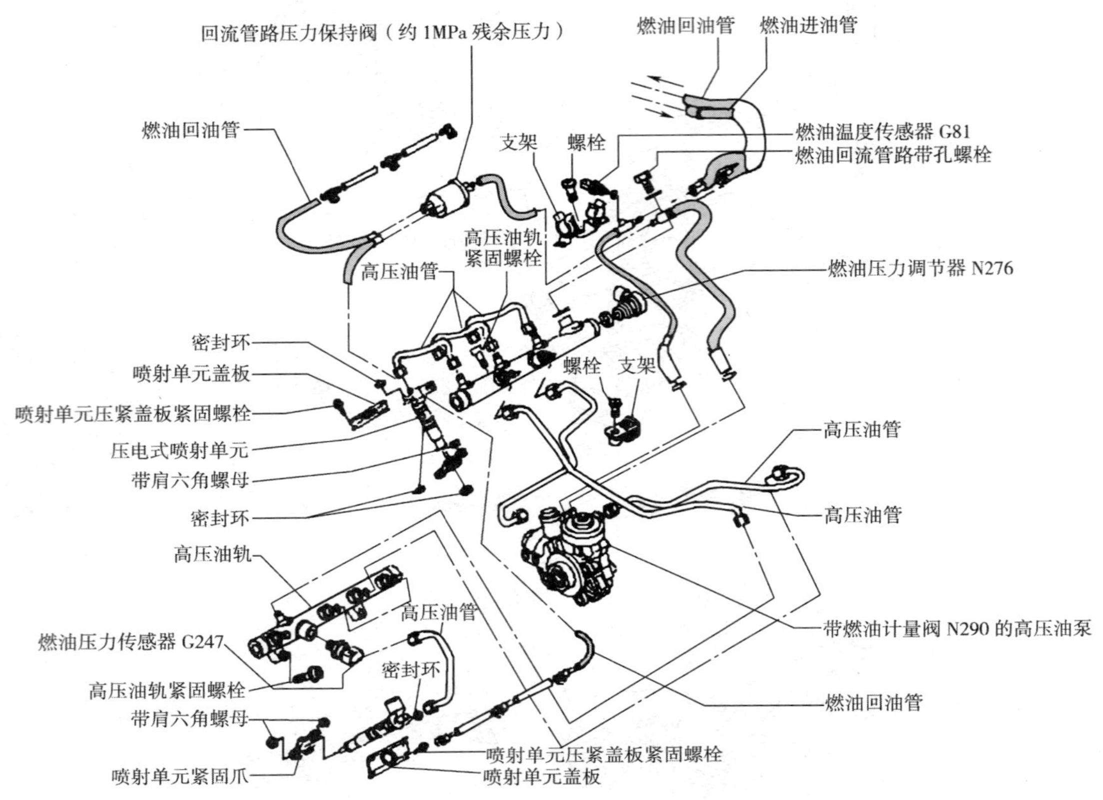

图21-29 CANA型发动机燃油供给系统组成图

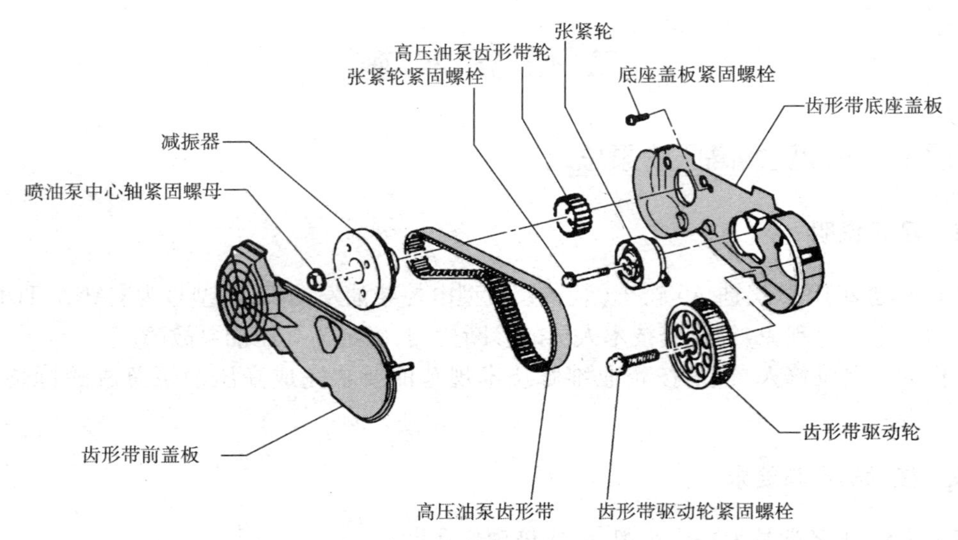

图21-30 高压油泵齿形带装配关系

奥迪 A6 轿车用高压油泵相关维修参数　　表21-2

零件名称	标准力矩(N·m)	零件名称	标准力矩(N·m)
燃油回流管路带孔螺栓	25	带肩六角螺母	10
喷射单元压紧盖板紧固螺栓	5.5	高压油轨紧固螺栓	22
燃油压力传感器 G247	30	高压油管连接螺母	25
高压油泵中心轴紧固螺母	70	张紧轮紧固螺栓	23
齿形带驱动轮紧固螺栓	75	底座盖板紧固螺栓	9
高压油泵及托架的连接螺栓	22	托架与汽缸体间连接螺栓	23

3　设备器材

(1)常用工具:8、10、12、14、17、19、21mm 等梅花扳手和开口扳手1套,50mm×300mm 活扳手1把,尖嘴钳1把,长柄大号一字螺丝刀1把,内六角扳手1套。

(2)专用工具(SST):SST-3036、SST-3032、SST-T40064、扭力扳手 V.A.G 1331、SST-T40055 等。

4　作业准备

(1)车辆维修用翼子板布、前格栅布、抹布等辅助材料。

(2)工作台1张,盛零件盘数个。

(3)化清剂1瓶。

5　操作步骤

(1)打开发动机罩,铺上翼子板布、前格栅布,参照图21-31所示的位置1、2,徒手向上提起发动机隔声罩,并将其取下,注意不应用力过猛。

(2)拔出机油尺,松开节气门体处(发动机舱左前角)进气软管卡箍夹紧固螺钉,脱开进气软管,如图21-32所示,并取下节气门控制单元J338的线束插接器,拆卸J338的连接紧固螺栓,取下J338。

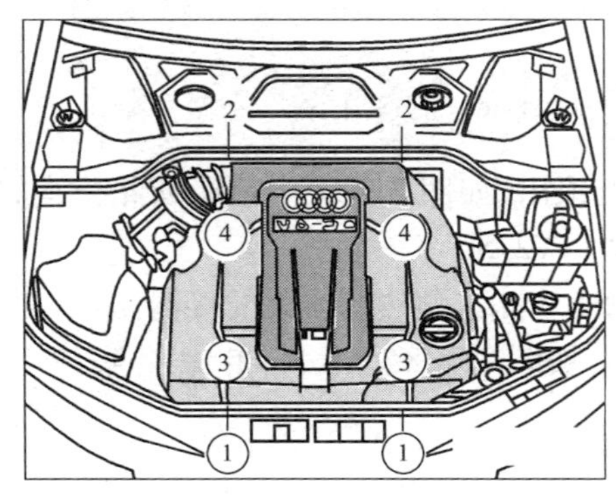

图21-31　发动机隔声罩位置图

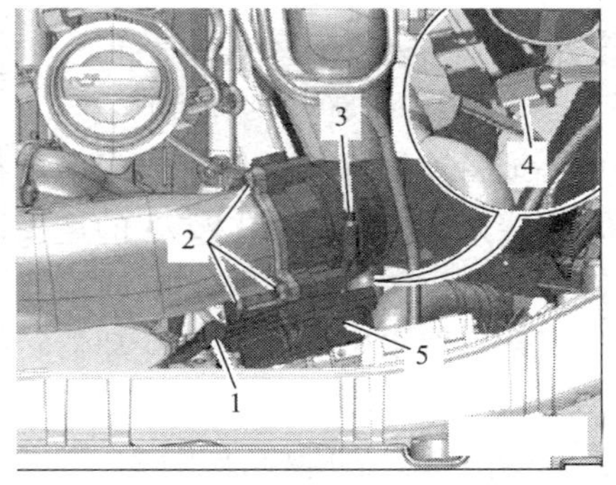

图21-32　节气门体位置图

1-机油尺;2-节气门体紧固螺栓;3-进气软管卡箍夹紧固螺钉;4-节气门控制单元线束插接器;5-节气门控制单元J338

(3)旋出如图21-33中箭头所示的高压油管的紧固夹圈螺栓,并取下夹圈,使用专用工具拆卸位置1、4处的高压油管连接螺母(分别如图21-34、图21-35所示),并取下高压油管(不必拆卸位置2、3间的高压油管)。

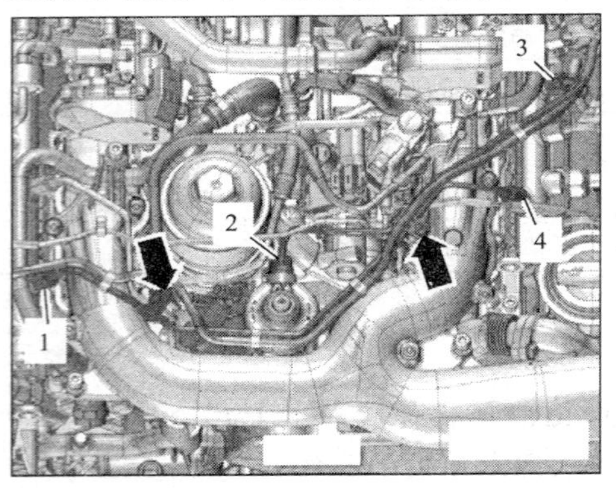

图21-33 高压油管连接位置图

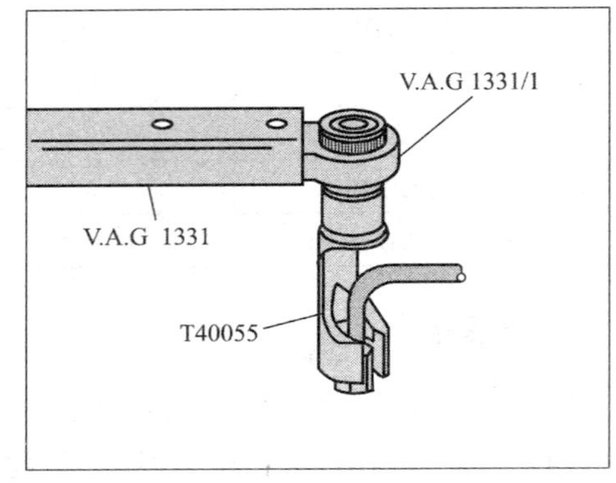

图21-34 高压油泵侧高压油管接头拆卸用工具(自2005年10月起)

(4)拆卸发动机盖板定位螺栓1、2,如图21-36所示,拆卸图中箭头所示的进气管上部件的连接螺栓,并取下进气管上部件,随后用干净的抹布堵塞汽缸体侧的进气孔道,防止异物进入。

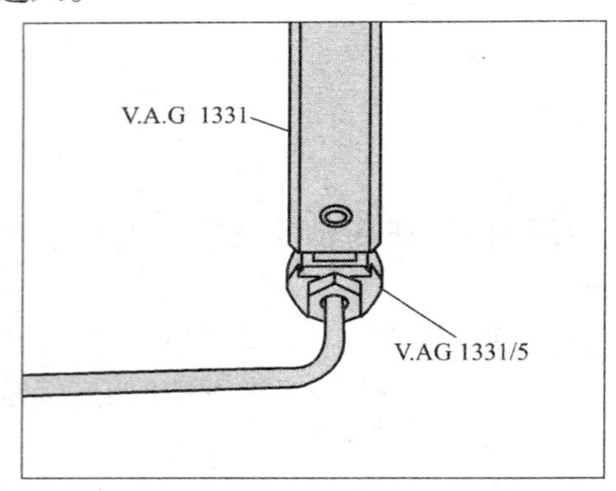

图21-35 共轨侧高压油管接头拆卸用工具(自2005年10月起)

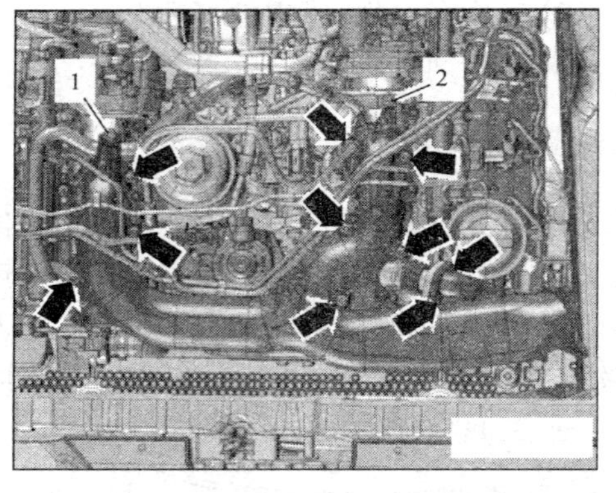

图21-36 进气管上部件位置图

(5)小心地将连接杆从进气管风门电动机V275上顶出,如图21-37中箭头所指方向,拆卸V275的线束插接器,拆卸V275的连接螺栓,并取下V275。

(6)拆卸右侧汽缸列(车辆左侧,或称汽缸2列)的4、5、6缸预热塞线束插接器。

(7)从支架上取出废气再循环冷却器转换阀N345,如图21-38所示,拆卸螺栓4,拧出图中箭头所示卡箍紧固螺栓。

(8)拆卸隔热板紧固螺栓,如图21-39中箭头所指。

(9)拆卸废气再循环管卡箍紧固螺栓,并取下废气再循环管,并用干净抹布堵塞汽缸体侧废气再循环通道,如图21-40所示。

(10)小心取出左侧进气管下部件。

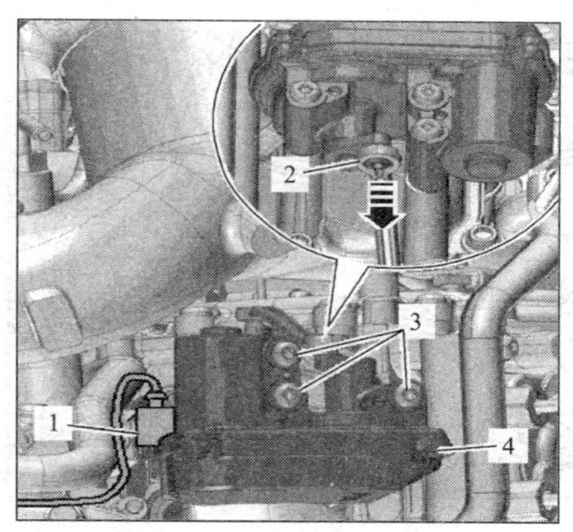

图21-37　进气管风门电动机位置图
1-线束连接器;2-连接杆;3-紧固螺栓;4-进气管风门电动机

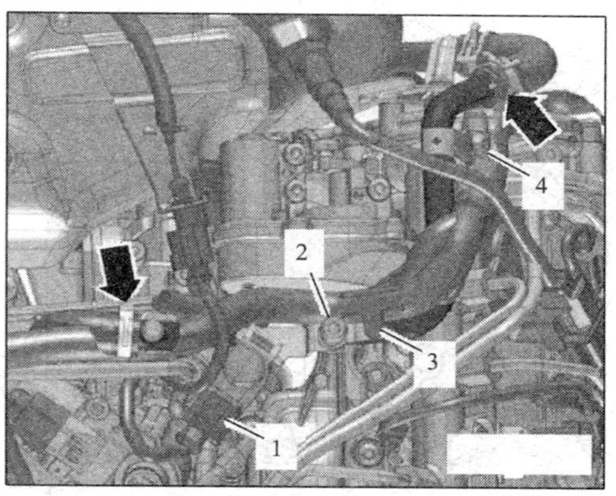

图21-38　废气再循环连接管位置图
1-废气再循环冷却器转换阀N345线束插接器;2、3、4-连接紧固螺母、螺栓

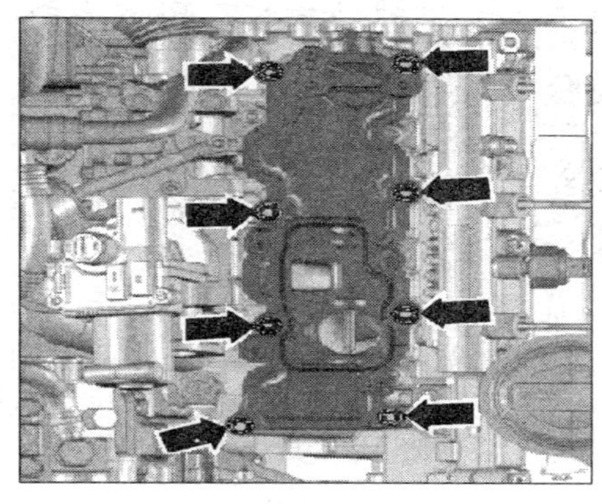

图21-39　隔热板位置图

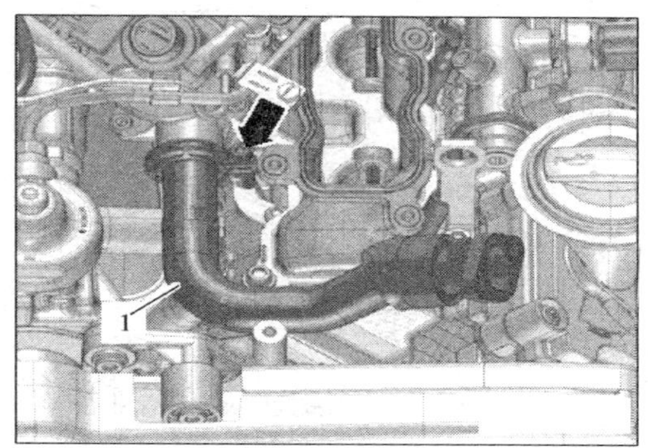

图21-40　废气再循环管位置图

(11)松开齿形带盖板卡夹,如图21-41中箭头所指,并向前翻转齿形带盖板,脱出齿形带盖板背面的固定榫头,取下齿形带盖板。

(12)拆卸张紧轮紧固螺栓,如图21-42中箭头所指,并取下张紧轮。

(13)用SST-3036拧松高压油泵轴中心螺母,并取下减振器,如图21-43所示。

(14)用SST-3036拧松高压油泵齿形带驱动轮的中心螺栓,如图21-44所示。

(15)用SST-3032拉出高压油泵齿形带驱动轮(连同齿形带一起),并用记号笔在齿形带上做好旋转方向标记,如图21-45所示。

(16)用SST-T40064拉出高压泵齿形带轮,如图21-46所示。

(17)拆卸高压油泵齿形带底座盖板紧固螺栓,如图21-47中箭头所指。

(18)拆卸废气再循环连接管紧固螺栓,如图21-48中箭头所指。

(19)用化清剂清洁高压油泵处的燃油管接头,并擦拭干净,再拆卸燃油供油管接头紧固螺栓2和燃油回油管接头紧固螺栓1,并用塑料袋密封管口将其置于一侧,如图21-49所示。

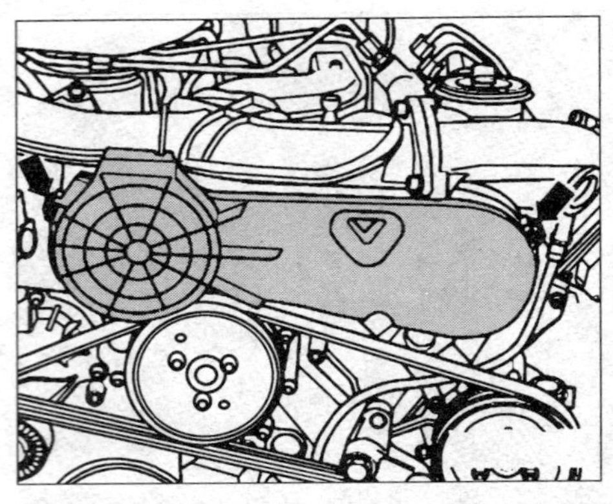
图 21-41　齿形带盖板位置图

图 21-42　正时齿形带张紧轮位置图

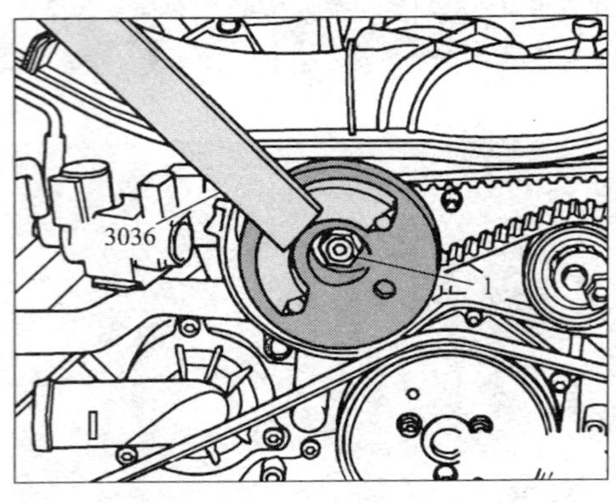

图 21-43　高压油泵轴减振器拆卸示意图

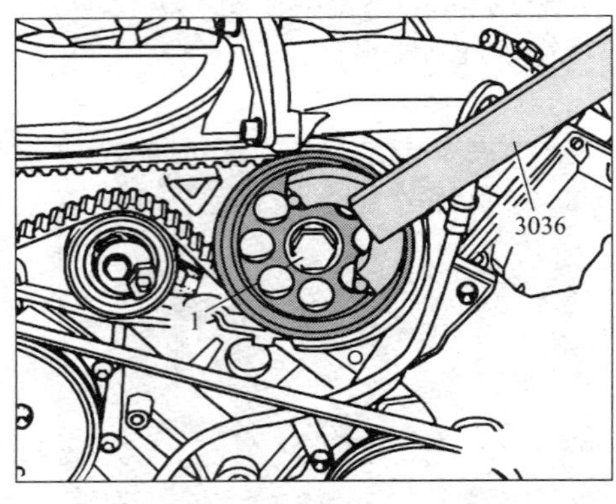

图 21-44　高压油泵正时带驱动轮位置图

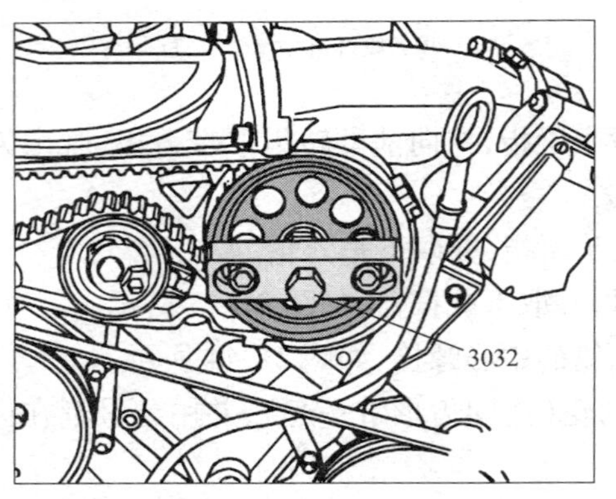

图 21-45　高压油泵正时带驱动轮拆卸示意图

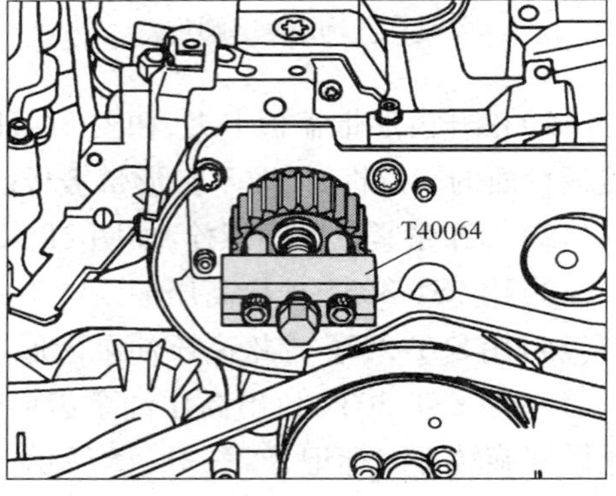

图 21-46　高压油泵齿形带轮拆卸示意图

(20)取下高压油泵处燃油计量阀 N290 的线束插接器,如图 21-50 所示,并拆卸图中箭头所指紧固螺栓,取下高压泵总成(连同托架一起)。

(21)拆卸高压油泵与其托架的连接紧固螺栓,如图 21-51 中箭头所指,分离高压油泵和托架。

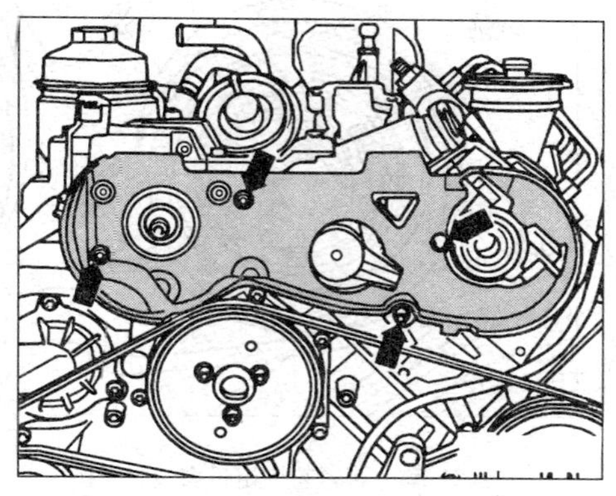

图21-47 高压油泵正时齿形带底座盖板

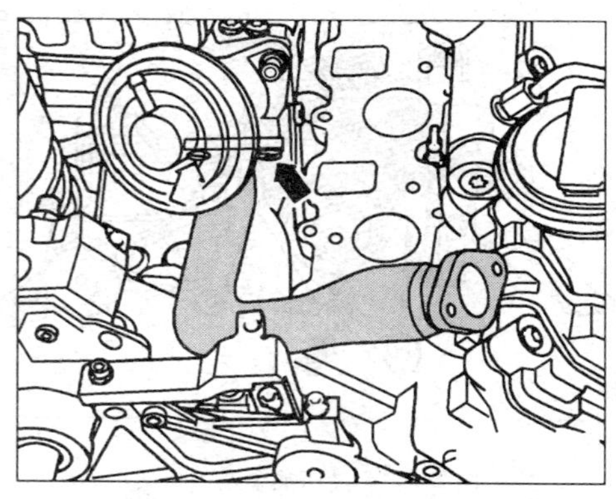

图21-48 废气再循环连接管位置图

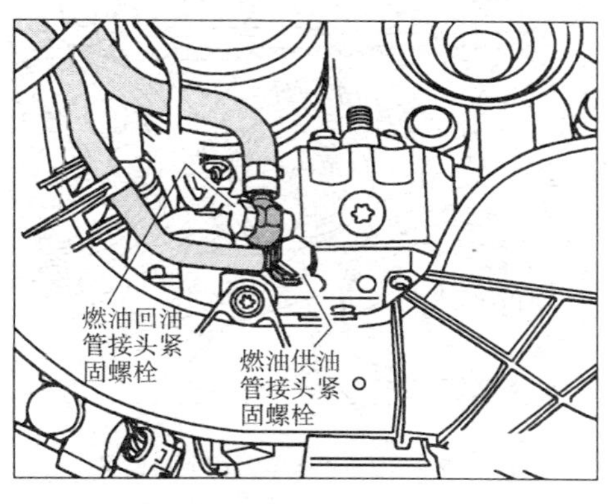

图21-49 高压油泵高压油管连接位置图

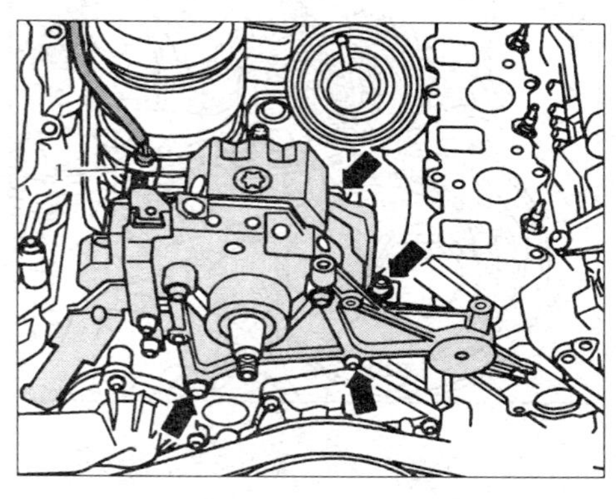

图21-50 高压油泵位置图

(22)更换高压油泵总成后,按规定力矩组装新的高压油泵和其托架,装车前应向高压泵内加满柴油。

(23)安装齿形带时应注意拆卸时所做的旋转方向标记。

(24)安装张紧轮时应按规定力矩将齿形带驱动轮紧固螺栓和高压油泵轴中心螺母拧紧,并将张紧轮的固定爪嵌入高压油泵托架的卡槽内,如图21-52中箭头所指,再徒手拧紧张紧轮的紧固螺栓。

(25)用一把内六角扳手沿图21-53中箭头所示方向(逆时针)预紧齿形带张紧轮,直到凸耳在缺口下方的尺寸达到约5mm(a=5mm)来调节齿形带的张紧力。

(26)再松开齿形带张紧轮紧固螺栓,直到凸耳1对准缺口2,如图21-54所示,使张紧轮保持在该位置,再拧紧其紧固螺栓。

(27)顺时针转动曲轴一周,检查张紧轮的凸耳1是否对准缺口2,否则,应重新调整。

(28)其他零部件的装配顺序,按上述拆卸顺序相反的方向实施即可。

(29)更换高压油泵后要实施燃油的首次加注和进行燃油系统泄漏检查,请参照维修手册实施,在此不再做具体阐述。

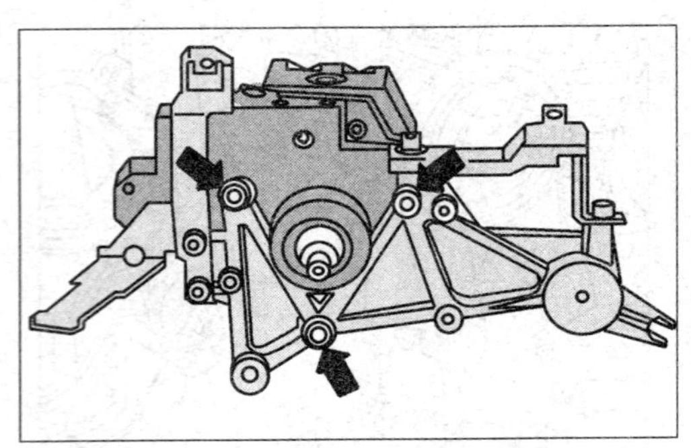
图 21-51　高压油泵及其托架

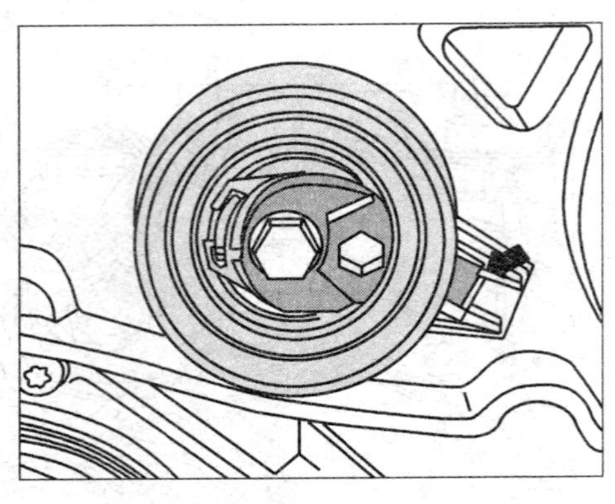
图 21-52　张紧轮固定爪安装位置图

图 21-53　齿形带张紧力调节示意图 1

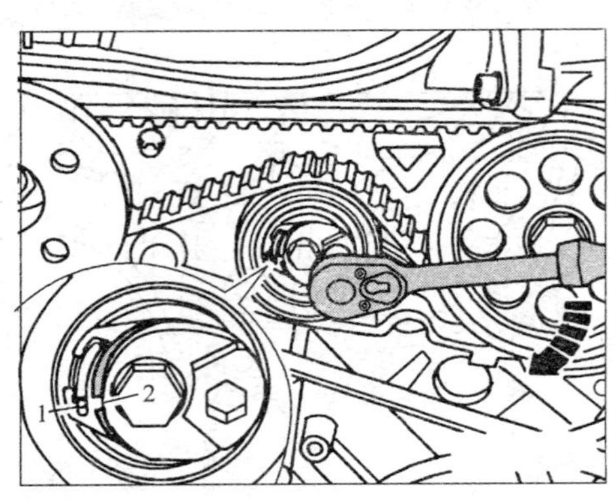

图 21-54　齿形带张紧力调节示意图 2

6 记录与分析

拆卸更换高压油泵总成作业记录单见表 21-3。

拆卸更换高压油泵总成作业记录单　　表 21-3

姓名		班级		学号		组别	
车型		高压油泵型号				作业日期	
作业顺序		过程记录				技术标准	

项目2　拆卸更换喷油器

1　项目说明

现有一辆2010款奥迪A6轿车(装备共轨型电控柴油发动机,其型号为CANA-TDI型)出现动力不足、冒黑烟、不易熄火停车等现象,经维修技术人员的诊断检测,确定为5缸喷油器常开故障。

你作为一名维修人员,请按企业维修技术规范的要求完成喷油器总成的拆装更换作业。

2　技术标准与要求

(1)每3~4名学员为一个小组,完成该项作业。

(2)技术标准:该车型的燃油供给系统组成如图21-29所示,喷油器总成与共轨间的位置关系如图21-55所示,相关零件的技术标准见表21-4。

奥迪A6轿车喷油器组件相关技术标准　　表21-4

零件名称	标准力矩(N·m)	零件名称	标准力矩(N·m)
燃油回流管路带孔螺栓	25	张紧架六角带肩螺母	10
喷射单元压紧盖板紧固螺栓	5.5	高压油轨紧固螺栓	22
燃油压力传感器G247	30	高压油管连接螺母	25

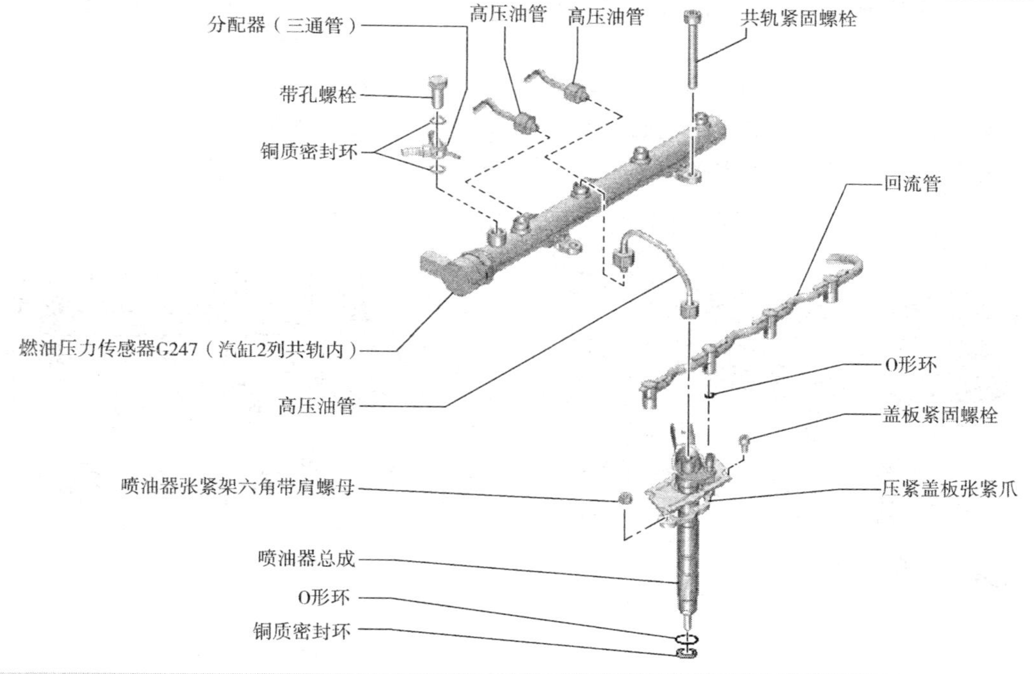

图21-55　喷油器组件位置关系图

3　设备器材

(1)常用工具:8、10、12、14、17、19、21mm等梅花扳手和开口扳手1套,50mm×300mm

活扳手1把,尖嘴钳1把,长柄大号一字螺丝刀1把,内六角扳手1套。

(2)专用工具(SST):SST-3036、SST-3032、SST-T40064、扭力扳手V.A.G 1331、SST-T40055等。

4 作业准备

(1)车辆维修用翼子板布、前格栅布、抹布等辅助材料。

(2)工作台1张,盛零件盘数个。

(3)化清剂1瓶。

5 操作步骤

(1)打开发动机罩,铺上翼子板布、前格栅布,参照图21-31所示的位置1、2,徒手向上提起发动机隔声罩,并将其取下,注意不应用力过猛。

(2)正确拆卸冷却液补偿罐(若对汽缸1列的喷油器实施更换,则必须拆卸空气滤清器和空气流量计)。

(3)参照图21-56所示结构,向下按压两个接片,同时向上拉中间件拔下喷油器总成上的回流管路接口,如图中箭头方向所指。

(4)拆卸喷油器线束插接器。

(5)使用化清剂清洁喷油器与共轨间的高压油管接头及其周围,并用抹布擦拭干净或用压缩空气吹干(尤其注意吹干线束插接器),再用专用工具扭力扳手V.A.G 1331和SST-T40055拆卸喷油器与共轨间的高压油管,如图21-34和图21-35所示。

(6)用合适的密封件封堵共轨油管接口和油管管口,以防止异物进入共轨。

(7)拆卸喷油器盖板紧固螺栓,如图21-57中箭头所示。

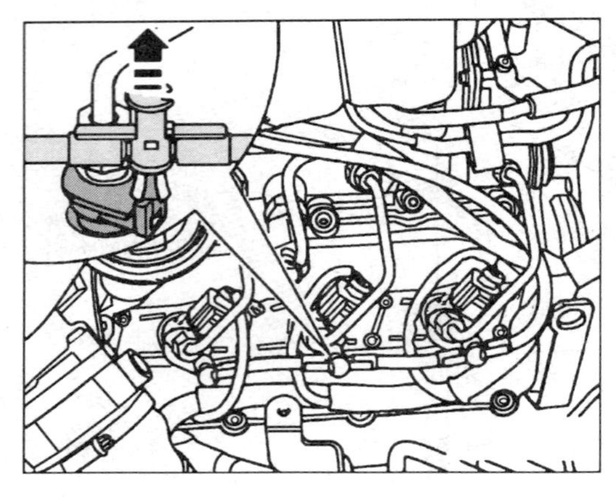

图21-56　喷油器回流管路接口拆卸示意图

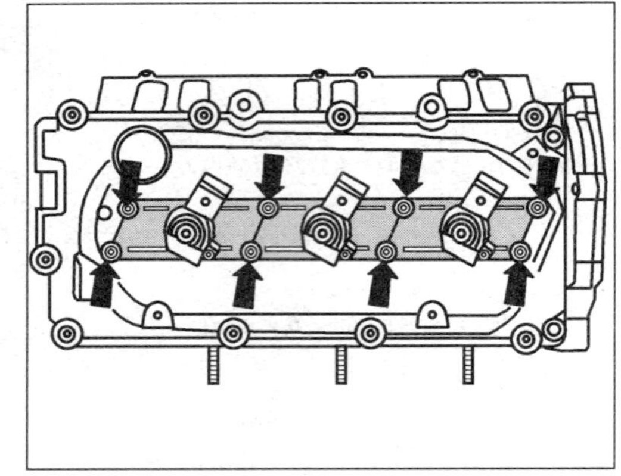

图21-57　喷油器盖板紧固螺栓

(8)旋转盖板90°,再拆卸喷油器张紧爪紧固螺栓,如图21-58中箭头所示。

(9)使用拉拔器T10055(滑锤)和适配接头T10055/1拆下喷喷油器,如图21-59所示。

(10)拆下喷油器后,用干净抹布迅速遮盖喷油器总成的安装孔(汽缸盖侧)。

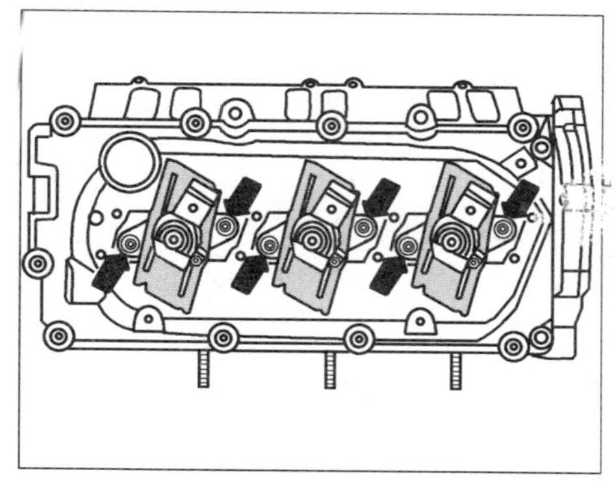
图21-58　喷油器张紧爪紧固螺栓

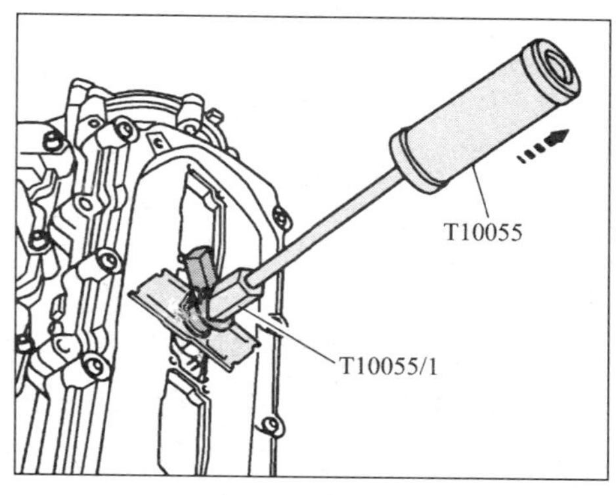

图21-59　喷油器拆卸示意图

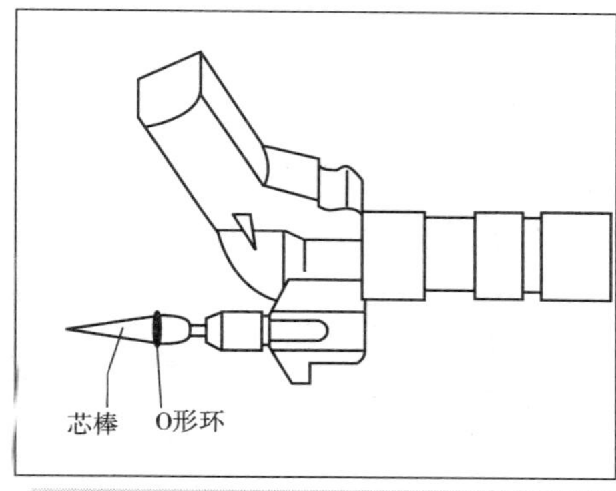

图21-60　喷油器回流管O形环装配示意图

(11)安装新的喷油器总成必须更换新的铜质密封环、新的喷油器导孔O形环(并在O形环上涂抹润滑油或机油)和新的张紧爪。

(12)紧固喷油器盖板螺栓,并注意规定力矩。

(13)连接紧固高压油管,注意清洁锥形管口和锥形接头。

(14)连接线束插接器,确保线束无张紧作用。

(15)安装喷油器回流管,并注意更换新的O形环,安装时将新的O形环按图21-60所示首先装入专用芯棒上,再卡压回流管。

(16)安装完毕后,应按维修技术规范实施燃油系统排气、新喷油器喷油量补偿(IMA)和新喷油器电压补偿(ISA),在此不再对这部分内容作详细阐述。

6　记录与分析

拆卸更换喷油器总成作业记录单见表21-5。

拆卸更换喷油器总成作业记录单　　表21-5

姓名		班级		学号		组别	
车型		喷油器型号				作业日期	
作业顺序		过程记录				技术标准	

三、学习评价

1 理论考核

1)分析题

(1)机械式柴油机有何缺点?采用电控系统后有什么优点?

(2)柴油共轨系统的喷油器是如何控制燃油的喷射次数和喷油率的?

(3)简述柴油共轨系统的组成和工作原理。

(4)简述电控共轨柴油机故障的诊断流程。

(5)分析柴油共轨系统对尾气排放控制的意义。

(6)柴油机空气增压的意义是什么?

2)判断题

(1)电控柴油机因为油耗低而广泛被用于汽车上。 ( )

(2)柴油共轨系统的油压随发动机转速的不同可以不同。 ( )

(3)柴油共轨系统由于采用高速电磁阀,所以可以在压缩行程中实现多次喷射。 ( )

(4)电控柴油机和电控汽油机一样,有自诊断系统。 ( )

(5)柴油的雾化主要依靠高的喷油压力和很小的喷孔直径来实现的。 ( )

(6)柴油机的汽缸压力过低,会使发动机难于起动。 ( )

3)选择题

(1)柴油共轨系统的油压可以( )MPa。

A. 大于200　　B. 达50~200

C. 小于100　　D. 都有可能

(2)柴油共轨系统的基本喷油正时由( )来确定。

A. 节气门开度　　B. 发动机的转速

C. 发动机温度　　D. 节气门开度和发动机的转速

(3)电控柴油机的温度越低,喷油量越( )。

A. 低　　B. 高

C. 不变　　D. 不一定

(4)下述( )种措施是柴油共轨系统为了控制尾气排放而采取的。

A. 主喷阶段　　B. 预喷阶段

C. 后喷阶段　　D. 以上都是

2 技能考核

“项目1　拆卸更换高压油泵总成”的评分表见表21-6。

拆卸更换高压油泵总成项目评分表

表21-6

基本信息	姓名		学号		班级		组别	
	规定时间	30min	完成时间		考核日期		总评成绩	

	序号	步骤	完成情况		标准分	评分
			完成	未完成		
任务工单	1	考核准备： 设备： 工量具：			10	
	2	拆卸发动机隔声罩和节气门控制单元J338			5	
	3	拆卸高压油管和进气管上部件			10	
	4	拆卸预热塞线束插接器和废气再循环冷却器转换阀N345			5	
	5	拆卸隔热板、废气再循环管和进气管下部件			5	
	6	拆卸高压油泵齿形带盖板			5	
	7	拆卸齿形带张紧轮、高压油泵减振器和齿形带驱动轮			5	
	8	拆卸高压油管和高压油泵总成			5	
	9	组装高压油泵总成，调节齿形带张紧力			10	
	10	按拆卸相反顺序组装其他部件			10	
安全					5	
5S					5	
沟通表达					5	
工单填写					10	
工艺制订					10	

“项目2　拆装更换喷油器”的评分表见表21-7。

拆卸更换喷油器项目评分表

表21-7

基本信息	姓名		学号		班级		组别	
	规定时间	30min	完成时间		考核日期		总评成绩	

	序号	步骤	完成情况		标准分	评分
			完成	未完成		
任务工单	1	考核准备： 设备： 工量具：			10	
	2	拆卸发动机隔声罩			5	
	3	拆卸冷却液补偿罐			5	
	4	拆卸喷油器回油管			5	
	5	拆卸喷油器线束插接器			5	
	6	拆卸高压油管			5	
	7	拆卸喷油器盖板			5	
	8	拆卸喷油器总成			5	
	9	安装喷油器总成、盖板、回油管、插接器、高压油管			10	
	10	安装冷却液补偿罐和发动机隔声罩			10	

续上表

基本信息	姓名		学号		班级		组别	
	规定时间	30min	完成时间		考核日期		总评成绩	
安全							5	
5S							5	
沟通表达							5	
工单填写							10	
工艺制订							10	

四、拓展学习

1 电控柴油机燃油供给系统的组成、结构、工作原理

在电控柴油机燃油供给系统中,喷油量大小和喷油时刻是电子控制的,燃油压力的产生与传统柴油发动机一样,通过轴向柱塞泵或径向柱塞泵来完成。柴油机电控燃油喷射系统原理框图如图21-61所示,常规型EFI柴油机系统配置如图21-62所示。

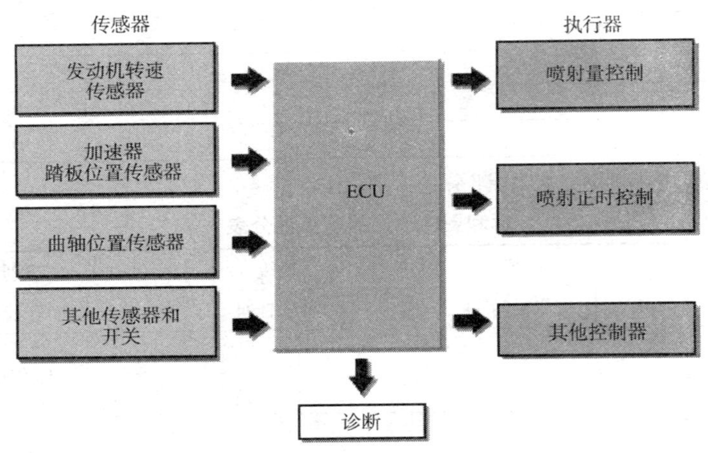

图21-61　柴油机电控燃油喷射系统控制原理框图

在配置图中的EDU仅用于径向柱塞泵,起放大ECU信号并驱动SPV阀的作用。

1)轴向柱塞泵

轴向柱塞泵的结构原理如图21-63所示。初期燃油压力的建立和流动,由安装于油泵驱动轴上的叶片式输油泵来完成。喷油泵驱动轴旋转时,叶片输油泵泵腔内产生真空,将燃油从油箱经柴油油水沉淀器及燃油滤清器及管道中吸入,产生1.5~2MPa的压力,经油压调节阀调节后输入至油泵中的燃油腔中(如图示蓝色区域)。

驱动轴旋转时,通过齿轮传动带动机械离心式调速器工作,并通过调速器控制杆控制溢流环的运动,以控制轴向柱塞高压腔与低压腔接通时刻,从而控制喷油量大小。驱动轴

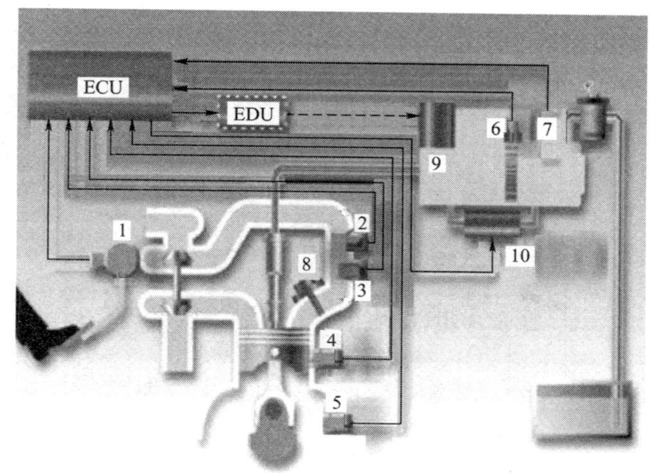

图 21-62　常规型 EFI 柴油机系统配置图

1-加速踏板位置传感器;2-进气温度传感器;3-废气涡轮增压传感器;4-冷却液温度传感器;5-曲轴位置传感器;6-速度传感器;7-燃油温度传感器;8-EGR 阀;9-SPV 阀(喷油量控制阀);10-TCV 阀(喷油正时控制阀)

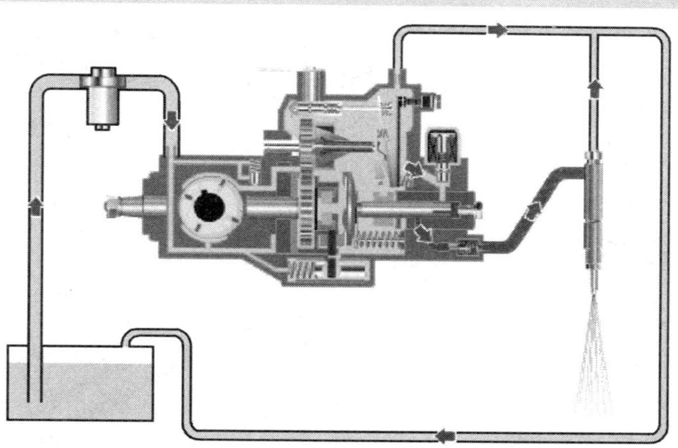

图 21-63　轴向柱塞泵结构原理图

一端装有联轴器(如图 21-64 所示),联轴器的缺槽卡在凸轮板端面的凸台上(图 21-65),联轴器外侧套装滚子环,滚子环端面和凸轮板端面分别设有与汽缸数相同数目的滚子和端面凸轮。柱塞弹簧将柱塞、凸轮板顶压在滚子环的滚子上。驱动轴联轴器与凸轮板间设有一个中央复位弹簧;靠柱塞侧的凸轮板端面上设有定位销,定位销又卡在柱塞的卡槽中;柱塞外套有溢流环和分配头。滚子环上设有滑动销,滑动销插入正时器活塞中,如图 21-66 所示。

当喷油泵驱动轴旋转时,通过联轴器带动凸轮板旋转,凸轮板通过其端面的定位销带动柱塞同步旋转。在凸轮板旋转过程中,端面凸轮与滚子环的滚子相接触时,使凸轮板推动柱塞作轴向运动,建立约 80MPa 的高压燃油,当柱塞上的分配孔转至分配通道时,高压燃油进入出油阀再到喷油器。凸轮板上的端面凸轮与滚子环上的滚子相接触时刻的早晚由

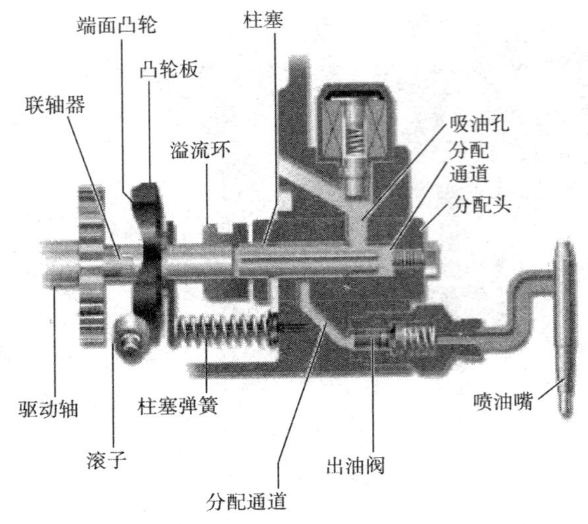

图 21-64 轴向柱塞泵结构图

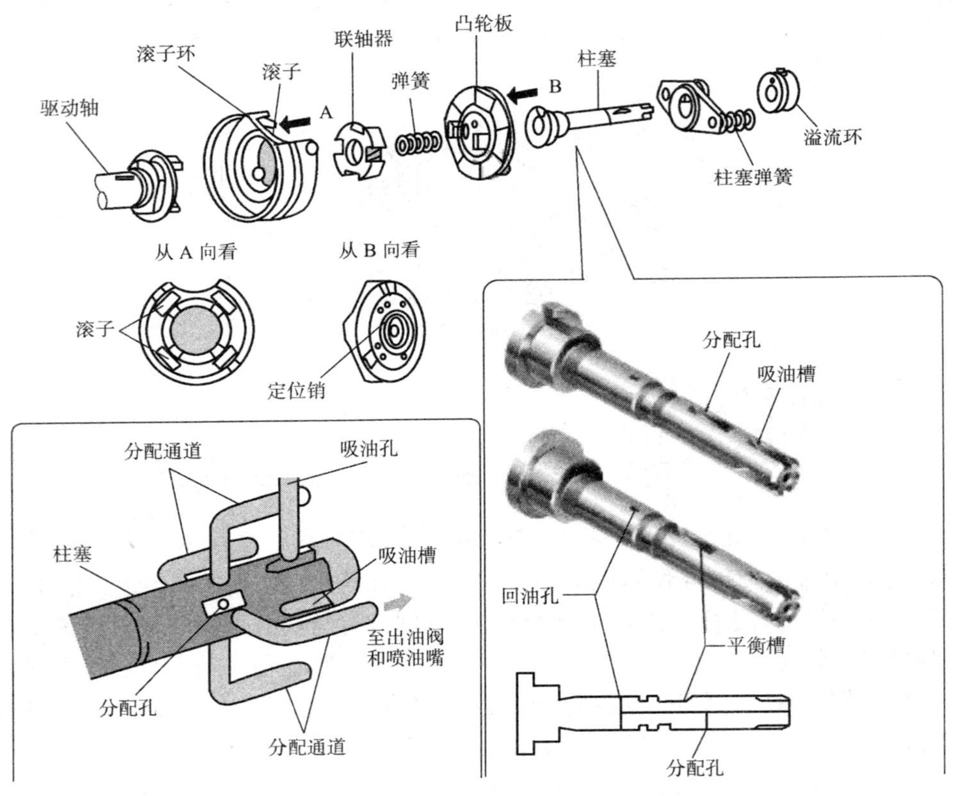

图 21-65 轴向柱塞泵分解图

喷油正时器控制。

当喷油泵不工作时,喷油器活塞在正时器弹簧作用下处于图 21-66 所示的最右侧位置,此时,滚子在最大滞后点上。当喷油泵旋转和转速增加时,泵体内的燃油压力也开始上升,该油压作用于正时器活塞的右侧,克服正时器弹簧弹力向左移动。正时器活塞的横向运动会变成滚子环的旋转运动,从而改变滚子与端面凸轮接触时刻的早晚。当滚子环的旋转方向与驱动轴的转向相反时,喷油正时提前。当滚子环的旋转方向与驱动轴的转向相同时,供油正时滞后。

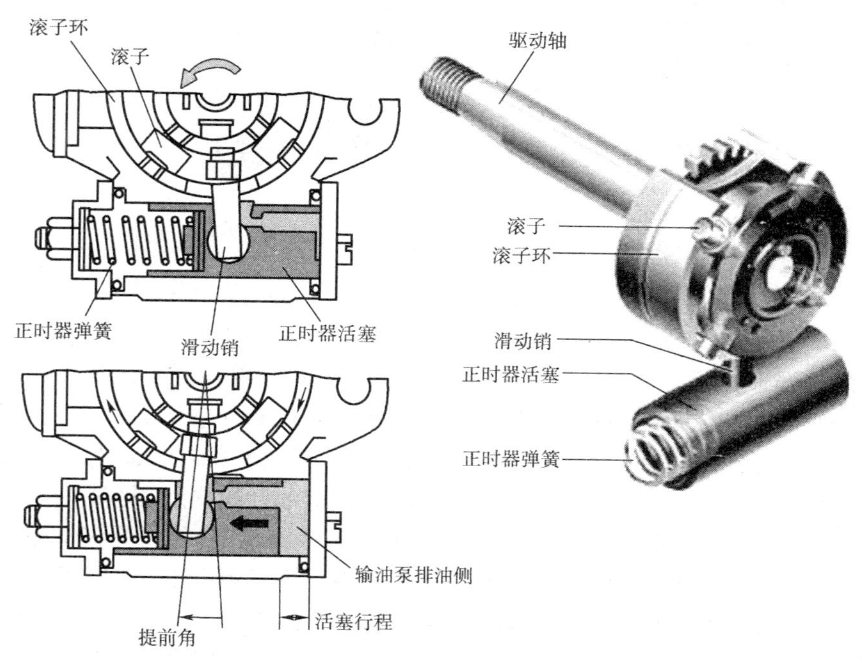

图21-66 轴向柱塞泵喷油正时器结构图

2)径向柱塞泵

径向柱塞泵的结构与轴向柱塞泵相比,主要区别在于轴向柱塞泵的滚子环变换为凸轮环,轴向柱塞泵的凸轮板变为滚子环,轴向柱塞泵的轴向柱塞变为径向柱塞,如图21-67所示。径向柱塞泵驱动轴旋转时,带动滚子环旋转,径向柱塞和滚子均以滚子环作为支架。滚子环旋转时,滚子顶向凸轮环内凸轮,推压径向柱塞(每个径向柱塞同时被顶压)使柱塞腔容积减小,燃油压力得以迅速提升,高压燃油压力可达130MPa。当分配管与出油管相对应时,相应缸喷油器开始喷油。

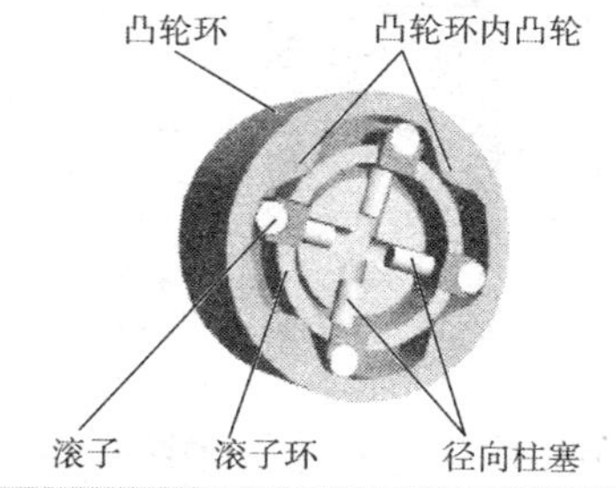

图21-67 径向柱塞泵及凸轮环结构示意图

凸轮环外侧仍与喷油正时器相连,转速变化时,正时器活塞移动,使凸轮环相应转动一定角度,从而改变凸轮环内凸轮与滚子接触时刻的早晚,最终实现喷油时刻的控制。

3)SPV阀

SPV阀是用于控制喷油量大小和喷油持续时间的一个电磁阀,它有普通型和直接作用型两种。普通型SPV阀与轴向柱塞泵配用,直接作用型SPV阀与径向柱塞泵配用。

(1)普通型SPV阀。普通型SPV阀结构简图如图21-68所示,它由主阀和导向阀组成。

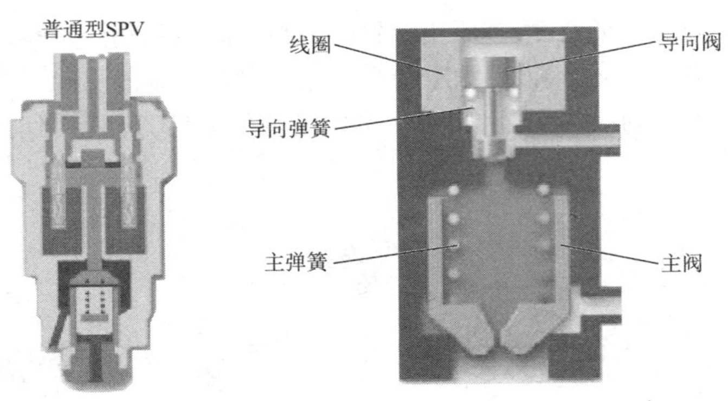

图 21-68 普通型 SPV 阀结构简图

装于轴向柱塞泵的 SPV 阀,其工作过程包含吸油过程、喷射过程、喷射结束过程三个阶段。

在吸油过程中,发动机 ECU 断开电磁线圈的电流,SPV 阀内的导向阀在导向弹簧作用下关闭其小通道,主阀弹簧腔室压力升高。主阀在主弹簧和腔室压力作用下关闭,封闭柱塞压力腔与低压油流通道,此时,柱塞左行接通进油口开始吸油。柱塞右行关闭进油口后开始加压。当燃油压力达到一定值后,由 TCV 阀控制燃油开始喷射,此时 SPV 阀仍然处于关闭状态。当柱塞右行至终点时, ECU 向 SPV 阀电磁线圈供电,导向阀在电磁力作用下使其克服导向弹簧作用打开阀门通道,使主阀弹簧室内压力下降,在柱塞泵压力室残余油压作用下使主阀克服主弹簧作用并打开,将压力室与低压油路接通,高压室迅速卸压,喷油结束。主阀开启时的状态图如图 21-69 所示,喷油结束时的状态图如图 21-70 所示。

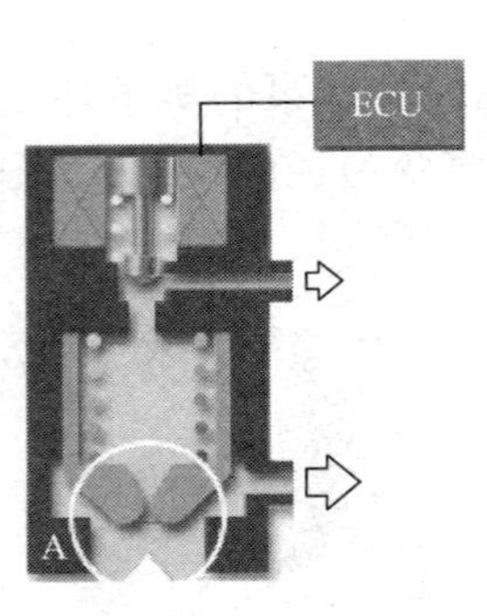

图 21-69 普通型 SPV 阀开启时状态图

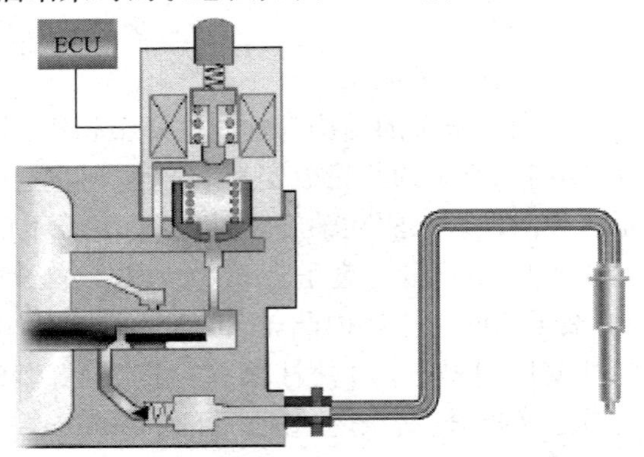

图 21-70 普通型 SPV 阀喷射结束时状态图

(2)直接作用型 SPV 阀。直接作用型 SPV 阀与径向柱塞泵配套使用。发动机 ECU 接收来自各类传感器的信号,经处理后向 EDU 发出指令,EDU 据此向 SPV 阀电磁线圈提供 150V 的驱动电压使 SPV 阀关闭,径向柱塞泵的压力腔随之封闭,燃油压力开始升高并输向出油阀和喷油器。当 EDU 断开电磁线圈的高压电源时,喷油器喷油结束,SPV 阀开启。如图 21-71 所示。

4)TCV 阀

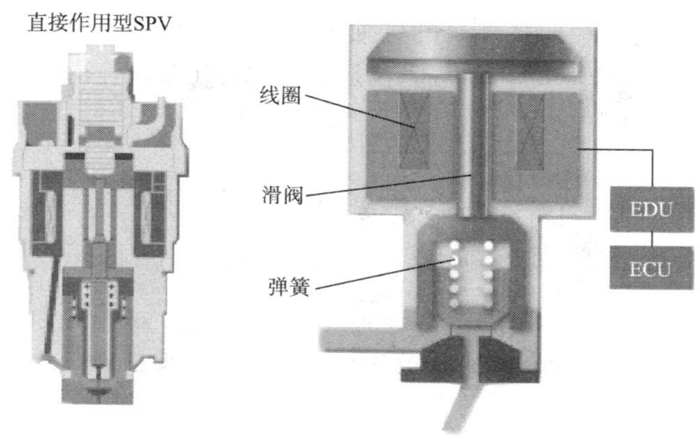

图 21-71　直接作用型 SPV 阀

TCV 阀是用来控制正时器活塞左右两侧腔室的油液压力,改变正时器活塞移动方向的一个电磁阀,称之为喷油正时控制阀,如图 21-72 所示。发动机 ECU 对 TCV 阀实施电流占空比控制。当 TCV 阀电磁线圈通电时间短时,电磁阀打开时间短,正时器活塞右侧腔室的压力油流向左侧腔室的量少,右侧腔室燃油压力高于左侧腔室,正时器活塞向左侧移动,通过滑动销使滚子环逆着驱动轴旋转方向转动一定角度。若滚子与凸轮板上的凸轮接触时刻提前,则喷油正时提前。反之,当电磁线圈通电时间长时,正时器活塞向右侧移动,滚子环的旋转方向与驱动轴的转向相同,供油正时滞后。

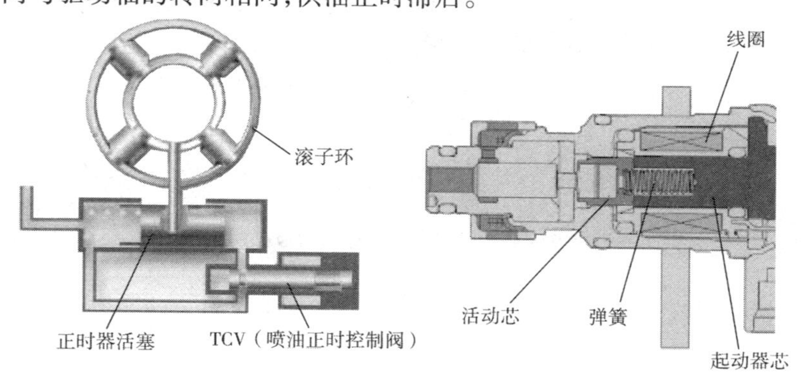

图 21-72　TCV 阀结构示意图

2　共轨型高压油泵的结构与工作原理

柴油机共轨型电控燃油系统的系统组成如图 21-73 所示。发动机 ECU 通过控制 SCV(吸入控制阀)来调节进入高压泵(径向柱塞泵)的燃油容积和燃油压力。并使燃油压力随发动机转速和负荷状态而变化,例如从怠速时的 20MPa 到高速大负荷运行状态下的 135MPa。ECU 利用传感器检测共轨中的燃油压力,并对燃油压力进行反馈控制。共轨型燃油喷射系统的喷油量和喷油时刻均由发动机 ECU 向喷油器驱动模块 EDU 发出的指令予以控制。

共轨型燃油系统用高压油泵的结构示意图如图 21-74 所示,来自燃油箱、燃油水分积淀器的低压燃油经叶片输油泵(装于驱动轴上)泵入,再经输油压力调节器调压后流向 SCV 吸入控制阀,SCV 阀控制进入径向柱塞泵的燃油量和压力大小,径向柱塞泵在带有内凸轮的驱动轴的驱动下建立 20~135MPa 的高压,高压燃油再经出油阀流向共轨。

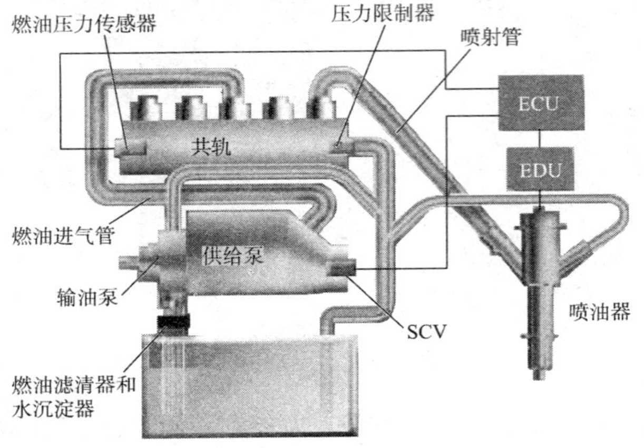

图 21-73 共轨型燃油系统组成图

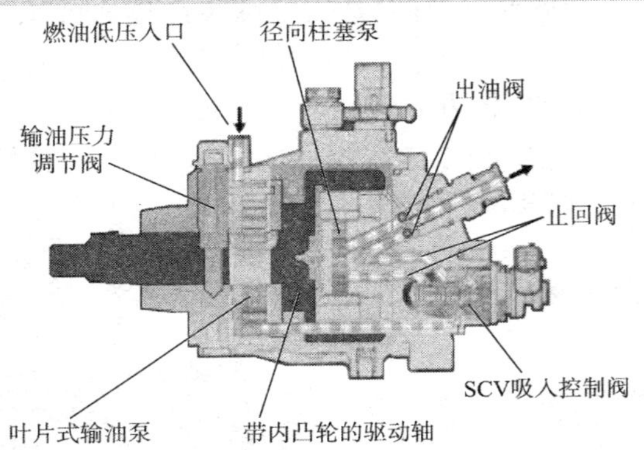

图 21-74 共轨型高压油泵结构示意图

学习任务22　车身电子控制系统的结构与拆装

工作情境描述

一辆乘用车发生交通事故，现送至4S店进行维修，经相关人员检查与鉴定，维修服务顾问安排由你及你的团队完成对中控门锁、电动座椅、防盗报警系统、安全气囊、卫星导航系统进行拆装。

学习目标

通过本任务学习，应能：

1. 识别车身电控各系统的组成、功能及安装位置；
2. 正确分析各系统的电路；
3. 从整车上拆装车身电子控制各系统的主要总成和部件。

学习时间

18学时。

学习引导

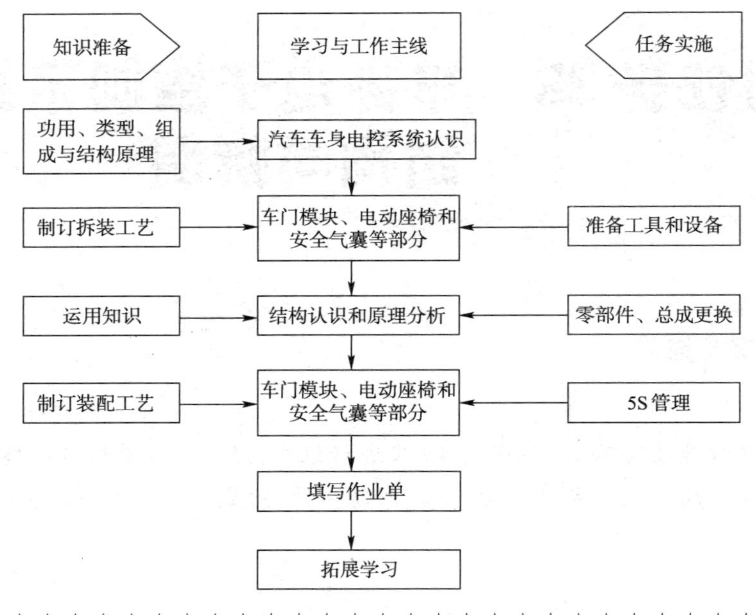

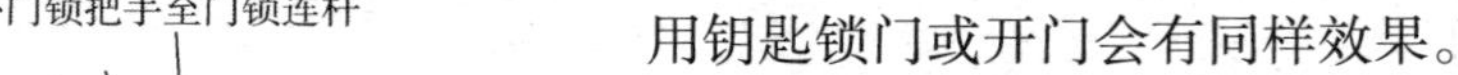

一、知 识 准 备

1 中控门锁及控制单元的结构与工作原理

1)结构与工作原理

(1)电动中控门锁的功能与分类。中央门锁可实现下列基本功能:

①将驾驶员车门锁扣按下或拉起时,其他几个车门及行李舱门都能自动锁定或打开;用钥匙锁门或开门会有同样效果。

②除驾驶员侧车门外的其他车门需打开或锁定时,可分别拉开或按下各自车门的锁扣。

电动中央门锁有很多形式,按控制方式可分为防盗式和非防盗式两种;按结构可分为双向空气压力泵式和微型直流电动机式两种。

(2)直流电动机式中央门锁。直流电动机式中央门锁利用控制直流电动机的正反转来实现门锁的开、关动作。主要由直流电动机、导线、继电器、门锁开关及连杆操纵机构组成,如图22-1所示。

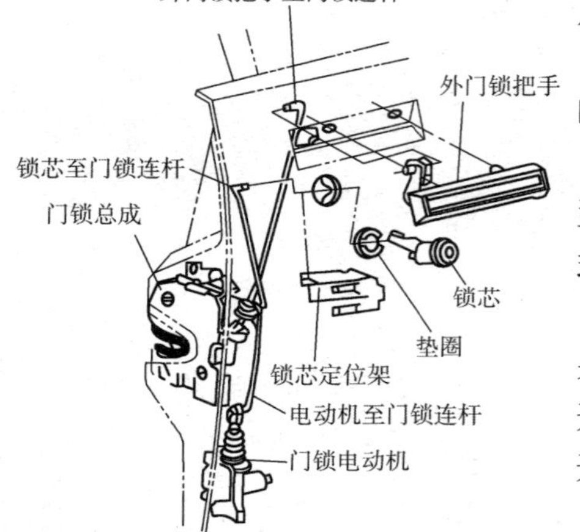

图22-1　直流电动机式中央门锁

当门锁电动机运转时,通过电动机至门锁连杆操纵门锁动作。电动机的旋转方向由经过电动机电枢的电流方向决定。

(3)凯旋轿车中控门锁的电气结构。图22-2所示是凯旋轿车中控门锁的电气架构，表22-1是对图22-2电气元件名称的解释，表22-2是对图22-2电气线路运行的解释。

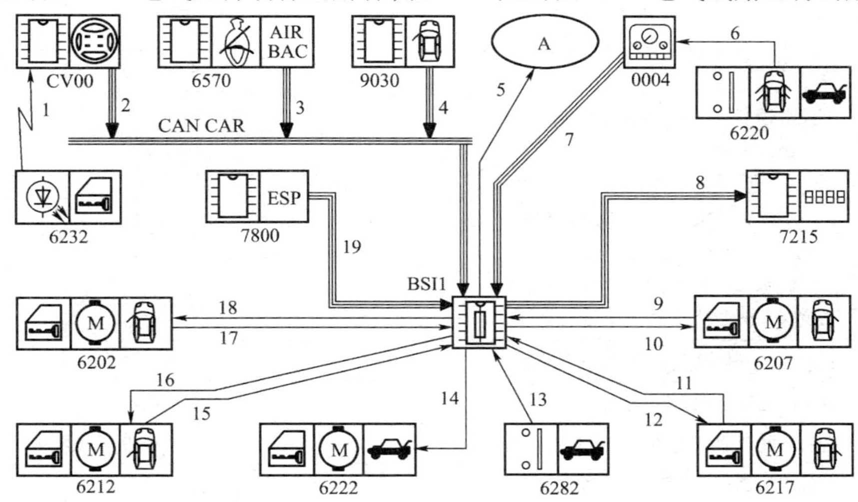

图22-2　凯旋轿车中控门锁的电气架构

说明:单线箭头为有线连接;三线连接为多路连接

凯旋轿车中控门锁电气元件说明　　表22-1

装置		装置	
A	转向灯	BSI1	智能控制盒
0004	组合仪表	CV00	转向盘下转换模块
6207	右前门的门锁总成	6202	左前门的门锁总成
6217	右后门的门锁总成	6212	左后门的门锁总成
6222	行李舱的门锁总成	6220	中控门锁开关
6282	行李舱开启开关	6232	高频发射器
7215	多功能屏幕	6570	安全气囊和预张紧器控制盒
9030	驾驶员车门模块	7800	电子稳定程序计算机(ESP)

凯旋轿车中控门锁电气架构说明　　表22-2

连接			
连接号	信　号	信号性质	信号 发生器/接收器
1	开启件的解锁要求 开启件的锁定要求	高频信号	6232/CV00
2	解锁要求 锁定要求	CAN CAR	CV00/BSI1
3	用于碰撞时解锁开启件的火药元件启爆信息	CAN CAR	6570/BSI1
4	儿童安全激活信息(*)	CAN CAR	9030/BSI1

续上表

连　接			
连接号	信　号	信号性质	信号 发生器/接收器
5	转向灯的点亮	全部或没有	BSI1/A
6	中控解锁要求 中控锁定要求	有线的	6220/0004
7	车门中控锁开关的状态(锁定/解锁)	CAN CONFORT	0004/BSI1
8	开启件状态的显示(锁定/解锁) 儿童安全的激活显示	舒适 CAN	BSI1/7215
9	右前门的开启开关(CPO)状态信息	全部或没有	6207/BSI1
10	右前门的锁定/解锁电动机控制	全部或没有	BSI1/6207
11	右后门的开启开关的(CPO)状态信息	全部或没有	6217/BSI1
12	右后门的锁定/解锁电动机控制	全部或没有	BSI1/6217
13	行李舱的开启开关(CPO)状态信息	全部或没有	6282/BSI1
14	行李舱的打开或弹出指令	全部或没有	BSI1/6222
15	左后门的开启开关(CPO)状态信息	全部或没有	6212/BSI1
16	左后门的锁定/解锁电动机控制	全部或没有	BSI1/6212
17	左前门的开启开关(CPO)状态信息	全部或没有	6202/BSI1
18	左前门的锁定/解锁电动机控制	全部或没有	BSI1/6202
19	汽车速度信息	CAN	7800/BSI1

2)凯旋轿车中控门锁的电路图分析

凯旋轿车中控门锁的电路图如图 22-3 所示。

(1)用遥控器开门和锁门。

①用遥控器开门。当用户按钥匙上的高频遥控器开门时,应答器线圈接收到信号后把信号传给 CV00 电控单元,CV00 电控单元通过车身网(9017B、9018B)把信号传给 BSI(多功能电子控制盒),BSI 如测到遥控是合法的,就会给四个门锁电动机通电,让四个门解锁。

②用遥控器锁门。其过程与上相同,只是电动机的动作在 BSI 的控制下反转,实现四个门上锁。

(2)用机械钥匙开锁和上锁。当驾驶员用钥匙插进 6202(驾驶员侧门锁总成),顺时针转动钥匙和逆时针转动钥匙就相当于把 6202 的开关闭合或者断开,BSI 接收到信号以后,就会控制电动机的正反转,实现锁门和开门。

(3)关于后备舱锁的控制方式。后备舱的开锁和上锁有两种方式:一种是后备舱的锁受驾驶员门锁控制,即四道门上锁,后备舱锁也上锁;四道门开锁,后备舱锁也开锁。第二种是后备舱的锁单独控制,即遥控器上有个单独控制后备舱的按钮,那么后备舱的控制是单独的。这两种控制方式的设置可以用诊断仪在 BSI 里进行设置。

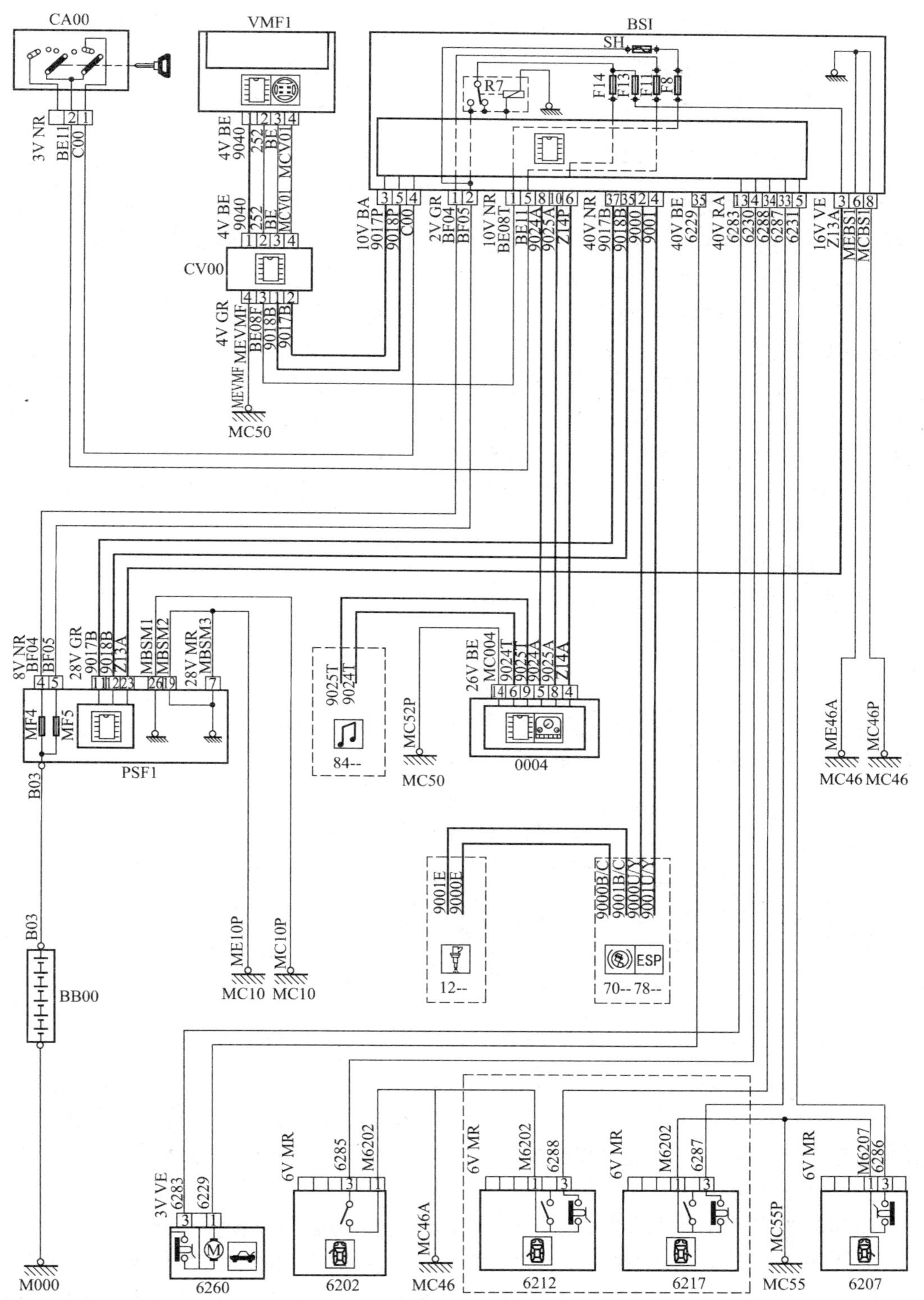

图22-3　凯旋轿车中控门锁的电路图

(4)车门开关传感器。凯旋轿车的四个门和后备舱的门都有一个门的开关传感器,随时向 BSI 发送车门是否关闭的信息,一旦有一个门没有关上,驾驶员发出上锁命令以后,BSI 执行上锁动作以后马上进行门锁的反弹。

2 电动座椅及电动后视镜

汽车座椅的主要功能是为驾驶员及乘员提供便于操作、舒适又安全、不易疲劳的驾乘位置。电动座椅是指以电动机为动力,通过传动装置和执行机构来调节座椅的各种位置的座椅。通过调节还可以改变坐姿,减少乘员长时间乘车的疲劳。

座椅的调节正向多功能化发展,如具有八种调节功能的电动座椅,其动作方式有座椅的前后调节、上下调节、座位前部的上下调节、靠背的倾斜调节、侧背支撑调节、腰椎支撑调节以及靠枕上下、前后调节。这种座椅是靠电子控制的,有的还有记忆功能。它能把驾驶员调定的座椅位置靠电控单元储存下来,作为以后调节的依据。驾驶员需要调节时,只要按一下按钮即可按记忆自动调节到理想位置。电动座椅前后方向的调节量一般为 100 ~ 160mm,座位前部与后部的调节量为 30 ~ 50mm。前后全程移动所需时间为 8 ~ 10s。

1)电动座椅的构造

电动座椅的构造如图 22-4 所示。

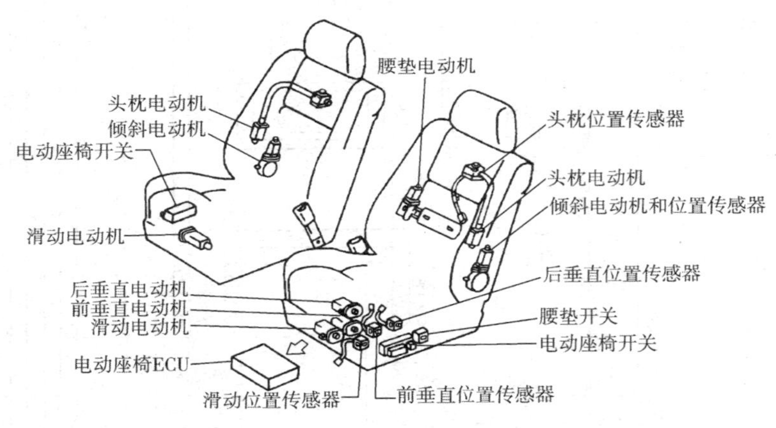

图 22-4　电动座椅的构造

(1)电动机。电动机的数量取决电动座椅的类型,通常两向移动座椅装有两个电动机,四向移动的座椅装有四个电动机,最多可达六个电动机。大多数电动座椅使用永磁式电动机,通过开关来操纵电动机,使电动机按不同方向旋转。为防止电动机过载,大多数永磁式电动机内装有断路器。

(2)传动机构。电动机通过传动机构的旋转运动改变座椅的空间位置。

①高度调整机构。高度调整机构如图 22-5 所示,由蜗杆轴、蜗轮、心轴等组成,调整时蜗杆轴在电动机的驱动下,带动蜗杆转动,从而保证心轴旋进或旋出,实现座椅的上升与下降。

②纵向调整机构。纵向调整机构如图22-6所示，由蜗杆、蜗轮、齿条、导轨等组成，齿条装在导轨上。调整时，电动机转矩经蜗杆传至两侧的蜗轮上，经导轨上的齿条，带动座椅前后移动。

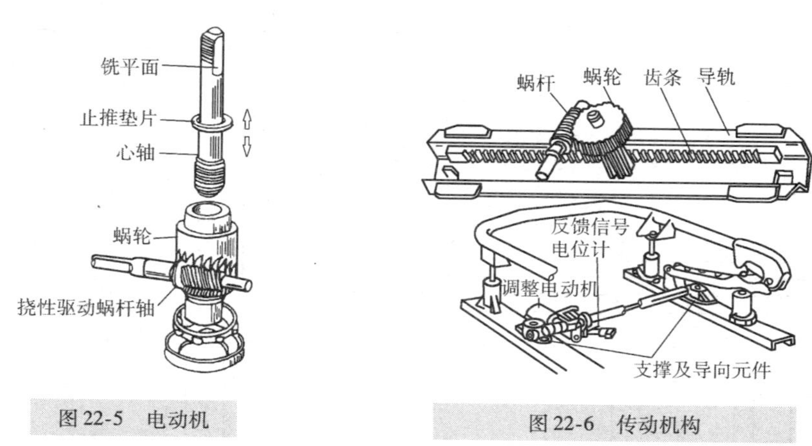

图22-5　电动机

图22-6　传动机构

2）驾驶员座椅控制电路

图22-7所示是凯旋驾驶员座椅的控制电路，表22-3是对图22-7上的电气元件的名称解释，现以其中一个控制动作对电路进行分析。比如驾驶员要调节座椅靠背的倾角，其前提是点火钥匙CA00必须打到点火挡，BSI通过线1065得到信息，BSI再给继电器6360的线圈通电，那么从PSF1的MF6最大熔断丝过来的蓄电池电流再通过BHF5到了6360的5号脚，因继电器线圈已经通电，其触点接通，5号脚的电流就到了3号脚，再通过导线BH37到了6302的1号脚，电流继续来到座椅靠背的开关，如驾驶员让开关的两个触点的其中之一接通，那么电流就会通过6350的1号脚或2号脚进去，另外的一个脚就会通过6302去搭铁，电动机回路接通，电动机就实现了正反转，从而把座椅靠背的倾角调大或调小。其他运动的调节与此类似。

3）电动后视镜

汽车上的后视镜位置直接关系到驾驶员能否观察到车后的情况，与行车的安全性有着密切联系。手动调节后视镜的调整一般来说比较麻烦。采用电动后视镜，可通过开关进行调整，操作起来十分方便。

电动后视镜的背后装有两套电动机和驱动器，可操纵反射镜上下及左右转动。通常上下方向的转动用一个电动机控制，左右方向的转动由另一个电动机控制。通过改变电动机的电流方向，即可完成后视镜的上下及左右调整。

图22-8是凯旋轿车的后视镜控制电路，表22-4是对图22-8电气元件名称的解释。

下面对凯旋轿车的左后视镜控制进行说明，当点火钥匙的信号通过CA00的线C00传给BSI，BSI控制R1，经F5熔断器和线6173A、6173B向6032供电，同时BSI通过CAN的舒适网给6032通信，当驾驶员通过6032选择左镜，再通过上下左右按钮给6411命令，由6411控制两个电动机正反转实现后视镜的上下左右调整。

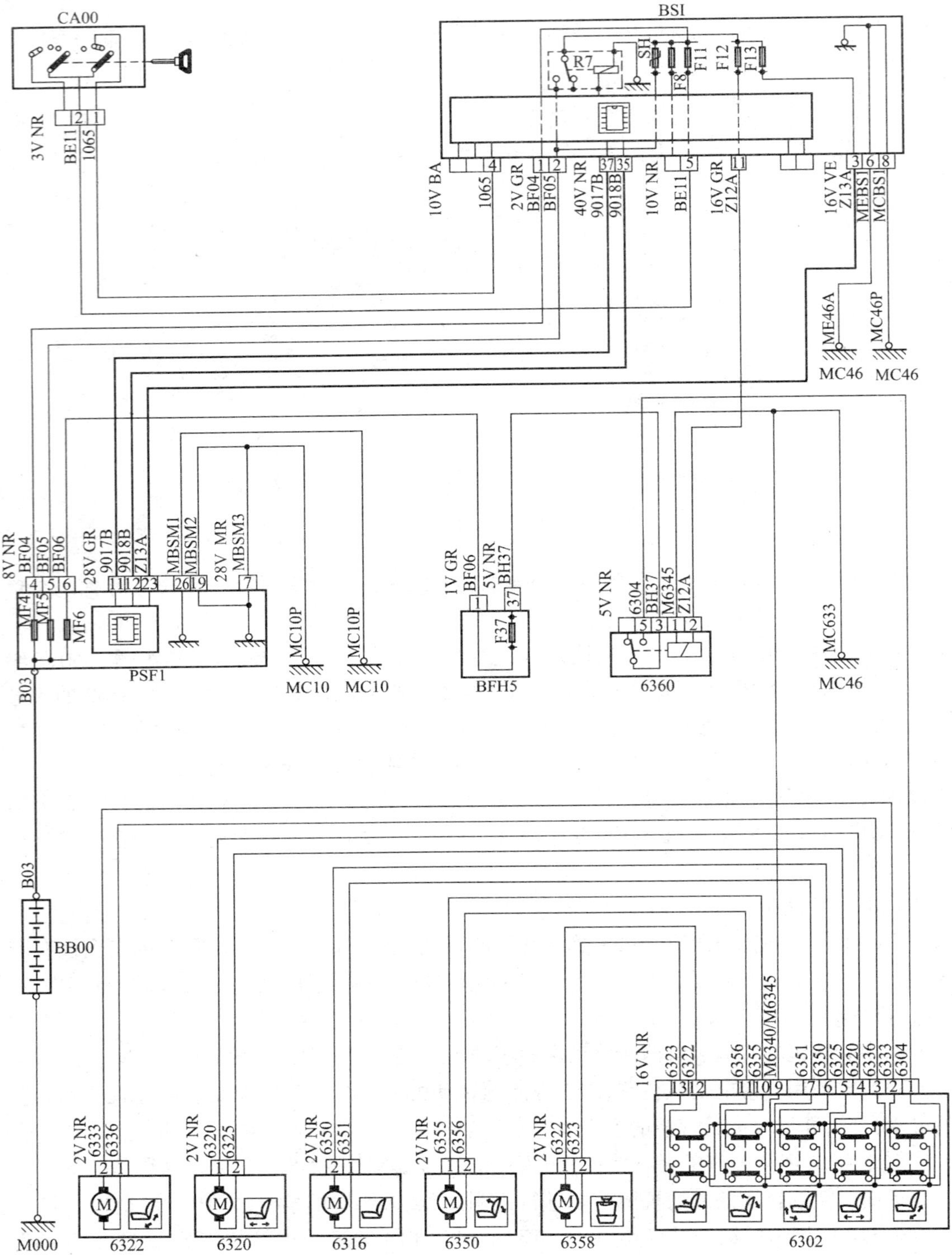

图 22-7 凯旋轿车电动座椅的电路图

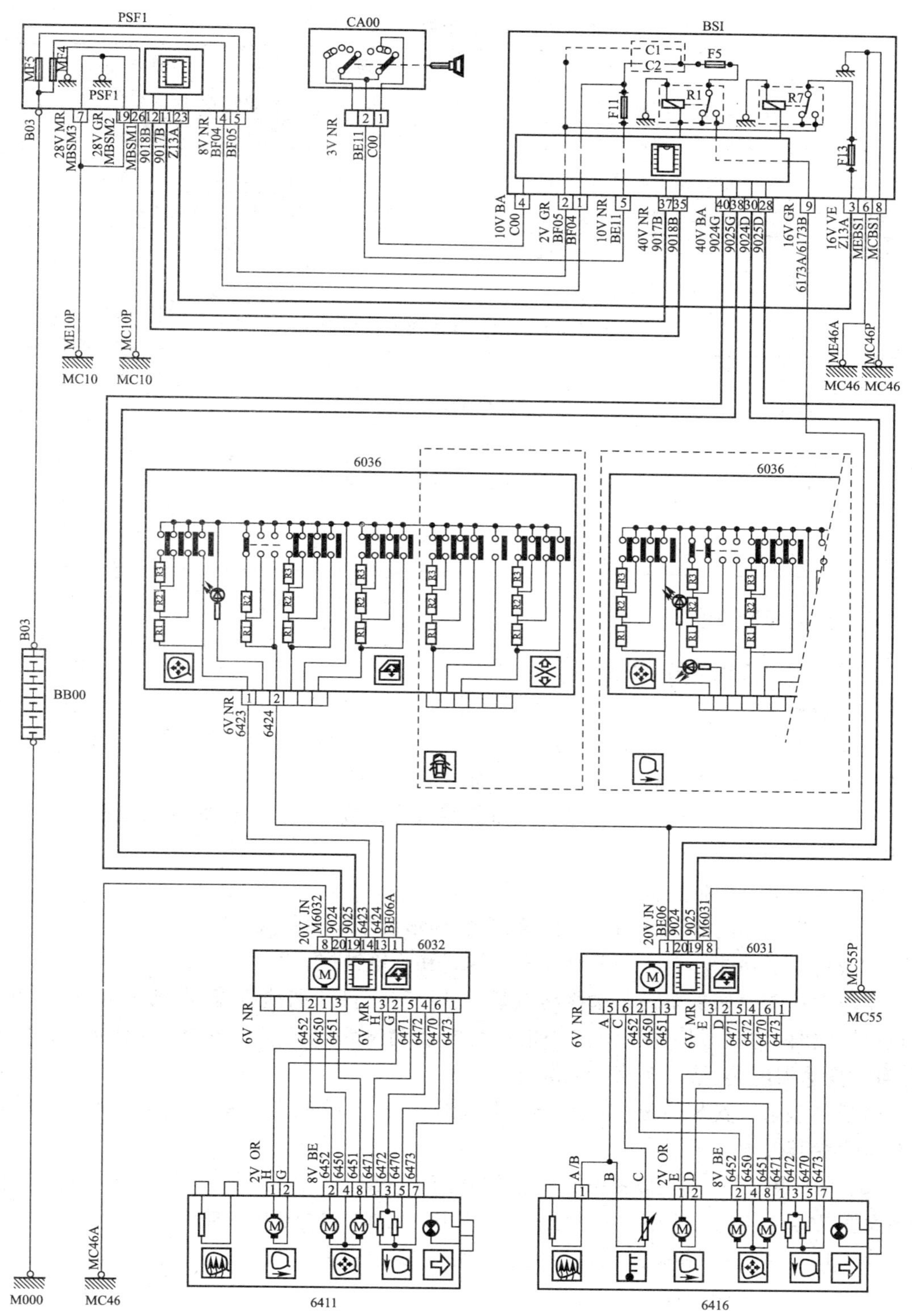

图22-8　凯旋轿车电动后视镜控制电路图

表 22-3

电动座椅电路图电气元件的说明

代 码	元件名称	代 码	元件名称
BSI	多功能电子控制盒	6358	驾驶员座椅腰部水平调节电动机
PSF1	发动机舱伺服控制盒	6302	驾驶员座椅调整总成
6322	驾驶员座椅升高调节电动机	6360	驾驶员座椅调整继电器
6320	驾驶员座椅滑轨电动机	BFH5	座舱 5 路熔断丝盒
6316	驾驶员座椅仰角调节电动机	CA00	防盗点火钥匙
6350	驾驶员靠背下部电动机	BB00	蓄电池

表 22-4

后视镜控制电路图电气元件的说明

代 码	元件名称
6036	驾驶员车门车窗升降器
6032	驾驶员连续式前车窗升降器控制盒、电动机
6031	乘客连续式前车窗升降器控制盒、电动机
6411	左后视镜
6416	右后视镜

3 防盗报警系统

1)汽车防盗系统的分类。

(1)机械式防盗系统。这是目前国内在用汽车常见的防盗装置。在对汽车使用和行驶起关键作用的总成上加锁防盗,主要有车门锁、轮胎锁、转向盘锁、变速杆锁。机械式锁防盗,虽然成本低,但因越来越不安全可靠而有被淘汰的趋势。

(2)电子式防盗系统。这是轿车目前普遍采用的防盗系统,也称为微电脑防盗系统。它具有以下四种功能。

①服务功能。包括遥控门锁,遥控启动,寻车等功能。

②警惕提示功能。也称为触发报警记录,提示汽车车门曾被人打开过。

③报警提示功能。有人动车时即发出闪光和鸣笛警报。

④防盗功能。如果有人非法移动汽车、开启车门、打开加油口盖、发动机罩、行李舱门、接点火线路时,防盗器将立刻发出警报并切断启动电路以及点火电路、喷油电路、供油电路、自动变速器电路、使汽车完全无法移动。

电子防盗系统安装隐蔽、功能齐全,无线遥控操作简便,但对安全调试技术要求较高,有时也会受其他电波干扰。

(3)电子跟踪定位监控防盗系统。这种防盗系统是随着卫星通信等高科技电子通信技术的发展而得以实现的,它分为卫星定位跟踪系统(GPS)和车载台通过中央控制中心定位监控系统。

实施这一系统,要和国家的高科技整体实力相适应,发展规划相匹配,要和国家的有关方针政策法律法规相吻合。

(4)机电结合的防盗系统。机械式防盗系统坚固,电子式防盗系统编程密码难解,把两者的优点结合起来就构成了机电结合的防盗系统。

“无人油路锁”和“强中强制动锁”是两个典型的机电结合的防盗系统。它们都是用专用工具被安装在汽车的底部既安全又隐蔽的部位，用机械方式锁住，用电子方式控制，除车主外其他人很难破解和拆除。

“无人油路锁”的作用是用机械方式锁住汽车燃油泵的供油油路，中断供油。

“强中强制动锁”的作用是用机械方式锁住汽车的制动油泵，使车轮处于制动状况。

（5）防盗系统的电路图。图22-9是凯旋轿车防盗系统的电路图，表22-5是对图22-9电气元件名称的解释。

2）凯旋轿车防盗报警的电路分析

凯旋轿车的防盗报警系统功能由电控单元BSI来管理，从图22-9的电气结构可知，当非法打开四个车门、发动机罩或后备舱盖后，各门位置传感器把信息传给BSI，BSI通过CAN的车身网9017A、9018A传给防盗报警控制盒8602，防盗报警控制盒8602通过导线8604给防侵入报警笛8065提供正电，侵入报警笛8065发出警报声。同时凯旋轿车的防启动系统也要参与防盗工作。

4 安全气囊

1）安全气囊的结构与工作原理

汽车在行驶过程中，由于一些意外交通情况的出现，往往会导致交通事故，而且交通事故一般发生时间极短，使驾乘人员没有足够的反应时间来主动保护自己，只能采用被动安全保护装置来减少事故对人体的伤害。现代汽车普遍装有安全气囊，以减少汽车发生正面碰撞时对驾驶员所造成的伤害。有些汽车在乘客侧前的杂物箱上端也装有安全气囊来保护乘客。有的汽车甚至装有侧向安全气囊和侧气帘，在汽车发生侧向碰撞时，以减少侧向碰撞时对驾乘人员的伤害。事实证明，汽车装用安全气囊后，发生碰撞事故时对驾乘人员的伤害程度大大减小。

（1）安全气囊的分类。

①按传感器类型分类。

a. 机械式安全气囊系统。此系统不需用电源，全部零件组装在转向盘装饰盖板下面，检测碰撞动作和引爆点火剂都是利用机械动作来完成的。

b. 电子式安全气囊。此系统有两种布置方式，早期的电子式传感器在汽车的前端部安装，气囊引爆装置安装在转向盘上，前端的传感器需要引线连接。现在开发的整体式安全气囊，把电子式传感器后移，与点火装置作为一个整体安装在转向盘上，可以取消线束，消除了由于线路短路或断路导致气囊失效的故障。

②按保护对象的不同分类。

a. 驾驶员防撞安全气囊。驾驶员防撞安全气囊装在转向盘上，美式安全气囊体积较大，约60L，是按没有座椅安全带设计的。欧式安全气囊按有驾驶员座椅安全带设计，其体积较小，约40L。日本车一般配备的安全带多采用欧式。

b. 乘员防撞安全气囊。由于乘员在车内位子不固定，因此为保护其撞车时免受伤害，设计的安全气囊体积也较大。美式的安全气囊约160L，欧式的安全气囊约75L。有些车还配有后排乘员防撞安全气囊，装在前排座椅后面。

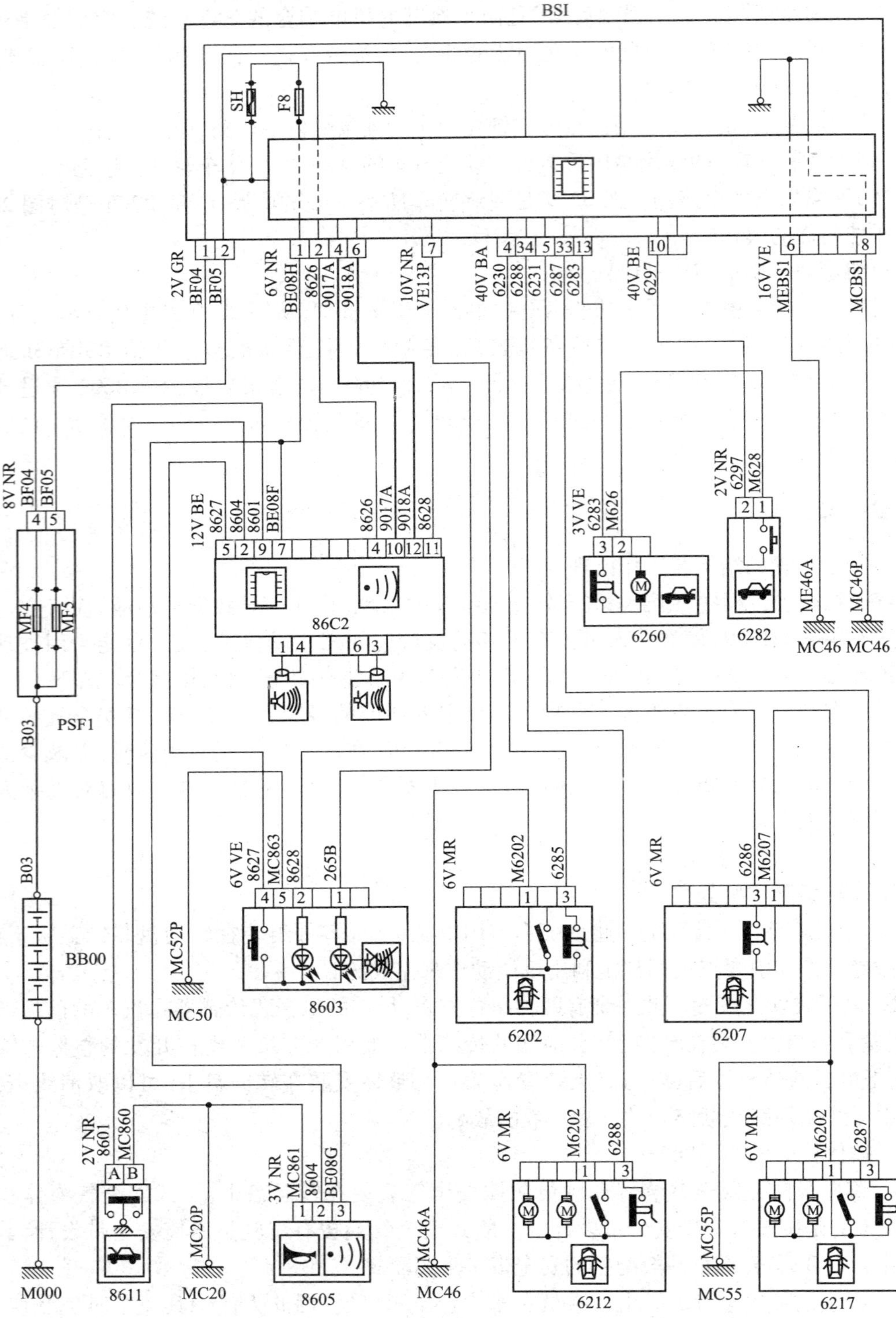

图 22-9 凯旋轿车防盗报警系统电路图

防盗报警系统电路图电气元件的说明　　表22-5

编码	元件名称	编码	元件名称
BSI	多功能电子控制盒	6207	乘客车门锁总成
8602	防盗报警控制盒	8611	发动机罩防侵入警报开关
6260	行李舱门锁定电动机	8605	防侵入报警笛
6282	行李舱开启开关	6212	左后门锁总成
8603	防盗报警开关	6217	右后门锁总成
6202	驾驶员车门锁总成		

c. 侧面防撞安全气囊。装在车门上或座椅的侧面，当汽车遭受侧面碰撞时，防止乘员受到侧面撞击。

③窗帘式安全气囊与智能型安全气囊。

a. 窗帘式安全气囊。由于管型安全气囊不能全部覆盖侧窗，所以，玻璃的碎片可能击入车内伤害乘员，把以窗帘状展开的气囊称为窗帘式安全气囊。窗帘式安全气囊在车辆侧面碰撞时与侧面安全气囊同时展开。其位于A柱与车顶纵梁的内衬中。窗帘式安全气囊只是在一些高档汽车上使用。

b. 智能型安全气囊。为了减轻安全气囊的副作用而研制出智能型安全气囊，它具有检测乘员是否系上安全带、检测乘员乘坐位置、检测儿童座椅、调控安全气囊充气膨胀力、检测座椅上是否有乘员、检测气温等功能。

c. 多级安全气囊用充气膨胀器。多级安全气囊充气膨胀器可以根据汽车的行驶速度和车辆的碰撞程度不同分几阶段调节充气膨胀力。车速越高，撞击程度越大，充气膨胀力越大。

(2)安全气囊系统的组成和工作原理。

①安全气囊系统的基本组成。电子式安全气囊系统的组成部分分布在汽车的不同位置，各型汽车所采用部件的结构和数量有所不同，但其基本组成和工作原理都大致相同。系统的基本构成如图22-10所示。转向盘模块中装有气囊、气体发生器和点火器等，乘客侧座气囊装在杂物箱上侧，用一塑料盖板遮住。前碰撞传感器分别安装在驾驶室间隔板左、右侧及中部，中心的安全气囊传感器与气囊电控单元安装在一起，系统故障指示灯在仪表板上。

②安全气囊组件。安全气囊组件包括充气装置、气囊、外壳等。

a. 充气装置。充气装置一般由尼龙制成，上面有一些排气孔，充气结束后，排气孔立即排气使气囊变软，这样就能起到缓冲作用，以减轻对驾乘人员的伤害。

b. 气囊传感器。气囊传感器包括前碰撞传感器、中央传感器，用来检测碰撞减速力、碰撞强度，作为控制气囊是否动作的参数。

c. 电子控制装置(ECU)。电子控制装置是SRS的控制中心，其功能是接收传感器输入的信号，判断是否启动安全气囊系统，并进行故障自诊断。

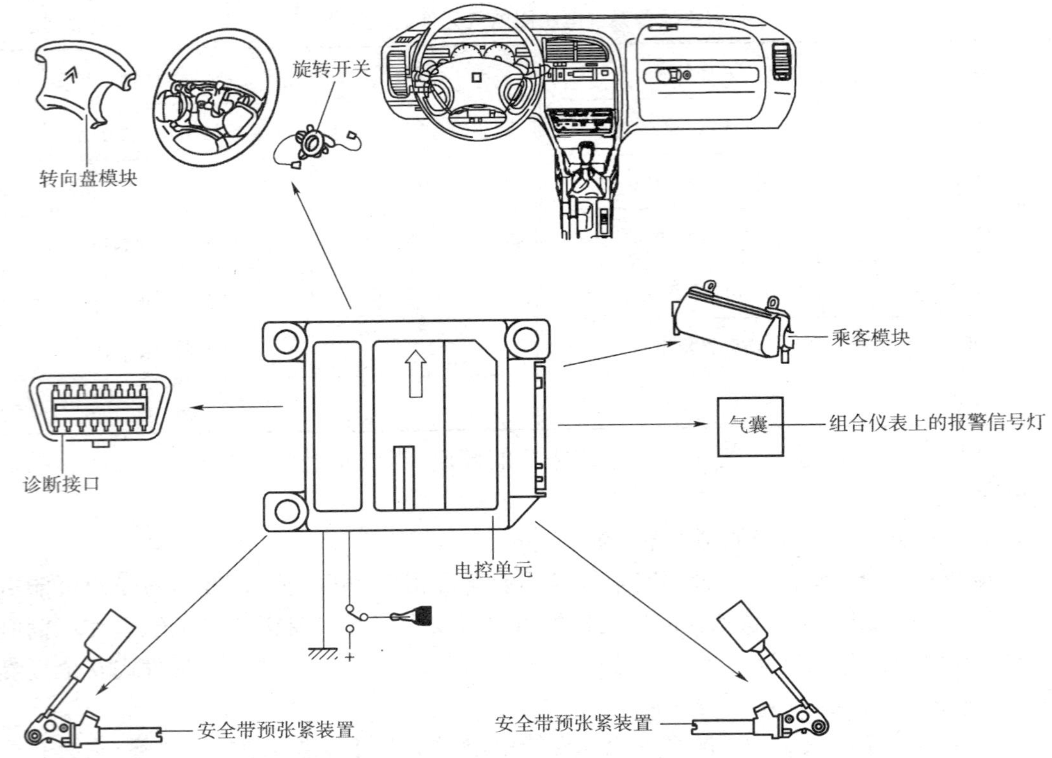

图22-10　安全气囊系统的基本组成

③安全气囊系统的工作原理。以图22-11所示的汽车正面撞击为例,当汽车受到前方一定角度范围内的高速碰撞时,车体会受到强烈的振动,同时车速急剧下降,传感器和气囊电控单元测到的汽车减速度如果达到预定值,气囊电控单元输出足够能量的电流,控制组件中的点火器点火,气体发生器引爆电雷管引燃气体发生剂,产生大量气体,经过滤并冷却后进入安全气囊,使气囊在极短的时间内突破衬垫迅速展开,在驾驶员或乘客的前部形成弹性气垫,并及时泄漏、收缩、将人体与车内构件之间的碰撞变为弹性碰撞,通过气囊产生的变形吸收人体碰撞产生的动能,从而有效地保护人体头部和胸部,使之免于伤害或减轻伤害程度。

④安全气囊的工作过程。如图22-11所示,凯旋驾驶员气囊的引爆过程如下。

a. 以点火脉冲开始,4ms顶盖打开。

b. 15~20ms气囊打开,30ms气囊到位并稳定下来。

c. 60ms气囊放气,汽车前方视野恢复。

⑤安全气囊系统的有效范围。气囊不是在任何条件下都会起爆,在下列条件之一情况下,SRS气囊系统不会起爆,如图22-12所示。

a. 汽车遭受斜前方碰撞斜角超过正前方正负30°角范围时。

b. 汽车遭受后方撞击时。

c. 汽车遭受横向撞击时。

d. 汽车发生侧翻时。

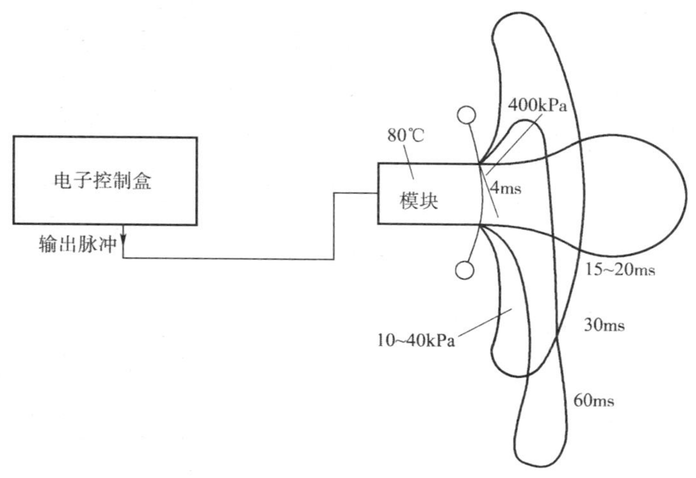

图22-11　气囊的点火、膨胀与收缩过程

e. 纵向减速度没达到设定阈值时。

f. 汽车正常行驶、制动或在不平的路面上行驶时。

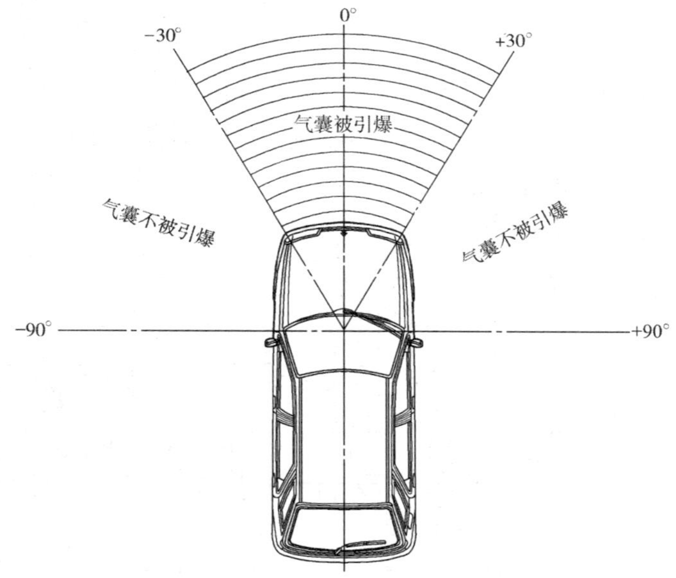

图22-12　汽车碰撞后气囊的点火条件

另外以下情况可能导致误触发,应引起注意:

a. 温度过高,引起充气装置中火药燃烧。

d. 过分撞击,使雷管引爆。

c. 电磁波引起误触发,如大功率手提电话机等。

d. 修理时操作不慎。

2)安全气囊电路图分析

图22-13所示为凯旋轿车安全气囊电路图。表22-6是对图22-13电气元件名称的说明。

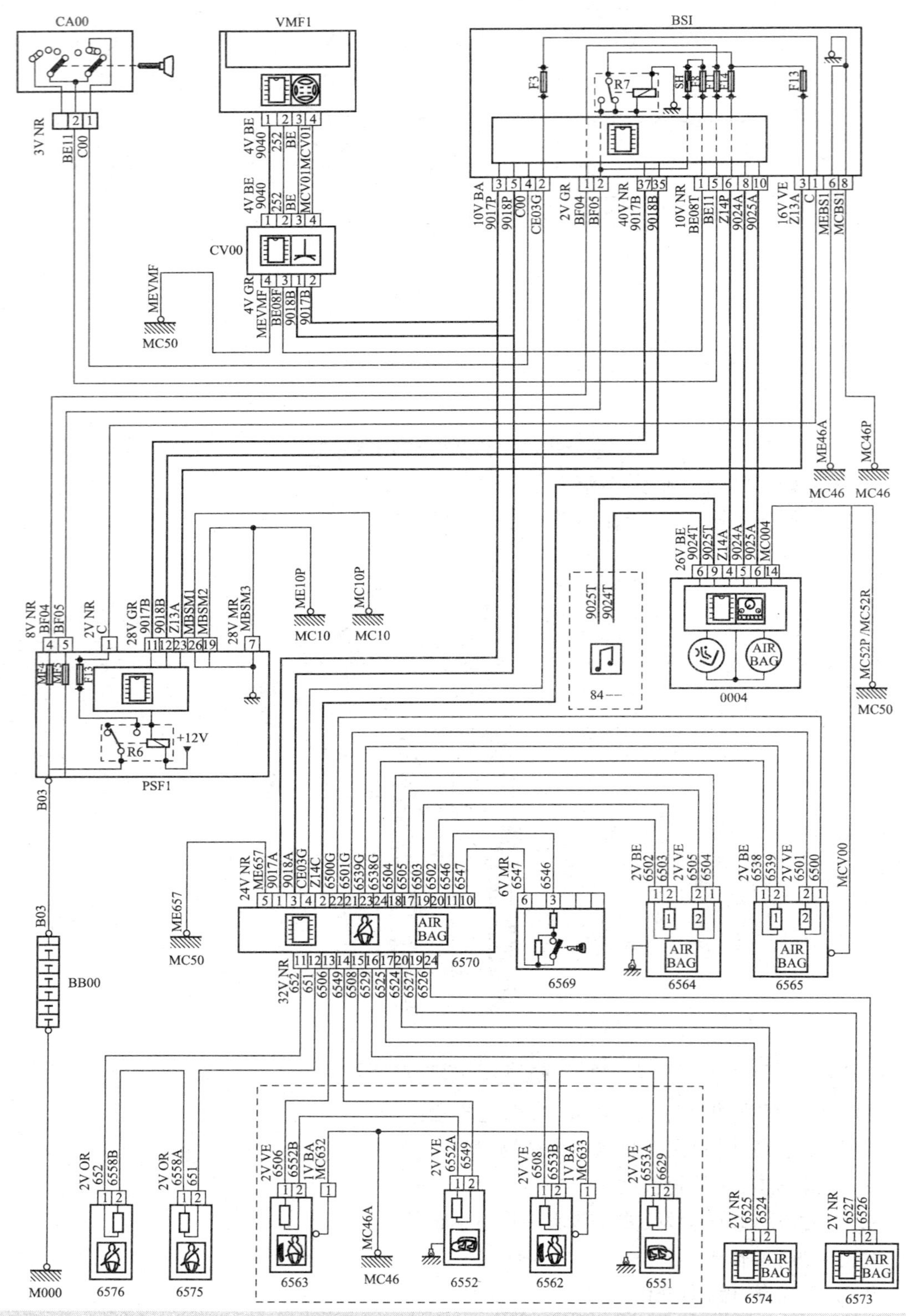

图 22-13　凯旋轿车安全气囊电路图

安全气囊电路图电气元件的说明　　表22-6

代码	元件名称	代码	元件名称
VMF1	中央集控式转向盘	6575	左前预张紧器
0004	组合仪表	6563	左前侧气囊模块
PSF1	发动机舱伺服控制盒	6552	左侧气帘模块
6570	气囊及预张紧器控制盒	6562	右前侧气囊模块
6569	乘客气囊禁用开关	6551	右侧气帘模块
6564	乘客气囊模块	6574	右前碰撞传感器
6565	驾驶员气囊模块	6573	左前碰撞传感器
6576	右前预张紧器	CA00	防盗点火开关

以左侧气帘的起爆为例说明如下。

(1)打开钥匙,启动发动机,BSI唤醒,BSI控制R7继电器,再通过自身的16VVE(绿色16通道的插接器)的3号脚,通过导线Z13A给PSF提供+CAN,再通过自身40VNR(黑色的40通道的插接器)的35和37脚,通过网线9017B和9018B给PSF1一个唤醒帧,PSF1唤醒。

(2)PSF1通过自身R6继电器和F13(13号熔断器),给2VNR的1号脚通电,再通过导线C进入BSI的16VVE的3号脚,再通过BSI的F3到10VBA(白色的10通道的插接器)的3号脚,再通过导线CE03G到6570(气囊电控单元)的24VNR的4号脚,给气囊电控单元供正电。

(3)BSI通过自身的R7继电器和F14给10VNR的6号脚供电,再通过导线Z14P给6570提供+CAN,BSI再通过自身的10VBA的3号和5号脚,通过网线9017P和9018P给6570一个唤醒帧,至此6570(气囊电控单元)完全唤醒。

(4)当车辆左侧遭到撞击且撞击强度达到设定值,左侧碰撞传感器6573把信号传给6570,6570通过32VNR的15号脚和导线6529给左侧气帘点火器6562、左侧气囊点火器6551同时提供电流,并通过导线6529和32VNR的16号脚搭铁构成回路,左侧气帘和左侧气囊同时打开。打开的过程前已叙述。其他气囊的工作过程类似。

5　卫星导航系统

GPS技术多用于军事上,GPS是以全球24颗定位人造卫星做基础,向全球各地全天候提供三维位置、三维速度等信息的一种无线电导航和定位系统。

GPS的定位原理:用户接收卫星发射的信号,从中获取卫星与用户之间的距离、时钟校正和大气校正等参数,同过数据处理确定用户的位置。民用GPS的定位精度可达10m以内。

汽车导航系统又称汽车GPS导航系统,属于车辆道路交通信息通信系统的一个分支,如图22-14所示。

1)基本组成

汽车GPS导航系统由两部分组成:一部分是安装在汽车上的GPS接收机和显示设备;另一部分是计算机控制中心,两部分通过定位卫星进行联系。计算机控制中心是机动车管理部门授权和组建的,它负责随时观察辖区内指定监控的汽车动态和交通情况。

2)基本功能

整个汽车导航系统至少有两大功能:一个是汽车踪迹监控功能,只要将已编码的 GPS 接收装置安装在汽车上,该汽车无论行驶到任何地方都可以通过计算机控制中心的电子地图上指示出它所在方位;另一个是驾驶指南功能,如图 22-15 所示,车主可以将各个地区的交通线路电子图储存计算机中并应定期更新。GPS 开始工作,显示屏上就会立即显示出该车所在地区的位置及目前的交通状态。既可输入要去的目的地,预先编制出最佳行驶路线,又可接收计算机控制中心的指令,选择汽车行驶的路线和方向。导航系统的显示屏是一个地图画面,输入目的地后,一个红色的箭头指示汽车要行驶的方向。导航系统的地图显示方式有几种,用户可自己选择,总之地图让人一目了然,到了该拐弯的时候,有声音提醒。新导航系统更加先进,在停车场行驶的时候可以告诉驾驶员哪里有停车位,前面的行车路线哪里堵车,塞车有多远,如果改变路线的话应该行驶哪条路。

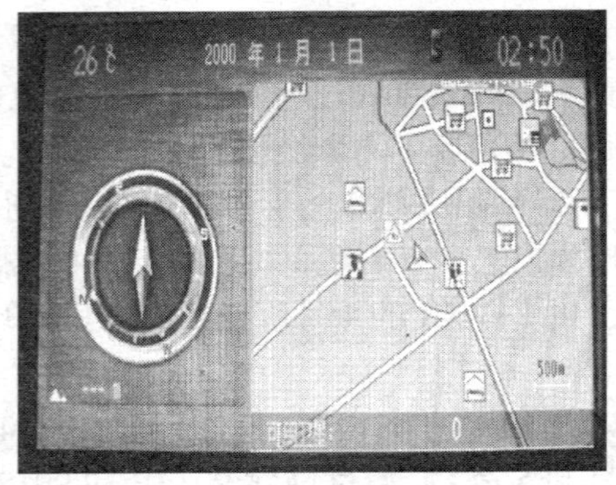

图 22-14 导航系统屏幕的显示

图 22-15 导航系统的驾驶指南

3)基本工作过程

(1)用户输入目的地。在出发前,用户通过系统的输入法将目的地输入到导航设备中。除了在系统显示的电子地图上直接点击选取地点外,更多的时候是借某种输入方法,将目的地名称输入到系统中。国内汽车自主导航产品基本上都是基于 PC,或者借助外接键盘,以类似 PC 的中文输入法作为地名输入法的汽车导航系统,或者利用触摸屏借助日益成熟的手写识别技术进行输入。依靠键盘或触摸屏同时也可实现几乎所有的按键功能。基于“以人为本”的设计思想,特别是考虑到安全性能要求,目前人们也在开发基于语音技术的产品。

(2)行驶路线。汽车导航主机从 GPS 接收机得到经过计算确定的当前经度和纬度,通过与电子地图数据的对比,就可以随时确定车辆当前所在的地点。一般汽车导航系统将车辆当前位置默认为出发点,在用户输入了目的地之后,导航系统根据电子地图上存储的地图信息,就可以自动算出一条最合适的路线作为新的路线。

(3)行驶中的导航。汽车自动导航系统的输出设备包括显示屏幕和语音输出设备。在行驶过程中,驾驶员必须全神贯注驾驶,而不能经常查看显示屏幕,因此,一个实用而人性化的车辆自动导航系统利用语音输出,在必要时向驾驶员提示信息。如车辆按照系统推荐路线行驶到应该转弯的路口前,语音输出设备提示驾驶员:“200m 后请向右转”,这样驾驶员根本不必要关注屏幕的显示,也可以按照推荐路线正确快捷的到达目的地。

二、任务实施

项目1　驾驶员侧车门模块的拆装

1　项目说明

当驾驶员侧车门模块损坏时需要拆卸并更换，此项操作最易损坏的是门饰件，所以一定要使用专用工具，其次用力要适中，不可蛮干。

2　技术标准与要求

(1)要先看懂工艺文件，然后准备专用工具和普通工具。

(2)在作业之前汽车装上五件套和翼子板护套。

(3)做好安全防护。

3　设备器材

(1)凯旋车一辆。

(2)普通工具一套。

(3)工作台一个。

(4)零件车一个。

4　作业准备

(1)清洁车辆。

(2)清洁工具。

(3)准备作业单。

(4)举升机一台。

5　操作步骤

(1)驾驶员车门模块的拆卸。

①拆卸前的准备。拆卸开始之前准备以下两个专用工具：

a. 如图22-16所示，准备塑料定位销拆卸工具7504-T。

b. 如图22-17所示，准备侧防护条拆卸工具8205-TE。

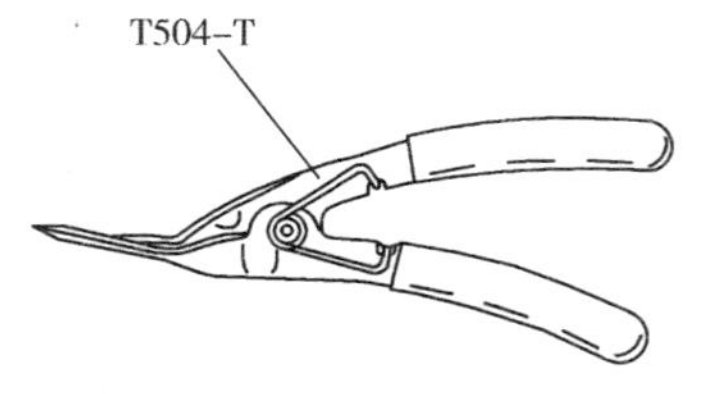

图22-16　塑料定位销拆卸工具7504-T

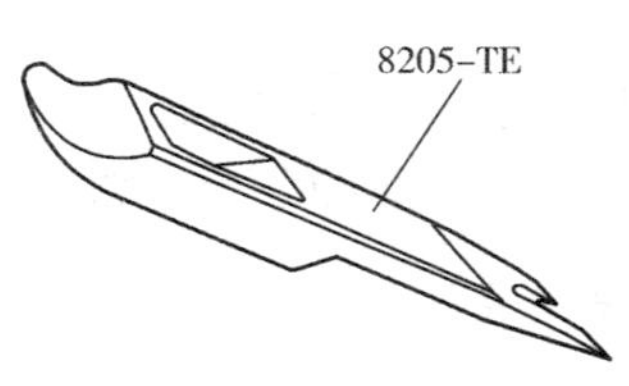

图22-17　侧防护条拆卸工具8205-TE

②拆卸门饰件。

a. 松开 a 处的卡扣,如图 22-18 所示,拆下车门的内手柄外罩,拆下螺钉和车窗升降器开关总成。

b. 断开车窗升降器开关总成上的插接器,松开和断开车门板下照明装置(按装备)。

c. 拆卸螺钉 A 和 B,松开和拆卸车门衬板。

d. 拆卸车门下密封橡胶条,如图 22-19 所示。

e. 拆卸螺钉 C,拆卸车门模块并断开其上的插接器。

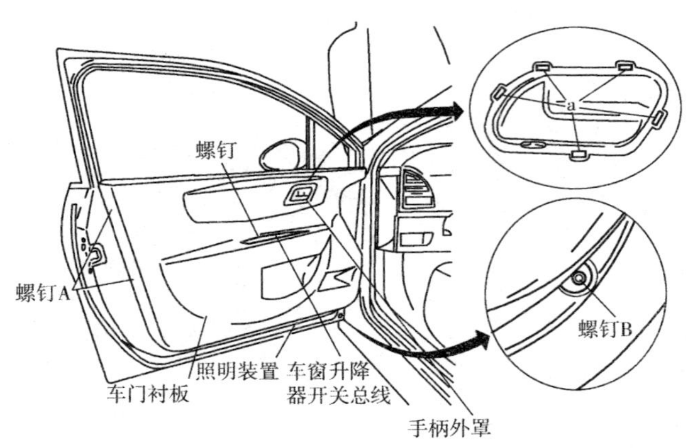

图 22-18 车门内装饰件相关元件的拆卸

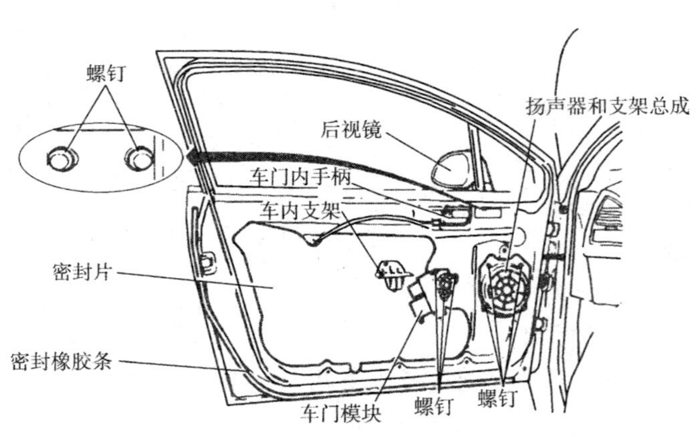

图 22-19 车门内相关元件的拆卸

(2)驾驶员侧车门模块的装复。

逆向进行拆卸作业的各个步骤。

6 记录与分析

驾驶员侧车门模块的拆装作业记录单见表 22-7。

驾驶员侧车门模块的拆装作业记录单　　表22-7

姓名		班级		学号		组别	
车型		发动机号		底盘号		作业日期	
作业顺序		过程记录				技术标准	

项目2　驾驶员电动座椅的拆装

1　项目说明

操作时要使用专用工具,要确保安全,同时注意保护车内饰与清洁。

2　技术标准与要求

(1)要先看懂工艺文件,然后准备专用工具和普通工具。

(2)在作业之前汽车装上五件套和翼子板护套。

(3)做好安全防护。

3　设备器材

(1)凯旋轿车一辆。

(2)普通工具一套。

(3)工作台一个。

(4)零件车一个。

4　作业准备

(1)清洁车辆。

(2)清洁工具。

(3)准备作业单。

(4)举升机一台。

5　操作步骤

1)座椅总成的拆卸

如图22-20所示,先将座椅调到最高位置,再将座椅前移至极限,拆卸螺钉A,再将座椅后移至极限。

如图22-21所示,拆卸螺钉B,断开蓄电池,断开插接器,拆卸座椅。

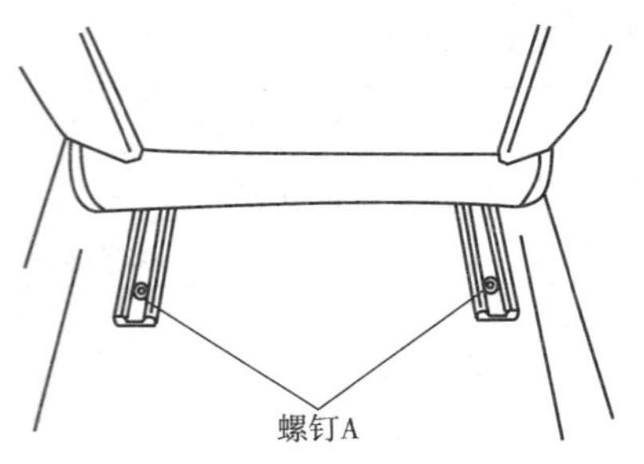

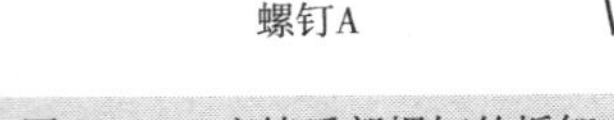

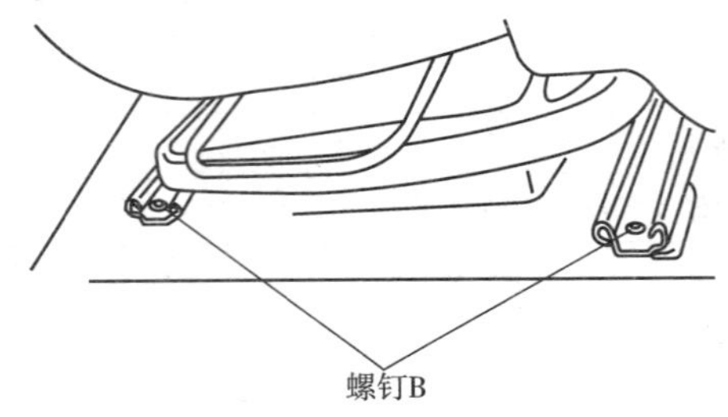

图 22-20 座椅后部螺钉的拆卸

图 22-21 座椅前部螺钉的拆卸

2）前座椅部分分解

（1）准备专用工具。如图 22-22 所示，准备专用工具：侧防擦条拆卸工具 8205-TE。

（2）前期作业：

①如图 22-23 所示，拆内饰，松开弹性张紧装置（a 处），提起内衬板。

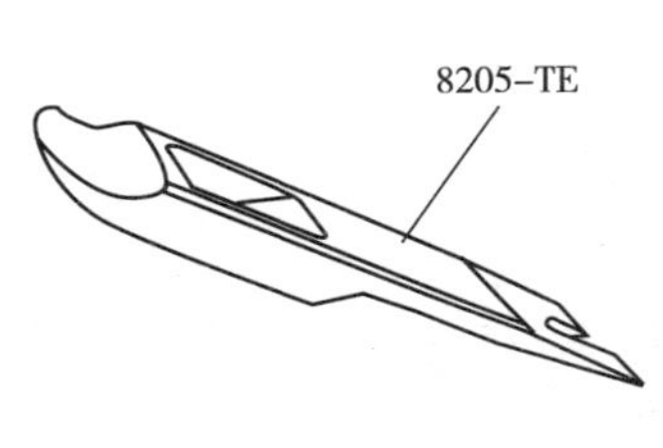

图 22-22 侧防擦条拆卸工具 8205-TE

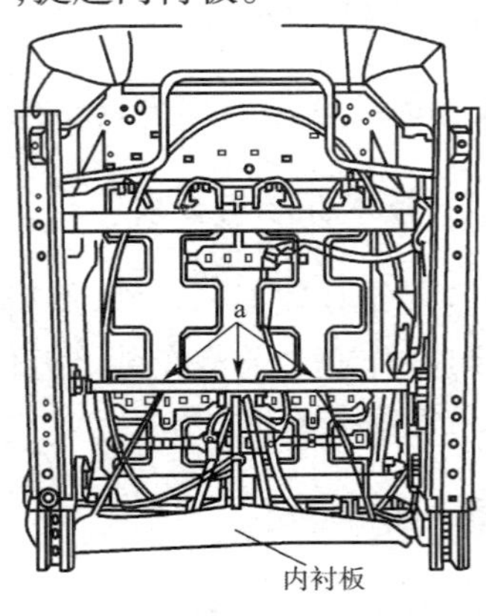

图 22-23 拆卸座椅内饰

②如图 22-24 所示，推动座椅靠背外板（按箭头 b）。

③如图 22-24 和图 22-25 所示，松开 i、d、e 和 h 处的挂钩（按箭头 g），在 c、f 和 g 处可以看见。

④拆卸座椅靠背外板。

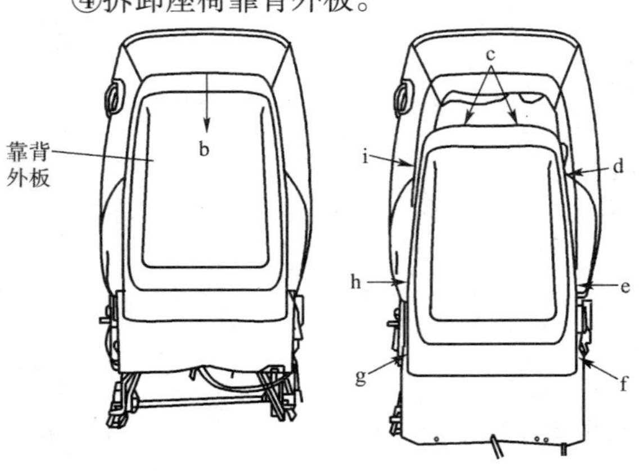

图 22-24 座椅靠背挂钩的拆卸

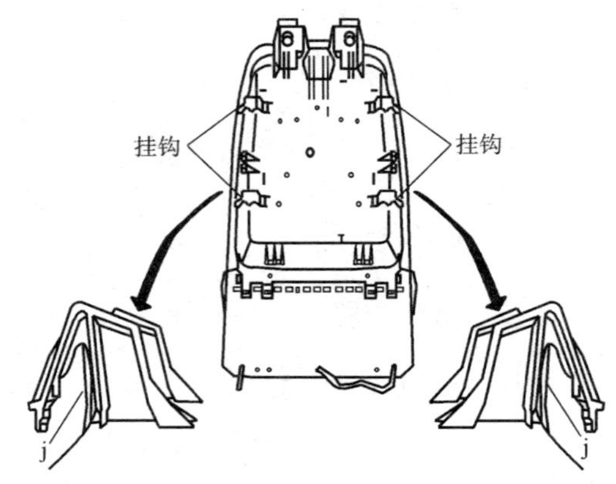

图 22-25 座椅靠背外板的拆卸

3）电动座椅的拆卸

（1）如图22-26所示，拆卸座椅下滑板（按装备），拆卸螺钉，拆卸i处的螺钉，断开调整按钮15在m处线束的插接器。拆卸外壳。

（2）如图22-26、图22-27所示，拆卸螺母A和螺母B、滑槽（各边）；如图22-28所示，拆卸螺钉C和螺钉D、座椅后外壳、头枕（按住n处，同时提起头枕）、头枕导套。

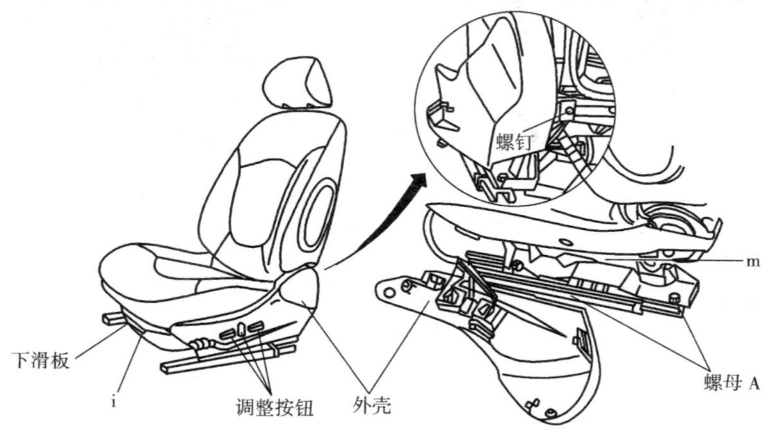

图22-26 拆卸下滑板相关螺钉

（3）如图22-29所示，松开座椅底座蒙皮在p和q处的卡扣（各边），拆卸座椅底座蒙皮，拆卸座椅靠背蒙皮。

（4）如图22-30所示，松开座椅靠背蒙皮卡扣，松开扣件。

（5）如图22-31所示，进入后座操纵器总成，使用ϕ5mm钻头，钻空“s”处铆钉；如图22-32所示，脱开操纵软轴，拆卸进入后座操纵器，以及操纵软轴和张紧轮。

侧安全气囊、座椅靠背结构件和座椅底座结构件如图22-33所示。

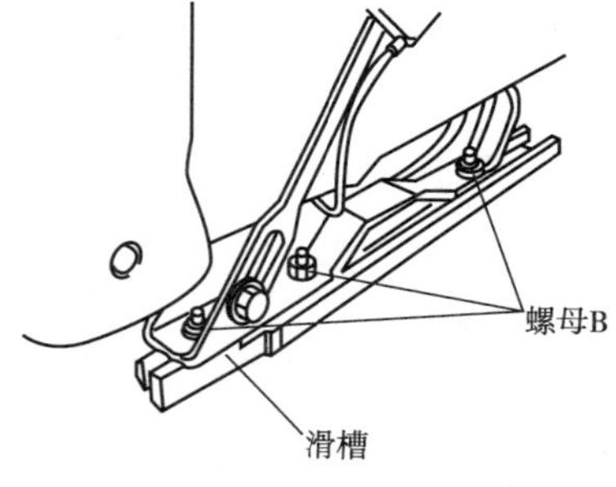

图22-27 拆卸螺母和滑槽

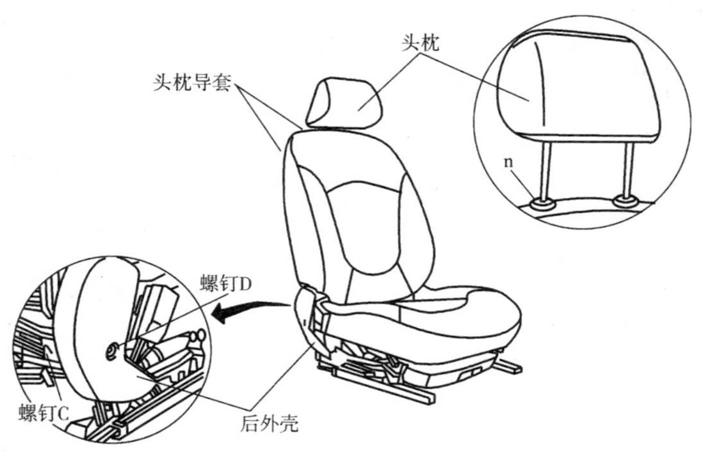

图22-28 拆卸座椅后外壳和头枕

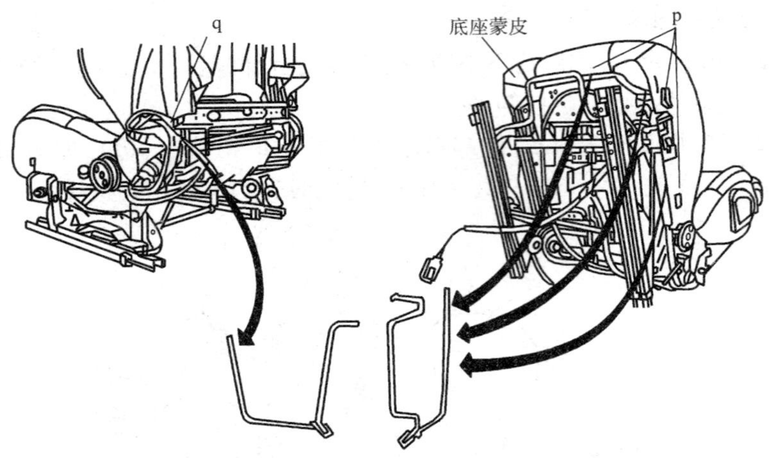

图 22-29　拆卸座椅底座蒙皮

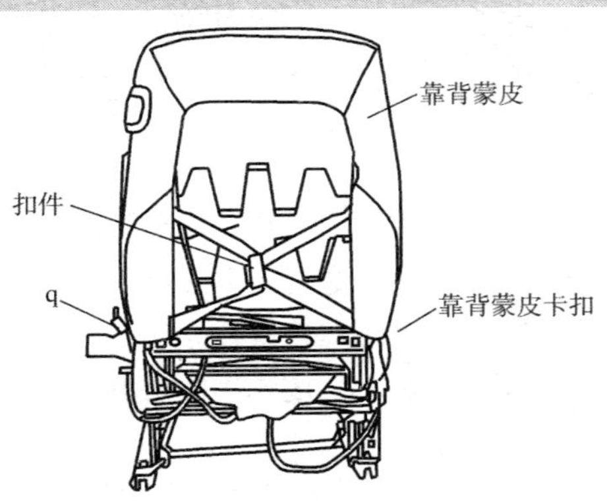

图 22-30　松开座椅靠背蒙皮卡扣

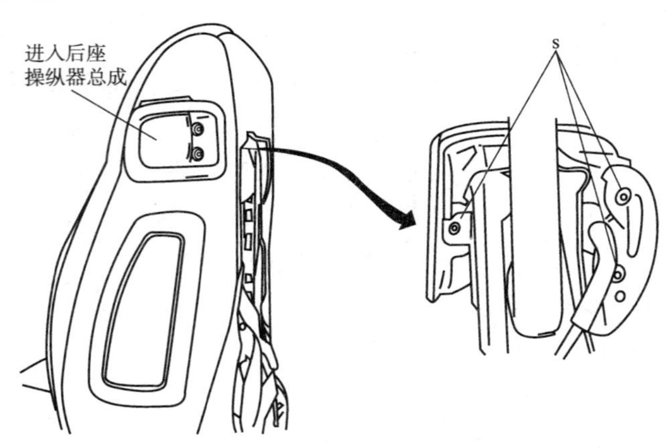

图 22-31　钻掉铆钉

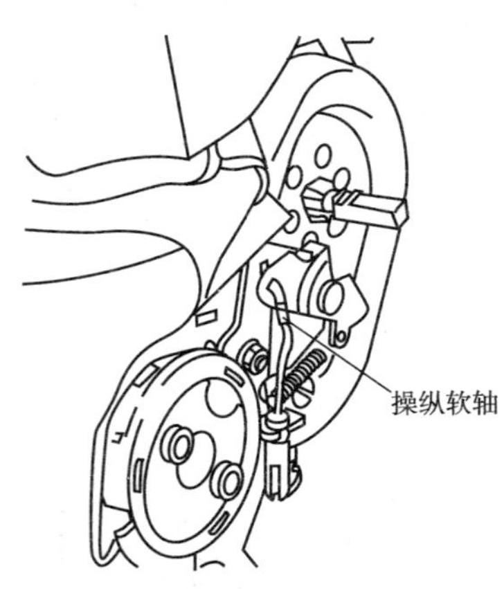

图 22-32　脱开操纵软轴

4)电动座椅的装复

逆向进行拆内饰作业的各道工序。

5）座椅总成的装复

如图22-34所示，先检查座椅滑槽的平行度，按照规定的拧紧顺序紧固螺钉，螺钉的拧紧力矩为20N·m，然后连接蓄电池负极，接通插接器后应检查座椅的电动运行功能。

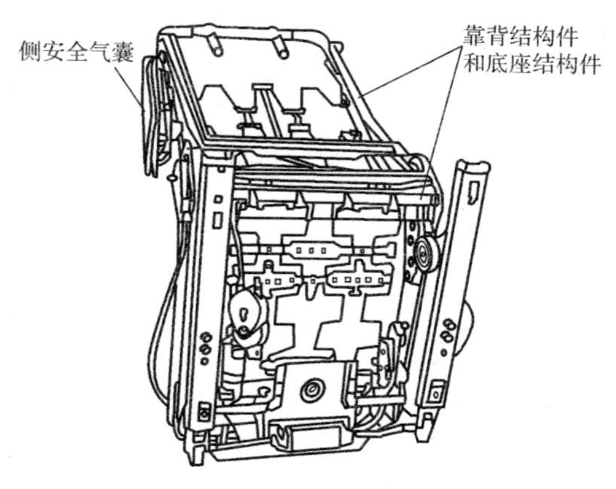

图22-33　座椅上的侧安全气囊

图22-34　检查座椅滑槽的平行度并拧紧螺钉

6　记录与分析

驾驶员电动座椅的拆装作业记录单见表22-8。

驾驶员电动座椅的拆装作业记录单　　表22-8

姓名		班级		学号		组别	
车型		发动机号		底盘号		作业日期	
作业顺序		过程记录				技术标准	

项目3　驾驶员侧安全气囊的拆装

1　项目说明

操作之前先打开点火开关，检查仪表板上安全气囊工作指示灯能否点亮然后熄灭。若正常，取下点火开关钥匙，拆下蓄电池负极，等待至少2min；若异常，则需等待10min。安全气囊拆下后不要用万用表去测量点火器电阻。要遵守气囊拆装相关的安全操作规程，同时注意保护车内内饰与清洁。

2 技术标准与要求

(1)要先看懂工艺文件,然后准备专用工具和普通工具。
(2)在作业之前汽车装上五件套和翼子板护套。
(3)做好安全防护。

3 设备器材

(1)凯旋轿车一辆。
(2)普通工具一套。
(3)工作台一个。
(4)零件车一个。

4 作业准备

(1)清洁车辆。
(2)清洁工具。
(3)准备作业单。
(4)举升机一台。

5 操作步骤

1)安全气囊的拆卸

如图 22-35 所示,用一字螺丝刀插进“a”处的空中,用螺丝刀推 U 形夹,松开安全气囊,断开安全气囊的连接,拆下安全气囊。存放处于引爆状态的气囊一定要遵守安全规范。

2)安全气囊的安装

遵守要采取的预防措施,接上安全气囊的插头,将安全气囊卡入转向盘中,再接上蓄电池的负极接线柱。检查仪表板上的安全气囊指示灯工作情况,打开点火开关,指示灯点亮至少 6s 然后熄灭。

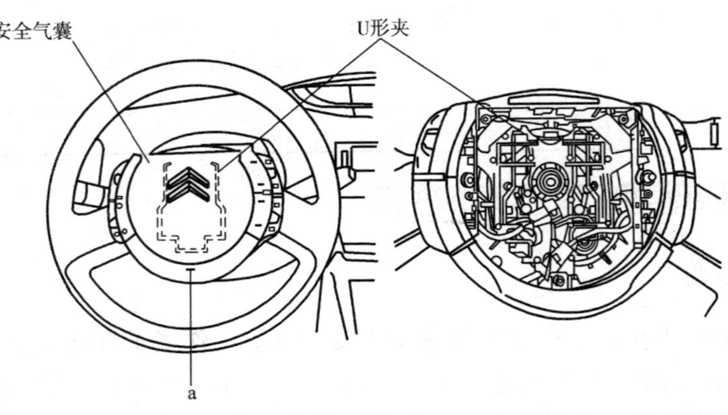

图 22-35 凯旋轿车驾驶员侧安全气囊的固定与拆卸位置

6 记录与分析

驾驶员侧安全气囊的拆装作业记录单见表22-9。

驾驶员侧安全气囊的拆装作业记录单　　表22-9

姓名		班级		学号		组别	
车型		发动机号		底盘号		作业日期	
作业顺序		过程记录				技术标准	

项目4　多媒体语音导航系统主机的拆装

1 项目说明

操作时要使用专用工具，要确保安全，同时注意保护车内饰与清洁。

2 技术标准与要求

(1)要先看懂工艺文件，然后准备专用工具和普通工具。
(2)在作业之前汽车装上五件套和翼子板护套。
(3)做好安全防护。

3 设备器材

(1)凯旋轿车一辆。
(2)普通工具一套。
(3)工作台一个。
(4)零件车一个。

4 作业准备

(1)清洁车辆。
(2)清洁工具。
(3)准备作业单。
(4)举升机一台。

5 操作步骤

1)专用工具的准备

准备图22-36所示的专用工具:收放机拆装卡销9021-T。

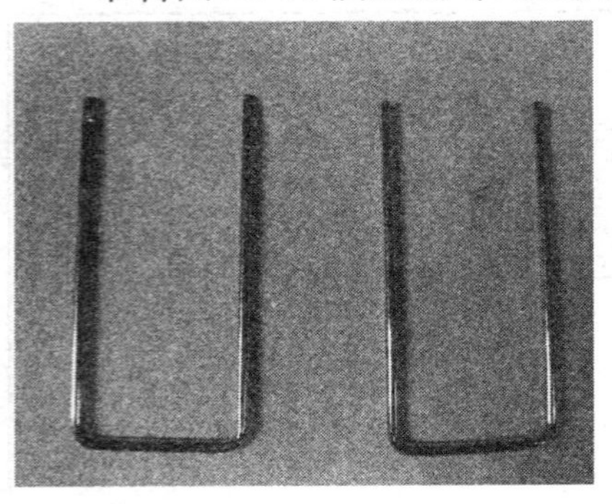

图22-36 收放机拆装卡销9021-T

2)导航主机RT4的拆卸

关闭点火钥匙,拔掉蓄电池负极。如图22-37所示,把专用工具插进主机左右两边相应的孔内,把里面的卡子顶开。如图22-38所示,把主机从座子里面拖出来,然后按照以下的顺序拔掉主机背后的插接器:

(1)断开40PIN最大的黑色插接器。

(2)断开LVDS显示屏插接器。

(3)断开USB插接器。

(4)断开下面的3个天线,请务必按以下顺序断开,先蓝色、后白色、再灰色。

3)导航主机RT4的安装

逆向进行拆卸作业的各道工序。

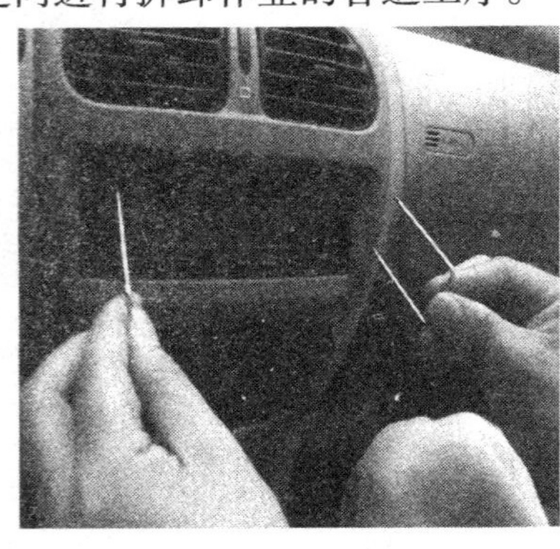

图22-37 插入专用工具

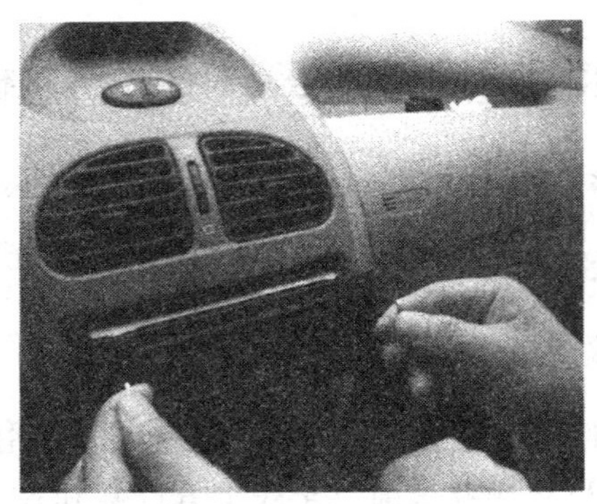

图22-38 拆下收放机主机

6 记录与分析

多媒体语言导航系统主机的拆装作业记录单见表22-10。

多媒体语言导航系统主机的拆装作业记录单 表22-10

姓名		班级		学号		组别	
车型		发动机号		底盘号		作业日期	
作业顺序		过程记录				技术标准	

三、学 习 评 价

1　理论考核

1)分析题

(1)请叙述安装电动中央门锁后可实现哪些功能。

(2)根据电路图,请叙述凯旋轿车电动座椅前后移动调节是怎样实现的?

(3)请叙述哪些情况下驾驶员侧安全气囊不会起爆。

2)判断题

(1)有了安全气囊的保护后,驾驶员在驾车的过程中,可以不系安全带。　(　　)

(2)车辆具有卫星导航装备后,驾驶员只需跟着导航仪的提示驾驶就可以了。　(　　)

(3)导航仪上输入目的地的方法只有一种。　(　　)

(4)拆装安全气囊组件时,不需断开蓄电池。　(　　)

3)选择题

(1)凯旋轿车的防盗报警系统功能是由电控单元(　　)来管理的。

A. 1320　　B. PSF1　　C. BSI　　D. 都不是

(2)一般来说,电动后视镜的调整开关在(　　)侧。

A. 乘客　　B. 驾驶员　　C. 后座　　D. 都不是

(3)装有中央门锁的汽车,蓄电池无电后,用机械钥匙开关门,其结果是(　　)。

A. 四道门同时动作　　B. 两道门动作

C. 被操作的那道门动作　　D. 都不是

(4)拆装安全气囊组件时,应(　　)。

A. 断开蓄电池　　B. 无须关闭点火钥匙

C. 使用专用工具　　D. 都不是

2　技能考核

“项目1　驾驶员侧车门模块的拆装”评分表见表22-11。

驾驶员侧车门模块的拆装项目评分表　　表22-11

序号	评 分 项 目	得分	评 分 备 注
1	5S现场管理 是否遵守车间安全操作规程: 是否正确举升车辆 是否注意废气排放 是否注意保持工作环境清洁 穿戴合适的防护用品 车辆防护操作: 是否使用车辆防护三件套 是否使用车辆翼子板保护套 是否清洁车辆内部与发动机舱等		(此项共8分,错、漏1项扣2分)

续上表

序号	评分项目	得分	评分备注
2	操作之前阅读维修手册		(此项共12分,错、漏1项扣3分)
3	能正确选择所用专用工具		(此项共14分,错、漏1项扣2分)
4	能进行正确的拆装		(此项共12分,错、漏1项扣6分)
5	是否按规定时间完成		(此项共4分,不合格不得分)
总分			

“项目2　驾驶员电动座椅的拆装”评分表见表22-12。

驾驶员电动座椅的拆装项目评分表

表22-12

序号	评分项目	得分	评分备注
1	5S现场管理 是否遵守车间安全操作规程: 是否正确举升车辆 是否注意废气排放 是否注意保持工作环境清洁 穿戴合适的防护用品 车辆防护操作: 是否使用车辆防护三件套 是否使用车辆翼子板保护套 是否清洁车辆内部与发动机舱等		(此项共8分,错、漏1项扣2分)
2	操作之前阅读维修手册		(此项共12分,错、漏1项扣3分)
3	能正确选择所用专用工具		(此项共14分,错、漏1项扣2分)
4	能进行正确的拆装		(此项共12分,错、漏1项扣6分)
5	是否按规定时间完成		(此项共4分,不合格不得分)
总分			

“项目3　驾驶员侧安全气囊的拆装”评分表见表22-13。

驾驶员侧安全气囊的拆装项目评分表

表22-13

序号	评分项目	得分	评分备注
1	5S现场管理 是否遵守车间安全操作规程: 是否正确举升车辆 是否注意废气排放 是否注意保持工作环境清洁 穿戴合适的防护用品 车辆防护操作: 是否使用车辆防护三件套 是否使用车辆翼子板保护套 是否清洁车辆内部与发动机舱等		(此项共8分,错、漏1项扣2分)
2	操作之前阅读维修手册		(此项共12分,错、漏1项扣3分)
3	能正确选择所用专用工具		(此项共14分,错、漏1项扣2分)
4	能进行正确的拆装 拆下的气囊组件能按工艺正确处理		(此项共12分,错、漏1项扣6分)
5	是否按规定时间完成		(此项共4分,不合格不得分)
总分			

"项目4　RT4多媒体语音导航系统主机的拆装"评分表见表22-14。

RT4多媒体语音导航系统主机的拆装项目评分表　　表22-14

序号	评分项目	得分	评分备注
1	5S现场管理 是否遵守车间安全操作规程： 是否正确举升车辆 是否注意废气排放 是否注意保持工作环境清洁 穿戴合适的防护用品 车辆防护操作： 是否使用车辆防护三件套 是否使用车辆翼子板保护套 是否清洁车辆内部与发动机舱等		（此项共8分，错、漏1项扣2分）
2	操作之前阅读维修手册		（此项共12分，错、漏1项扣3分）
3	能正确选择所用专用工具		（此项共14分，错、漏1项扣2分）
4	能进行正确的拆装		（此项共12分，错、漏1项扣6分）
5	是否按规定时间完成		（此项共4分，不合格不得分）
总分			

四、拓展学习

1　碰撞断油功能

东风雪铁龙凯旋轿车，当车辆发生碰撞后，只要符合安全气囊的引爆条件，安全气囊计算机就会向BSI发送一个或数个火药部件触发的信息。该信息被称为"撞击信息"帧。此时BSI会通过车身网给PSF1发送信息，PSF1会控制自身的一个继电器R2，R2断开后切断汽油泵的电源，油泵停止泵油。

2　碰撞开锁功能

东风雪铁龙凯旋轿车，当车辆发生碰撞后，只要符合安全气囊的引爆条件，安全气囊计算机就会向BSI发送一个或数个火药部件触发的信息，此时BSI会打开自身控制的四道门锁。

学习任务23　液压与气动、电液结合的基本结构原理

工作情境描述

一辆乘用车在行驶过程中组合仪表上的自动变速器警告灯点亮，现送至4S店进行维修，经检测诊断，维修服务顾问安排你及你们的小组进行变速器油的检查与更换、变速器阀体的拆装和电磁阀的更换。

学习目标

通过本任务学习，应能：

1. 正确理解液压与气动的基本概念和原理；
2. 描述液压与气动元件的结构和工作原理；
3. 正确理解电液结合控制系统的基本概念和工作原理；
4. 分析电液结合控制元件的结构和工作原理。

学习时间

6学时。

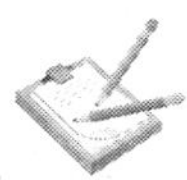

学习引导

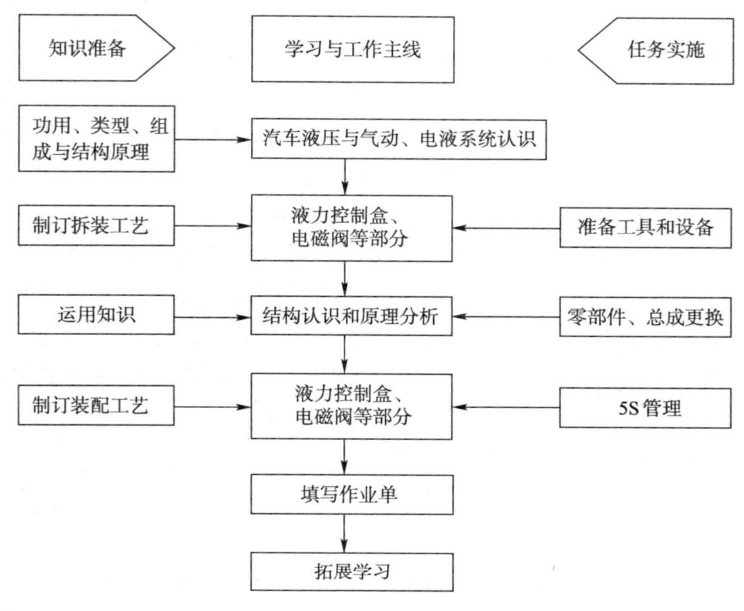

一、知识准备

1　液压系统与气动系统的基本原理

1)基本原理

液压传动与气压传动是以流体(液压油或压缩空气)作为工作介质对能量进行传递和控制的一种传动形式。液压系统以液压油作为工作介质,而气动系统则以空气作为工作介质。两种工作介质的不同在于液体几乎不可压缩,而气体却具有较大的可压缩性。液压传动与气压传动在基本工作原理、元件的工作机理以及回路的构成等诸方面是极为相似的。下面以图23-1所示的原理图来讲解它们的工作原理。

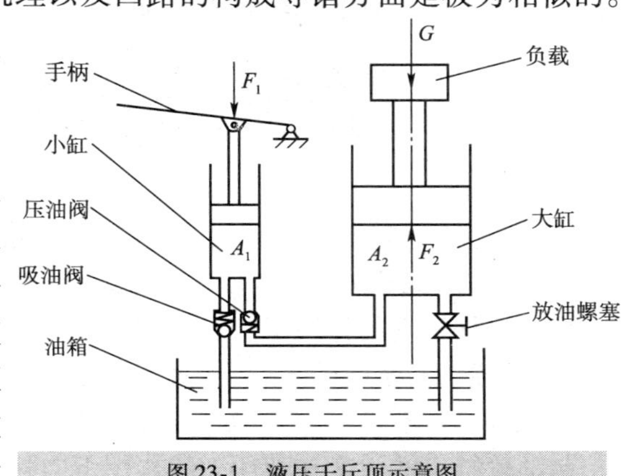

图23-1　液压千斤顶示意图

图23-1所示为液压千斤顶的示意图。当向上提起手柄使小缸内的活塞上移时,小缸下腔因容积增大而产生真空,油液从油箱通过吸油阀被吸入并充满小缸容积。当按压手柄使小缸活塞下移时,则刚才被吸入的油液通过压油阀输到大缸的下腔,油液被压缩,压力升高,当油液的压力升高到能克服作用在大活塞上的负载(重物)所需的压力值时,重

物就随手柄的下按而同时上升,此时吸油阀是关闭的。为要把重物能从举高的位置放下,系统中专门设置了截止阀(放油螺塞)。

图 23-1 中两根通油箱的管路如通大气,则图 23-1 变成气动系统的原理图。这种情况下,上下按动手柄,空气就通过吸油阀被吸入,经压油阀输到大缸的下腔。在这里,因气体有压缩性,不像液压系统那样,一按手柄重物立即上移,而是手柄需按动多次,使进入大缸下腔中的气体逐渐增多,压力逐渐升高,一直到气体压力达到使重物上升所需的压力值时,重物便开始上升。在重物上升过程中,也不像液压系统那样,压力值基本上维持不变(因是举起重物),因气体可压缩性较大的缘故,气压值会发生波动。

根据帕斯卡原理,活塞 A_2 的面积大于 A_1 的面积的话,那么在作用在小活塞上一个很小的力 F_1,便可在大活塞上产生一个很大的力 F_2 以举起负载,这就是液压千斤顶的原理。同时我们还知道大缸活塞运动的速度,在缸的结构尺寸一定时,取决于输入的流量。

从这个例子也可清楚地看到,在小缸中,手按动小活塞的机械能变成了排出流体的压力能;而在大缸中,进入大缸的流体压力能通过大活塞转变成为驱动负载所需的机械能。所以,在液压与气动系统中,要发生两次能量的转变,把机械能转变为流体压力能的元件或装置称为泵或能源装置,而把流体压力能转变为机械能的元件称为执行元件。

2)液压系统的应用

如图 23-2 所示,这是一个汽车液压制动系统的台架,制动液装在制动主缸上的储液罐中,制动主缸、制动轮缸和管路中都充满了制动液,制动主缸和制动轮缸里面都有活塞,但制动轮缸的活塞比制动主缸的活塞要大得多。现就以汽车的制动过程来说明液压系统在汽车上的应用。

图 23-2 汽车液压制动系统示教台

当汽车需减速或停车时,驾驶员踩制动踏板,踏板上端连推杆的部分就会带动推杆往前推,在杠杆原理的作用下,驾驶员的踏板力被放大,推杆的前端顶着制动主缸的活塞,所以推杆就顶动活塞往前压,在此过程中真空助力起作用继续加大推杆的推力,制动主缸的活塞往前压,制动主缸内腔的制动液压力迅速升高,此压力再通过管路传给制动轮缸的内腔,制动轮缸里的活塞在液压力的作用下向外运动,活塞顶动制动蹄片,蹄片张开与制动鼓内腔产生摩擦力，此摩擦力阻止车轮转动，轮胎再与地面产生作用力，车就减速或停止。

不需制动时，驾驶员松开踏板，推杆在复位弹簧的作用下回到起始位置，制动主缸活塞推力解除、在复位弹簧的作用下回到起始位置，制动主缸内腔容积增大，制动轮缸压力解除，在蹄片弹簧的作用下回到起始位置，多余的制动液回到制动主缸和制动主缸的储液罐。

从以上的工作过程可以看出，驾驶员在制动踏板上施加较小的力，就可以获得较大的制动器制动力。原因有几条，但最根本的原因是采用了液压制动系统的结构。期间发生两次能量转变，先把机械能转化成液体的压力能，再把液体的压力能转化成机械能。

2　能量转换装置

1）能量转换装置的组成

能量转换装置又称能源装置，有两大类：液压能源装置和气源装置。液压能源装置用来向液压系统输送具有一定压力和流量的清洁的工作介质；而气源装置则向气动系统输送一定压力和流量的洁净的压缩空气。液压能源装置可以是和主机分离的单独的液压泵站，也可以是和主机在一起的液压泵组；而气源装置一般都是单独的。

液压泵站一般由泵、油箱和一些液压辅件（过滤器、温控元件、热交换器、蓄能器、压力表及管件等）组成，这些辅件是相对独立的，可根据系统的不同要求而取舍，一些液压控制元件（各种控制阀）有时也以集成的形式安装在液压泵站上。

气源装置则由空气压缩机、压缩空气的净化储存设备（后冷却器、油水分离器、储气罐、干燥器及输送管道）、气动三联件（过滤器、油雾器及减压阀）组成，还有一些必要的辅件，如自动排水器、消声器、缓冲器等，这些辅件是向系统输送洁净的压缩空气所必不可少的。

2）对能量转换装置的基本要求

（1）能源装置外观应美观，其色泽应与主机协调。

（2）对能源装置上所装元件的排列布置应匀称，对之进行调节或维护应方便，更换元件容易。

（3）能源装置应节能，在系统不需要高压流体时，能源装置应卸荷或采取其他的节能措施。

（4）能源装置应工作平稳，产生振动小，噪声小，噪声水平应符合有关规定。

（5）和电气、电子控制结合使用，能远程控制能源装置以符合主机对所需的工作参数（压力、流量等）变化的要求。

（6）能源装置可利用过载保护或其他适当的措施确保其工作高度可靠。

（7）一般情况下，能源装置应尽量采用标准的元件组合而成，万不得已时才进行个别元件的单独设计。

（8）能源装置应减少泄漏，液压泵站更应如此，因工作液的泄漏，不仅浪费能源，而且污染环境。

（9）对工作介质的温度必须进行严格的监控，因传动和控制的特性和介质的温度有关，且当温度超限时，液压泵站工作液的寿命将大大缩短。

3)能量转换装置的构造

液压泵的结构有很多种,有齿轮式、叶片式、转子式和柱塞式等几种形式。曾被广泛采用的齿轮式液压泵的构造及工作原理与发动机润滑系中的齿轮式机油泵类似。叶片式液压泵具有结构紧凑、输油压力脉动小、输油量均匀、运转平稳、性能稳定、使用寿命长等优点,现代汽车采用较多,故以下仅介绍叶片式液压泵。

叶片式液压泵按其转子叶片每转一周的供油次数和转子轴的受力情况可以分为单作用非卸荷式和双作用卸荷式两种。

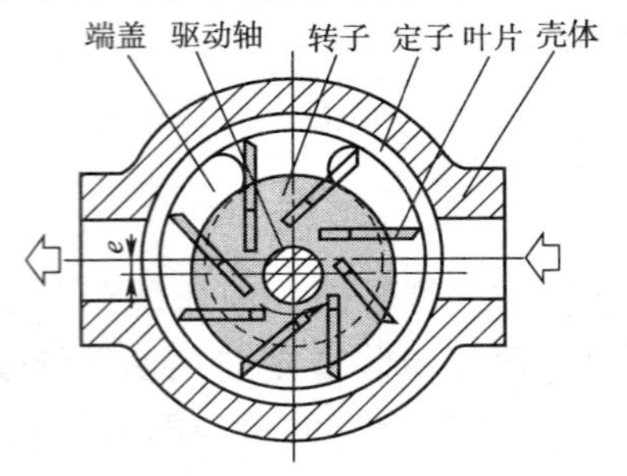

图 23-3 单作用叶片液压泵工作原理图

(1)单作用非卸荷式叶片液压泵。单作用非卸荷式叶片液压泵主要由端盖、驱动轴、转子、定子、叶片及壳体组成,如图 23-3 所示。

定子具有圆柱形内表面。转子上沿圆周均匀制有径向切槽。矩形叶片装在转子的切槽内,可在槽内移动;叶片沿转子轴向的两端分别压靠在两侧端盖上,并可在端面上滑动。这样就由定子内表面、转子外表面、叶片和端盖构成若干个油腔。转子和定子中心不重合,有一偏心距 e。当转子旋转时,叶片在自身离心力的作用下紧贴定子的内表面,将上述各油腔密封,并在转子切槽内做往复运动。

当转子按图示逆时针方向转动时,右半转子上各叶片均沿切槽向外滑动而伸出,相邻两叶片之间油腔的工作容积增大,因而具有吸油作用;而左半转子上各叶片则均沿切槽向内滑动而被压回,相邻两叶片之间油腔的工作容积均减小,因而具有压油的作用。转子每转一周,叶片在切槽内作往复伸、缩运动各一次,完成吸油、压油各一次,故称为单作用叶片液压泵。由于右边吸油区的油压低,左边压油区的油压高,左、右两油区的压力差作用在转子上,使转子轴的轴承上承受较大的载荷,故称其为非卸荷式叶片液压泵。

(2)双作用卸荷式叶片液压泵。双作用卸荷式叶片液压泵也由转子、定子、叶片、端盖等组成,如图 23-4 所示。与单作用叶片液压泵的不同之处在于:双作用叶片液压泵的转子与定子的中心重合;定子的内表面不是圆形而是一个近似的椭圆形,它由两条长半径 R(ab、$a'b'$)和两条短半径 r(cd、$c'd'$)所决定的圆弧以及 4 段过渡曲线所组成。当转子旋转,叶片由短半径 r 向长半径 R 处运动时,两叶片间油腔的工作容积逐渐增大,形成局部真空而吸油;而叶片由长半径 R 向短半径 r 处运动时,两叶片间油腔的工作容积逐渐减小而压油。转子每转一周,叶片在转子切槽内往复运动两次,完成两次吸油和两次压油,故称为双作用叶片液压泵。由于两个吸油区和两个压油区各自的中心夹角对称,所以作用在转子上的油压作用力相互平衡,故又称为卸荷式叶片液压泵。为了使转子受到的径向油压力完全平衡,工作油腔数(叶片数)应当为偶数。

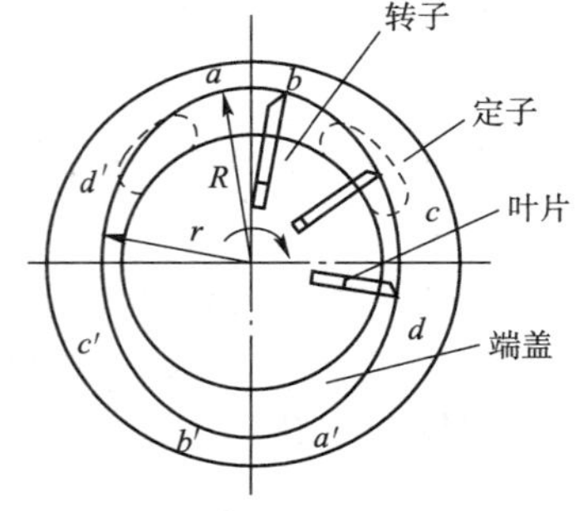

图 23-4 双作用叶片液压泵工作原理图

3 自动变速器阀体

凯旋轿车自动变速器 AL4 的阀体如图 23-5 所示，阀体是液压自动变速器上液力操纵自动系统各种液压阀类集中在一起的统称。它是采用液压集成块式各液压单元和电控电磁阀的集成体，采用这样的结构大大减小了各液压元件之间的管路连接，便于组装，结构紧凑。对于 AL4 自动变速器来说，它主要完成以下这些功能：

(1)它包括一些调整和分配元件。

(2)在内部，通过不同的铝制阀门的滑动，保证一路或者多路油道的开启与关闭。

(3)这些阀门的控制可以按照以下方式进行：

①手动操作(例如 VM)。

②液压操作(例如 R3)。

③电、液结合控制(例如 VS)。

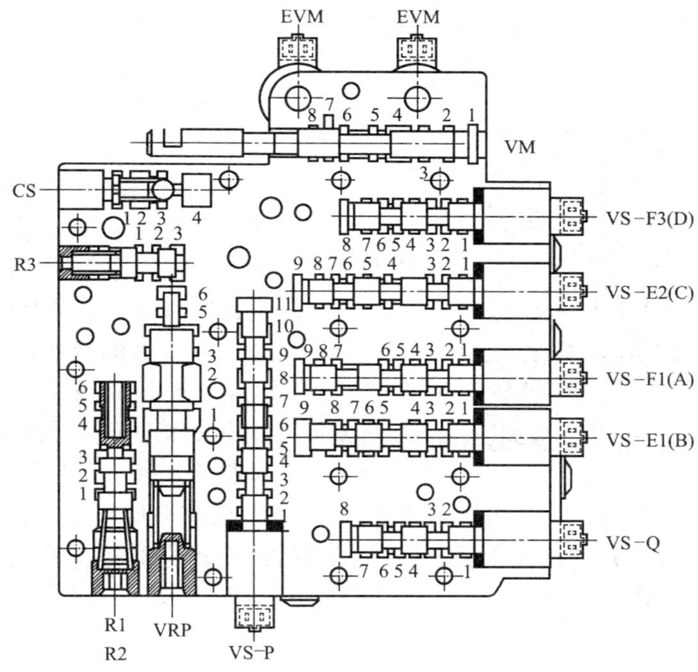

图 23-5　凯旋轿车 AL4 自动变速器阀体

VM-手动阀；VS-E1、F1、E2、F3-顺序阀；VS-P、VS-Q-渐进阀；VRP-压力调节阀；R1、R2、R3-限制阀；CS-保险开关；EVM-电动调整阀

4 液压储能器

1)储能器的功用和分类

在液压系统中，储能器主要用来储存油液的压力能，它的主要功用是：

(1)作辅助动力源。在某些实现周期性动作的液压系统中，其动作循环的不同阶段所需的流量变化很大时，可采用储能器。在系统不需要大量油液时，把液压泵输出的多余压力油储存在储能器内;而当系统需要大量油液时,储能器快速释放储存在内的油液,和液压泵一起向系统输油。这样,减小了电动机的功率消耗,降低了系统的温升。另外,万一在驱动液压泵的原动机发生故障时,储能器作为应急动力源向系统输油,避免意外事故的发生。

(2)维持系统压力。在某些需要较长时间内保压的液压系统中,此时为节能,液压泵停止运转或进行卸荷,蓄能器能把储存的压力油供给系统,补偿了系统的泄漏,并在一段时间内维持系统的压力。

(3)减小液压冲击或压力脉动。在液压泵突然启停、液压阀突然开闭、液压缸突然运动或停止时,系统会产生液压冲击。为此把蓄能器装在发生液压冲击的地方,可有效地减小液压冲击的峰值。在液压泵的出口处安装蓄能器,可吸收液压泵工作时的压力脉动,有助于提高系统工作的平稳性。

2)储能器的实际应用

如图 23-6 所示,一款自动变速器的前离合器 C1、后离合器 C2 和制动器 B2 的油路上,分别装有储能器 C1、C2 和 B2,它们的结构相同。其作用是满足离合器接合过程中液压缸压力的增长先快后慢的要求,使离合器接合得平稳柔和,也能吸收油压冲击,保持液压系统的压力稳定。如图 23-6 所示,储压器中的活塞两端面积不等,面积小的一端装入弹簧称为背压侧,面积大的一侧称为作用侧,来自液压泵主油路压力油作用在背压侧,使活塞经常处于被压缩的状态。当活塞的作用侧油路被开通时,来自手动阀的管路压力油同时作用于离合器和储能器,由于储能器的工作,初期油压迅速增长,克服其离合器接合部件的自由间隙,当压力增长到一定程度,克服储能器弹簧的张力和作用在背压侧面积的油液压力,使活塞上升,充油时间延长,使离合器接合液压缸中压力增长缓慢,保证其工作平稳性。

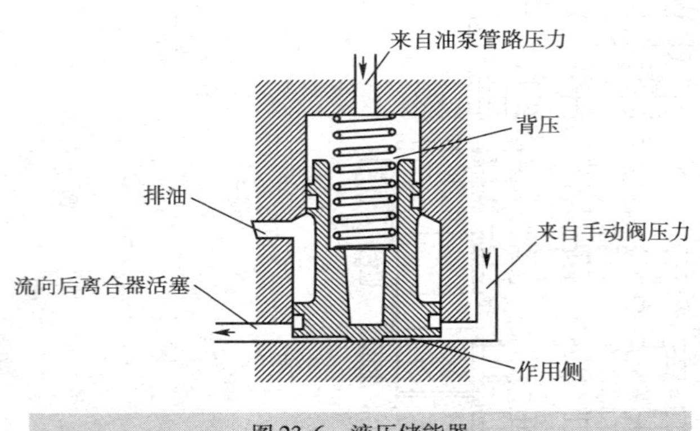

图 23-6　液压储能器

5 管路

管路包括油管和管接头,它的主要功用是连接液压元件和输送液压油。对它的主要要求是:有足够的强度,密封性好,压力损失小和拆装方便。

1)油管

液压系统中使用的油管有钢管、紫铜管、尼龙管、塑料管和橡胶管等,须依其安装位置、工作条件和工作压力来正确选用。

(1)硬管。

①钢管。能承受高压,价格低廉,耐油,抗腐蚀,刚性好,但装配时不能任意弯曲;常在拆装方便处用作压力管道(中、高压用无缝管,低压用焊接管)。

②紫铜管。易弯曲成各种形状,但承受能力一般不超过 10MPa,抗振能力较弱,又易使

油液氧化;用在液压装置内配接不便之处。

(2)软管。

①尼龙管。乳白色半透明,加热后可以随意弯曲成形或扩口,冷却后又能定型不变,承受能力因材质而异,为2.5~8MPa。

②塑料管。质轻耐油,价格便宜,装配方便,但承受能力低,长期使用会变质老化,只宜用作压力低于0.5MPa的回油管、泄油管等。

③橡胶管。高压管由耐油橡胶夹几层钢丝编织网而成,钢丝网层数越多,耐压越高,价格也越高,常用作中、高压系统中两个相对运动件之间的压力管道。低压管由耐油橡胶夹帆布制成,可用作回油管道。

选择油管时,内径不宜过大,以免使液压装置不紧凑,但也不能过小,以免使管内液体流速过大、压力损失增大以及产生振动和噪声。在强度保证的情况下,尽量选用薄壁管。薄壁管易弯,规格较多,连接容易。

2)管接头

管接头是油管之间、油管与液压件之间的可拆式连接件。管接头在满足强度足够的前提下,应当拆装方便,连接牢固,密封性好,外形尺寸小,压力损失小以及工艺性好。

6　液压回路分析

在液压系统中使用的回路有很多,它们是:压力控制回路、速度控制回路、方向控制回路、多执行元件控制回路等。这些回路种类繁多、结构复杂,我们只分析在汽车上应用最多的压力控制回路。

压力控制回路是利用压力控制阀来控制系统整体或某一部分的压力,以满足液压执行元件对力或转矩要求的回路。这类回路包括调压、减压、增压、卸荷和平衡等多种回路。

1)调压回路

调压回路的功用是使液压系统整体或部分的压力保持恒定或不超过某个值。在定量泵系统中,液压泵的供油压力可以通过溢流阀来调节。在变量泵系统中,用安全阀来限定系统的最高压力,防止系统过载。若系统中需要两种以上的压力,则可采用多级调压回路。

图23-7为东风雪铁龙爱丽舍汽车液压助力转向系统右转向的示意图,当向右把转向盘打死以后,转向齿条的阻力达到最大,由于高压边的液压系统是密封的,所以其压力达到最高,如此高的油压可能会损坏助力系统。所以安全阀就起到调压阀的作用,当油压高到一定程度后会压缩安全阀的弹簧,钢球会离开阀座,高压油通过安全阀的通道回到储液罐,油压就会降下来,从而保护了液压助力转向系统。

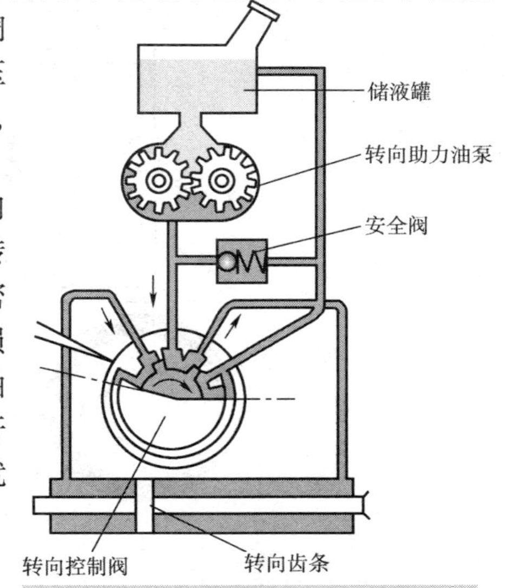

图23-7　液压助力转向系统助力示意图

2)增压回路

图23-8是东风雪铁龙爱丽舍的BOSCH 5.3 ABS

系统结构图,就以此图来说明增压回路的工作过程。当驾驶员踩制动踏板(箭头方向),制动主缸里的油压迅速升高,EV1 是常开电磁阀(不通电常开);EV2 是常闭电磁阀(不通电常闭),此时 ABS 电控单元不控制 EV1 和 EV2,所以 EV1 是打开的,制动主缸的油压直接到达制动轮缸,制动轮缸的油压也迅速上升。

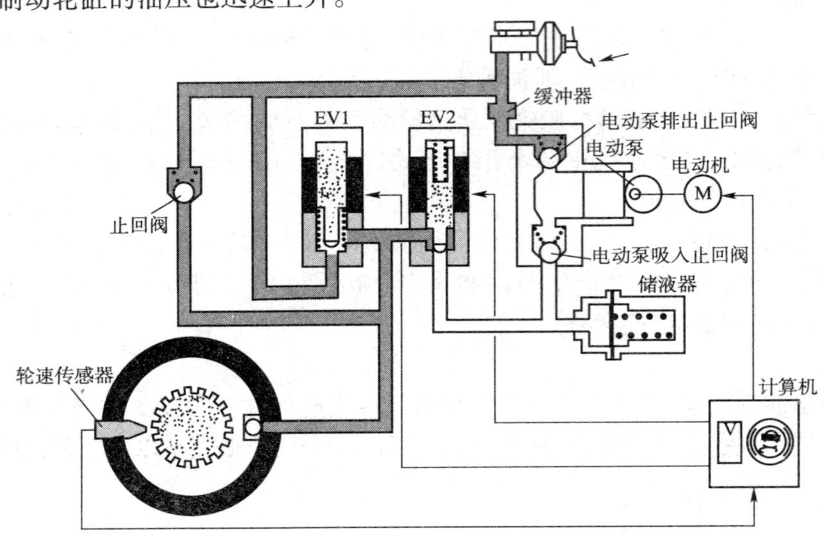

图 23-8　ABS 系统增压控制示意图

3)保压回路

当制动轮缸的压力到达一定程度,车轮的速度就会下降,车轮转速传感器会把信号传给 ABS 电控单元,ABS 电控单元认为压力不能再上升时,就会给 EV1 通电,EV1 通电后会关闭,这时 EV2 依然是关闭的,所以对于制动轮缸来说,此时是双阀关闭状态,制动主缸的压力被隔断,制动轮缸就处于保压阶段,如图 23-9 所示。

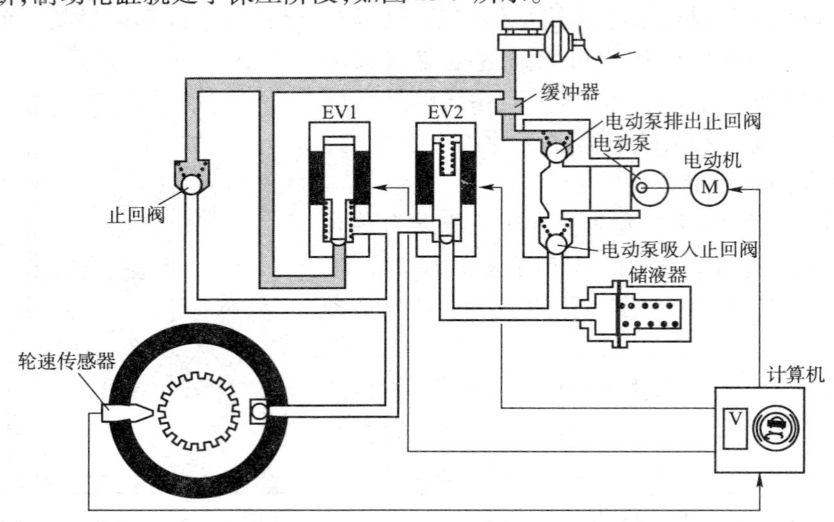

图 23-9　ABS 系统保压控制示意图

4)减压回路

汽车速度下降以后,随着保压的持续,车轮会有抱死的危险,车轮转速传感器把信息传给ABS 电控单元,ABS 电控单元会给 EV2 通电,EV2 打开,同时电控单元会让电动泵工作,电动泵会把制动轮缸里的制动液泵回制动主缸,缓冲器会减缓作用在踏板上的作用力,制动轮缸处于减压阶段(图 23-10)。如果压力下降到一定程度,轮速传感器把信息给 ABS 电控单元,电控单元会把 EV1 和 EV2 都断电,EV1 打开,EV2 关闭,制动主缸的压力又可以传给制动轮缸,系统又处于压力上升阶段。ABS 不断地重复升压、保压、减压又升压的过程,直至汽车减速或停车。

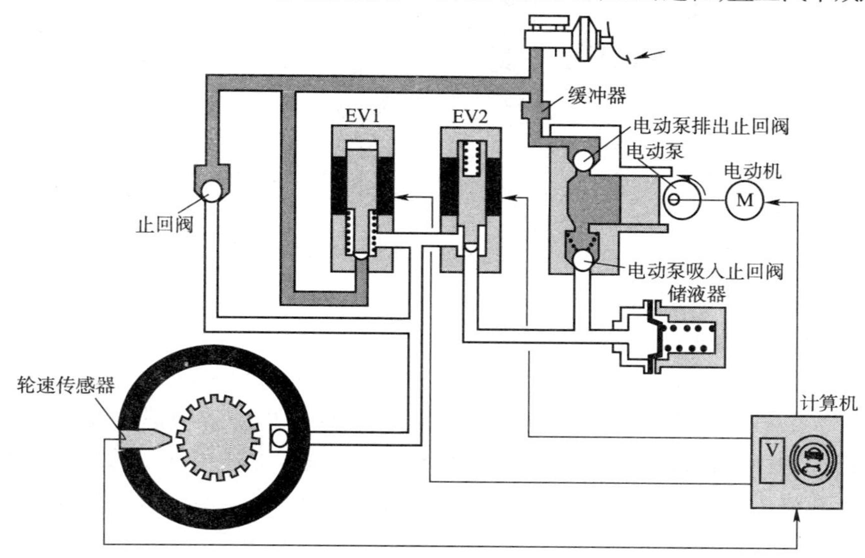

图 23-10 ABS 系统减压控制示意图

7 电液结合控制基本原理

电控液压系统的控制目前流行的做法是:传感器(或网络信息)把系统的各种状态传给ECU,ECU 计算后再控制各执行元件,在液压系统中,执行元件就是各种电磁阀。电磁阀大致有液压伺服控制阀类、电液比例控制阀类和电液数字控制阀类。

以液压伺服控制阀为例,电液伺服阀将电信号传递处理的灵活性和大功率液压控制相结合,可对大功率、快速响应的液压系统实现远距离控制、计算机控制和自动控制,在航空、航天、冶金、试验设备、雷达、船舰、兵器等领域,具有重要而广泛的用途。

电液伺服阀是 20 世纪 40 年代为满足航空、空间快速响应伺服控制的需要而出现的。40年代末,飞机上出现的伺服系统以小型伺服电动机驱动的滑阀来控制执行元件。由于伺服电动机惯量和时间常数大,致使伺服阀常成为控制回路中响应最慢的元件,限制了系统的动态特性。20 世纪 50 年代初,快速响应永磁电动机的出现,为阀的驱动提供了理想的方法。目前为满足各种应用场合的需要,出现了一系列具有多种结构类型、各种性能特点的电液伺服阀。

8 电液结合控制元件结构与工作原理

图 23-11 是东风雪铁龙 AL4 自动变速器的阀体与 8 个电磁阀,其中 1 ~6 号是换挡电磁

阀(开关型电磁阀),7 号与 8 号电磁阀是压力调整电磁阀(脉冲电磁阀)。

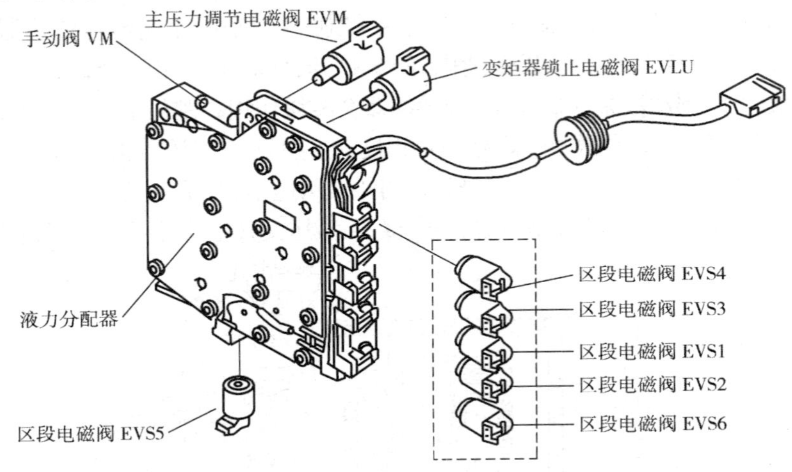

图 23-11　AL4 自动变速器的阀体与电磁阀

1)1 ~6 号换挡电磁阀的结构与工作原理

(1)1 ~6 号电磁阀的结构。图 23-12 所示。为换挡电磁阀的结构,在阀的上端有电磁线圈,由计算机控制是否供电,同时阀体的上端作用一个 300kPa 的控制压力,阀体的下端作用一个 175kPa 的减振压力。当电控单元未给线圈供电时,钢球未将泄油通道封闭,阀体上端 300kPa 的控制压力被卸掉,阀体在下端 175kPa 的减振压力作用下上移;而当电控单元给线圈通电后,在磁力作用下钢球将泄油通道关闭,阀体上端的 300kPa 压力大于下端压力 175kPa,阀体下移。所以电控单元通过控制电磁线圈的通断电使 300kPa 油压建立或卸压,从而控制液力分配器内的换挡电磁阀阀芯上下移动改变油路,实现换挡。

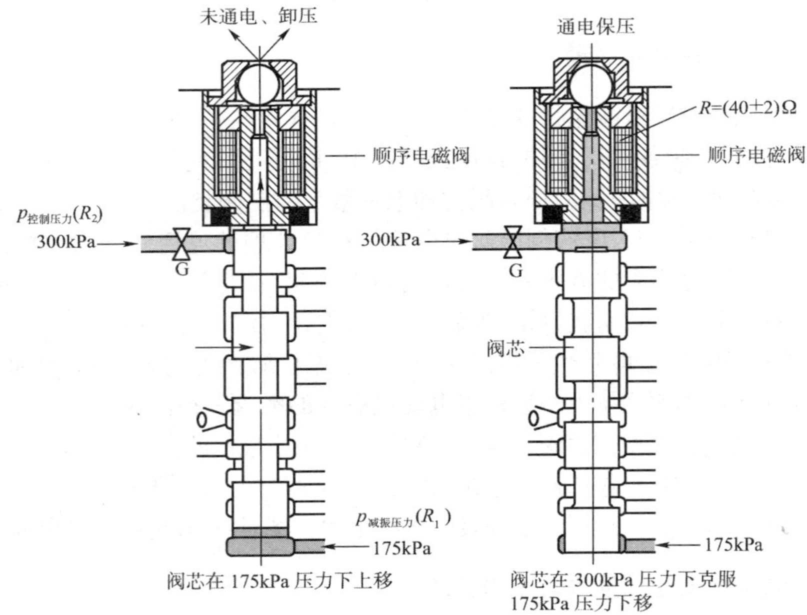

图 23-12　换挡电磁阀

（2）1～6号电磁阀的控制。如图23-13所示，电控单元通过黑色的56通道的1号脚给6个换挡电磁阀通上12V正电，然后通过10脚来控制EVS1，如10号脚搭铁，则EVS1通电；如10号脚不搭铁，则EVS1不通电。其他的电磁阀控制与EVS1一样，只是控制端不同。

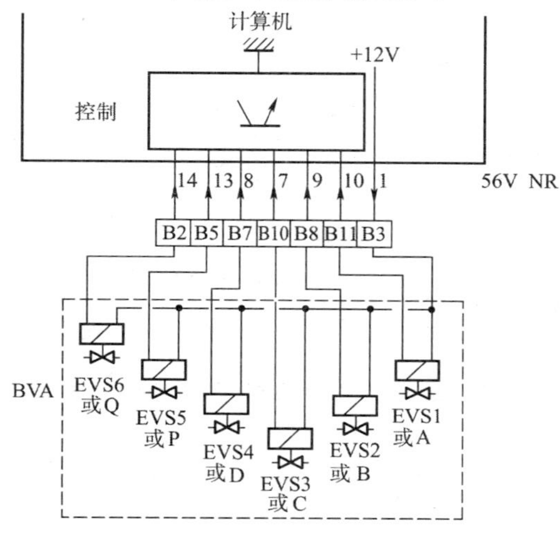

图23-13　换挡电磁阀控制示意图

2）7号与8号油压电磁阀的结构与工作原理

图23-14是7号与8号电磁阀剖面图，这两个电磁阀结构与控制完全一样但作用不一样，7号电磁阀控制自动变速器的主油压；8号电磁阀控制变矩器锁止离合器的接合与分离。如图23-14所示，钢球控制着泄油通道，而钢球外围有电磁线圈，当电磁线圈通电时间越长，钢球封闭泄油通道的时间越长；反过来电磁线圈通电时间越短，钢球封闭泄油通道的时间也越短。从限压阀来的油压也随着钢球封闭泄油通道的时间长短被调高或调低，变成调节油压。7号电磁阀的调节油压又去调节主油压，其调节油压从0～300kPa变化，主油压从260～2100kPa变化；8号电磁阀的油压从0～300kPa变化从而控制变矩器锁止离合器的接合与分离。

如图23-15所示，这是电控单元对7号与8号电磁阀的控制方式：在一个周期内，控制通正电时间占整个周期的百分比变化来控制油压的变化，这就是占空比控制。图23-16说明了7号电磁阀对主油路压力（即管路压力）的调整关系（横坐标即为占空比）。

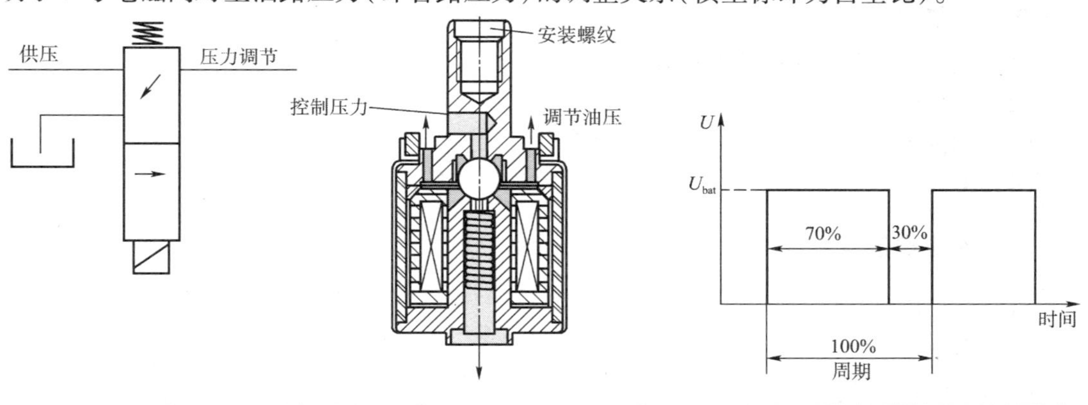

图23-14　调压电磁阀

图23-15　占空比控制

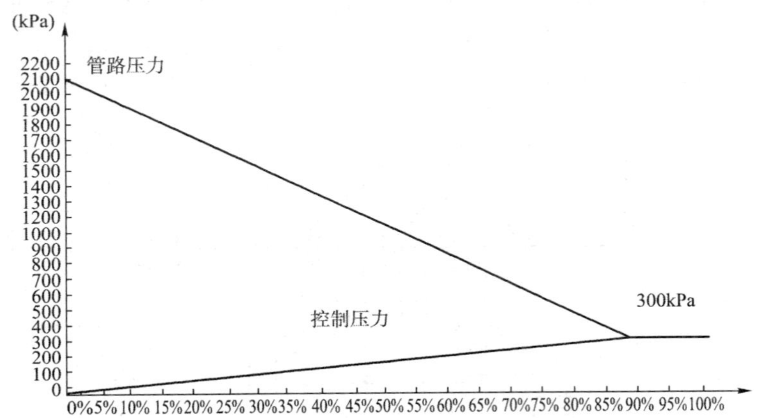

图 23-16　占空比控制与调整油压之间的关系

二、任 务 实 施

项目1　液力控制盒的拆装与7号电磁阀的更换

1 项目说明

在进行操作之前,先放掉自动变速器油,用专门的容器盛装,还要拔掉蓄电池的负极,每次重新安装电磁阀时必须更换新的密封圈。

2 技术标准与要求

(1)要先看懂工艺文件,然后准备专用工具和普通工具。
(2)在作业之前汽车装上五件套和翼子板护套。
(3)做好安全防护。

3 设备器材

(1)配置 AL4 自动变速器凯旋轿车一辆。
(2)普通工具一套。
(3)工作台一个。
(4)零件车一个。

4 作业准备

(1)清洁车辆。
(2)清洁工具。
(3)准备作业单。
(4)举升机一台。

5 操作步骤

1)变速器总成附件的拆卸

(1)车辆举升之前,先拆掉空气滤清器。

(2)拆掉发动机下护板,如图23-17所示拆卸支架、罩盖的固定螺栓、罩盖。

2)液力控制盒的拆卸和7号电磁阀的更换

(1)如图23-18所示,拆卸9个螺栓,小心地使用螺丝刀(在a处)松开电磁阀的插头,松开6个电磁阀(在"b"处)。

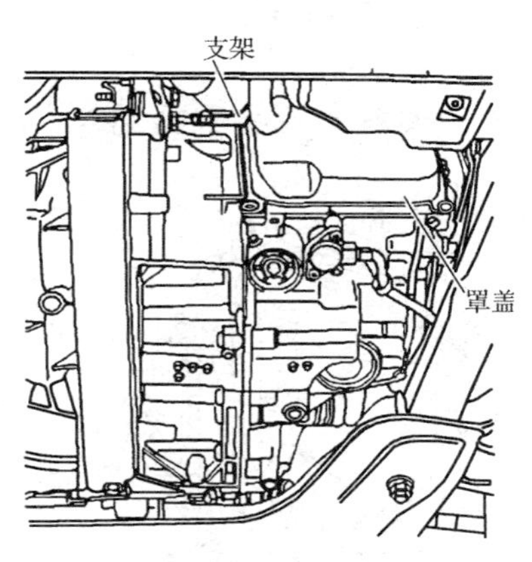

图23-17 支架、罩盖与螺栓的拆卸

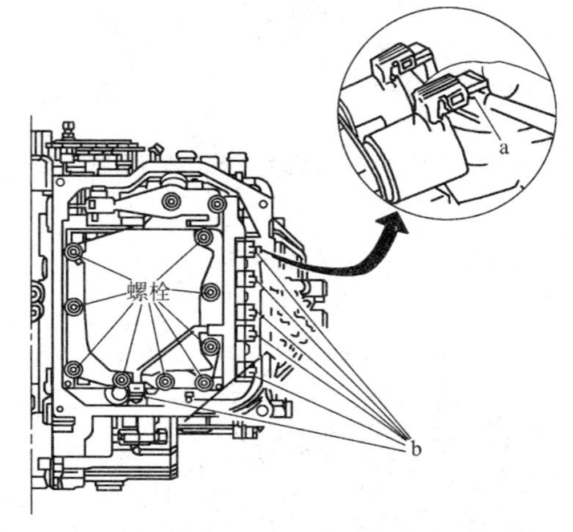

图23-18 拆卸线束与6个电磁阀

(2)如图23-19所示,分离液力控制盒,不要让手动阀掉下,松开压力调节电磁阀(在c处),卸下液力控制盒。

(3)如图23-20所示,更换7号电磁阀,电磁阀的固定螺栓拧紧力矩为10N·m。

3)液力控制盒的安装

(1)如图23-21所示,检查有无密封圈(新的密封圈)。

(2)如图23-19所示,安装液力控制盒,连接压力调节电磁阀(在c处)。

(3)如图23-22所示,确认手动阀定位在齿板凸销"d"处。

(4)如图23-23所示,安装液力控制盒的固定螺栓,预紧9个螺栓至9N·m,再松开9个螺栓,按照图23-23所示的拧紧顺序最终拧紧到7.5 N·m。

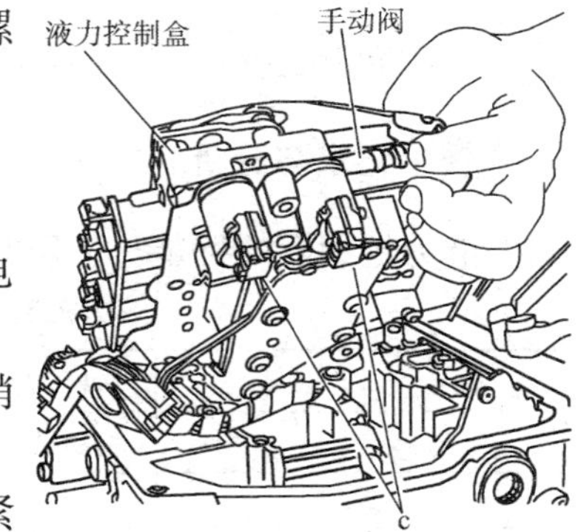

图23-19 液力控制盒的拆卸

(5)重新连接6个顺序电磁阀,安装罩盖、换新的密封圈,拧紧4个螺栓到10N·m,安装支架,重新连接蓄电池的正负极端子。

(6)进行自动变速器油的加注和液面检查,修改ECU中油耗计数器。

(7)重新安装空气滤清器。

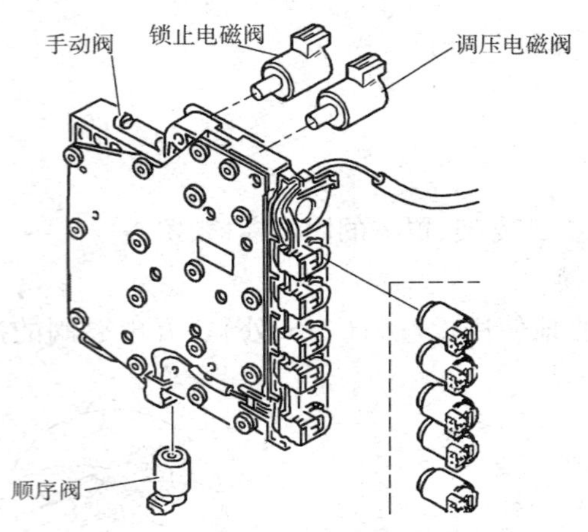

图 23-20　7 号电磁阀的拆卸与更换

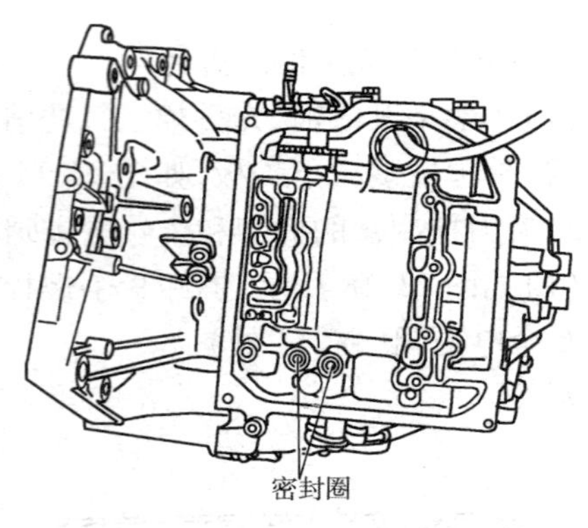

图 23-21　检查新的密封圈

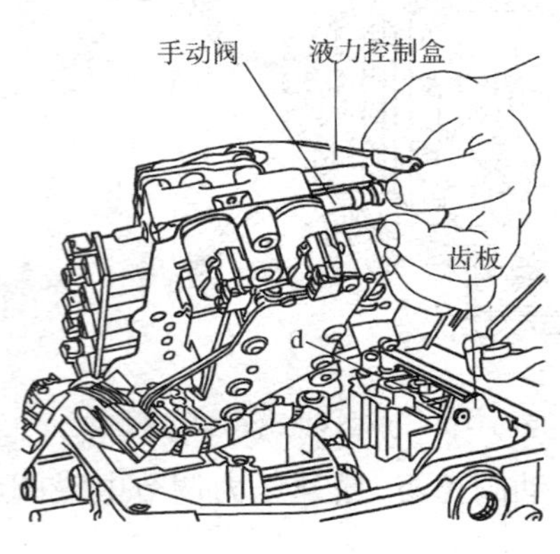

图 23-22　确认手动阀定位齿板

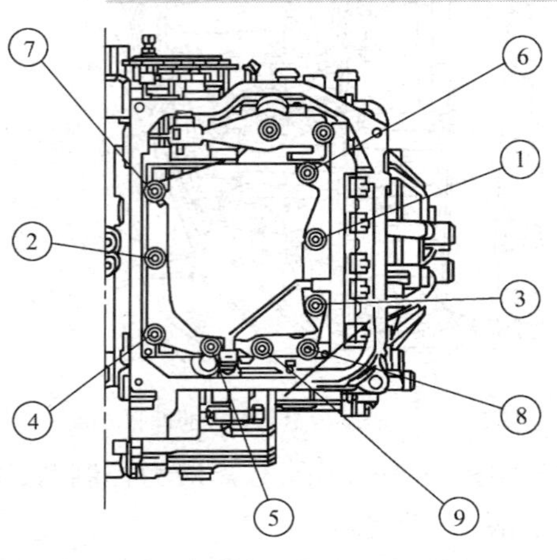

图 23-23　安装液力控制盒的 9 个固定螺栓

6 记录与分析

液力控制盒的拆装与 7 号电磁阀的更换作业记录单见表 23-1。

液力控制盒的拆装与 7 号电磁阀的更换作业记录单　　表 23-1

姓名		班级		学号		组别	
车型		发动机号		底盘号		作业日期	
作业顺序		过程记录				技术标准	

项目2　AL4 自动变速器油的排放、加注与油量检查

1　项目说明

自动变速器油的排放、加注与油量检查是常规的、也是重要的检查项目,因自动变速器油品质、油量的多少是影响自动变速器正常工作的重要因素,要使用专用工具和诊断仪。

2　技术标准与要求

(1)要先看懂工艺文件,然后准备专用工具和普通工具。
(2)在作业之前汽车装上五件套和翼子板护套。
(3)做好安全防护。

3　设备器材

(1)配置 AL4 自动变速器凯旋轿车一辆。
(2)普通工具一套。
(3)工作台一个。
(4)零件车一个。
(5)诊断仪一台。

4　作业准备

(1)清洁车辆。
(2)清洁工具。
(3)准备作业单。
(4)举升机一台。

5　操作步骤

1)自动变速器油的排放

(1)准备好如图 23-24 所示的专用工具,加注桶 0341 和普通接油桶。

(2)将变速器油温至少升到 60℃,举升车辆到合适位置,并将接油桶在车下合适的位置放好。

(3)拆卸如图 23-25 所示的液位螺塞和机油排放的螺塞,这时不能完全排放自动变速器油,因为变矩器的油不能完全排出,排出大约 3L。

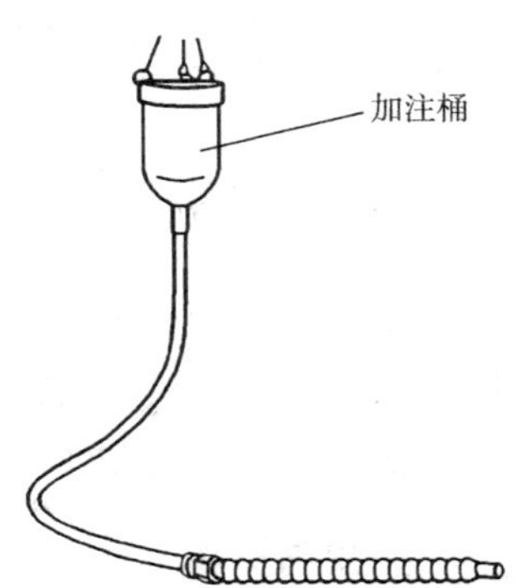

图 23-24　专用工具——加注桶 0341

2)加注

(1)安装排放螺塞,拧紧力矩为 9N · m。

(2)如图 23-26 所示,拆卸加注螺塞,变速器总油量为

5.85L，排出3L，剩余2.85L，还需补充3L，安装加注螺塞（配备新的密封圈），拧紧力矩24N·m。

（3）用诊断仪重新设置新的油耗计数器。

3）自动变速器油量的检查

（1）检查前的准备：确保车辆处水平位置、变速器不是在降级模式运行。卸下加注螺塞、向变速器里加0.5L的变速器油。发动机怠速下运转，踩住制动踏板将变速杆在所有挡位依次转换，最后置于"P"位，油温达60℃。

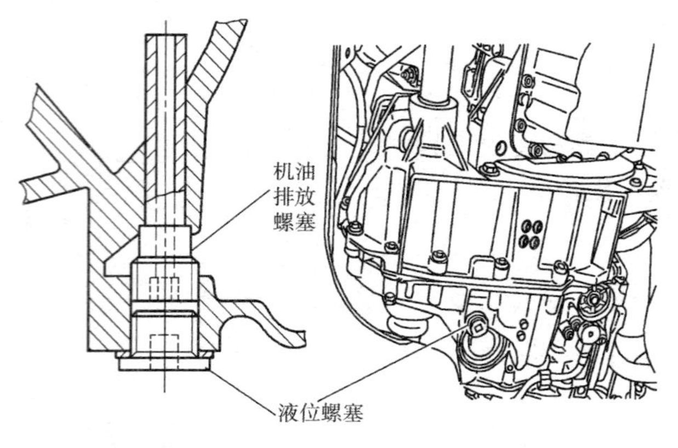

图23-25　拆卸液位螺塞和机油排放螺塞

图23-26　拆卸加注螺塞

（2）如图23-27所示，卸下液位螺塞，油从细流减小到成滴状时，安装液位堵塞（换新的油封），拧紧力矩33N·m。

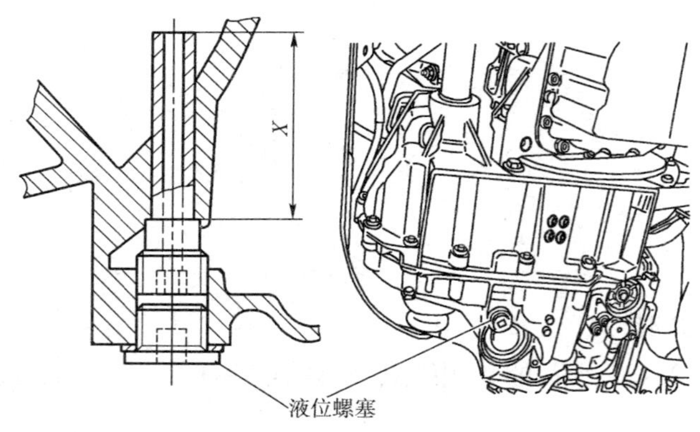

图23-27　液位螺塞

（3）如果液位螺塞卸下后，没有油滴出，请重复（1）和（2）两个步骤。

（4）装上加注螺塞，拧紧力矩为24N·m，油量不能太多，否则会出现油非正常过热；自动变速器油泄漏。但油量太少会损坏变速器。

6　记录与分析

AL4自动变速器油的排放、加注与油量检查作业记录单见表23-2。

AL4 自动变速器油的排放、加注与油量检查作业记录单　　表 23-2

姓名		班级		学号		组别	
车型		发动机号		底盘号		作业日期	
作业顺序		过程记录				技术标准	

三、学 习 评 价

1 理论考核

1)分析题

(1)液压系统或气压系统是怎样进行能量转换的?

(2)请叙述液压储能的作用。

(3)开关型电磁阀与脉冲型电磁阀的控制方法有何不同?

2)判断题

(1)液体和气体一样,都可以压缩。　( )

(2)低压管由耐油橡胶夹帆布制成,可用作回油管道。　( )

(3)管接头是油管之间、油管与液压件之间的不可拆式连接件。　( )

(4)自动变速器的油量可多但不能少。　( )

3)选择题

(1)AL4 自动变速器阀体上的电磁阀有(　　)个。

A. 5　　B. 6　　C. 7　　D. 8

(2)检查 AL4 自动变速器的油量时,油温至少升到(　　)。

A. 70℃　　B. 80℃　　C. 60℃　　D. 100℃

(3)在液压千斤顶的结构中,主缸的直径要比工作缸直径(　　)。

A. 大　　B. 小　　C. 一样大　　D. 都不对

(4)拆装电磁阀后,对密封圈的处理是(　　)。

A. 只要不损坏,可装旧密封圈　　B. 必须更换新的密封圈

C. 可以不装密封圈　　D. 都不对

2 技能考核

“项目1　液力控制盒的拆装与7号电磁阀的更换”评分表见表23-3。

液力控制盒的拆装与7号电磁阀的更换项目评分表　　表23-3

序号	评 分 项 目	得分	评 分 备 注
1	5S现场管理 是否遵守车间安全操作规程: 是否正确举升车辆 是否注意废气排放 是否注意保持工作环境清洁 穿戴合适的防护用品 车辆防护操作: 是否使用车辆防护三件套 是否使用车辆翼子板保护套 是否清洁车辆内部与发动机舱等		(此项共8分,错、漏1项扣2分)
2	操作之前阅读维修手册		(此项共12分,错、漏1项扣3分)
3	能够正确选用专用工具		(此项共14分,错、漏1项扣2分)
4	能进行正确的拆装 能使用诊断仪设置新的油耗计数器		(此项共12分,错、漏1项扣6分)
5	是否按规定时间完成		(此项共4分,不合格不得分)
总　　分			

“项目2　AL4自动变速器油量的排放、加注与液面检查”评分表见表23-4。

AL4自动变速器油量的排放、加注与液面检查项目评分表　　表23-4

序号	评 分 项 目	得分	评 分 备 注
1	5S现场管理 是否遵守车间安全操作规程: 是否正确举升车辆 是否注意废气排放 是否注意保持工作环境清洁 穿戴合适的防护用品 车辆防护操作: 是否使用车辆防护三件套 是否使用车辆翼子板保护套 是否清洁车辆内部与发动机舱等		(此项共8分,错、漏1项扣2分)
2	操作之前阅读维修手册		(此项共12分,错、漏1项扣3分)
3	能够正确选用专用工具		(此项共14分,错、漏1项扣2分)
4	能进行正确的拆装 能使用诊断仪设置新的油耗计数器		(此项共12分,错、漏1项扣6分)
5	是否按规定时间完成		(此项共4分,不合格不得分)
总　　分			

四、拓展学习

由ABS发展和演变而来的ESP系统比ABS控制先进了许多,其组成为:ESP电脑、液压控制单元、四个轮速传感器、偏航率传感器、转向盘角度传感器、压力传感器、电动泵等。

当车辆在行驶过程中由于路面附着条件或驾驶技术的原因造成车辆不稳定,那么ESP电脑会通过转向盘角度传感器检查驾驶员的意愿,同时通过偏航率传感器来监测车辆在横向和圆周方向的加速度,从而判断车辆是否处于不稳定状态。如果判断出车辆处于不稳定状态,那么ESP电脑会对一个或几个车轮采取制动、同时可能控制节气门,以便纠正车辆错误的行驶轨迹,让车辆恢复到正确的行驶轨迹上来。

电子稳定程序的发展如图23-28所示。

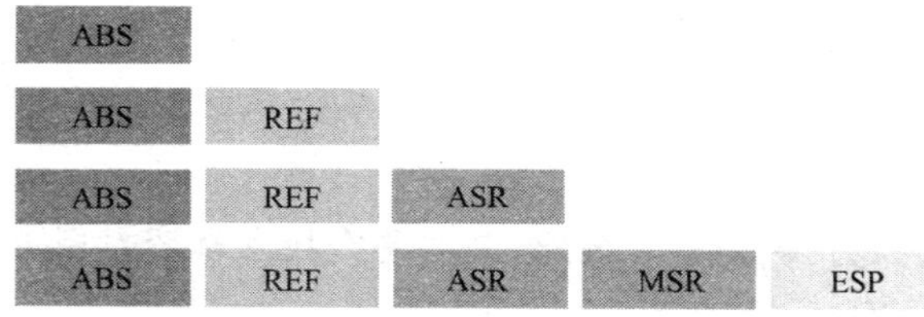

图23-28　电子稳定程序的发展

ABS-防车轮抱死制动系统;ASR-防滑系统(驱动轮);MSR-防滑系统(发动机制动);REF-制动力电子分配系统;ESP-电子稳定程序

学习任务24　制动系统的结构与拆装

工作情境描述

某东风雪铁龙4S店先后接收两辆世嘉轿车，两辆车都已经行驶8万多km，制动性能越来越差。维修人员检测了制动压力，发现其中一辆下降至0.2 MPa左右，进一步诊断后确认是因制动主缸皮碗密封不良所致；而另一辆制动压力正常，经进一步诊断确认其制动不灵系摩擦片磨损过度所致。

请通过检测制动油压力，判断制动效能；若需要更换主缸密封圈或制动摩擦片，请制订相应的拆装方法和工艺流程。

学习目标

通过本任务学习，应能：

1. 叙述东风雪铁龙世嘉轿车制动系统的结构特点；

2. 根据维修手册，正确选用工具和量具，在规定时间内，安全规范地进行制动主缸密封皮碗和制动摩擦片的更换，制订拆装方法和工艺流程。

学习时间

20学时。

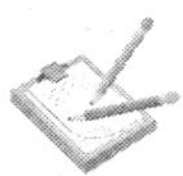

学习引导

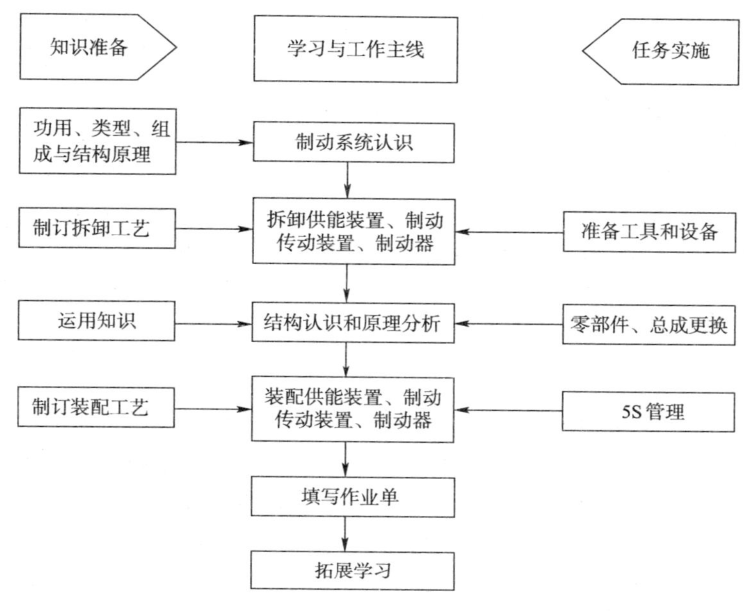

一、知 识 准 备

1 制动系统的组成及类型

1)制动系统的组成

任何制动系统都由以下四部分组成:

(1)供能装置——包括供给、调节制动所需能量以及改善传能介质状态的各种部件。人的肌体可作制动能源。

(2)控制装置——包括产生制动动作和控制制动效果的各种部件,如图24-1中的制动踏板。

(3)传动装置——包括将制动能量传输到制动器的各个部件及管路,如图24-1中的制动主缸、制动轮缸及连接管路。

(4)制动器——产生阻碍车辆运动或运动趋势的力的部件。一般通过固定元件与旋转元件工作表面之间的摩擦作用来实现。

较完善的制动系统还具有制动力调节装置、报警装置、压力保护装置等附加装置。

2)汽车制动系统的分类

汽车制动系统按功用可分为行车制动系统、驻车制动系统、第二制动系统、辅助制动系统。行车制动系统是使行驶中的汽车减速甚至停车的一套专门装置,在行车过程中经常使用。驻车制动系统是使已停驶的汽车驻留原地不动的一套装置。第二制动系统是在行车

制动系统失效的情况下保证汽车仍能实现减速或停车的一套装置。辅助制动系统是在汽车下长坡时用以稳定车速的一套装置。例如经常在山区行驶的汽车,若单靠行车制动装置来限制汽车下长坡的车速,将导致制动器过热而降低制动效能,甚至完全失效,故还应增设辅助制动装置。行车制动系统和驻车制动系统作为每辆汽车制动系统的最低装备,部分汽车还设有辅助制动系统和第二制动系统。

按制动能源可分为人力制动系统、动力制动系统、伺服制动系统。人力制动系统以驾驶员的肌体作为唯一的制动能源。动力制动系统完全靠发动机的动力转化而成的气压或液压形式的势能进行制动。伺服制动系统兼用人力和发动机动力进行制动。

按制动能量传输方式,制动系统还可分为机械式、液压式和气压式等。

2 制动系统工作原理

1)基本结构

图 24-1 所示为一简单的液压制动系统,制动鼓固定在轮毂上并随车轮一起旋转,其内圆柱面为工作表面。在固定不动的制动底板装有两个固定的支承销,两块外圆面铆有摩擦片的弧形制动蹄下端装在支承销上,制动蹄可沿支承销轴线转动。制动蹄上端用复位弹簧拉紧并压靠在制动轮缸内的活塞上。制动轮缸装在制动底板上,用油管与装在车架上的制动主缸相连,制动主缸中的活塞可由驾驶员通过制动踏板来操纵。

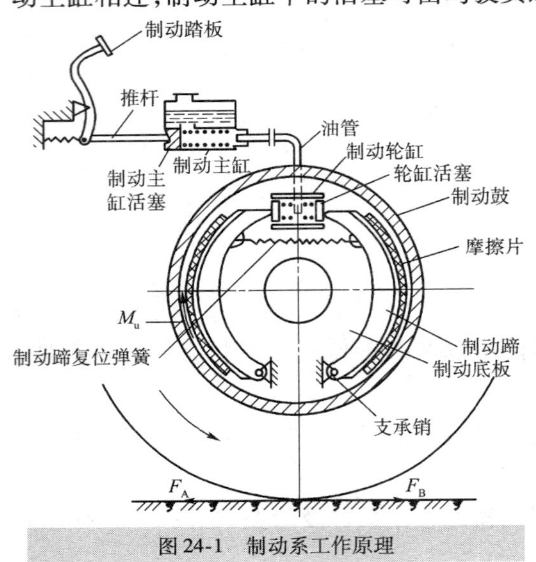

图 24-1 制动系工作原理

2)制动作用的产生

行驶的汽车要实现减速、停车,必须借助路面强制地对汽车车轮产生行驶方向相反的外力,即制动力。

不制动时,制动鼓内圆柱面与摩擦片之间保留一定的间隙,使制动鼓可以随车轮一起旋转。

制动时,驾驶员踩下制动踏板,推杆便推动制动主缸活塞,迫使制动油液经油管进入制动轮缸,油液压力使制动轮缸活塞克服复位弹簧的拉力推动制动蹄绕支承销转动,上端向外张开,消除制动蹄与制动鼓之间的间隙后压紧在制动鼓上。这样不旋转的制动蹄摩擦片对旋转着的制动鼓就产生一个摩擦力矩 M_u,其方向与车轮旋转方向相反,其大小取决于制动轮缸活塞的张开力、制动蹄鼓间的摩擦系数及制动鼓和制动蹄的尺寸。制动鼓将力矩 M_u 传至车轮,由于车轮与路面的附着作用,车轮即对路面作用一个向前的周向力 F_A,同时,路面也给车轮一个向后的切向反作用力 F_B,即车轮受到的路面制动力。各车轮所受路面制动力之和就是汽车受到的总制动力,它由车轮经车桥和悬架传给车架及车身,迫使整个汽车产生一定的减速度,制动力越大,减速度越大。

放松制动踏板,在复位弹簧的作用下,制动蹄与制动鼓的间隙又得以恢复,从而解除制动。

3)对制动系统的基本要求

为了保证汽车在安全的条件下发挥其高速行驶的能力,制动系统必须满足下列要求:

(1)具有良好的制动性能,包括制动效能、制动效能的恒定性、制动时的方向稳定性三个方面。制动效能的评价指标有制动距离、制动减速度、制动力和制动时间。制动效能的恒定性指抗“热衰退”和抗“水衰退”能力。制动时的方向稳定性是指制动时保持原有行驶方向的能力,即不跑偏、不侧滑。

(2)操纵轻便。

(3)制动平顺性好。制动力矩能迅速而平稳的增加,也能迅速而彻底的解除。

(4)对有挂车的制动系统,还要求挂车的制动作用略早于主车;挂车自行脱钩时能自动进行应急制动。

3　制动系统结构原理

1)制动器

目前各类汽车所用的摩擦制动器可分为鼓式和盘式两大类。前者的摩擦副中的旋转元件为制动鼓,其工作面为圆柱面;后者的旋转元件为圆盘状的制动盘,其工作面为圆盘端面。

旋转元件固装在车轮或半轴上,即制动力矩分别作用于两侧车轮上的制动器称为车轮制动器。旋转元件固装在传动系统的传动轴上,其制动力矩须经过驱动桥再分配到两侧车轮上的制动器称为中央制动器。车轮制动器一般用于行车制动,部分汽车的后轮制动器兼作驻车制动器。中央制动器一般只用于驻车制动。

(1)鼓式车轮制动器。鼓式车轮制动器有内张型和外束型,前者以制动鼓的内圆柱面为工作表面,在汽车上应用广泛。按张开机构不同,鼓式车轮制动器又可分为轮缸式车轮制动器、凸轮式车轮制动器和楔式车轮制动器;根据制动过程中两制动蹄产生制动力矩的不同,鼓式车轮制动器可分为领从蹄式、双领蹄式、双向双领蹄式、双从蹄式、单向自增力式和双向自增力式等几种类型。

①领从蹄式制动器。

a.基本结构及原理。图24-2所示为领从蹄式制动器示意图,其结构特点是两制动蹄的支承点都位于蹄的一端,两支承点与张开力作用点的布置都是轴对称式;轮缸中两活塞的直径相等。汽车前进时制动鼓按图示箭头方向旋转,当汽车制动时,前后制动蹄在制动轮缸活塞推力作用下分别绕其下端的支点旋转,由于前蹄张开时的旋转方向与制动鼓旋转方向相同,称之为领蹄。反之,后蹄张开方向与制动鼓旋转方向相反,称之为从蹄。

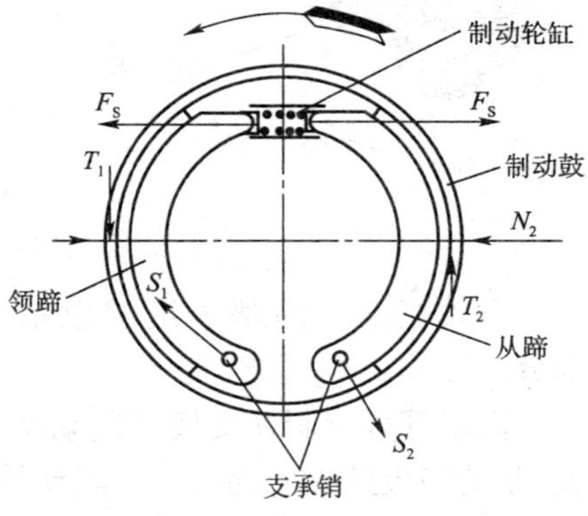

制动轮缸
F_S
F_S
T_1
制动鼓
N_2
领蹄
S_1
T_2
从蹄
S_2
支承销

图24-2　领从蹄式制动器示意图

在制动过程中,制动鼓对两制动蹄作用的微元法向反力和切向反力可分别等效为 N_1、N_2 和 T_1、T_2,为解释方便,假设力的作用点如图24-2所示。两蹄上的这些力分别由其支点的支承反力 S_1、S_2 所平衡。由图24-2可见,领蹄上的切

向合力的作用结果使领蹄在制动鼓上压得更紧,表明领蹄具有"增势"作用。与此相反,从蹄具有"减势"作用。因此,虽然领从蹄所受促动力 F_S 相等,但由于 $N_1 > N_2$,领蹄、从蹄所产生的制动力矩不等,一般情况下领蹄产生的制动力矩约为从蹄制动力矩的 2 ~2.5 倍。倒车制动时,制动鼓旋转方向相反,后蹄变成领蹄,前蹄变成从蹄,但整个制动器的制动效能还是同前进制动时一样,这个特点称为制动器的制动效能"对称"。

领从蹄式制动器存在两个问题:其一是在两蹄摩擦片工作面积相等的情况下,由于领蹄与从蹄所受法向反力不等,领蹄摩擦片上的单位压力较大,因而磨损较严重,两蹄寿命不等;其二是由于制动蹄对制动鼓施加的法向力不相平衡,则两蹄法向力之和只能由车轮轮毂轴承的反力来平衡,这就对轮毂轴承造成了附加径向载荷,使其寿命缩短。凡制动鼓所受来自两蹄的法向力不能互相平衡的制动器称为非平衡式制动器。

b. 典型结构介绍。以上海桑塔纳轿车后轮制动器为例(图 24-3)。

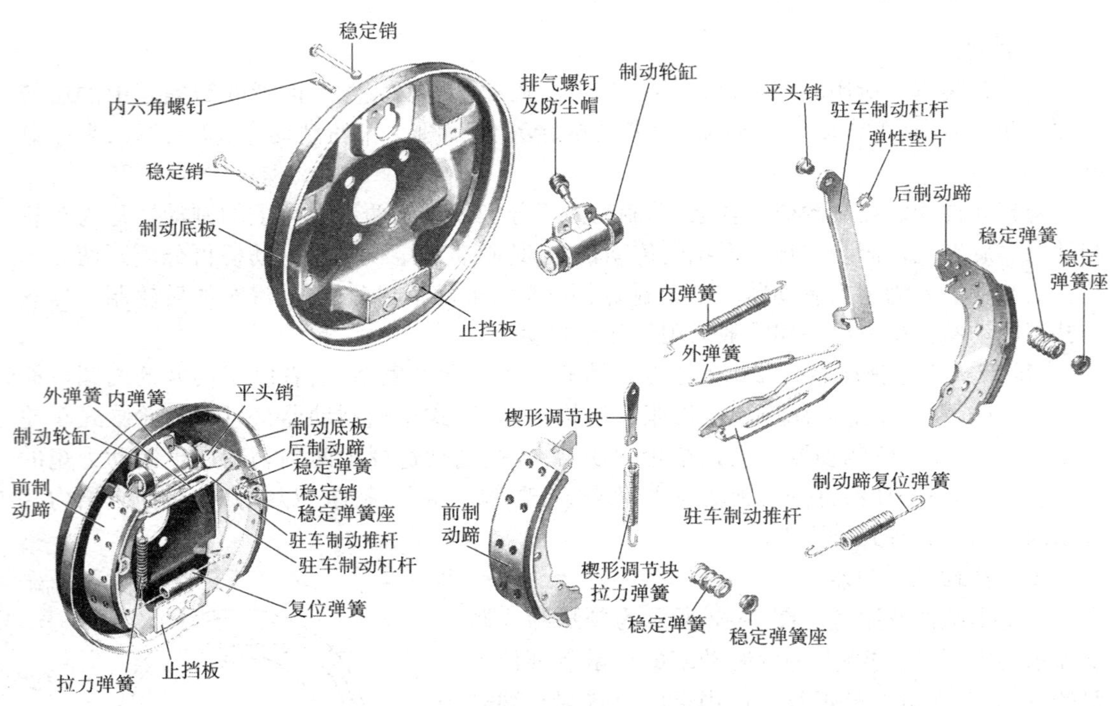

图 24-3 上海桑塔纳轿车后轮制动器

车轮制动器的基本组成包括固定部分、旋转部分、张开机构、定位调整机构四大部分。

固定部分为制动底板和制动蹄。冲压成形的制动底板用螺栓固定在后桥轴端支承座上,制动底板外缘的翻边扣在制动鼓的敞口端,并有一定的缝隙,从而在不妨碍制动鼓转动的情况下减少泥水和灰尘的侵入,使摩擦表面保持干净。制动轮缸用螺钉固定在制动底板上方,前后两制动蹄和用钢板焊接而成 T 形截面。制动蹄采用了浮式支承,制动蹄稳定销、稳定弹簧及弹簧座将制动蹄紧压在制动底板的带储油孔的支承平面上,防止制动蹄轴向窜动。制动蹄的两端制成圆弧形,制动蹄复位弹簧分别将两个制动蹄上端贴靠在制动轮缸左右活塞带耳槽的支承块上，下端贴靠制动底板上的支承座上，并用止挡板轴向限位，制动蹄可以沿支承座和轮缸活塞的支承块作一定的浮动。制动蹄可以自动定心，以保证与制动鼓全面接触。前制动蹄上固定有斜楔支承，它用来支承调节间隙用的楔形调节块。制动蹄的外圆面上，用空心铝铆钉铆接摩擦片，摩擦片一般用石棉纤维及其他物质混合压制而成，铆钉头部埋入深度为新摩擦片的2/3左右。为了提高摩擦片的利用率，有的轻型车采用树脂胶黏结剂将摩擦片与制动蹄黏结。

旋转部分的制动鼓以鼓盘中部的止口和端面定位，并用螺栓固定在车轮轮毂的凸缘上，随同车轮旋转。在制动鼓敞口端的外圆柱面上制有凸起的加强盘，防止在制动蹄压向制动鼓时制动鼓变成喇叭口形状。

张开机构主要元件为轮缸，用螺钉固定在制动底板上。顶块与活塞压合为一体，制动蹄腹板的上端松嵌入顶块的直槽中，制动蹄靠活塞在轮缸内的位移来张开。两个活塞的直径相同，故液压张开机构使两个蹄片张开的推力始终相等。为防止在连续制动时制动鼓产生的高温对轮缸的热辐射，减小使制动液汽化的可能，有些轮缸的外面装有一个隔热罩。

驻车制动杠杆上端用平头销与后制动蹄相连，其上部卡入驻车制动推杆右端的切槽中，作为中间支点，下端制成钩形，与驻车制动钢索相连。前、后制动蹄的腹板卡在驻车制动推杆两端的切槽中。

驻车制动时，将车厢内的驻车制动杆拉到制动位置，制动钢索将制动杠杆下端向前拉，使之绕上端支点（平头销）转动，制动杠杆在转动过程中，其中间支点推动驻车制动推杆向左移动，将前制动蹄压向制动鼓，直到前制动蹄压到制动鼓后，推杆停止移动，则制动杠杆的中间支点成为继续转动的新支点，于是制动杠杆的上端右移，使后制动蹄压靠到制动鼓上。钢索拉得越紧，摩擦片对制动鼓的压力也越大，制动鼓与摩擦片之间产生的摩擦力矩也越大。解除驻车制动时，松开驻车制动杆，在复位弹簧的的作用下，制动杆、制动蹄均恢复原位。

定位调整机构用以保持和调整制动蹄和鼓正确的相对位置。桑塔纳轿车后轮制动器的制动间隙是自动调整的，在装配时不需要调整间隙，只需在安装到汽车上后经过一次完全制动，即可以将间隙调整到设定值。如图24-4所示，驻车制动推杆内弹簧的左端钩在前制动蹄的腹板上，而右端则钩在推杆的右弯舌上，弹簧弹力将间隙自调装置的楔形调节块紧紧压靠在前制动蹄的斜楔支承上，即将推杆紧压前制动蹄上。驻车制动推杆外弹簧左端钩在推杆的左弯舌上，而右端钩在后制动蹄的腹板上，在弹簧弹力作用下，驻车制动杠杆顶靠在推杆右端缺口左端，在驻车制动推杆与右端缺口右端有一个间隙 S，该间隙为制动器设定间隙，如图24-4所示。

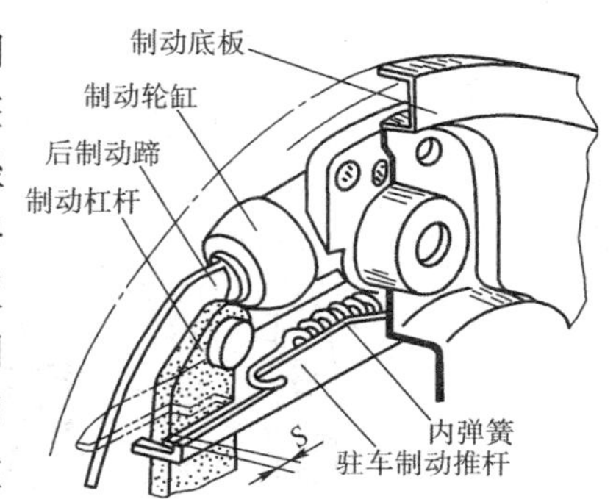

图24-4 桑塔纳轿车后轮制动器制动间隙自动调整原理示意图

在正常制动间隙下制动时，由于驻车制动推杆内弹簧的刚度设计得比外弹簧大，外弹簧被拉伸，内弹簧不被拉伸，所以压杆始终压住楔形块与制动蹄一起向左方向运动，制动杠杆用平头销压铆在制动蹄的腹板上，可以绕销轴自由摆动。在制动蹄转动时，随着由于磨损而引起的制动间隙增加,制动杠杆与推杆原接触处逐渐分开,而与推杆右端缺口的右端距离则越来越小,但是只要制动间隙不超过 S 值,制动杠杆就不会与推杆右端缺口的右端接触,在这种情况下不会发生间隙调整。

当制动间隙增加超过 S 时进行行车制动,活塞推动前制动蹄往向左方向转动,这时在内弹簧作用下带动楔形块和制动压杆向左移动。而后制动蹄向右方向转动时制动杠杆移动了 S 距离后将与推杆右端缺口右端接触,驻车制动杠杆带推杆一起向右移动,内弹簧被拉伸,这样推杆和楔形块之间便产生了间隙。在楔形块拉力弹簧的作用下,将楔形块往下拉,直到消除间隙。解除制动时,在制动蹄复位弹簧的作用下虽然制动蹄要复位,但由于楔形块已下行填补了超过间隙 S 部分的间隙,因此左右制动蹄已不可能恢复到制动前的位置。于是原来由于磨损变大的制动间隙便得到了补偿,恢复到初始的设置值。制动时,这个过程反复进行,实现了制动间隙的自动调整。

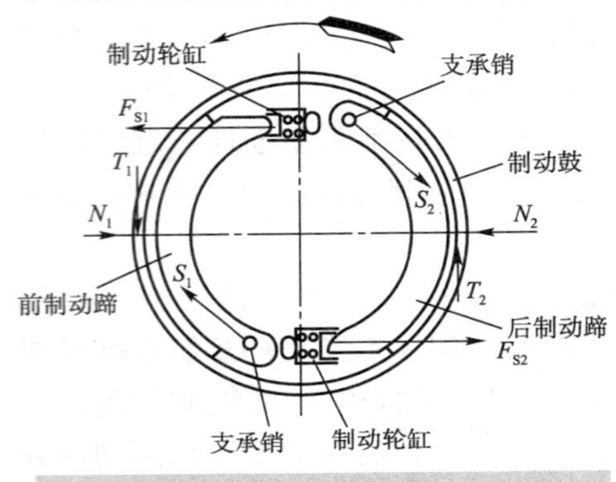

图 24-5　双领蹄式制动器示意图

②双领蹄式和双向双领蹄式制动器。如图 24-5 所示,在汽车前进制动时,两蹄均为领蹄的制动器称为双领蹄式制动器,其结构特点是两个制动蹄各用一个单活塞的轮缸,且两套制动蹄、制动轮缸、偏心支承销和调整凸轮等在制动底板上的布置是中心对称的。

某双领蹄式制动器的结构如图 24-6 所示。两制动蹄各用一个单活塞式轮缸,且两套制动蹄、轮缸、支承销和调整凸轮等在制动底板上的布置是中心对称的,两个轮缸可借连接油管连通,使其油压相等。这样,在前进制动时,两蹄都是领蹄,制动器的效能因而得到提高。但在倒车制动时,两蹄均为从蹄。

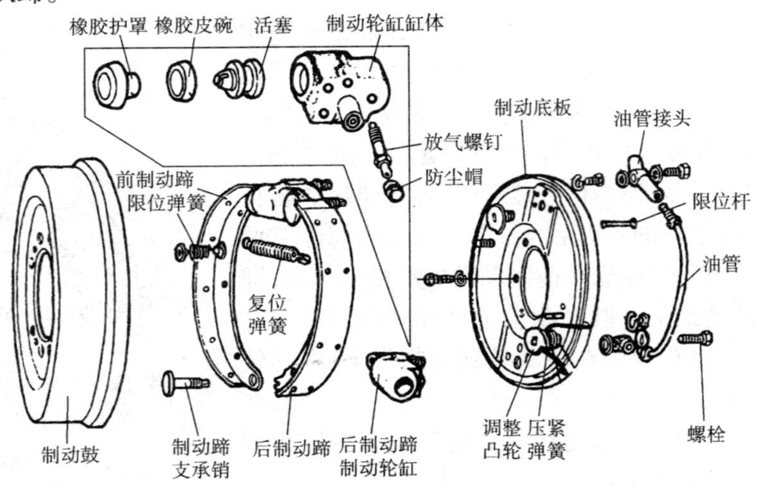

图 24-6　双领蹄式制动器的结构

可以设想,在倒车制动时,如果能使上述制动器的两个制动蹄的支承点和张开力作用点互换位置,就可以得到与前进制动时相同的制动效能。无论是前进制动还是倒车制动,两制动蹄都是领蹄的制动器称为双向双领蹄式制动器,如图24-7所示。双向双领蹄式制动器在结构上有三个特点:一是采用两个双活塞式制动轮缸;二是两制动蹄的两端都采用浮式支承,且支点的周向位置也是浮动的;三是制动底板上的所有固定元件(如制动蹄、制动轮缸、复位弹簧等)都是成对的,而且既按轴对称,又按中心对称布置。

③双从蹄式制动器。前进制动时两制动蹄均为从蹄的制动器称为双从蹄式制动器,如图24-8所示。这种制动器与双领蹄式制动器结构很相似,两者的差异只在于固定元件与旋转元件的相对运动方向不同。虽然双从蹄式制动器的前进制动效能低于双领蹄式和领从蹄式制动器,但其效能对摩擦系数变化的敏感程度较小,即具有良好的制动效能稳定性。

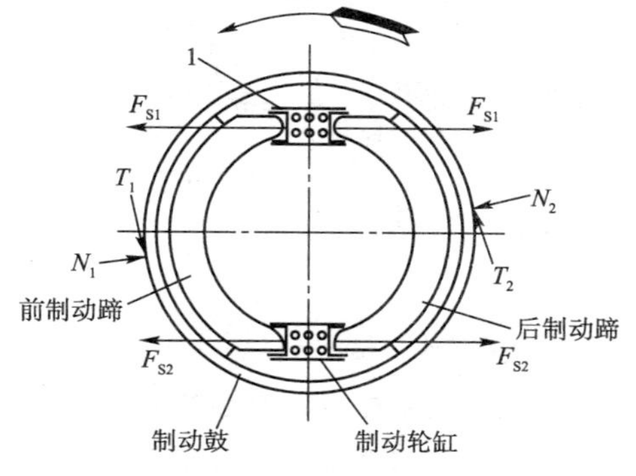

图24-7　双向双领蹄式制动器示意图

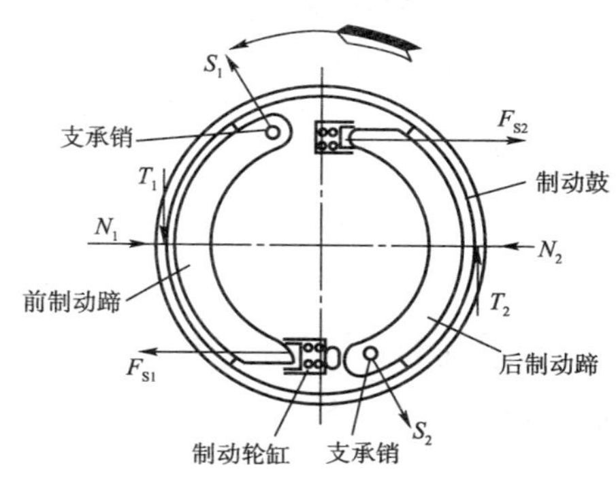

图24-8　双从蹄式制动器示意图

双领蹄、双向双领蹄、双从蹄式制动器的固定元件布置都是中心对称的。如果间隙调整正确,则其制动鼓所受两蹄施加的两个法向合力能互相平衡,不会对轮毂轴承造成附加径向载荷。因此,这三种制动器都属于平衡式制动器。

④自增力式制动器。自增力式制动器可分为单向和双向两种。单向自增力式制动器只在前进方向起增力作用,而在倒车制动时制动效能还不及双从蹄式制动器,已很少采用。双向自增力式制动器在车轮正向和反向旋转时均能借助制动蹄与制动鼓的摩擦起自动增力作用。

如图24-9所示,两制动蹄浮动支承在制动底板上,下端以浮动的可调推杆连接,上端在复位弹簧拉紧力作用下靠紧固定在制动底板上的支承销。汽车前进制动时,轮缸活塞在两蹄上施加大小相等、方向相反的张开力F_S,使两制动蹄向外张开压向制动鼓(此时两制动蹄上端都离开支承销),当制动蹄与旋转的制动鼓接触后,在摩擦力矩作用下制动鼓带动两制动蹄沿旋转方向转动,直到后制动蹄顶靠到支承销上为止,然后制动蹄与制动鼓进一步压紧。此时,后蹄处于增力状态,因为后蹄的压紧力包括轮缸的张开力F_S和前蹄对后蹄的推力S,且由于前蹄的助势作用,经浮动的推杆施于后蹄下端的推力S比张开力F_S大2~3倍。倒车制动时作用过程相反,作用原理相同,后蹄为助势蹄,前蹄起增力作用,故称这种制动器为双向自增力式制动器。考虑到前进制动比倒车制动

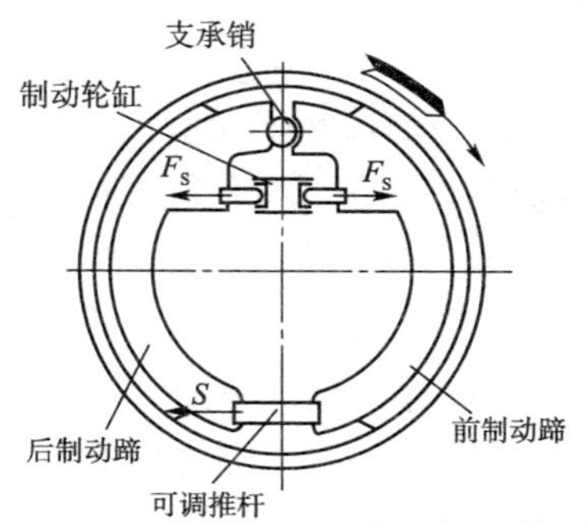

图24-9　双向自增力式制动器示意图

机会多、负荷大,为使蹄片磨损均匀,一般后蹄摩擦片制作得较长。

图 24-10 所示为双向自增力式制动器的结构图,该制动还装有阶跃式间隙自调装置。

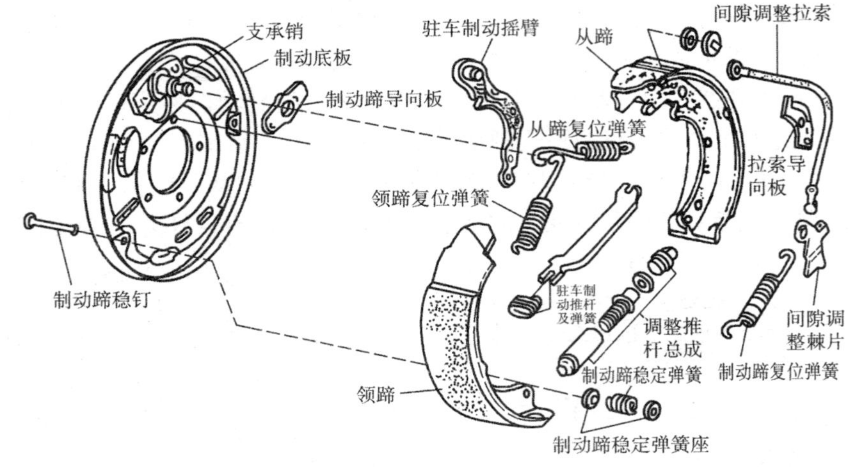

图 24-10 双向自增力式制动器的结构图

制动器间隙自调装置一般可分为一次调准式和阶跃式两大类。楔形块式间隙自调装置属一次调准式,特点是一次制动即可使制动器间隙恢复到标准值,但因它对制动器热膨胀间隙也有补偿作用,易造成调整过度,使车轮发生“拖磨”甚至“抱死”。阶跃式间隙自调装置则必须经过若干次(可能达 20 次以上)制动后才能一举消除所积累的过量制动器间隙。下面以丰田汽车装用的双向自增力式制动器上使用的阶跃式间隙自调装置为例进行介绍。

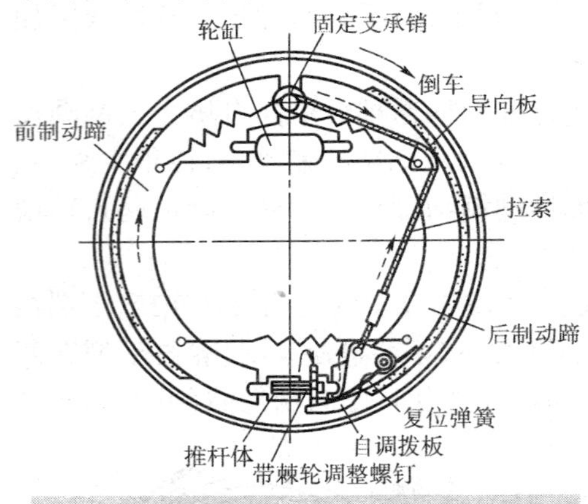

图 24-11 阶跃式间隙自调装置原理

如图 24-11 所示,自调装置由自调拨板、拨板复位弹簧、拉索及其导向板等组成。自调拨板用于拨转带齿调整螺钉。自调拨板以右端部销孔支承在制动蹄的销钉上,可绕此销钉转动,在扭簧的作用下拨板处于最下端,使拨板左端与调整螺钉的齿离开一定距离,此距离与规定的制动器间隙相对应。自调拉索的上端挂在支承销上,中部绕过导向板的弧面,下端与自调拨板相连。导向板以其中央孔的圆筒状凸起装在制动蹄的孔中,形成自由转动支点。

该型制动器间隙的调整只在若干次倒车制动后起调整作用。前进制动时,该自调装置完全不起作用。倒车制动时,后蹄的上端离开支承销,整个制动蹄压靠在制动鼓上,并在摩擦力作用下随制动鼓顺时针方向转过一个角度。此时挂在支承销上的拉索即拉动自调拨板的自由端向上(顺时针方向)摆转(此时导向板也在拉索摩擦力作用下逆时针方向转动,使拉索不致磨损),摆转量取决于制动器实际间隙的大小。若制动器间隙为标准值,则拨板的摆动量不足以使其左端插入调整螺钉的齿槽,因而保持规定的间隙不变。当制动器间隙超过标准值时,拨板的摆转使其左端插入调整螺钉的齿槽内。解除倒车制动时,制动蹄复位,拨板在扭簧的作用下回到最下端,同时将调整螺钉拨转过一定的角度,使可调推杆的长度稍有增加,从而使蹄鼓间隙有所恢复。经若干次制动,所积累的制动器过量间隙才能被完全清除。

采用倒车制动自调方案是考虑到倒车制动的机会较小,即倒车制动时制动鼓是处于常温状态,自调出来的间隙值是在常温状态下得到的,因而不会导致自调过度。

综上所述,各种轮缸式制动器各有利弊,就制动效能而言,在基本结构参数相同的条件下,自增力式制动器对摩擦助势的效果利用最为充分,产生的制动力矩最大,依次是双领蹄式制动器和领从蹄式制动器。

自增力式制动器的构造较复杂,两制动蹄对制动鼓的法向力和摩擦力是不相等的,属于非平衡式制动器;在制动过程中,自增力式制动器的制动力矩增长急促,制动平顺性差;此外,由于是靠摩擦增力,对摩擦系数的依赖性很大,一旦制动器沾水、沾油后制动效能明显下降,制动性能不稳定。

领从蹄式制动器虽然制动效能较低,但有结构简单、制造成本低、制动效能受摩擦系数的影响相对较小、制动较平顺等优点,目前使用仍较广泛。

双领蹄式制动器的制动效能、制动稳定性及平顺性都介于两者之间,其特有优点是具有两个对称的轮缸,最宜布置双回路制动系统。

(2)盘式车轮制动器。盘式制动器摩擦副中的旋转元件为以端面作工作面的金属圆盘,称为制动盘。根据其固定元件的结构形式,盘式制动器可分为钳盘式制动器与全盘式制动器。

钳盘式制动器的固定元件为制动钳和制动块(由金属背板和摩擦片组成)。钳盘式制动器按制动钳固定在支架上的结构形式又可分为定钳盘式和浮钳盘式两种。图24-12所示为定钳盘式制动器的结构示意图,跨置在制动盘上的制动钳体固定安装在车桥上,它既不能旋转也不能沿制动盘轴线方向移动,其内的两个活塞分别位于制动盘的两侧,制动时,制动油液由制动主缸经进油口进入钳体中两个相通的液压腔中(相当于制动轮缸),将两侧的制动块压向与车轮固定连接的制动盘,从而产生制动力。图24-13所示为浮钳盘式制动器的结构示意图,制动钳体通过导向销与车桥相连,可以相对于制动盘轴向移动。制动钳体只在制动盘的内侧设置油缸,而外侧的制动块则附装在钳体上。制动时,来自制动主缸的液压油通过进油口进入制动油缸,推动活塞及其上的制动块向右移动,并压到制动盘上,于是制动盘给活塞一个向左的反作用力,使得活塞连同制动钳体整体沿销钉向左移动,直到制动盘右侧的制动块也压紧在制动盘上。此时,两侧的制动块都压在制动盘上,夹住制动盘使其制动。

全盘式制动器固定元件的金属背板和摩擦片都做成圆盘形,因而其制动盘的全部工作面可同时与摩擦片接触。钳盘式制动器目前被各级轿车和轻型货车用作车轮制动器;全盘式只有少数汽车(主要是重型汽车)采用为车轮制动器,本书只介绍钳盘式制动器。

①定钳盘式制动器。制动钳体的构造如图24-14所示。制动钳体由内侧钳体和外侧钳体通过螺钉连接而成。制动盘伸入制动钳的两个制动块之间。由摩擦片和钢质背板铆合或黏结而成的制动块通过两根导向销悬装在钳体上,并可沿导向销移动。内、外两侧钳体实际上各为一个液压缸缸体,其中各有一个活塞,油缸壁上有梯形截面环槽,其中嵌入矩形截面的活塞密封圈。内、外侧钳体的前部有油道将两侧油缸接通,内侧油缸的油道中装有放气阀。

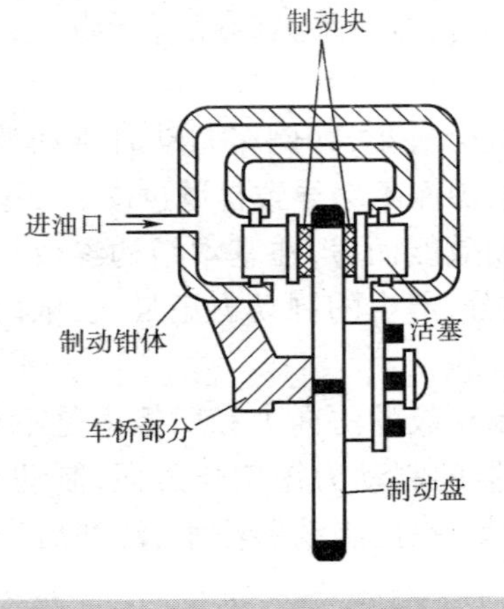

图 24-12　定钳盘式制动器结构示意图

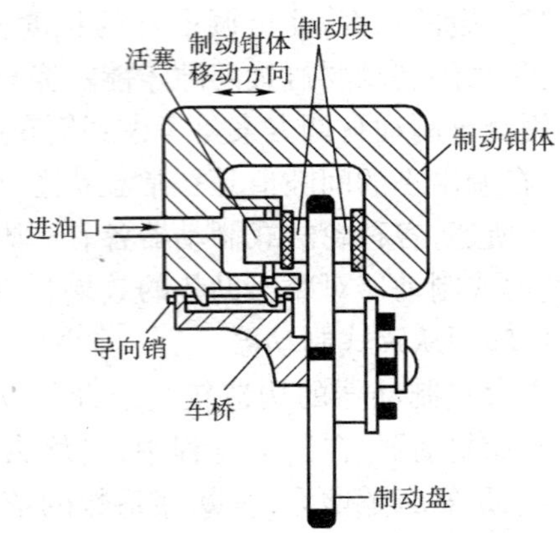

图 24-13　浮钳盘式制动器结构示意图

制动时,制动液被压入内、外两侧油缸中,两活塞在液压作用下移向制动盘,并将制动块压靠到制动盘上。油缸活塞与制动块之间通过消声片来传力,可以减轻制动时产生的噪声。

定钳盘式制动器的油缸较多,使制动钳结构复杂;油缸分置于制动盘两侧,需另设跨接油道或油管,使得制动钳的尺寸过大;热负荷大时,油缸(特别是外侧油缸)和跨越制动盘的油管或油道中的制动液容易受热汽化;若兼用于驻车制动,则必须加装一个机械促动的驻车制动钳。这些缺点使得定钳盘式制动器难以适应现代汽车的使用要求,故现在已少用。

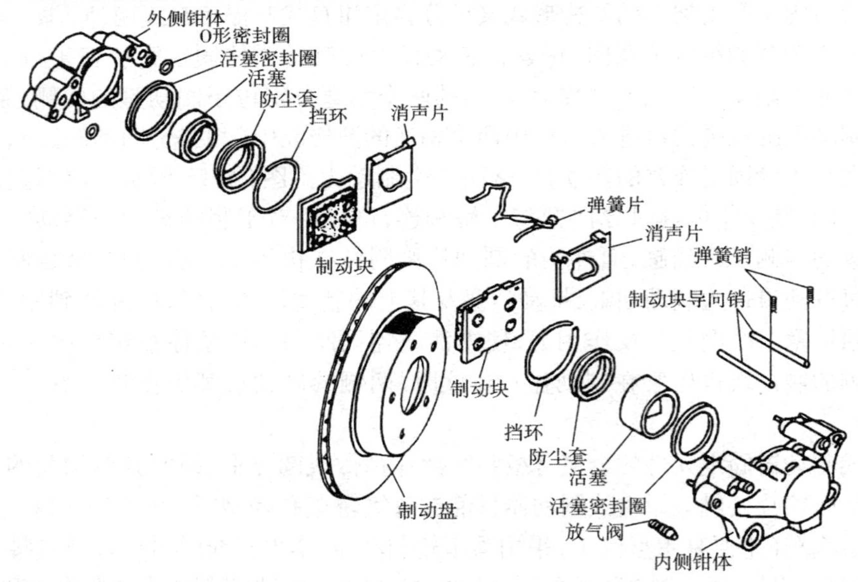

图 24-14　定钳盘式制动器组成

②浮钳盘式制动器。桑塔纳轿车前轮制动器即为浮钳盘式制动器,如图 24-15 所示。制动钳壳体用螺栓与支架相连,螺栓同时兼作导向销,支架固定在前悬架总成轮毂轴承座凸缘上。壳体可沿导向销与支架作轴向相对移动。两制动块装在支架上,用保持弹簧卡

住，使两制动块可以在支架上做轴向移动，但不会上下窜动。制动盘装在两制动块之间，并通过轮胎螺栓固定在前轮毂上。制动块由无石棉金属材料制成的摩擦片与钢制背板牢牢黏结而成。制动钳只在制动盘内侧设有油缸。制动时活塞在制动液压力作用下，推动内制动块压向制动盘内侧面，制动钳上的反力使制动钳壳体向内侧移动，从而带动外制动块压向制动盘外侧面。于是内、外摩擦片将制动盘的两端面紧紧夹住，实现了制动。

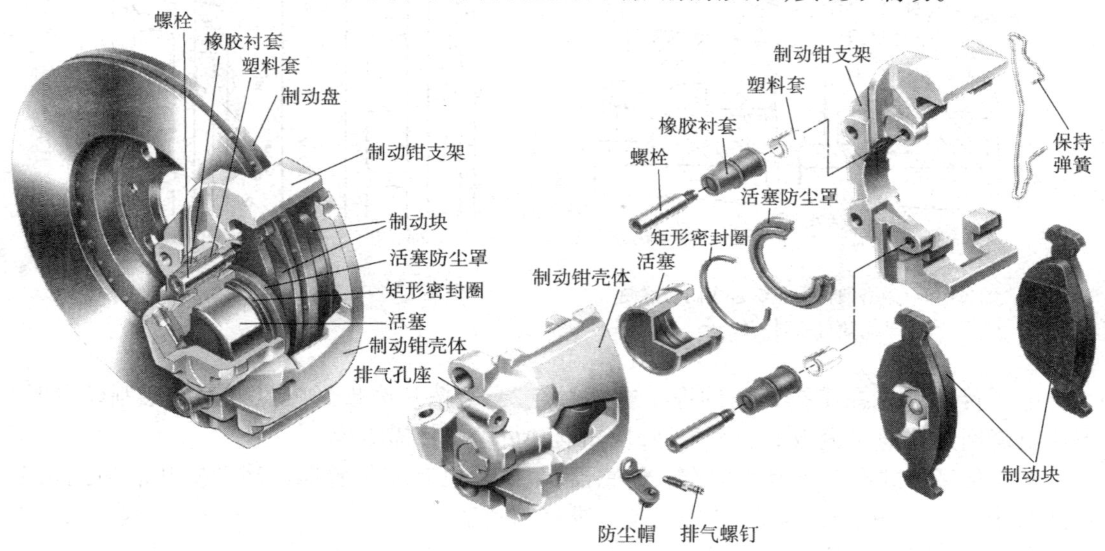

图 24-15　桑塔纳轿车前轮制动器

这种浮钳盘式制动器具有热稳定性和水稳定性均好的优点，并结构简单、造价低廉。浮钳的结构还有利于整个制动器靠近车轮轮辐布置，使转向主销的小端点外移，实现负的偏移距(即指主销地点在车轮接地点的外侧)，提高汽车抗制动跑偏能力。

桑塔纳轿车前轮盘式制动器利用活塞矩形密封圈的弹性变形实现制动间隙的自动调整，其原理如图 24-16 所示。矩形密封圈嵌在制动钳油缸的矩形槽内，密封圈刃边与活塞外圆配合较紧，制动时刃边在摩擦作用下随活塞移动，使密封圈发生弹性变形，相应于极限摩擦力的密封圈极限变形量 δ，应先于制动器间隙为设定值时完全制动所需的活塞行程(图 9-16a)。解除制动时，密封圈恢复变形，活塞在密封圈弹力作用下退回原位(图 9-16b)。当制动盘与制动块磨损后引起的制动间隙超过设定值时，则制动时活塞密封圈变形量达到极限值 δ 后，活塞仍可在液压作用下，克服密封圈的摩擦力而继续移动，直到实现完全制动为止。解除制动后，制动器间隙即恢复到设定值，因活塞密封圈将活塞拉回的距离仍然等于 δ。活塞密封兼起活塞复位弹簧和一次调准式间隙自调装置的作用。

桑塔纳轿车前轮制动器的制动盘有两种形式：桑塔纳 LX 型轿车采用实心式制动盘，特点是结构简单、加工方便、质量轻；桑塔纳 2000 型轿车采用的是通风式制动盘，它有更好的散热效果，进一步提高了热稳定性。两种制动器制动盘的允许磨损极限都是 2mm，而相应的制动块的磨损极限是 7mm。

③制动块磨损报警装置。许多盘式制动器上装有制动块的摩擦片磨损报警装置，它用来提醒驾驶员制动块上的摩擦片需要更换。该装置有声音传感器、电子传感器和触觉传感

器三种报警方式。

声音传感器式如图24-17所示,这种系统在制动块的背板上装有一小弹簧片,其端部到制动盘的距离刚好为摩擦片的磨损极限,当摩擦片磨损到需更换时,弹簧片与制动盘接触发出刺耳的尖叫声,警告驾驶员需要维修制动系统。

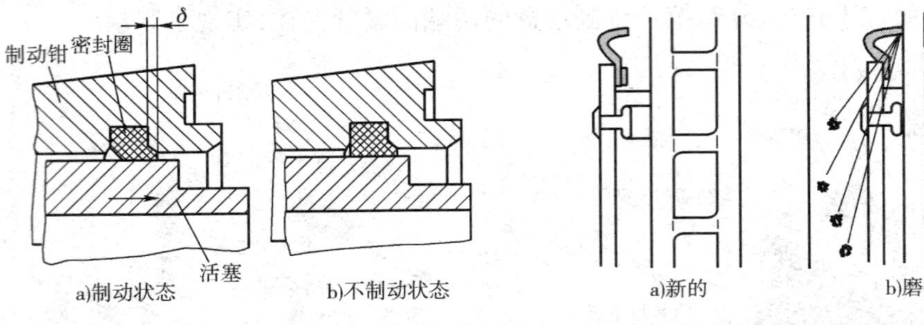

图24-16　桑塔纳轿车前轮盘式制动器制动间隙自动调整装置

图24-17　声音式制动块磨损报警装置

电子传感器式在摩擦片内预埋了电路触点,当摩擦片磨损到触点外露接触制动盘时,形成电流回路接通仪表板上的警告灯,告知驾驶员摩擦片需更换。

触觉传感器式在制动盘表面有一传感器,摩擦片也有一传感器。当摩擦片磨损到两个传感器接触时,踏板产生脉动,警告驾驶员维修制动系统。

④盘式制动器的特点。

a. 盘式制动器的优点。

• 制动盘暴露在空气中,散热能力强。特别是采用通风式制动盘,空气可以流经内部,加强散热。

• 浸水后制动效能降低较少,而且只需经一两次制动即可恢复正常。

• 制动效能较稳定、平顺性好。

• 制动盘沿厚度方向的热膨胀量极小,不会像制动鼓的热膨胀那样使制动器间隙明显增加而导制动踏板行程过大。此外,也便与装设间隙自调装置。

• 结构简单,摩擦片安装更换容易,维修方便。

b. 盘式制动器的缺点。

• 因制动时无助势作用,故要求管路液压比鼓式制动器高,一般要用伺服装置和采用较大直径的油缸。

• 防污性能差,制动块摩擦面积小,磨损较快。

• 兼用于驻车制动时,需要加装的驻车制动传动装置较鼓式制动器复杂,因而在后轮上的应用受到限制。

2)驻车制动装置

驻车制动装置作用是使停驶后的汽车驻留原地不动;便于坡道起步;当行车制动效能失效后临时使用或配合行车制动器进行紧急制动。

驻车制动装置按其安装位置可分为中央制动式和车轮制动式两种。前者的制动器安装在变速器的后面,制动力矩作用在传动轴上;后者与车轮制动器共用一个制动器总成,只是传动机构是相互独立的。轿车上多采用车轮制动式驻车制动器。

(1)中央制动式驻车制动装置。图24-18所示为自动增力式中央制动器,制动器制动鼓与变速器第二轴的凸缘连接,随第二轴转动。制动底板通过四颗螺栓固定在变速器外壳上。间隙调整螺栓、螺母、调整套组合成一长度可调的推杆。两制动蹄通过稳定销、稳定弹簧、弹簧座浮动支承在制动底板上,两制动蹄上端在两拉簧的作用下靠紧支承销,下端辐板卡在可调推杆两端的凹槽内,并用拉簧拉紧。驻车制动臂上端与右蹄通过销轴铰接,并通过推板和左蹄靠接,臂的下端与驻车制动拉索连接。制动手柄通过拉索和摇臂等与制动器软连接传力,拉索的松紧可用螺母调整。

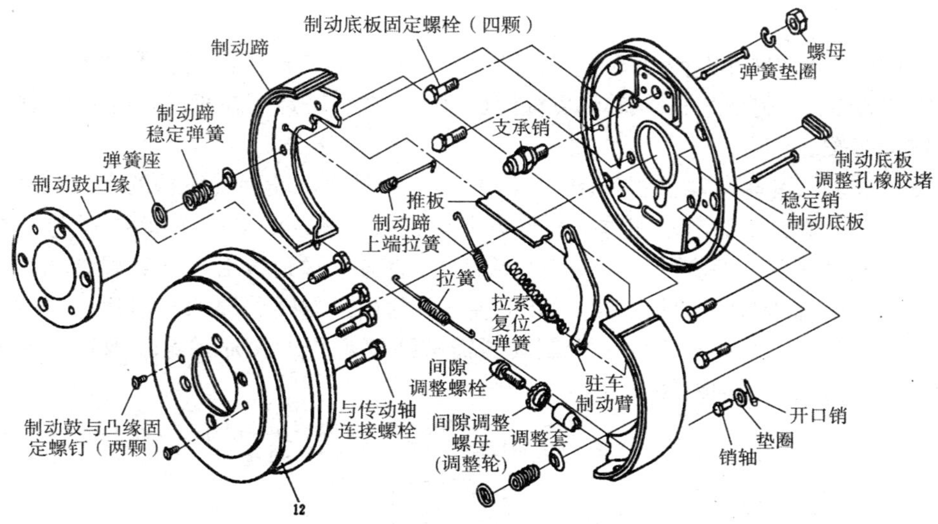

a) 制动器分解图

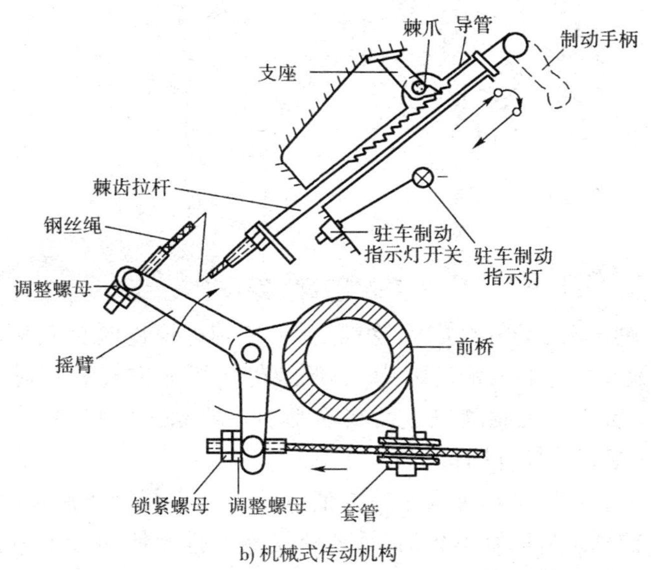

b) 机械式传动机构

图24-18 自动增力式中央制动器及其制动传动机构

制动时,将手柄拉出,使制动臂以销轴为支点顺时针转动,通过推力板将左制动蹄压向制动鼓,随后制动臂的上端右移,使右制动蹄也压向制动鼓,产生制动作用。自动增力过程同前述车轮制动器。当棘齿拉杆在全制动位置时,棘爪即在扭簧的作用下将拉杆锁止。

放松制动时,应将手柄和棘齿拉杆顺时针转动一个角度,使棘爪脱离啮合,再将手柄推回到不制动位置,并转回一定角度,以便下次制动。

驻车制动指示灯开关在全制动位置导通指示灯,以提醒驾驶员制动未解除,不能起步。

当制动摩擦片磨损后,蹄鼓间隙增大,可转动间隙调整螺母使间隙减小。传动件中尚有调整螺母,用来调整拉索的松紧。要求棘齿拉杆拉出 5 ~ 11 个齿时,驻车制动器处于全制动状态。

(2)车轮制动式驻车制动装置。车轮制动式驻车制动装置根据制动器类型有鼓式和盘式两大类,鼓式车轮制动式驻车制动装置前已述及,此处仅介绍在盘式车轮制动器上布置的驻车制动装置。

①凸轮促动式驻车制动装置。图 24-19 所示为一种带凸轮促动机构的盘式制动器的浮式制动钳。自调螺杆穿过制动钳体的孔旋装在切有粗牙螺纹的自调螺母中,螺母凸缘的左边部分被扭簧紧箍着。扭簧的一端固定在活塞上,而另一端则自由地抵靠螺母凸缘。推力球轴承固定在螺母凸缘的右侧,并被固定在活塞上的挡片封闭。轴承与挡片之间的装配间隙即等于制动器间隙为标准值时完全制动所需的活塞行程。膜片弹簧使螺杆右端斜面与驻车制动杠杆的凸轮斜面始终贴合。

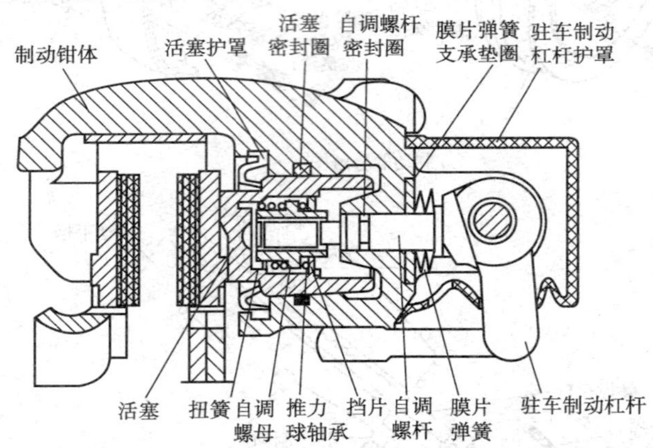

图 24-19　带凸轮促动机构的浮式制动钳

施行驻车制动时,在驻车制动杠杆的凸轮推动下,自调螺杆连同自调螺母一直左移到螺母接触活塞的底部。此时,由于扭簧的障碍,自调螺母不可能倒转着相对于螺杆向右移动,于是轴向推力便通过活塞传到制动块上而实现制动。解除驻车制动时,自调螺杆在膜片弹簧的作用下,随着驻车制动杠杆回位。

制动间隙的自动调整。在制动间隙大于标准值的情况下实行行车制动时,活塞在液压作用下左移。到挡片与轴承间的间隙消失后,活塞所受液压推力便通过推力轴承作用在自调螺母凸缘上。因为自调螺杆受凸轮斜面和膜片弹簧的限制,不能转动,也不能轴向移动,所以这一轴向推力便迫使自调螺母转动,并且随活塞相对于螺杆左移到制动器过量间隙消失为止。此时扭簧张开,且其扭簧直径略有增大。撤除液压后,活塞密封圈使活塞退回到制动器间隙等于标准值的位置,而扭簧的自由端则由于所受摩擦力矩的消失而转回原位。这样,自调螺母保持在制动前的轴向位置不动,从而保证了挡片与推力轴承之间的间隙为原值。

②钢球促动式驻车制动机构。带钢球促动机构的浮式制动钳如图24-20所示。驻车制动杠杆用螺栓固定在凸缘短轴上,凸缘短轴和凸缘螺杆的凸缘端面上各有三个倾斜凹坑,两者通过凹坑中的钢球传力,凸缘螺杆通过粗牙螺纹拧在活塞组件的螺母上。进行驻车制动时,拉索牵动驻车制动杠杆摆动,凸缘短轴也随之转动,于是钢球在倾斜凹坑内滚动,同时推动凸缘螺杆带动活塞组件移动,压向制动盘实现制动。

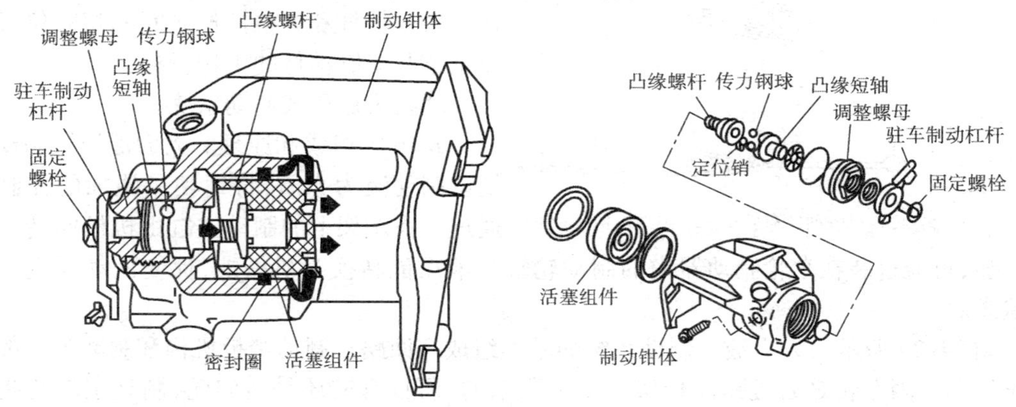

图24-20　带钢球促动机构的浮式制动钳

③偏心轴和推杆促动式驻车机构。如图24-21所示,在制动钳体的右端装有杠杆轴壳体,杠杆轴插入杠杆轴壳体中。杠杆轴上有一个偏心孔,孔的中心线与杠杆轴中心线垂直但不相交,两中心线之间存在偏置距。推杆的一端插在杠杆轴上的偏心孔中,另一端插在自调螺杆前端的凹槽中。自调螺杆通过多头螺纹与活塞组件中的螺母相连。进行驻车制动时,拉索通过驻车制动杠杆带动杠杆轴转动,从而通过推杆推动自调螺杆和活塞组件向左移动实现制动。

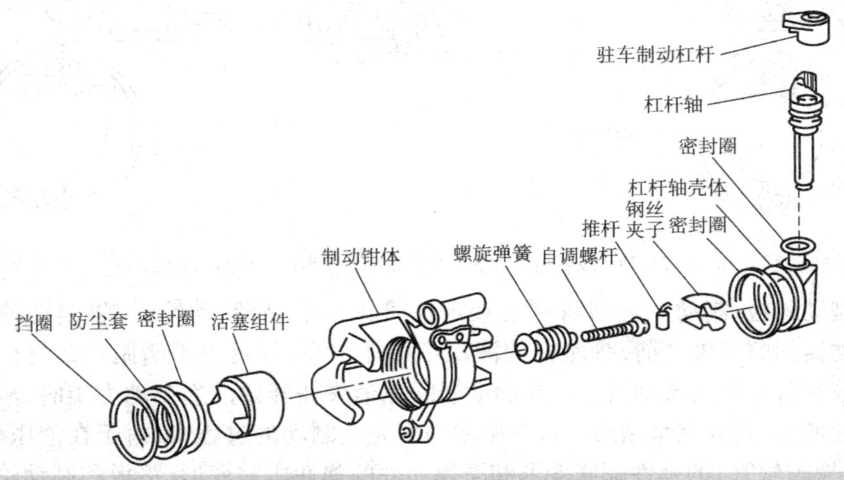

图24-21　带偏心轴和推杆促动机构的制动钳

3)制动供能、控制、传动装置

(1)人力制动系统。人力制动系统的制动能源仅仅是驾驶员的肌体。按其传动装置的结构形式,人力制动系统有机械式和液压式两种。

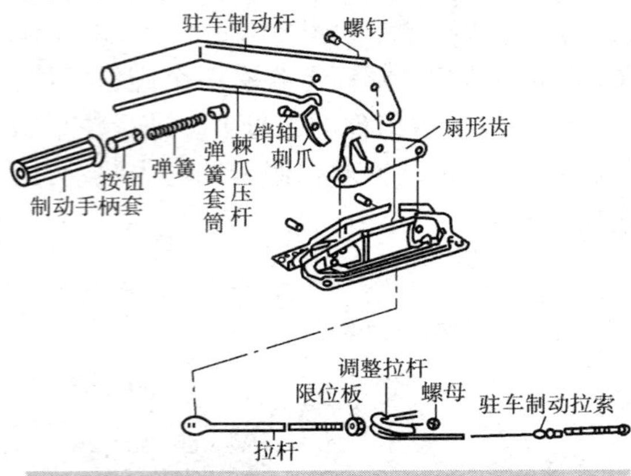

图 24-22　桑塔纳轿车驻车制动操纵机构

①人力机械式制动系统。人力机械式制动系统通常用于汽车的驻车制动,图 24-22 所示为桑塔纳轿车驻车制动装置的操纵机构,包括传动机构和锁止机构,传动机构由驻车制动杆、拉杆、调整拉杆及驻车制动拉索组成。改变拉杆和调整拉杆之间的相对位置可以调整驻车制动杆的工作行程。

②人力液压式制动系统。

a. 基本组成和原理。人力液压式制动系统以制动液为介质,将驾驶员施加的控制力通过装在车架上的制动主缸由机械能转换为液压能,再通过装在车轮制动器内的制动轮缸将液压能转换为机械能,促使制动器进入工作状态。

图 24-23 所示为人力液压制动系统的基本组成和回路。制动踏板机构和制动主缸都装在车架上。因车轮是通过弹性悬架与车架联系的,而且有的还是转向轮,制动主缸与制动轮缸的相对位置经常变化,故制动主缸与制动轮缸间的连接油管除金属管(铜管)外,还有特制的橡胶制动软管。各液压元件之间及各段油管之间还有各种管接头。

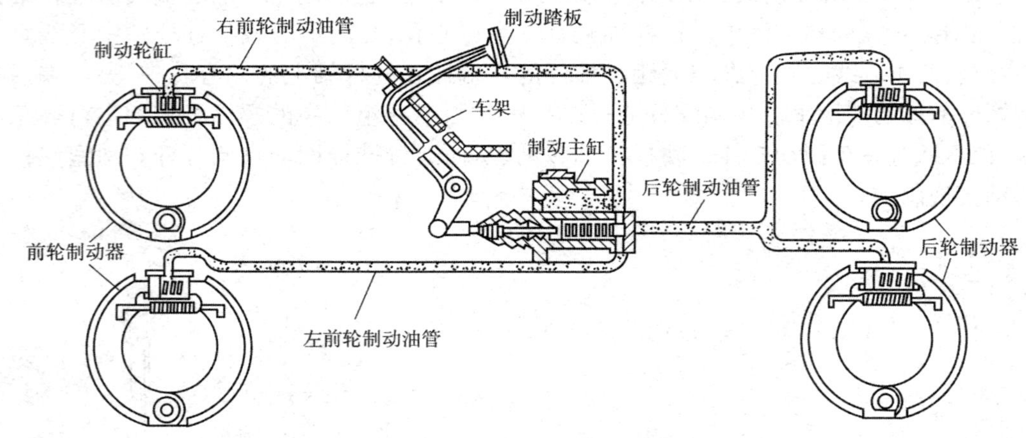

图 24-23　双管路人力液压制动系的基本组成和回路示意图

踩下制动踏板,制动主缸即将制动液经油管压入前、后制动轮缸,将制动蹄推向制动鼓。在制动器间隙消失之前,管路中的液压不可能很高,仅足以平衡制动蹄复位弹簧的张力以及油液在管路中的流动阻力。在制动器间隙消失并开始产生制动力矩时,液压与踏板力方能继续增长,直到完全制动。从开始制动到完全制动的过程中,由于在液压作用下,油管(主要是橡胶软管)的弹性膨胀变形和摩擦元件的弹性压缩变形,踏板和制动轮缸活塞都可以继续移动一段距离。放开制动踏板,制动蹄和制动轮缸活塞在复位弹簧作用下复位,将制动液压回制动主缸。

显然，管路液压和制动器产生的制动力矩是与踏板力呈线性关系的。若轮胎与路面间的附着力足够，则汽车所受到的制动力也与踏板力呈线性关系。制动系统的这项性能称为制动踏板感（或称路感），驾驶员可因此而直接感觉到汽车制动强度；以便及时加以必要的控制和调节。

液压系统中若有空气侵入，将严重影响液压的升高，甚至使液压系统完全失效。因此在结构上必须采取措施以防止空气侵入，并便于将已侵入的空气排出。

为了提高汽车行驶的安全性，并根据交通法规的要求，现代汽车的行车制动系统都采用了双回路制动系统。目前采用双回路液压制动系统的几乎都是伺服制动系统或动力制动系统。但是，在某些微型或轻型汽车上，为使结构简单，仍采用双回路人力液压制动系统，如图24-23所示。

双回路是指利用彼此独立的双腔制动主缸，通过两套独立管路，分别控制两桥或三桥的车轮制动器，其特点是若其中一套管路发生故障而失效时，另一套管路仍能继续起制动作用，从而提高了汽车制动的可靠性和行驶安全性。双管路的布置方案应用较为广泛的有一轴对一轴型（Ⅱ）和交叉（X）型，如图24-24所示。

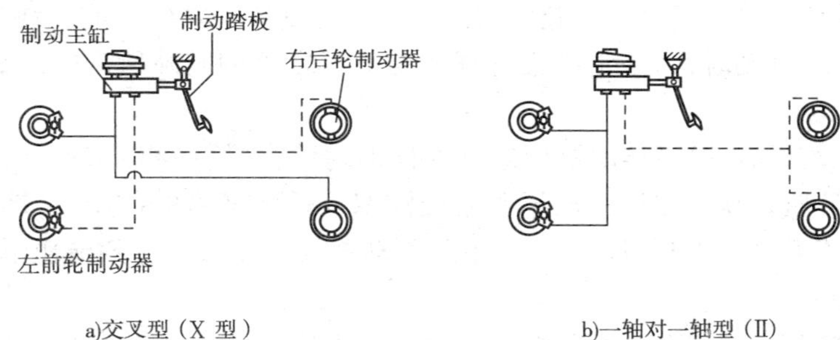

图24-24　双管路液压制动传动装置的布置形式

一轴对一轴型（Ⅱ）：一个车桥一套管路，这种布置形式最为简单，可与单轮缸鼓式制动器配合使用，其缺点是当一套管路失效时，前后桥制动力分配的比值被破坏。这种布置多用于发动机前置后轮驱动汽车，如南京依维柯等。

交叉（X）型：前后轴对角线方向上的两个车轮共用一套管路，在任一管路失效时，剩余总制动力都能保持在正常值的50%，且前后轴制动力分配比值保持不变，有利于提高制动稳定性。这种布置形式多用于发动机前置前轮驱动的轿车上，如桑塔纳、广州本田、天津夏利等。

b. 主要部件的结构。

• 制动主缸。制动主缸，又称为制动总泵，其作用是将踏板输入的机械能转换成液压能。

对应于双回路制动系统，制动主缸常用串列双腔式制。目前国内轿车及大多数国外轿车都采用等径制动主缸（图24-25），即制动主缸前后两腔的缸径相同，而某些国外轿车上装用了异径制动主缸，即制动主缸前后两腔的缸径不相等。

储液罐（图中未标出）中的油液经每一腔的空心螺栓（其内腔形成储液室）和各自的旁

通孔、补偿孔流入主缸前、后腔。在主缸前、后工作腔内产生的液压分别经各自的出油阀和各自的管路传到前、后轮制动器的轮缸。

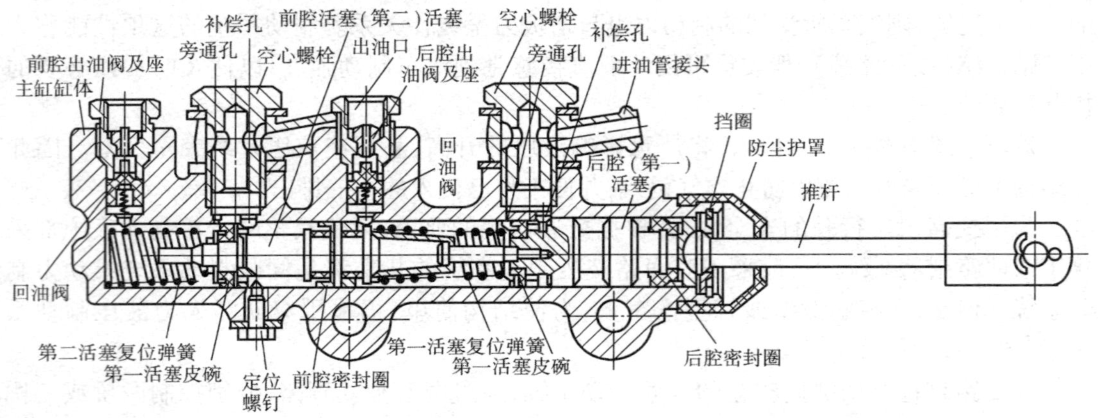

图 24-25　串列双腔等径制动主缸

不制动时,推杆球头端与活塞之间保留有一定的间隙,以保证活塞在弹簧的作用下完全恢复到最右端位置,前、后两工作腔内的活塞头部与皮碗正好位于前、后腔内各自的旁通孔和补偿孔之间。制动时,为了消除推杆球头与活塞之间的间隙所需的踏板行程,称为制动踏板自由行程。

当踩下制动踏板时,踏板传动机构通过推杆推动后腔(第一)活塞前移,到皮碗掩盖住旁通孔后,此腔液压升高。在后腔液压和后腔活塞复位弹簧力的作用下,推动前腔缸活塞向前移动,前腔压力也随之升高。当继续下踩制动踏板时,前、后腔的液压继续升高,使前、后轮制动器制动。

解除制动踏板力后,制动踏板机构、制动主缸前后腔活塞和制动轮缸活塞,在各自的复位弹簧作用下回位,管路中的制动液借其压力推开回油阀门流回制动主缸。于是解除制动。

当迅速放开制动踏板时,由于油液的黏性和管路阻力的影响,油液不能及时流回制动主缸并填充因活塞右移而让出的空间,因而在旁通孔开启之前,压油腔中产生一定的真空度。此时进油腔液压高于压油腔,因而进油腔的油液便从前、后腔活塞的前密封皮碗的边缘与缸壁间的间隙流入各自的压油腔以填补真空。与此同时储液室中的油液经补偿孔流入各自的进油腔。活塞完全复位后,旁通孔已开放,由制动管路继续流回制动主缸而多余的油液便可经前、后腔的旁通孔流回储液室。液压系统中因密封不良而产生的制动液漏泄及因温度变化而引起的制动液膨胀或收缩,都可以通过补偿孔和旁通孔得到补偿。当制动器间隙过大或液压系统进入空气,致使踏板踩到极限位置仍感到制动力不足时,可迅速放松踏随即再踩下,如此反复几次,使压入管路中的油液增多,油压升高,以进一步加大制动力。

若与前腔连接的制动管路损坏漏油时,则在踩下制动踏板时只后腔中能建立液压,前腔中无压力。此时在液压差作用下,前腔活塞迅速前移到前缸活塞前端顶到主缸缸体上。此后,后腔工作腔中液压方能升高到制动所需的值。

若与后腔连接的制动管路损坏漏油时，则在踩下制动踏板时，开始只是后腔（第一）活塞前移，而不能推动前腔（第二）活塞，因后缸工作腔中不能建立液压。但在后缸活塞直接顶触前缸活塞时，前缸活塞前移，使前缸工作腔建立必要的液压而制动。

由上述可见，双回路液压制动系统中任一回路失效时，制动主缸仍能工作，只是所需踏板行程加大，将导致汽车的制动距离增长，制动效能降低。

• 制动轮缸。制动轮缸，又称制动分泵，其作用是把油液压力转变为轮缸活塞的推力，推动制动蹄压靠在制动鼓上，产生制动作用。制动轮缸有双活塞式和单活塞式两种。图24-26所示为上海桑塔纳轿车和一汽捷达、奥迪轿车所采用的双活塞式制动轮缸。

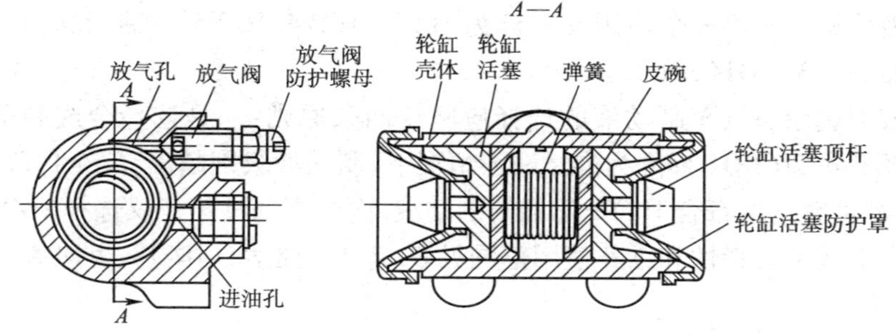

图24-26 双活塞式制动轮缸

缸体用螺栓固定在制动底板上，缸内有两个活塞，两者之间的内腔由两个皮碗密封。制动时，制动液自油管接头和进油孔进入，活塞在液压力作用下向外移动，通过顶块推动制动蹄。弹簧保证皮碗、活塞、制动蹄紧密接触，并保持两活塞之间的进油间隙。防护罩除防尘外，还可防止水分进入，以免活塞和轮缸生锈而卡住。在轮缸缸体上方还装有放气阀，以便放出液压系统中的空气。

图24-27所示为单活塞式制动轮缸。为缩小轴向尺寸，液压腔密封件不用抵靠活塞端面的皮碗，而采用装在活塞导向面上切槽内的皮圈，进油间隙靠活塞端面的凸台保持。放气阀的中部有螺纹，尾部有密封锥面，平时旋紧压靠在阀座上。与密封锥面相连的圆柱面两侧有径向孔，与阀中心的轴向孔相通。需要放气时，先取下橡胶护罩，再连踩几下制动踏板，对缸内空气加压，然后踩下制动踏板不动将放气阀旋出少许，空气即可排出，待空气排出将放气阀旋闭后再放松制动踏板。如此反复直到空气排尽。

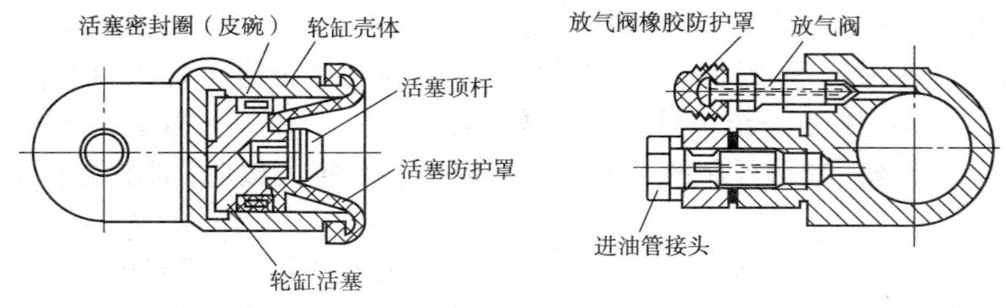

图24-27 单活塞式制动轮缸

c. 制动液。

• 使用要求。制动液是液压制动系统的重要组成部分，其质量好坏对制动系统的工作可靠性影响很大,性能要求如下:有高的沸点,高温下不易汽化,否则易产生气阻,使制动系统失效;低温下有良好的流动性;不会使与之经常接触的金属件腐蚀,橡胶件膨胀、变硬和损坏;良好的润滑作用;吸水性差而溶水性好。

• 制动液的标准。为保证汽车行驶安全,各国不断制定、修订汽车制动液标准。

国外汽车制动液标准。国外汽车制动液有代表性的标准是美国联邦政府运输安全部(DOT)制定的联邦机动车辆安全标准 FMVSS NO. 116,这是世界公认的汽车制动液通用标准,此标准下有常用的 DOT3、DOT4、DOT5 三种产品。

我国汽车制动液标准。我国汽车制动液现行标准 GB 12981—2012《机动车辆制动液》,将汽车制动液按机动车辆安全使用要求分为 HZY3、HZY4、HZY5 三种产品,它们分别对应国际通用产品 DOT3、DOT4、DOT5。

• 制动液的选用。汽车制动液的选择应坚持两条原则:一是选择合成制动液;二是质量等级以 FMSSNo. 116DOT 标准为准。一般情况下,制动液级别越高,安全保障性越好。微型、中低档汽车适宜选取符合 HZY3 标准的制动液,而中高档汽车建议选择 HZY4 标准的制动液。各级制动液主要特性和推荐使用范围见表 24-1。捷达、切诺基、奥迪 A6 等汽车采用 HZY4 型制动液。

汽车制动液的主要性能及推荐使用范围 表 24-1

级别	主 要 特 性	推荐使用范围
HZY3	良好的高温抗气阻性和优良的低温流动性	相当于 DOT3,我国广大地区使用
HZY4	优良的高温抗气阻性和良好的低温流动性	相当于 DOT4,我国广大地区使用
HZY5	优异的高温抗气阻性和低温流动性	相当于 DOT5,供特殊要求车辆使用

制动液具有吸水特性,长时间不更换会腐蚀制动系统,给行车带来隐患。制动液的更换以汽车的行驶里程或时间确定,一般行驶里程超过 3 万 km 或时间超过两年需更换。

汽车制动液使用应注意下列事项:不同规格的制动液不能混用;防止水分或矿物油混入;制动液压缸橡胶皮碗不可长时间暴露放置在空气中;汽车制动液多以有机溶剂制成,易挥发、易燃,因此,管理和使用中要注意防火;避免制动液进入眼睛;避免制动液溢洒到漆膜表面,若出现该种情况立即用冷水冲洗。

(2)伺服制动系统。伺服制动系统兼用人体和发动机作为制动能源,在正常情况下,制动能量大部分由动力伺服系统供给,可以减轻驾驶员施加于制动踏板上的力,增加车轮制动力,达到操纵轻便、制动可靠的目的。在动力伺服系统失效时,伺服制动转变为人力制动。

常见伺服制动系统以发动机工作时在进气管中形成的真空(或利用真空泵产生的真空)为伺服能量。它可分为增压式和助力式两种类型。增压式是通过增压器将制动主缸的液压进一步增加,增压器装在制动主缸之后;助力式是通过助力器来帮助制动踏板对制动主缸产生推力,助力器装在踏板与制动主缸之间。

①真空增压式液压制动传动装置。真空增压式液压制动传动装置它比普通液压制动

传动装置多装了一套真空增压系统(图24-28),由发动机进气管(真空源)、真空止回阀、真空筒组成的供能装置,控制装置的控制阀,传动装置的加力气室及辅助缸等组成。

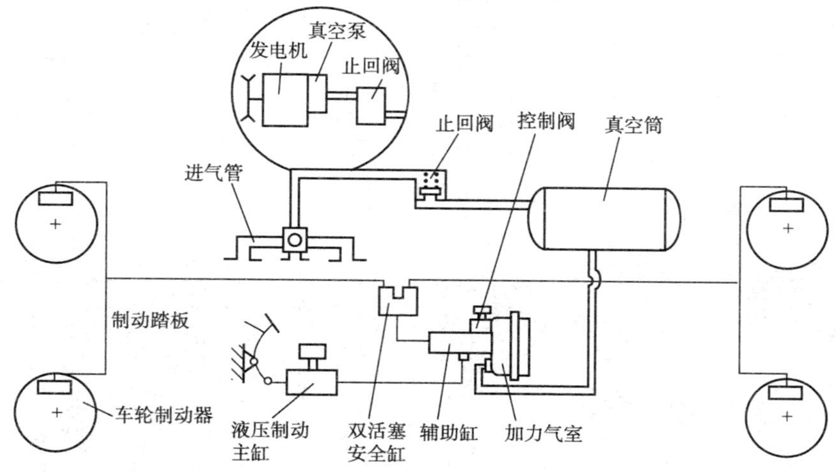

图24-28　真空增压式液压制动传动装置

发动机工作时,在进气歧管中的真空度作用下,真空筒中的空气经真空止回阀吸入发动机,使真空筒中产生一定的真空度,作为制动伺服的能源(柴油发动机因进气管的真空度不高,需另装一真空泵作为真空源)。止回阀的作用是:当进气管(或真空泵)的真空度高于真空筒的真空度时,止回阀被吸开,将真空筒及加力气室内的空气抽出;当发动机熄火或因工况变化以致使进气管的真空度低于真空筒的真空度时,止回阀即关闭,以保持真空筒及加力气室的真空度。

踩下制动踏板时,制动主缸输出的制动油液先进入辅助缸,由此一方面传入前后制动轮缸,另一方面又作为控制压力输入控制阀,控制阀使真空加力气室起作用,这样气室输出的力与主缸传来的液压一同作用于辅助缸活塞上,使辅助缸输送至轮缸的液压变得远高于主缸液压。

图24-29所示为国产66-Ⅳ型真空增压器。它由加力气室、辅助缸和控制阀三部分组成。

加力气室:把进气管(或真空泵)产生的真空度与大气压力的压力差,转变为机械推力。壳体是钢板冲压件,前壳体用螺钉与辅助缸体的后端相连,其间有连接块和密封垫圈。膜片的外缘装在用卡箍夹紧的壳体之间,中部经托盘等件与推杆紧固在一起,不制动时膜片在复位弹簧作用下处于最右端位置。膜片左腔C有孔管经止回阀与发动机的进气管相通,经由辅助缸体中的孔道与控制阀下气室B相通;其右腔室D经通气管与控制阀上腔A相通。

辅助缸:把低压油变成高压油。装有皮碗的活塞把辅助缸体分成两部分:左腔经出油管接头通向前后制动轮缸;右腔经进油接头通向制动主缸的出油口。活塞的中部有小孔而保持左、右腔在不制动时连通,加力气室不工作时复位弹簧使活塞靠在活塞限位座的右极限位置。前端嵌装球阀的推杆用来推动活塞移动,杆的后端与加力气室膜片连接。密封圈起密封和导向作用。

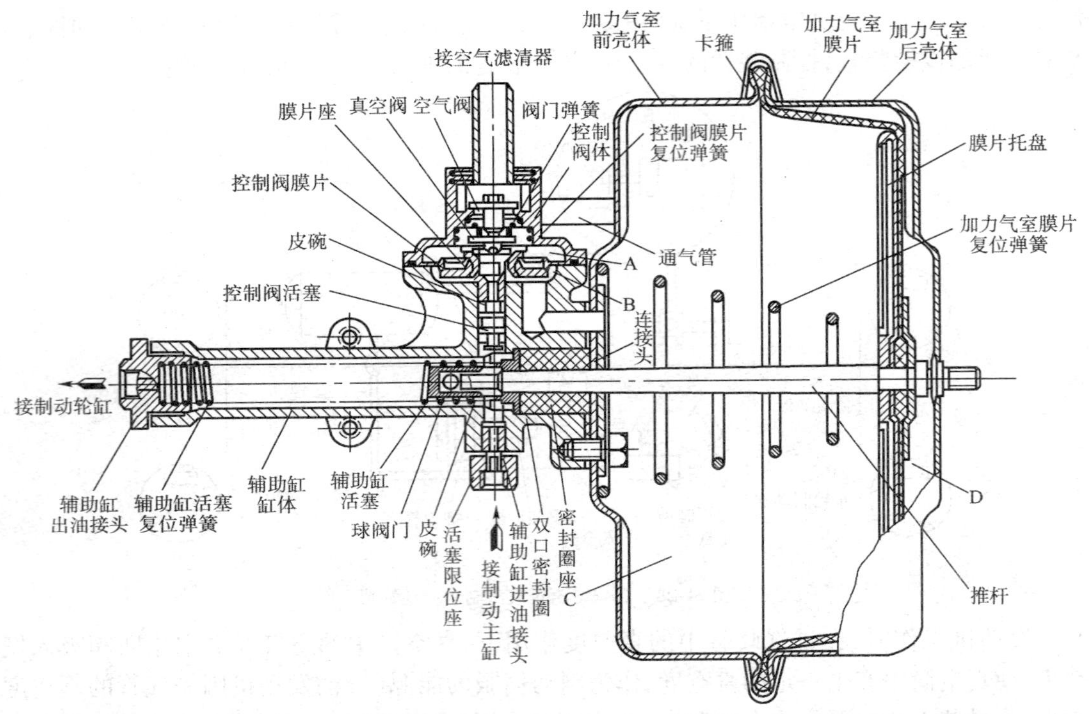

图 24-29　国产 66-Ⅳ型真空增压器

控制阀:是控制加力气室起作用的随动控制机构。膜片的中部紧固在膜片座上,装有皮碗的控制活塞与座固装在一起,活塞处于与辅助缸右腔相通的孔中。真空阀和空气阀刚性地连接在一起,阀门弹簧在不制动时使空气阀关闭,膜片复位弹簧则使膜片保持在真空阀开启的下方位置。膜片座中央有孔道使气室 A 和气室 B 相通,因此,不制动时四个气室 A、B、C 和 D 相通且真空度相等。

踩下制动踏板时,如图 24-30a)所示,制动主缸中的制动液即被压入辅助缸,因此时球阀还是开启的,故液压油经活塞上的孔进入各制动轮缸,制动轮缸液压即等于主缸液压。与此同时,液压还作用在控制阀活塞上,并通过膜片座压缩弹簧,使真空阀的开度逐渐减小,直至关闭,气室 A 和 B 即隔绝,这时的控制液压还不足以使空气阀开启,膜片还未开始工作,即所谓增压滞后。随着控制液压升高,液压使膜片座继续升起,压缩阀门弹簧打开空气阀,由空气滤清器进入的空气即进入气室 A 和 D。此时,气室 B 和 G 的真空度仍保持原值不变,在 D、C 两气室压力差作用下,膜片带动推杆左移,使球阀关闭。这样,制动主缸便与辅助缸左腔隔绝,辅助缸内的油液即增加了一个由加力气室膜片两侧气压差造成并经推杆传来的推动力。所以在辅助缸左腔及各轮缸中的压力远高于制动主缸的压力。

制动踏板在某一位置不动(即维持制动状态)时,随着进入气室空气量的增加,A 和 B 气室的压力差加大,对膜片产生向下的压力,因而膜片座及活塞随之下移,使空气阀的开度逐渐减小,直至落座关闭,此时处于真空阀、空气阀都关闭的状态("双阀关闭")。油压作用于活塞向上的压力与气室 A、B 压力差产生的向下的压力相平衡。气室 D、C 压力差作用在膜片上的总推力与控制油压作用在活塞右端的总推力之和,与高压油液作用在活塞左端的总阻抗力相平衡。辅助缸活塞即保持平衡。作用力的大小取决于控制活塞下面的液压（主缸液压），即取决于踏板力和踏板行程。

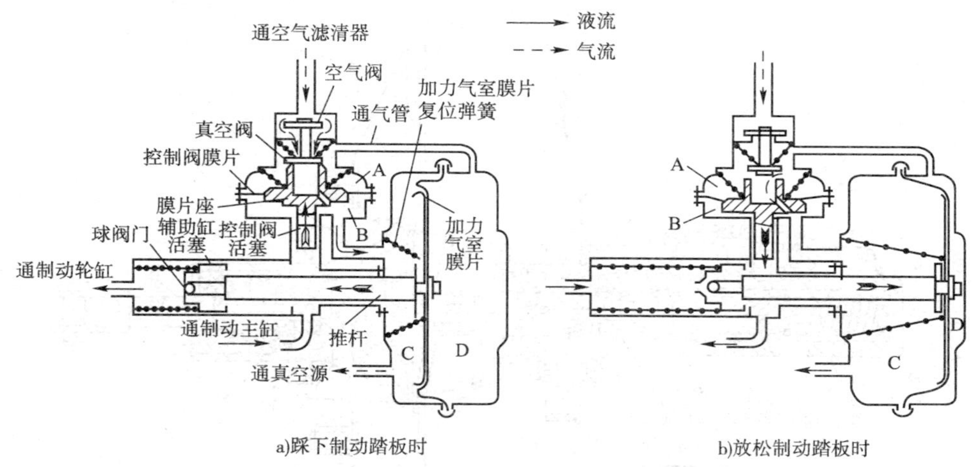

图24-30　真空增压器工作原理示意图

放松制动踏板时控制油压下降，控制阀活塞连同膜片座下移，使空气阀关闭，而真空阀开启，如图24-30b）所示，于是D、A两气室的空气经B、C两气室被吸出，从而A、B、C和D各气室又互相连通，都具有一定的真空度，以备下次制动之用。此时，所有运动部件都在各自复位弹簧的作用下复位。

当真空增压器失效或真空管路无真空度（发动机熄火）时，推杆及活塞不会动作，辅助缸中的球阀将永远开启，保持制动主缸和制动轮缸之间的油路畅通。此时，整个系统工作原理与人力液压制动系统相同，但所需的踏板力要大得多。

②真空助力式液压制动传动装置。图24-31所示为桑塔纳汽车真空助力式液压制动传动装置管路布置图。真空助力器装在制动主缸前，利用发动机进气管产生真空对驾驶员的踏板力增压。

图24-32a）为桑塔纳2000GSi轿车所用的真空助力器结构图，图24-32b）、c）为放大的控制阀。助力器右端通过螺栓与车身的前围板固定，并与制动踏板机构连接，左端与制动主缸连接。气室膜片隔板及控制阀将助力器分成前后两个腔室，前腔经真空止回阀通向发动机进气管。控制阀体上通道A连通加力气室前腔和控制阀腔；通道B连通加力气室后腔和控制阀腔。带有密封套的橡胶阀门既与在控制阀体上加工出来的阀座组成真空阀，又与铰连杆的右端面组成大气阀。外界空气可经滤环滤清后通过大气阀、B通道进入助力器的后腔。

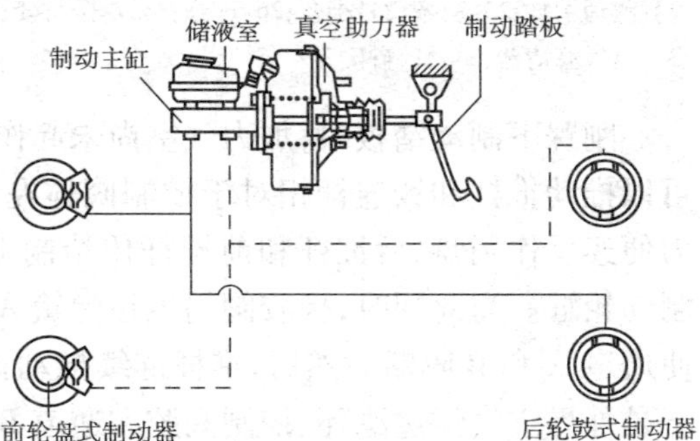

图24-31　桑塔纳汽车真空助力式液压制动传动装置管路布置图

未踩下制动踏板时（图24-32b），复位弹簧将后推杆及铰连杆推至右极限位置，橡胶阀门在弹簧A的作用下紧贴铰连杆的右端面，真空

阀开启,大气阀关闭。助力器的前、后两腔经通道 A、控制阀腔和通道 B 互相连通,并与大气隔绝。发动机运转后,真空止回阀被吸开,加力气室左、右两腔内都有一定的真空度。

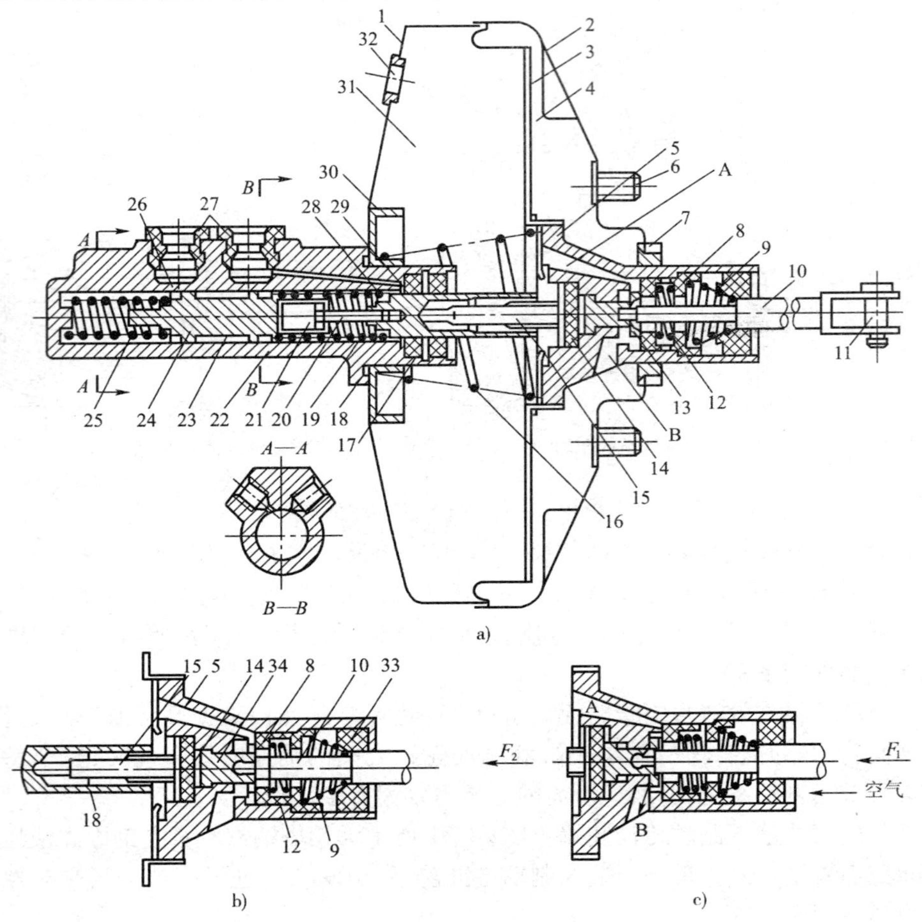

图 24-32　桑塔纳 2000GSi 轿车真空助力器结构图

1-前壳体;2-后壳体;3-气室膜片隔板;4-后气室;5-控制阀体;6、20-螺栓;7-密封套;8-橡胶阀门;9-弹簧 A;10-推杆;11-销;12-弹簧 B;13-球铰链;14-橡胶反作用盘;15-后推杆;16-复位弹簧;17-油封;18-前推杆;19、25-弹簧;21-弹簧座;22-制动主缸;23-活塞;24-小孔;26-过滤器;27-密封套;28-进油孔;29-补偿孔;30-连接盘;31-前气室;32-真空止回阀;33-空气滤清器;34-铰链杆

刚踩下制动踏板时,加力气室尚未起作用,控制阀体固定不动,来自踏板机构的控制力可以推动推杆和铰连杆相对于控制阀体左移,当与橡胶反作用盘之间的间隙消除后,控制力便经反作用盘、后推杆和前推杆传给制动主缸。此时,主缸内的制动液以一定压力流入制动轮缸。与此同时,橡胶阀门也在弹簧 A 作用下左移,直至与控制阀体上的真空阀接触,使通道 A 和 B 隔断。然后,推杆继续推动铰连杆左移到其后端面离开橡胶阀门一定距离。于是外界空气经过滤环、控制阀腔和通道 B 充入助力气室的后腔,使其中真空度降低,在加力气室前、后腔之间产生一个压力差,推动主缸活塞增加制动压力。在此过程中,膜片与阀座也不断左移,直到阀门重新与大气阀座接触而达到平衡状态为止。因此,在任何一个平

衡状态下，加力气室后腔中的稳定真空度均与踏板行程成递增函数关系，这就是控制阀的随动作用。

加力气室两腔真空度差值造成的作用力，除一部分用来平衡复位弹簧的力以外，其余部分都作用在反作用盘上。因此制动主缸推杆所受的力为控制阀体和铰连杆两者所施作用力之和。另经反作用盘反馈过来的力，使得驾驶员有一定的踏板感。

4)制动力分配调节装置

(1)最佳制动状况。

①同步滑移的条件。制动时车轮所受路面制动力以及车轮制动器所产生的制动力矩M_u随踏板力的增加而增加。但受到轮胎与地面附着情况的限制，地面制动力不可能超过附着力。当地面制动力等于附着力时，车轮将被抱死而在路面上拖滑。拖滑会使胎面局部严重磨损，在路面上留下一条黑色的拖印。同时，拖滑使胎面产生局部高温，使胎面局部稀化，就好像轮胎与路面间被一层润滑剂隔开，使附着系数反而减小。

由试验得知，当车轮抱死滑移时，车轮与路面间的侧向(垂直于车轮平面方向上的)附着力完全消失。这意味着路面对车轮的侧向反力为零。这样，如果只是前轮(轮向轮)制动到抱死滑移而后轮(制动时也已成为从动轮)还在滚动，此时，则汽车不可能在制动过程中转向。因为保证汽车转向的力只能是路面对偏转了一定角度的转向轮的侧向反力，所以转向轮一旦滑移而丧失侧向附着，转向即不可能进行。如果只是后轮制动到抱死滑移，而前轮还在滚动，则汽车在制动过程中，即使受到不大的侧向干扰力(例如侧向风力、路面凸起对车轮侧面的冲击力等)，也会绕其垂直轴线旋转(甩尾)，严重时甚至会转过180°左右(掉头)。无论是前轮还是后轮单独滑移，都极易造成车祸，尤其是因后轮单独滑移而发生甩尾现象所造成的交通安全事故更多，其后果也更为严重，所以应当尽量避免制动时后轮先抱死滑移。

要使汽车能得到尽可能大的总制动力，又能保持制动时的行驶方向稳定性(既不丧失转向操纵性，又不甩尾)，就必须将制动系统设计得能够将前、后车轮制动到同步滑移。附着力等于车轮所受垂直载荷与轮胎和路面间的附着系数的乘积。前后轮同步滑移的条件是，前后轮制动力之比等于前后轮对路面的垂直载荷之比。汽车静止时，前后轮垂直载荷之比仅取决于汽车重心位置，但在行驶制动过程中由于惯性力的作用，汽车轴荷将发生转移，前后轮垂直载荷之比发生变化，如果前后轮制动力的比值也能随之调节到与变化着的前后轮垂直载荷之比，则汽车可制动到前后轮同步濒临滑移。

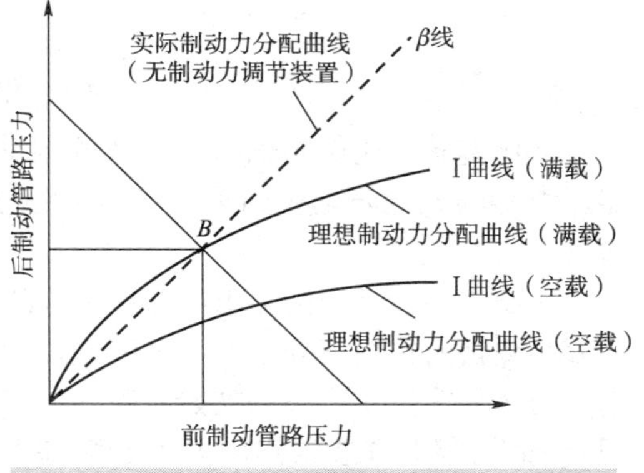

图24-33 前后轮制动力分配曲线

②理想的前后轮制动力分配。在任何路面条件下，都能满足前后车轮同时抱死拖滑的前后轮制动器制动力分配曲线称为理想制动力分配曲线(I曲线)，图24-33中的实曲线所示。由于汽车在满载与空载时的总质量不同，重心位置也不同，故相应的理想前后制动管路压力分配特性曲线也不同。图中虚线所示为无制动压力调节

装置时的前后轮制动管路压力分配曲线(β线),其前后轮制动力矩(或制动力)之比为定值。图中β线和I曲线的交于B点,对应的附着系数为同步附着系数ϕ_0,说明前后制动器制动力分配比为固定值的汽车,只有在同步附着系数的路面上制动时,都能使前后轮同时抱死。

通过上面讨论,最理想的制动器制动力分配方案是β线也为一条与I曲线重合的曲线,此时,制动系统的制动效率最高,最安全,但技术上较难实现。为防止后轮先抱死,现代汽车制动系统中装有多种制动压力调节装置,用以改变前后制动力分配比值,使β线总位于I曲线下方,接近I曲线。

目前常见的制动力调节装置有限压阀、比例阀、感载阀和惯性阀等,它们一般都是串联在后制动管路中,但也有的是串联在前制动管路中。制动力调节的最佳装置是防抱死制动装置,它可使前后制动管路压力的实际分配特性曲线,更接近于相应的理想分配特性曲线。

(2)限压阀与比例阀。

①限压阀。限压阀串联于液压制动回路的后制动管路中,其作用是当前、后制动管路压力p_1和p_2由零同步增长到一定值后,自动将p_2限定在该值不变。

限压阀的结构如图24-34所示。自进油口输入的控制压力是前制动管路压力(亦即主缸压力)p_1,从出油口输出的是后制动管路压力p_2。阀门与活塞连接成一体,装入阀体后,弹簧即受到一定的预紧力。在弹簧力的作用下阀门离开阀体上的阀座而抵靠着阀盖。阀门凸缘上开有若干个通油切口,当输入压力p_1较低时,阀门一直保持开启,因而$p_2=p_1$,即限压阀尚未起限压作用。当p_2与p_1同步增长到一定值p_s时,活塞上所受的液压作用力将弹簧压缩使阀门关闭,后轮轮缸与主缸隔绝。此后p_2即保持定值p_s,不再随p_1增长。限压阀的工作特性线为OAB。

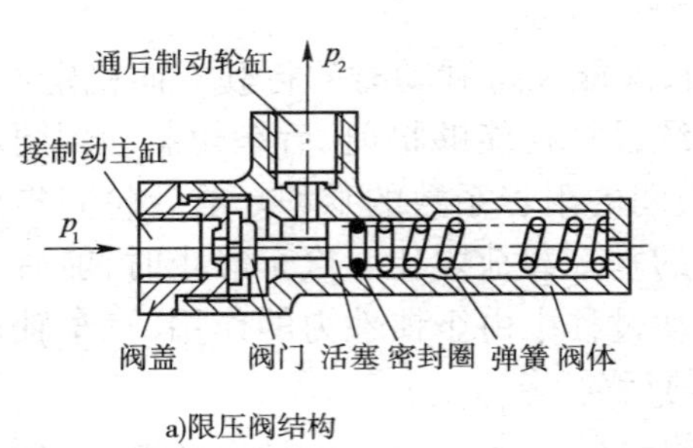

a)限压阀结构

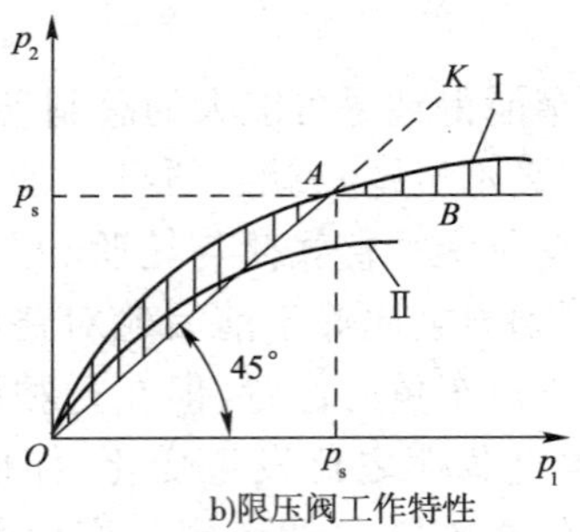

b)限压阀工作特性

图24-34 限压阀构造与工作原理

②比例阀。比例阀也串联于液压制动回路的后制动管路中,其作用是当前、后制动管路压力p_1与p_2同步增长到某一定值p_s后,自动对p_2的增长加以限制,使p_2的增量小于p_1的增量。

比例阀一般采用两端承压面积不等的差径活塞结构,如图24-35所示。不工作时,差径活塞在弹簧的作用下处于上端极限位置。此时阀门保持开启,因而在输入控制压力p_1与输出压力p_2从零同步增长的初始阶段,$p_1=p_2$,但是压力p_1的作用面积A_1小于压力p_2的作用面积A_2,故活塞上方液压作用力大于活塞下方液压作用力。在p_1、p_2同步增长过程中,活塞上、下两端液压作用力之差超过弹簧的预紧力时,活塞便开始下移。当p_1和p_2增长到一定

值 p_s 时，活塞内腔中的阀座与阀门接触，进油腔与出油腔即被隔绝，这就是比例阀的平衡状态。若进一步提高 p_1，则活塞将回升，阀门再次开启，油液继续流入出油腔，使 p_2 也升高，但由于 $A_1 < A_2$，p_2 尚未增加到新的 p_1 值，活塞又下降到平衡位置。任一平衡状态下，$p_2 = \frac{A_1}{A_2}p_1 + \frac{F}{A_2}$，$F$ 为平衡状态下的弹簧力。装用比例阀的实际制动管路压力分配特性互为 OAB，AB 线的斜率小于1，说明 p_2 增量小于 p_1 的增量。

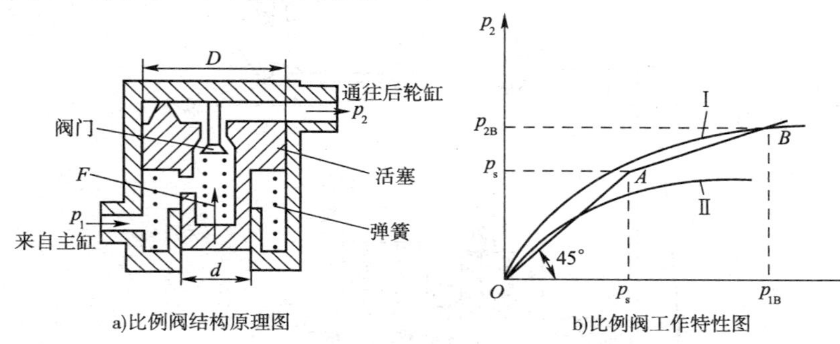

图24-35　比例阀构造与工作原理

③感载阀。有些汽车在实际装载质量不同时，其总重力和重心位置变化较大，因而满载和空载下的理想制动管路压力分配特性曲线差距也较大。在此情况下，采用一般的特性曲线不变的制动力调节装置已不能保证汽车的制动性能符合法规的要求，故有必要采用特性随汽车实际装载质量而变化的感载阀。液压系统用感载阀有感载比例阀和限压阀两类，其工作特性如图24-36所示。设汽车满载时，感载阀特性线为 A_1B_1，而在空载时，感载阀的调节作用起始点自动改变为 A_2，使特性线变成 A_2B_2，但两个特性线的斜率还是相等的。这种变化应当是渐进的，即在实际装载质量为任何值时，都有一条与之相应的特性线。在限压阀或比例阀的结构及其他参数一定的情况下，调节作用起始点的控制压力 p_s 值取决于限压阀或比例阀的活塞弹簧的预紧力。因此，只要使弹簧预紧力随汽车实际装载质量而变化，便能实现感载调节。

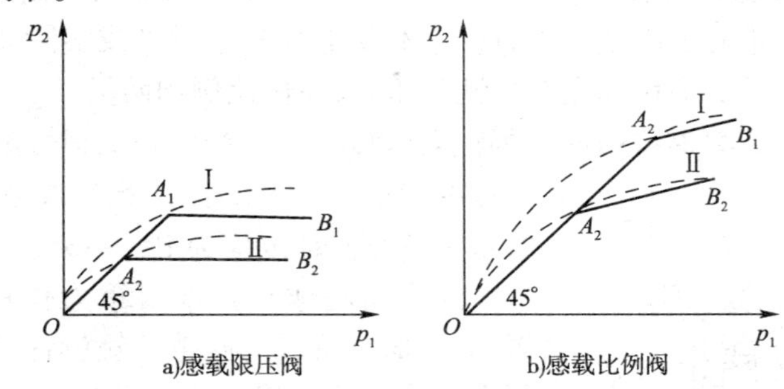

图24-36　感载阀的工作特性

I-满载理想特性；II-空载理想特性

图24-37所示为液压式感载比例阀及其感载控制机构。

阀体安装在车身上，其中的活塞为两端承压面积不等的差径结构，其右部空腔内有阀

门,杠杆的一端用拉力弹簧与后悬架连接,另一端压在差径活塞上。不制动时,活塞在弹簧通过杠杆施加的推力 F 作用下处于右端极限位置。阀门因其杆部顶触螺塞而开启,使左右阀腔连通。制动时,来自制动主缸压力为 p_1 的制动液由进油口 A 进入,并通过阀门从出油口 B 输至后轮轮缸,输出压力 $p_2=p_1$。因活塞左右两端面液压之差大于推力 F 时,活塞左移,使其阀座与阀门接触而达到平衡状态,此后 p_2 增量将小于 p_1 增量。

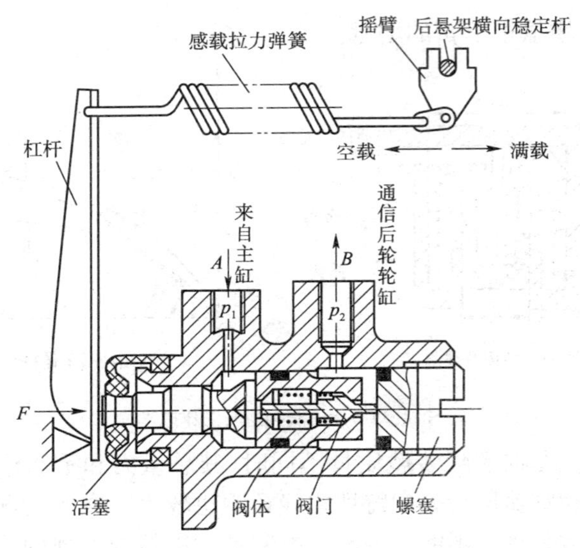

图 24-37 液压感载比例阀及其控制机构

感载比例阀的特点是作用于活塞的轴向力 F 是可变的,汽车上是利用轴载变化时,车身与车桥间的距离发生变化来改变弹簧预紧力。拉力弹簧右端经吊耳与摇臂相连,而摇臂则夹紧在后悬架的横向稳定杆的中部。当汽车的轴载荷增加时,后桥向车身移近,后悬架的横向稳定杆带动摇臂逆时针转过一个角度,将弹簧进一步拉紧,作用于活塞上推力 F 便增加;反之,轴载荷减小,推力 F 便减小。这样,调节起作用点压力值 p_s 就随轴载荷而变化。

(3)惯性阀。惯性阀(也称 G 阀)的特点是调节作用起始点的控制压力值 p_s 取决于汽车制动时作用在汽车重心上的惯性力,即 p_s 不仅与汽车总质量或实际装载质量有关,而且与汽车制动减速度有关。惯性阀也有惯性限压阀、惯性比例阀两类。

①惯性限压阀。如图 24-38 所示,惯性限压阀内有一个惯性球,惯性球的支承面相对于水平面的仰角 θ 必须大于零,惯性阀方可能起作用。汽车在水平路面上时,θ 应为 10°~13°。

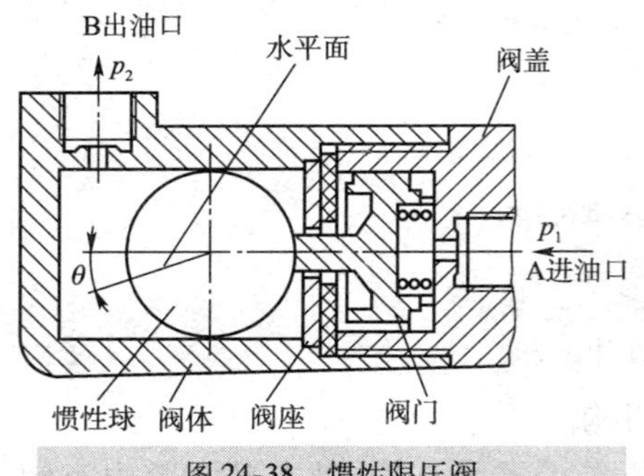

图 24-38 惯性限压阀

通常惯性球在其本身重力作用下处于下极限位置,并将阀门推到与阀盖接触位置,使得阀门与阀座之间保持一定的间隙。此时进油口 A 与出油口 B 连通。汽车在水平路面上制动时,来自主缸的压力油即由进油口 A 输入惯性阀,再从出油口 B 进入后制动管路,输出压力 p_2 即等于输入压力 p_1,当路面对车轮的制动力使汽车产生减速度时,惯性球也具有相同的减速度。

当控制压力 p_1 较低、减速度较小时，惯性球向前的惯性力沿支承面的分力不足以平衡球的重力沿支承面的分力，阀门便仍然保持开启，p_2 也依然等于 p_1。当 p_1 增高到某一定值 p_s 时，制动力和减速度增大到足以实现上述两力平衡，阀门弹簧便通过阀门将球推向前上方，使阀门得以压靠阀座，切断液流通路。此后 p_1 继续增高，前轮制动力以及汽车总制动力继续增高，球的惯性力使球处于前上极限位置不动，阀门对阀座的压紧力也因 p_1 的增高而加大，而 p_2 则保持 p_s 值不变。

汽车上坡制动时，由于支承面仰角 θ 增大，惯性球重力沿支承面的分力也增大，使得惯性阀开始起作用所需的控制压力值 p_s 也增高，即所限定的输出压力 p_2 值增高，这正与汽车上坡时后轮附着力加大相适应。相反，汽车下坡制动时，后轮附着力减小，惯性阀所限定的 p_2 也正好相应地减低。

②惯性比例阀。如图 24-39 所示，惯性比例阀的阀座位于惯性球的前方，惯性球兼起阀门作用，阀体上部有两个同心但直径不等的油腔 E 和 G，E 腔与出油口 B 连通，而 G 腔通过油道 H 与进油口 A 连通。E 腔中直径较大的第一活塞与 G 腔中直径较小的第二活塞组成差径活塞组。在输入压力 p_1 和输出压力 p_2 同步增长的初始阶段，惯性球保持在后极限位置不动，进油口 A 与出油道 C、D 相通，因而 $p_2=p_1$。此时差径活塞组两端的液压作用力不等，其差值由弹簧承受。当该力超过弹簧预紧力时，差径活塞组便进一步压缩弹簧而右移。当 p_1、p_2 同步增长到某一定值 p_s 时，惯性球沿倾斜角为 θ 的支承面向上滚到压靠阀座时，油腔 E 和 G 便互相隔绝，差径活塞组停止右移。此后，继续增长的输入压力 p_1 对第二活塞的作用力 N_1 与弹簧力 F 之和作用于第一活塞上，使 E 腔压力 p_2 也随之增长。

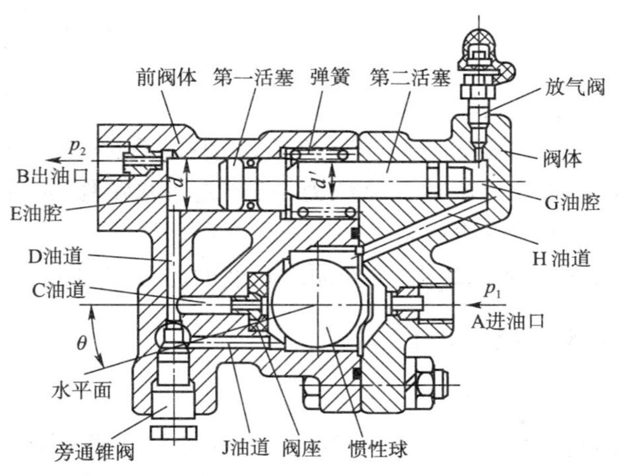

图 24-39　惯性比例阀

当汽车实际装载质量不同时，其总质量也不同。在总制动力相同的情况下，满载汽车的减速度比空车的减速度小。但是使同一惯性阀开始起作用的减速度值只与仰角 θ 有关，而与汽车装载质量无关。因此，汽车满载时，相应于调节作用起始点的控制压力值 P_s 比空载时的高。在某些情况下不需要惯性比例阀起作用时，可将旁通锥阀旋出，使旁通油道 H 与出油道 D 连通。于是阀门被短路，差径活塞组失效。

(4)组合阀。近年来一些新车型上装用了组合阀。图 24-40 所示即是集计量阀、故障警告开关及比例阀于一体的组合阀,用于前盘后鼓式制动系统中。组合阀左端是计量阀,中间是制动故障警告开关,右端是比例阀。

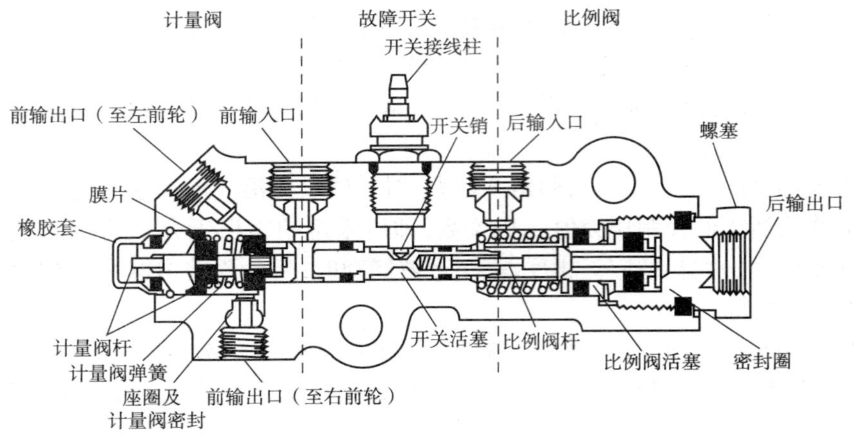

图24-40　三功能组合阀

计量阀。计量阀位于通向前制动器的管路中,常闭,由液压力控制打开。作用是使后轮鼓式制动器开始工作后,前轮盘式制动器才开始工作,以达到前后轮的平衡制动。因为一般情况下,盘式制动器动作快,而鼓式制动器相对盘式制动器而言需要克服弹簧拉力和杆系间隙,制动动作较慢。计量阀体有一个接头连接到主缸,有两个接头分别连接到左右前轮。到输出口的液压力由与计量阀杆相连的零件总成控制。计量阀杆的右端装有密封圈,左端装有膜片。在密封圈和膜片之间放置弹簧。计量阀杆右端由光滑区域和滚花区域组成。

故障警告开关。当前、后制动管路压力相等时,开关销位于开关活塞中部的轴颈中,开关销与开关接线柱不接触,故障警告灯灭。当前、后制动管路之一出现泄漏,压力将不相等,假设后制动管路压力高于前制动管路压力,则开关活塞左移,从而将开关销顶起,使之与开关接线柱接触,故障警告灯便点亮。

右端的比例阀也是差径活塞结构,工作原理在前面已有叙述。

4　车轮防抱死制动系统(ABS)

1)概述

(1)车轮防抱死制动系统的功用。前已述及,当车轮抱死滑移时,车轮与路面间的侧向附着力将完全消失。如果是前轮制动到抱死滑移而后轮还在滚动,汽车将失去转向能力。如果是后轮制动到抱死滑移而前轮还在滚动,即使受到不大的侧向干扰力,汽车将产生甩尾现象。这些都极易造成严重交通事故。因此汽车在制动时不希望车轮制动到抱死状态,而是希望车轮制动到边滚边滑的状态。滑动成分的多少用汽车行驶时实际车速与车轮瞬时圆周速度之间的差异来评价,即车轮滑移率,用 S 表示。其计算公式为:

$$S=\frac{v-v_{\mathrm{w}}}{v}\times 100\%=\frac{v-r_{0}\omega}{v}\times 100\%$$

式中:S——滑移率;

v——汽车相对地面的移动速度，m/s；

v_w——车轮瞬时圆周速度，m/s；

r_0——车轮的工作半径，m；

ω——车轮角速度，rad/s。

车轮完全抱死时，$S=100\%$，车轮纯滚动时，$S=0$。

干燥硬实路面上的地面附着系数与滑移率之间的关系如图24-41所示。

从图24-41中的曲线可知，当车轮滑移率在15%～20%时，纵向附着系数最大，可得到最大的制动力。同时横向附着系数也保持较大值，使汽车具有良好的抗侧滑能力及制动时的转向操纵能力，因而得到最佳的制动效果。所以为了充分发挥轮胎与路面间的这种潜在附着能力，目前在大多数汽车上装备了车轮防抱死制动系统。

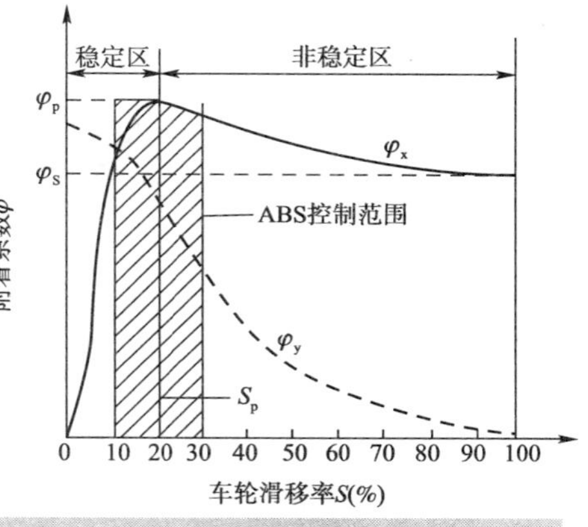

图24-41　滑移率与地面附着系数关系

车轮防抱死制动系统（Anti-Lock Brake System），简称ABS或ALB，它是汽车上的一种主动安全装置。其作用是在汽车制动时，自动调节制动力的大小，避免车轮完全抱死在路面上产生拖滑，使车轮处于边滚边滑的状态，以保证车轮与路面间有最好的附着状态，从而缩短制动距离，提高汽车制动过程中的方向稳定性及转向操纵能力，使汽车制动更为安全有效。

（2）车轮防抱死制动系统的基本组成及原理。

①基本组成。车轮防抱死制动系统由传统的普通制动系统和防止车轮抱死的电子控制系统组成，下面提到的ABS单指电子控制系统。电子控制系统一般由传感器、电子控制器（ECU）、执行器及警告灯等组成，其中传感器主要指车轮转速传感器，执行器主要指制动压力调节器（图24-42）。

a. 车轮转速传感器。车轮转速传感器是ABS系统中最主要的一个传感器，其作用是检测车轮速度信号，简称轮速传感器。

b. 电子控制器。ABS电子控制器，常用ECU表示，俗称ABS电脑。它是系统的神经中枢，接受传感器信号，通过计算、分析、判断后对执行器发出控制指令，另外还有监测功能。

c. 制动压力调节器。制动压力调节器的作用是接受ECU的指令，驱动调节器中的电磁阀动作（或电动机转动），调节制动轮缸的制动压力，使车轮始终处于边滚边滑状态。

d. 警告灯。警告灯包括仪表板上的制动警告灯和ABS警告灯。制动警告灯为红色，通常用"BRAKE"作标记，由制动液面开关、驻车制动开关及制动液压开关并联控制；ABS警告灯为黄色，由ABS电子控制器控制，通常用"ABS、ALB或ANTILOCK"作标记。ABS具有失效保护和自诊断功能，当ECU监测到系统出现故障时，将自动关闭ABS，恢复常规制动；存储故障信息，并将ABS警告灯点亮，提示驾驶员尽快进行修理。

②基本原理。在一般的制动情况下，驾驶员踩在制动踏板上的力较小，车轮不会被抱死，ABS不工作，这时就如常规的制动系统，制动力完全由驾驶员踩在制动踏板上的力来控制。当在紧急制动或松滑路面制动时，ABS将工作，如图24-43所示，制动开始时，制动压力

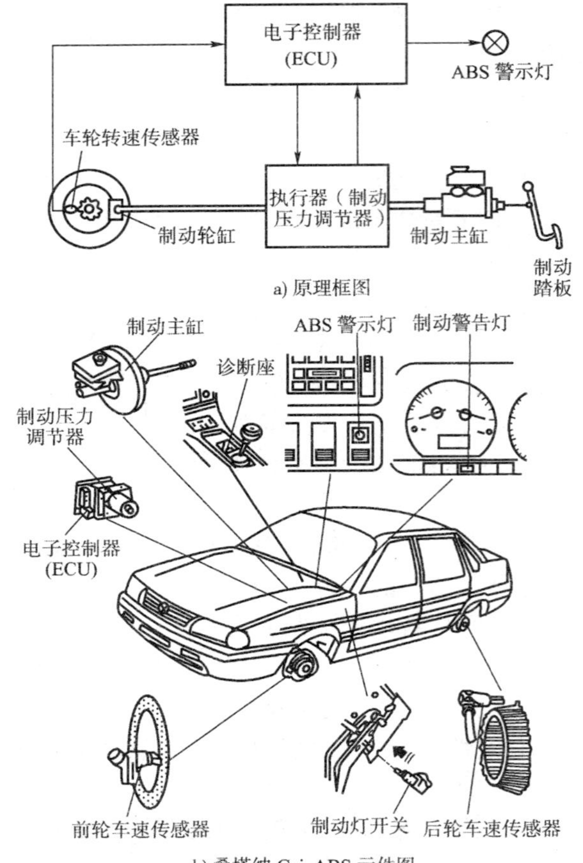

图 24-42　防抱死制动系统(ABS)的基本组成

急剧升高,车轮速度迅速下降,车轮的滑移率在极短时间到达稳定区,当轮速传感器检测到车轮的滑移率刚刚超过 S_P出现抱死趋势时,ABS 控制器输出信号到制动压力调节器降低制动压力,减小车轮制动力矩,使车轮滑移率恢复到靠近稳定界限 S_P的稳定区域内,压力保持,车轮速度上升。当车轮的加速度超过某一值时,再次将制动压力提高到使车轮滑移率稍微超过稳定界限,压力保持,车轮速度又下降。ABS 系统按上述"压力降低—压力保持—压力升高—压力保持—压力降低"循环反复将车轮滑移率控制在 S_P附近的狭小范围内,以获得最佳的制动效能和制动时的方向稳定性和转向操纵能力。需要指出的是,为避免 ABS 在较低的车速下制动时因制动压力的循环调节而延长制动距离,ABS 有最低工作车速的限制,一般来说当汽车行驶速度超过 8km/h 时,ABS 才起作用。

(3)车轮防抱死制动系统的分类。

①按控制方式分。ABS 按控制方式可分为预测控制方式和模仿控制方式两种。

预测控制方式是预先规定控制参数和设定值等控制条件,然后根据检测的实际参数与设定值进行比较,对制动过程进行控制。根据控制参数不同,预测控制又可分为以车轮减速度为控制参数、以车轮滑移率为控制参数、以车轮减速度和车轮加速度为控制参数及以车轮减速度、加速度和滑移率为控制参数四种。目前多数车辆采用第四种。

模仿控制是在控制过程中,记录前一控制周期(即从制动减压到增压中)的各种参数,再按照这些参数值规定出下一个控制周期的控制条件。无论汽车在什么路面或行驶条件下,都能把车轮的旋转状态控制在非常狭窄的滑移率变化范围内,实现近似理想的控制。但在控制时需要准确和实时测定汽车瞬时速度,目前能满足控制要求的传感器如多普勒雷达,其成本高,技术复杂,故此种控制方式很少采用。

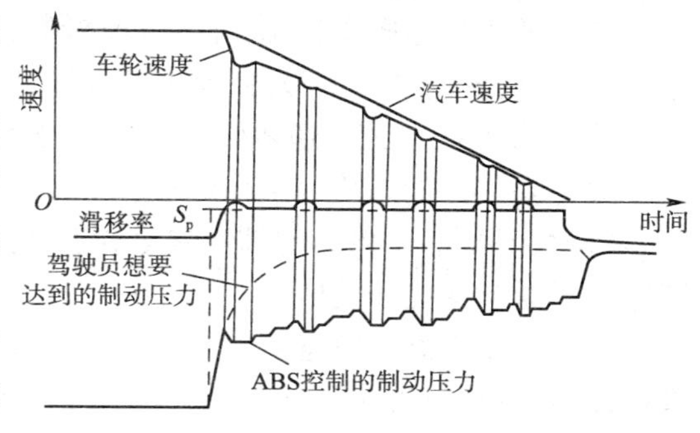

图 24-43　ABS 的制动调节过程

②按控制通道及传感器数分。在 ABS 系统中,能够独立进行制动压力调节的制动管路称为通道。如果某个车轮的制动压力占用一个控制通道,可以单独进行调节,称为独立控制或单轮控制。如果两个车轮的制动压力是一同进行调节的,称为同时控制或一同控制。在两个车轮一同控制时,有低选择和高选择两种。如果以保证附着系数较小的车轮不发生抱死为原则进行制动压力调节,这两个车轮就是按低选择原则一同控制;如果以保证附着系数较高的车轮不发生抱死为原则进行制动压力调节,这两个车轮就是按高选择原则一同控制。

根据通道数 ABS 可分为四通道、三通道、二通道和一通道四种。根据传感器数又可分为四传感器和三传感器两种。目前汽车上应用较多的为三通道(前轮独立控制、后轮低选择控制)四传感器式、三通道三传感器式和四通道四传感器式,它们的示意图如图 24-44 和图 24-45 所示。

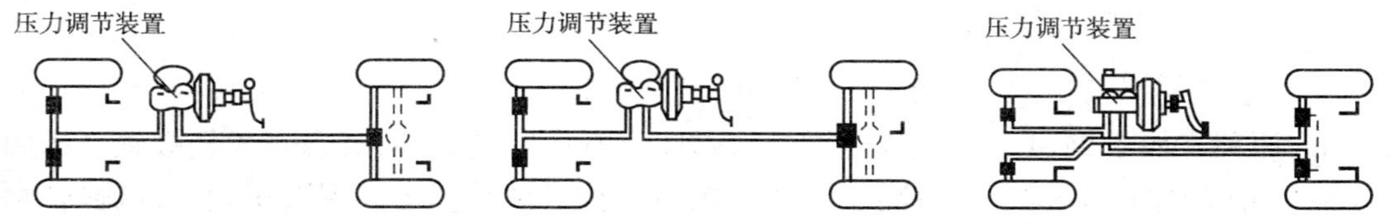

a)三通道四传感器ABS(双管路Ⅱ形布置)　b)三通道三传感器ABS　c)三通道四传感器ABS(双管路X形布置)

图 24-44　三通道式 ABS
⌞ -轮速传感器

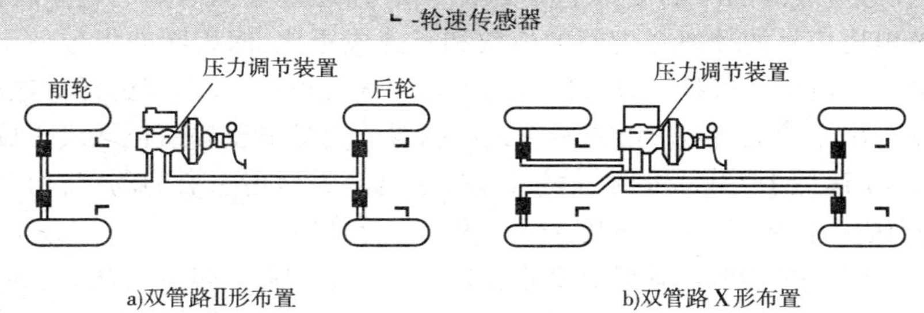

a)双管路Ⅱ形布置　b)双管路 X 形布置

图 24-45　四通道四传感器式 ABS
⌞ -轮速传感器

三通道式与四通道式比较而言,前者制动距离较短(尤其是前轮驱动汽车),操纵性和稳定性好;后者制动距离最短,操纵性最好,但在不对称路面上的稳定性较差。因此目前轿车上使用的 ABS 多为三通道四传感器式,如雷克萨斯 LS400、桑塔纳 2000Gsi 等车辆。

2)主要部件的结构与工作原理

(1)传感器。ABS 传感器主要是轮速传感器,部分车辆还有汽车减速度传感器、横向加速度传感器及一些开关信号。

①轮速传感器。轮速传感器的作用是检测车轮运动状态,获得车轮的转速信号。一般安装在车轮处,但有些驱动车轮的轮速传感器则设置在主减速器或变速器中。轮速传感器的结构形式主要有电磁感应式和霍尔效应式,目前用得最多的是电磁感应式,下面仅对电磁感应式结构原理作介绍。

a. 结构。电磁感应式轮速传感器由传感头和齿圈(转子)两部分组成,如图 24-46 所示。传感头是一个静止部件,一般安装在车轮附近不随车轮转动的部件上,如转向节、半轴套管等。传感头由永磁体、感应线圈、极轴等组成,密封在一个抗腐蚀的外壳内。极轴一端与永磁体相连,另一端靠近齿圈,距齿顶为 0.5~2mm,永磁体通过极轴延伸到齿圈,并与齿圈构成磁回路。感应线圈套在极柱外面。齿圈一般安装在随车轮一同旋转的部件上,如轮毂、制动盘、半轴等。

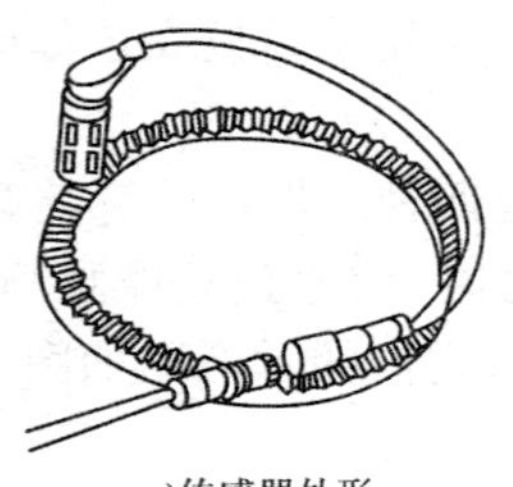

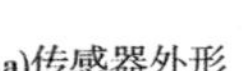

a)传感器外形

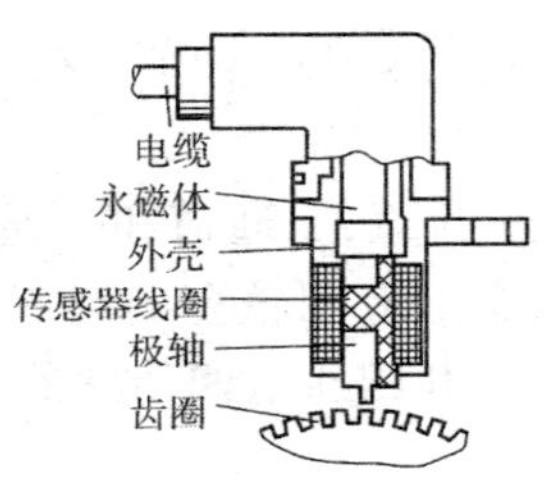

b)凿式极轴轮速传感器

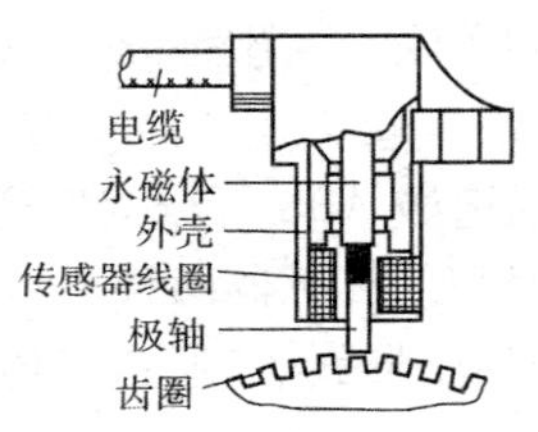

c)柱式极轴轮速传感器

图 24-46　轮速传感器外形及结构简图

b. 原理。如图 24-47 所示,传感器的永磁体具有一定的磁场,其磁力线经极轴→磁隙(极轴与齿圈之间的间隙)→齿圈→空间→永磁体构成回路。当齿圈随车轮一同旋转时,齿顶和齿槽交替对向极轴。当齿顶对向极轴时,磁隙最小,磁路磁阻最小,通过感应线圈的磁通最大;当齿槽对向极轴时,磁隙最大,磁路磁阻最大,通过感应线圈的磁通最小,磁通呈周期性变化,在感应线圈的两端便产生交变电压信号,通过线圈末端的电缆将此信号送到控制器。交变电压信号的频率与齿圈的齿数和转速成正比,因齿圈的齿数一定,因而轮速传感器输出的交流电压信号频率只与相应的车轮转速成正比,控制器的运算电路即可以根据信号的频率求出车轮的转速。电磁感应式传感器的信号电压幅值也取决于磁通变化率,与轮速成正比,车速低于 15km/h 时,信号较弱,这是该类型传感器的弱点,但其结构简单、坚固耐用,特别适于在恶劣环境行驶的汽车,仍被广泛采用。

c. 种类与安装。磁电式轮速传感器根据极轴的端部的形状可分为凿式、圆柱式和菱形式三种。安装方式主要有径向和轴向两种,图 24-48a)所示的凿式轮速传感器属于径向安装方式;图 24-48b)、c)所示的菱形和圆柱形轮速传感器属于轴向安装方式。

②减速度传感器。目前在一些四轮驱动的汽车上,还装有汽车减速度传感器,又称 G

传感器。其作用是在汽车制动时，获得汽车减速度信号，用以判定路面附着系数的高低情况，汽车减速度大，则路面附着系数高，汽车减速度小，则路面附着系数低。减速度传感器有光电式、水银式、差动变压器式和半导体式等。

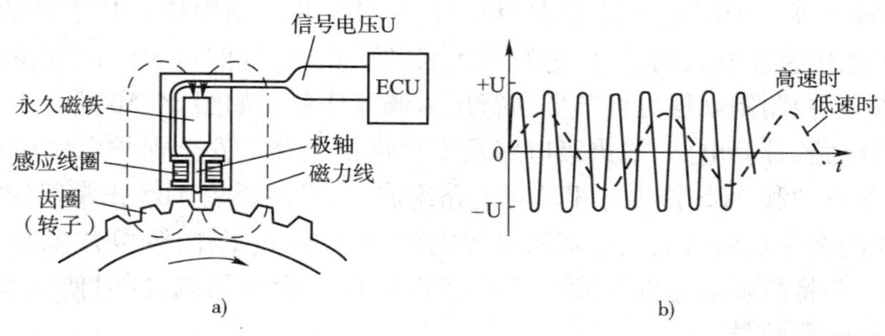

图24-47　轮速传感器原理图

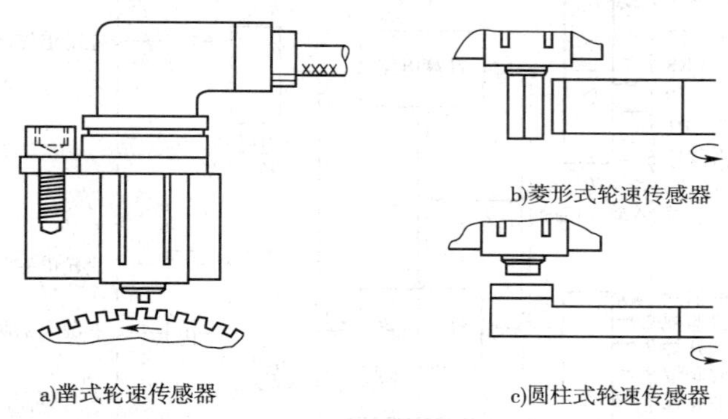

图24-48　不同轮速传感器的安装方式

光电式减速度传感器的基本结构如图24-49所示。由两个发光二极管、两个光电晶体管、一个透光板和一个信号电路(图中未画出)组成。汽车匀速行驶时，透光板则随着减速度的变化沿汽车的纵轴摆动，减速度越大，透光板摆动位置越大，由于透光板的位置不同，光电晶体管上接收到的光线不同，使光电晶体管形成开和关两种状态。两个发光二极管和两个光电晶体管的组合作用，可将汽车的减速度区分为四个等级，将此信号送入电子控制器就能感知路面附着系数情况。

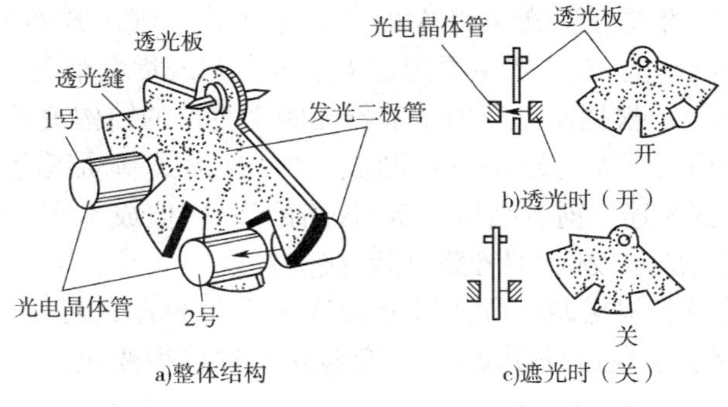

图24-49　光电式减速度传感器

此外,有些高级轿车和跑车上还装有横向加速度传感器,也称为横向加速度开关,用于检测汽车横向加速度范围,从而修正制动控制指令,以便调节左右车轮制动轮缸的制动压力,使 ABS 更有效地工作(ESP 功能)。

(2)电子控制器。ABS 电子控制器(ECU)是 ABS 的控制中枢。其主要功用是接收轮速传感器及其他传感器输入的信号,进行放大、计算、比较,按照特定的控制逻辑,分析判断后输出控制指令,控制制动压力调节器执行压力调节任务。如图 24-50 所示,ABS ECU 主要包括输入级电路、计算电路、输出级电路及安全保护电路。安全保护电路由电源监控、故障记忆、继电器驱动和 ABS 警告灯驱动等电路组成,当发现影响 ABS 正常工作的故障时,能根据微处理器的指令切断有关继电器的电源电路,ABS 停止工作,恢复常规制动功能,起到失效保护作用,并将故障信息以故障码形式存储在 ECU 存储器内,同时使仪表板上的 ABS 警告灯点亮,提醒驾驶员。

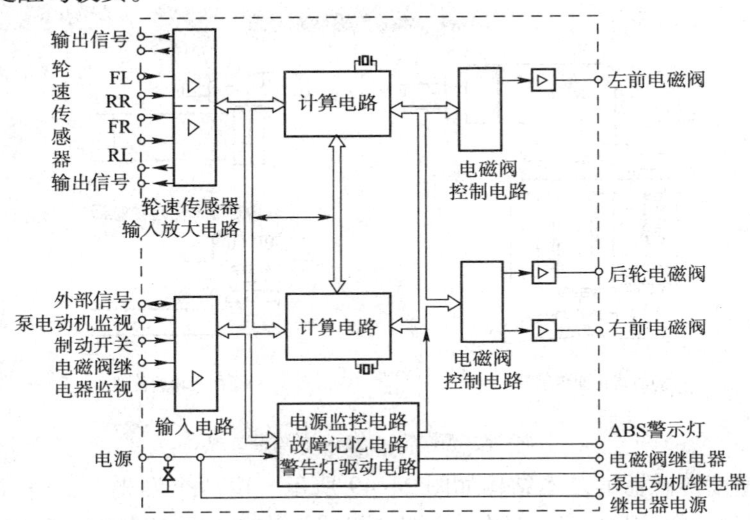

图 24-50 ABS 控制器(ECU)内部电路(四传感器三通道)

(3)制动压力调节器。制动压力调节器一般设在制动主缸与制动轮缸之间,其主要任务是根据 ABS ECU 的控制指令,自动调节制动轮缸的制动压力。

①分类。

a. 根据动力源分。根据动力源可将 ABS 分为液压式和气压式两种。液压式主要用在轿车和一些轻型载货汽车上;气压式主要用在大型客车和载货汽车上。

b. 根据结构关系分。根据制动压力调节器与制动主缸的结构关系,可分为整体式和分离式两种。整体式制动调节器与制动主缸制成一体;分离式制动压力调节器自成一体,通过制动管路与制动主缸相连。前者结构紧凑,管路接头少,但成本高;后者在汽车上布置灵活,对汽车结构改动小,成本较低,但管路复杂,接头较多。

c. 根据调压方式分。根据调压方式可分为流通式和变容式两种。流通式又称循环流通式,通过电磁阀直接控制轮缸的制动压力;变容式又称容积变化式,电磁阀间接改变轮缸的制动压力。

②基本结构及原理。制动压力调节器按照工作介质的不同,有液压式和气压式两种。

轿车多采用液压式制动压力调节器。液压式制动压力调节器有循环流通式和变容式两种。

a. 循环流通式压力调节器。该类型压力调节器的基本组成包括电磁阀、低压蓄能器(储液器)及电动回油泵。

电磁阀串联在制动主缸和制动轮缸之间,每一通道可以是一个三位三通电磁阀,也可以是二个两位两通电磁阀。

图24-51所示为三位三通电磁阀的结构图,图24-52所示为二位二通电磁阀结构图。电磁阀的作用是根据需要控制轮缸与主缸相通(增压),或与储液器相通(减压),或都不通(保持)。电磁阀不通电时,轮缸始终与主缸相通,确保ABS失效后制动系统按常规系统工作。

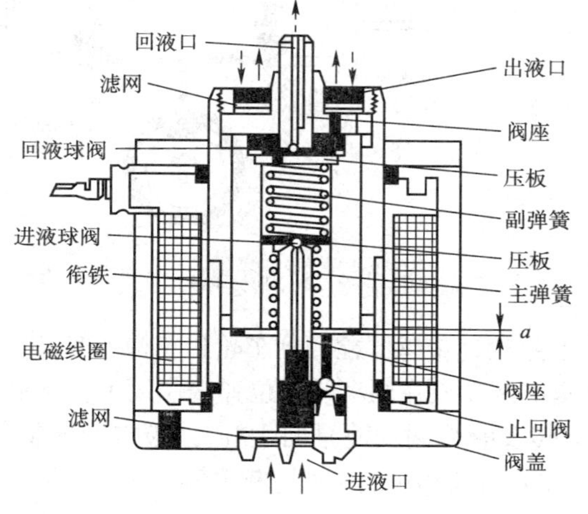

图24-51 博世ABS2电磁阀(三位三通)

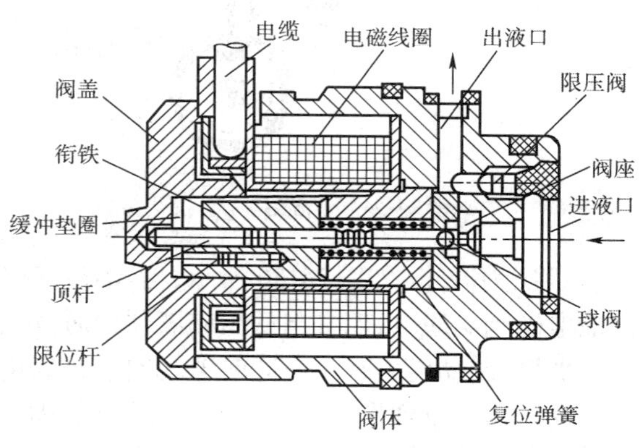

图24-52 二位二通电磁阀(常开)

回油泵的作用:一是当电磁阀在“减压”过程中,将从制动轮缸流出的制动液经储液器及时泵回主缸;二是在ABS工作后的增压过程将低压储液器中的制动液泵到轮缸。低压储液器的作用是暂时储存由轮缸中流出的制动液,减小压力调节过程中的脉动现象。

此种压力调节方式在BOSCH、TEVES ABS上广泛运用,下面以桑塔纳2000GSi ABS为例说明该类型调节器的原理。

如图24-53所示,桑塔纳2000GSi轿车ABS压力调节器为戴维斯MK20-1型,与ABS ECU组合为一体后,安装于制动主缸与轮缸之间。液控单元由电磁阀、回油泵及低压储液器组成。电磁阀为二位二通,每个轮缸2个,其中一个是常开进油阀,另一个是常闭出油阀。

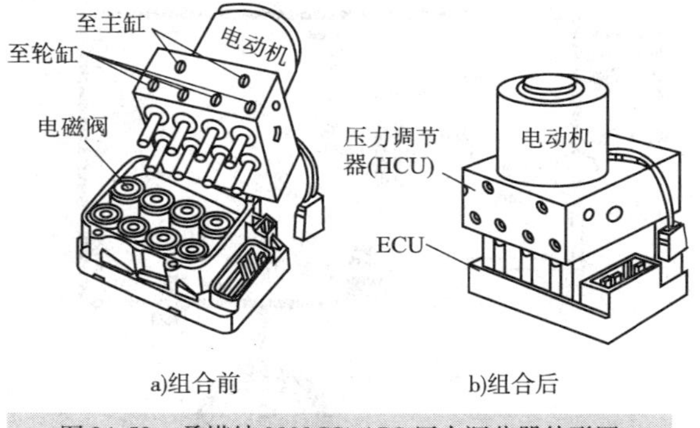

图24-53 桑塔纳2000GSi ABS压力调节器外形图

压力调节器的工作原理如下:

Ⅰ常规制动:如图24-54所示,踩下制动踏板,ABS尚未工作时,两电磁阀均不通电,进油电磁阀处于开启状态,出油电磁阀处于关闭状态,制动轮缸与低压储液器隔离,与主缸相通。制动主缸里的制动液被压入轮缸产生制动。

Ⅱ压力保持:如图 24-55 所示,当 ABS　ECU 通过轮速传感器检测到车轮的减速度达到设定值时,使进油电磁阀通电关闭,出油电磁阀仍处于断电关闭状态,轮缸里的制动液处于不流通状态,制动压力保持不变。

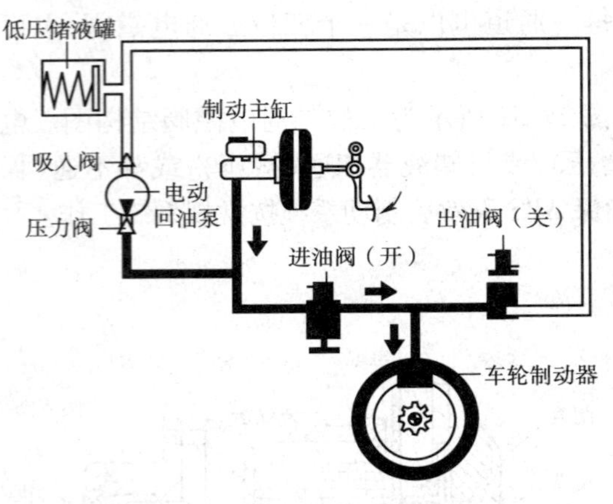

图 24-54　常规制动

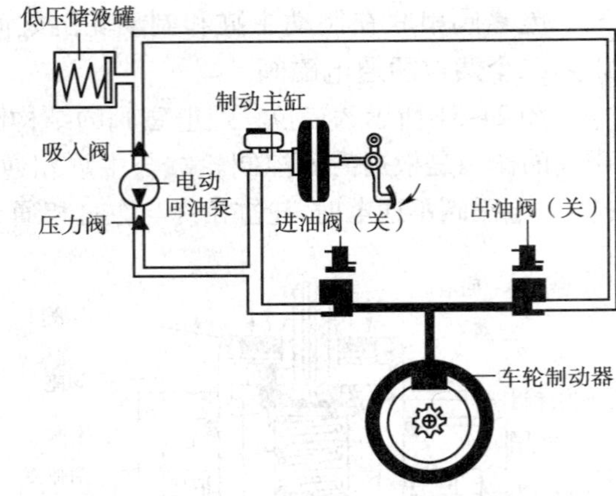

图 24-55　压力保持

Ⅲ压力减小:如图 24-56 所示,当 ABS　ECU 通过轮速传感器检测到车轮趋于抱死时,进、出油电磁阀均通电,轮缸与低压储液器相通,轮缸里的制动液在制动蹄复位弹簧作用下流到低压储液器,制动压力减小。同时电动回油泵通电运转及时将制动液泵回主缸,踏板有回弹感。当制动压力减小到车轮的滑移率在设定范围内时,进油阀通电,出油阀断电,制动压力保持不变。

Ⅳ压力增高:如图 24-57 所示,当 ABS　ECU 通过轮速传感器检测到车轮的加速度达到设定值时,进、出油电磁阀均断电,进油阀开启,出油阀关闭,同时回油泵通电,将低压储液器里的制动液泵到轮缸,制动压力增高。

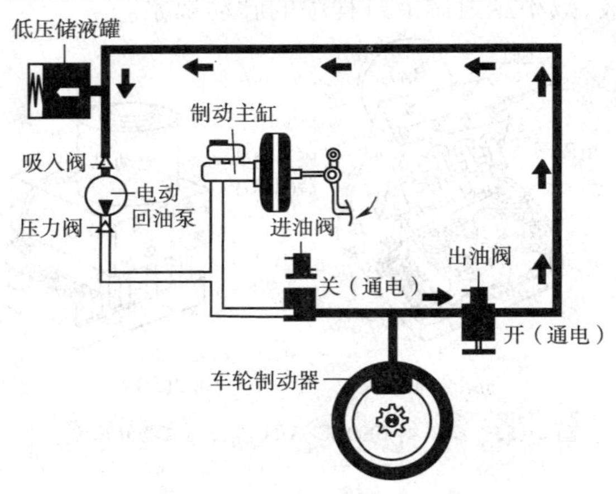

图 24-56　压力减小

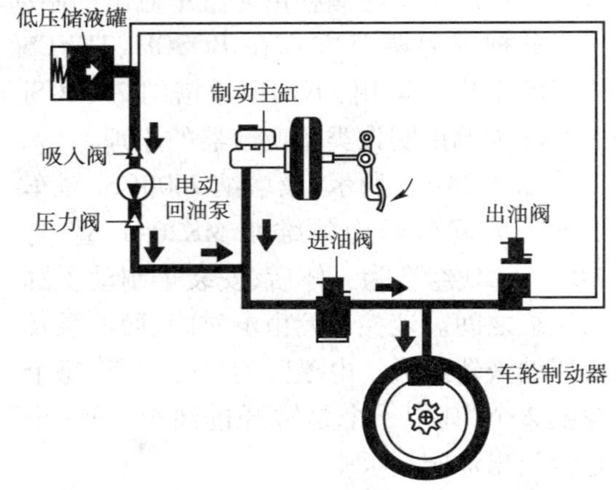

图 24-57　压力增高

ABS 压力调节器以 5 ~6 次/s 的频率按上述“压力增高→压力保持→压力减小→压力保持→压力增高”的循环对制动压力进行调节,直到停车。

b. 变容式压力调节器。变容式压力调节器根据变容方式又可分为高压制动液控制式（如本田 ABS）、电动机控制式（如 DELCO　ABS）和动力转向液压油控制（如日本皇冠 ABS）等。变容式压力调节器的特点是：ABS 工作时，首先将制动轮缸与制动主缸隔离，然后使到制动轮缸的管路容积发生变化而调压，容积增大，实现制动压力减小；容积减小，实现制动压力增大；容积不变，压力保持。

③典型 ABS 系统。

a. 本田 ABS 压力调节器。如图 24-58 所示，本田 ABS 压力调节器属于三通道、分离式。主要由 ABS 泵和 ABS 电动机、压力开关、高压蓄能器、电磁阀、控制活塞组件、截流阀等组成。ABS 泵及电动机用于提供控制用的高压制动液；高压蓄能器用于蓄存高压制动液；压力开关用于监测蓄能器中的压力，随时以 ON 或 OFF 信号形式向 ECU 发送信号，ECU 以此控制油泵运转或停转；电磁阀用于转换高压控制油路，进油电磁阀常开，出油电磁阀常闭；控制活塞组件通过高压制动液改变活塞位置而改变管路容积，从而达到调压；截流阀在 ABS 工作时隔离制动主缸。

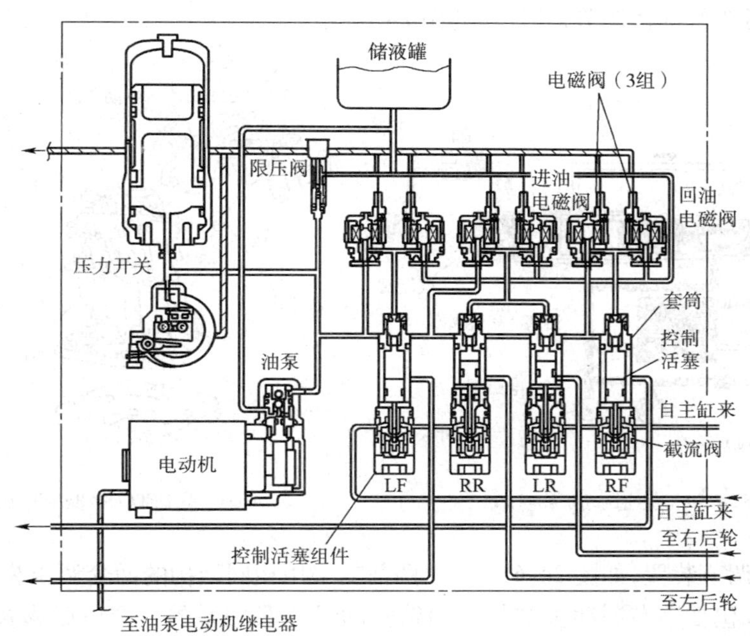

图 24-58　本田 ABS 压力调节器结构简图

以一个车轮为例说明其工作过程。如图 24-59 所示，在普通制动状态下，当 ABS 未工作时，进油电磁阀断电处于开启状态，出油电磁阀断电处于关闭状态，蓄能器中的高压制动液经进油电磁阀进入控制套筒与活塞之间的背压室内使活塞推动截流阀移动。由于高压制动液也传至套筒与制动主缸间的 A 室中，于是套筒就将截流阀的阀座推向截流阀，设计上保证截流阀此时开启，系统处于普通制动状态，来自制动主缸的制动液经截流阀、控制套筒与壳体间缝隙、油管，进入制动轮缸产生制动作用。

ABS 工作。当 ECU 通过轮速传感器检测到车轮快抱死时，发出指令将进油电磁阀关闭,出油电磁阀打开。于是背压室内的高压制动液被释放回储液罐,制动轮缸油压使控制活塞左移,截流阀在复位弹簧作用下也随之左移,由于此时 A 室内仍有高压,截流阀座保持原位,截流阀左移至抵靠到阀座后将制动主缸与制动轮缸间油路隔断,控制活塞继续左移使活塞右部(减压室)容积增大,压力减小。当 ECU 测得制动轮缸压力下降,使车轮加速度超过限值时,进油电磁阀断电开启,出油电磁阀断电关闭。于是高压制动液又进入背压室,活塞被推向减压室,制动液压升高,制动力再次增大。当制动主缸侧的压力较低时,随着活塞的移动,截流阀轻轻开启,制动轮缸液压传至制动主缸,此时可感觉到踏板回弹。

当压力由于油道泄漏而下降时,A 室中的压力下降,截流阀座和套筒向 A 室的方向返回,于是套筒端部的阀关闭,将背压室堵住并阻止活塞移动。由于截流阀随着截流阀座的左移而开启,从而将制动主缸与制动轮缸的油道连通,以确保高压控制油路泄漏后能保持普通制动系统工作状态。

b. ACDELCO ABS 压力调节器。ACDELCO ABS 压力调节器属于三通道、整体式,两前轮单独调节,后轮低选择调节,其外形如图 24-60 所示。

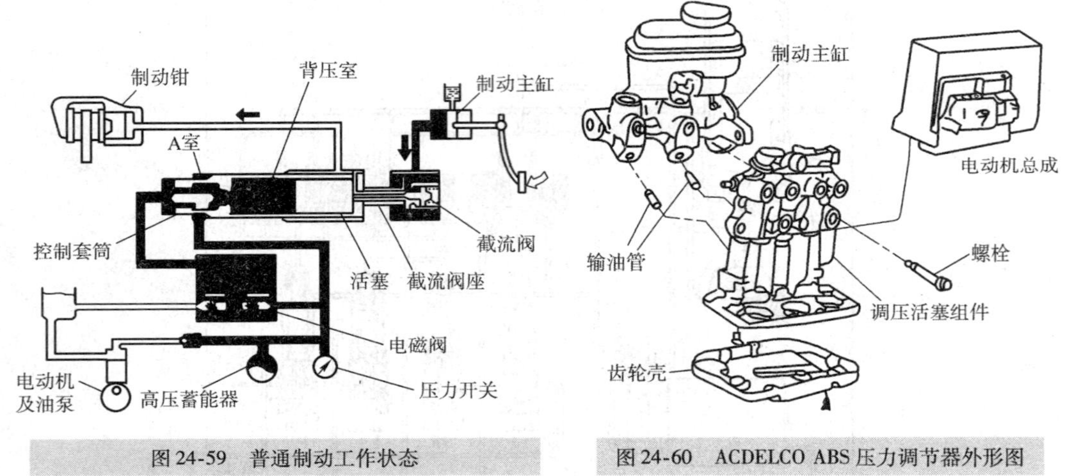

图 24-59　普通制动工作状态

图 24-60　ACDELCO ABS 压力调节器外形图

前轮压力调节装置,如图 24-61 所示,两前轮采用相同结构的两套调压装置独立进行工作,其基本组成包括串在制动主缸与制动轮缸间呈并联关系的一个电磁阀及止回球阀、调压活塞、丝杆螺母、减速齿轮、电动机及电磁制动器(EMB)。电磁阀断电处于开启状态,电磁制动器断电处于制动状态。当车轮快抱死时,电子控制器发出指令使电磁阀通电将制动主缸隔断,电磁制动器通电松开电动机轴,电动机通电旋转,通过减速齿轮和丝杆螺母使调压活塞下移,球阀关闭,这样制动主缸通往制动轮缸的油路被完全切断。调压活塞在电动机带动下继续下移,活塞上方的调压室容积增大,制动压力减小。当电子控制器判定需要保持右前轮制动轮缸压力时,电子控制器使电动机断电停转,活塞保持在调压缸中某一位置,调压室容积不变,制动压力保持。当电子控制器检测到车轮的加速度超过限值时,电子控制器又使电动机以相反方向转动而带动活塞上移,调压室容积减小,压力增大。当电子控制器判定需要迅速增大制动压力时,电子控制器会控制电动机继续转动,使活塞顶端打开止回球阀，或使电磁阀断电开启，系统恢复到常规制动状态，直到具有足够的制动压力使车轮再趋于抱死时，ABS 又重复上述"压力减小→压力保持→压力增大"工作循环。

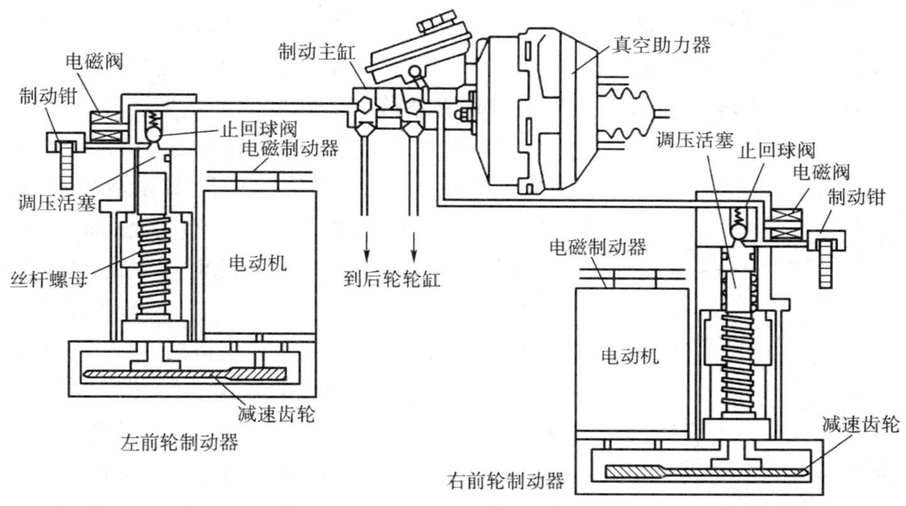

图24-61　ACDELCO ABS 前轮压力调节器

后轮压力调节装置如图24-62所示，后轮压力调节装置结构比前轮简单，没有电磁阀和电磁制动器(EMB)，电动机的固定靠机械式膨胀弹簧制动装置（ESB）。后轮制动压力调节装置的工作原理与前轮基本相同，只不过后轮压力调节器靠一个电动机带动两个活塞上下移动，使两个调压室容积同时变化，对两后轮同时进行"压力减小→压力保持→压力增大"的工作循环控制。

5　驱动防滑转电子控制系统(ASR)

1)作用

汽车驱动防滑转电子控制(Anti Slip Regulation)系统简称 ASR 系统，其作用是防止汽车在起步、加速过程中驱动轮打滑，特别是防止汽车在非对称路面或转弯时驱动轮空转。它是继汽车防抱死制动系统(ABS)之后应用于车轮防滑的电子控制系统。

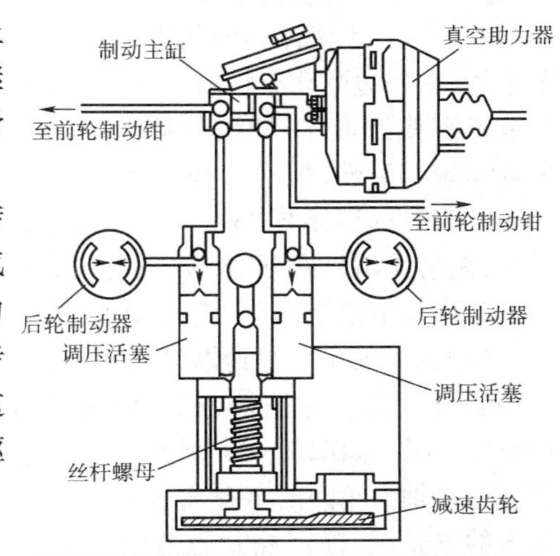

图24-62　ACDELCO ABS 后轮压力调节器

随着发动机通过传动系统作用在驱动轮上转矩的不断增大，汽车的驱动力也逐步增大，但由汽车的行驶原理我们知道当驱动力超过地面附着力时，驱动轮开始滑转。我们有时会看到汽车起步时，尽管驱动轮不停地转动，但汽车却原地不动，这就是所谓的驱动轮滑转。驱动轮的滑转程度用驱动轮滑转率 S_d 表示，其表达式为：

$$S_d = \frac{v_w - v}{v_w} \times 100\%$$

式中：S_d——驱动时的滑转率；

v_w——车轮滚动时的瞬时圆周速度，m/s；

v——汽车行驶速度，m/s(实际应用时常以非驱动轮轮缘速度代替)。

当汽车未动时($v=0$)而驱动轮转动时，$S_d=100\%$，车轮处于完全滑转状态；当 $v_w=v$ 时，$S_d=0$，驱动轮处于纯滚动状态。驱动时附着系数与滑转率的关系如图24-63所示。

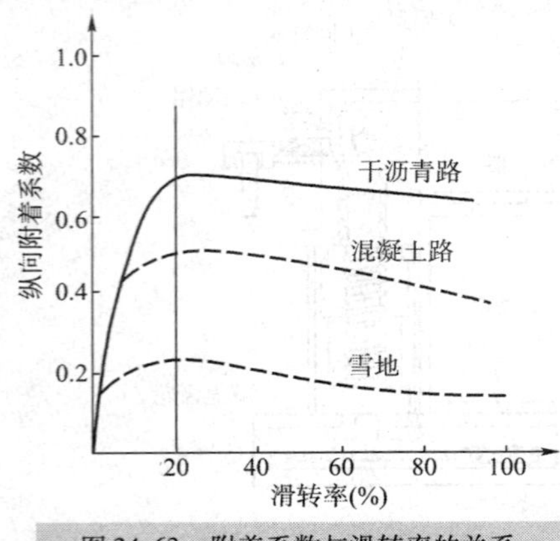

图24-63　附着系数与滑转率的关系

从图中可以看出，当滑转率在10%～20%时，纵向附着系数达到峰值，此时横向附着系数也比较大；而当滑转率为100%时，即车轮完全空转时，纵向附着系数变小，横向附着系数几乎为零，此时产生的驱动力最低，对后轮驱动汽车会失去方向稳定性，对前轮驱动汽车会失去转向控制能力。可见，要获得最大的驱动力，必须根据驱动力的大小自动调节车轮的滑转程度，使之保持在10%～20%的范围内。显然要靠人工来适时快速完成驱动力的调节是不现实的，因此ASR应运而生。ASR是以驱动力为控制对象的，驱动力又称为牵引力，故ASR也称为牵引力控制(Traction Regulation Control)系统，简称TRC。

2) ASR的主要控制方式

ASR的控制目标参数是驱动轮滑转率，主要的控制方式有：

(1)对发动机输出转矩进行控制。合理地控制发动机的输出转矩，可以获得最大驱动力。发动机输出转矩的控制手段主要有调节燃油喷射量、调整点火时间及调整进气量三种，从加速圆滑和减少污染的角度看，调整进气量最好，但反应速度较慢，通常辅以另外两种手段。

(2)对驱动轮进行制动控制。对驱动轮进行制动控制是对发生滑转的驱动轮直接施以制动力，使车轮的滑转率控制在目标值范围内，这时，非滑转车轮仍有正常的驱动力，从而提高了汽车在滑溜路面的起步、加速的能力及行驶方向的稳定性。这种方式的作用类似于差速锁，在一边驱动车轮陷于泥坑或完全失去驱动能力时，对其制动后，另一边的驱动车轮仍能发挥其驱动力，使汽车能驶离泥坑；当两边的驱动车轮都滑转，但滑转率不同的情况下，则对两边驱动车轮施以不同的制动力。该方式反应时间最短，是防止滑转最迅速的一种控制方式，一般作为调整进气量改变发动机输出转矩方式的补充。

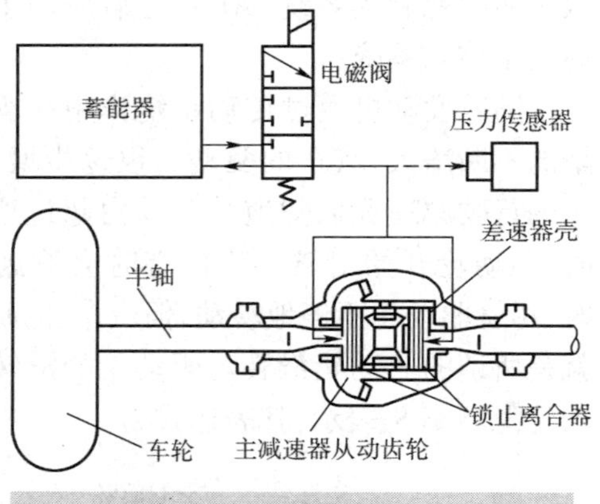

图24-64　差速器锁止控制

(3)对可变锁止差速器进行控制。这是一种电子控制可变锁止差速器，也把它称为限滑差速器(LSD)控制。如图24-64所示，它主要由装在差速器壳与半轴齿轮间的多片离合器、改变离合器控制油压的电磁阀、提供控制压力的高压蓄能器、感知控制压力的油压传感器、感知驱动轮轮速的轮速传感器及电控单元等组成。电控单元根据轮速传感器传来的轮速信号、车速信号判定车轮是否处于滑转状态，若处于滑转状态则向电磁阀发出指令接通蓄能器与离合器的油路，增加油压使离合器锁止，电控单元可以根据传感器反馈信号随时调整对电磁阀的控制指令，使车轮滑转率保持在目标值范围内。

(4)对发动机与驱动轮之间的转矩进行控制。这种控制方法多是通过控制变速器的换挡特性、改变传动比来实现的。

以上四种控制方式中，前两者的组合使用的较为普遍。

3)ASR与ABS的区别

(1)两者都是用来控制车轮相对于地面的滑动，以使车轮与地面的附着力不下降，但ABS控制的是制动时车轮的“拖滑”，而ASR是控制的驱动时车轮的“滑转”。

(2)ASR只对驱动车轮实施制动控制。

(3)ABS是在汽车制动后车轮出现抱死时起作用，当车速很低时(一般低于8km/h)时不起作用；而ASR则是在汽车行驶过程中车轮出现滑转时起作用，当车速很高(一般高于80km/h)时一般不起作用。

4)基本组成及原理

由于ASR和ABS之间有许多共同之处，如都是用来控制车轮对地面的滑动，都需要轮速传感器信号、都需要对车轮进行制动等，通常将ASR与ABS组合成一体，构成具有制动防抱死和驱动防滑转功能的防滑控制(ABS/ASR)系统。我国进口的一些高级轿车上，如德国的奔驰、宝马，日本的丰田雷克萨斯LS400等轿车上一般都装有防滑控制系统。图24-65为一典型的ABS/ASR系统示意图。

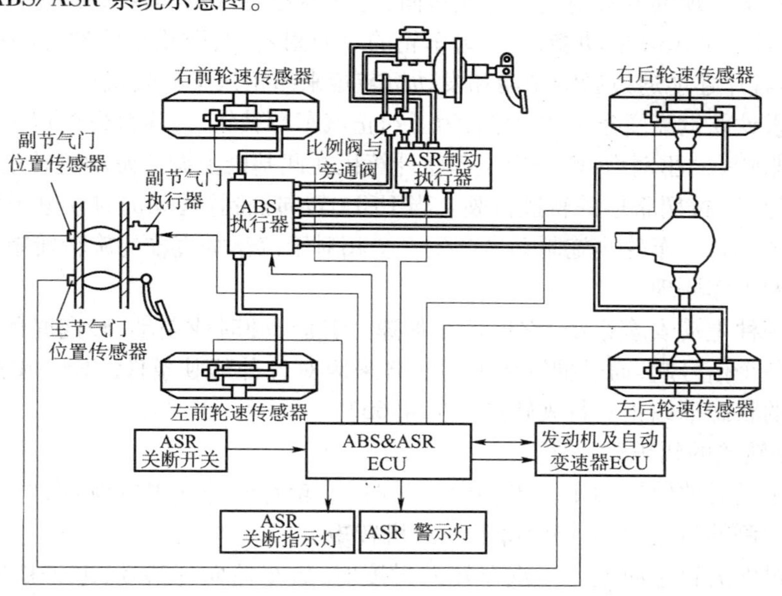

图24-65 典型的ABS/ASR系统示意图

从图24-65可看出，该系统是在ABS的基础上增设了一些ASR的装置。主要有ASR制动执行器，由步进电动机控制的发动机副节气门装置，以及一些ASR的控制开关及显示灯等。图 24-65 中 ABS/ASR ECU 根据轮速传感器产生的车轮转速信号,确定驱动车轮的滑转率,并与 ECU 中存储的设定范围值进行比较,若超过此值便发出指令控制副节气门的步进电动机转动减小节气门开度,此时,即使主节气门的开度不变,发动机的进气量也会因副节气门的开度减小而减小,从而发动机的输出转矩、驱动车轮的驱动力也就会随之下降。如果驱动车轮的滑转率仍未降到设定范围值内,ABS/ASR ECU 又会控制 ASR 制动执行器,对驱动车轮施加一定的制动力,进一步控制驱动车轮的滑转率,使之符合要求,以达到防止车轮滑转的目的。在 ASR 处于防滑控制中,只要驾驶员一踩下制动踏板,ASR 便会自动退出控制,而不影响制动过程。

在采用 ASR 的汽车上一般都装有 ASR 关闭开关,驾驶员可通过此开关对 ASR 是否起作用进行人为干预。该开关闭合,ASR 不起作用,ASR 关断指示灯会持续点亮。

ASR 也具有自诊断功能和失效保护功能,系统正常工作时,ASR 警告灯闪亮,提示驾驶员现在可能正在湿滑路面行驶,需谨慎驾驶;ECU 一旦发现系统有影响正常工作的故障时,ASR ECU 会自动关闭 ASR,并将 ASR 警告灯持续点亮,向驾驶员发出检修警示信号。

如今很多车型已经不再单独设置驱动防滑系统,而将其功能归口到电子稳定程序 ESP 中了。

6 电子稳定程序 ESP

1)概述

前述的 ABS、ASR 只是对汽车纵向方向的控制,但是,汽车高速行驶过程中,有时会因紧急避让道路上出现的异常情况而急速转向,这很容易导致汽车掉头或甩尾。电子稳定程序可以保持 ABS 和 ASR 的功能,以改善车轮的纵向附着力,防止车轮抱死和打滑。除此之外,电子稳定程序还能通过影响制动和发动机转矩来纠正汽车行驶轨迹。

以东风雪铁龙世嘉轿车 ESP 为例,为了纠正汽车行驶轨迹,应该做到以下几点:

(1)找到前桥的驱动力,电子稳定程序计算机在此基础上调整发动机转矩。

(2)促使汽车按照希望的轨迹行驶。当 UCL(转向控制)起动的时候电子稳定程序计算机通过对一个或几个车轮实施制动来产生一个相对于汽车垂直轴的旋转转矩。

2)ESP 的工作原理

ESP 是一种主动安全系统,它保证在加速、匀速行驶时或制动、转向时的稳定性。ESP 从偏航的第一个信号起,通过抑制侧滑的趋势来应对各种驾驶条件。ESP 在汽车转向不足或转向过度的状态下纠正其行驶轨迹(图 24-66)。

(1)行驶轨迹的纠正。

①转向不足时的轨迹纠正。当转向不足时,前轮有向外侧滑的倾向,电子稳定程序计算机将转弯内侧的后轮制动,同时降低发动机转矩。

②转向过度的轨迹纠正。当汽车转向过度时,后车轮向外滑动,电子稳定程序计算机将转弯外侧的前车轮制动,同时降低发动机转矩。

(2)主要传感器。除了具备 ABS 的各种传感器以外,ESP 电子稳定程序还具备以下几个重要传感器:

①转向盘角度传感器。转向盘角度传感器(图 24-67)的作用是检测转向盘的转动信

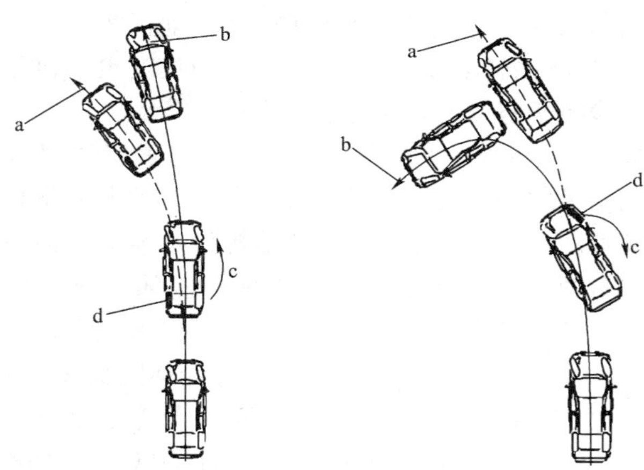

图24-66　ESP对轨迹的纠正

a-带电子稳定程序时驾驶员希望的轨迹；b-没有电子稳定程序的轨迹；c-偏转补充的转矩；d-被制动的前后轮

息，包括转角的大小、转动的快慢、转弯的方向，将此信息提供给ESP　ECU，用于识别汽车的行驶方向或驾驶意图。ESP　ECU必须知道汽车直线行驶时，转向盘角度传感器的位置，这个过程称为转向盘角度传感器的标定。当进行了以下操作时，需要对转向盘角度进行标定：调节前束，更换ESP　ECU，更换转向盘下转换模块，维修转向柱或转向柱支架。标定时要用到专用的诊断仪。

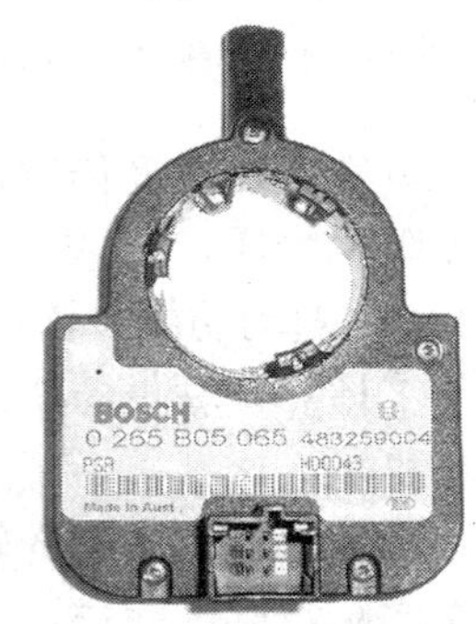

图24-67　转向盘角度传感器

②偏摆传感器。偏摆传感器的结构为振动陀螺仪型，如图24-68所示，陀螺是一个绕对称轴高速旋转的飞轮转子，将陀螺安装在框架装置上，使陀螺的自转轴有角转动的自由度，这种装置的总体称为陀螺仪。陀螺仪的运动有两个基本特性：一个为定轴性，另一个是逆动性，这两种特性都是建立在角动量守恒的原则下。

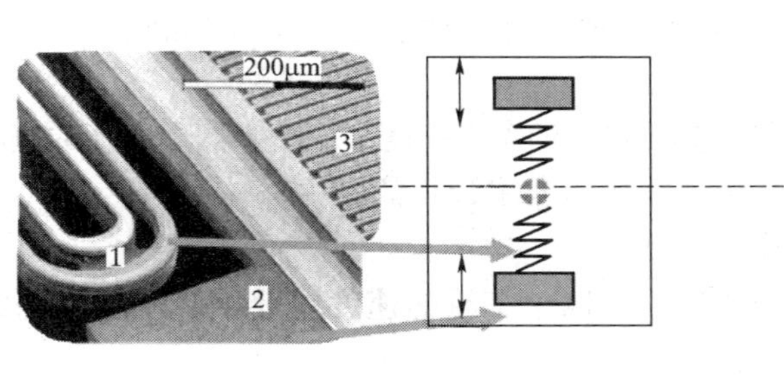

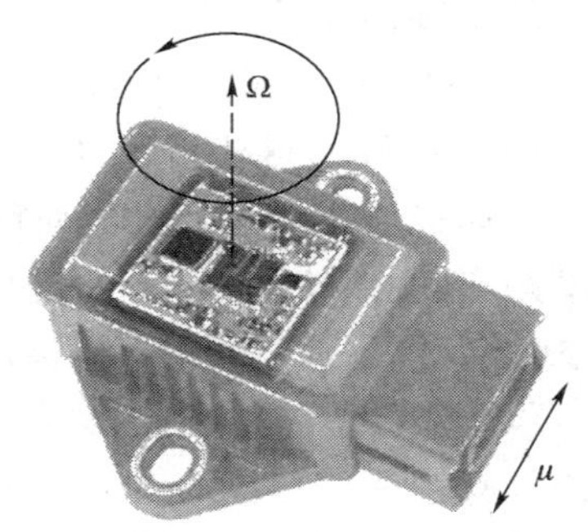

图24-68　偏摆传感器

定轴性是指当陀螺转子以极高速度旋转时，会产生惯性，这惯性使得陀螺转子的旋转轴保持并指向一个固定的方向，同时反抗任何改变转子轴向的力，这种物理现象称为陀螺仪的定轴性或惯性。此惯性随转子质量、转子旋转半径以及转子旋转速度的增大而增大。

逆动性是指在运转中的陀螺仪，如果在转子旋转轴上受到一个外力或力矩的作用，则旋转轴并不沿施力方向运动,而是顺着转子旋转向前 90°垂直施力方向运动,此现象即是逆动性。外界作用力越大、转子的转动惯量越小、转子的角速度越小,其逆动性越大。而逆动方向可根据逆动性原理取决于施力方向及转子旋转方向。

陀螺仪在工作时要给它一个力,使它快速旋转起来,一般能达到每分钟几十万转,可以工作很长时间。然后用多种方法读取轴所指示的方向,并自动将数据信号传给控制系统。

③横向加速度传感器。横向加速度传感器的结构为电容型,图 24-69 为差动式电容加速度传感器结构图。它有两个固定极板(与壳体绝缘),中间有一用弹簧片支撑的质量块,此质量块的两个端面经过磨平抛光后作为可动极板(与壳体电连接)。

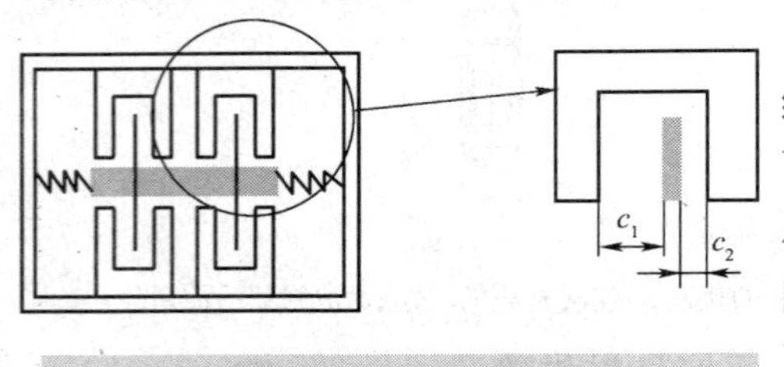

图 24-69 横向加速度传感器

当传感器壳体随被测对象在垂直方向上作直线加速运动时,质量块在惯性空间中相对静止,而两个固定电极将相对质量块在垂直方向上产生大小正比于被测加速度的位移。此位移使两电容的间隙发生变化,一个增加,一个减小,从而使 c_1、c_2 产生大小相等,符号相反的增量,此增量正比于被测加速度。

电容式加速度传感器的主要特点是频率响应快和量程范围大,大多采用空气或其他气体作阻尼物质。

(3)随动功能。该功能包括三个操作:

①计算驾驶员希望的轨迹:转向盘角度传感器将驾驶员希望的轨迹通知电子稳定程序计算机。

②计算汽车实际的轨迹:横向加速度传感器和偏摆传感器向电子稳定程序计算机提供汽车实际行驶的轨迹。

③轨迹的纠正:电子稳定程序计算机计算两种轨迹的差异(要被制动的车轮)。根据这种差异和存储的规则,电子稳定程序计算机决定要采取的行动以使汽车行驶的轨迹与驾驶员希望的轨迹相接近。

(4)运动信息计算。ESP 在车辆行驶时,不停地进行运动信息计算,以便对行驶轨迹进行修正(图 24-70),这些信息包括:

①车速:车速计算源自前驱动轮的平均速度,汽车的参考速度则取决于四个车轮的速度。

②距离:距离计算是通过后轮防抱死传感器的信息来计算的。

③偏转速度:通过偏摆传感器测量偏转速度。

④汽车实际行驶轨迹:汽车实际行驶轨迹通过四个车轮的速度以及偏转速度和侧向加速度来计算。

⑤驾驶员希望的轨迹:驾驶员希望的轨迹通过转向盘角度传感器产生的转向角度(转向的绝对角度)和车速计算。

(5)ESP 对驱动器的控制。

①对发动机的转矩的指令:对发动机转矩的控制由发动机计算机完成。

②对制动转矩的控制:液压元件由液压单元控制,液压单元控制制动钳或制动鼓中的压力。

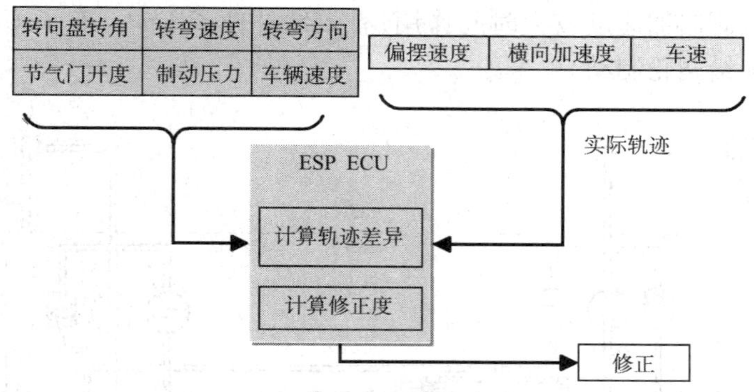

图24-70 ESP的信息与处理

(6)制动灯开关和制动踏板的作用。制动灯开关和制动踏板向ESP计算机提供三种信息:制动踏板主开关的信息(由ESP直接通过线束获得);制动踏板二级开关的信息(当主开关出现故障时,由发动机计算机获得);制动压力传感器的信息,反映制动踏板踩下或松开。

ESP计算机在制动或不制动的状态下,不间断地分析来自车轮、转向盘角度传感器和双传感器的信息并有可能做出相应的调节。

在非制动的调节过程中,一旦有制动灯开关的信息(制动状态),计算机就会停止正在进行的调节(停止主电动阀和转换器的操作)并且重新开始分析车轮速度,调节汽车制动时的轨迹。

3)ESP的启动与关闭

如果车速低于50km/h,只需按动开关,ESP和ASR电动机就会关闭;如果ESP和ASR正在运行,按下开关,功能马上停止当前的调节。当ESP和ASR功能关闭时,组合仪表上的警报灯和开关上的LED点亮,会有声音信号,有的车型还会有信息显示在多功能显示屏上。

当按下开关或当车速超过50km/h时,ASR和ESP功能重新启动。

只有当驾驶员制动时,MSR才能运行。

4)ESP液压管路

有ESP计算机时,就没有ABS计算机,其控制如图24-71所示,ESP系统运用ABS制动系统,在转向不足或转向过度的状态下,系统使相关制动钳的压力增加。计算机控制与相应制动钳有关的转换电磁阀关闭和主电磁阀打开。计算机向ABS的回油泵10供电。制动液在压力的作用下经过进油电磁阀流入车轮制动钳中。经过压力上升阶段之后,压力保持阶段和压力下降阶段与ABS相同。

(1)制动盘的干燥(BDD)。该功能通过CAN网接收雨水和亮度传感器的雨量信息,周期性地控制ABS的回油泵,使制动块与制动盘接触。

ABS回油泵起动的条件:雨水信息;制动踏板未起动;加速踏板被起动;汽车处于行驶状态。

(2)转向不足控制功能(UCL)。该功能仅用于在转向不足状态下剧烈调节时对ESP进行效能补偿。

ESP启动的同时,该程序让汽车减速以使车速适应转弯。根据减速的要求,对两个前轮或转向内侧车轮进行制动。

该功能在弯道侧向加速度较大时起作用,有效地补偿了 ESP。有了 UCL,由 ESP 控制的单轮制动被分配给两轮制动。

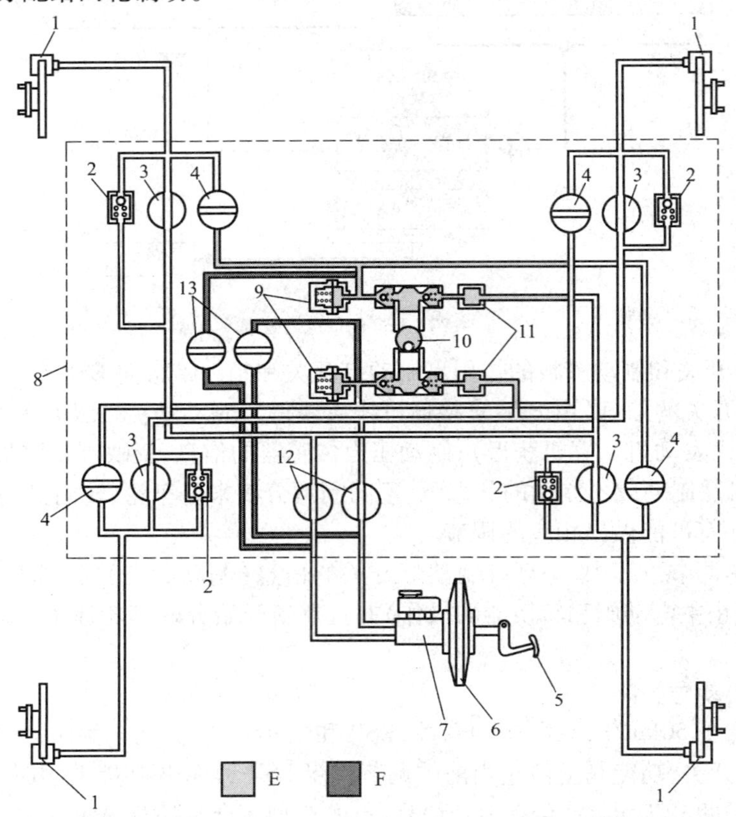

图 24-71 ESP 控制回路

E-带 ABS 的常规制动管路;F-ESP 调节管路;1-制动钳;2-制动阀;3-进油电磁阀;4-回油电磁阀;5-制动踏板;6-制动助力器;7-制动主缸;8-调节组;9-储能器;10-回油泵;11-缓冲器;12-转换电磁阀;13-主电磁阀

(3)ESP 预热系统(LDE)。在崎岖不平或湿滑的路面上轻轻地制动会导致汽车甩尾,甩尾产生一个回转转矩,偏航率传感器和横向加速度传感器探测该信息。该功能通过降低制动液压管路的压力来产生一个相反的回转转矩从而稳定车辆。

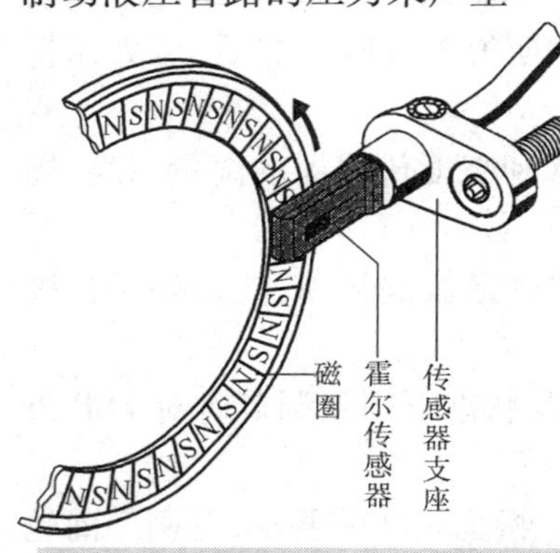

图 24-72 ESP 轴承磁圈

为了产生相反回转转矩,该系统减小一个或两个车轮的压力。

(4)降级模式。ESP 计算机识别与其车轮的周长偏差为 5% 的车轮,当周长偏差大于 5% 时,系统转为降级模式。在降级模式下,ESP 功能丧失,但是 EBD 和 ABS 仍能运行。

当车轮之间的周长偏差未达到 6% 时,ABS 和 EBD 是完全可以运行的。

(5)带 ABS 和 ESP 磁圈的轴承。带 ABS 磁圈的轴承有 29 个磁极,带 ESP 磁圈的轴承有 48 个磁极(图 24-72)。由于两者的磁极数目不同,其信号频率也就不一样,因此,当更换带磁圈的轴承时,要检查新、旧轴承的磁极数量是否相同。

二、任务实施

项目1　前轮制动器拆装

1 项目说明

某爱丽舍轿车,车主反应高速制动时转向盘抖动。经4S店维修技师检查后发现其前轮制动盘端面圆跳动量超过允许值,要对制动盘进行端面修磨。现请你制订一个方案,拆卸制动盘,并且修磨后装上制动盘。

2 技术标准与要求

(1)东风雪铁龙爱丽舍维修工艺"制动系统"。

(2)技术标准见表24-2、表24-3。

拧紧力矩标准值　表24-2

重要拧紧部位	拧紧力矩标准值(N·m)	重要拧紧部位	拧紧力矩标准值(N·m)
轮毂螺母	200	轮胎螺栓	90
制动卡钳螺栓	15		

参数标准值及极限值　表24-3

参　　数	标准值(mm)	极限值(mm)
制动盘厚度	22	20
摩擦片厚度	4.75	1

3 设备器材

(1)爱丽舍轿车或相应制动器台架。

(2)千分尺、游标卡尺。

(3)常用工具、专用工具、扭力扳手。

4 作业准备

(1)清洁台架、量具。

(2)调校量具。

(3)准备作业单。

5 操作步骤

1)拆装前制动摩擦片

(1)保护。在下列部位安防保护垫:驾驶座、地毯(驾驶侧)、转向盘。

(2)拆卸。

①松开车轮螺栓,举升车辆,拆卸前车轮,用一字螺丝刀顶于a处推开活塞,如图24-73所示。

②拆卸螺栓A,松开螺栓B,向上翻开制动卡钳,拆卸制动摩擦片,如图24-74所示。

③清洁并检查:目测活塞周围的密封性,检查保护罩的状态及配合、制动盘磨损情况。

注意:不要踩制动踏板。

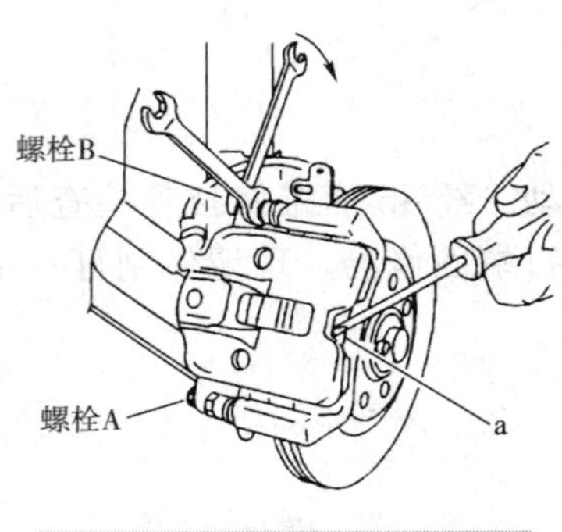

图24-73　推开活塞

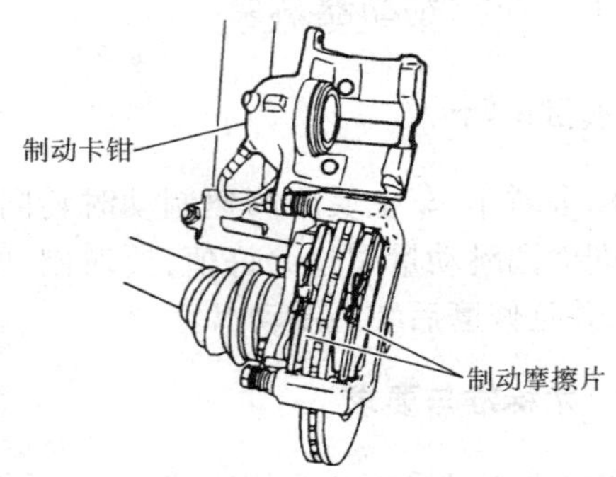

图24-74　拆卸制动摩擦片

(3)安装。

注意:螺栓A,螺栓B必须涂防松胶E3。

①安装新制动摩擦片,把制动卡钳翻回来,安装螺栓A并用27N·m的力矩拧紧。

②拆下螺栓B,安装新的螺栓B,并用27N·m力矩拧紧。

③安装车轮,安装车轮螺栓,拧紧力矩90N·m。

④车起步前,让发动机运行,并进行几次制动测试。

2)拆装前制动卡钳

(1)保护。在下列部位安防保护垫:驾驶座、地毯(驾驶侧)、转向盘。

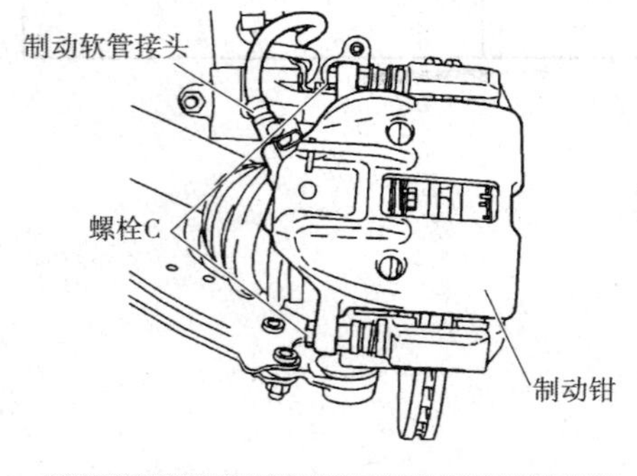

图24-75　拆下螺栓C

(2)拆卸。

①松开车轮螺栓。举升车辆。拆卸前轮。

②松开制动钳上的软管接头,拆下螺栓C,如图24-75所示。

③拧开制动软管的螺钉,并将它堵起来。

④拆下制动钳。

(3)安装。

①安装制动卡钳。

②安装螺栓C,并用27N·m拧紧,螺栓C必须锁紧,每次安装要涂防松胶E3。

③连接软管接头。

④安装车轮,用90N·m的力矩拧紧车轮螺栓。

⑤对制动管路进行排气。

⑥检查制动液液面,必要时补充。

3)拆装前制动盘

(1)保护。在下列部位安防保护坐垫:驾驶座、地毯(驾驶侧)、转向盘。

(2)松开车轮螺栓,举升车辆。

①拆卸:前轮、制动摩擦片、制动卡钳、拆下螺栓A,如图24-76所示。

②拆卸:螺栓B制动盘,如图24-77所示。

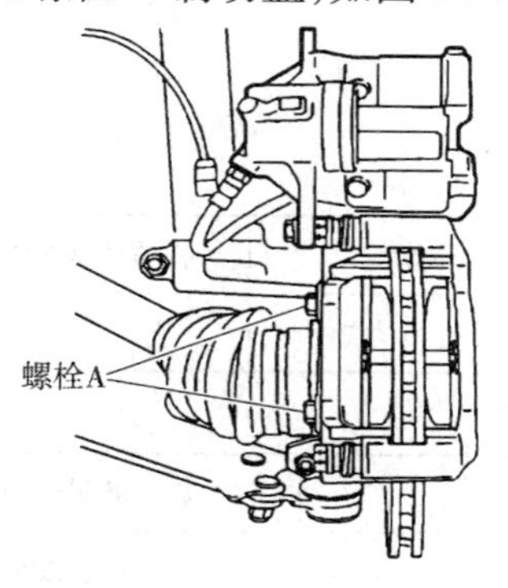

图24-76　拆下螺栓A

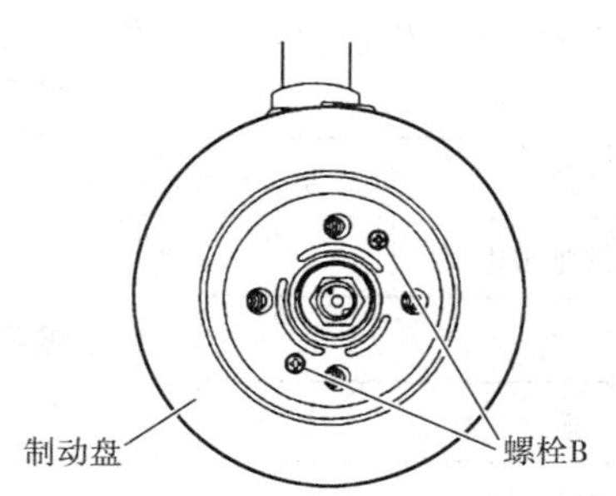

图24-77　拆卸螺栓B和制动盘

(3)安装。按拆卸相反的顺序进行安装。

拧紧力矩:螺栓A为105N·m,螺栓B为10N·m。

6　记录与分析

填写拆装作业记录单,见表24-4。

前轮制动器拆装作业记录单(单位:mm)　　表24-4

姓名		班级		学号		组别	
车型		设备编号		作业单号		作业日期	
方位	厚度尺寸		最大值	最小值	平均值	极限值	结论
左前摩擦片	外侧						
	内侧						
右前摩擦片	外侧						
	内侧						
左前制动盘	厚度						
	端面圆跳动量						
右前制动盘	厚度						
	端面圆跳动量						
处理意见							

项目2　后轮制动器拆装

1　项目说明

某爱丽舍轿车,车主反应高速制动时转向盘抖动。经4S店维修技师检查后诊断为其后轮制动蹄片磨损超过允许值,要更换制动蹄片。现请你制订一个方案,更换制动蹄片,并依此方案实施操作。

2 技术标准与要求

(1)东风雪铁龙爱丽舍维修工艺中的“制动系统”。

(2)技术标准见表 24-5、表 24-6。

拧紧力矩标准值　　表 24-5

拧紧部位	拧紧力矩标准值(N·m)	拧紧部位	拧紧力矩标准值(N·m)
轮毂螺母拧紧力矩	200	轮胎螺栓拧紧力矩	90

参数标准值及极限值　　表 24-6

参　数	标准值(mm)	极限值(mm)
制动鼓直径	203	205
摩擦衬片厚度	4.75	1

3 设备器材

(1)爱丽舍轿车或相应制动器台架。

(2)千分尺、游标卡尺。

(3)常用工具、专用工具、扭力扳手,如图 24-78 所示。

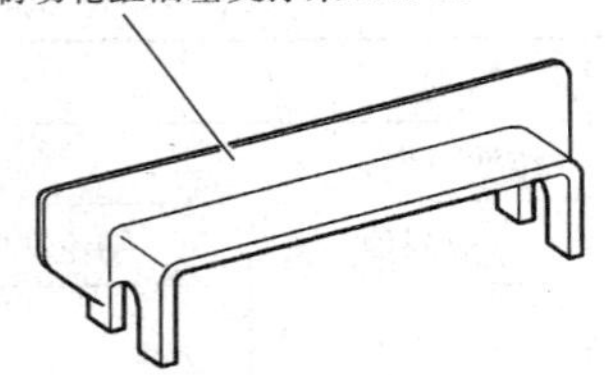

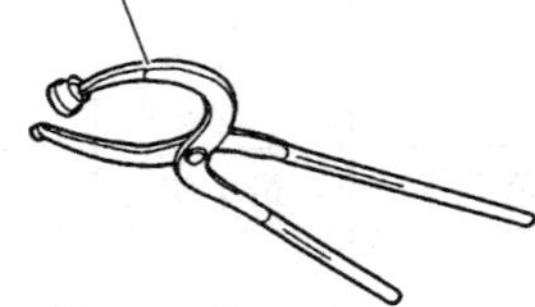

制动蹄片限位销钉拆装扳手ZX 426-T

图 24-78　专用工具

4 作业准备

(1)清洁台架、量具。

(2)调校量具。

(3)准备作业单。

5 操作步骤

(1)保护。在下列部位安防保护垫:驾驶座、地毯(驾驶侧)、转向盘。

(2)拆卸。

①举升车辆,松开驻车制动拉索。

②拆卸:制动鼓;弹簧 A 和弹簧 B,使用工具 FACOM 196-TS;支撑弹簧,使用工具

ZX 426-T;间隙自动调整杆、前制动蹄片。如图24-79所示。

③拆下驻车制动拉索。

④拆卸后制动蹄片。将支撑架装在制动轮缸活塞上,拆下制动蹄片,以便更换一些零件。

⑤检查:制动轮缸密封性;制动轮缸防尘套是否完好;制动鼓的磨损状况。

(3)安装。

①制动鼓和摩擦片上不得有任何油渍的痕迹。

②在制动蹄片的6个支撑点b上抹少许润滑油,如图24-80所示。

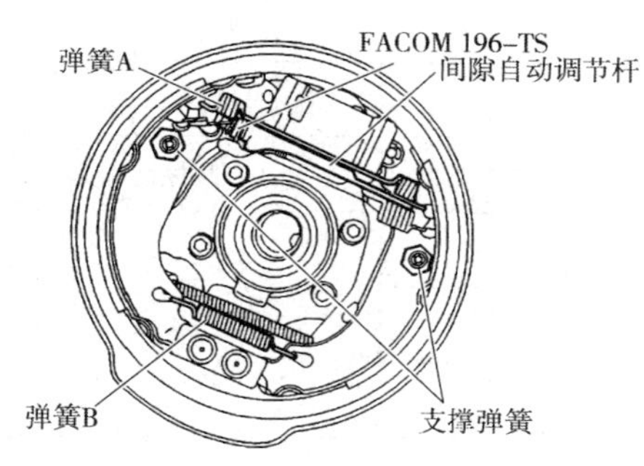

图24-79　拆卸弹簧A和弹簧B

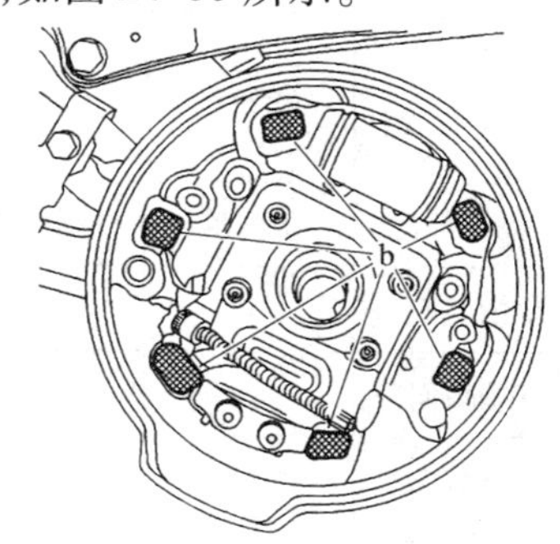

图24-80　在b处抹少许润滑油

③装上制动蹄片。

④将滚轮拧至c处,如图24-81所示。

注意:特别检查零件7。

注意:间隙自动调整杆的标识,左侧滚轮上d处有环形槽标记。

⑤连接驻车制动拉索。

⑥安装:制动蹄片;间隙自动调整杆;支撑弹簧,采用工具ZX 426-T;弹簧A和弹簧B,采用工具FACOM 196-TS。

⑦转动滚轮,使直径$D = 202.5\text{mm}$,如图24-82所示。

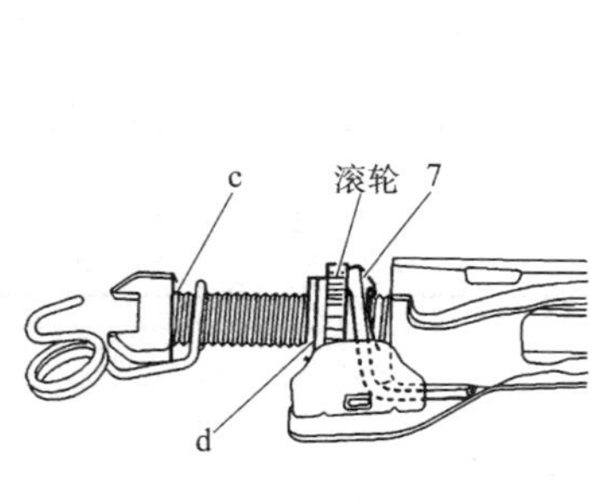

图24-81　将滚轮拧至C处

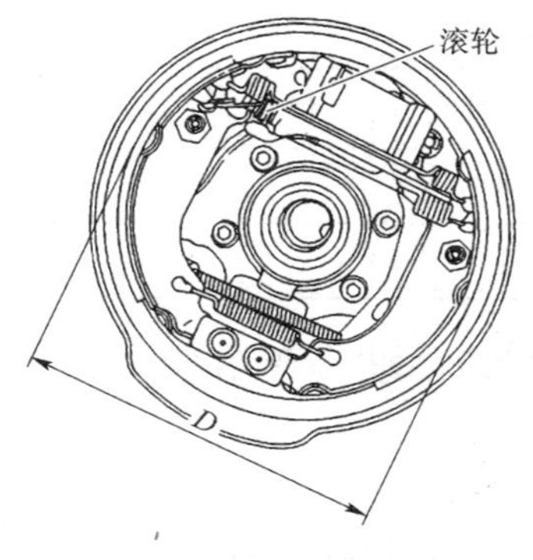

图24-82　转动滚轮,使$D = 202.5\text{mm}$

⑧安装:制动鼓。轮毂螺母(应使用新螺母,螺母下平面和螺纹上抹少许油)拧紧力矩:200N·m。

⑨安装锁紧螺母。

⑩安装防护堵盖(钢板冲压件)。

⑪调整驻车制动,起动发动机,踩制动踏板约 50 次。

⑫放下车辆。

6 记录分析

填写拆装作业记录单见表 24-7。

后轮制动器拆装作业记录单(单位:mm)　　表 24-7

姓名		班级		学号		组别	
车型		设备编号		作业单号		作业日期	
方位	测量部位	极限值	最大直径	最小直径	圆度误差	圆柱度误差	
右后制动鼓	内截面						
	中截面						
	下截面						
左后制动鼓	内上截面						
	中截面						
	下截面						
处理意见							
制订修复工艺							

方位	测量部位	理论极限值	实测最大值	实测最小值	结论	圆柱度误差
右后制动蹄	前摩擦片					
	后摩擦片					
左后制动蹄	前摩擦片					
	后摩擦片					
处理意见						
制订修复工艺						

项目3　制动传动装置拆装

1 项目说明

某爱丽舍轿车,车主反应制动无力。经 4S 店维修技师检查后怀疑为其制动主缸或真空助力器不良,要更换制动主缸或真空助力器。现请你制订一个方案,并依此实施操作。

2 技术标准与要求

东风雪铁龙爱丽舍维修工艺中的“制动系统”。

3 设备器材

(1)爱丽舍轿车。
(2)常用工具、专用工具、扭力扳手。

4 作业准备

清洁车辆、准备作业单。

5 操作步骤

拆装制动主缸步骤如下。
(1)保护:在下列部位安放保护垫:前翼子板、驾驶座、地毯(驾驶侧)、转向盘。
(2)拆卸。
①拆卸蓄电池和车载电控单元。
②排放制动液储液罐并拆下储液罐,拆开制动管接头,如图24-83所示。
③拆卸螺母A、制动主缸、助力真空管。如图24-84所示。

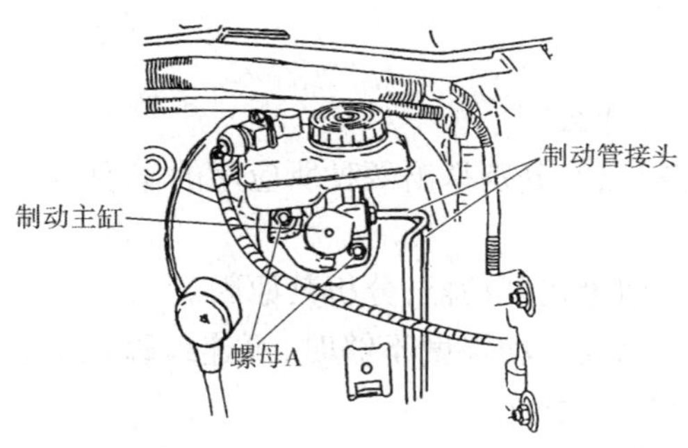

图24-83　拆开制动管接头

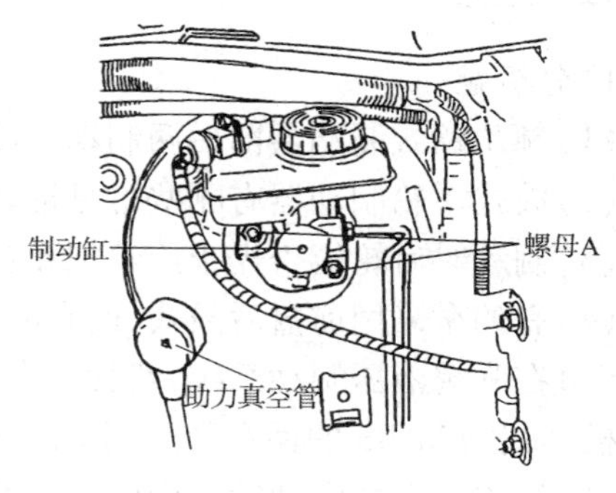

图24-84　拆卸助力真空管

④拆卸:转向柱护罩、仪表板下挡板、通风连接管。
⑤拆卸:制动踏板的推杆连接销、螺母B,如图24-85所示。
(3)安装。
注意:检查制动助力器推杆的回位情况。
①按拆卸相反的顺序进行安装。
②拧紧力矩:螺母B拧紧力矩为23N·m、螺母A为10N·m、制动管接头为15N·m。
③安装制动储液罐、加注制动液,并对制动管路进行排气。

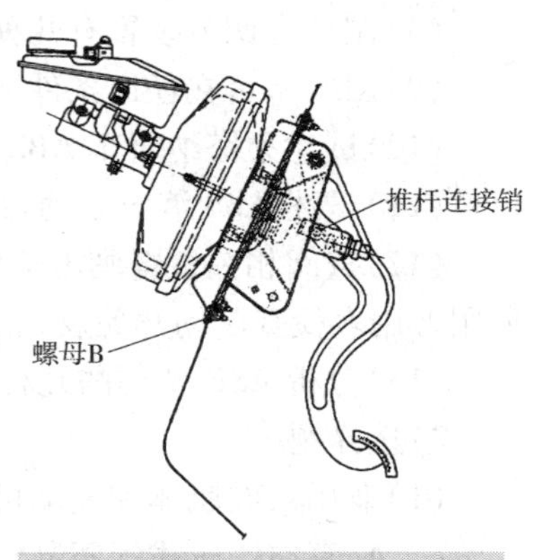

图24-85　拆卸推杆连接销和螺母

6 记录与分析

填写拆装作业记录单(表24-8)。

制动传动装置拆装作业记录单(单位:mm) 表 24-8

<table>
<tr><td>姓名</td><td></td><td>班级</td><td></td><td>学号</td><td></td><td>组别</td><td></td></tr>
<tr><td>车型</td><td></td><td>设备编号</td><td></td><td>作业单号</td><td></td><td>作业日期</td><td></td></tr>
<tr><td>名称</td><td colspan="2">内容</td><td>最大值</td><td>最小值</td><td>平均值</td><td>极限值</td><td>结论</td></tr>
<tr><td rowspan="2">制动主缸</td><td colspan="2">前活塞配合间隙</td><td></td><td></td><td></td><td rowspan="2"></td><td rowspan="2"></td></tr>
<tr><td colspan="2">后活塞配合间隙</td><td></td><td></td><td></td></tr>
<tr><td rowspan="4">真空助力器</td><td colspan="2">膜片技术状况</td><td colspan="4"></td><td></td></tr>
<tr><td colspan="2">真空阀密封状况</td><td colspan="4"></td><td></td></tr>
<tr><td colspan="2">空气阀密封状况</td><td colspan="4"></td><td></td></tr>
<tr><td colspan="2">端面跳动量</td><td colspan="4"></td><td></td></tr>
<tr><td colspan="3">处理意思</td><td colspan="5"></td></tr>
</table>

三、学 习 评 价

1 理论考核

1)分析题

(1)领从蹄式制动器前后两制动蹄能否互换?为什么?

(2)鼓式车轮制动器有哪些常见形式?各有何特点?分别举出两种所应用的车型。

(3)制动时后轮能否先于前轮抱死?为什么?

(4)有的车采用前盘后鼓式,而有的车四轮都采用盘式制动器,分析其原因。

(5)在常规液压制动系统,驾驶员在紧急制动时感到制动强度不够时,可连续踩几下制动踏板,而装有 ABS 的话在紧急制动时不能这样操作,为什么?

(6)说明上海桑塔纳轿车后轮制动器的工作原理。

(7)说明东风雪铁龙爱丽舍轿车后轮制动器的工作原理。

(8)制动力调节装置有几种形式?各有何特点?

(9)ABS 是否在任何条件下都有利?为什么?

(10)试述桑塔纳轿车 ABS 的工作原理(四个阶段各电磁阀的动作)。

(11)试述 ABS 液压制动防抱死系统的排空气方法。

(12)查阅相关资料画出桑塔纳 2000Gsi ABS 电路原理图,并对照电路原理图说明如何用万用表检查制动开关及线路。

(13)分析 ASR 常用的几种控制方式各自的特点。

2)选择题

(1)兼用人的肌体和发动机动力作为制动能源的制动系统有( )。

A. 真空增压式伺服制动系统　　B. 气压式制动系统

C. 气顶液式制动系统　　D. 排气缓速式辅助制动系统

(2)轮缸式制动器制动力取决于( )。

A. 制动轮缸活塞直径　B. 踏板力
C. 制动蹄摩擦衬片材料　D. A、B、C

(3)前进和倒车时制动效能相同的制动器有(　　)。
A. 双领蹄式制动器　B. 领从蹄式制动器
C. 单向自增力式制动器　D. 双从蹄式制动器

(4)盘式制动器在(　　)方面不如鼓式制动器。
A. 制动散热　B. 制动平顺性
C. 制动力大小　D. 涉水后制动性能恢复速度

(5)凸轮式车轮制动器一般用于(　　)。
A. 液压式制动系统　B. 气压式制动系统

(6)目前在轿车上运用较为广泛的盘式制动器是(　　)。
A. 定钳盘式制动器　B. 浮钳盘式制动器
C. 全盘式制动器

(7)对液压制动系统活塞皮碗的清洗,应用(　　)进行清洗。
A. 汽油　B. 金属清洗剂　C. 碱溶液　D. 制动液或酒精

(8)磁电式轮速传感器输出信号为(　　)信号,信号大小(　　)转速影响。
A. 数字,不受　B. 模拟,受　C. 数字,受　D. 模拟,不受

(9)ECU 线束连接情况下,点火开关打开,用万用表测出其搭铁端子对地电压为 1.5V,说明该搭铁线(　　)。
A. 正常　B. 断路　C. 短路　D. 接触不良

(10)ASR 实施控制时,ASR 警告灯(　　)。
A. 闪烁　B. 熄灭　C. 持续点亮　D. 不亮

3)判断题

(1)汽车制动时后轮轴荷将向前轮转移,所以一般汽车的前轮制动强度比后轮大。(　　)

(2)DOT3 型制动液的沸点比 DOT5 型制动液沸点高。(　　)

(3)串联活塞式制动主缸一般应用于单回路系统。(　　)

(4)在前盘后鼓式制动器汽车上计量阀用于推迟后鼓式制动器的开始作用时间。(　　)

(5)对于相同的踏板力,双向助力式制动器比领从式制动器产生更大制动力。(　　)

(6)踏板力或踏板行程越大,制动效果越明显。(　　)

(7)楔块式间隙自调装置属一次调准式。(　　)

(8)盘式制动器的制动间隙可人工进行调整。(　　)

(9)真空助力式液压制动系统真空助力器安装在制动主缸与轮缸之间。(　　)

(10)循环流式 ABS 油泵与容积可变式 ABS 油泵其功用相同。(　　)

(11)车轮式驻车制动器其制动效果不受传动系统技术状况影响。(　　)

(12)驻车制动装置都是用手进行操纵的。(　　)

(13)左右车轮制动器间隙不等将导致制动跑偏。(　　)

(14)用脚踏住真空助力液压制动系统制动踏板,起动发动机,若踏板下降说明真空助力器工作正常。 ( )

(15)气压制动装置的快放阀作用是缩短制动气室压缩空气的释放时间,继动阀(加速阀)的作用是既缩短压缩空气充入制动气室的时间,又兼快放阀的作用。 ( )

(16)EQ1090E 汽车右后制动气室膜片破裂将导致全车制动失效。 ( )

(17)空气压缩机活塞环对口将导致发动机油消耗异常。 ( )

(18)气压制动控制阀的结构上需要保证前桥制动管路先充气。 ( )

(19)目前汽车双回路制动系统布置形式常见的有X型和Ⅱ型。 ( )

(20)感载比例阀其调节作用起始点压力值 P_s 随轴载荷的改变而改变。 ( )

(21)ASR 与 ABS 一样,起作用时将对所有车轮进行制动。 ( )

(22)拆卸 ASR 液压部件前,应先将系统卸压。 ( )

2 技能考核

"项目1 前轮制动器拆装"的评分表见表24-9。

前轮制动器拆装项目评分表 表24-9

<table>
<tr><td rowspan="2">基本信息</td><td>姓名</td><td></td><td>学号</td><td></td><td>班级</td><td></td><td>组别</td><td></td></tr>
<tr><td>规定时间</td><td></td><td>完成时间</td><td></td><td>考核日期</td><td></td><td>总评成绩</td><td></td></tr>
<tr><td rowspan="12">任务工单</td><td rowspan="2">序号</td><td rowspan="2" colspan="3">步 骤</td><td colspan="2">完成情况</td><td rowspan="2">标准分</td><td rowspan="2">评分</td></tr>
<tr><td>完成</td><td>未完成</td></tr>
<tr><td>1</td><td colspan="3">考核准备:
机件:
量具:</td><td></td><td></td><td>10</td><td></td></tr>
<tr><td>2</td><td colspan="3">清洁机件</td><td></td><td></td><td>5</td><td></td></tr>
<tr><td>3</td><td colspan="3">清洁量具</td><td></td><td></td><td>5</td><td></td></tr>
<tr><td>4</td><td colspan="3">量具使用</td><td></td><td></td><td>10</td><td></td></tr>
<tr><td>5</td><td colspan="3">车轮的拆装</td><td></td><td></td><td>5</td><td></td></tr>
<tr><td>6</td><td colspan="3">摩擦片的拆装</td><td></td><td></td><td>5</td><td></td></tr>
<tr><td>7</td><td colspan="3">制动钳的拆装</td><td></td><td></td><td>5</td><td></td></tr>
<tr><td>8</td><td colspan="3">制动盘的拆装</td><td></td><td></td><td>5</td><td></td></tr>
<tr><td>9</td><td colspan="3">确定制动器的装复方法</td><td></td><td></td><td>10</td><td></td></tr>
<tr><td>10</td><td colspan="3">清洁及整理</td><td></td><td></td><td>5</td><td></td></tr>
<tr><td colspan="2">安全</td><td colspan="5"></td><td>5</td><td></td></tr>
<tr><td colspan="2">5S</td><td colspan="5"></td><td>5</td><td></td></tr>
<tr><td colspan="2">沟通表达</td><td colspan="5"></td><td>5</td><td></td></tr>
<tr><td colspan="2">工单填写</td><td colspan="5"></td><td>10</td><td></td></tr>
<tr><td colspan="2">工艺制订</td><td colspan="5"></td><td>10</td><td></td></tr>
</table>

注意:没有按照操作流程操作,出现人身伤害或设备严重事故,本任务考核0分。

“项目2　后轮制动器拆装”的评分表见表24-10。

后轮制动器拆装项目评分表　　表24-10

基本信息	姓名		学号		班级		组别	
	规定时间		完成时间		考核日期		总评成绩	
任务工单	序号	步　骤		完成情况			标准分	评分
				完成		未完成		
	1	考核准备： 机件： 量具：					10	
	2	清洁机件					5	
	3	清洁量具					5	
	4	量具使用					10	
	5	车轮的拆装					5	
	6	制动鼓的拆装					5	
	7	制动蹄的拆装					5	
	8	制动轮缸及底板的拆装					5	
	9	确定制动器的装复方法					10	
	10	清洁及整理					5	
安全							5	
5S							5	
沟通表达							5	
工单填写							10	
工艺制订							10	

注意：没有按照操作流程操作，出现人身伤害或设备严重事故，本任务考核0分。

“项目3　制动传动装置拆装”的评分表见表24-11。

制动传动装置拆装项目评分表　　表24-11

基本信息	姓名		学号		班级		组别	
	规定时间		完成时间		考核日期		总评成绩	
任务工单	序号	步　骤		完成情况			标准分	评分
				完成		未完成		
	1	考核准备： 机件： 量具：					10	
	2	清洁机件					5	
	3	管路的拆装					5	
	4	制动主缸的拆装					15	
	5	真空助力器的拆装					15	
	6	确定制动器的装复方法					10	
	7	清洁及整理					5	

续上表

基本信息	姓名		学号		班级		组别	
	规定时间	30min	完成时间		考核日期		总评成绩	
安全							5	
5S							5	
沟通表达							5	
工单填写							10	
工艺制订							10	

注意:没有按照操作流程操作,出现人身伤害或设备严重事故,本任务考核0分。

四、拓 展 学 习

1 动力制动系统

动力制动系统中,用以进行制动的能源是由空气压缩机产生的气压能,或是由油泵产生的液压能,而空气压缩机或油泵则由汽车发动机驱动。所以,动力制动系统是以汽车发动机为唯一的制动初始能源的。但就制动系统范围而言,可认为制动能源是空气压缩机或油泵。在动力制动系统中,驾驶员的肌体仅作为控制能源,而不是制动能源,其特点是制动操纵省力、制动强度大、踏板行程小;但需要消耗发动机的动力;制动粗暴而且结构比较复杂。因此,一般在中型以上货车或客车上采用。

动力制动系统有气压制动系统、气顶液制动系统和全液压动力制动系统三种。气压制动系统是发展最早的一种动力制动系统,其供能装置和传动装置全部是气压式的。其控制装置大多数是由制动踏板机构和制动控制阀等气压控制元件组成,也有的在踏板机构和制动控制阀之间还串联有液压式操纵传动装置。气顶液制动系统的供能装置、控制装置与气压制动系统相同,但其传动装置则包括气压式和液压式两部分。全液压动力制动系统中除制动踏板机构以外,其供能、控制和传动装置全是液压式。

1)气压式制动系统

(1)凸轮式张开式车轮制动器。目前,气压制动系统的车轮制动器一般采用凸轮式张开装置,且设计成领从蹄式。

东风EQ1090E型汽车的凸轮式前轮制动器如图24-86所示。前后两制动蹄用可锻铸铁制成,均以下端支承孔与支承销的偏心轴颈间隙配合,并用挡板及锁销轴向限位。不制动时由复位弹簧把制动蹄上端支承面拉靠到制动凸轮轴的凸轮上,凸轮与轴制成一体,凸轮轴多为中碳钢,其表面经高频淬火处理,以提高其耐磨性。制动凸轮轴通过支座固定在制动底板上,其尾部花键轴插入制动调整臂的花键孔中。为了减少凸轮轴与支座之间的摩擦,在支座的两端装有青铜衬套或粉末冶金衬套,有润滑油嘴可定期进行润滑。在衬套外端装有密封垫圈,并用止推垫和调整垫片限制和调整凸轮轴的轴向窜动量。

制动时,制动调整臂在制动气室的推动下,带动制动凸轮轴转动,凸轮便迫使两制动蹄张开并压靠在制动鼓上,产生制动作用。由于凸轮的工作表面轮廓中心对称,且凸轮只能

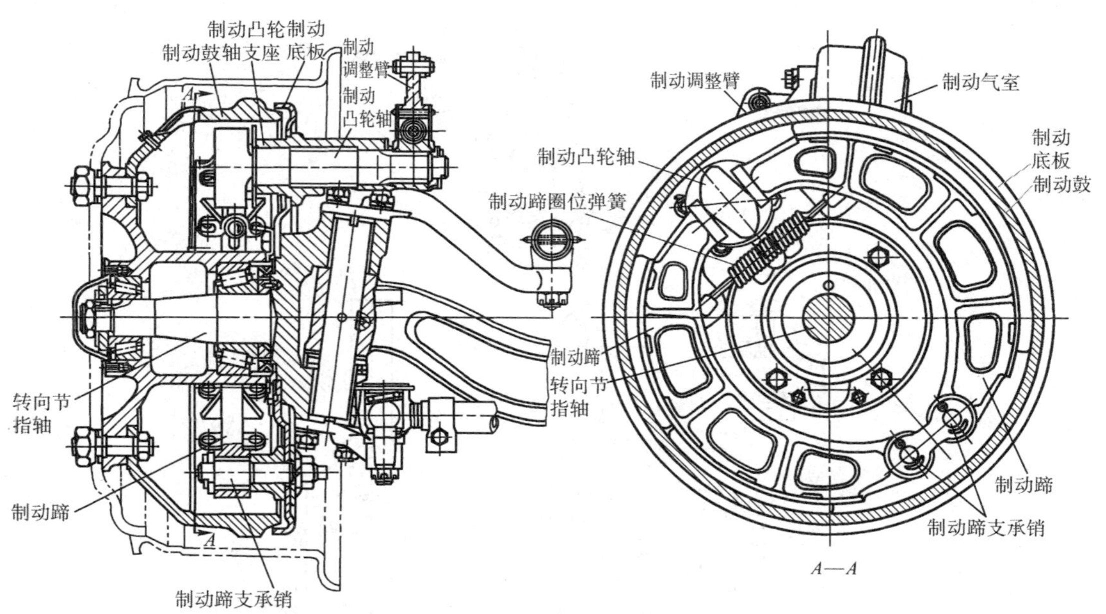

图 24-86　东风 EQ1090E 型汽车前轮制动器

绕固定的轴线转动而不能移动，故当凸轮转过一定的角度时，两蹄张开的位移是相等的。在蹄与鼓之间摩擦力的作用下，前蹄（助势蹄）力图离开制动凸轮，而后蹄（减势蹄）却更加靠紧制动凸轮，造成凸轮对助势蹄的张开力小于减势蹄。从而使两蹄所受到的制动鼓的法向反力近似相等。但由于这种制动器结构上不是中心对称，两蹄作用于制动鼓的法向等效合力虽然大小近似相等，但其作用线存在一不大的夹角而不在一条直线上，不可能相互平衡。故这种制动器仍是非平衡式的。

凸轮式车轮制动器的间隙可以根据需要进行局部或全面调整。局部调整时利用制动调整臂来改变制动凸轮轴的初始角位置。制动调整臂的结构如图 24-87a）所示。在制动调整臂和两侧的盖所包围的空腔内装有调整蜗轮和调整蜗杆，单线的调整蜗杆借细花键套装在蜗杆轴上，调整蜗轮通过内花键与制动凸轮轴的外花键相啮合。转动蜗杆轴，即可在制动调整臂与制动气室推杆的相对位置不变的情况下，通过蜗轮使制动凸轮轴转过一定角度，从而改变制动凸轮的初始角位置。蜗杆轴一端的轴颈上，沿周向有 6 个均匀分布的凹坑，当蜗杆每转到一个凹坑对准位于调整臂孔中的锁止钢球时，锁止钢球便在压紧弹簧的作用下嵌入凹坑，使蜗杆轴不能自行转动。进行全面调整时还应同时转动带偏心轴颈的支承销（制动蹄的支承销）。第二汽车制造厂规定东风 EQ1090E 型汽车制动器间隙标准值：靠近支承销的一端（又称小端）为 0.25 ~ 0.40mm，靠近制动凸轮的一端（又称大端）为 0.40 ~ 0.55mm。

图 24-87b）所示为解放 CA1092 型汽车的制动调整臂。其蜗杆轴与调整臂的相对位置靠锁止套和锁止螺钉来固定，这种锁止装置更为可靠。锁止套上有轴向槽，固定在调整臂壳体上锁止螺钉伸入槽内限止锁止套转动，自由状态下锁止套在弹簧力作用下位于最外端，其内六角与蜗杆轴的六角头套合在一起，起锁止作用。调整间隙时，需将锁止套和弹簧

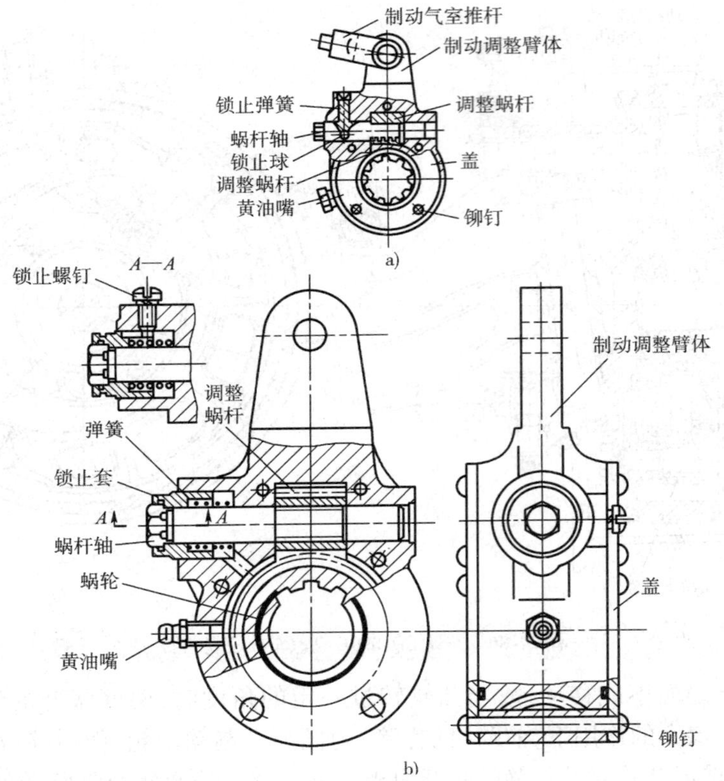

图 24-87　凸轮式车轮制动器的制动调整臂

压进一定行程,才能转动蜗杆轴。间隙调整完毕后,锁止套在弹簧弹力的作用下回到与蜗杆六角头相接合的位置。

(2)凸轮张开式中央制动器。凸轮张开式中央制动器,结构与凸轮张开的车轮制动器相同。图 24-88 所示为东风 EQ1090E 型汽车用机械传动的中央制动器。制动鼓通过螺栓与变速器第二轴后端的凸缘紧固在一起,制动底板由底板支座通过螺栓固定在变速器第二轴轴承盖上,两制动蹄下端松套在固定于制动底板的偏心支承销上,制动蹄上端装有滚轮,制动凸轮轴通过制动底板支座支承在制动底板上部,其外端与摆臂的一端借细花键连接,摆臂的另一端与穿过压紧弹簧的拉杆相连。拉杆再通过摇臂、传动杆与驻车制动杆相连。驻车制动杆与固定于变速器壳体上的齿扇铰连,驻车制动杆上还连有棘爪,驻车制动器工作时,棘爪嵌入齿扇上的棘齿内,起锁止作用。解除驻车制动时,需按下驻车制动杆上的按钮使棘爪脱离棘齿才能搬动驻车制动杆。

调整制动器间隙时,驻车制动杆须在不制动位置进行:拧进拉杆上的调整螺母,即可改变凸轮的原始角位置,使制动器间隙和自由行程减小;反之,则增大。如规定的间隙值达不到要求,可拆下摇臂错开一个或数个键齿,装复后再进行微调。通常不应改变偏心支承销位置,以保证蹄鼓的良好贴合,当需要进行全面调整时(更换新摩擦片后),方可改动偏心支承销的位置。该类制动器在驻车制动时,拉起驻车制动手柄第三响后应有制动感觉,至第五响时应能使汽车在规定的坡度上停住。

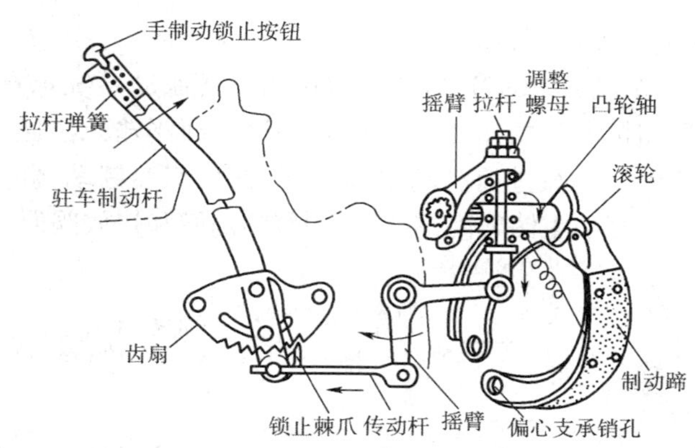

图 24-88　东风 EQ1090E 型汽车凸轮张开式中央制动器

(3)气压制动回路。图 24-89 所示为解放 CA1092 型汽车双管路气压制动系统示意图。发动机驱动的活塞式空气压缩机将压缩空气经止回阀压入湿储气筒;湿储气筒上装有安全阀和供其他系统使用的压缩空气放气阀,压缩空气在湿储气筒内冷却并进行油水分离,然后进入主储气筒的前、后腔。

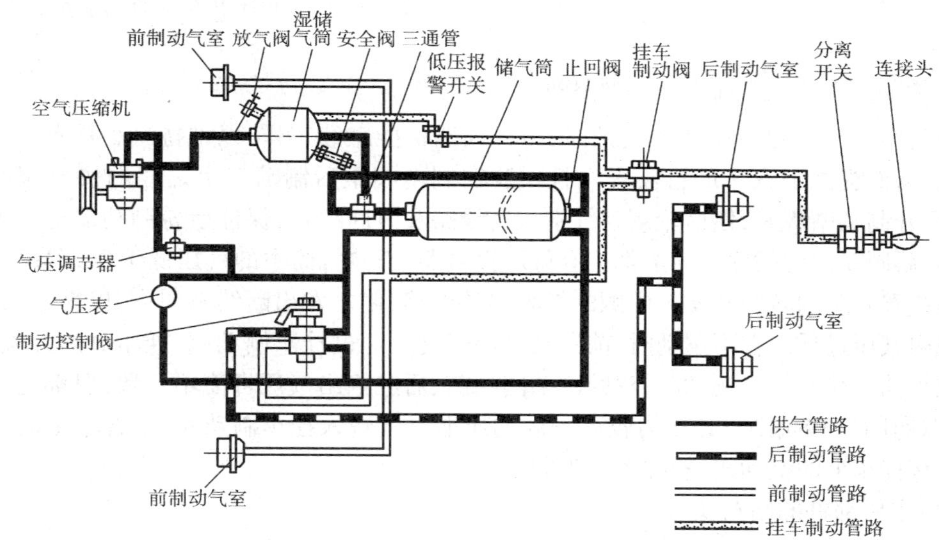

图 24-89　解放 CA1092 型汽车双管路气压制动系统示意图

主储气筒的前腔与制动控制阀的上腔相连,以控制后轮制动;同时通过三通管与气压表及气压调节器相连;储气筒后腔与制动控制阀的下腔相连,以控制前轮制动,并通过三通管与气压表相连。气压表为双指针式,上指针指示储气筒前腔气压;下指针指示储气筒后腔气压。供气管路中常存有压缩空气,储气筒最高气压为 0.8MPa。

当驾驶员踩下制动踏板时,拉杆带动制动控制阀拉臂摆动,使制动控制阀工作。储气筒前腔的压缩空气经制动控制阀的上腔进入后轮制动气室,使后轮制动;同时储气筒后腔的压缩空气通过制动控制阀下腔进入前制动气室,使前轮制动。当放松制动踏板时制动控制阀使各制动气室通大气以解除制动。

如图 24-90 所示为东风 EQ1090E 型汽车双回路气压制动系统示意图。其中备有两个主储气筒,单缸空气压缩机产生的压缩空气首先经过止回阀输入湿储气筒进行油水分离,之后分成两个回路:一个回路经过前制动主储气筒、并列双腔制动阀的后腔而通向前制动气室;另一回路是经过后制动主储气筒、双腔制动阀的前腔和快放阀而通向后制动气室。

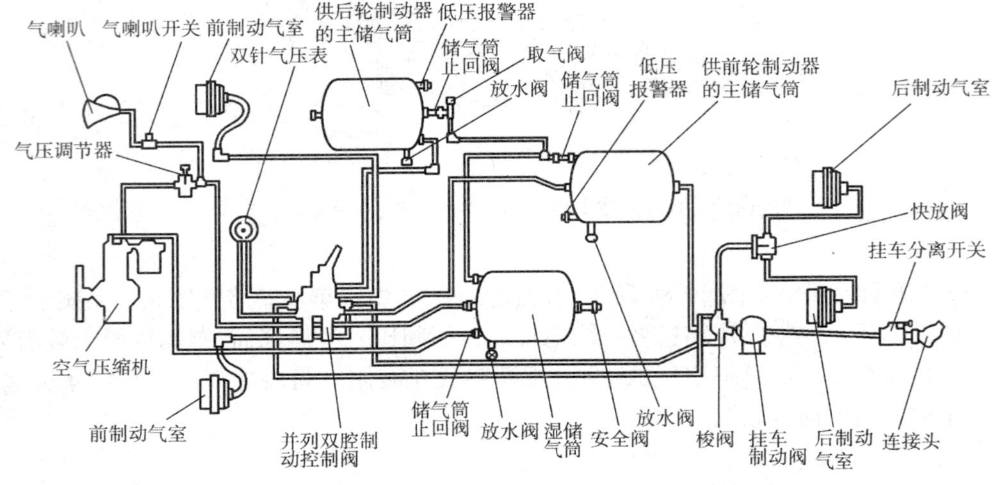

图 24-90　东风 EQ1090E 型汽车双管路气压制动系示意图

当其中一个回路发生故障失效时,另一回路仍能继续工作,以维持汽车具有一定的制动能力,从而提高了汽车的行驶安全性。装在制动阀至后制动气室之间的快放阀的作用是:当松开制动踏板时,使后轮制动气室放气线路和时间缩短,保证后轮制动器迅速解除制动。前、后制动回路的储气筒上都装有低压报警器,当储气筒中的气压低于 0.35MPa 时,便接通装在驾驶室内转向柱支架内侧的蜂鸣器的电路,使之发出断续鸣叫声,以警告驾驶员,储气筒内气压过低。在不制动时,前制动主储气筒还通过挂车制动阀、挂车分离开关、连接头向挂车储气筒充气。制动时,双腔制动阀的前、后腔输出气压可能不一致,但都通入梭阀(也称双向阀),梭阀则只让压力较高一腔的压缩空气输入挂车制动阀,后者输出的气压又控制装在挂车上的继动阀,使挂车产生制动。

(4)主要部件的结构及工作原理。

①空气压缩机。空气压缩机一般固定在发动机缸体的一侧,多由发动机通过皮带或齿轮来驱动、有的采用凸轮轴直接驱动。空气压缩机按缸数可分为单缸(用于东风 EQ1090E 型汽车)和双缸(用于解放 CA1092 型汽车)两种,其工作原理类似。

图 24-91 所示为东风 EQ1090E 型汽车采用的单缸风冷式空气压缩机。铸铁制成的缸体下端用螺栓紧固在曲轴箱上,缸体外表面铸有三道环形散热片,铝制气缸盖用螺栓紧固于气缸体上端面,其间装有密封缸垫。气缸盖内装有进气阀和排气阀,侧面进气口上装有空气滤清器。进气阀由导向座、弹簧、阀片、阀片座、密封圈等组成,经进气道与小空气滤清器相通。排气阀由导向座、弹簧、阀片、阀片座、密封圈、波形垫圈等组成,经排气管接头与储气筒相通。进气阀上方设有卸荷装置(卸荷室和卸荷阀),卸荷阀壳体内镶嵌着套筒,其中有卸荷柱塞和弹簧。

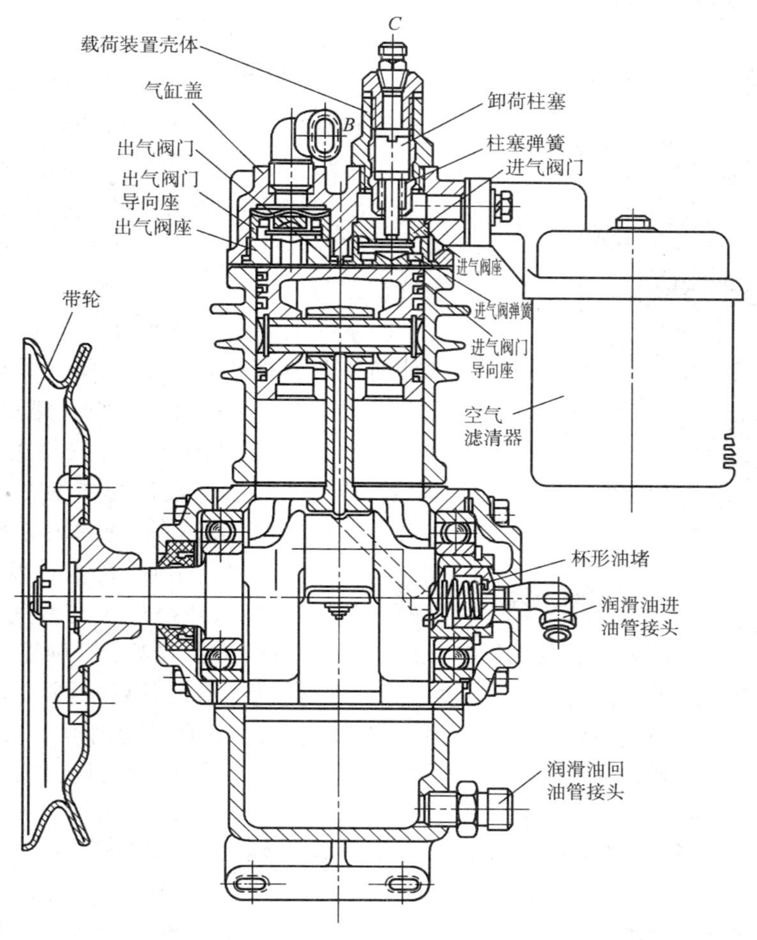

图24-91　东风EQ1090E型汽车空气压缩机

曲轴用两个球轴承支承在曲轴箱座孔内,前端伸出并固装有带轮。前轴颈和前轴承之间有油封,以防漏油。曲轴后端中心制成一圆孔,是空气压缩机润滑油的入口,在孔内装有弹簧及杯形油堵,油堵右端面有润滑油节流孔。弹簧又使油堵右端面压靠在后轴承盖中央的端面上,起端面油封作用,防止润滑油大量泄入曲轴箱影响发动机及空气压缩机的正常油压。曲轴箱底部有回油管接头使润滑油流回发动机油底壳。

空气压缩机工作时,活塞下行,气缸内形成一定真空度,迫使进气阀克服弹簧的张力离开阀座,外界的空气即经空气滤清器、进气道、进气阀被吸入气缸,活塞下行至下止点附近时,随着活塞移动速度的降低。其真空度也逐渐减小,当减到不能克服弹簧的张力时,进气阀被弹簧压靠在阀座上,切断进气通路。活塞上行时,缸内空气即被压缩,压力升高,当压力升高到足以克服排气阀弹簧的张力与排气室内压缩空气的压力之和时,压缩空气即压开排气阀,经排气室和排气管道送至湿储气筒。当储气筒内的气压达到规定值(0.7～0.74MPa)后,调压机构便使卸荷阀压开进气阀,使空气压缩机与大气相通卸荷空转,不再泵气。

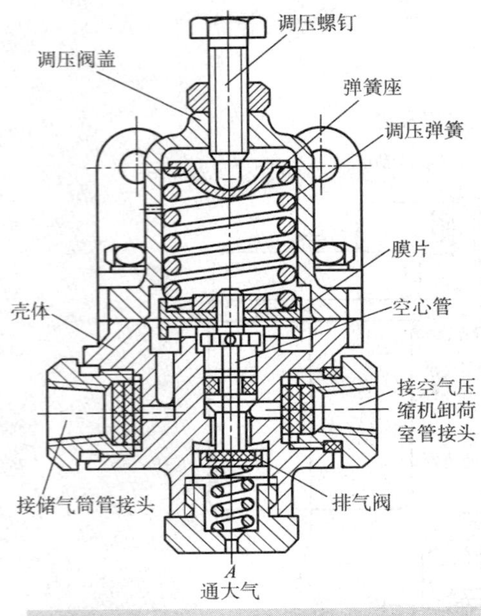

图 24-92　东风 EQ1090E 型汽车调压阀

②调压阀。图 24-92 所示为东风 EQ1090E 型汽车调压阀，其作用是调节储气筒中压缩空气的压力，使之保持在规定的压力范围内，同时使空气压缩机能卸荷空转，减少发动机的功率损失。

调压阀壳体上装有两个带滤芯的管接头，分别与空气压缩机上的卸荷室和储气筒相通。膜片及弹簧下座等零件用螺母紧固在一起，膜片的外缘被夹持在盖与壳体之间，构成膜片上、下两腔室。膜片上腔室经上盖上的小孔与大气相通；而下腔室经气体通道及管接头用气管与储气筒相通。调压弹簧上端通过上弹簧座支承在调压螺钉上；下端通过弹簧下座使膜片组件紧靠在壳体的环形凸肩上。空心管外圆柱面的中段与壳体的中心导向孔间隙配合，其间有密封圈，空心管的中心孔经上部的径向孔与膜片的下腔室相通，壳体下端腔室内装有排气阀及其压紧弹簧，并经孔 A 与大气相通。调节阀调节气压值可通过旋转盖上的调压螺钉，改变调压弹簧的预紧力来予以调整。

当储气筒内气压未达到规定值时，膜片下腔气压较低，不足以克服调压弹簧的预紧力，膜片连同空心管及排气阀被调压弹簧压到下极限位置，调压阀不起作用。此时，由储气筒至卸荷室的通路被隔断，卸荷室与大气相通，卸荷阀杆在最高位置，进气阀处于密封状态，空气压缩机对储气筒正常充气。

如图 24-93 所示，当储气筒气压升高到 0.7 ~ 0.74MPa 时，膜片下方气压作用力即克服调压弹簧的预紧力而推动膜片向上拱曲，使空心管和排气阀随之上移，直至排气阀压靠在阀座上而关闭，切断卸荷室与大气通路，同时空心管下端面也离开排气阀，出现间隙，于是储气筒中的压缩空气便沿图中箭头所示路线充入空气压缩机的卸荷室，迫使卸荷柱塞下移，使进气阀门开启。这时气缸与大气相通，空气压缩机卸荷空转，湿储气筒内气体压力也不再升高。随着储气筒内的压缩空气不断消耗，调压阀膜片下面气压降低，膜片和空心管即在调压弹簧的作用下相应下移，当气压在 0.56 ~ 0.6MPa 时，空心管下端将排气阀打开。卸荷室与储气筒的通路被切断，而与大气相通，卸荷室的压缩空气即排入大气。卸荷阀在其弹簧的作用下升高，进气阀又恢复正常，空气压缩机恢复对储气筒充气。

③制动控制阀。制动控制阀的作用是控制从储气筒充入制动气室和挂车制动控制阀的压缩空气量，从而控制制动气室中的工作气压，并有逐渐变化的随动作用，即保证制动气室的气压与踏板行程有一定的比例关系。制动控制阀常见结构有串联活塞式和并联膜片式。

a. 串联活塞式。图 24-94 所示为解放 CA1092 型汽车制动控制阀。它由上盖、上阀体、中阀体和下阀体等组成，并用螺钉连接在一起，其间装有密封垫。中阀体上的通气口 A_1 和 B_1 分别接后桥储气筒和后桥制动气室；下阀体上的通气口 A_2 和 B_2 分别接前桥储气筒和前桥制动气室。上下活塞与壳体间装有密封圈。下活塞由大小两个活塞套装在一起，小活塞对大活塞能进行单向分离。上腔阀门滑动地套装在芯管上，其外圆有密封隔套。下腔阀门滑动地套在有密封圈的下阀体中心孔中，中空的芯管和小活塞制成一体。

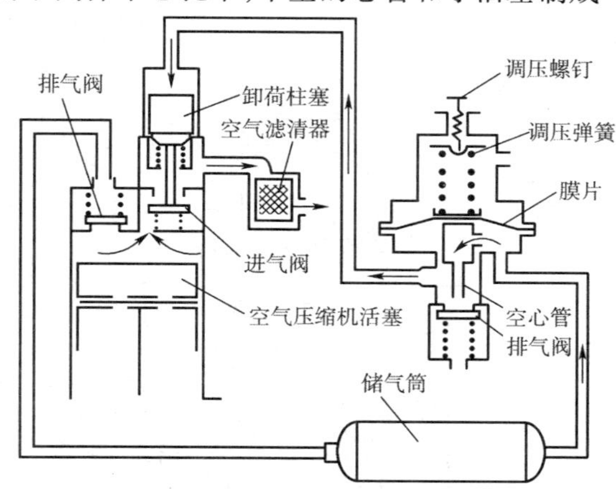

图24-93　空气压缩机调节阀与卸荷阀的工作原理(卸荷)

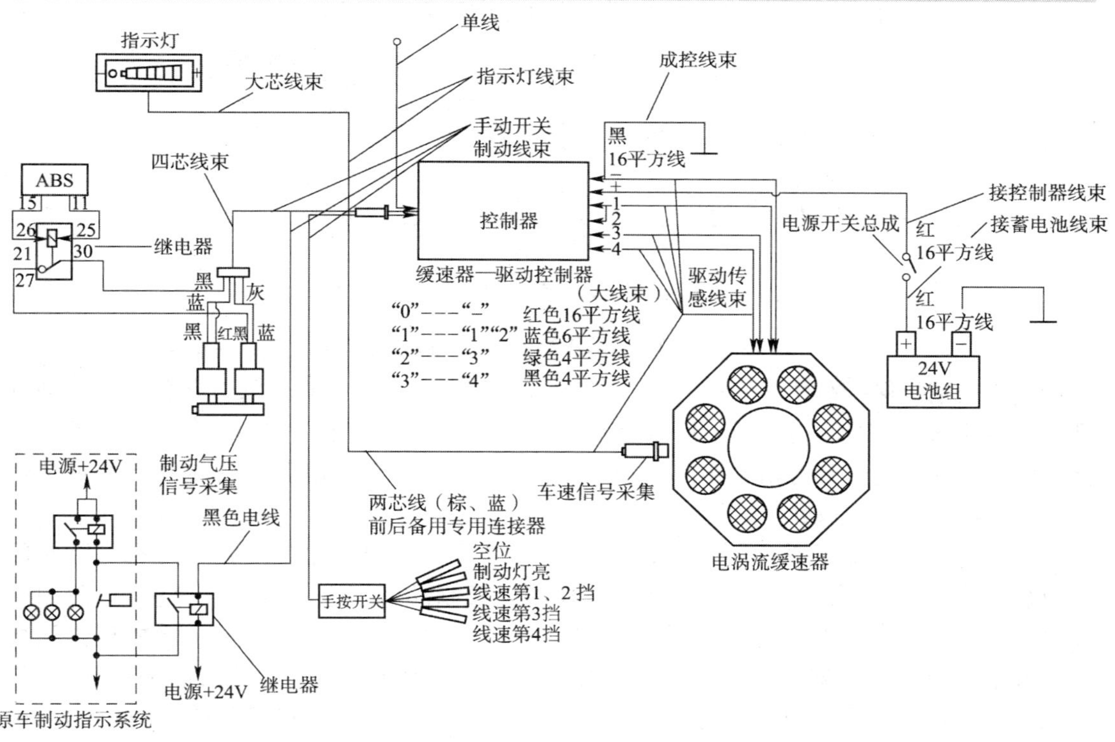

图24-94　解放CA1092型汽车气压式制动控制阀

如图24-95所示，制动时，驾驶员将制动踏板踩下到一定距离，通过滚轮、推杆使平衡弹簧及上腔活塞向下移动，消除排气间隙(上腔阀门与上腔活塞之间)而推开上腔阀门，此时，从储气筒来的压缩空气经 A_1 阀门与中阀体上的进气阀座间的进气间隙进入G腔，并经出气

口 B_1 进入后制动气室,使后轮制动。与此同时,进入 G 腔的压缩空气通过通气孔 F 进入大活塞及下腔小活塞的上方,使其下移推开下腔阀门,此时从前桥储气筒来的压缩空气经下腔阀门与下体阀座之间形成的进气间隙进入 H 腔,并经出气口 B_2 充入前制动气室,使前轮制动。

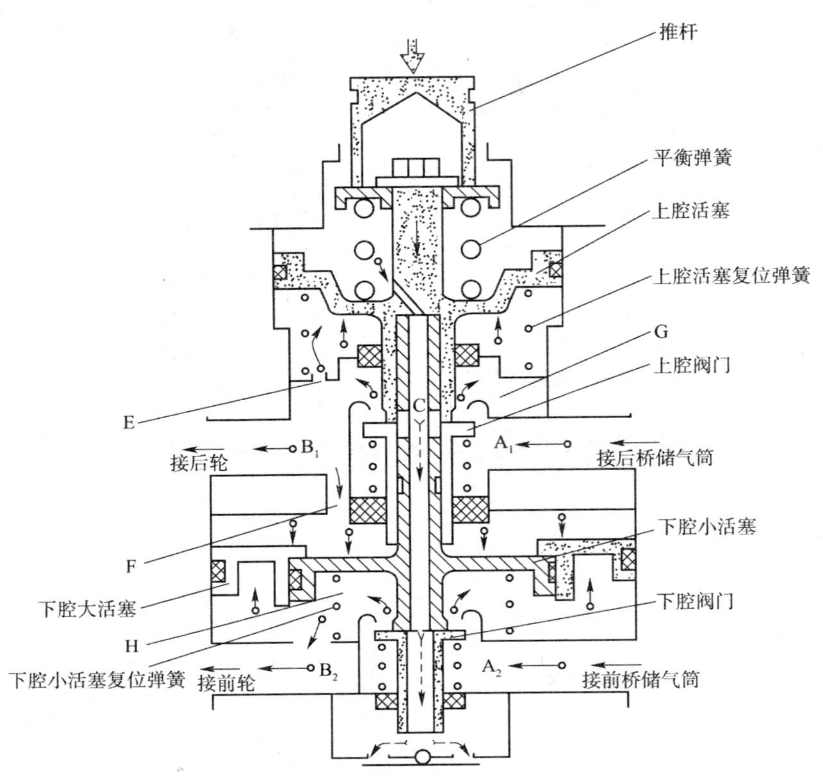

图 24-95　双腔串联活塞气压式制动控制阀工作原理

当制动踏板保持在某一位置(即维持制动状态)时,压缩空气在进入 G 腔的同时由通气孔 E 进入上腔活塞的下方,并推动上腔活塞上移,使 G 腔中气压作用力与复位弹簧的张力之和与平衡弹簧的压紧力相平衡,此时上腔阀门和下腔阀门均关闭,G 腔和 H 腔中的气压保持稳定状态,即为制动阀的平衡位置。

若驾驶员感到制动强度不足,可将制动踏板再踩下一些,此时上腔阀门和下腔阀门又重新开启,使中阀体的 G 腔和下阀体的 H 腔以及制动气室进一步充气,直至 G 腔中气压又一次达到与平衡弹簧的压力平衡,而 H 腔中的压缩空气对下腔活塞向上的压力重新与下腔活塞上方的压缩空气对下腔活塞向下作用的压力相平衡。在此新的平衡状态下,制动气室所保持的稳定压力比以前更高。同时,平衡弹簧的压缩量和踏板力也比以前更大。

当放松制动踏板时,操纵摇臂复位,芯管上移,平衡弹簧恢复到原来装配长度,上腔活塞上移到使下端与上腔阀门之间形成排气间隙。后制动气室的压缩空气经 G 腔排气间隙和其下面的排气口 C 排入大气;与此同时,下腔大活塞及下腔小活塞受复位弹簧的张力的作用而上升,使下腔阀门与下阀体的阀座接触,从而关闭储气筒与前制动气室的通路;另一方面,由于下腔大活塞及下腔小活塞的上移,使小活塞的下端与下腔阀门之间也形成排气间隙,前制动气室的压缩空气经H腔及所形成的排气间隙以及下腔阀门和排气口C排入大气中。

若前桥管路失效,控制阀的上腔室仍能按上述方式工作,因此后桥管路照常工作。当后桥管路失效时,由于下腔室的大活塞上方建立不起控制气压而无法动作,上腔平衡弹簧将通过上活塞推动小活塞及芯管使小活塞与大活塞单向分离而下移,推开下阀门使前桥控制管路建立制动气压、并利用小活塞和平衡弹簧的张力相互平衡起随动作用。为了消除上活塞与上阀门间的排气间隙(图示1.2mm±0.2mm)所需要的踏板行程,称为制动踏板自由行程。排气间隙亦可进行调整。

b. 并联膜片式。图24-96所示为双腔并列膜片式气压制动控制阀工作情况。它由彼此独立的前腔制动阀和后腔制动阀及两阀共用的平衡臂、平衡弹簧、拉臂及上体等部分组成。独立的左腔室与后桥储气筒和后桥控制管路连接;独立的右腔室与前桥储气筒和前桥控制管路连接。膜片组件的驱动形式是通过叉形拉臂、推压平衡弹簧、推杆、平衡臂同步地控制两腔的膜片芯管。平衡弹簧无预紧力,膜片制成挠曲型。

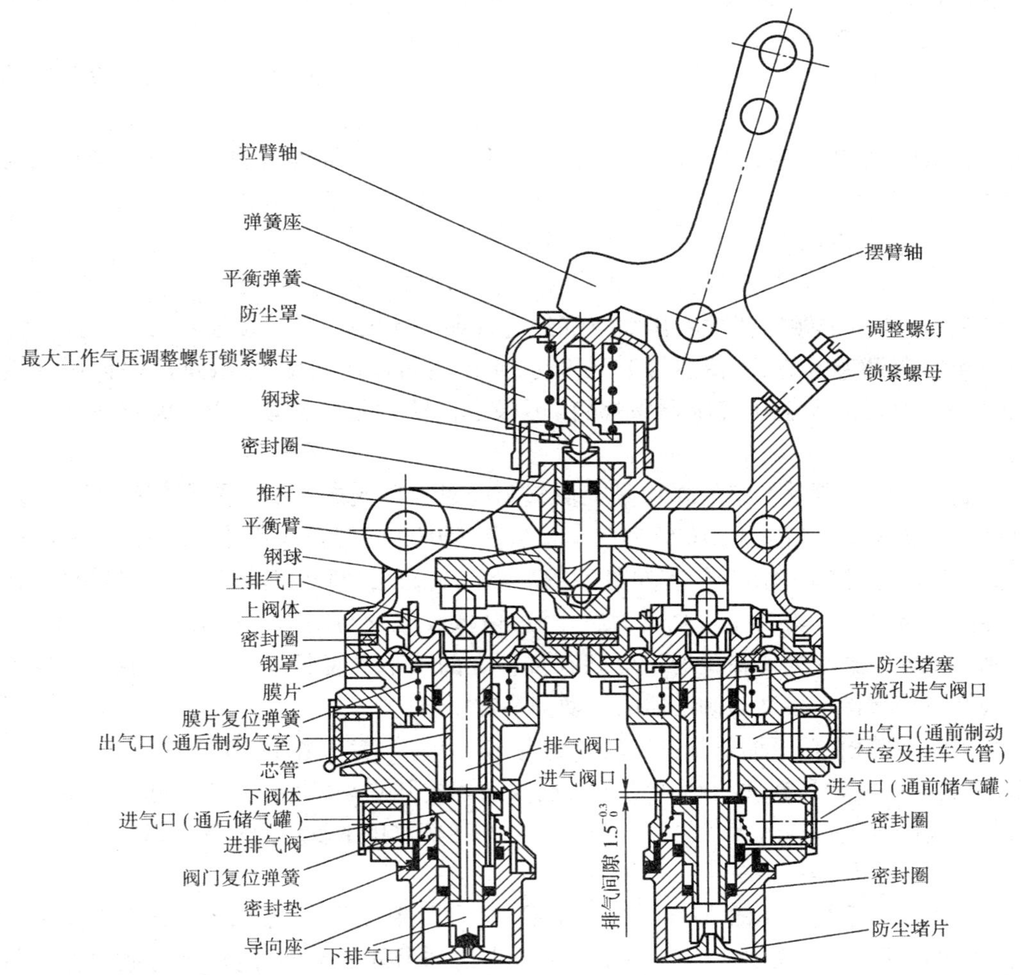

图24-96　双腔并列膜片式气压制动控制阀工作情况(不制动时)

前桥腔室中有滞后机构,两腔室制动时,有时间差和气压差,且能调整其大小,使得前后桥制动能协调一致。滞后机构总成由推杆、密封柱塞、可调的滞后弹簧、调整螺母等零件组成,其壳体通过螺纹装于阀体下端的螺纹孔内,并用密封圈密封,下端螺纹孔装有调整螺母,并用锁紧螺母锁紧。旋转调整螺母,可调整滞后弹簧的预紧力。在滞后弹簧的张力作用下,经密封柱塞使位于芯管中心孔的推杆上端支承着芯管,芯管下端面与进气阀上端面保持 1.5mm ±0.3mm 的排气间隙。后桥腔室的下部,也装有和前桥腔室滞后机构相同的零件和相同的排气间隙,只是少了推杆使其滞后机构不起作用。

制动时,杠杆使拉臂绕轴转动,拉臂将平衡弹簧和平衡臂压下,推压两腔室的膜片和芯管。由于后桥腔室中无推杆和滞后弹簧的作用力,因此芯管首先将排气阀口 E 关闭,继而打开进气口 D,压缩空气便经进气阀口充入后桥控制管路。此后,由于后桥腔室中平衡气室 V 不断充气,(经节流孔 C 进入)气压升高,随着膜片和芯管下移各复位弹簧的变形量增加,反抗平衡臂下移的作用力将相应增大。与此同时,平衡臂对前桥腔室膜片芯管组的压力也随之增大,当足以克服前桥膜片芯管组下移的阻力时,平衡臂右端也开始下移,并推开前桥腔室的进气阀,使前桥控制管路充气。

压缩空气在充入前、后制动气室的同时,还经节流孔 C 进入膜片的下腔,推动两腔的芯管上移,促使平衡臂等零件向上压缩平衡弹簧,此时两用阀将进气阀口 D 和排气阀口 E 同时关闭,制动阀处于平衡状态,压缩空气保留在制动气室中,即维持制动。当需增加制动强度,可继续踩下制动踏板到某一位置,制动气室进气量增加,气压升高,当气压升高到进、排气阀口又同时关闭时,制动阀又处于新的平衡状态。

放松制动踏板,两腔室的膜片芯管上移,排气阀口 E 被打开。由于气压差的关系,排气将按后桥、前桥的顺序依次将压缩空气经芯管和上体的排气口 B 进入大气,解除制动。通过自由行程调整螺钉,可使芯管上下移动,使排气间隙达到规定值,从而保证制动踏板自由行程。通过最大工作气压调整螺钉,可限定摆臂的最大摆动位置,从而限制最大工作气压。

④制动气室。制动气室的作用是把储气筒经过控制阀送来的压缩空气的压力转变为转动凸轮的机械力。解放 CA1092 型汽车和东风 EQ1090E 型汽车都采用膜片式制动气室。东风 EQ1090E 型汽车的制动气室如图 24-97 所示,夹布层橡胶膜片的周缘用卡箍夹紧在壳体和盖的凸缘之间。盖与膜片之间为工作腔,借橡胶软管与制动阀接出的钢管连通,膜片右方则通大气。膜片复位弹簧通过焊接在推杆上的支承盘将膜片推到图示的左端极限位置。推杆的外端借连接叉与制动器的制动调整臂相连。

踩下制动踏板时,压缩空气自制动控制阀充入制动气室工作腔,使膜片向右拱,将推杆推出,使制动调整臂和制动凸轮转动而实现制动。放开制动踏板,工作腔里的压缩空气则经由制动阀的排气口通入大气。膜片与推杆都在弹簧作用下复位而解除制动。

(5)气压制动系统 ABS。

①气压制动系统汽车的 ABS 的组成及原理。气压制动系统汽车的 ABS 直接控制车轮制动气室的气压力,不需要在原有的制动系统中增加另外的部件,能较容易地独立控制各车轮的制动力。

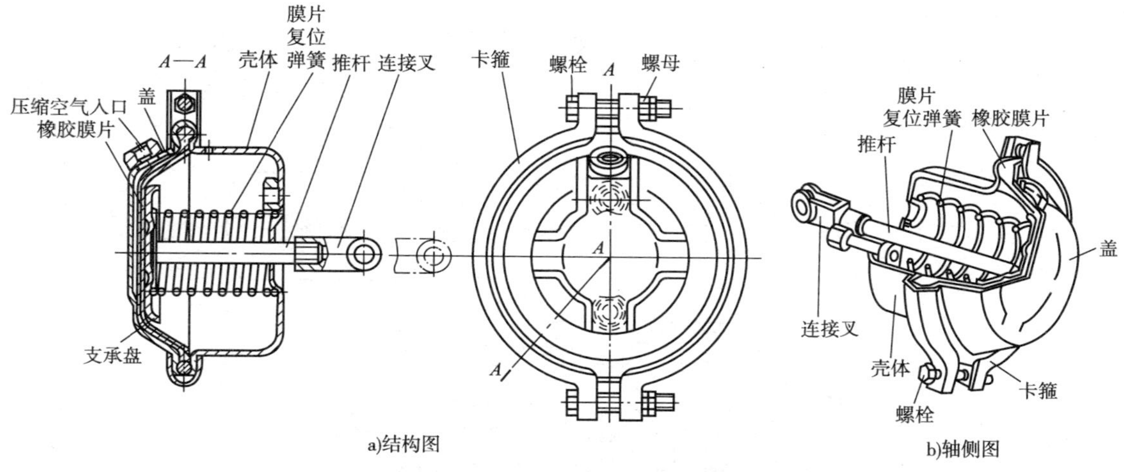

图24-97　东风EQ1090E型汽车制动气室

图24-98所示,4×2大中型汽车气压制动系统ABS。每个车轮设有一个转速传感器和压力调节阀,前轮的压力调节阀设置在快放阀和制动气室之间,后轮的压力调节阀设置在继动阀与制动气室之间。在驾驶仪表台上还设置有ABS警报灯,当ABS中任何零部件发生异常时警报灯亮。该警报灯在接通点火开关时也会启亮并在车速达到10km/h时进行系统自检(对电子控制器以及各部件的电气性能和线路进行检查),若系统没有异常时警报灯熄灭,系统有异常时警报灯持续亮。

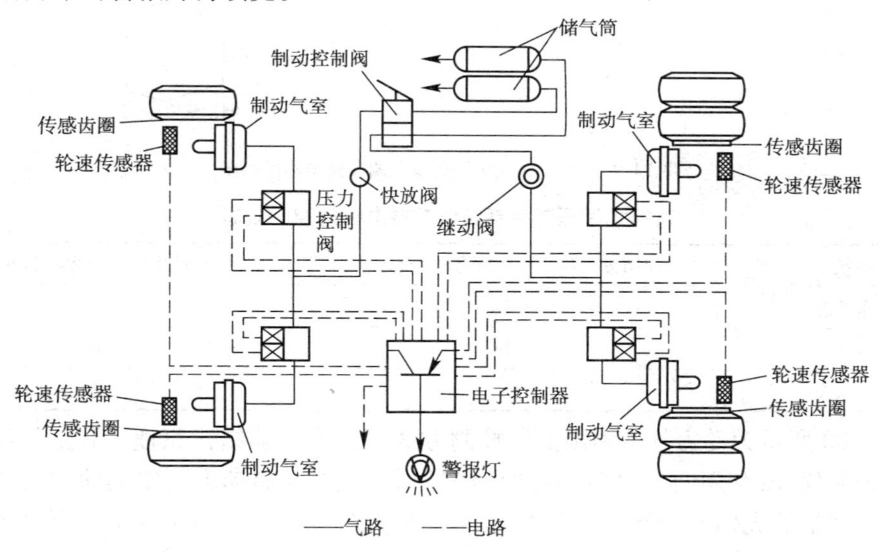

图24-98　4×2大中型汽车气压制动系统ABS基本组成

②气压式制动压力调节器。图24-99所示为直接控制式气压制动系统压力调节器的结构原理。它主要由一个进气膜片隔离阀和两个膜片排气阀及两个电磁阀组成,进气膜片隔离阀用来控制从制动继动阀进入的空气,排气膜片阀用来排去制动控制气室的空气,电磁阀的作用是控制各相应膜片阀的背压。各电磁阀的控制状态见表24-12所示。

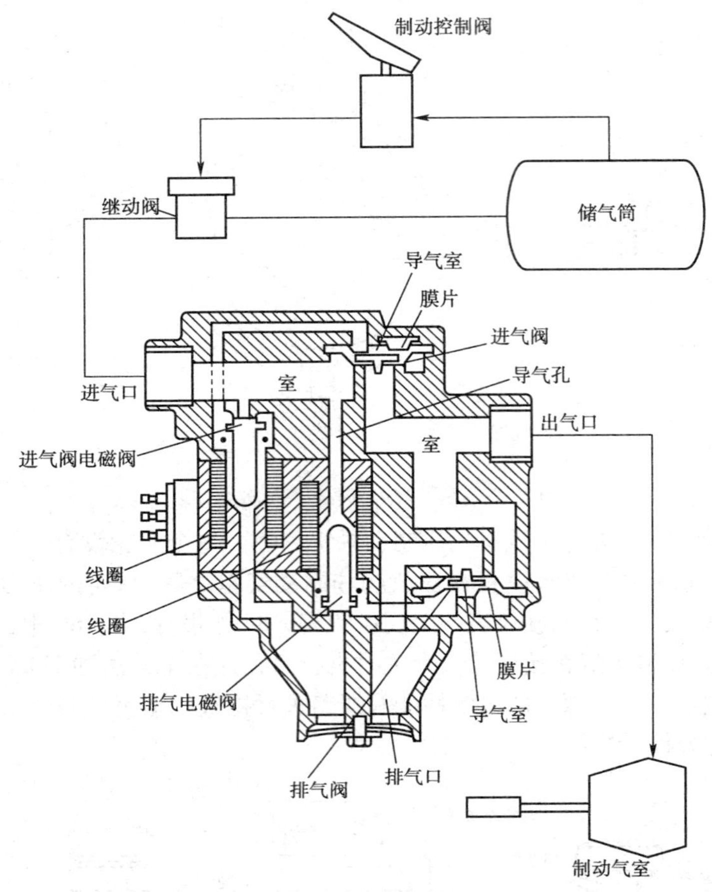

图 24-99 直控式气压制动压力调节器结构原理图

直控式气压制动系统调节器电磁阀控制状态 表 24-12

控制状态	控制进气膜片隔离阀背压的电磁阀	控制膜片排气阀背压的电磁阀
增压状态	关	关
保压状态	开	关
减压状态	开	开

图 24-100 所示为动力气室输出液压控制方式压力调节器结构原理。其工作特点是以空气作为控制媒介,利用两个电磁阀控制空气压力,从而控制动力气室的输出液压。它由带液压缸和气缸的壳体及控制气缸压力的电磁阀组成。气缸的进、排气由两个电磁阀来控制,改变气缸的压力可使液压缸容积发生变化,从而改变制动轮缸的制动液压力。

2)气顶液式制动系统

(1)气顶液式制动系统的结构原理。气压制动系统作为一种动力制动系统,比人力液压制动系统更容易满足在踏板力不过大而踏板行程又不过长的条件下产生较大制动力的要求。但气压系统的工作压力比液压系统的低得多,因而其部件的尺寸和质量都比液压系统的相应部件大得多。例如,液压轮缸可以装在制动器内直接作为制动蹄张开装置,而尺

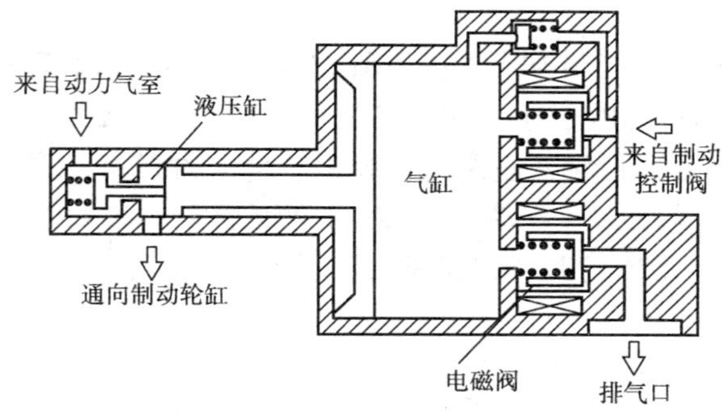

图24-100　动力气室输出液压控制方式压力调节器结构原理图

寸很大的制动气室则只能装在制动器外，必须通过制动调整臂和制动凸轮轴等一系列零件来张开制动蹄，况且这些零件及其支承座都很笨重而且属于非簧载质量，有损于汽车行驶平顺性。其他气压部件，如空气压缩机和储气筒等也都比相应的油泵和储能器等液压部件更大更重。因此，气压制动系统只宜用于中型以上汽车，特别是重型的货车和客车。

此外，在踩下和放开制动踏板时，气压系统中工作压力的建立和撤除，都比液压系统缓慢得多。一般说来，气压制动系统的工作滞后时间约3倍于液压制动系统。为了兼取气压系统和液压系统两者之长处，有些重型汽车采用了如图24-101所示的气顶液式动力制动系统。在图示的双回路制动系统中，供能装置和控制装置都是气压式的，传动装置则是气压—液压组合式的。气压能通过互相串联的制动气室和液压主缸转换为液压能。这样，气压系统可以布置得尽量紧凑些，以缩短管路长度和滞后时间。用液压轮缸作为制动器促动装置大大减少了非簧载质量。

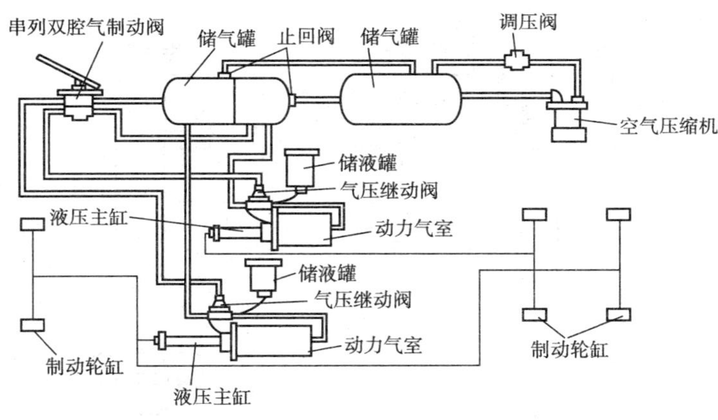

图24-101　气顶液制动系统示意图

使用气顶液制动系统的汽车用来牵引挂车时，挂车可用气压制动，也可用液压制动。此外，这种气压和液压系统兼备的汽车的各个车桥的制动器有可能分别采用液压促动和气压促动。

(2)气顶液制动系统ABS。气顶液制动系统用ABS有两种控制方法：一是通过控制动力气室的输入气压而间接地控制液压主缸（总泵）的输出液压；二是直接控制液压主缸（总泵)的输出压力。

①动力气室的输入气压控制方式。在如图24-102所示,气顶液制动系统用输入气压控制方式的ABS一般为四传感器三通道式。在制动控制阀与前后轴动力气室间串联有电子控制器控制的压力调节器。后轴左右两轮各装用一个动力气室,用两个独立的压力调节器单独进行控制。前轴两轮只有一个动力气室,分别测出左右车轮的转速,从中选取一个较低值,根据这个信号用一个压力调节阀完成前轴制动压力的控制(低选择控制方式)。

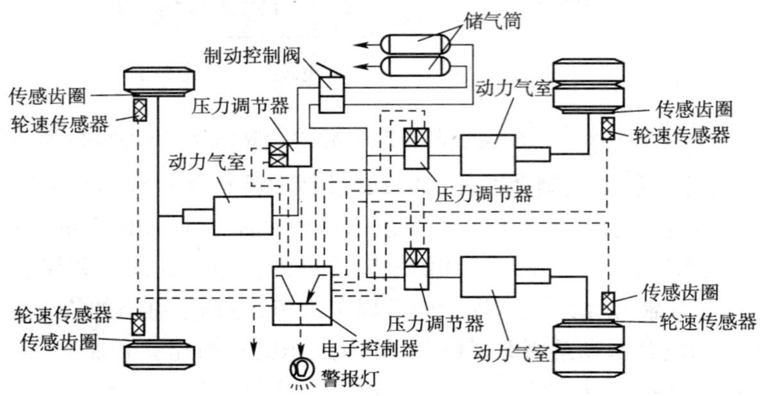

图24-102 气顶液制动系统用输入气压控制方式的ABS基本组成

②动力气室的输出液压控制方式。如图24-103,气顶液制动系统用输出液压控制方式的ABS与原来的制动管路相比较,在每个车轮动力气室的输出端(液压主缸)和制动鼓内的轮缸之间增设了四个调节器,调节器通过控制气压而进一步控制轮缸液压。由于使用这种调节器可直接控制车轮制动轮缸液压,使得ABS动作更加准确。

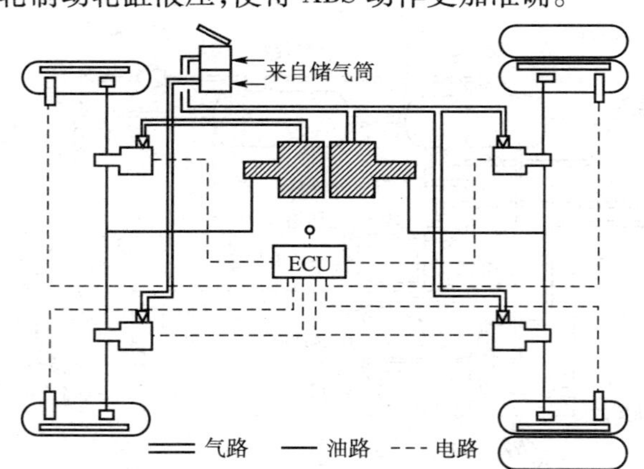

图24-103 气顶液制动系统用输出气压控制方式的ABS基本组成

2 辅助制动系统

主要在山区行驶的汽车经常要下长坡,为不使汽车在本身重力作用下不断加速到危险程度,需对汽车进行持续制动。另外经常行驶在密度很高、交通情况复杂的城市街道上的公交车,为避免交通事故,需频繁地使用行车制动器。上述两种运行条件下的汽车制动器因长时间频繁工作将使制动器过热，导致制动能力衰退甚至丧失。因此，在此类车辆上有必要装设辅助制动系统。

辅助制动系统有排气制动、涡流缓速器等形式。

1）排气制动

排气制动装置是在排气管出口处装一个蝶形片阀，当汽车下长坡时将该片阀关闭，并停止供油，使发动机在压缩和排气过程中都在压缩空气，即发动机变为压缩机。此时，排气管中的压力升高，吸收汽车的动能，压力越高，排气制动的效果越好。

图24-104所示为电磁气压控制的排气制动装置。三个气缸分别控制排气制动阀、进气消声阀和熄火操纵臂。常闭式电磁阀由电气管路开关、移动铁芯及线圈组成，串联在排气制动开关、离合器开关和加速开关的控制电路中，并控制储气筒至各气缸的压缩空气管路。其中任何一个开关断开，都会使电磁阀关闭而解除排气制动。离合器开关由离合器踏板控制，当踏下踏板时，触点断开，电流即切断，使排气制动暂时解除，同时发动机恢复供油，保持怠速运转；放松踏板时，触点闭合。

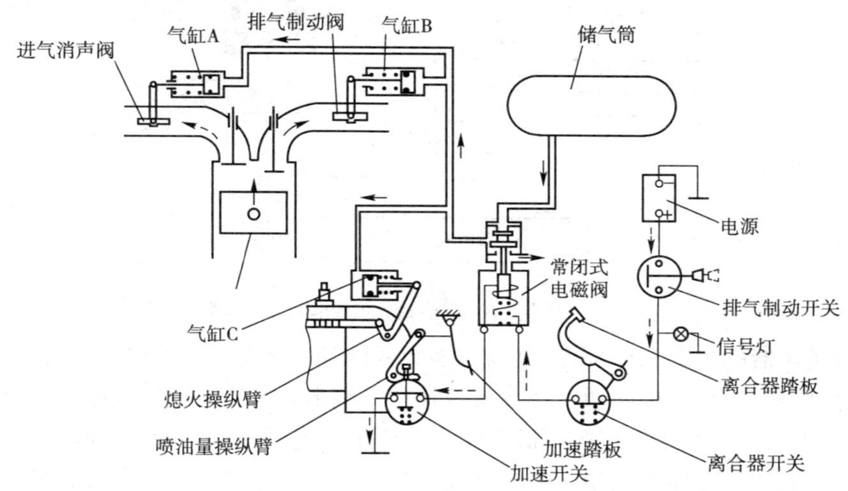

图24-104 电磁气压操纵的排气制动装置（原理图）

制动时，放松加速踏板，排气制动开关接通，信号灯排气制动亮。电流即经排气制动开关、离合器开关、电磁阀线圈、加速开关形成回路。电磁阀产生吸力，关闭排气口，打开进气口，压缩空气充入三个气缸。其中气缸C使柴油机停止供油；气缸A和气缸B使进气消声阀和排气制动阀关闭进、排气管，实现排气制动。

发动机排气缓速器价格低、结构简单，不需改动汽车传动系统，多用于停止供油控制比较简便的柴油机。但对发动机有一定的不良影响，且缓速能力较小。

2）电涡流缓速器

缓速器有液力缓速器和电涡流缓速器两种。液力缓速器一般与液力传动变速器组合使用，因其需要与液力传动变速器组合使用，具有局限性，而且成本较高，故目前应用较少。电涡流缓速器是近年才进入国内的一种新型动态安全装置，安装在汽车传动系统中，用来提高车辆的安全性能。电涡流缓速器以其低速大转矩、维护简单、可靠性高、成本较低等特点在汽车辅助制动市场上得到了较为广泛的运用。

电涡流缓速器在发达国家已广泛使用,电涡流缓速器已成为奔驰、沃尔沃、曼斯堪尼亚等世界知名汽车的标准配备,广泛用于公交客车、豪华客车及载货汽车等商用汽车上。近几年国内中高档商用汽车也开始采用,目前高级大中型客车几乎都标配或选装电涡流缓速器,部分货车也在试装缓速器,如金龙客车、宇通客车、解放货车、欧曼货车及重汽货车等。

目前缓速器主要有TELMA、西班牙弗雷拉萨、特尔佳及淮安等品牌。

(1)电涡流缓速器的结构和工作原理。如图24-105所示为金龙客车装备的特尔佳电涡流缓速器,主要由机械部分和电气部分组成。机械部分由转子总成、定子总成和固定支架组成,电气部分由电子控制器总成、电源开关、指示灯、气压开关和速度信号传感器等组成,在带有ABS的车辆上,其线路中还串联有ABS诊断接口。

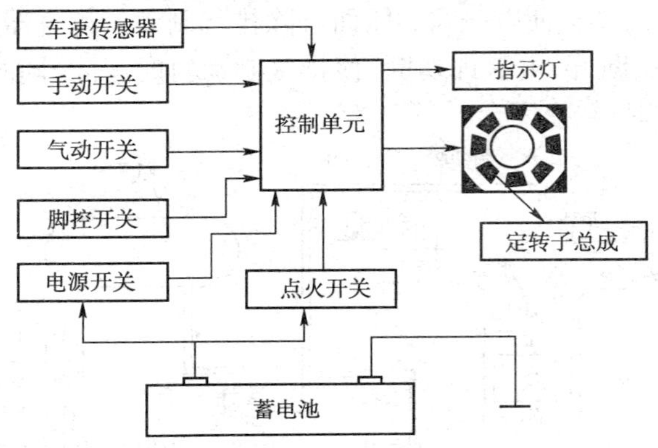

图24-105　金龙客车装备的特尔佳电涡流缓速器

定子是缓速器的主要工作部件,其内置多组线圈通过固定支架与车辆底盘连接。转子由对称的前、后转盘组成,中间通过凸缘或者连接环将其固定为一体,与传动轴一起高速旋转,转子和定子之间有很小的气隙,如图24-106所示。电子控制单元是缓速器的控制核心,采用无触点的大功率晶体管控制。气压开关与气阀座一同安装在车架上,通过三通的气管与前制动气路相连,用制动踏板操纵缓速器的控制开关。速度传感器通过固定支架一起安装在定子上,在转盘旋转过程中产生脉冲信号。手动开关安装在驾驶室内,驾驶员通过选择合适的挡位来实现车辆的制动。电源总开关一般安装在电气舱内,接在蓄电池正极和缓速器控制器之间,供车辆检修时使用。指示灯安装在驾驶室内,向驾驶员显示缓速器的工作情况,并提供缓速器故障的诊断依据。

当驾驶员操纵控制开关时,控制器按照车辆的行驶状态和操作者的控制要求,为缓速器定子线圈组通电或断电,如给固定在定子上的线圈通电时,定子产生磁场,转子随传动轴在磁场中旋转,定子与转子构成磁场回路,产生电磁涡流,从而形成与转子转向相反的阻力矩作用于转子上,并通过转子传递到传动轴上,由传动轴分配到左右驱动轮上,从而达到减速的目的。由于电信号传输速度远远高于机械传递速度,从而可以实现提前减速。通电的线圈数量多少决定磁场强弱,也决定减速的效果。由于没有材料接触摩擦,所以也就没有任何机械的磨损。如果断开缓速器定子线圈组的供电,则汽车恢复到正常行驶状态。

特尔佳电涡流缓速器的电气原理图如图24-107所示。控制单元根据车辆的行驶状态和操作者的控制要求，为缓速器定子线圈组通电或断电，并同时在指示灯上对缓速器的工作状态进行显示，从而保证车辆正常行驶需要。

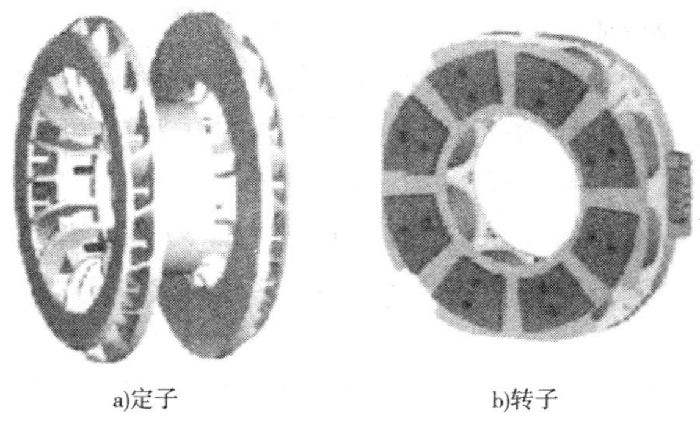

a)定子　　b)转子

图 24-106 定子和转子

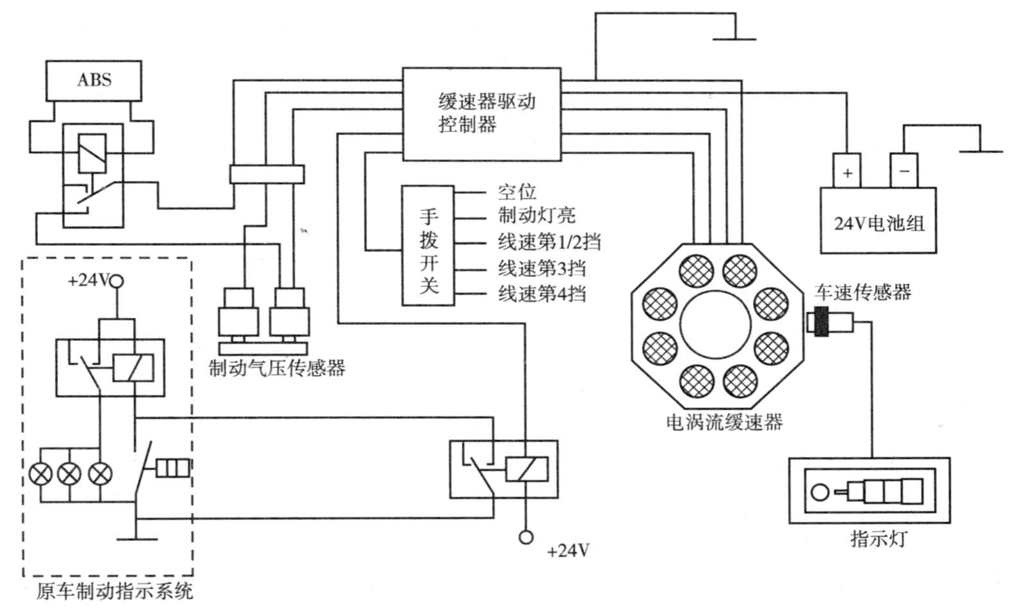

图 24-107 特尔佳电涡流缓速器的电气原理图

(2)电涡流缓速器的特点。电涡流缓速器的特点主要体现在安全、经济、环保和舒适等性能方面的改善。

①安全性方面。

a. 电涡流缓速器能够承担汽车运行中绝大部分制动时的负荷，是原制动系统 30% ~ 90% 的工作量，极大地减轻了行车制动器负荷，降低了车轮制动器的温度，有效避免“热衰退”现象和爆胎现象的发生，确保车轮制动器处于良好的技术状态，提高了车辆在山区行驶的安全性。

b. 电涡流缓速器能够在一个相当宽的转速范围内提供强劲的制动力矩，而且低速性能良好。车速在 10 km/h 时，缓速器就能提供缓速制动，车速达到 20 km/h 时，缓速器就能达到最大的制动力矩。

c. 电涡流缓速器是一个相对独立的辅助制动系统,它的转子与传动轴紧固在一起,即使制动系统突然失效,仍可用电涡流缓速器使车辆保留一定的减速制动能力。

d. 由于电涡流缓速器采用的是驱动车轮共控式,承担着整车的主要制动功能,改善了传统制动系统左右车轮制动不一致的问题,避免制动跑偏现象发生。同时还能使车辆获得较好的转向操纵性,特别是有利于提高潮湿和冰雪路段驾驶的安全性。

e. 电涡流缓速器反应灵敏。电涡流缓速器采用电流直接驱动,没有中间环节,其操纵响应时间非常短,仅有40ms,比液力缓速器的响应时间快20倍。

②经济性方面。

a. 由于电涡流缓速器的定子和转子之间没有接触,不存在磨损,因而故障率极低,平时除了做好例行检查,保持清洁以外,其他维护工作很少,所以维修费用低。

b. 由于电涡流缓速器能够承担车辆大部分制动力矩,因而能够延长轮制动器的使用寿命,降低用于车辆制动系统的维修费用,提高经济效益。据统计,安装了电涡流缓速器的车辆,其车轮制动器使用寿命至少可以延长4~7倍,轮胎使用寿命延长了20%以上。

c. 电涡流缓速器如果发生故障,在维修配件不能及时供应的情况下,可以关闭缓速器,车辆仍可以继续运行,不影响车辆的正常制动。

③环保方面。传统的制动系统由于制动片在摩擦过程中会产生很多粉尘,粉尘中含有因高温作用而发生变异的有害物质,甚至含有致癌物质,而电涡流缓速器由于采用非接触式制动,工作时没有摩擦材料的接触,本身不会产生粉尘,也不会在制动过程中发出刺耳的噪声。另外传统制动器的频繁维修会产生较多的维修废弃物,对环境造成污染。电涡流缓速器的使用能大大降低车轮制动器对环境带来的影响。

④舒适性方面。

a. 安装电涡流缓速器后,驾驶员可方便地通过手控制开关来实施多挡缓速,还可以按下恒速功能开关来使缓速器自动工作,减轻了驾驶员在下坡路段的精神压力,改善由于频繁制动造成的不适感。

b. 由于电涡流缓速器工作平稳,能提供平滑、渐进及安静的缓速效果,并能在任何车速下得到所需的减速力,因而车辆驾驶更容易,同时避免了由于紧急制动给车辆和乘客带来的冲击。

(3)电涡流缓速器的使用。只有正确地操作才能减少故障的产生,充分发挥电涡流缓速器的优点。

①特尔佳电涡流缓速器的操作步骤:

a. 打开点火开关,红色的电源指示灯变亮,表示整个缓速器供电已经正常(控制器上红色控制线接到汽车点火开关正极,根据该线的不同接法会有所差异)。

b. 汽车启动达到一定车速(约5km/h),准备工作指示灯亮,表示缓速器进入工作待命状态,可以控制缓速器工作。

c. 踩下制动踏板或者打开手动开关,缓速器开始制动,车辆速度明显降低。根据踩下踏板的不同高度,以及手动开关的选择,缓速器以不同挡位进行工作,一组工作指示灯依次变亮。

d. 随着车速的降低,当车速低于5km/h时,准备工作灯熄灭,缓速器停止工作(切记将手拨开关回到零位）。

②操作注意事项：

a. 一般情况下尽可能使用手控方式，以减轻常规制动器负荷，避免制动器磨损过快或者温度过高。使其始终处于良好的工作状态，这样当行驶中遇到紧急情况时，能保持其良好的安全性能。

b. 因为缓速器的工作时间要先于常规制动，在使用脚动方式控制缓速器时，注意尽量轻踩制动。除非必要，应避免紧急制动，从而最大限度地发挥缓速器的效能。

c. 对于有预见性的制动，如到站、高速公路上进收费站等车辆进行临时停靠时，要提前使用缓速器使车辆减速，最后用制动蹄片使车辆停下来，以避免蹄片磨损过快。

d. 车辆空载或行驶在冰雪、泥泞的路段时，由于车轮的附着力较差，在使用手动开关时不要换挡太快，以免因缓速器作用力过大引起后轮打滑，此时还应确认缓速器与ABS是否正确连接。

e. 当车辆在山区行驶，特别是在长距离下坡时，切记不能连续将缓速器手动开关放在最高挡位上，以避免缓速器持续过热导致线圈烧坏。如果缓速器连续使用一段时间，不要马上将车停下，避免其散热不良（最好继续行驶200m左右的距离）。

（4）缓速器的维护。正常的维护能保证电涡流缓速器经常保持良好的工作效能，减少零部件非正常损坏，避免缓速器发生故障。

①定期清洗。电涡流缓速器在工作时会产生巨大的热量，所以转子的散热能力和控制转子热变形的方向成为转子结构设计的关键，也是电涡流缓速器的核心技术之一，而保持转子风叶等散热表面的清洁也成为缓速器维护的重要项目。特别是在粉尘或泥浆多的地点，以及在冬季撒盐的道路上行驶后，应该使用高压喷头定期清除转子上的沉积物，以保证缓速器产生的热量能得到有效散发。在清洗过程中应注意：

a. 清洗前必须断开电源总开关。

b. 定子以及电器接头只能使用低压喷头清洗。

c. 只能在缓速器冷却后进行清洗，否则会导致转盘变形。

d. 不得使用腐蚀性溶剂。

②定期维护。

a. 检查缓速器的轴向窜动。用塞尺检查缓速器4个角定子和转子之间的间隙。如果各处间隙不均匀，则检查定子固定支架螺栓是否松动；转子是否变形，变速器（后桥）输出凸缘是否松动。

具体方法：用大螺丝刀或撬棍插入缓速器转子和定子之间的间隙中，并用力撬动，如果感觉转子有轴向窜动，则需查明原因并加以解决，否则会导致定子和转子磨损。

b. 检查传感器与转子之间的间隙是否合适（3～5mm）。如果间隙不当，就松开传感器紧固铜螺母，调整完毕后重新拧紧。

c. 检查变速器输出端（后桥输入端）有无漏油现象，如果漏油，则需更换油封。

d. 检查缓速器搭铁线、驱动线是否接触良好，如有松动，必须将其紧固牢靠。

e. 检查缓速器线束有无磨损，各连接插头是否牢固，气压开关、控制器、速度传感器支架是否松动。

学习任务25 自动变速器的结构与拆装

工作情境描述

某乘用车到4S店后，经过维修技师检测诊断，确定要清洗液压油路并更换相应传感器，解体大修液力自动变速器，现在请你制订工艺流程，并实施拆装作业。

学习目标

通过本学习任务的学习，应能：

1. 描述液力自动变速器的结构特点；
2. 描述A341E液力自动变速器的拆卸与装配方法；
3. 根据维修手册制订A341E液力自动变速器拆卸清洗装配作业计划；
4. 按照维修手册和工艺流程要求，在规定时间内进行A341E液力自动变速器拆卸、清洗与装配作业，操作过程中严格执行5S规定；
5. 绘制A341E液力自动变速器动力传递示意图、描述其液压控制阀的控制原理；
6. 撰写本次作业总结，并且形成技术报告。

学习时间

38学时。

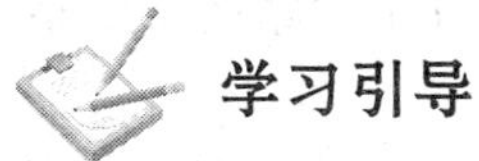

学习引导

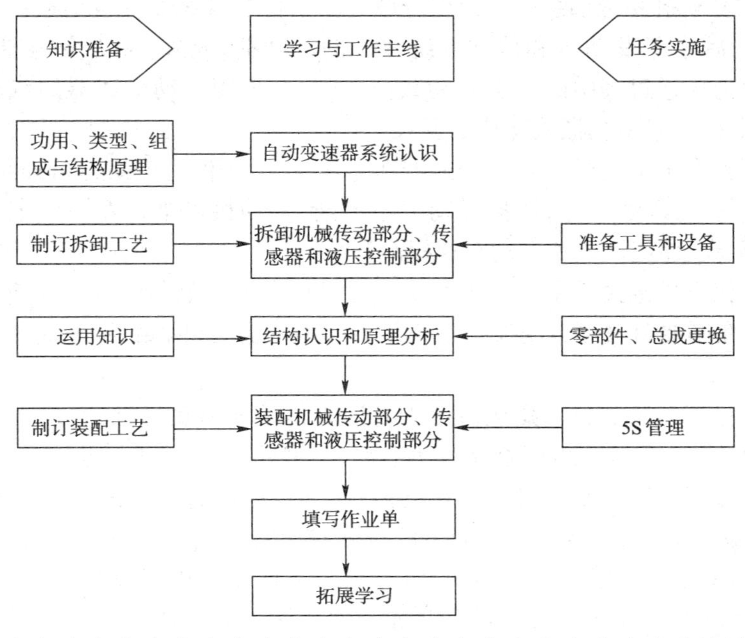

一、知识准备

1　自动变速的发展

1940年美国通用汽车公司在奥兹莫比尔汽车上装了第一台现代意义的液力自动变速器(hydraulic mechanical transmission,缩写为HMT)。20世纪50年代起美国三大汽车公司都开始批量生产液力自动变速器。

1982年丰田公司生产出第一台由微机控制的电控液力自动变速器A-140E。

1983年德国成功地研制出电喷发动机和电控液力自动变速器共用的电子控制单元。

20世纪70年代中期,荷兰开发出一种金属带式无级自动变速器,称为CVT,实现了真正意义上的无级变速传动。

近年来,大众公司又推出了直接换挡的双离合器式自动变速器DSG(Directly shifting gearbox)。由于没有采用液力变矩器,所以机械损失小,燃料经济性好。

目前世界各国汽车公司生产的轿车越来越多地装用了自动变速器,其中80%的自动变速器是液力自动变速器,因此本书以液力自动变速器为主来介绍自动变速器的结构原理。如无特别说明,以下液力自动变速器简称为自动变速器。

2　自动变速器的特点

(1)操作简化且提高了行车安全性。在汽车起步和运行时,自动变速器无需离合器操作和手动换挡操作,减少了驾驶员操作的劳动强度,可使驾驶员集中精力注意路面交通情况,因此,行车的安全性得以提高。

(2)提高了发动机和传动系统的使用寿命。由于自动变速器在自动换挡过程中无动力中断,换挡平稳,减小了发动机和传动系统零件的动载荷;此外,液力变矩器这个"弹性元件"可以吸收动力传递过程中的冲击和动载荷。因此,采用自动变速器的汽车发动机和传动系统零件的寿命比采用机械式变速器要长。

(3)提高了汽车的动力性。自动变速器在起步时,由于液力变矩器可连续自动变矩,可使驱动轮上的牵引力逐渐增加,换挡时动力不中断,发动机可维持在一稳定的转速,因此,可使汽车平稳起步、加速性能和平均车速提高。

(4)提高了汽车的通过性能。液力变矩器可以在一定的范围内自动变速来适应汽车行驶阻力的变化,在必要时又可自动换挡以满足牵引力的需要,因此,显著提高了汽车的通过性能。

(5)减少了排气污染。自动变速器由于有液力传动和自动换挡,在换挡过程中发动机可保持在稳定的转速,发动机的燃烧条件不会恶化,因此,可减少发动机排气污染。

(6)可降低燃料消耗。由于自动变速器换挡及时,换挡过程中发动机仍可在理想的状态下稳定运转,因此,在需要频繁换挡的市区行驶,自动变速器汽车就比较省油一些。尤其是现代汽车自动变速器采用电子控制换挡,可按照最佳油耗规律控制换挡,加之采用了超速挡和锁止离合器等,使自动变速器汽车的油耗有了明显的下降。

自动变速器的缺点是结构较为复杂、成本较高、操作不规范会造成变速器严重损坏,维修技术要求较高。

3 自动变速器的组成及功用

1) 液力变矩器

液力变矩器由动力输入装置——泵轮,动力输出装置——涡轮,增矩装置——导轮以及固定导轮的单向离合器和锁止离合器等组成。

液力变矩器具有以下功用:

(1)驱动油泵。大部分汽车自动变速器的液压泵由变矩器泵轮驱动毂直接驱动,少部分汽车由变矩器的涡轮间接驱动。

(2)低速区域内增矩。汽车起步时所需转矩很大,运行中逐渐减小。自动变速器低速时增矩,主要依靠变矩器。所以汽车在低速时速度上不去,中、高速后汽车加速良好,是典型的液力变矩器故障。

(3)替代发动机飞轮和离合器。液力变矩器前端安装在挠性板上,挠性板具有足够的弹性,以允许液力变矩器受热或受压时的膨胀以及冷却时收缩带来的前后移动。变矩器及其内部油液及挠性板的质量一起充当发动机飞轮的作用,变矩器的外缘有供启动用的齿圈。

(4)柔和地传递转矩。液体传动比机械传动能更有效地吸收振动。变矩器与摩擦式离合器不同之处是在停车时不用脱开传动系统也能维持发动机的怠速运转。

2)液压自动换挡控制系统

液压自动换挡控制系统由自动变速器油泵、控制阀、伺服装置、蓄能器、制动器和离合器等组成。其作用是根据驾驶员的意图和工况的需要，利用液压改变离合器和制动器的工作状态，使行星齿轮机构改变传动路线实现自动换挡。

3）自动变速器的电子控制装置

电脑控制自动变速器（简称 ECT：Electronic Control Transmission）是在液压控制系统的基础上增加了电子控制装置，使得变速器的换挡控制精度大大提高。

（1）电控装置的组成。电控装置由传感器、电子控制单元（简称 TCU）以及执行器三部分组成。传感器包括节气门位置传感器、车速传感器、冷却液温度传感器、自动变速器油温传感器以及空挡启动开关、制动开关、强制降挡开关、超速挡开关、模式开关等。执行器则主要由各种作用的电磁阀组成。

（2）电控装置的作用。在换挡控制方面，用电信号代替油压信号；用微机处理代替换挡阀进行换挡控制，可实现换挡规律的最佳控制，使换挡及时、准确，更好地适应汽车的行驶要求，有利于改善发动机的工作状况，获得最佳的动力性、经济性和排放性。

4）行星齿轮机构

行星齿轮机构的作用是改变汽车变速器的输出转速、转矩及方向。

行星齿轮机构由行星齿轮及行星架、太阳轮、齿圈组成。每一组行星齿轮机构又被称为 1 个行星排；四速的自动变速器一般有 3 个行星排，二速和三速的自动变速器都是 2 个行星排。根据行星排之间的连接关系不同，可将行星齿轮机构分为辛普森式和拉威挪式两种基本结构。

行星齿轮机构是常啮合传动，啮合齿数多，且是同向、同轴线传动，结构紧凑。换挡时动力传递不中断，齿轮不承受换挡冲击（换挡冲击作用在离合器和制动器上），加速性好，简化了操作。

5）冷却装置和自动变速器油滤清器

自动变速器油在传力过程中，因冲击和摩擦（离合器、制动器接合时表面工作温度通常在 200℃左右）其温度会不断升高，造成传动效率降低。利用冷却器可将自动变速器油保持在正常温度（80 ~ 90℃）范围，而自动变速器油滤清器则可以将工作中产生的金属磨料或非金磨料及时分离。

自动变速器的冷却装置通常与发动机散热器组合在一起的，它由冷却器、输油管和回油管组成。滤清器有滤网、毛毡和纸质的三种，装在控制阀的下面。

6）人机联动装置

人机联动装置包括节气门拉索和换挡手柄。

节气门拉索可以将发动机的负荷准确地传给变速器，通过改变节气门开度来控制车速。

换挡手柄用来选择行驶方式，前进、倒车、空挡或停车。自动变速器的换挡手柄有 6 ~ 7 个位置，下面以 P、R、N、D、2、L 为例说明各挡位可以提供的功能：

（1）“P”挡为停车挡，又称锁止挡。在此挡位，变速器的输出轴将被强制性锁止，并且发动机可以启动。

（2）“R”挡是倒挡，与手动变速器相同。

(3)"N"挡是空挡,在此挡位发动机可以启动。

(4)"D"、"2"、"L"挡都是前进挡。但在使用时各挡的功能是有差异的。

①"D"挡:可以在全部传动比中选择最合适的一个,并随行驶条件的变化而自动完成升降挡的动作。"D"挡是使用频率最高的挡位。

②"2"挡:俗称滑行挡。换挡手柄在此位置,一般不能升入最高挡位,常在弯道较多的下坡山路使用。

③"L"挡是低速挡,一般仅在冰雪路面、松软土路或根本无路的情况下使用。"L"挡一般只升一次挡或根本不升挡。

4 自动变速器的分类

(1)按照驱动形式不同,分为前轮驱动自动变速器(变速驱动桥)和后轮驱动自动变速器两大类。后轮驱动自动变速器,如雷克萨斯 LS400 轿车 A341E,而东风雪铁龙凯旋、世嘉轿车装用的 AL4 则是典型的横置式前轮驱动的自动变速器,如图 25-1 所示。

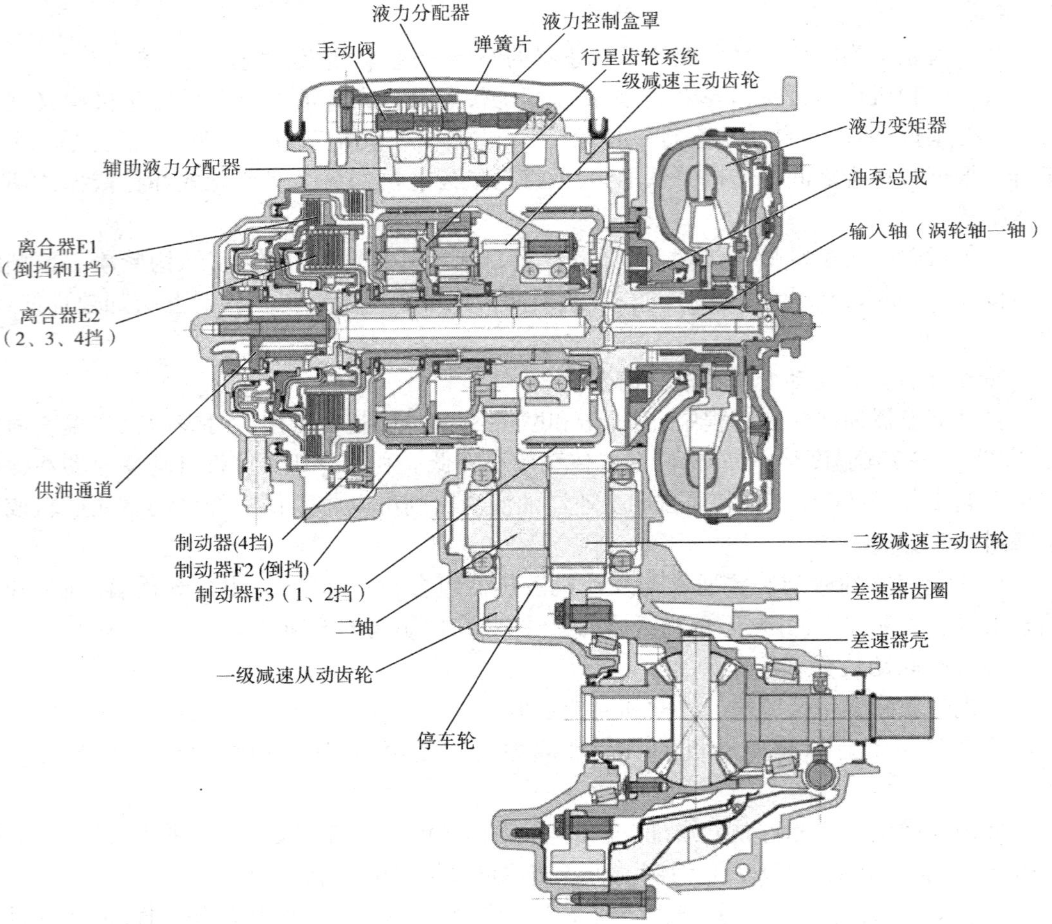

图 25-1 AL4 自动变速器

(2)按自动换挡的控制方式分类,有液控自动变速器和电控自动变速器两种形式。

①液控自动变速器。其换挡控制方式是通过机械手段将节气门开度参数和车速参数转化为液压控制信号,使阀体中各控制阀按照设定的换挡规律控制换挡执行机构动作,实现自动换挡。

②电控自动变速器。通过各种传感器将发动机转速、节气门开度、车速、发动机冷却液温度、自动变速器液压油温度参数转变为电信号,输入自动变速器电控单元。电控单元根据这些电信号确定自动变速器的换挡控制信号,并指令相应的换挡电磁阀动作,以产生相应的液压控制信号,使有关的换挡执行机构动作,实现自动换挡。

(3)按前进挡挡位的多少分类,有2挡、3挡、4挡、5挡、6挡自动变速器。目前自动变速器一般为4个挡,4挡为超速挡;少数自动变速器有6个挡,此时,5挡和6挡为超速挡。

(4)按齿轮变速部分的结构类型分类,有定轴齿轮式和行星齿轮式两种。行星齿轮式则根据其组合形式或结构的不同分为辛普森式和拉威挪式。由于行星齿轮自动变速器结构紧凑,又能获得较大的传动比,因此目前普遍采用。

(5)按驾驶员的操作方式分类,有自动换挡和自动/手动换挡两种(又称"手自一体式")。

5　电控自动变速器的基本控制原理

如图25-2所示,电控自动变速器上有两个核心传感器,即节气门位置传感器和车速传感器。节气门位置传感器向TCU(自动变速器电子控制装置)传递发动机负荷信号;装在自动变速器输出轴上的车速传感器向TCU传递车速信号。TCU根据这些信息接通换挡电磁阀负极,换挡电磁阀通过液压控制阀内的换挡阀控制行星齿轮机构中的离合器和制动器,实现换挡。

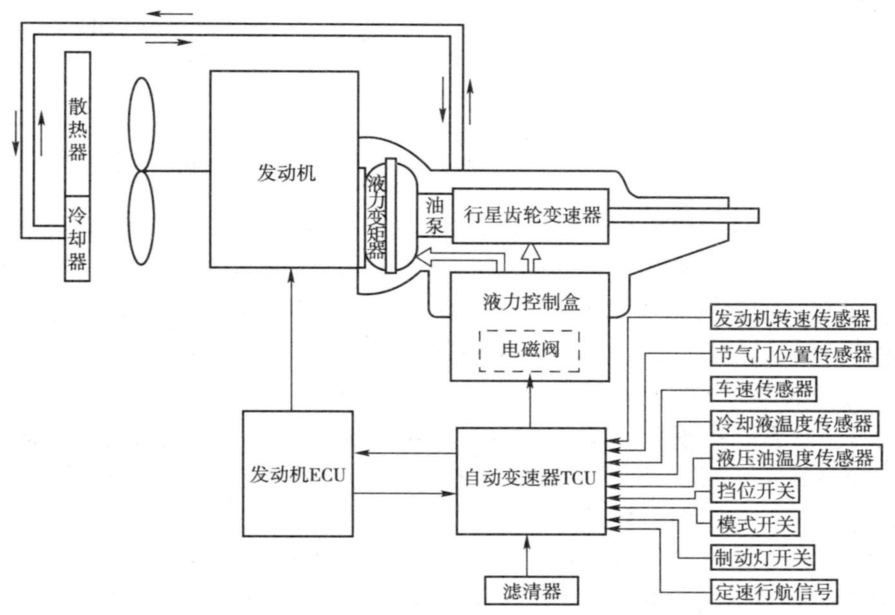

图25-2　电控自动变速器基本原理示意图

6 自动变速器的结构和工作原理

1)液力变矩器

(1)液力变矩器的组成。常用的汽车液力变矩器由泵轮、涡轮和导轮组成,如图 25-3 所示,称三元件液力变矩器。由若干曲面叶片组成的泵轮为主动件,它与飞轮连接;由若干曲面叶片组成的涡轮为从动件,它与自动变速器的输入轴连接;由若干曲面叶片组成的导轮介于泵轮和涡轮的液流之间,并通过单向离合器与自动变速器的壳体导管连接。叶片的内圆有导流环,以促进油液循环。泵轮的叶片数目多于涡轮的叶片数目,以防止传力时产生共振现象。

液力变矩器的结构简图,如图 25-4 所示。

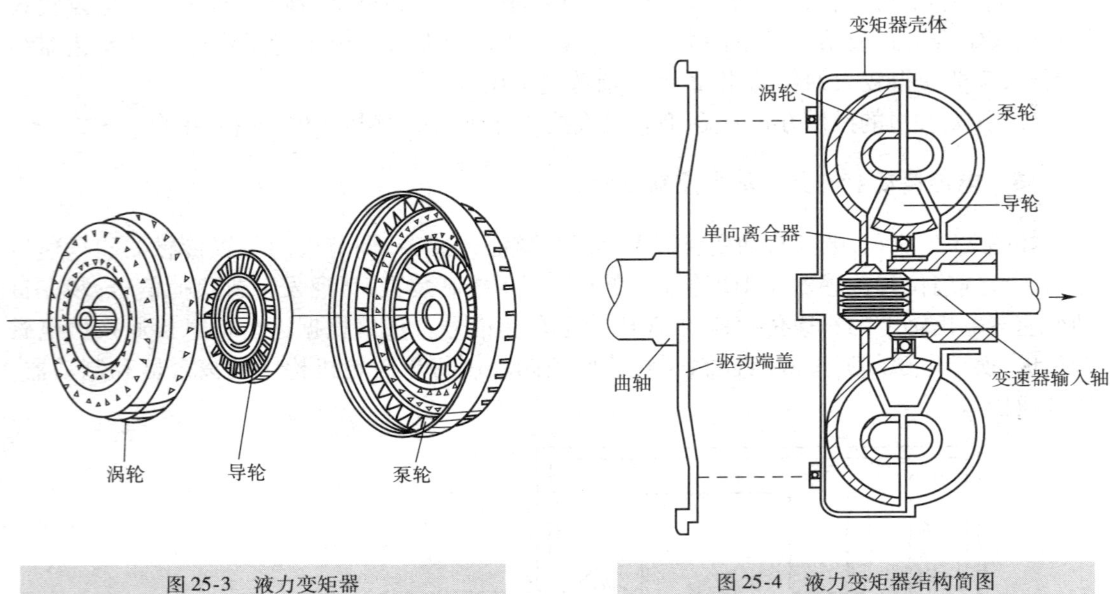

图 25-3 液力变矩器

图 25-4 液力变矩器结构简图

①泵轮。图 25-5 所示为拆去涡轮和导轮后的示意图,此时只剩下泵轮。左边薄盘是与飞轮相当的驱动盘,用螺栓与曲轴后端的凸缘连接。由于液力变矩器较重,可当作飞轮使用,装在外缘的齿圈与驱动盘焊接成一体。驱动盘用螺栓与泵轮连接,液力变矩器左边与曲轴相连接。发动机转动时,液力变矩器随曲轴转动。其内部的自动变速器油(以下简称 ATF)在离心力的作用下被甩向外侧,形成驱动力。

②涡轮。如图 25-6 所示,涡轮是带有很多叶片的圆盘,与泵轮的叶片面对面安装。涡轮可以在液力变矩器内自由转动,其轮毂的花键与输出轴(即自动变速器的输入轴)的花键相啮合。它是液力变矩器的输出元件,可将液体的动能转变为机械能。

③导轮。导轮是液力变矩器中的反作用元件,用来改变液体流动的方向。安装在涡轮与泵轮之间的轴心部位,如图 25-4 所示。导轮与导轮轴之间装有单向离合器。

(2)液力变矩器的工作原理。液力变矩器的工作原理就像两台对置的电风扇,一台电风扇不接电源,另一台电风扇接通电源。后者转动时,产生的气流可以吹动前者的扇叶使其转动。液力变矩器的泵轮相当于接通电源的电风扇,变矩器的涡轮相当于未接通电源的电风扇,变矩器内的 ATF 相当于空气。

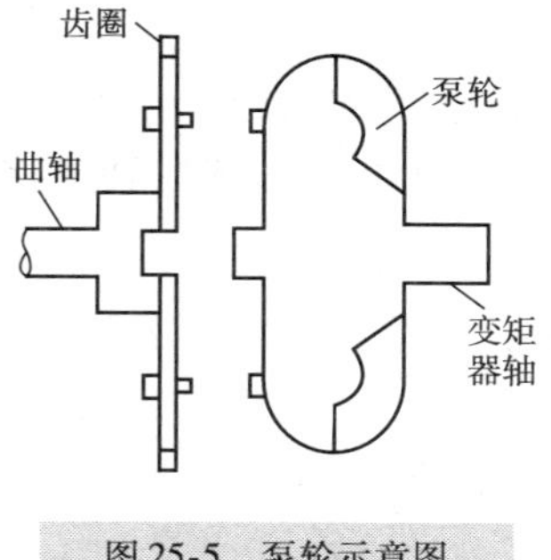

图 25-5　泵轮示意图

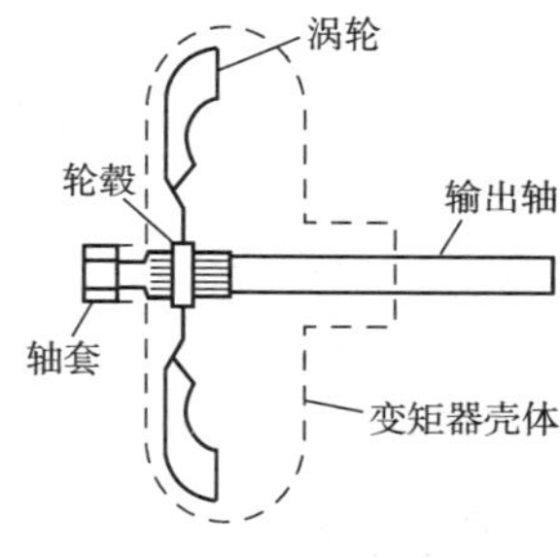

图 25-6　涡轮示意图

发动机驱动泵轮,泵轮转动把发动机的机械能转换成 ATF 的液体动能,使 ATF 高速进入涡轮,推动涡轮转动,由输出轴输出动力,亦即把 ATF 的液体动能转换成了机械能。

为了易于理解变矩器的工作原理和性能,先省去导轮,只分析泵轮、涡轮和 ATF 之间的工作关系。

图 25-7 是 ATF 在泵轮与涡轮间的流动示意图。发动机带动泵轮,泵轮叶片内 ATF 由于离心力的作用沿叶片向外侧射出,并且流向涡轮。ATF 在泵轮和涡轮之间形成一螺旋状的环流,以此传递动力。此环流在中心部分产生紊流,造成动力损失。为消除这一损失,泵轮和涡轮的中央部分制成空心。

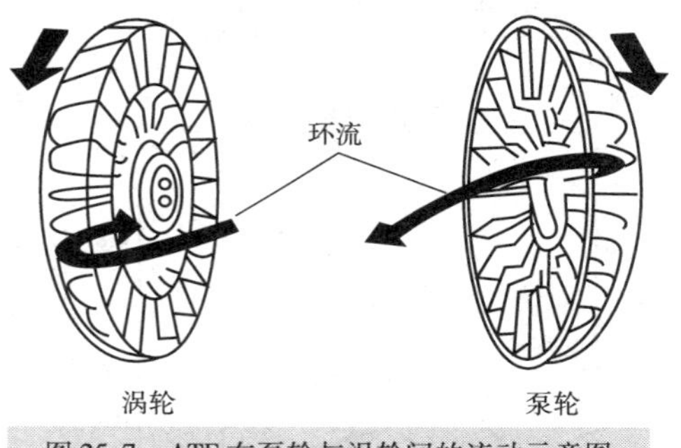

图 25-7　ATF 在泵轮与涡轮间的流动示意图

汽车未起步时,液力变矩器的转动使 ATF 从泵轮中射出,流入静止的涡轮,由于涡轮并不转动,液流从涡轮返回时,其方向与泵轮转动方向相反,从而阻碍了泵轮的转动,降低了传动效率。当泵轮转速增高时,环流作用使涡轮的转矩增大,涡轮开始缓慢地转动,并逐渐加快,缩小了与泵轮轮速的差别而提高了传动效率。这是变矩器没有导轮时的工作情况,其功能相当于液力耦合器。

若在泵轮和涡轮之间安装一个导轮,导轮通过一个单向离合器安装在固定于变速器壳体的导轮轴上,则 ATF 的流动情况如图 25-8 所示。从涡轮流出的 ATF 有剩余的动能,当泵轮转动而涡轮未动时(如汽车刚起步时),ATF 从导轮叶片的正面流入,此时,由于单向离合器锁止,导轮被固定在导轮轴上,故而其叶片对液流具有导向作用。于是 ATF 沿导轮的叶片流回到泵轮叶片背面而冲击泵轮,使泵轮转矩得以增大。泵轮与涡轮的转速相差越大,转矩增大越明显(约 2.5 倍)。当涡轮转速逐渐加快与泵轮转速接近时,从涡轮流出的 ATF 流入到导轮时,方向逐渐从导轮的正面变到背面。液流从背面冲击导轮时,由于导轮的单向离合器解锁而失去导向作用,此时液力变矩器就相当于液力耦合器。

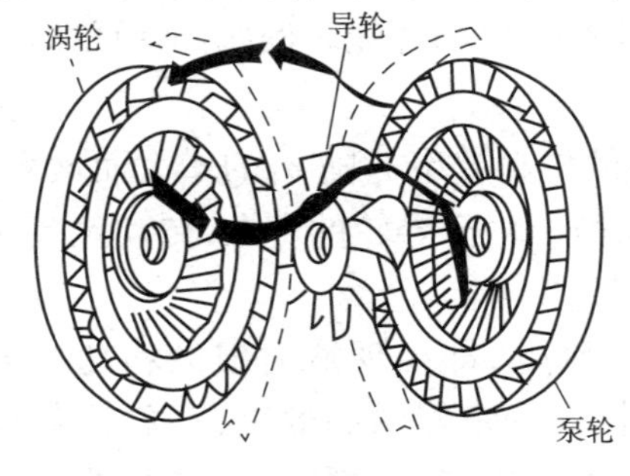

图 25-8　ATF 的流动情况(安装了导轮)

导轮空转的开始点称为耦合点。开始空转后,变矩器丧失了变矩功能而只有液力耦合器离合动力的功能。耦合点实际是变矩器功能转换的转折点,耦合点以前导轮被固定,此工作范围称为变矩范围,耦合点以后导轮空转,此范围为耦合范围。

(3)液力传动的特性。液力传动的特性是指当发动机的转速(n_e)和转矩(M_e)一定,泵轮的转速(n_B)和转矩(M_B)也一定时,涡轮与泵轮之间的变矩比(K)、转速比(i)和传动效率(η)三者的变化规律。

变矩比: $K=\dfrac{\text{涡轮输出转矩}}{\text{泵轮输入转矩}}=\dfrac{M_W}{M_B}$,一般为2~4。

转速比: $i=\dfrac{\text{涡轮转速}}{\text{泵轮转速}}=\dfrac{n_w}{n_b}\leqslant 1$,0.8~0.9为最佳。

转速比i只能小于1,它不同于齿轮式变速器的转速比(传动比),是输入轴转速与输出轴转速之比(也等于输出轴转矩与输入轴转矩之比)。

传动效率: $\eta=\dfrac{\text{涡轮输出功率}}{\text{泵轮输入功率}}=\dfrac{N_W}{N_B}<1$。

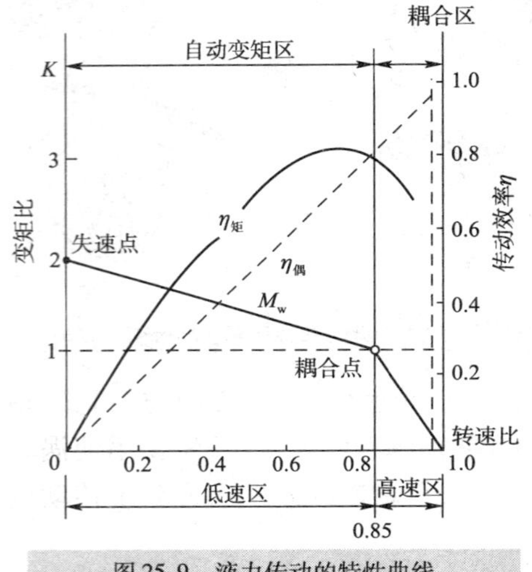

图25-9 液力传动的特性曲线

图25-9所示为液力传动特性曲线。从图中可以看出,自动变矩和传动效率之间存在矛盾,其规律是:

①变矩比K与转速比i的关系。变矩比K随转速比i的增大而减小,又随转速比i的减小而增大。这一特性,对行驶阻力变化较大的汽车最有利,即适应性强,在一定的范围内能自动无级变矩。例如:

a. 怠速时,液流速度慢,M_w小,涡轮不动,汽车不能行驶。

b. 起步时,$n_w=0$,$n_B>n_w$,$K>1$,M_w最大,能产生高能量来克服静止惯性。此时的变矩比K多为1.7~2.5,又称“起步变矩比”,该点称为“失速点”。了解失速点的概念很有必要,以便利用“失速试验”来检验发动机和变矩器及行星齿轮系统的性能好坏。K越大,说明汽车加速性能越好。

c. 逐渐加速时,n_w增大,M_w减小,达耦合点时,$K=1$,$M_w=M_B$。再加速时,$M_w<M_B$,而汽车经常使用的转速比i多为0.8~1,需采取措施来改进耦合区的性能。例如:增设单向离合器或锁止离合器等。

②变矩器的传动效率η与转速比i的关系。变矩器的传动效率η随n_w的增大而增大,在转速比为0.8时最高,转折点在耦合点附近($i=0.85$时)。由于导轮的存在,传动效率特性曲线呈抛物线形状,超过耦合点,在$i=0.95$时迅速下降。

变矩器在低速区能自动变矩,而在高速区传动效率降低,即出现液力损失和功率损失,两轮的转速差可达4%~5%。为了进一步提高和扩大变矩器的高效率范围,改善变矩器的使用性能(提高传动效率,降低燃料消耗),在液力变矩器中加装单向离合器或锁止离合器。

（4）单向离合器。单向离合器分为滚柱斜槽式和楔块式两种，图25-10所示为楔块式单向离合器，处在固定的内圈和转动的外圈之间。冲击导轮的油液力图使导轮逆泵轮的旋转方向转动，此时滚柱或楔块锁止，导轮不动，产生反作用力矩 M_D（$M_D>0$），使 $M_w=M_B+M_D$，$K>1$ 而增扭。

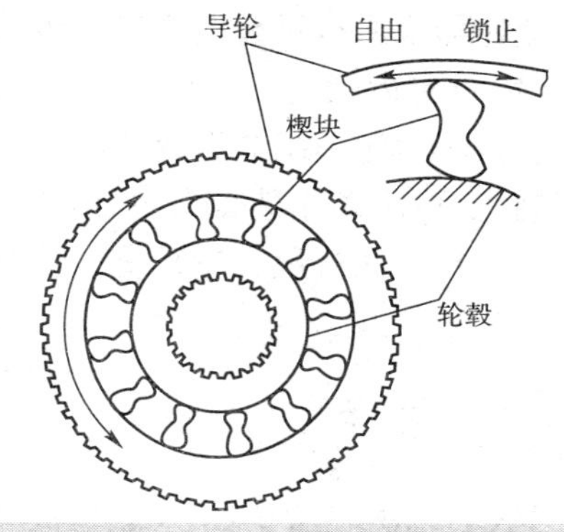

图25-10　单向离合器的构造和锁止原理

当涡轮转速 n_w 高于耦合点转速时，射流冲击导轮的背面，力图使导轮顺泵轮的旋转方向转动，如果导轮是固定的，即出现 M_D 与 M_B 方向相反，$K<1$。而装有单向离合器后，单向离合器锁止作用解除，导轮可以顺时针自由转动，$M_D=0$，$K=1$，变矩器起耦合作用，传动效率（η）可达0.95。这样就扩大了高效率区的范围，改善了变矩器的性能，此种液力变矩器称为两相综合式变矩器，即变矩和耦合两个作用。

若单向离合器不能锁止（打滑），涡轮的液流将直接反向冲击泵轮，加大了泵轮的阻力，使发动机负荷加大，转速降低。

单向离合器不仅应用在变矩器中，在行星齿轮机构中也普遍采用，其工作特点：

①固定内圈，外圈转动时，顺时针转动自由，逆时针转动锁止。

②固定外圈，内圈转动时，顺时针转动锁止，逆时针转动自由。

（5）锁止离合器。在涡轮的前面加装一个液压控制的摩擦式离合器，采用升压或降压的控制办法使其接合或分离，此即所谓的三相综合式变矩器（变矩、耦合、锁止）。汽车在良好的路面上高速行驶时将锁止离合器接合，亦即泵轮和涡轮无转速差，传动效率（η）等于1；当汽车起步或在坏路上行驶时，将其分离起自动变矩的作用（多为60km/h以下车速时）。锁止离合器的控制机构多为发动机转速传感器和车速传感器共控一个电磁阀，电磁阀再控制一个油道而产生个升压或降压，使其分离或接合。锁上离合器的工作原理如图25-11所示。

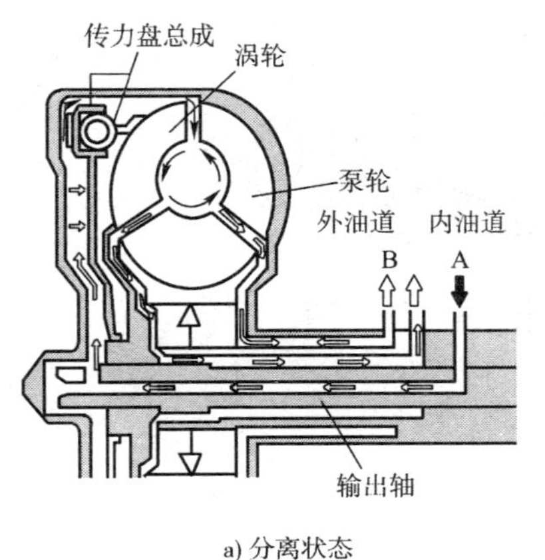

a）分离状态

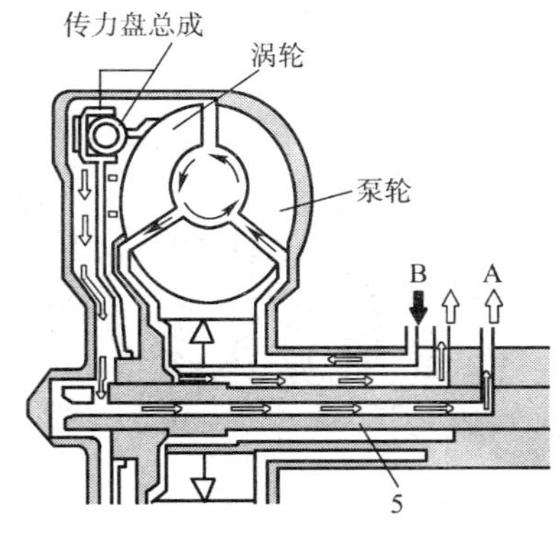

b）锁止状态

图25-11　带锁止离合器的液力变矩器的工作原理

2）机械传动装置

液力自动变速器的机械传动装置主要有行星齿轮式和定轴式两种。目前大多数液力自动变速器采用行星齿轮式机械传动装置。

(1)行星齿轮式。

①行星齿轮系统的组成。由于自动变矩和传动效率之间存在着矛盾,且受变矩器尺寸的限制,变矩比 K 不能太大,只能为 2~4,远远不能满足汽车的使用需要。为此,必须在变矩器后面再串联行星齿轮系统,使转矩再增大 2~4 倍。

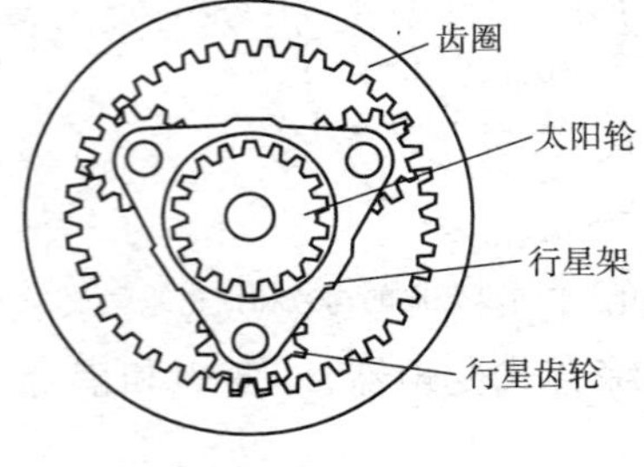

图 25-12 简单的行星齿轮机构

简单行星齿轮机构如图 25-12 所示。主要由太阳轮、行星轮及行星架、齿圈等元件组成。位于行星齿轮机构中央位置的是太阳轮,太阳轮周围是行星轮。

行星轮装在行星架上自转,同时沿一定轨道围绕太阳轮公转。连接和支承行星轮的是行星架,外圈是齿圈。行星轮具体结构如图 25-13 所示。行星齿轮机构的三个元件中若一个元件固定,另一个元件作驱动,则剩下的一个元件就可以输出动力。这是行星齿轮自动变速器的基本工作原理。固定的方法是:内齿圈采用制动器,太阳轮采用单向离合器或制动器,行星齿轮的固定是指固定行星架,可采用制动器或单向离合器。

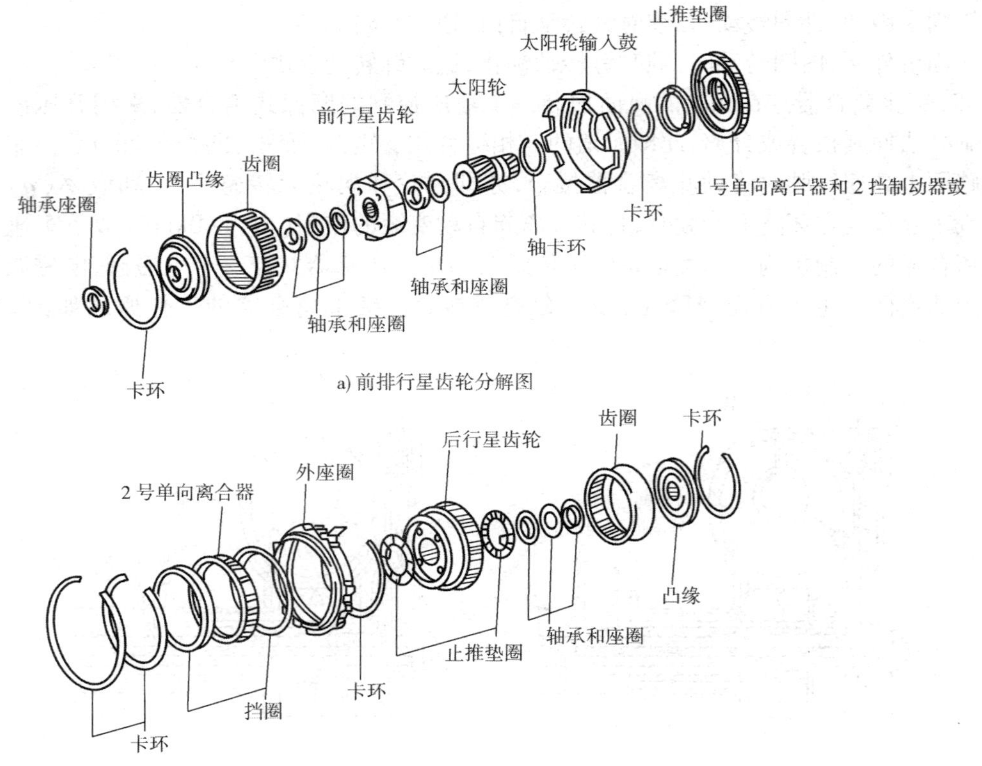

图 25-13 前、后行星齿轮机构分解图

一般自动变速器行星齿轮传动系统由2～3排行星齿轮组成，每排都包括太阳轮、齿圈、行星轮和行星架三个元件。

②行星齿轮系统的传动规律。行星齿轮为轴转式齿轮系统，与定轴式齿轮系统一样，也采用降速增扭和升速降扭的原理，只不过由于自转和公转的存在，传动比的计算方法不同。行星齿轮系统的传动比取决于齿圈齿数和太阳轮齿数，与行星齿轮的齿数无关（惰轮）。

图25-14为行星齿轮组成的传动简图。设太阳轮的齿数为z_1，齿圈齿数为z_2，太阳轮、齿圈和行星架的转速分别为n_1、n_2、n_3，并令齿圈与太阳轮的齿数比为行星齿轮机构参数，用a表示，即：$\alpha=\frac{z_2}{z_1}>1$。

由机械原理可知，单排行星齿轮机构的运动特性方程式为：

$$n_1+\alpha n_2-(1+\alpha)n_3=0$$

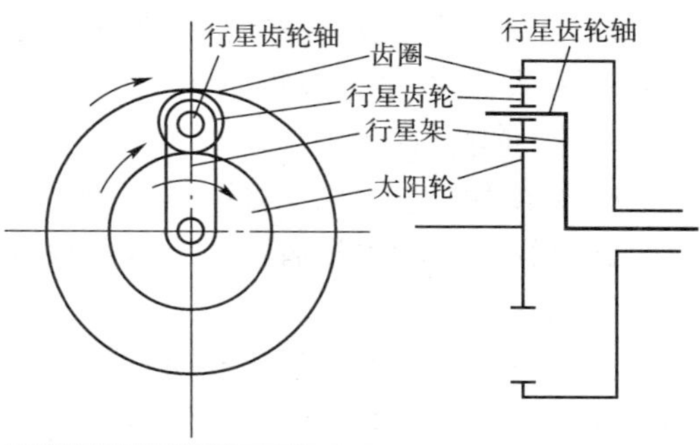

图25-14　行星齿轮组传动简图

a. 齿圈固定（$n_2=0$）。

• 太阳轮（n_1）为主动件，行星架（n_3）为从动件，其传动比为：

$$i_{13}=\frac{n_1}{n_3}=1+\alpha>1$$

结论：前驶，最大传动比减速挡。

• 行星架（n_3）为主动件，太阳轮（n_1）为从动件，其传动比为：

$$i_{31}=\frac{n_3}{n_1}=\frac{1}{1+\alpha}<1$$

结论：前驶，快超速挡（少用）。

b. 太阳轮固定（$n_1=0$）。

• 行星架（n_3）为主动件，齿圈（n_2）从动件，其传动比为：

$$i_{32}=\frac{n_3}{n_2}=\frac{\alpha}{1+\alpha}<1$$

结论：前驶，超速挡。

• 齿圈（n_2）为主动件，行星架（n_3）为从动件，其传动比为：

$$i_{23}=\frac{n_2}{n_3}=\frac{1+\alpha}{\alpha}=1+\frac{1}{\alpha}>1$$

结论：前驶，最小传动比减速挡。

c. 行星架固定（$n_3=0$）。

• 太阳轮（n_1）为主动件，齿圈（n_2）为从动件，其传动比为：

$$i_{12}=\frac{n_1}{n_2}=|-\alpha|>1$$

结论：n_1与n_2的符号相反，即表示主动轴与从动轴的旋转方向相反，且传动比的绝对值大于1，是倒挡。

• 齿圈（n_2）为主动件，太阳轮（n_1）为从动件，其传动比为：

$$i_{21}=\frac{n_2}{n_1}=|-\frac{1}{\alpha}|<1$$

结论:n_1与n_2的符号相反,即表示主动轴与从动轴的旋转方向相反,且传动比的绝对值小于1,是快倒挡(汽车不用)。

d. 太阳轮(n_1)和齿圈(n_2)均为主动件,行星架(n_3)为从动件,则有:

$$n_1=n_2$$

$$n_3=\frac{n_1+\alpha n_2}{1+\alpha}=\frac{n_1+\alpha n_1}{1+\alpha}=n_1=n_2$$

其传动比为:$i_{13}=i_{23}=1$

同样,如果以太阳轮和行星架为主动件,齿圈为从动件;或以齿圈和行星架为主动件,太阳轮为从动件,都可以得到$n_1=n_2n_3$。

结论:前驶,直接挡。

e. 太阳轮(n_1)为主动件,行星架(n_3)和齿圈(n_2)不受约束,即没有一个零件是固定的。此时行星齿轮组虽有输入,但没有输出。

结论:空挡。

为了更好地理解行星齿轮机构的传动规律,根据三零件齿数的多少,太阳轮(z_1)、齿圈(z_2)、行星架(z_C)(其中z_C只是想象中的行星架齿数,本身没有齿,因其行星齿轮是内外啮合,其数量必大于齿圈齿数)三者的大小关系即被确定$z_C>z_2>z_1$。据此可判定不同组合的传动关系,确定降速挡或升速挡,进而掌握行星齿轮传动的规律。

③典型行星齿轮式自动变速器的结构。

a. 辛普森式(Simpson)自动变速器。在现代汽车自动变速器中,两排或多排行星齿轮机构连接在一起,用以满足汽车行驶及各种工况下所需要的多种传动比,辛普森式(Simpson)自动变速器一般是两排行星齿轮机构,共用一个太阳轮的行星齿轮机构,如图25-15所示。

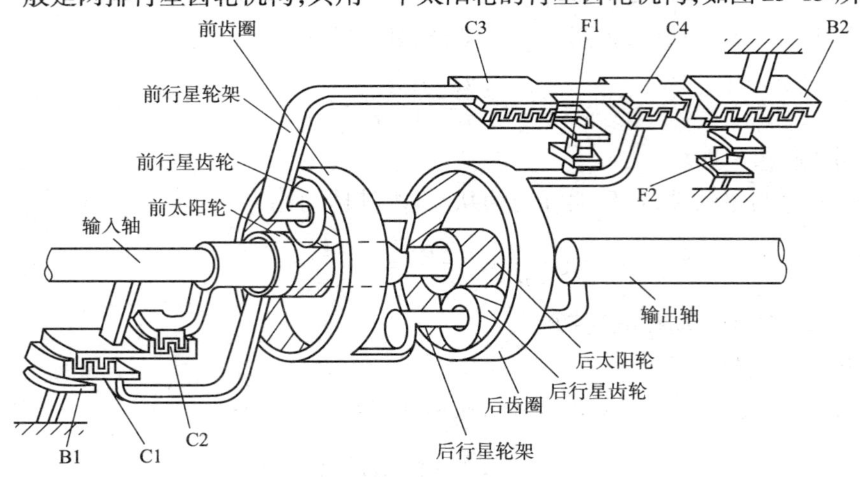

图25-15　双行星排辛普森式行星齿轮自动变速器

C1-倒挡离合器;C2-高挡离合器;C3-前进离合器;C4-前进强制离合器;B1-2挡及4挡制动器;B2-低挡及倒挡制动器;F1-前进单向超越离合器;F2-低挡单向超越离合器

• 汽车后轮驱动的自动变速器(FR 式)。汽车后轮驱动的自动变速器类型很多,例如:沃尔沃的 AW-70,切诺基 AW-4,丰田皮卡、大霸王的 A-43D、A-46DE、A-46DF,雷克萨斯的 A-340H、A-340E、A-340F、A-341E,福特的 AOD,宝马的 4L30-E,通用的 4L80-E,日产 L4N71B 等,这些自动变速器传动的零部件和各挡的传路线也有很多相同之处。现以雷克萨斯的 A-340H、A-340E、A-341E 自动变速器为例,说明其组成和动力传动路线。其组成如图 25-16 所示,动作元件执行情况见表 25-1。

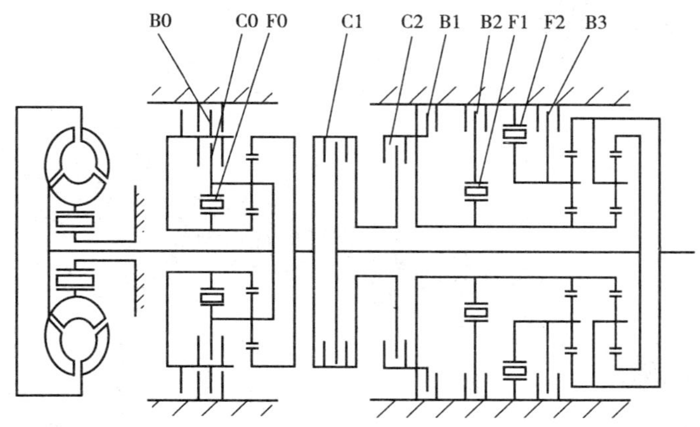

图 25-16 雷克萨斯的 A-340H、A-340E、A-341E 自动变速器结构简图

C1-高挡、倒挡离合器;F2-2 号单向离合器;C0-超速挡离合器;F0-超速挡单向离合器;F1-1 号单向离合器;B2-2 挡制动器;C2-前进挡离合器;B0-超速挡制动器;B3-低挡、倒挡制动器;B1-2 挡滑行带式制动器

雷克萨斯的 A-340H、A-340E、A-341E 各挡工作元件动作表 表 25-1

挡位	挡位	C0	C1	C2	B0	B1	B2	B3	F0	F1	F2
D	1 挡	接合		接合							锁止
	2 挡	接合		接合			制动		锁止	锁止	
	3 挡	接合	接合	接合			制动		锁止		
	4 挡		接合	接合	制动		制动				
2	1 挡	接合		接合					锁止		锁止
	2 挡	接合		接合		制动	制动		锁止	锁止	
	3 挡	接合	接合	接合			制动		锁止		
L	1 挡	接合		接合				制动	锁止		锁止
	2 挡	接合		接合		制动			锁止	锁止	
R	R	接合	接合					制动	锁止		
N	N	接合									
P	P	接合									

• 汽车前轮驱动的自动变速器(FF 式)。汽车前轮驱动的自动变速器类型较多,例如:丰田佳美用的 A-540H、A-540E、A-140E,日产千里马、日产蓝鸟 RE4F02A 等自动变速器,现以丰田佳美用的 A-540H、A-540E 为例,说明其组成和动力传动路线。其组成如图 25-17 所示,结构简图如图 25-18 所示,各挡工作情况见表 25-2。

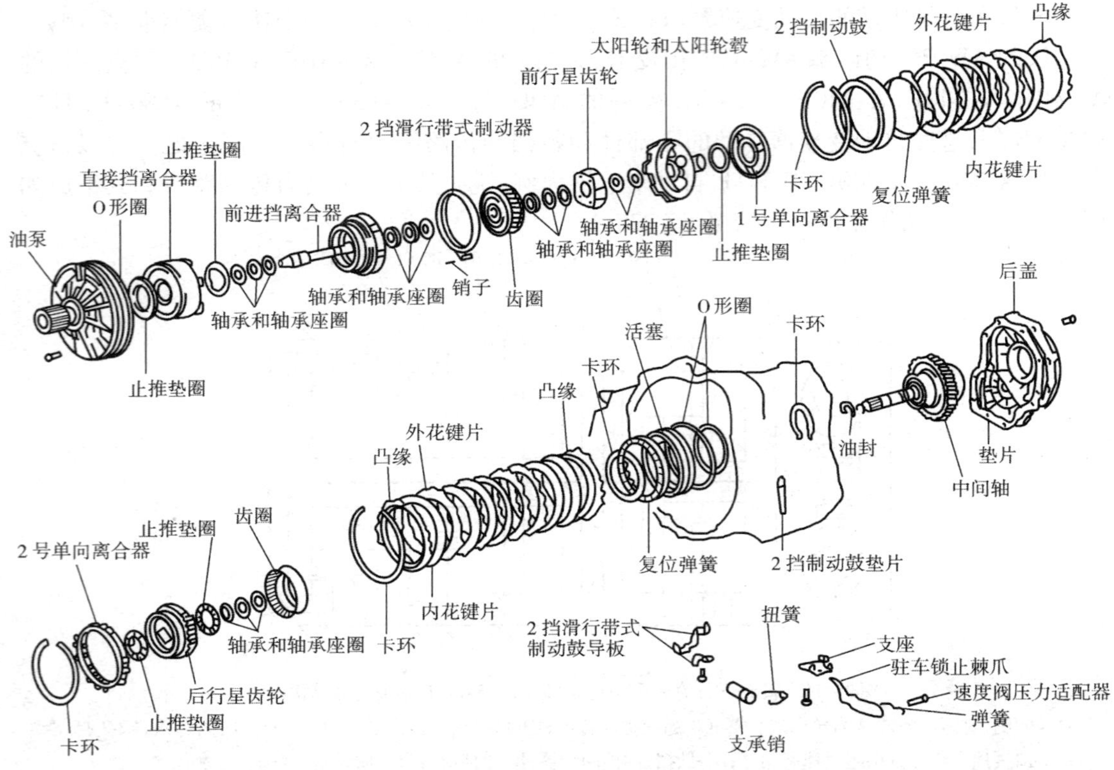

图25-17 丰田佳美用的A-540H、A-540E组成

丰田佳美A-540H、A-540E自动变速器各挡工作元件动作表 表25-2

挡位	挡位	C0	C1	C2	B0	B1	B2	B3	F0	F1	F2
D	1挡	接合		接合					锁止		锁止
	2挡	接合		接合			制动		锁止	锁止	
	3挡	接合	接合	接合					锁止		
	4挡		接合	接合	制动						
2	1挡	接合		接合					锁止		锁止
	2挡	接合		接合		制动	制动		锁止	锁止	
	3挡	接合	接合	接合					锁止		
L	1挡	接合		接合				制动	锁止		锁止
	2挡	接合		接合		制动	制动		锁止	锁止	
R	R	接合	接合					制动			

b. 拉威挪式自动变速器。该自动变速器有两个太阳轮,两排行星齿轮共用一个齿圈,一个行星架。行星齿轮传动系统提供齿轮减速、超速、直接驱动和倒挡的组合,如图25-19所示。它有以下优点:由于齿轮的接触面积较大,承载能力较强;结构紧凑;可以由大太阳轮、行星架或齿圈作为输出元件。

目前应用拉威挪式自动变速器的汽车类型较多,例如:三菱汽车公司F4A33、W4A32、

W4A33 和韩国现代公司使用的 KM175、KM176 和 KM177 型自动变速器，以及福特的 ATX、AOD 自动变速器、通用的 3L30 自动变速器等。

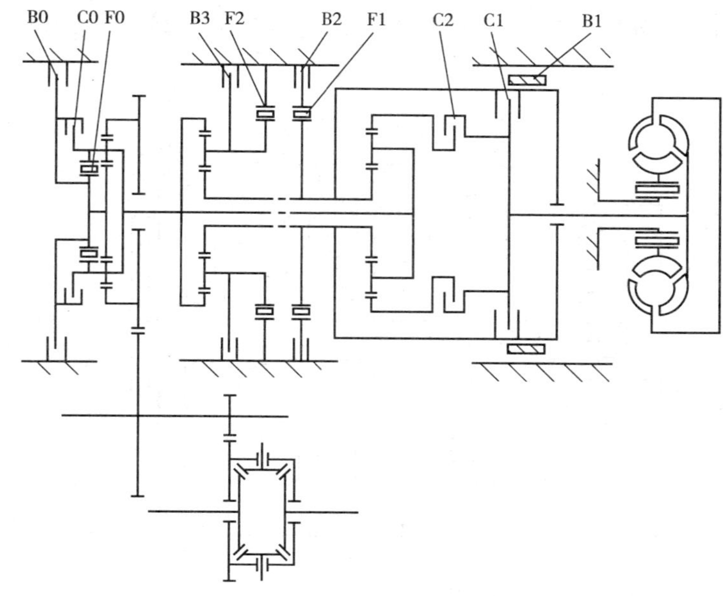

图 25-18　丰田佳美用 A-540E 自动变速器结构简图

C0-超速挡离合器；C2-前进挡离合器；F0-超速挡单向离合器；F1-1 号单向离合器；F2-2 号单向离合器；B2-2 挡制动器；C1-高挡离合器；B0-超速挡制动器；B1-2 挡滑行带式制动器；B3-低挡、倒挡制动器

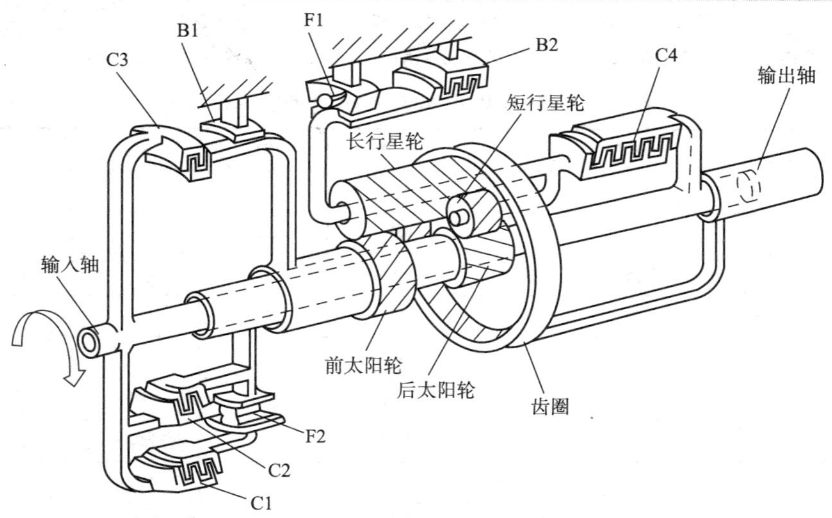

图 25-19　拉威挪式行星齿轮自动变速器

C1-前进离合器；C2-倒挡离合器；C3-前进强制离合器；C4-高挡离合器；B1-2 挡及 4 挡制动器；B2-低挡及倒挡制动器；F1-低挡单向超越离合器；F2-前进单向超越离合器

现以三菱汽车公司的 F4A33、W4A32 和 W4A33 自动变速器为例来分析其组成及工作情况。

日本三菱汽车公司自动变速器的主导产品是 F4A33、W4A32 和 W4A33，这三个型号的自动变速器在结构上是完全一样的，只是在驱动方式上不一样。F4A33 是前轮驱动，而

W4A32 和 W4A33 是四轮驱动。韩国现代公司使用的 KM175、KM176 和 KM177 型自动变速器,实际上就是三菱汽车公司上述三种自动变速器变更了一下型号,其结构是完全一样的。

三菱汽车公司的 F4A33、W4A32 和 W4A33 结构简图如图 25-20 所示,各挡元件工作见表 25-3。

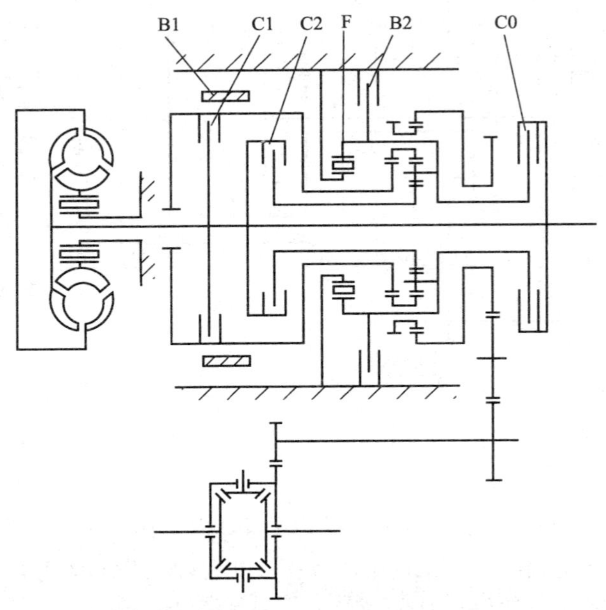

图 25-20　三菱 F4A33、F4A20、F3A32、W4A33 结构简图

C2-前进挡离合器;F-1 挡单向离合器;B1-强制降挡带式制动器;C1-直接挡、倒挡离合器;C0-高挡离合器;B2-低挡、倒挡制动器

三菱 F4A33、F4A20、F3A32、W4A33 各挡工作元件　　表 25-3

挡位	挡位	C0	C1	C2	B1	B2	F
D	1 挡			接合			锁止
	2 挡			接合	制动		
	3 挡	接合	接合	接合			
	4 挡	接合			制动		
2	1 挡			接合			锁止
	2 挡			接合	制动		
L	1 挡			接合		制动	
R	R		接合			制动	
N、P	N 和 P	所有离合器、制动器均松开不起作用					

(2)普通齿轮结构式的液力自动变速器。本田 CA、F4 和 G4 自动变速器用在很多本田汽车上。这些自动变速器的每一个挡位上都有一组离合器加以控制。离合器接合前,常啮合齿轮空转,接合后动力才输出。按轴数不同可分为:双平行轴式和三平行轴式两种。以三平行轴式为例,其具体结构如图 25-21 所示。结构简图如图 25-22 所示,执行元件的工作情况见表 25-4。

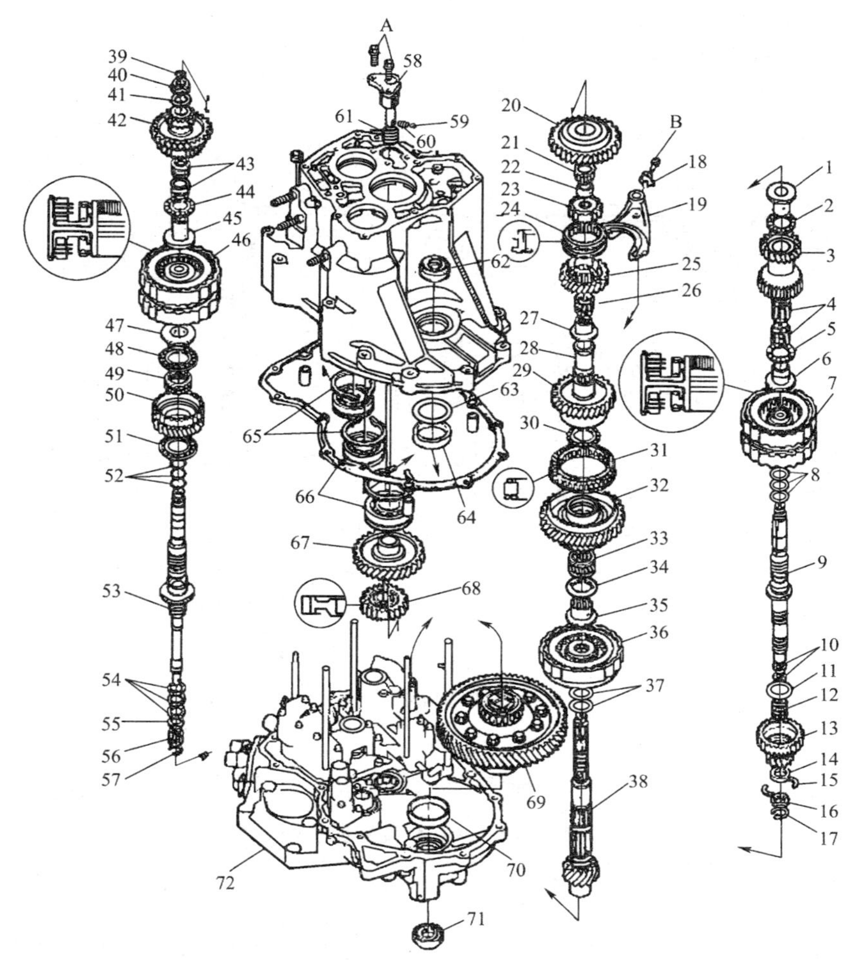

图 25-21　本田雅阁自动变速器分解图(三平行轴式)

1-2 挡齿轮挡圈;2-滚针推力轴承;3-副轴 2 挡齿轮;4、12、21、26、33、43、49、56、61-滚针轴承;5、11、30、41、44、48、51-止推滚针轴承;6-2 挡齿轮挡圈;7-1/2 挡离合器;8、37、52-O 形圈;9-副轴;10-密封环;13-副轴 1 挡齿轮;14-隔圈;15-开口销;16-开口环座圈;17-弹性挡圈;18-锁紧垫圈;19-倒挡换挡叉;20-4 挡齿轮挡圈;22-输出轴(惰轴)倒挡齿轮挡圈;23-倒挡选挡毂;24-倒挡选挡器;25-输出轴(惰轴)4 挡齿轮;27-4 挡齿轮挡圈;28-隔圈;29-输出轴(惰轴)3 挡齿轮;31-单向离合器;32-输出轴(惰轴)1 挡齿轮;34-止推垫;35-1 挡齿轮挡圈;36-1 挡保持离合器;38-输出轴(惰轴);39-卡环;40-挡圈;42-输出轴(惰轴)4/倒挡齿轮;45-4 挡齿轮挡圈;46-3/4 挡离合器;47-3 挡齿轮挡圈;50-主轴当齿轮;53-主轴;54-密封圈;55-密封圈;57-定位环;58-倒挡惰轮轴座;59-钢球;60-弹簧;62、71-差速器油封;63-止推垫片;64、70-轴承外圈;65-弹性挡圈;66-自动变速器壳体球轴承;67-输出轴(惰轴)2 挡齿轮;68-倒挡惰轮;69-差速器总成;72-变矩器壳体

各挡动力传递路线如下:

1 挡:发动机曲轴→液力变矩器→输入轴→主轴惰轮→惰轴惰轮→副轴惰轮→副轴

┌→单向离合器

1 挡离合器→副轴 1 挡齿轮→惰轴 1 挡齿轮　　　　→ 输出轴→驱动齿轮。

└→2 位 1 挡→锁定离合器

2 挡:发动机曲轴→液力变矩器→输入轴→主轴惰轮→惰轴惰轮 →副轴惰轮→副轴→2 挡离合器→副轴 2 挡齿轮→输出轴→驱动齿轮。

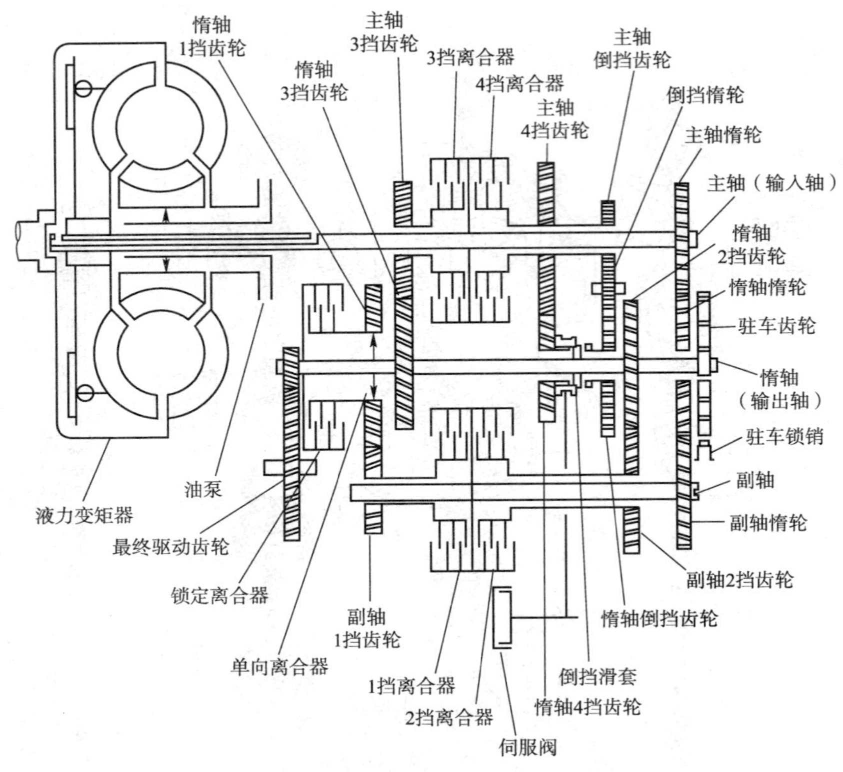

图 25-22　本田雅阁自动变速器简图(三平行轴式)

本田 CA/F4/G4 自动变速器执行元件　　表 25-4

挡位	工作挡	1 挡离合器	1 挡单向离合器	2 挡离合器	3 挡离合器	4 挡离合器	倒挡齿轮
D4	1 挡	接合	锁止				
	2 挡			接合			
	3 挡				接合		
	4 挡					接合	
D3	1 挡	接合	锁止				
	2 挡			接合			
	3 挡				接合		
2	2 挡			接合			
R	倒挡					接合	工作

3 挡:发动机曲轴→液力变矩器→输入轴→3 挡离合器→主轴 3 挡齿轮→惰轴 3 挡齿轮→输出轴→驱动齿轮。

4 挡:(前进挡位时倒挡滑套将惰轴 4 挡齿轮与惰轴啮合)发动机曲轴→液力变矩器→输入轴→4 挡离合器→主轴 4 挡齿轮→惰轴 4 挡齿轮→倒挡滑套→输出轴→驱动齿轮。

倒挡:(倒挡滑套将惰轴倒挡齿轮与惰轴啮合)发动机曲轴→液力变矩器→输入轴→4 挡离合器→主轴倒挡齿轮→倒挡惰轮→惰轴倒挡齿轮→倒挡滑套→输出轴→驱动齿轮。

N挡:所有离合器均不接合,动力不可传递,输出轴处于自由回转状态。

P挡:所有离合器均不接合,动力不可传递,换挡杆带动驻车锁销将输出轴上固装的驻车齿轮锁止,输出轴及车轮不可回转。

3)控制系统

(1)液压控制系统。液压控制系统是液力自动变速器的控制中心,是液力自动变速器最复杂的组成部分。具有动力传递、操纵控制和冷却过滤等功能。

①液压控制系统的组成。液压控制系统主要有油泵、主油路调压阀、手控制阀、节气门阀、调速阀、换挡阀、强制低挡阀。另外还有冷油器、滤油器、变矩器阀、缓冲阀、限流阀、止回阀等。主要元件如图25-23所示。

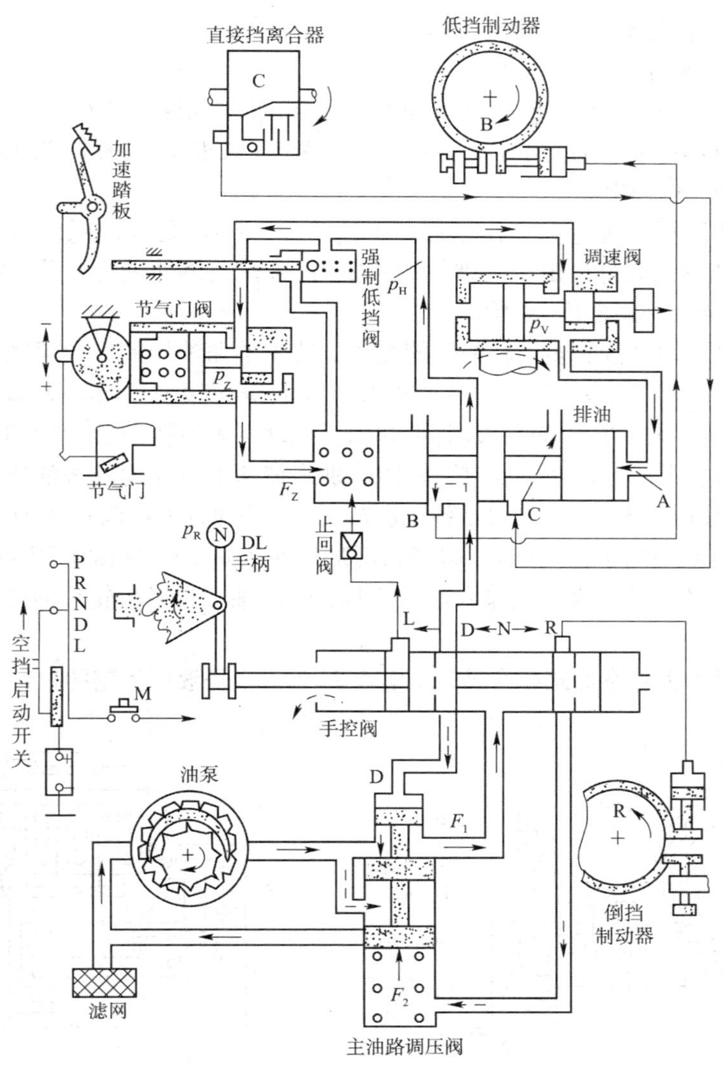

图25-23　液压自动换挡控制系统简图

②液压控制系统的构造和工作原理。

a. 液力油泵。液力油泵的作用是定压、定量地向变矩器、液压操纵系统、齿轮系统、冷油器供油,以完成传动、控制、润滑、降温等任务。其构造多为同轴驱动齿轮式内转子泵,在转速为1000r/min时,其排量可达15～20L/min。

油泵使用注意事项:

• 发动机不工作时,油泵不泵油,自动变速器内无控制油压,即使在D挡或R挡上,输出轴实际上是空转,发动机无法启动。

• 如车辆被牵引时,发动机不工作,油泵也不工作。长距离牵引齿轮系统会因无润滑油而磨损加剧。为此牵引距离不得超出50km,牵引速度不得高于50km/h。

• 自动变速器齿轮系统有故障或严重漏油时,若需牵引车辆应将传动轴脱开。如系前轮驱动车辆,可使前轮悬空后牵引。

b. 主油路调压阀。

• 主油路调压阀的作用。利用弹簧和滑阀配合,使主油路油压(p_H)稳定,并控制在一定范围内(因机而异):在前进挡时p_H为0.3～0.8MPa;怠速、高速时p_H为1.2～1.4MPa;在倒挡时p_H为1.6～1.8MPa。

• 主油路调压阀的构造和工作原理。主油路油压(p_H)是控制系统最基本、最重要的"压力源"。其压力的高低决定于其弹簧的预紧力,可在壳体外进行调节,或拆下油底壳进行调节(因机而异)。如图25-24所示。

阶梯式滑阀可用来接受多油路油压的变化。使主油路油压调节得灵敏、及时、合理,满足各工况的需要。其工作原理:因为B面积大于A面积,产生一个压力差ΔF,方向向下,当$\Delta F < F$(F为弹簧弹力)时,排油孔关闭,不卸油;当$\Delta F > F$时排油孔开始卸油,从而保证了油压的稳定。若在滑阀上下两端通过手控阀分别施加两个独立的外来油压,此油压升高或降低时,主油路油压就发生变化,满足各工况的需要。例如:手控阀挂入D挡时,附加外油压p_D,主油路油压下降;手控阀挂入R挡时,附加外油压p_R,主油路油压升高。

c. 离合器。离合器用来连接输入轴、中间轴、输出轴和行星齿轮系的任一元件,实现转矩的传递。

离合器一般为多片摩擦式离合器,如图25-25所示,是液压控制的执行元件,它的特点

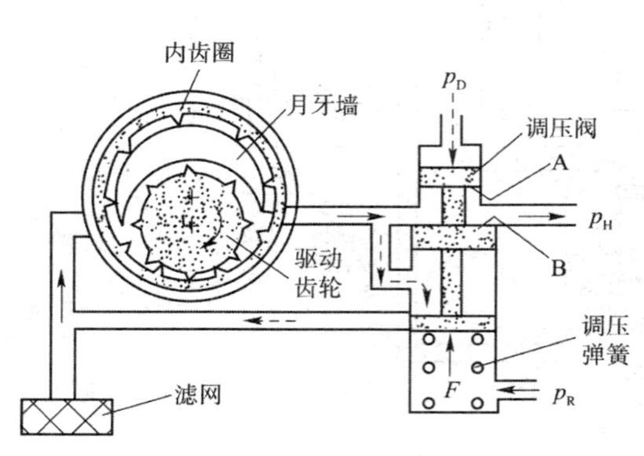

图25-24 油泵和主油路调压阀

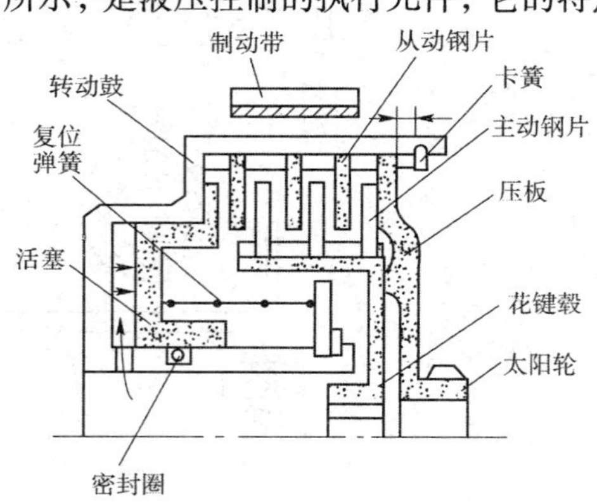

图25-25 离合器原理图

是:径向尺寸小,接合柔和,能传递的转矩较大。

主动片与花键毂的齿键连接,为输入端,可轴向移动。片上有铜基粉末冶金层或合成纤维层。从动钢片与转动鼓的花键连接,也可轴向移动,可输出转矩。活塞、密封件及复位弹簧用来压紧离合器片或保持分离状态。

接合时,活塞在油压作用下前移,使主、从动片贴合,太阳轮输出转矩。分离时,复位弹簧推动活塞复位,油液经换挡阀排出,流回自动变速器油底壳。

d. 制动器。自动变速器中作为执行机构的制动器常见的有带式和湿式多片式两种类型。

制动器的作用是将行星排中太阳轮、齿圈、行星架三个元件之一与变速器壳体固定在一起,使之不能旋转,以改变动力传递方向和传动比。

● 带式制动器主要由制动带、制动鼓、油缸、活塞和调整件等组成,如图25-26所示。带式制动器的工作原理为通过活塞的位移,改变制动带的直径使其与制动鼓抱紧或放松。其调整点多在制动带的支撑端,可在体外调整或拆下油底壳调整。一般是把螺钉拧紧后,再退回2~3圈,即产生合适的带、鼓间隙。带式制动器轴向尺寸小,接触面有摩擦材料,工作的平顺性差,控制油路中多配有缓冲阀。

● 多片式制动器。其结构与多片式离合器相同,不同之处是制动器从动片的外圆花键齿与固定的自动变速器外壳连接,可轴向移动,以便接合时将主动件制动,接合的平顺性好,间隙不需调整,其缺点是轴向尺寸大。

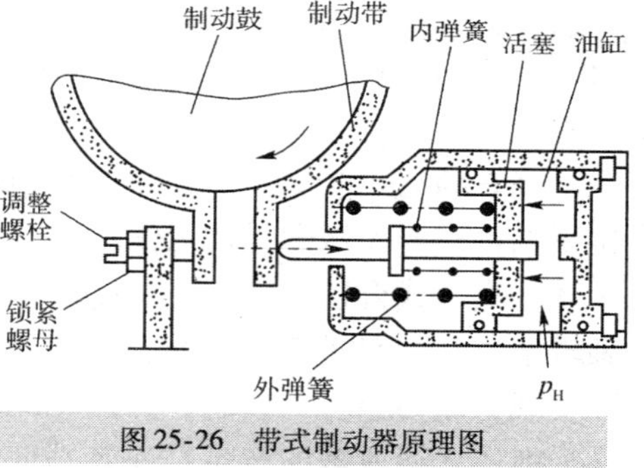

图25-26　带式制动器原理图

e. 节气门阀。节气门阀的工作取决于节气门的开度,即取决于发动机的负荷,其输出油压p_z由加速踏板的位置决定(即p_z与节气门开度成正比)。输出油压送至换挡阀系统,控制换挡阀的动作:节气门油压p_z与速控油压p_v共同作用在换挡阀的两端,控制换挡阀,实现自动换挡。

节气门阀按操纵方式分为机械式和真空式两种,如图25-27、图25-28所示。

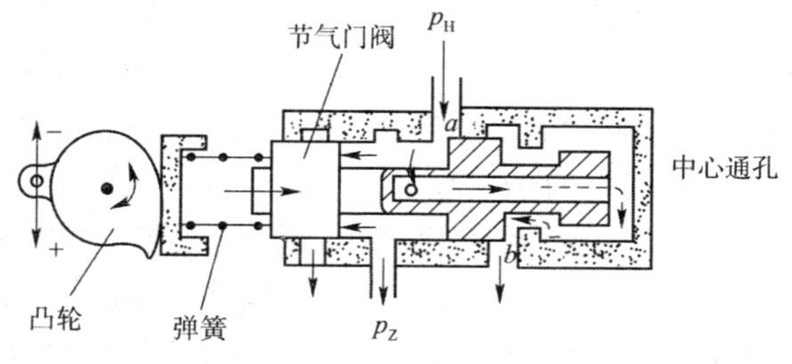

图25-27　机械式节气门阀原理图

● 机械式节气阀是利用拉杆或拉索、凸轮、弹簧来操纵节气阀。节气门开度加大,弹簧力F也加大,输出油压p_z就相应地增大。该结构工作可靠,但应定期检查拉杆或拉索的松紧情况。

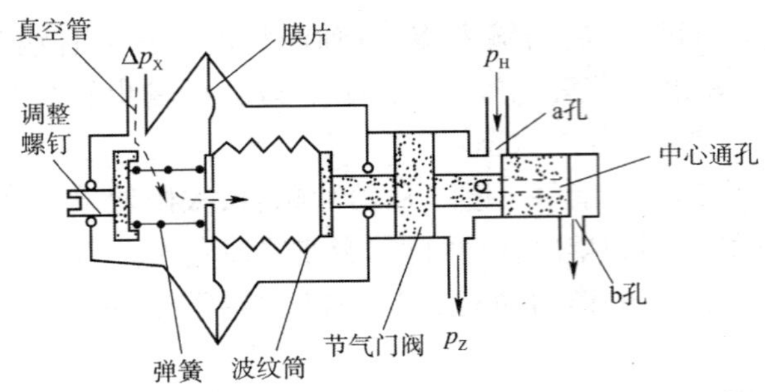

图 25-28 真空式节气门阀原理图

• 真空式节气门阀。真空式节气门阀利用进气歧管真空度 Δp_x 操纵节气门阀，如图 4-28 所示。Δp_x 大小变化，波纹筒的长度也发生变化，使阀产生位移，开闭进、排油口 a 和 b。节气门阀的位置是由波纹筒的弹力、真空吸力与弹簧力三者共同控制，只要真空吸力发生变化，其他两个力也发生相应的变化。

当节气门开度加大时，Δp_x 变小，在弹簧力和波纹筒弹力的作用下，节气门阀向右移动，p_z 加大；当节气门逐渐关小时，Δp_x 变大，真空吸力使膜片和波纹筒向左移动，节气门阀随之向左移动，p_z 减小。当节气门阀左侧各种力的合力与右侧的油液推力相等时，阀处于平衡状态。

真空的 Δp_x 的大小受发动机进气系统密封性能的影响，可见发动机密封性能的好坏直接影响自动变速器的正常工作。

f. 离心式调速器。离心调速器大多位于自动变速器的输出轴。它所输出油压随输出轴转速(车速)的改变而变化。输出油压将引至换挡阀系统，自动变速器在它们的综合作用下实现自动换挡。

离心式调速器能产生与车速成正比的液压(p_v)，与节气门的液压(p_z)共同控制换挡阀，实现自动换挡。

离心式调速器有重块式和球阀式两种类型。

• 重块式离心调速器结构如图 25-29 所示，它的滑阀位于输出轴一侧。输出轴另一侧有一个重块组件，其中小重块装在大重块的内孔中，两者之间有弹簧。小重块可以压缩弹簧，相对于大重块向内移动。滑阀与小重块用穿过输出轴的调速器相连。主油路的压力油经调速器盖上的 A 孔从入口 B 输入，再经阀体内的油道由 C 孔输出。显然，离心调速器输出油压的大小由入口开度，即滑阀的轴向位置决定。当输出轴转速较低时，重块组产生的离心力小，滑阀带动重块外移，入口开度随之减小，调速器阀输出较小的油压。随着输出轴的转速的升高，重块组在较大的离心力的作用下拉动阀内移，增大入口开度，使输出油压随之升高。这种离心调速器的特点是，当车速超过一定数值(多为中速)后，调速器输出压力的变化趋势较为平稳。

• 球阀式离心调速器多用于自动变速驱动桥中(即 FF 式)，如图 25-30 所示，离心调速器轴驱动齿轮位于自动变速器输出轴上，与调速器齿轮啮合。重块组件套装于调速器轴的一端，在弹簧的作用下，将各自的球阀压紧在阀座上。当输出轴转速较低时，来自主

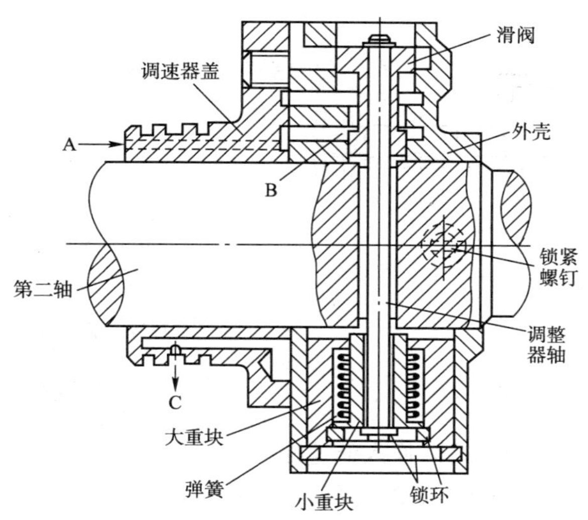

图 25-29　重块式离心调速器结构

油路的压力油克服重块组产生的离心力，将球顶离阀座，压力油被旁通至液压系统油路中，离心调速器的输出油压不高。随着输出轴转速不断升高，重块组产生足够的离心力克服主油路油压将球阀压紧在阀座上。旁通油道被关闭，离心调速器的输出油压相应升高。

换挡系统由手控阀、换挡阀、强制降挡阀和变矩器阀等组成。它们控制执行机构的工作，使自动变速器完成换挡动作。

g. 手控阀。手控阀提供选挡操纵手柄位置信号，控制液压系统接通不同的操纵油路，使自动变速器按照驾驶员的操纵意图工作。

手控阀的结构如图 25-31 所示，选挡操纵手柄通过连杆与手控阀滑阀的一端相连。当选挡操纵手柄位于空挡或驻车挡时，由手控阀通往操纵油路的油道被关闭，操纵油路中无油压。若选挡操纵手柄位于前进挡或其他位置时，滑阀沿阀体移动到相应的位置，接通操纵油路，液压系统按照驾驶员选择的挡位完成相应的工作。

h. 换挡阀。换挡阀用于控制挡位油路的转换，一个换挡阀可以控制两个挡位的相互转换。

换挡阀左端接受节气门阀的输出油压 p_z，产生液压力 F_z；右端接受速控阀的输出油压 p_v，产生液压力 F_v；弹簧力 F 加在左端，如图 25-32 所示。

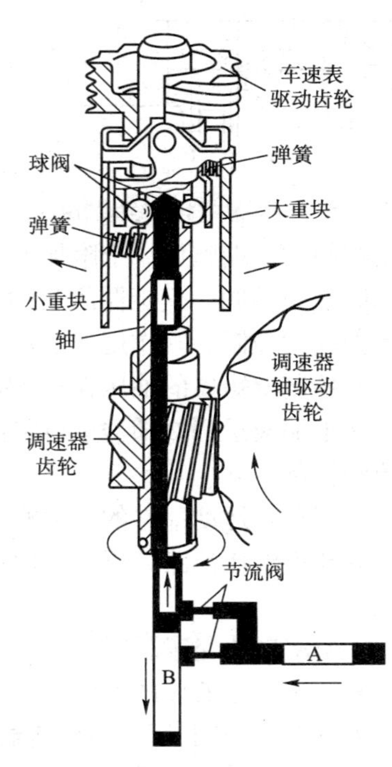

图 25-30　球阀式离心调速器

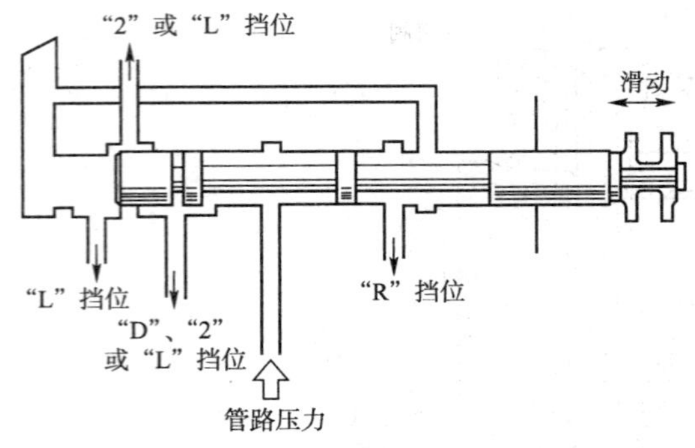

图 25-31　手控阀结构示意图

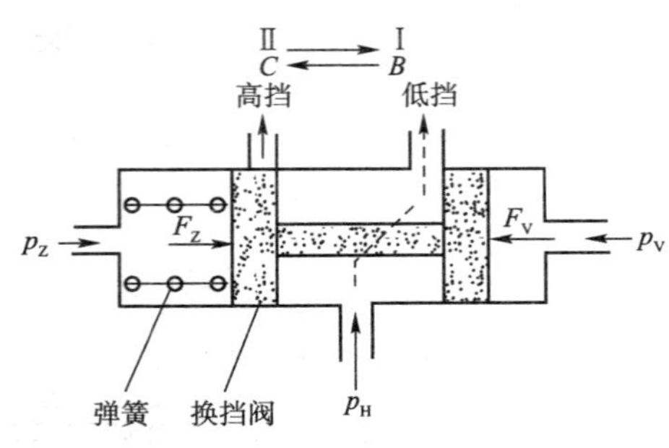

图 25-32　换挡阀的原理图

当 $F_z + F > F_v$ 时，换挡阀右移，换入低速挡。

当 $F_z + F < F_v$ 时，换挡阀左移，换入高速挡。

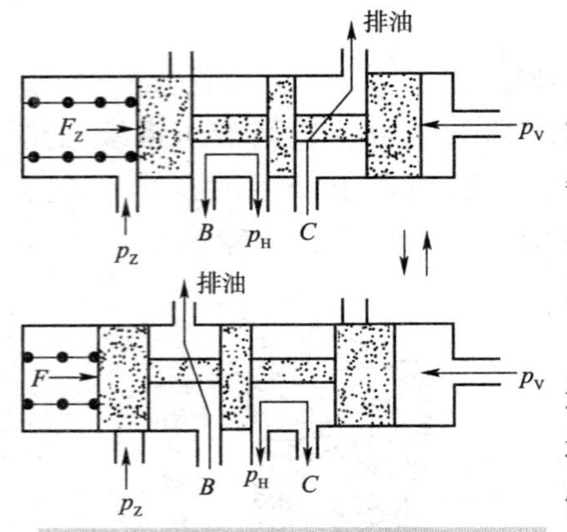

图 25-33　换挡阀的结构简图

当 $F_z + F = F_v$ 时，换挡阀处于平衡状态，挡位不变。

离合器、制动器的工作状态的改变存在着"充油"和"排油"的过程，此过程由换挡阀控制，如图 25-33 所示，每两个相邻的挡位之间都需要一个换挡阀，所以两速式自动变速器需要一个换挡阀，三速式需要两个换挡阀，四速式则需要三个换挡阀。

i. 强制降挡阀。强制降挡阀是一个油路转换阀，通过加大换挡阀左端的控制油压，快速换入低速挡，及时增大牵引力，改善使用性能，在短时间内起强烈的加速作用。该阀由加速踏板控制。控制方式有两种：机械式和电磁阀式。两者都是利用加速踏板来控制一条油路，对换挡阀的左端施加一个附加油压，强制使换挡阀产生移动，换入低速挡。

j. 变矩器阀。变矩器阀又称二次调压阀，是一个简单的减压阀。它与主油路相通，不受手控阀的控制。其作用如下：

- 控制变矩器的油压在 0.4MPa 左右，以保证大流量、大负荷工况的传力需要。
- 把油液送到冷却器进行降温，将油温控制在 80 ~ 90℃，油压不超过 0.2MPa，由单向节流阀控制。
- 担负各运动部件的压力润滑，节流后的油压为 0.2MPa。

③典型液压油路分析。下面以 AL4 自动变速器为例，分析自动变速器的液压油路控制原理。

a. AL4 自动变速器用在富康、雷诺、天籁等车型上。其液压系统由以下元件构成：

- 一个建立液压的油泵。
- 八个电磁阀，用于将变速器电控单元的控制信号转换为液压。
- 四个保持液压稳定的油压调节器，一个用于稳定变速器的工作压力，一个用于稳定变矩器工作和润滑的压力，一个用于电磁阀工作油压的调节，另一个用于调节换挡阀回位油压。

● 四个换挡阀，用于引导流向不同油路的工作油液。

● 一个换挡平顺阀和蓄能减振器用于控制制动器和离合器平稳接合。

● 一个压力传感器实现压力的闭环控制。

b. 液压系统的基本操作。

● 变速器的挡位（P、R、N、D、3、2）由驾驶员的意愿，通过操纵手动控制阀进行选择。

● 当变速器置于“D”位时，变速器的升挡和降挡动作及换挡的质量，由电控单元根据接收的实际信号，通过控制电磁阀的动作，改变油路的工作压力的流向来完成。

● 在行驶中，锁止离合器的操作也是由电控单元根据实际的行驶条件，控制电磁阀的动作来完成。

● 如果出现严重故障时，变速器会进入失效保护模式。此过程由电控单元控制，结合油路系统保证变速器可在3挡和倒挡运行。各种车型的电控自动变速器都具备失效保护功能。失效保护功能在自动变速器中俗称“锁挡”，它是指在变速器本身严重故障或电控单元本身无法正确控制的时候，以保证驾驶员可将车辆开到就近的修理厂进行维修，避免变速器进一步损坏。

c. 油路控制的工作原理。变速器电控单元通过接收各输入信号，在分析处理后确定变速器的换挡点，换挡是通过控制执行元件、控制电磁阀的动作来完成的。各电磁阀在各挡位的工作见表25-5。

AL4 自动变速器元件工作表　　表25-5

挡位	离合器		制动器			电　磁　阀							
	E1	E2	F1	F2	F3	EVS1	EVS2	EVS3	EVS4	EVS5	EVS6	EVS7	EVS8
P	●			●						◎		●	
R	●											●	
N	●							●		◎		●	
D1	●				●			●	●	◎		●	
D2		●			●		●		●		●	●	●
D3	●	●										●	●
D4		●	●			●	●					●	●

注：●——工作；◎——换挡的瞬间工作。

● P/N挡油路：如图25-34所示，当选挡操纵手柄置于P/N位时，E1离合器处于接合的状态，其他的离合器处于释放的状态。

● 1挡油路：如图25-35所示，当选挡操纵手柄从P/N位换入D位时，电控单元根据节气门位置以及车速信号，在D1挡车速范围内，电控单元便控制电磁阀EVS3、EVS4、EVS5、EVS7工作。在P/N挡E1工作的基础上EVS4接通F3的油路，使其在D1挡的位置，实现1挡的传动比。

● 2挡油路：如图25-36所示，电控单元根据节气门位置信号，以及车速信号在D2挡车速范围内，电控单元便控制电磁阀EVS2、EVS4、EVS5、EVS6工作。在1挡F3工作的基础上

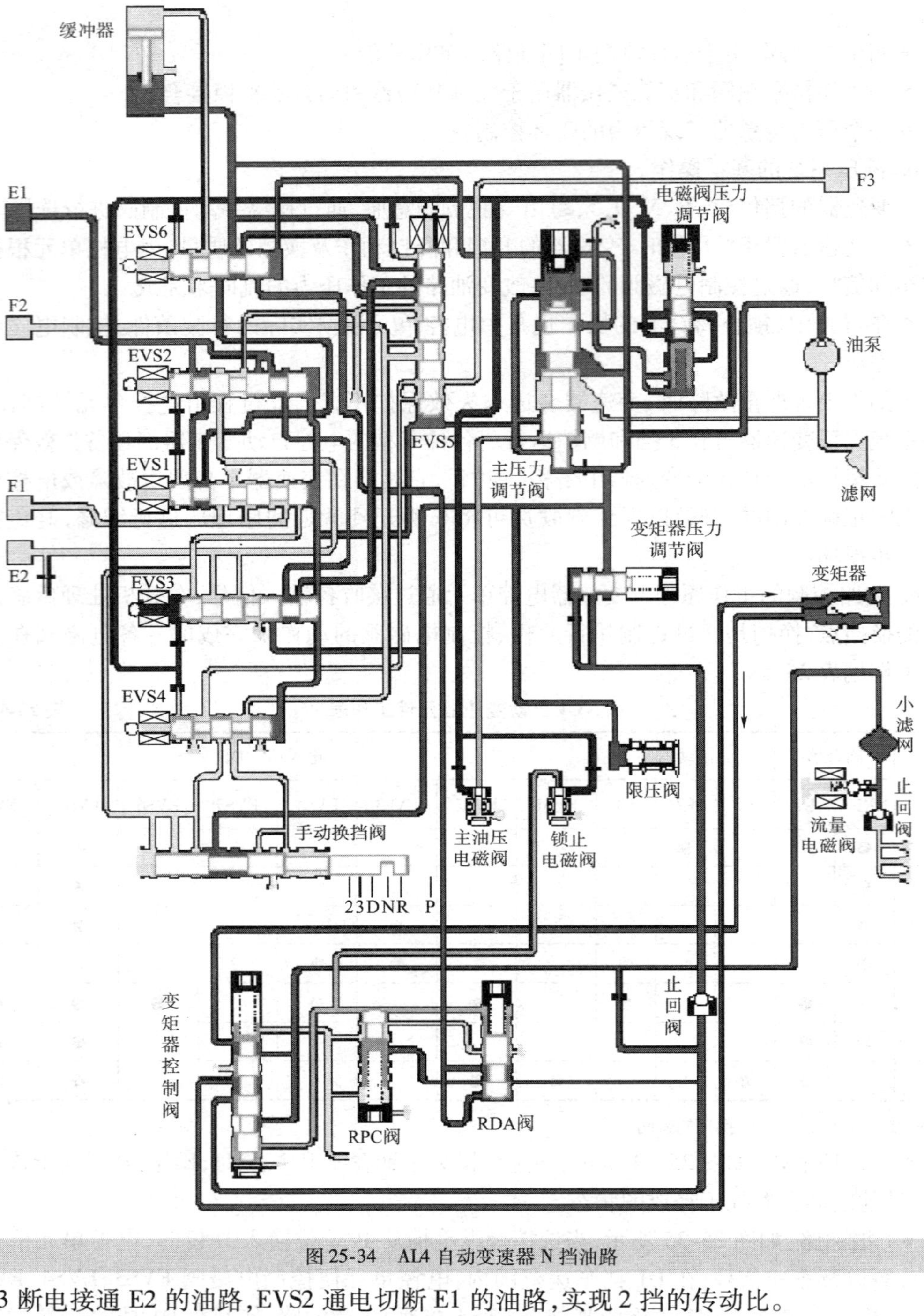

图 25-34　AL4 自动变速器 N 挡油路

EVS3 断电接通 E2 的油路,EVS2 通电切断 E1 的油路,实现 2 挡的传动比。

• 3 挡油路:如图 25-37 所示。电控单元根据节气门位置信号,以及车速信号在 D3 挡车速范围内,电控单元便控制换挡电磁阀断电。在 2 挡 E2 工作的基础上 EVS2 断电接通 El 的油路,实现 3 挡的传动比。

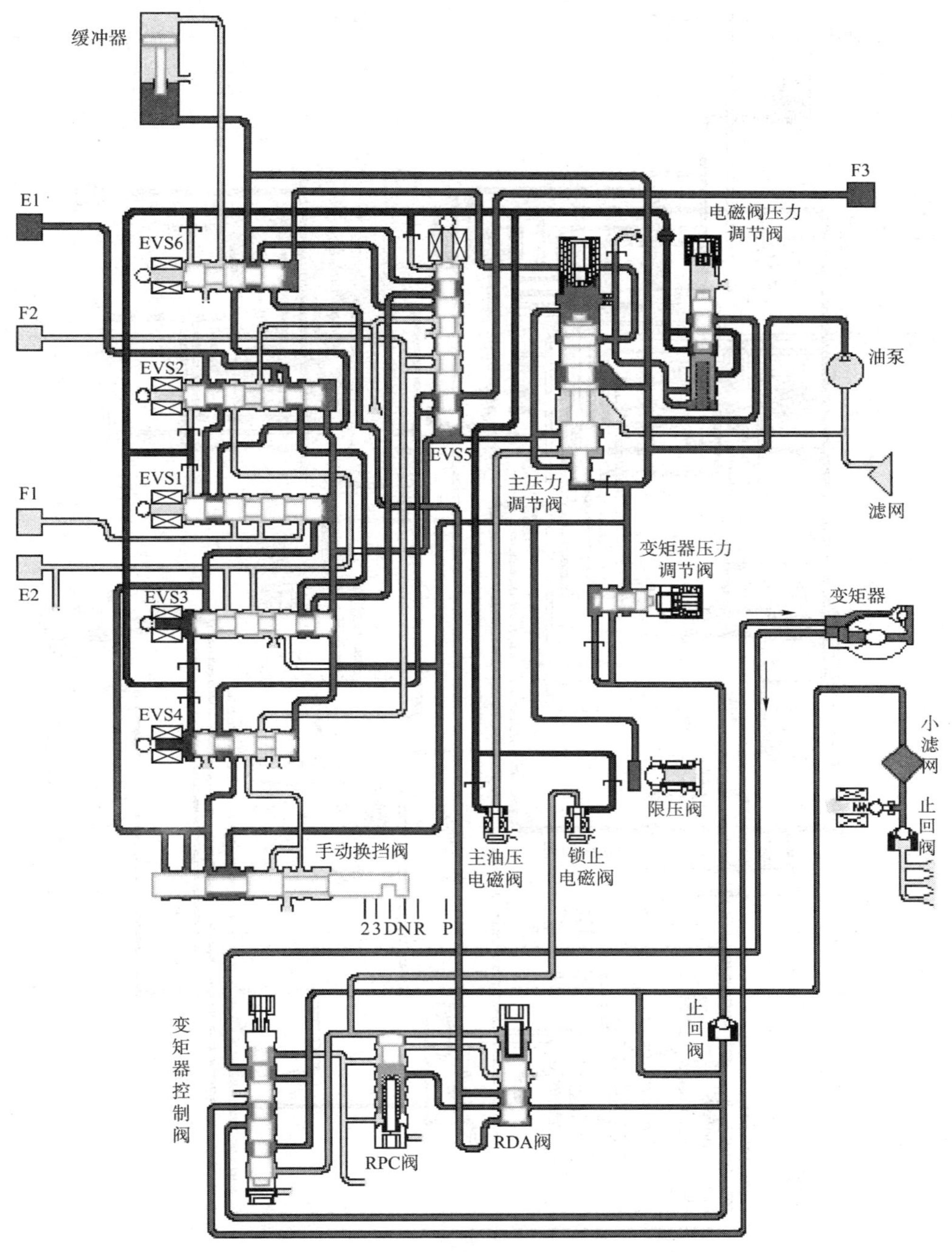

图25-35　AL4自动变速器D1挡油路

• R挡油路：如图25-38所示。当选挡操纵手柄从P/N位换入R位时，电控单元根据节气门位置信号，以及车速信号在R挡车速范围内，电控单元便控制电磁阀EVS5工作。在P/N挡E1工作的基础上手动阀接通F2的油路，实现R挡的传动比。

(2)自动变速器电控系统。

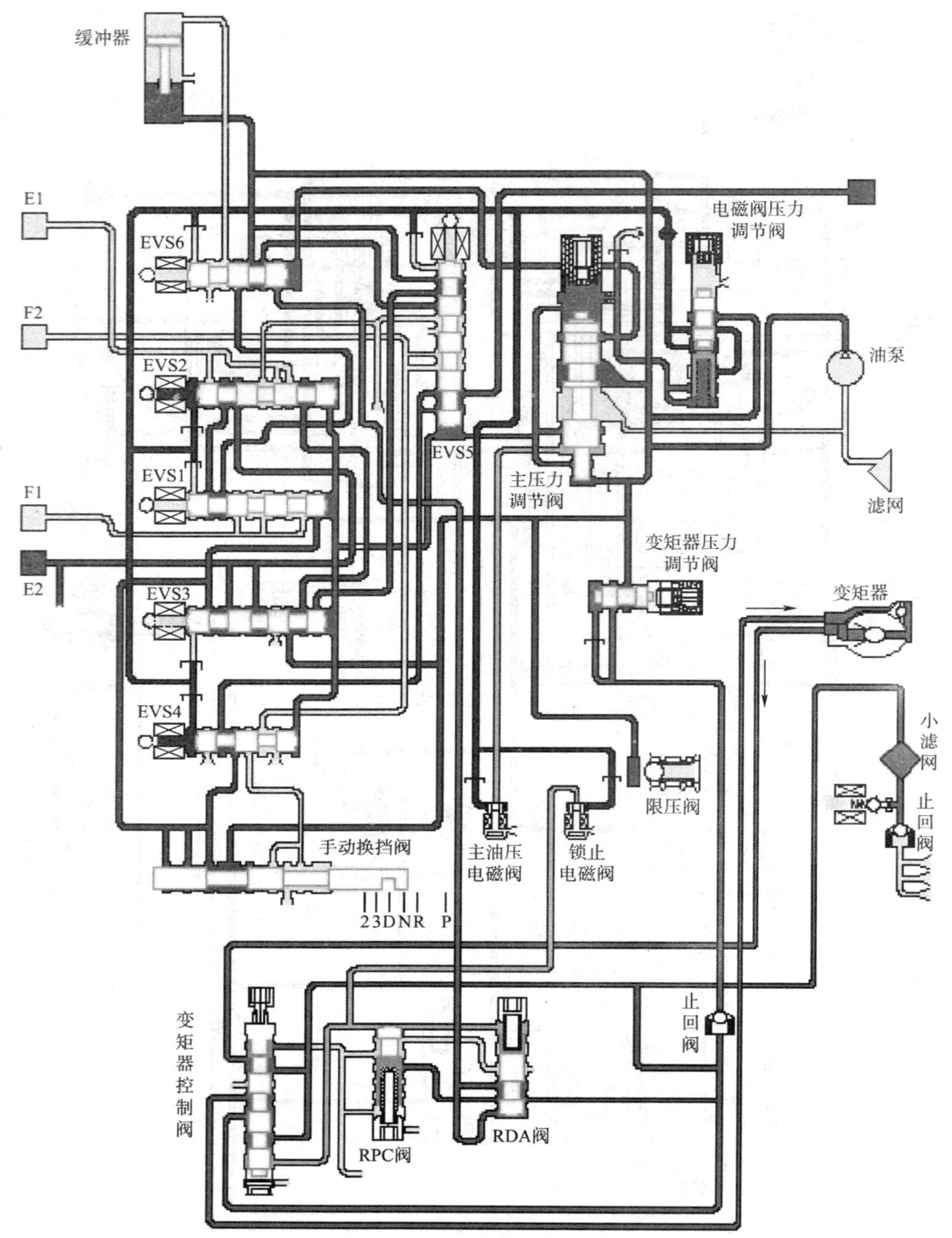

图 25-36 AL4 自动变速器 D2 挡油路

①自动变速器电控系统的组成、功用及工作原理。自动变速器的电控系统由传感器,控制单元(TCU)和执行器组成,如图 25-39 所示。

传感器包括:节气门位置传感器(TPS)、1 号车速传感器(反映发动机的转速)、2 号车速传感器(反映汽车行驶速度)、发动机冷却液温度传感器、自动变速器油温传感器(部分自动

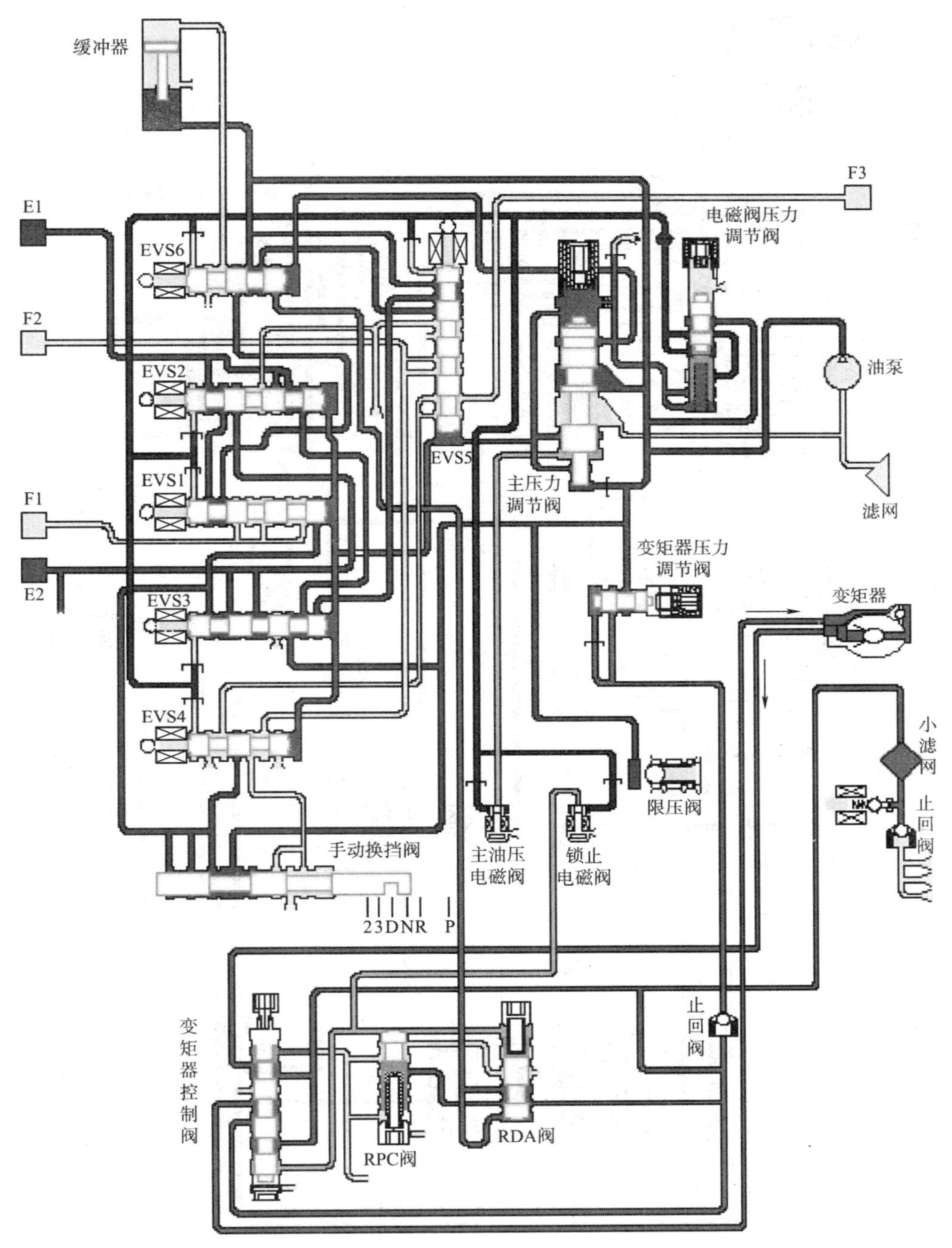

图25-37　AL4 自动变速器 D3 挡油路

变速器内有)等。

电控系统中还有许多开关类传感器:如空挡启动开关(NSW)、超速挡(O/D 挡)开关、行驶模式选择开关(包括经济模式开关、运动模式开关、雪地驾驶开关、巡航电控开关)、强制降挡开关及制动灯开关等。

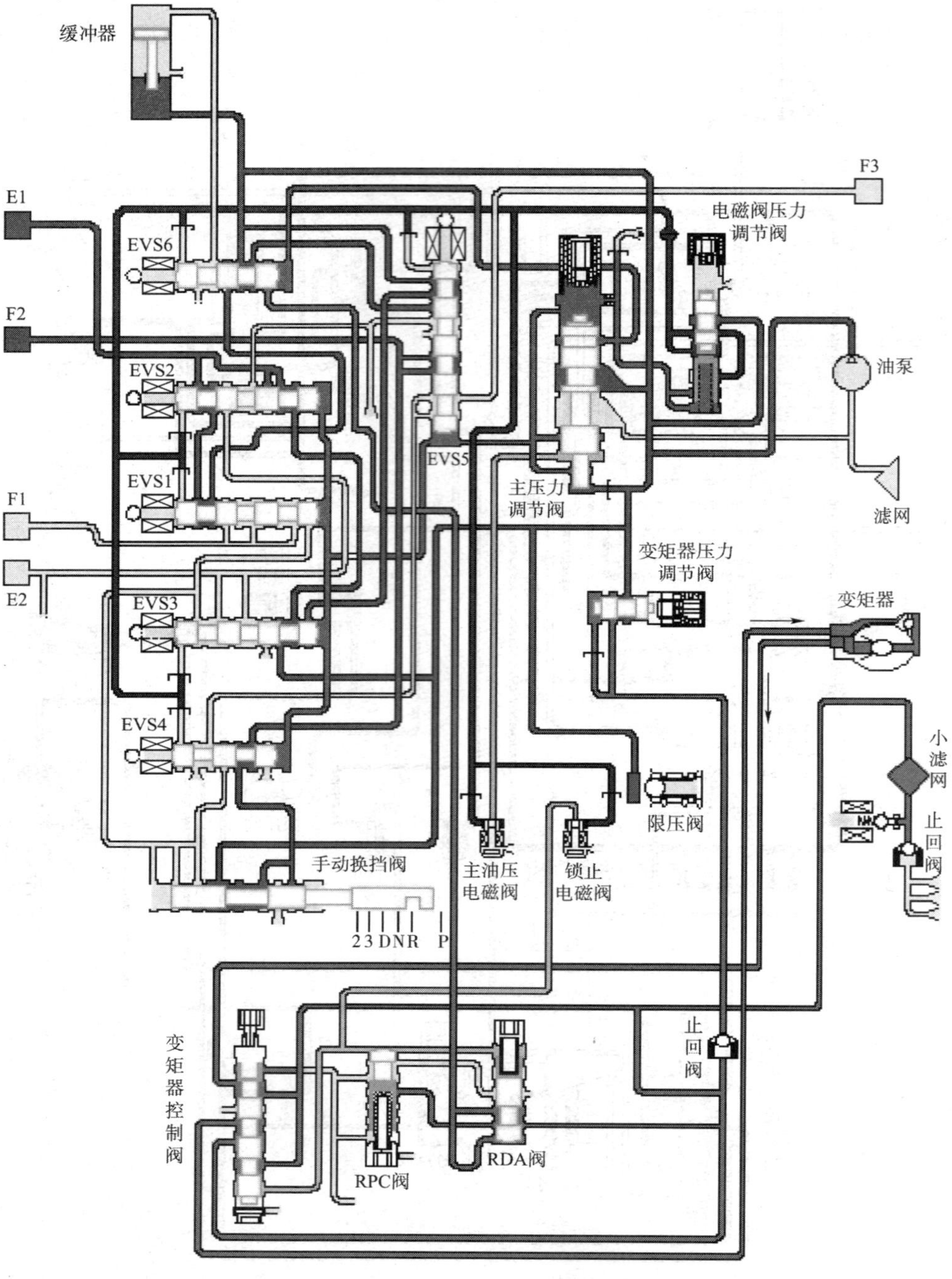

缓冲器
F3
E1
电磁阀压力
调节阀
EVS6
F2
EVS2
油泵
EVS5
EVS1
主压力
调节阀
滤网
F1
变矩器压力
调节阀
E2
EVS3
变矩器
EVS4
小滤网
止回阀
限压阀
手动换挡阀
主油压
电磁阀
锁止
电磁阀
2 3 D N R P
止回阀
变矩器控制阀
RPC阀
RDA阀

图 25-38　AL4 自动变速器 R 挡油路

执行器则是由各种功用的电磁阀组成。汽车自动变速器中采用 2 ~ 8 个电磁阀。最常用的电磁阀有 1 号和 2 号换挡电磁阀、锁止离合器电磁阀、主油压控制电磁阀等。

车型不同,传感器的数量、电控开关数量以及电磁阀的数量也不相同。但传感器的性能指标(如精度、响应特性、可靠性、耐久性、适应性等)必须满足要求。图 25-40 为自动变速器电控系统的元件布置图。

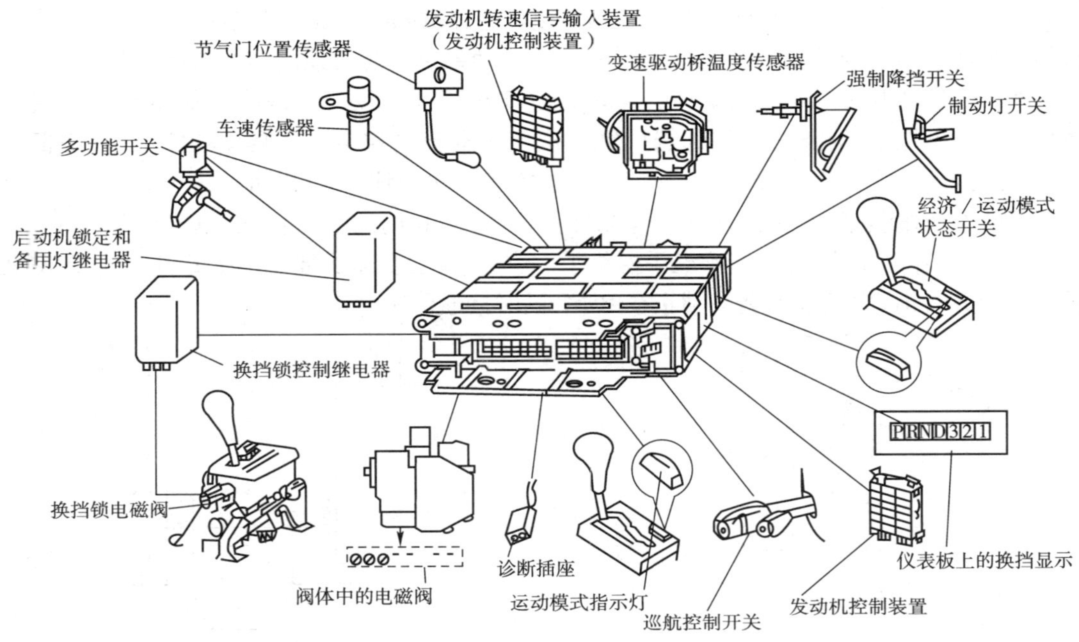

图25-39 电控自动变速器电控系统的组成

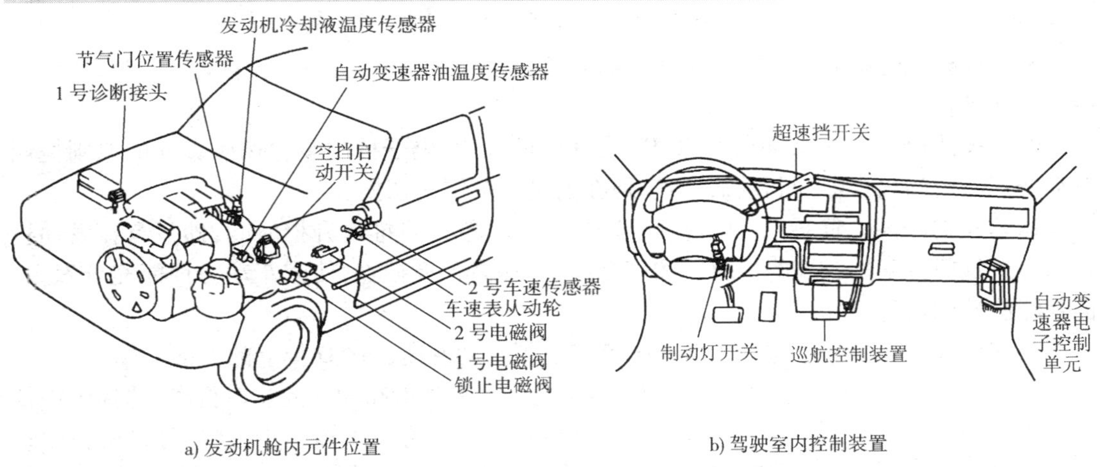

a) 发动机舱内元件位置

b) 驾驶室内控制装置

图25-40 自动变速器电控元件布置图

电控自动变速器工作原理：电控单元以传感器提供的车速、节气门开度等信号为依据，确定换挡时刻和锁止离合器工作时刻，然后将相应的控制信号输出到电磁阀。电磁阀通过控制液压控制阀的工作完成电子控制单元下达的换挡、锁止命令。电子控制系统还带有自诊断装置，并且具有在发生故障时使车辆继续行驶的失效保护功能。

②自动变速器电控系统的结构与原理。

a. 传感器的结构与原理。

- 节气门位置传感器。节气门位置传感器是将节气门开启角度转换为电压信号送至电子控制装置,作为决定换挡点和变矩器锁止机构的基本信号之一。

●车速传感器。电控自动变速器利用车速传感器获得速度信号,从而取消了离心式调速器。车速传感器的结构原理见“学习任务24 制动系统与防滑控制结构与拆装”。

●空挡启动开关。空挡起动开关及其电路如图25-41所示,它是一个多功能开关,通过多个接头与电控单元相连,可将选挡操纵手柄信号送至电控单元。具体功能如下:确保只有当选挡操纵手柄位于P位或N位时,发动机才能起动;当选挡操纵手柄位于D位,自动变速器可由1挡按顺序升至高挡;当选挡操纵手柄位于2位时,允许自动变速器从2挡降至1挡,或由1挡升至2挡;当选挡操纵手柄位于1位时,自动变速器被锁止在1挡;当选挡操纵手柄位于R位时,自动变速器被锁止在R挡,同时接通倒车灯。

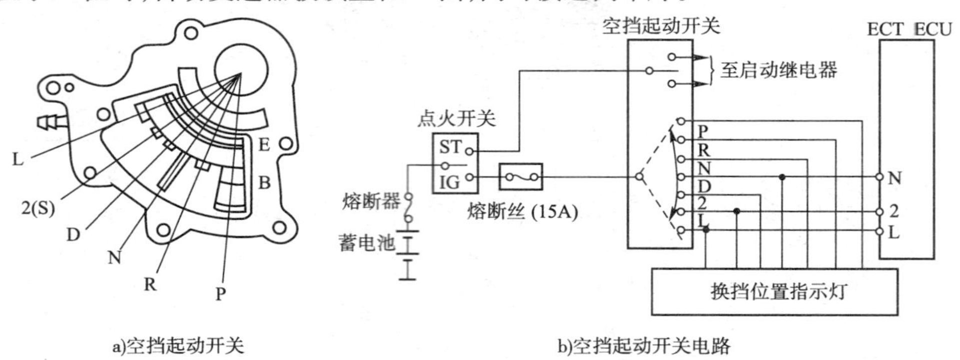

图25-41 空挡起动开关及其电路

●行驶模式选择开关。行驶模式选择开关位于仪表板或选挡操纵手柄支架附近,主要有以下几种模式。

经济模式(Economy mode,简称“E”或“ECO”)。由电子控制装置按照省油的原则控制自动变速器内的离合器和制动器,自动地在前进挡范围内切换。

运动模式(Sport,简称“S”)。在此模式下,电控单元将推迟升挡时间,即只有在发动机转速和节气门开度均较高的情况下才能升挡,即提高了换挡点,使汽车动力性能充分发挥,但是经济性则明显下降。

正常模式(Normal)。选择了该模式就恢复了自动变速器在D位上的正常工作。

冬季模式(Winter)。在冰雪道路上,为防止汽车在光滑路面上起步时打滑,选择冬季驾驶模式,汽车将以3挡起步,这样可以避免驱动力大于附着力而造成的驱动车轮原地打滑的现象。

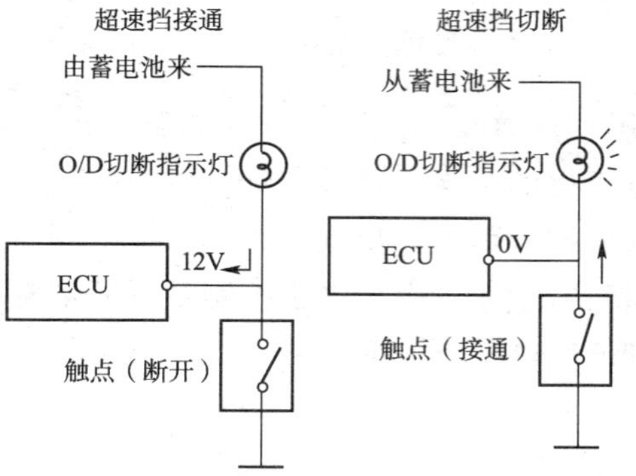

图25-42 超速挡开关和超速挡切断指示灯的工作

●超速挡开关(O/D开关)。超速挡开关一般设在选挡操纵手柄上,超速切断指示灯安装在组合仪表板上,其工作情况如图25-42所示。O/D开关接通时,变速器将不能升入超速挡。

●制动灯开关。制动灯开关在制动踏板支架上,其主要作用是在驾驶员踩下制动踏板时自动接通制动灯,同时向电子控制装置发出制动信号，由其控制液力变矩器锁止离合器处于分离状态，避免出现“失速”现象。

● 巡航电控开关（或巡航电控装置）。该装置在工作时向自动变速器的电控装置传递巡航车速输入信号。汽车在超速挡巡航行驶时，若车速降到低于设定车速约4km/h，超速挡将关闭，以防车速进一步下降。一旦超过了巡航电控装置设定的车速，重新恢复到超速挡。

● 强制降挡开关。它位于加速踏板下方，迅速将加速踏板踩到底时，电子控制装置接到强制降挡开关传来的信号，控制变速器从目前的高挡强制降低一个挡位，以充分利用发动机的动力进行超车。

b. 自动变速器电控单元（简称TCU）。目前，电控自动变速器的TCU，有的是独立的，但相当多的TCU与发动机电控单元（ECU）组成一体，称为PCM。例如：雷克萨斯LS400高级轿车用的自动变速器、丰田A340E型自动变速器均属于后者。因为自动变速器的TCU和发动机的ECU所采用的有些传感器信号是共用的，且TCU与ECU的进行联系的项目较多。电控单元是电子控制系统的控制中心，由接收器、控制器和输出装置三部分组成。其主要功能如下。

● 控制换挡时刻。控制单元存有各种程序，在选挡操纵手柄位置确定的情况下，控制单元根据传感器的输出信号，按照相应换挡程序控制电磁阀的通、断。由于采用与标准信号对比的方法，尽可能地减少了干扰因素，因此能够更为精确地掌握换挡时机。

● 控制超速行驶。只有当选挡操纵手柄位于D位且超速开关断开时，汽车才有可能升入超速挡。当汽车以巡航方式在超速挡行驶时，若实际行驶车速低于设定车速4km/h以上，巡航控制单元将向电控单元发出信号，要求自动退出超速挡。这种控制功能还可以防止自动变速器在发动机冷却液温度低于60℃时进入超速挡工作。

● 控制锁止离合器。电控单元存有在不同行驶模式下控制锁止离合器工作的程序。电控单元根据车速传感器和节气门位置传感器发出的信号，可以控制锁止电磁阀的开和关，从而控制锁止离合器的接合与分离。

电控单元在以下几种情况下可以强制解除锁止。当汽车采取制动或节气门全闭时，为防止发动机失速，电控单元切断通向锁止电磁阀的电流，强行解除锁止。在自动变速器升降挡过程中，电控单元暂时停止锁止离合器的工作以减少换挡冲击。如果发动机冷却液温度低于60℃，锁止离合器处于分离状态，以加速自动变速器的预热，提高总体驾驶性能。

● 控制换挡品质。在换挡时，电控单元发出延迟发动机点火的信号，通过控制发动机转矩以保证换挡平顺。另外，电控单元还可以通过调压电磁阀调节行星齿轮机构的工作压力，使执行元件柔和地接合，进一步提高换挡品质。

● 自我诊断。当电控系统的元件发生故障时，电控单元将故障信息储存起来，即使发动机熄火也不会消失。可利用超速挡开关指示灯或专用检测仪读出故障码，找到发生故障的部位。故障排除后，必须通过特定的程序清除故障码。

● 失效保护功能。电控系统的电磁阀和车速传感器都具有备用功能。在电控系统出现故障的情况下配合手动换挡机构可使车辆继续行驶。例如克莱斯勒A-604自动变速器，当其电控系统出现故障后，电控单元自动切断电子控制回路，汽车被限制在一定车速范围内(通常是2挡)行驶,不能升降挡。

由此可见,电控单元能安全可靠地工作,是自动变速器正常工作的前提条件。

c. 电控自动变速器的执行器。电控自动变速器中的执行器是电磁阀。在电控系统中各种作用的电磁阀的故障率是最高的,往往是维修检查的重点。

电磁阀的作用是根据TCU的命令接通或切断液压回路,实现换挡时机、锁止油压、节气门油压、主油压及发动机制动等的控制。

- 电磁阀按其控制形式不同可分为间接控制方式和直接控制方式两种。

间接控制方式电磁阀装在控制阀体上,绝大部分自动变速器采用这种方式。

直接控制方式电磁阀位于行星齿轮系统执行机构的油路中,直接控制通向执行元件的自动变速器油。只有少数几种自动变速器采用这种方式,如本田车和后轮驱动的日产车。

- 电磁阀按其作用不同一般分为三类,即换挡电磁阀,锁止电磁阀和调压电磁阀。

换挡电磁阀:TCU根据2号车速传感器、节气门位置传感器的信号(升入超速挡时还需参考发动机冷却液温度传感器和自动变速器油温度传感器的信号)控制换挡电磁阀负极接通的时间。电磁阀通电后,执行油压便经换挡电磁阀作用在换挡阀上,进而接通换挡阀的油路,使离合器和制动器工作,从而完成换挡工作。

调压电磁阀:在一些电子控制自动变速器中,主油路油压可用脉冲式电磁阀控制,其结构如图25-43所示。

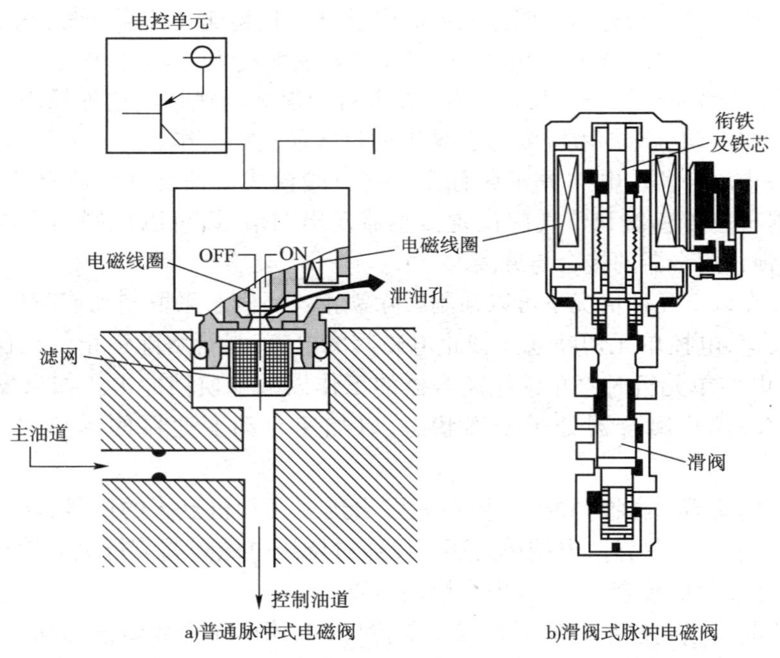

图25-43 脉冲式电磁阀的结构

电磁阀线圈通电时,阀被打开,液压油从泄油孔排除出,主油路中液压随之下降。电磁阀断电时,阀在弹簧力的作用下关闭,主油路的液压又会上升。脉冲电磁阀的信号电压和频率不变,但占空比(图25-44)可变。占空比增加,电磁阀通电时间相对增加,经泄油阀泄出的液压油就增加，油路中的液压就会相应下降。自动变速器电控单元就是通过输出占空比不同的脉冲信号来控制电磁阀的动作，使油路中的液压稳定、下降或上升。

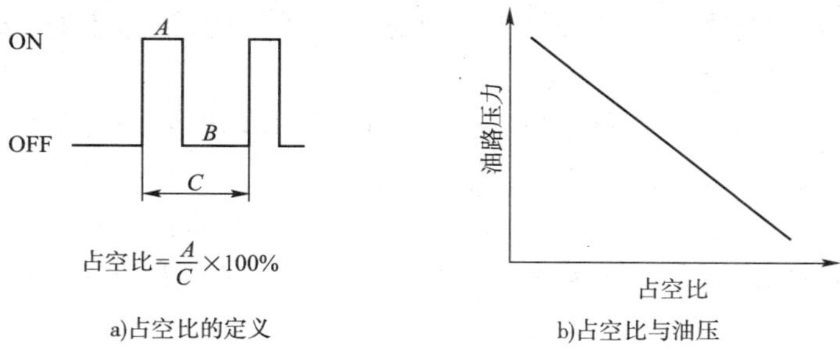

图25-44 脉冲式电磁阀的信号

主油压电磁阀是通过对节气门油压的控制，进而完成对主油压和换挡时机的控制。

一部分控制油压通过节流孔形成节气门油压。主油压电磁阀则是以通断频率50Hz来调节节气门油压，具体的通断频率是根据TCU的指令，即循环断电比来进行调节的。

随着节气门开度的不同，断电占空比在20%～90%之间进行变化。节气门开度增大时，断电占空比增大，泄油量减少，节气门油压较高。节气门开度减少时，断电占空比减少，泄油量增多，节气门油压较低。

形成节气门油压后，再作用在主调压阀调压弹簧一侧，形成反馈调节，调节控制的油压为调节主油压，实现了对主油压的再控制。

经主油压电磁阀调节后的节气门油压作用在执行机构，即换挡阀有附加弹簧的一侧，参与换挡时机的控制。

TCU通过对主油压电磁阀的控制，得到更加精确的节气门油压，再以油压控制相应挡位上离合器的动作。经主油压电磁阀调节过的换挡时的油压，较液压控制自动变速器要小，这样可减少换挡时的冲击，提高换挡品质。适当降低主油压，还可降低油泵负荷，减少发动机油耗。

自动变速器油温度较低时，油液黏度较大。在自动变速器温度低于60℃，主油压电磁阀根据TCU的指令提高节气门油压，进而调节主油压，控制在比常用油压偏低的状态。使自动变速器不能升入4挡（速控油压大于节气门油压和附加弹簧时，自动变速器才能升挡）。

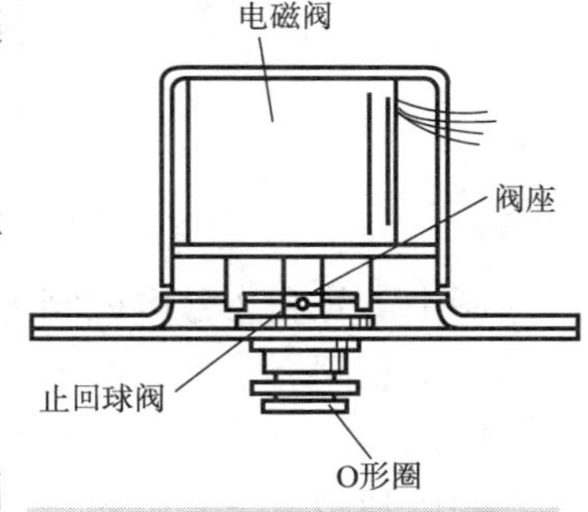

图25-45 典型的锁止电磁阀

锁止电磁阀：锁止电磁阀是通过对执行油压进行控制，以提高乘坐的舒适性。典型的锁止电磁阀如图25-45所示。

在锁止电磁阀被TCU接通负极后，通断频率可达到50Hz，通过对锁止离合器（TCC）的控制（即对锁止电磁阀通断频率的控制），达到控制变矩器锁止油压的目的。

当TCU接通锁止电磁阀的搭铁回路时，锁止离合器压盘与变矩器壳之间自动变速器油被排出，来自第二调压阀的锁止离合器接合油压，压紧锁止离合器压盘与变矩器壳之间的接触，锁止电磁阀通过在锁止过程中通断频率的控制，以及第二调压阀及锁止离合器的其余阀的控制,提高锁止离合器接合的平稳性。

● 按电磁阀通断形式分类。电磁阀按通断形式可分为常开式和常闭式两种。

常闭式(正向蓄电池电压):负极搭铁前电磁阀是关闭的,油路不通;负极搭铁后,电磁阀打开,打开泄油孔,主油路油压降低。

常开式(反向蓄电池电压):负极搭铁前,即电磁没有动作时,阀门是开启的,泄油孔打开,主油路压力降低。负极搭铁后,电磁阀关闭,关闭泄油孔,油路切断。

一些早期生产的自动变速器和一些微型汽车的自动变速器上只有一个电磁阀。而德国大众公司、美国通用汽车公司和福特公司等生产的一些自动变速器上最多的装有8个电磁阀,

电磁阀在自动变速器液压控制阀中的安装位置,因自动变速器类型不同而有所差异,下面以常见的装有4个、5个和7个电磁阀的自动变速器为例,说明其在液压控制阀中的安装位置。图25-46为4个电磁阀的自动变速器电磁阀的安装位置图。

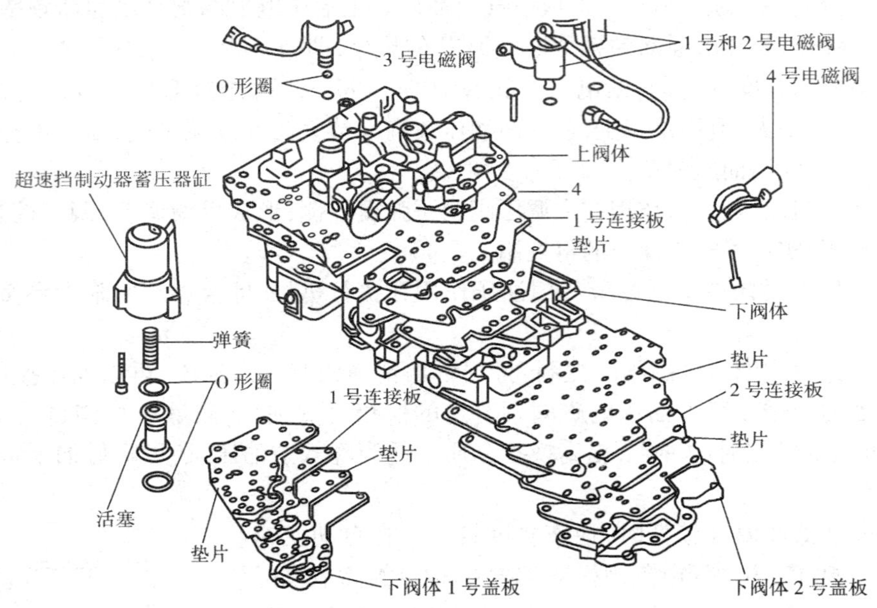

图25-46 4个电磁阀在控制阀上的位置图

图中1号和2号电磁阀为换挡电磁阀;3号电磁阀为锁止离合器电磁阀;4号电磁阀为主油压电磁阀。

图25-47为装有5个电磁阀的自动变速器中电磁阀的位置图。

图中超越离合器电磁阀,能防止单向离合器打滑,以实现发动机制动。

图25-48是装有7个电磁阀的自动变速器中电磁阀的位置图。

奔驰等高档汽车的自动变速器中内还装有强制降挡电磁阀,打开点火开关,将加速踏板踩到底,在车下应能听到强制降挡电磁阀工作发出的"咔"声,如听不到说明该电磁阀发生卡滞或其他原因造成没有工作。强制降挡电磁阀卡滞在降挡端时,汽车便不能升挡,自动变速器只有1挡。

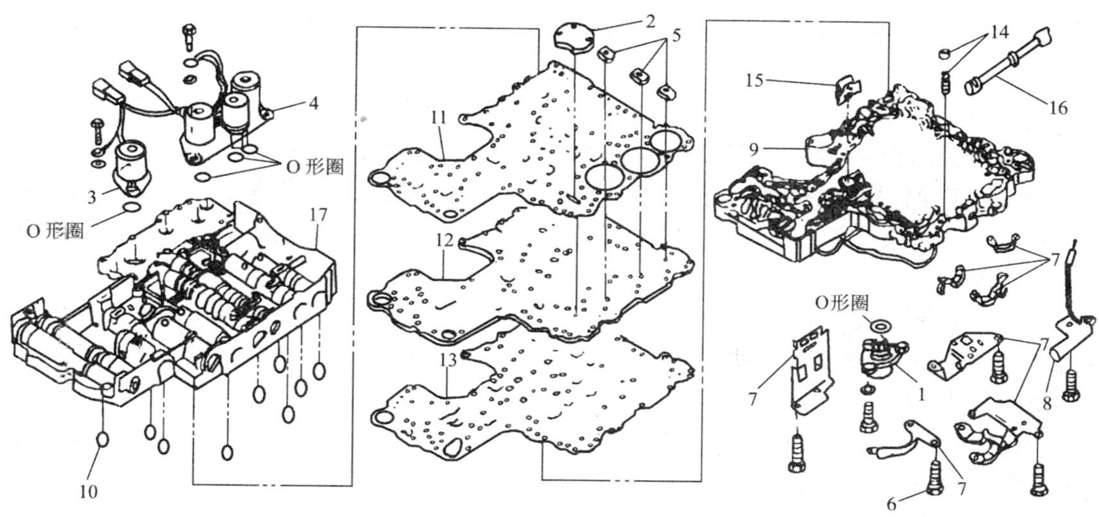

图 25-47　5 个电磁阀在控制阀上的位置图

1-锁止电磁阀；2-侧板；3-主油压电磁阀；4-超越离合器电磁阀和换挡电磁阀 A（元件板上前两个是换挡电磁阀，后一个是超越离合器电磁阀）；5-挡盘；6-紧固螺栓和螺母；7-支座；8-自动变速器油温传感器（四轮驱动）；9-下阀体；10-钢珠；11-上密封垫；12-分隔板；13-下密封垫；14-节流孔止回阀及弹簧；15-先导阀滤清器；16-手控制阀；17-上阀体

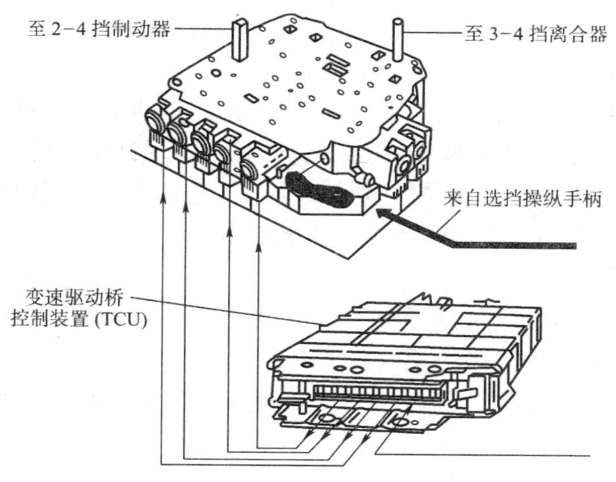

图 25-48　7 个电磁阀在控制阀上的位置图

③自动变速器电控系统的失效保护功能。

a. TCU 的失效保护功能。电子控制单元（TCU）因插接器接触不良、发生腐蚀或其他故障，导致电阻值增大，造成控制单元电源电压不足；或者测出自动变速器有故障，如离合器或制动器打滑，主油压或其他油压因内部泄漏而导致油压下降。TCU 便会采取自我保护措施，自动切断电子控制回路，于是自动变速器只有 P 挡、N 挡、R 挡和驾挡，不能升降挡。

b. 传感器的失效保护功能。

• 节气门位置传感器的失效保护。节气门位置传感器出现故障,TCU 根据怠速开关状态进行控制。

怠速开关断开时(加速板踩下)按节气门开度的 1/2 进行控制。

怠速开关闭合时(加速踏板放松)按节气门完全关闭进行控制。

• 2 号车速传感器的失效保护。部分汽车自动变速器的 1 号车速传感器有一根线通 TCU,作为备用线路,在 2 号车速传感器失效后,投入工作,自动变速器仍可自动换挡,但有些汽车自动变速器的 1 号车速传感器只负责里程表。

当车速传感器发生故障后,TCU 无法进行自动换挡控制,于是可能出现两种不同的失效保护方法:一种是按选挡操纵手柄位置决定挡位,另一种是无论选挡操纵手柄在任何前进挡位,都固定在 1 挡。

• 输入轴转速传感器的失效保护。部分高档汽车装有输入轴转速传感器、扭力转换电磁阀及扭力转换缓冲电磁阀。当输入轴转速传感器发生故障时,扭力转换电磁阀及扭力转换缓冲电磁阀失去控制,此时换挡冲击有所增大。

• 自动变速器油温传感器失效保护。美国的自动变速器上普遍装有自动变速器油温传感器(装在控制阀体上)。该传感器失效后,TCU 按自动变速器油温为 80℃ 进行控制。

c. 执行器的失效保护功能。

• 换挡电磁阀的失效保护。换挡电磁阀失效后,有两种不同的保护措施:

一是只要有一个换挡电磁阀发生故障,即停止所有换挡电磁阀的工作,汽车在前进方向上只有一个固定的 2 挡。

二是当一个换挡电磁阀发生故障后,TCU 仍可控制其他换挡电磁阀工作,除了发生故障的该电磁阀所负责的挡位不工作外,其余的挡位仍可实现自动换挡。

• 锁止离合器电磁阀的失效保护。锁止离合器电磁阀失效后,TCU 停止对液力变矩器内锁止离合器的控制,使锁止离合器始终处于分离状态。

4)自动变速器的装配

自动变速器大修完后,按下列原则进行装配:

(1)将所有零件清洗干净,按序摆放。

(2)更换的离合器和制动器摩擦片应该放在盛有自动变速器油的容器中浸泡 30min 以上再进行装配。

(3)认准各种止推轴承和密封圈、油封的编号及安装位置、方向,止推轴承涂上凡士林,密封圈和油封刃口涂上自动变速器油。

(4)装配自动变速器时应遵循从后向前逐次装配的原则。

(5)将自动变速器壳体前端向上,依次装配行星齿轮变速机构,并调整各元件之间的间隙。

(6)安装油泵、阀体、油底壳及前后自动变速器壳体。

(7)安装液力变矩器和所有外围零件。

(8)按照与从车上拆下的相反顺序将自动变速器装车,连接操纵机构和电气线路。

二、任 务 实 施

项目1 东风雪铁龙 AL4 液力控制盒和电磁阀拆装

1 项目说明

某爱丽舍轿车,行驶过程中,自动变速器故障灯闪烁,换挡冲击大,强制3挡,并进入热保护模式,经4S店维修技师检查,判断是因摩擦材料脱落导致ATF热交换器堵塞所致。

为排除此故障,需要更换热交换器,同时清洁阀体油道。现请你设计拆装方案,并以此方案进行相关拆装操作。

2 技术标准与要求

(1)相应技术标准参见东风雪铁龙凯旋轿车维修工艺中的"AL4 变速器"。

(2)注意专用工具的使用方法和各螺栓的拧紧力矩。

3 设备器材

(1)AL4 自动变速器台架。

(2)常用工具。

(3)专用工具。

4 作业准备

(1)清洁机具。

(2)查阅爱丽舍维修工艺"AL4 变速器"。

5 操作步骤

1)拆装热交换器

(1)拆卸热交换器。

拆卸螺栓、密封圈1、热交换器,如图25-49所示。

拆下热交换器下方的密封圈2和密封圈3,将专用工具0338-R(图25-50)安装在变速器后壳体和热交换器上,以保护相应油道。

(2)装配热交换器。

若变速器油被污染,则必须更换热交换器。

更换密封圈,卸下工具0338-R。

安装热交换器,螺栓的拧紧力矩为(50±5)N·m。

2)拆装液力控制盒

(1)拆卸液力控制盒。

警告:在执行这些操作时,必须采取尽可能的措施来保证清洁。

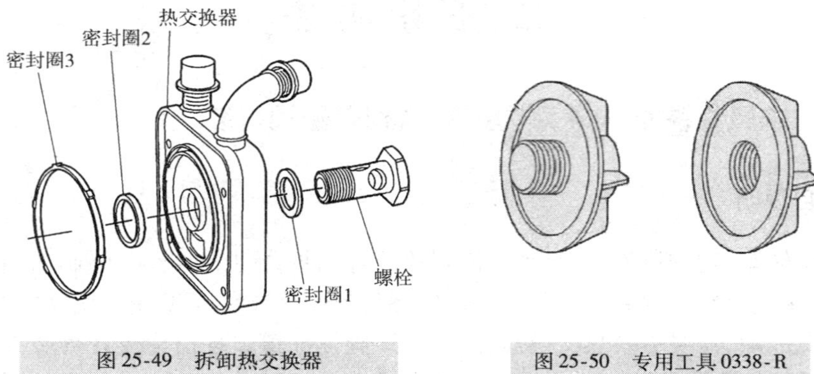

图 25-49 拆卸热交换器

图 25-50 专用工具 0338-R

注:用一个容器回收液力控制盒的油,约 0.5L。

拆卸:固定螺栓、取下罩盖(图 25-51),拆卸 7 个螺栓。

用一把头部缠有胶带的一字螺丝刀在“a”处压下电磁阀连接器的锁舌然后脱开线束连接器,松开 6 个电磁阀(在“b”处)(图 25-52)。

注意:不要让手动阀掉下。

松开压力调节电磁阀(在“c”处),卸下液力控制盒。

图 25-51 拆卸螺栓和罩盖

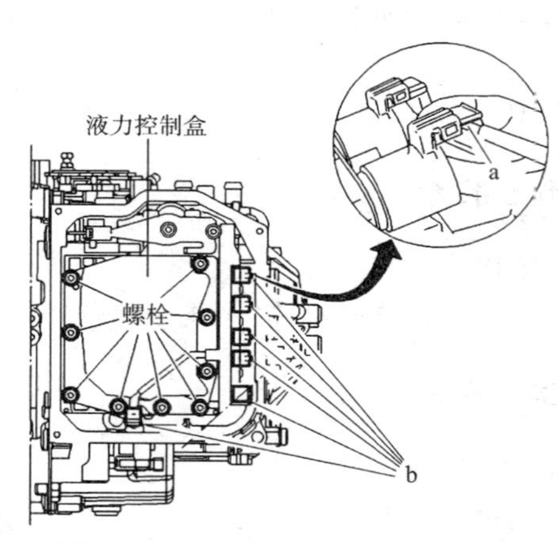

图 25-52 拆卸液力控制盒

(2)拆卸电磁阀(图 25-53)。

注意:拆卸顺序电磁阀时可不拆下液力控制盒;拆下顺序电磁阀 EV55 后,应使电磁阀将液压滑块固定,使其不会脱落;在每次重新安装时,更换电磁阀的密封圈。

电磁阀的固定螺栓拧紧力矩为(10 ±1) N · m.

(3)安装液力控制盒。

注意:检查有无密封圈,此密封圈必须更换(图 25-54)。

安装液力控制盒,连接压力调节电磁阀(“c”处)。

警告:确认手动阀定位在齿板凸销“d”处(图 25-55)。

安装液力控制盒的固定螺栓：

用拧紧力矩(7.5±0.7)N·m按图示顺序拧紧7个螺栓(图25-56)。

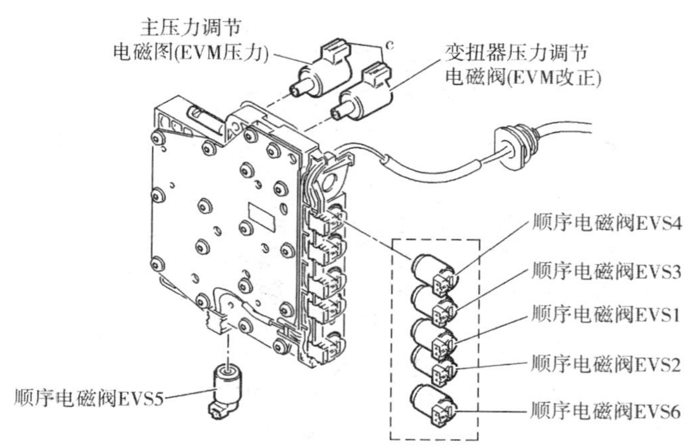

图25-53　拆卸电磁阀

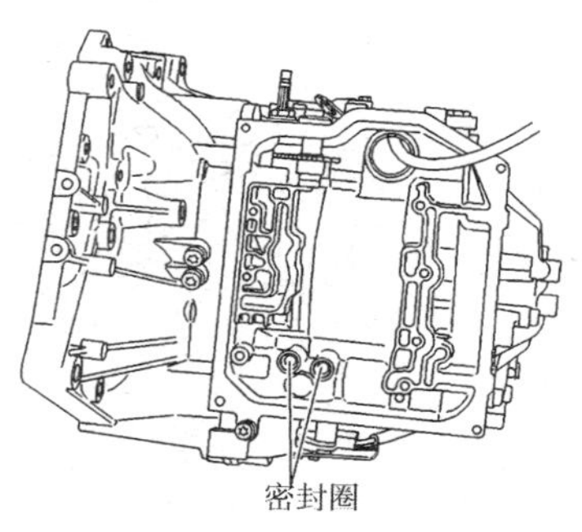

图25-54　检查密封圈

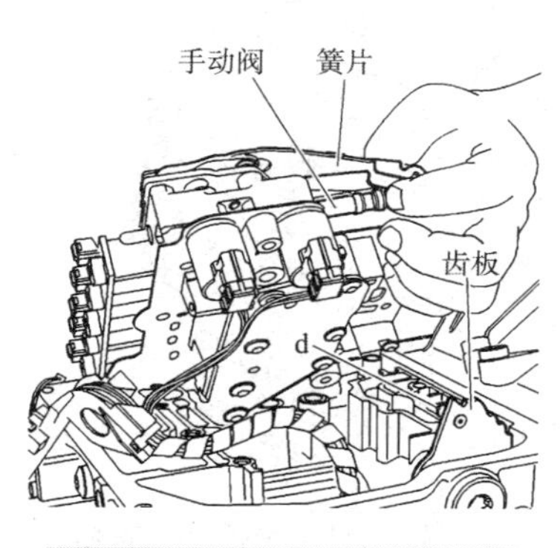

图25-55　安装液力控制盒

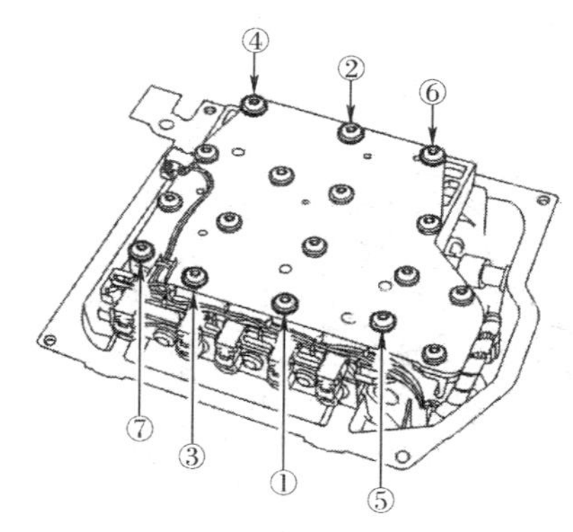

图25-56　螺栓拧紧顺序

重新连接6个顺序电磁阀(在“b”处)。

注意：调整内部选挡机构的簧片和齿板，保证选挡机构在各个位置正常工作。

3)内部选挡机构的调节

每次拆装液力控制盒或选挡机构后，需进行此项操作。

拆下液力控制凳罩盖后，进行调节。

注意：将换挡臂向车辆的后部方向(箭头方向)推到极限位置。

在调节操作过程中，用塑料扎带将换挡臂固定。

松开螺栓，将簧片的滚轮“d”置于齿板的第二缺口位置。拆卸螺栓2。

安装：罩盖(新的密封圈)；拧紧4个螺栓到10N·m如图25-57所示。

将工具2压在簧片的宽度方向，工具1安装到螺栓2的位置，按箭头方向推动簧片(图25-58)。用工具1将簧片整体固定，将螺栓1拧紧至(9±1)N·m。

折下工具 1 和 2,装上螺栓 1,拧紧力矩(7.5 ±0.7)N · m,如图 25-59 所示。

注意:保证选挡机构在各个挡位位置工作正常,当换挡臂处于向后(箭头方向)极限位置时,不应有超越行程。

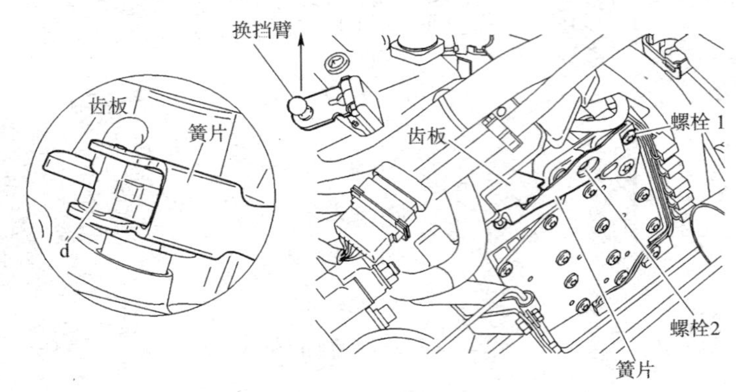

图 25-57　内部选挡机构的调节

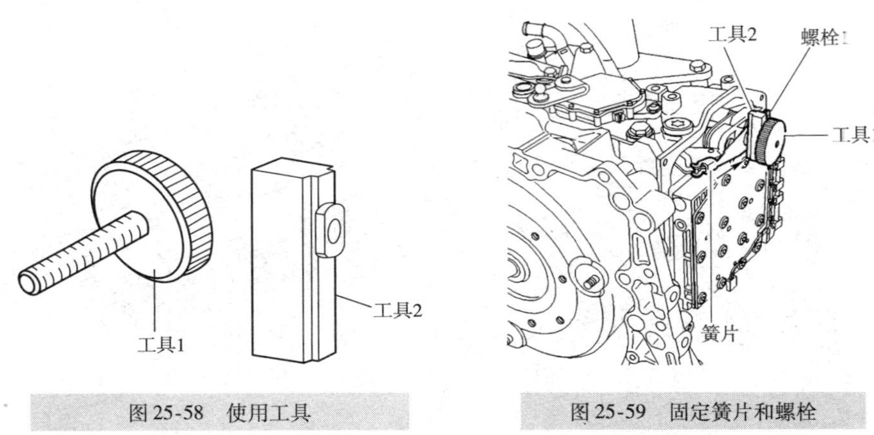

图 25-58　使用工具

图 25-59　固定簧片和螺栓

项目2　自动变速器解体

1　项目说明

某丰田皇冠轿车,行驶 15 万 km,感觉加速无力,经 4S 店技术人员检查后,判断为自动变速器(A340E)内部摩擦片烧损,需要解体更换摩擦片。现请你制订丰田 A340E 自动变速器的解体方案,并以此方案实施解体作业。

2　技术标准与要求

(1)相应技术标准参见丰田皇冠轿车维修手册。

(2)注意专用工具的使用方法和各螺栓的拧紧力矩。

3 设备器材

(1)RR 车自动变速器和 FF 车自动变速器 2 ~4 套。
(2)变矩器、行星齿轮机构及液压控制装置若干套。
(3)拆装工作台若干张。
(4)举升器、常用和专用工具若干套。
(5)自动变速器试教台。

4 作业准备

(1)清洁机具。
(2)查阅丰田皇冠维修手册。

5 操作步骤

1)拆卸变速器壳体外部零部件
如图 25-60 所示,拆卸下列零部件:
(1)拆下线束和节气门拉索的固定夹。
(2)拆下变速器控制轴杆。
(3)拆下空挡启动开关。
(4)拆下散热管接头。
(5)拆下变速器的油温传感器。
(6)拆下里程表从动齿轮。
(7)拆下车速传感器。
(8)拆下延伸外壳。
(9)拆下里程表驱动齿轮。
(10)拆下定位钢珠。
(11)拆下传感器转子和键。
2)拆卸油底壳及液压控制系统
(1)检查油盘内的颗粒物质:取下磁铁,用它去吸铁屑,仔细观察油盘内和磁铁上的碎屑和颗粒。如果有碎屑吸附在磁铁上,则此屑为铁质,表明轴承、齿轮和离合器钢片可能已磨损;如果留在油盘内的碎屑为黄铜,表明衬套(铜套)已磨损。
(2)如图 25-61 所示,拆下变速器阀体总成。
(3)拆下止回球阀体,注意钢球不要丢失。
3)拆卸行星齿轮机构
如图 25-62 所示,拆卸下列零部件:
(1)拆卸液力变矩器。
(2)拆卸前、后端盖及其附件。
(3)拆卸油泵。
(4)拆卸超速挡行星齿轮排。

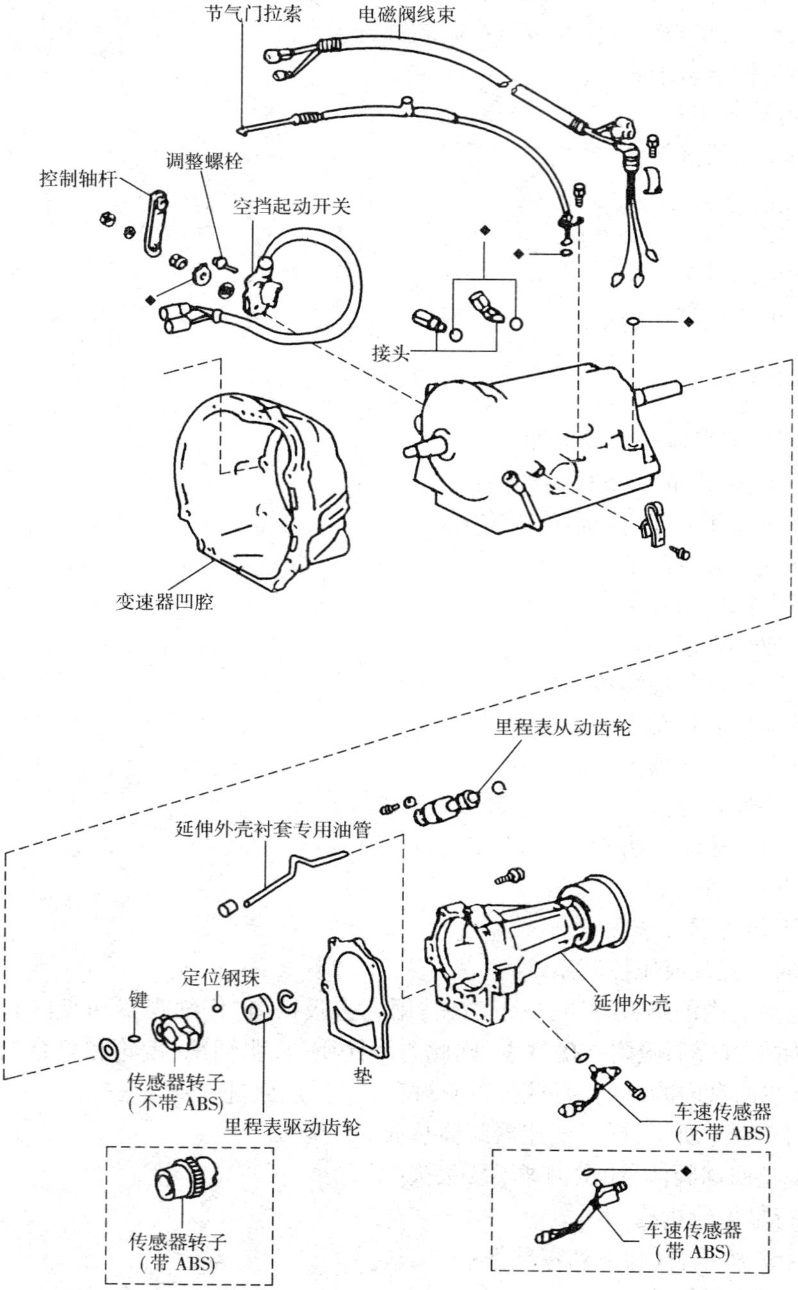

节气门拉索
电磁阀线束
调整螺栓
控制轴杆
空挡起动开关
接头
变速器凹腔
里程表从动齿轮
延伸外壳衬套专用油管
定位钢珠
键
延伸外壳
传感器转子
(不带 ABS)
垫
里程表驱动齿轮
车速传感器
(不带 ABS)
传感器转子
(带 ABS)
车速传感器
(带 ABS)

图 25-60 变速器壳体外部零部件

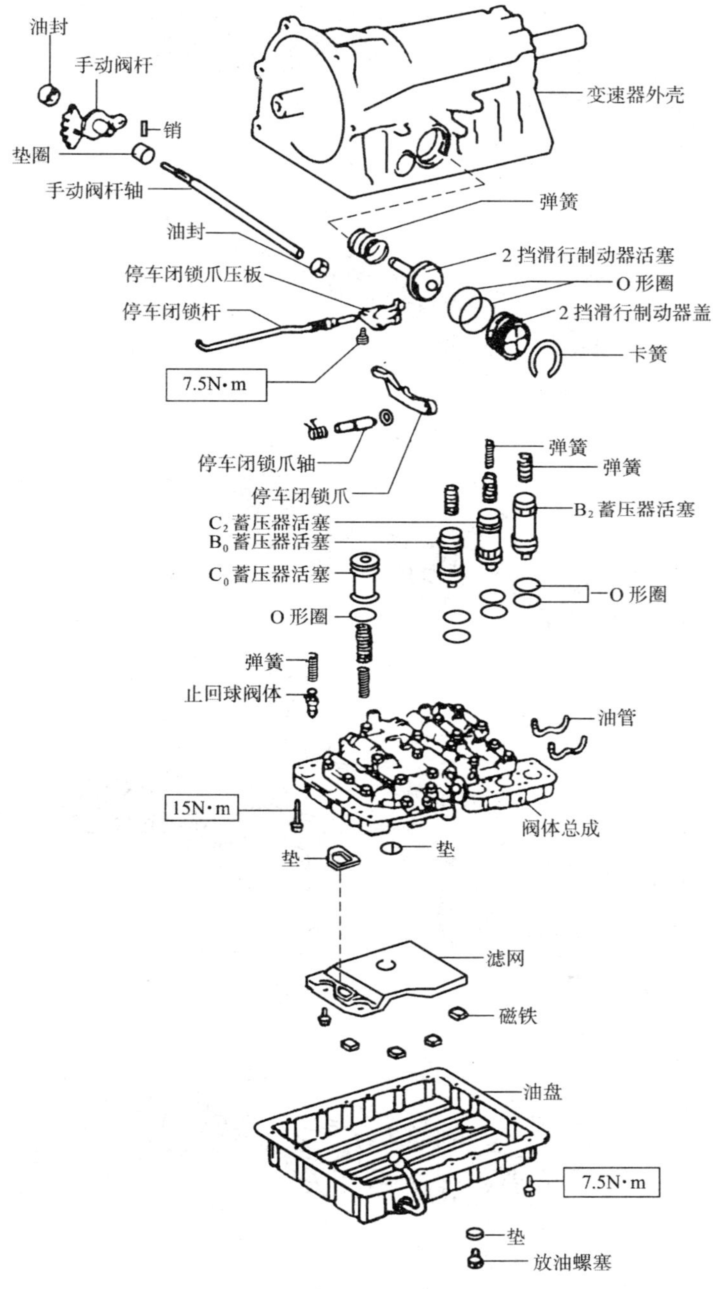

图25-61　拆卸油底壳及液压控制系统

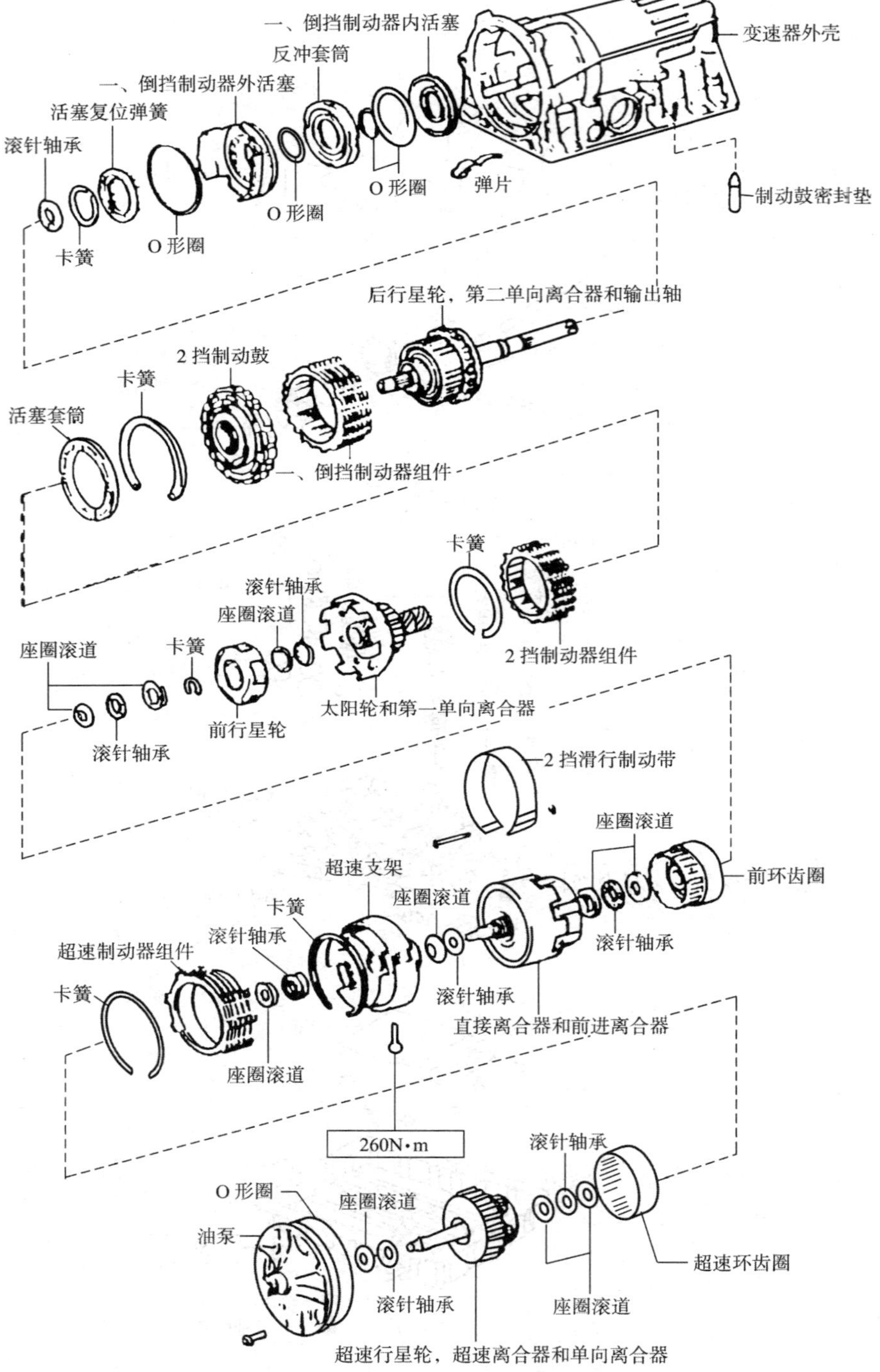

一、倒挡制动器内活塞
反冲套筒
一、倒挡制动器外活塞
活塞复位弹簧
滚针轴承
变速器外壳
O 形圈
弹片
制动鼓密封垫
O 形圈
卡簧
O 形圈
后行星轮，第二单向离合器和输出轴
2 挡制动鼓
卡簧
活塞套筒
一、倒挡制动器组件
卡簧
滚针轴承
座圈滚道
座圈滚道
卡簧
2 挡制动器组件
太阳轮和第一单向离合器
前行星轮
滚针轴承
2 挡滑行制动带
座圈滚道
超速支架
前环齿圈
座圈滚道
卡簧
滚针轴承
滚针轴承
超速制动器组件
卡簧
滚针轴承
直接离合器和前进离合器
座圈滚道
260N·m
滚针轴承
O 形圈
座圈滚道
油泵
超速环齿圈
滚针轴承
座圈滚道
超速行星轮，超速离合器和单向离合器

图 25-62　拆卸行星齿轮机构

(5)拆卸超速挡制动器。
(6)拆卸 OD 支架。
(7)取出 C1、C2 离合器及前行星齿圈。
(8)拆卸制动带。
(9)拆卸变速器输出轴。
(10)取出前行星架、太阳轮及 F1。
(11)拆卸 B2 制动器组件。
(12)拆卸 B2 制动器活塞。
(13)取出后行星齿轮架及 F2。
(14)取出 B3 制动器组件。
(15)取出后行星齿圈。
4)清洗、检查
(1)更换摩擦片、钢片。
(2)清洗各零件及油道。
(3)检查 2 挡滑行制动器活塞杆的行程(1.5 ~3.0mm)。
(4)检查 2 挡制动器组件间隙(0.62 ~1.98mm)。
(5)检查 1 挡、倒挡制动器组件间隙。
5)自动变速器组装
按拆卸的相反顺序组装。

三、学 习 评 价

1 理论考核

1)分析题
(1)简述丰田 A340E 自动变速器的控制特点。
(2)试分析丰田 A340E 自动变速器各挡的动力传递路线。
(3)变速器的组装过程中要注意哪些事项?
(4)简述辛普森式和拉威挪式行星齿轮机构的异同。
2)判断题
(1)自动变速器漏装止回球阀,换挡时会产生冲击。 (　　)
(2)在自动变速器上的开关式换挡电磁阀出现卡滞、开路、短路、泄漏、偏损等,故障现象主要表现为换挡冲击、失效保护、挡位干涉和没有高挡。 (　　)
(3)自动变速器的片式制动器和离合器的主要结构相同,但制动器没有止回阀。 (　　)
(4)液力变矩器在增大输出转矩的同时,还能降低油耗。 (　　)
(5)发动机怠速过高,不会导致自动变速器换挡冲击。 (　　)
(6)自动变速器油过多或过少,都会导致自动变速器打滑。 (　　)
(7)换挡执行元件打滑,会导致自动变速器换挡冲击。 (　　)

(8)自动变速器主油路油压过高或过低,都不会导致换挡冲击。 (　　)

(9)对拆下的含石棉的摩擦片,应该用压缩空气吹干净上面的灰尘。 (　　)

(10)摩擦片表面不能有油,否则会影响其工作。 (　　)

3)选择题

(1)电控自动变速器的特点有:(　　)。

A. 换挡冲击小,乘坐舒适性好　　B. 经济性好

C. 具有自诊断功能　　D. 失效保护功能

(2)自动变速器控制面板上挡位布置一般为:(　　)。

A. N、P、R、D　　B. N、R、P、D

C. P、N、R、D　　D. P、R、N、D

(3)锁上离合器的解除条件为:(　　)。

A. 制动状态　　B. 节气门位置传感器的怠速触点闭合

C. 发动机冷却液温度低于60℃　　D. 巡航控制信号

(4)电控自动变速器的控制功能为:(　　)。

A. 换挡与锁止正时控制　　B. 锁止正时的控制

C. 发动机转矩控制　　D. 发动机转速控制

2 技能考核

"项目1　液力控制盒和电磁阀拆装"的评分表见表25-6。

液力控制盒和电磁阀拆装项目评分表　　表25-6

<table>
<tr><td rowspan="2">基本信息</td><td>姓名</td><td></td><td>学号</td><td></td><td>班级</td><td></td><td>组别</td><td></td></tr>
<tr><td>规定时间</td><td></td><td>完成时间</td><td></td><td>考核日期</td><td></td><td>总评成绩</td><td></td></tr>
<tr><td rowspan="9">任务工单</td><td rowspan="2">序号</td><td rowspan="2" colspan="3">步　骤</td><td colspan="2">完成情况</td><td rowspan="2">标准分</td><td rowspan="2">评分</td></tr>
<tr><td>完成</td><td>未完成</td></tr>
<tr><td>1</td><td colspan="3">考核准备:
机件:
量具:</td><td></td><td></td><td></td><td>10</td></tr>
<tr><td>2</td><td colspan="3">清洁机件</td><td></td><td></td><td>5</td><td></td></tr>
<tr><td>3</td><td colspan="3">清洁量具</td><td></td><td></td><td>5</td><td></td></tr>
<tr><td>4</td><td colspan="3">油底壳拆装</td><td></td><td></td><td>10</td><td></td></tr>
<tr><td>5</td><td colspan="3">阀体拆装</td><td></td><td></td><td>15</td><td></td></tr>
<tr><td>6</td><td colspan="3">电磁阀拆装</td><td></td><td></td><td>10</td><td></td></tr>
<tr><td>7</td><td colspan="3">清洁及整理</td><td></td><td></td><td>10</td><td></td></tr>
<tr><td colspan="2">安全</td><td colspan="5"></td><td>5</td><td></td></tr>
<tr><td colspan="2">5S</td><td colspan="5"></td><td>5</td><td></td></tr>
<tr><td colspan="2">沟通表达</td><td colspan="5"></td><td>5</td><td></td></tr>
<tr><td colspan="2">工单填写</td><td colspan="5"></td><td>10</td><td></td></tr>
<tr><td colspan="2">工艺制订</td><td colspan="5"></td><td>10</td><td></td></tr>
</table>

注意:没有按照操作流程操作,出现人身伤害或设备严重事故,本任务考核0分。

“项目2　自动变速器解体”的评分表见表25-7。

自动变速器解体项目评分表

表25-7

<table>
<tr><td rowspan="2">基本信息</td><td>姓名</td><td></td><td>学号</td><td></td><td>班级</td><td></td><td>组别</td><td></td></tr>
<tr><td>规定时间</td><td></td><td>完成时间</td><td></td><td>考核日期</td><td></td><td>总评成绩</td><td></td></tr>
<tr><td rowspan="7">任务工单</td><td rowspan="2">序号</td><td rowspan="2" colspan="3">步　骤</td><td colspan="2">完成情况</td><td rowspan="2">标准分</td><td rowspan="2">评分</td></tr>
<tr><td>完成</td><td>未完成</td></tr>
<tr><td>1</td><td colspan="3">考核准备：
机件：
量具：</td><td></td><td></td><td>5</td><td></td></tr>
<tr><td>2</td><td colspan="3">(1)拆卸油底壳及液压控制系统
(2)拆卸液力变矩器
(3)拆卸前、后端盖及其附件
(4)拆卸油泵
(5)拆卸超速挡行星齿轮排
(6)拆卸超速挡制动器
(7)拆卸OD支架
(8)取出C1、C2离合器及前行星齿圈
(9)拆卸制动带
(10)拆卸变速器输出轴
(11)取出前行星架、太阳轮及F1
(12)拆卸B2制动器组件、取出B2活塞
(13)取出后行星齿轮架及F2
(14)取出B3制动器组件
(15)取出后行星齿圈</td><td></td><td></td><td>25</td><td></td></tr>
<tr><td>3</td><td colspan="3">各挡动力传递路线演示</td><td></td><td></td><td>10</td><td></td></tr>
<tr><td>4</td><td colspan="3">清洁、检查、更换</td><td></td><td></td><td>5</td><td></td></tr>
<tr><td>5</td><td colspan="3">装复</td><td></td><td></td><td>3</td><td></td></tr>
<tr><td colspan="2">安全</td><td colspan="5"></td><td>5</td><td></td></tr>
<tr><td colspan="2">5S</td><td colspan="5"></td><td>5</td><td></td></tr>
<tr><td colspan="2">沟通表达</td><td colspan="5"></td><td>5</td><td></td></tr>
<tr><td colspan="2">工单填写</td><td colspan="5"></td><td>5</td><td></td></tr>
<tr><td colspan="2">工艺制订</td><td colspan="5"></td><td>5</td><td></td></tr>
</table>

注意：没有按照操作流程操作，出现人身伤害或设备严重事故，本任务考核0分。

四、拓展学习

1　CVT变速器

1）概述

（1）CVT变速器的发展。CVT(Continuosusly Variable Transmission)变速器，即无级变速

器,可以实现传动比的连续改变,从而得到传动系统与发动机工况的最佳匹配。CVT 在操作上类似自动变速器,设置有停车挡、倒车挡、空挡、前进挡,如图 25-62 所示,但是 CVT 变速器的前进挡有无数个传动比。

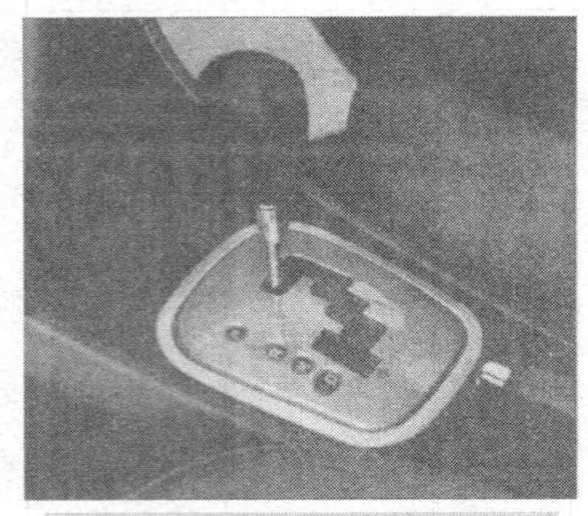
图 25-63 CVT 变速器挡位图

CVT 变速器和普通自动变速器的最大区别是省去了复杂而又笨重的齿轮组合,只用了两组带轮,如图 25-63 所示,通过改变驱动轮与从动轮传动带的接触半径进行变速。该带轮系统可以在最高挡位和最低挡位间提供无限的可变性,而没有不连续的步骤或换挡。这使得汽车前进自动换挡时十分平稳,没有突跳的感觉。CVT 变速器可以实现传动比的连续改变,从而获得传动系统与发动机工况的最佳匹配,提高整车的燃油经济性和动力性,改善驾驶员的操纵方便性和乘员的乘坐舒适性,是理想的汽车传动装置。

20 世纪 70 年代中期,荷兰 Van Doorne's Transmissie B. V公司(简称 VDT 公司)开发出一种金属带式无级自动变速器,称为 VDT-CVT。这种无级自动变速器克服了以前其他传动形式的缺点,实现了真正意义上的无级变速传动。VDT-CVT 自 1987 年商品化以来,到目前为止,世界上几乎所有的汽车生产厂家,都接受了这项技术,开发出自己的 CVT 变速器。

目前 CVT 变速器技术发展迅速,各大汽车厂家都在加强这一领域的研发。随着科技的不断进步,CVT 变速器技术的不断成熟, CVT 变速器有替代手动变速器(MT)和有级自动变速器(AT)的趋势。尤其是在混合动力汽车上,CVT 变速器具有广泛的前景。

(2)CVT 变速器的优点。无级变速传动具有常规变速传动无法比拟的优点。

①由于无级变速传动与有级变速传动有着很大差别,由计算机控制传动比连续的变化,不会出现手动变速器换挡时传动比的跳跃,因此乘客感到的只是汽车的平稳加速,而不会感到换挡冲击,使驾驶更平稳。

②汽车的操纵性大大简化,降低了驾驶员的劳动强度,非常适合非专业驾驶员。

③由于传动机理不同,无级变速传动也表现出较高的传动效率和优良的使用特性。对于典型的 5 挡有级自动变速器,不同挡位的传动效率有很大的差异,平均传动效率为 60%。一般的手动变速器的传动效率为 97%。无级变速器的传动效率达 90% ~97%。

④CVT 变速器可以在相当宽的范围内实现无级变速,从而获得传动系统与发动机工况的最佳匹配,提高整车的燃油经济性和动力性。

⑤CVT 变速器的传动比工作范围宽,能够使发动机以最佳工况工作,从而改善了燃烧过程,降低了废气的排放量。

⑥CVT 变速器结构简单,零部件数目比有级自动变速器少,一旦汽车制造商开始大规模生产,CVT 变速器的成本将会比有级自动变速器小。由于采用该系统可以节约燃油,随着大规模生产以及系统、材料的革新,CVT 变速器零部件(如传动带或传动链、主动轮、从动轮和液压泵)的生产成本,将降低 20% ~30%。

2)CVT 变速器的结构和工作原理

CVT 变速器按其结构的不同,有钢带式、环形和液压式。其中,钢带式 CVT 变速器在轿车上的应用最为广泛。

(1)钢带式CVT变速器。CVT变速器由电子控制系统、液压控制系统和机械传动系统三部分组成。电子控制系统和液压控制系统的作用与有级自动变速器(AT)相似,根据车辆的实际运行情况,确定并实现变速器的最佳传动比。

CVT的机械传动部分与其他形式变速器的不同主要有三个基本部件:高功率金属带、可变输入(驱动)钢带轮、输出(从动)钢带轮,如图25-64所示 。另外也有液力变矩器和行星齿轮机构,但这些结构与其他变速器相似,而上述三种部件则是实现此项技术的关键元件。

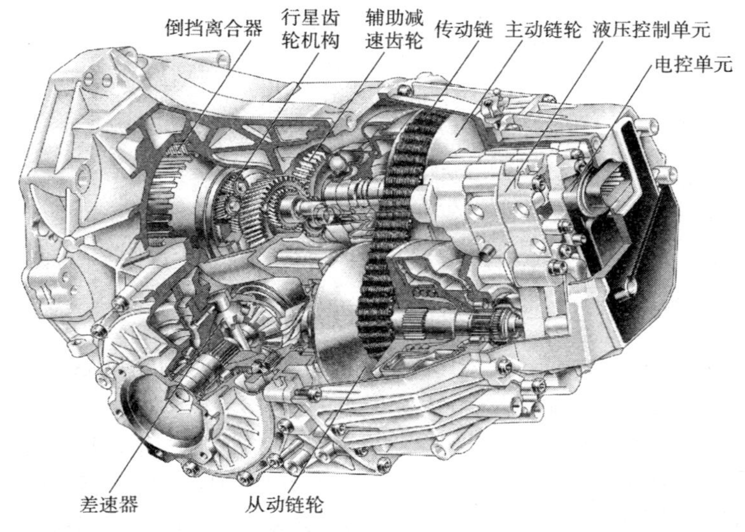

图25-64　奥迪01VCVT变速器

①钢带轮。主动带轮、从动带轮都由锥角为11°的斜面的固定带轮与可移动式带轮构成。在可移动式带轮的背面设有伺服油缸,可移动式带轮通过球笼式花键在轴上滑动,起到改变带轮槽宽的作用。钢带位于两个圆锥之间的凹槽中,如图25-65所示。

钢带轮中心与钢带在凹槽中的接触位置之间的距离称为节圆半径。当可移动钢带轮远离固定钢带轮时,钢带位于较低处,节圆半径减小,围绕钢带轮转动的钢带半径也变小。当可移动钢带轮靠近固定钢带轮时,钢带位于较高处,节圆半径大,围绕钢带轮转动的钢带半径也变大。当一个钢带轮的半径增加时,另一个钢带轮的半径将减小以保持钢带的张力,驱动钢带轮的节圆半径与从动钢带轮的节圆半径之比决定了挡位的高低。随着两个钢带轮的半径的改变,将产生从低到高无数个传动比。如图25-66所示,当主动轮伺服油缸进油,从动轮伺服油缸回油时,主动钢带轮可移动带轮被往右推,其节圆半径增大,而从动钢带轮可移动带轮也右移,其节圆半径减小,此时从动钢带轮的旋转速度将增大,从而产生较高的“挡”;而当从动轮伺服油缸进油,主动轮伺服油缸回油时,从动钢带轮的可移动带轮被往左推,其节圆半径增大,而主动钢带轮的可移动带轮也左移,其节圆半径则减小,此时从动钢带轮的旋转速度将减小,从而产生较低的“挡”。电控单元根据发动机负荷(节气门开度),主动带轮转速和从动带轮转速(车速)来改变主动带轮、从动带轮的工作压力,控制带

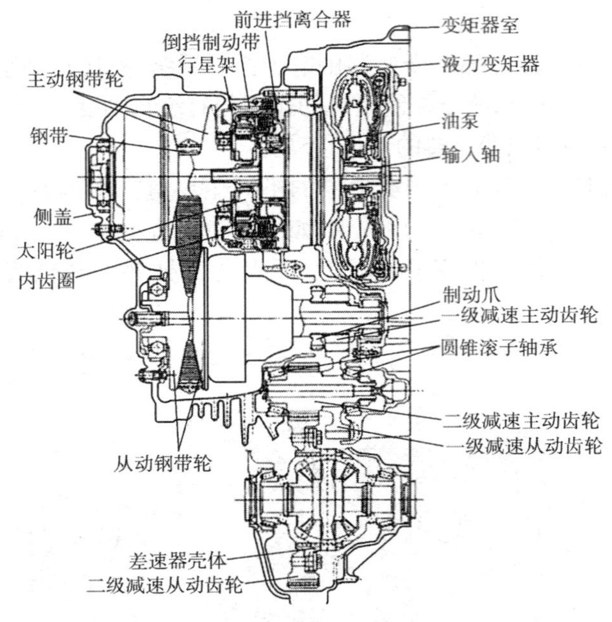

图 25-65 天籁 RE0F09A 型 CVT 变速器

轮的槽宽来调整钢带轮的节圆半径,使传动比(以天籁为例)从低速状态(变速比为 2.371)到超速传动状态(变速比为 0.439)进行连续无级的变化。

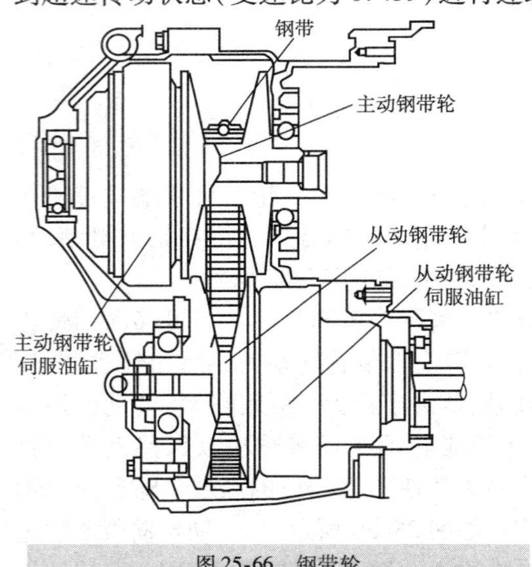

图 25-66 钢带轮

②钢带。钢带由大约 400 个钢片与两根 12 层重叠的钢板环构成,如图 25-67 所示。此钢带与橡胶带不同,橡胶带是通过张力作用传递动力,而钢带是通过钢片的压缩作用来传递动力。钢片为了传递动力,需要与带轮的倾斜面之间发生摩擦力,摩擦力通过以下的原理产生:次级带轮的油压发挥作用夹紧钢片、钢片被挤向外侧、钢板环被拉紧、钢板环产生张力、初级带轮一侧的钢片被夹在带轮之间、钢带与带轮之间产生摩擦力。即:通过压缩作用传递动力的钢片与为传递动力而产生摩擦力的钢板环分别承担作用。由于钢板环的张力是由整体分散承担,所以具有应力变化较少,持久性强的特点。

金属带不会滑动而且耐用,使 CVT 变速器可以承受更大的发动机转矩。此外,它们也比橡胶钢带驱动的 CVT 变速器噪声更低。

③行星齿轮。行星齿轮机构安装在液力变矩器和主动带轮之间,其主要作用是实现前进挡和倒挡的切换,如图 25-68 所示。P 挡和 N 挡时,前进挡离合器和倒挡制动器都不工作,输入轴空转。D 挡时,前进挡离合器接合,倒挡制动器不工作,齿圈与太阳轮连成一体,

行星齿轮机构闭锁，太阳轮的转速和方向与输入轴相同。R挡时，前进挡离合器不工作，倒挡制动器工作，行星架被固定，动力经齿圈传给行星轮，再由行星轮传给太阳轮，因此间经历了一次外啮合（行星齿轮与太阳轮之间），故方向与输入轴相反，即倒挡。

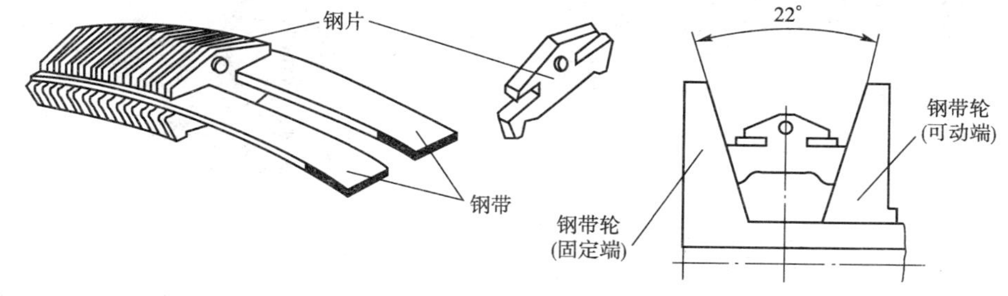

图25-67 钢带

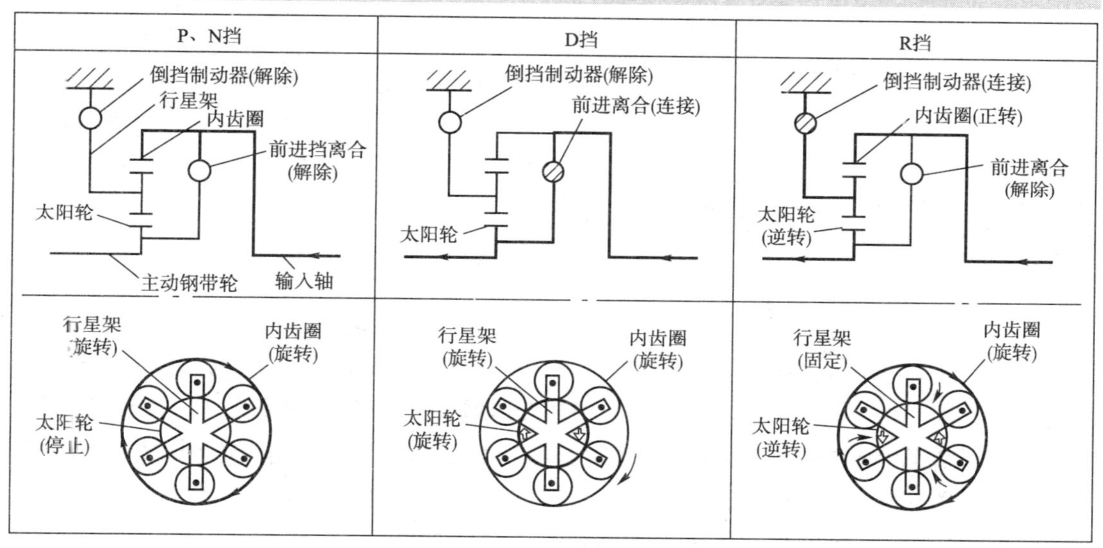

图25-68 行星齿轮传动示意图

（2）环形CVT变速器。环形CVT变速器中（图25-69），用盘片和动力滚子代替了钢带和钢带轮。一个盘片连接到发动机上，相当于驱动钢带轮；另一个盘片连接到驱动轴上，相当于从动钢带轮；滚子或车轮位于作用类似于钢带的盘片之间，将动力从一个盘片传送到另一个盘片。

轮子可以沿两个轴旋转，如图25-70所示，它们围绕水平轴旋转并沿垂直轴内侧或外侧倾斜，这样车轮就可以接触盘片的不同区域。当车轮接触驱动盘片的中心处附近时，它们必须接触从动盘片的轮缘附近，从而降低速度并增加转矩（即低挡）。而当车轮接触驱动盘片的轮缘附近时，它们必须接触从动盘片的中心附近，从而增加速度并减小转矩（即超速挡）。车轮的微小倾斜将逐渐增加传动比，从而产生平稳的、几乎是瞬时的比率变化。

（3）液压式CVT变速器。液压CVT变速器使用变排量泵来改变流入液压电动机的液体量，如图25-71所示。在这类变速器中，发动机驱动液压泵工作，将发动机动力转化为液体流能量。然后,通过液压电动机,将液体流能量转换为机械的旋转运动。

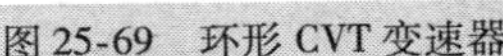
图 25-69 环形 CVT 变速器

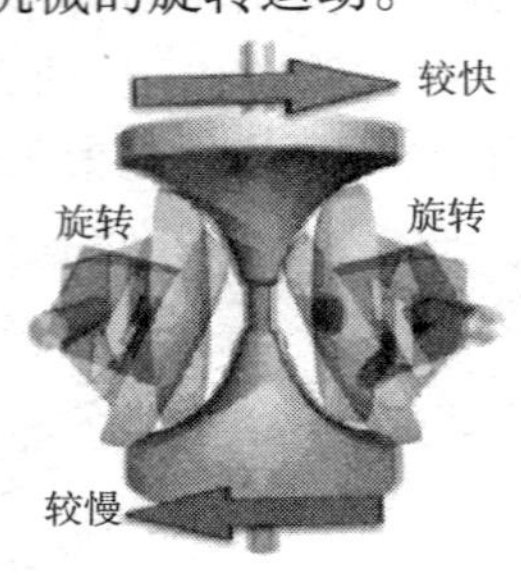

图 25-70 滚子的运转

通常,液压变速器与行星齿轮组和离合器组合形成混合型系统,称为液压机械变速器。液压机械变速器可以用三种不同的模式将动力从发动机传输到车轮上。在低速时,动力通过液压传输;在高速时,动力通过机械传输。介于这两种极端情况时,变速器则采用液压和机械两种方式传输动力。液压机械变速器是重型车的理想选择,多用于农用拖拉机和适合各种地形的车辆。

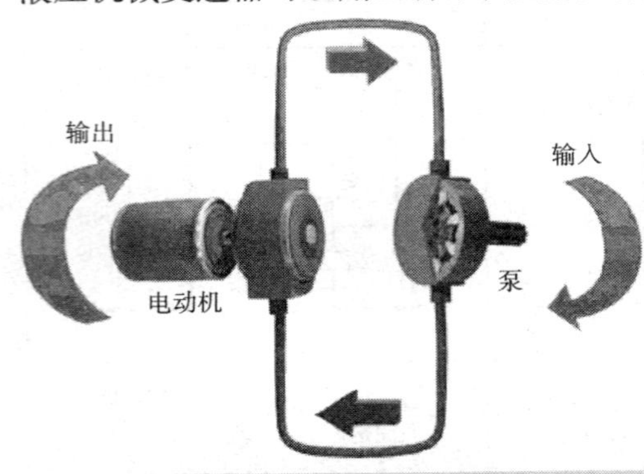

图 25-71 液压式 CVT 变速器

2 DSG 变速器

1) DSG 变速器的特点

DSG(Direct-Shift Gearbox)变速器,又称直接换挡变速器,也称双离合变速器,如图 25-72 所示,其结构原理基于手动变速器,采用了 2 个离合器和 6 个或 7 个前进挡的传统齿轮变速器作为动力的传送部件,主要与高转矩的发动机配合使用。DSG 变速器有以下特点:

(1)变速器没有变矩器,也没有离合器踏板。

(2)变速器在传动过程中的能耗损失非常有限,大大提高了车辆的燃油经济性。

(3)变速器的反应非常灵敏,具有很好的驾驶乐趣。

(4)车辆在加速过程中不会有动力中断的感觉,使车辆的加速更加强劲、圆滑,百公里加速时间比传统手动变速器还短。

(5)变速器的动力传送部件是一台三轴式 6(或 7)前进挡的传统齿轮变速器,增加了传动比的分配。

(6)双离合器的使用,可以使变速器同时有两个挡位啮合,使换挡操作更加快捷。

(7)有手动和自动两种控制模式,在行驶中,两种控制模式之间可以随时切换,除了排挡杆可以控制外,转向盘上还配备有手动控制的换挡按钮。

(8)选用手动模式时,如果不做升挡操作,即使将加速踏板踩到底,DSG 变速器也不会升挡。

(9)换挡逻辑控制可以根据驾驶员的意愿进行换挡控制。

(10)在手动控制模式下,可以跳跃降挡。

DSG 变速器能够满足消费者对车辆节油和驾驶运动感的双重要求,在降低油耗的同时,车辆性能也没有任何损失,并且与传统的自动变速器一样换挡顺畅,不影响牵引力,加速性能比手动变速器更好。以 Golf GTI 为例,带有 DSG 的车型从 0km/h 加速到 100km/h 只需 6.9s。在加速性能提高的同时,其百公里油耗只有 8.0L,与手动挡车型相当。

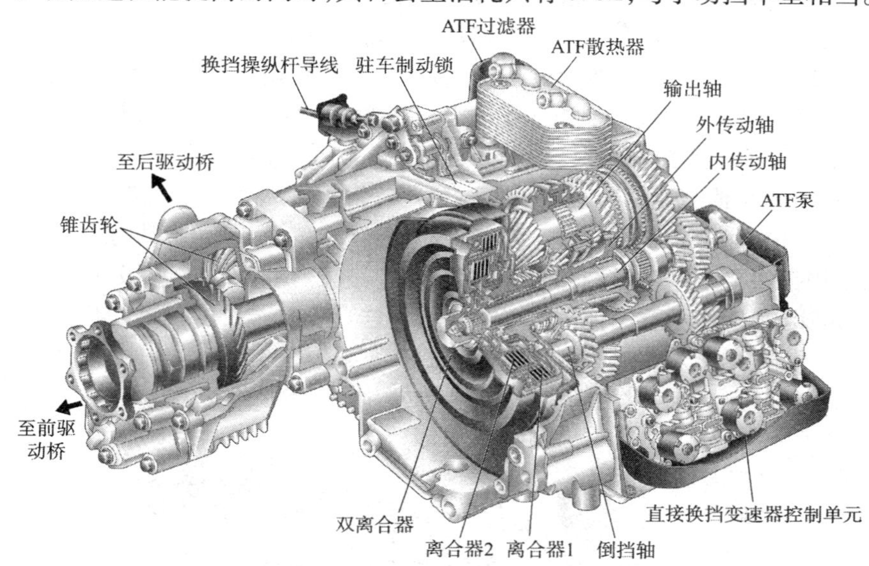

图 25-72　沃尔沃 S40 汽车 DSG 变速器

2)DSG 变速器的结构

(1)双离合器。DSG 变速器主要包括一个由两组离合器片集合而成的双离合器装置、一个双齿轮轴机构(内部为实心轴,外部为空心轴)以及分别控制奇数挡和偶数挡的两组齿轮组成,如图 25-73 所示。离合器的结构与自动变速器的湿式多片离合器相似,但是尺寸要大得多,其动作由控制模块通过电磁阀来控制。两个离合器的接合与分离状态是相反的,不会发生两个离合器同时接合的情况。

传统的手动变速器使用一个离合器,换挡过程分为三个动作:离合器分离→变速拨叉拨动同步器换挡→离合器接合,这三个动作是分先后进行的,驾驶员须踩下离合器踏板,使不同挡的齿轮做出啮合动作,而动力就在换挡期间出现间断。传统的自动变速器靠液力变矩器配合行星齿轮组进行换挡,它与手动变速器相比,除了在自动控制上的差异外,机械方面最大的差异就是行星齿轮组的齿轮处于常啮合状态,通过对某些齿轮的接合或制动,产生不同的传动比。

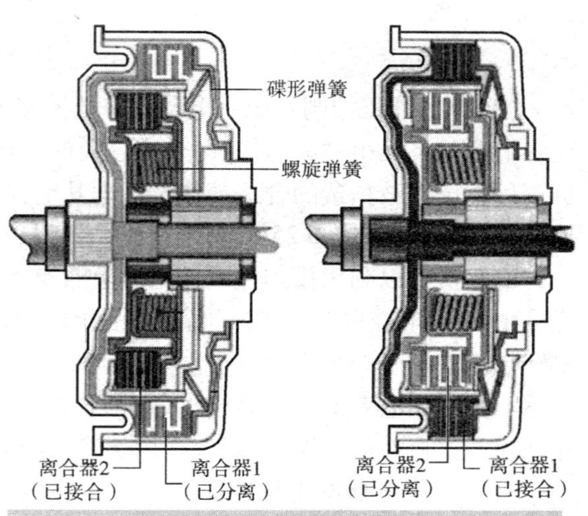

图 25-73　双离合器

DSG 很像一台手动变速器,它有同步器,但不同的是它用“双”离合器控制与发动机动力的通断,这两个自动控制的离合器,由电子控制,液压推动。在某一挡位时,离合器1接合,一组齿轮啮合输出动力,在接近换挡时,下一组的齿轮已被预选,而与之相连的离合器2仍处于分离状态;在换入下一挡位时,处于工作状态的离合器1分离,将使用中的齿轮脱离动力,同时离合器2接合已被预选的齿轮,进入下一挡。在整个换挡期间两组离合轮流工作,确保最少有一组齿轮在输出动力,故动力没有出现间断的状况。

(2)DSG变速器。以大众DQ250变速器为例,要配合以上运作,DSG的齿轮传动路线被分为两条:两根同轴心的传动轴,一条是实心的内传动轴,而另一条则是空心的外传动轴。内传动轴连接1、3、5挡,而外传动轴则连接2、4、6挡及倒挡(图25-74),倒挡齿轮通过中间轴齿轮和内传动轴的齿轮啮合。两个离合器各自负责一条传动轴的啮合动作:若当前挡位为1、3、5挡中某一挡时,离合器1是接合的,离合器2是分离的,动力由离合器1传递,相反,若当前挡位为2、4、6挡或倒挡时,则离合器2是接合的,而离合器1则是分离的,动力由离合器2传递,其传动示意图如图25-75所示。这套变速器长度很短,相当于传统6速变速器长度的一半,适用于发动机前置前轮驱动的车型。

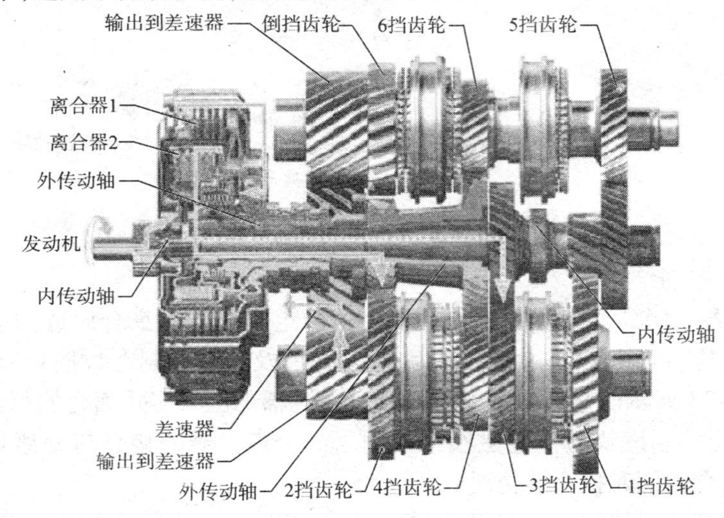

图25-74 大众DSG变速器

(3)电子液压控制系统。电子及液压控制系统位于变速器顶部,根据车辆行车状态,推动各电磁阀及其组件的运作,两个离合器的液压压力由专门的电磁阀调节。电子控制系统负责计算出将被预选的合适挡位及管理其他控制杆,另有6组压力调节阀及5组开关阀监控油压冷却系统,如图25-76所示。

驾驶员可以利用排挡杆或转向盘上的换挡片进行手动换挡,换挡过程中离合器的操作完全由DSG电控单元控制。不论在行驶中使用手动模式,还是D或S的自动换挡模式,只要轻拍驾驶盘上的换挡片,DSG立即切换至手动模式,没有传统自动变速器急加速时的滞后感。但由于没有液力变矩器的缓冲,换挡加速不如传统变速器柔和,因此适用于注重加速性能和操控性能的跑车,而不适用于追求舒适性的豪华房车。

3)DSG变速器的工作原理

DSG变速器的工作过程比较特别,在1挡起步时,离合器1接合,动力通过内传动轴到

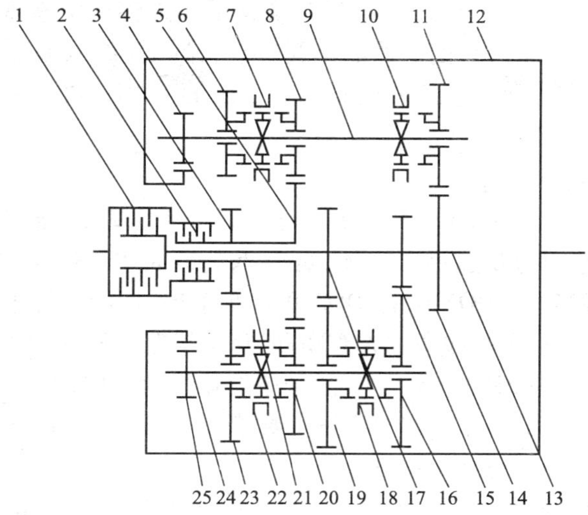

图25-75 大众DSG变速器传动示意图

1-离合器1;2-离合器2;3-2挡、倒挡主动齿轮;4-输出轴1的输出齿轮;5-4挡、6挡主动齿轮;6-倒挡从动齿轮;7-6挡、倒挡同步器;8-6挡从动齿轮;9-输出轴1;10-5挡同步器;11-5挡从动齿轮;12-差速器齿轮;13-内传动轴;14-5挡主动齿轮;15-1挡主动齿轮;16-1挡从动齿轮;17-3挡主动齿轮;18-1挡、3挡同步器;19-3挡从动齿轮;20-4挡从动齿轮;21-外传动轴;22-2挡、4挡同步器;23-2挡从动齿轮;24-输出轴2;25-输出轴2上的输出齿轮

1挡齿轮,再输出到差速器齿轮。此时,2挡的齿轮也进入啮合状态,但是,因与其相连的离合器2仍处于分离状态,等待换挡命令,故这条路线上还无动力传递,只是预先选好挡位,为接下来的升挡做准备。

DSG在降挡时,同样有2个挡位是接合的,假设4挡正在传递动力,则3挡作为预选挡位而接合,DSG的升降由变速器控制模块进行判断的:踩加速踏板时,变速器控制模块判定为升挡,做好升挡准备;踩制动踏板时,变速器控制模块判定为降挡过程,做好降挡准备。

图25-76 DSG液压电磁阀

一般升挡总是逐渐进行的,而降挡过程则不同,经常会跳跃地降挡。DSG变速器在手动控制模式下也可以进行跳跃降挡,在跳跃降挡时,如果起始挡位和最终挡位属于同一个离合器控制,则会通过另一离合器控制的挡位转换一下,如果起始挡位和最终挡位不属于同一个离合器控制,则可直接跳跃,降至所选挡位。例如,从6挡降到3挡时,6挡齿轮在外传动轴上,由离合器2控制动力的通断,而3挡齿轮在内传动轴上,由离合器1控制,此时,连续按三下降挡按钮,变速器就会从6挡直接降到3挡。但是,如果要使变速器从当前的6挡直接降到2挡,因6挡和2挡齿轮都在外传动轴上,此时则变速器会先降到5挡(内传动轴上),然后再从5挡降到2挡。切换到手动模式时,驾驶员可以利用排挡杆或转向盘上的换挡拨片进行换挡,换挡中,离合器的操作完全交由变速器控制模块控制,驾驶

员无须分神。因为采用了双离合器,换挡时就没有了动力传递中断现象,加速性能表现比手动变速器更快。如果要想得到更舒适的享受,可将排挡杆放入D挡,即可当作传统的自动变速器使用,轻松自在。而自动挡的模式除了一般的D挡以外,还提供了一个运动模式供驾驶员选择,感受更好的加速性

4)DSG变速器的应用

DSG变速器在国产沃尔沃S40、大众高尔夫GTI、迈腾3.2、尚酷等车型上广泛应用。沃尔沃S40的双离合变速器为6速手自一体,可以承受最大450N·m的转矩。大众的两款DSG双离合变速器DQ250和DQ200中,DQ250有6个挡位,能承受最大转矩为350N·m,主要用于大排量或注重操控性,如高尔夫GTI和2009年款迈腾;而DQ200则是7速双离合变速器,可承受最大转矩为250N·m,主要用于中低排量的车型,如第六代高尔夫、速腾等。

大众DQ200与DQ250除了挡位不同外,离合器的形式也不同,一个采用湿离合器(DQ250),一个采用干式离合器(DQ200)。

DQ200干式双离合器通过从动盘上的摩擦片来传递转矩,湿式双离合器的转矩则是通过浸没在油中的湿式离合器摩擦片来传递转矩的。干式离合器由于不需要液力系统以及其自身所具有的传递转矩的高效性,很大程度地提高了燃油经济性。以77kW的发动机为例,配备DQ200干式双离合器的要比配备DQ250湿式双离合器的变速器节省超过10%的燃油。

干式双离合器除了传递效率更高外,还省去了过滤器、油冷器以及变速器壳体中的高压油管等零部件,其变速器油只用于变速器齿轮和轴承的润滑和冷却。因此,7速的DQ200变速器仅需要1.7L变速器油,而6速的DQ250则需要6.5L。

但是,干式双离合器由于摩擦热量大,散热效果差,工作温度高,其转矩传递受到了限制,因此7速变速器DQ200只能适用于最大转矩小于250N·m的“中小型”发动机。此外,由于湿式双离合器的外形尺寸比干式双离合器要大,不利于整车动力总成的布置,这也是DQ200适用于中小排量车型的潜在原因之一。

3 拓展训练

(1)查阅资料,比较辛普森式和拉威挪式行星齿轮机构的区别。

(2)查阅资料,说明本田雅阁轿车用的自动变速器与A341E有何区别,列出前者的故障码表。

(3)查阅资料,说明CVT变速器的特点及其应用,列出故障码表。

(4)查阅资料,说明DSG变速器的特点及其应用,列出故障码表。

学习任务26　助力转向系统的结构与拆装

工作情境描述

一辆带电控液压助力转向系统的乘用车发生交通事故,现送至4S店进行维修,维修服务顾问安排由你及你的团队完成此车转向系统的拆装。

学习目标

通过本任务学习,应能:

1. 分析液压助力转向系统的组成、结构与工作原理;
2. 分析电控助力转向系统的结构与工作原理;
3. 分析四轮转向的结构与工作原理;
4. 对助力转向系统进行基本维护。

学习时间

8学时。

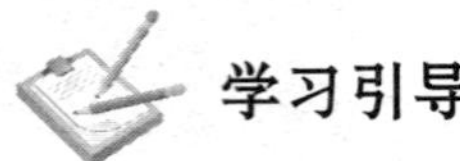

学习引导

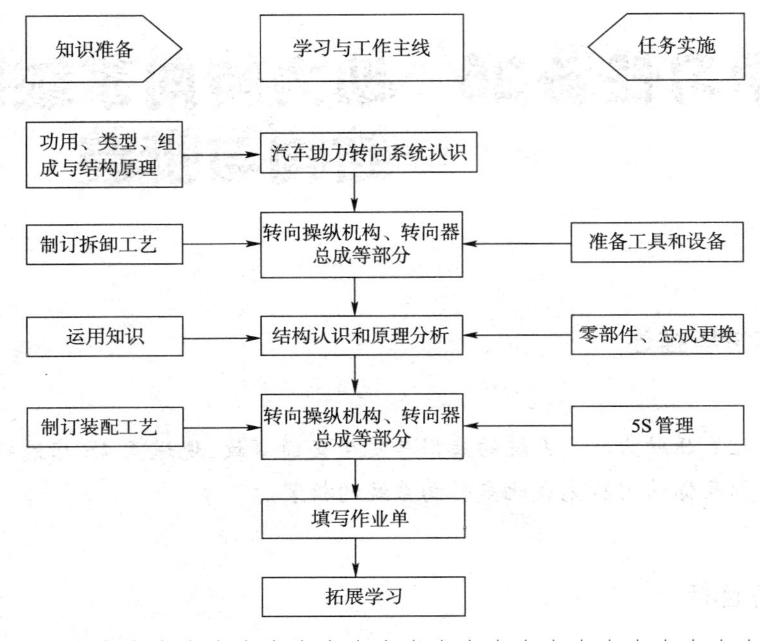

一、知 识 准 备

1 液压助力转向系统的组成、结构与工作原理

1)液压助力转向系统的功用

在机械式转向系统中,操纵转向器所需的力,全部由驾驶员提供。在许多汽车,尤其是重型汽车上,采用液压助力转向可降低驾驶员的劳动强度,从而提高行驶过程中的安全性。

2)液压助力转向系统的组成

如图 26-1 所示,液压助力转向装置由机械转向器、转向控制阀、转向动力缸以及将发动机输出的部分机械能转换为压力能的转向油泵(或空气压缩机)、转向油罐等组成。

动力转向装置按传能介质的不同可分为气压式和液压式两种,其中液压式按液流形式又可分为常压式和常流式;按转向控制阀阀芯的运动方式,还可分为滑阀式和转阀式两种形式。

根据机械转向器、转向动力缸和转向控制阀三者在转向装置中的布置和连接关系的不同液压动力转向装置还可分为整体式、组合式和分离式三种结构形式。

3)液压助力转向系统的结构与工作原理

(1)转向液压泵的结构与工作原理。液压油泵的结构有很多种,有齿轮式、叶片式、转子式和柱塞式等几种形式。齿轮式油泵的构造及工作原理与发动机润滑系统中的齿轮式机油泵类似。叶片式油泵具有结构紧凑、输油压力脉动小、输油量均匀、运转平稳、性能稳定、使用寿命长等优点,现代汽车采用较多,故以下仅介绍叶片式油泵。

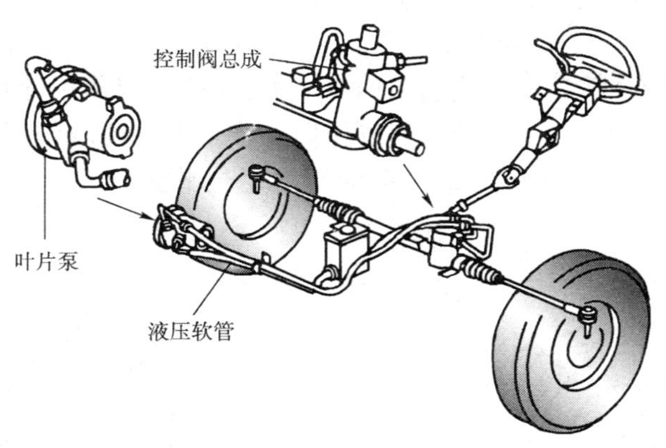

图26-1 汽车液压助力转向系统的组成

叶片式油泵的工作原理。图26-2所示为油泵油路，动力转向专用油储存在储液室中，储液室与动力转向泵装在一起。通常储液室中装有滤清器，防止污物进入该液压系统中。当动力转向泵转速增加时，安全阀可防止系统压力过高。

叶片式油泵按其转子叶片每转一周的供油次数和转子轴的受力情况可以分为单作用非卸荷式和双作用卸荷式两种。

①单作用非卸荷式叶片泵。单作用非卸荷式叶片泵主要由端盖、驱动轴、转子、定子、叶片及壳体组成，如图26-3所示。

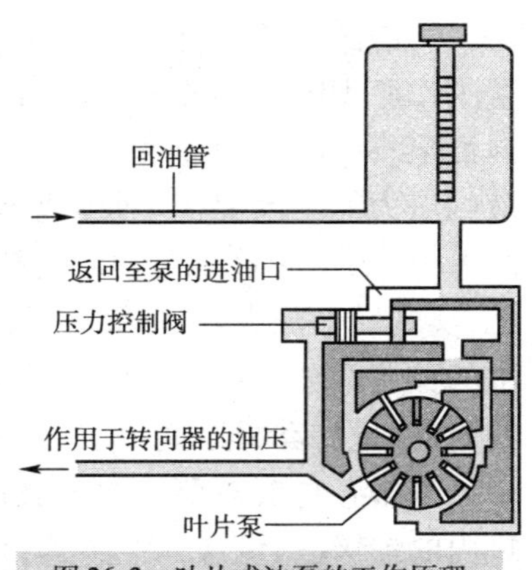

图26-2 叶片式油泵的工作原理

定子具有圆柱形内表面。转子上沿圆周均匀制有径向切槽。矩形叶片装在转子的切槽内，可在槽内移动；叶片沿转子轴向的两端分别压靠在两侧端盖上，并可在端面上滑动。这样就由定子内表面、转子外表面、叶片和端盖构成若干个油腔。转子和定子中心不重合，有一偏心距 e。当转子旋转时，叶片在自身离心力的作用下紧贴定子的内表面，将上述各油腔密封，并在转子切槽内作往复运动。

当转子按图示逆时针方向转动时，右半转子上各叶片均沿切槽向外滑动而伸出，相邻两叶片之间油腔的工作容积增大，因而具有吸油作用；而左半转子上各叶片则均沿切槽向内滑动而被压回，相邻两叶片之间油腔的工作容积均减小，因而具有压油的作用。转子每转一周，叶片在切槽内作往复伸、缩运动各一次，完成吸油、压油各一次，故称为单作用叶片泵。由于右边吸油区的油压低，左边压油区的油压高，左、右两油区的压力差作用在转子上，使转子轴的轴承上承受较大的载荷，故称其为非卸荷式叶片泵。

②双作用卸荷式叶片泵。双作用卸荷式叶片泵也由转子、定子、叶片、端盖等组成，如图26-4所示。与单作用叶片泵的不同之处在于：双作用叶片泵的转子与定子的中心重合；定子的内表面不是圆形而是一个近似的椭圆形，它由两条长半径 $R(ab、a'b')$ 和两条短半径 $r(cd、c'd')$ 所决定的圆弧以及4段过渡曲线所组成。当转子旋转，叶片由短半径 r 向长半径

R 处运动时,两叶片间油腔的工作容积逐渐增大,形成局部真空而吸油;而叶片由长半径 R 向短半径 r 处运动时,两叶片间油腔的工作容积逐渐减小而压油。转子每转一周,叶片在转子切槽内往复运动两次,完成两次吸油和两次压油,故称为双作用叶片泵。由于两个吸油区和两个压油区各自的中心夹角对称,所以作用在转子上的油压作用力相互平衡,故又称为卸荷式叶片泵。为了使转子受到的径向油压力完全平衡,工作油腔数(叶片数)应当为偶数。

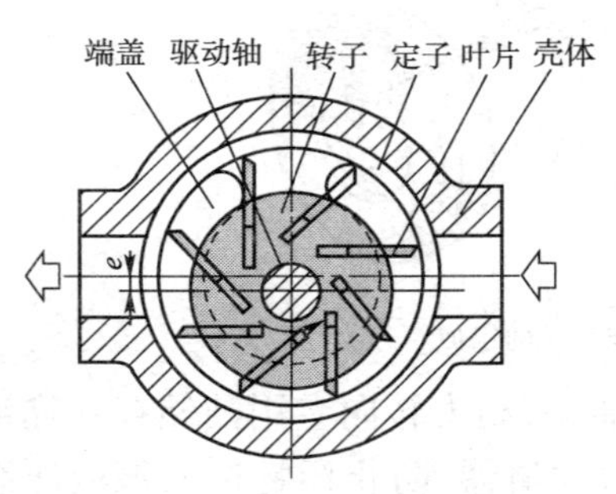

图 26-3　单作用叶片泵工作原理图

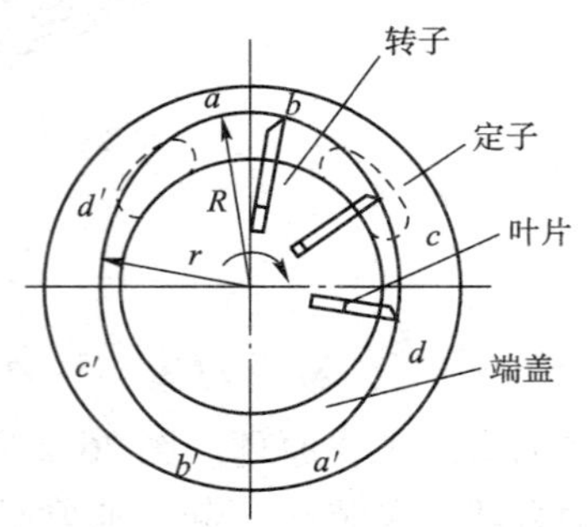

图 26-4　双作用叶片泵工作原理图

(2)转向控制阀的结构与工作原理。

①滑阀式动力转向器结构与工作原理。如图 26-5 所示为液压常流滑阀式动力转向装置工作原理图。系统各总成与部件的组成及功用如下:转向油罐用来储存、滤清油液。转向油泵将油罐内的油吸出,压送入控制阀,其功用是将发动机输出的部分机械能转换为油液的压力能。固装在车架(或车身)上的转向动力缸主要由缸筒和活塞组成。活塞将动力缸 L、R 两腔,活塞的伸出端与摇臂中部铰接。动力缸的功用是将油液的压力能转换成机械能,实现转向加力。由阀体、滑阀、反作用柱塞和滑阀复位弹簧等组成的转向控制阀是动力缸的控制部分,用来控制油泵输出油液的流向,使转向器与动力缸协调动作,转向控制阀用油管、油罐和动力连通。

系统各总成与部件的组成及功用如下:转向油罐用来储存、滤清油液。转向油泵将油罐内的油吸出,压送入控制阀,其功用是将发动机输出的部分机械能转换为油液的压力能。固装在车架(或车身)上的转向动力缸主要由缸筒和活塞组成。活塞将动力缸 L、R 两腔,活塞的伸出端与摇臂中部铰接。动力缸的功用是将油液压力能转换成机械能,实现转向加力。由阀体、滑阀、反作用柱塞和滑阀回位弹簧等组成的转向控制阀是动力缸的控制部分,用来控制油泵输出油液流向,使转向器与动力缸协调动作,转向控制阀用油管、油罐和动力连通。

滑阀与阀体为间隙配合。在阀体的内圆柱面上开有三道环槽:环槽 A 是总进油道,与油泵连通:环槽 D、E 是回油道,与油罐连通。在滑阀上开有两道环槽:B 是动力缸 R 腔的进、排油环槽:C 是动力缸 L 的进、排油环槽。阀体内装有反作用柱塞,两个柱塞之间装有滑阀复位弹簧。滑阀通过两个轴承支承在转向轴上,它与转向螺杆的轴向相对位置固定不变。但滑阀处于中间位置(相应与汽车直线行驶的位置)时,滑阀两端与阀体的端面均保持 h 的间隙,因而滑阀随同转向螺杆可以相对于阀体自中间位置向两端做微量的

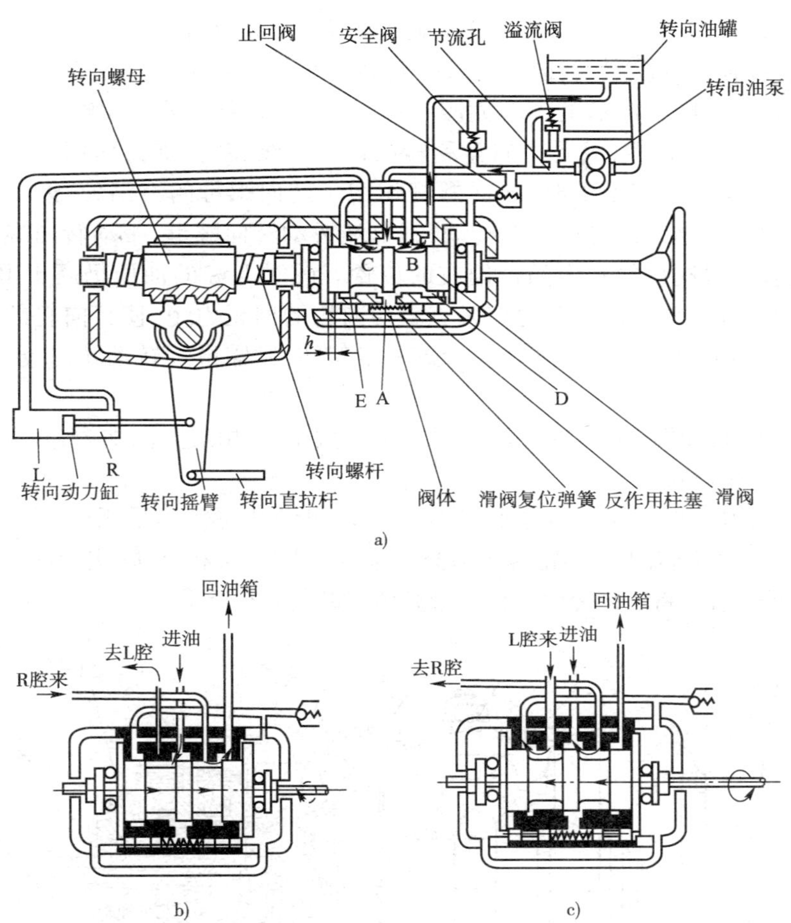

图26-5 液压常流滑阀式动力转向装置工作原理图

轴向移动。

当汽车直线行驶时，如图26-5a)所示，滑阀依靠阀体内的定中弹簧(复位弹簧)保持在中间位置。此时转向控制阀内各环槽相通，自油泵输送出来的油液进入阀体环槽A之后，经环槽B和C分别流入动力缸的R腔和L腔，同时又经环槽D和E进入回油管道流回油罐。这时，滑阀与阀体各环槽槽肩之间的间隙大小相等，油路畅通，动力缸因左右腔油压相等而不起加力作用。这时油路保持畅通，油泵负荷小，工作油处于低压状态。

汽车右转向时，驾驶员通过转向盘使转向螺杆向右转动(顺时针)。开始时，由于转向车轮的偏转阻力很大，转向螺母暂时不动，具有左旋螺纹的螺杆在螺母的轴向反作用推动下向右轴向移动，带动滑阀压缩弹簧向右移动，消除左端间隙h，如图26-5b)所示。此时环槽C与E之间、A与B之间的油路通道被滑阀和阀体相应的槽肩封闭。而环槽A与C之间的油路通道增大，油泵送来的油液自A经C流入动力缸的L腔，成为高压油区。

R腔油液经环槽B、D及回油管流回储油罐，这样左、右动力腔产生油压差，从而使动力缸的活塞右移,使转向摇臂逆时针转动,从而起加力作用。当这一力与驾驶员通过转向器传给转向摇臂的力合在一起,足以克服转向阻力时,转向螺母也就随着转向螺杆的转动而向左轴向移动,并通过转向直拉杆带动转向车轮向右偏转。助力作用必须是随转向盘的转动而进行,随转向盘的停转而减小(维持),若继续转动,则继续助力,这就是所谓的“随动”作用。很显然,只要转向盘和转向螺杆继续转动,加力作用就一直存在。当转向盘转过一定角度保持不动时,转向螺杆作用于转向螺母的力消失,但动力缸活塞仍继续右移,转向摇臂继续逆时针方向转动,其上端拨动转向螺母,带动转向螺杆及滑阀一起向左移动,直到滑阀恢复到中间稍偏右的位置。此时 L 腔的油压仍高于 R 腔的油压。此压力差在动力缸活塞上的作用力用来克服转向轮的回正力矩,使转向轮的偏转角维持不动,这就是转向的维持过程。如转向轮进一步偏转,则需继续转动转向盘,重复上述全部过程。

汽车左转向时,如图 26-5c)所示,滑阀左移,动力缸向相反方向加力,其动力转向装置的工作原理与上述相同。

②转阀式动力转向器结构与工作原理。北京切诺基吉普车采用转阀式动力转向器(图 26-6)。这种动力转向器由循环球-齿条齿扇式机械转向器、转阀式转向控制阀和转向动力缸三部分组成,并将三部分设计成一个整体,如图 26-6 所示。

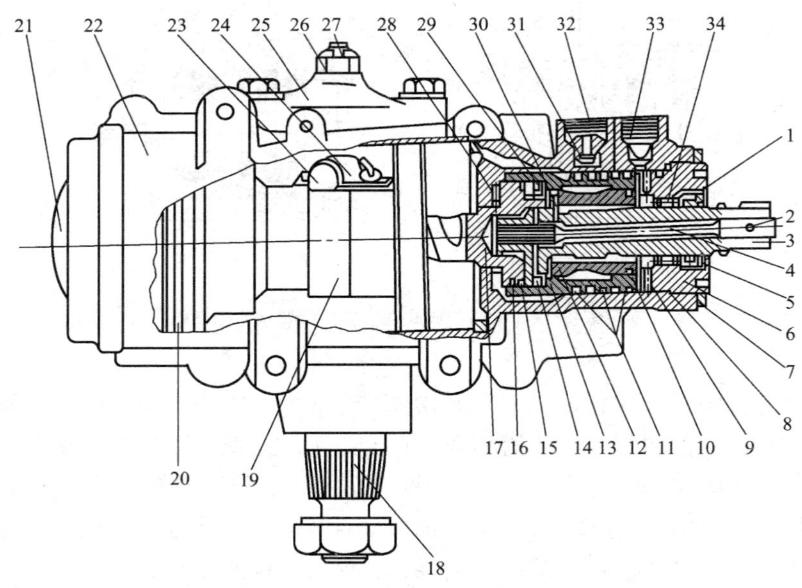

图 26-6　北京切诺基吉普车转阀式动力转向器

1-卡环;2-短轴与弹性扭杆的传力销;3-短轴;4-弹性扭杆;5-骨架油封;6-调整螺塞;7-锁止螺母;8、10、15-O 形密封圈;9-推力滚针轴承;11-O 形密封圈组件;12-转阀;13-阀体;14-下端轴盖;16-转向螺杆与阀体的锁定销;17-转向螺杆;18-转向摇臂轴;19-齿条-活塞;20-聚四氟乙烯活塞环;21-转向器端盖;22-壳体;23-循环球导管;24-导管压紧板;25-侧盖;26-锁紧螺母;27-调整螺钉;28-推力滚针轴承;29-下端轴盖与阀体的锁定销;30-转阀与短轴的锁定销;31-进油口座及止回阀;32-进油口;33-出油口;34-滚针轴承

a. 转阀式动力转向器的构造。循环球—齿条齿扇式机械转向器的转向螺母和齿条制成匾柱形(称为齿条-活塞19),安装在转向器壳体的油压缸筒内,将缸筒分为左、右(对应于车上的安装位置分别为下、上)两腔室,构成转向动力缸。在齿条-活塞19左部的圆柱形表面上加工有环槽,槽内套有O形橡胶密封圈,在密封圈的外面还套有聚四氟乙烯活塞环20,以保证活塞在动力缸中工作时的密封和耐磨。

转向控制阀主要由阀体13、转阀12、短轴组件(短轴3、弹性扭杆4和下端轴盖14等)及密封圈、轴承等零件组成。整个转向控制阀组件滑装在动力转向器壳体右端孔内。

阀体13制成圆桶形,外表面切有6道环形槽。其中3道宽深的槽是油槽,每道油槽底部均制有4个间隙相等的径向通孔作为油道,中间油槽上的4个通孔直径较大,与进油口32相通,是进油道,两边油槽的4个通孔直径较小,经转向器壳体内的油道分别与动力缸左、右腔相通;另外3道浅窄的环槽用来安装密封圈组件11。阀体左边缘处开有矩形缺口,转向螺杆17的锁定销16卡入此缺口中,形成阀体13带动转向螺杆17的传力连接。靠近阀体左端固定有锁定销29,此销外端埋在阀体外圆表面以下,内端伸出少许,与下端轴盖14外圆上的缺口相卡,形成下端轴盖14带动阀体13的传力连接。阀体内表面切有8条互不贯通的纵向槽,并形成8道槽肩。

转阀12也制成圆桶形,其外圆与阀体13高精度间隙配合(转阀与阀体组成精密偶件,不可单独更换)。转阀外表面切有与阀体对应的8条互不贯通的纵槽,其相应的槽肩与阀体内表面上的槽肩相配合,形成油液流动的间隙。在转阀的8道槽肩中,相间的4道槽肩上开有径向通孔,形成回油孔。转阀右端外圆处切有环槽,用来安装O形密封圈10。转阀左端内圆柱面上开有缺口,短轴3左端安装的锁定销30即卡入此缺口中,以保证短轴3和转阀12同步转动,相互之间不发生角位移。在短轴和转阀之间留有较大的径向间隙,供低压油流通。

短轴3为空心管形轴件,其中穿有弹性扭杆4。短轴右端外表面制有三角形花键,与转向轴下端的万向节(图中未画出)相连接,驾驶员转动转向盘的作用力即由此输入;短轴左端凸缘上制有弧形缺口。弹性扭杆4的右端经传力销2与短轴固定;弹性扭杆4左端通过三角形花键与下端轴盖14相连接。下端轴盖14为圆盘形零件,其外圆与阀体13左端内表面滑动配合,圆盘上也开有弧形槽孔。转向螺杆17右端凸缘的外圆滑动配合在阀体13左端内圆表面中,转向螺杆17凸缘上的叉形凸块插入下端轴盖14和短轴3的弧形缺口之中,并有一定的相对角位移量,以保证和限制转向时弹性扭杆的扭转。

调整螺塞6旋装在转向器壳体右端的螺纹孔中,其左端和中部装有滚针轴承9和34。该螺塞支承着短轴并在轴向对阀体13定位,使装在阀体上的锁定销29与下端轴盖14之间、装在转向螺杆17上的锁定销16与阀体13之间轴向靠紧。转向调整螺塞6左端还装有弹簧(图中未画出),以压紧转阀12,阻止转阀轴向移动,并使转阀与短轴3左端上的锁定销30轴向靠紧。转向螺杆17右端凸缘的左侧装有轴向推力滚针轴承28,以保证螺杆和转阀组件转动灵活和轴向定位。

在动力转向器壳体上对应于转向控制阀的部位,开有与转向油泵相通的两个油管接口,分别为进油口32和出油口33,在进油口内还装有止回阀31。

转向器侧盖25上旋装有调整螺钉27,旋进或旋出螺钉27可以改变转向摇臂轴18的轴向位置,从而调整齿条与齿扇的啮合间隙,调好后用锁紧螺母 26 锁紧。

b. 转阀式动力转向器的工作过程。汽车直线行驶时,转阀处于中间位置,如图 26-7a)所示。来自转向油泵的油液从动力转向器壳体进油口经阀体的进油道 P 流进阀体和转阀之间。由于转阀处于中间位置,进入的油液分别经过阀体和转阀纵槽槽肩形成的两边相等的间隙、阀体油道 L、R,流进转向动力缸的左、右腔室,使两腔油压相等,齿条—活塞保持在中间平衡位置,不起转向及转向加力作用。与此同时,流进阀体和转阀之间的油液还经转阀的 4 条径向回油孔汇集于转阀内腔的回油道 O,最后经转向器壳体回油口流回转向油罐,形成常流式油液循环。

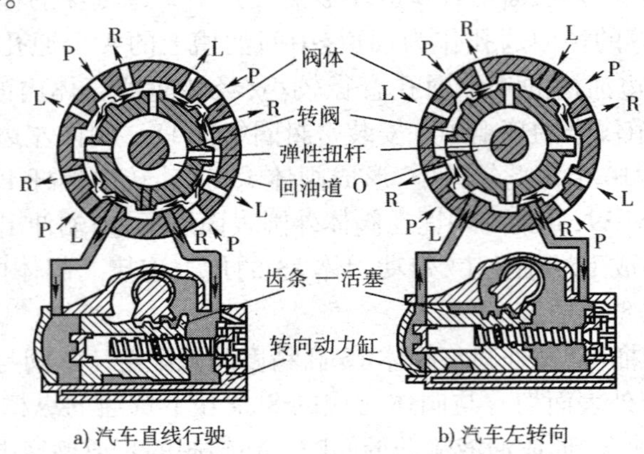

图 26-7 不同行驶状态下转阀与阀体相对位置及动力转向器工作示意图
P-进油道;L-通动力缸左腔油道;R-通动力缸右腔油道

汽车左转向时,短轴[图 26-7b)]在转向轴驱动下逆时针方向转动,并分两路传递运动和力:一路通过其左端的销钉拨动转阀同步转动;另一路则通过其右端的传力销传至弹性扭杆的右端,并经杆左端的三角形花键传给下端轴盖,轴盖又通过其圆盘外缘上的缺口和销传给阀体,最后经固定在阀体上的销传给转向螺杆。由于受到转向摇臂轴传来的路面转向阻力,开始转向时齿条-活塞暂时不能轴向移动,而螺杆也不能轴向移动,所以转向螺杆暂时不能随短轴同步转动。即阀体暂时不能随短轴同步转动。由短轴经销传递的驾驶员的转向力矩只能使弹性扭杆发生扭转变形,从而使转阀相对于阀体转过不大的角度,两者纵槽槽肩两边的间隙不再相等:通 R 油道的一边增大;通 L 油道的一边减小,如图 26-7b)所示。来自油泵的油液从油道 P 进入阀体与转阀之间,流向间隙增大的一边。并经 R 油道流进动力缸的右腔,使该腔油压升高;而与 L 油道相通的动力缸左腔油压则降低(左腔油液通过几油道流进阀体与转阀之间,再经传阀的 4 条径向油孔、回油道 O 流回转向油罐)。左、右两腔的压力差作用在齿条-活塞上,帮助转向螺杆迫使齿条-活塞开始左移,转向轮开始向左偏转,转向加力起作用。同时转向螺杆本身也开始与短轴同向转动,只要转向盘继续转动,弹性扭杆的扭转变形便一直保持不变,阀体与转阀之间的相对角位置也不变,转向加力作用就一直存在,转向轮将继续向左偏转。

一旦转向盘停止转动并维持在某一转角位置不动,短轴及转阀便不再转动。但齿条-活塞在油压差的作用下仍继续左移,导致转向螺杆连同阀体沿原转动方向继续转动,使弹性扭杆的扭转变形减小,阀体与转阀的相对角位移量减小,动力缸左、右两腔油压差减小。减小了的油压差仍作用在齿条-活塞上，以克服转向轮的回正力矩，使转向轮的偏转角维持不变。

在转向过程中，转向盘转得越快，弹性扭杆的扭转速度就越快，转阀相对于阀体产生角位移的速度也越快，从而使动力缸左、右两腔产生压力差的速度加快，转向轮的偏转速度也相应加快。

由此可见，转阀式动力转向装置能使转向轮偏转的角度随转向盘转角的增大而增大，转向轮偏转的速度随转向盘转动速度的加快而加快，转向盘停止转动并维持转角不动，转向轮也随之停止偏转并维持偏转角不动，因而具有随动作用。在正常情况下，驾驶员操纵转向盘所提供的转向力矩主要用来使弹性扭杆产生扭转变形，以控制转向过程，而克服路面转向阻力及转向传动机构摩擦阻力使转向轮偏转所需要的动力主要由转向动力缸提供。

若在前述维持转向的位置上松开转向盘，被扭转变形的弹性扭杆[图26-7b)]的右端将顺时针方向自动转过一定的角度而恢复自由状态，转阀则在随之同向转动的短轴带动下回复到中间位置，动力缸停止工作，转向轮在回正力矩作用下自动回正。如果需要液压加力，驾驶员可以回转转向盘，使动力转向装置帮助转向轮回正。

汽车右转向时，弹性导杆的扭转方向、转阀相对于阀体的转动方向以及动力缸中齿条-活塞轴向移动的方向均与前述相反，使转向轮向右偏转。

汽车直线行驶时，若遇路面作用力而使转向轮偏转(设转向轮向左偏转，驾驶员仍保持转向盘处于直线行驶位置)，转向阻力通过转向传动机构、齿条—活塞、转向螺杆作用于阀体，使阀体相对于不转动的转阀逆时针方向转动(即在图26-7a所示位置上，阀体相对于转阀逆时针方向转动)，动力缸左腔油压升高，右腔油压降低，压力差作用在齿条-活塞上使其右移，并通过转向传动机构使转向轮向右偏转而回正。从而保证了汽车直线行驶的稳定性，并有效地避免了转向盘“打手”现象。

在转向过程中，动力缸中的油液压力是随转向阻力而变化的。而动力缸中油压的变化又受控于弹性扭杆的扭转变形量。转向阻力增大，弹性扭杆的扭转变形量也增大，转阀相对于阀体的角位移量增大，从而使动力缸中油压升高，反之则动力缸中油压降低。显然，弹性扭杆的扭转变形量取决于转向阻力的大小。在此过程中，弹性扭杆因扭转变形而产生的反作用力(与转向阻力成递增函数关系)传到转向盘上，使驾驶员能感觉到转向阻力的变化情况，所以这种转阀式动力转向装置具有“路感”作用。

在动力转向装置失效的情况下由人力转向时，短轴随转向盘转过一定角度后，其左端凸缘上的弧形缺口便抵住转向螺杆右端的叉形凸块，由短轴直接带动转向螺杆转动，以保证汽车转向。这时的动力转向器即变为机械转向器，转向变得沉重，转向盘自由行程增大。

与滑阀式动力转向器相比，转阀式动力转向器的主要优点是灵敏度高，因而适用于高速行驶的轿车。

(3)转向助力缸的结构与工作原理。半整体式动力转向器与转向动力缸、转向油泵、转向油罐等配合使用，构成半整体式动力转向装置，其工作原理与整体式的相同。

图26-8所示即为与半整体式动力转向器配用的转向动力缸。连接叉与转向摇臂相连。

后盖与固定在车架上的动力缸支座以球铰链相连接。前、后腔通油孔口分别与转向控制阀相应的通油孔口连通。随着转向控制阀的滑阀位置不同,动力缸两腔可以交替成为低压腔和高压腔,使活塞带动活塞杆在缸体内轴向运动,从而对转向摇臂施加作用力;当滑阀处于中间位置时,动力缸两腔均成为低压腔,活塞在缸体内某一位置不动,动力转向装置不起作用。

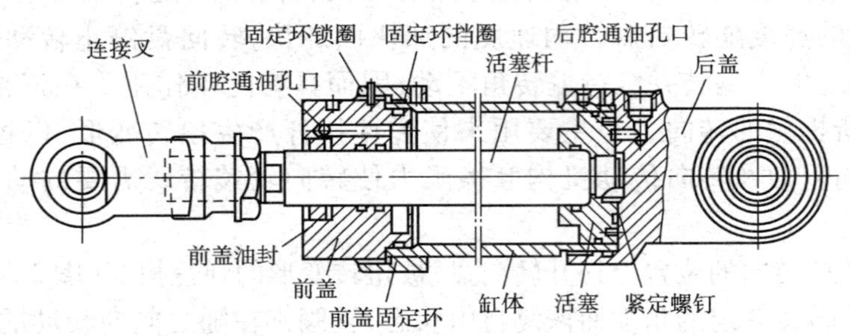

图 26-8　转向助力缸

2　电控助力转向的结构与工作原理

一般说来,车速越低转向操纵越重,若采用固定的助力倍数,当低速下转向的操纵力减小到比较理想的程度时,则可能导致高速下操纵力过小、手感操纵力不明显。转向不稳定;反之,如果加大高速转向时的操纵力,则低速转向时的操纵力又过大。为了实现在各种转速下转向的操纵力都是最佳值,电子控制助力转向系统是最好的选择。它不但可以随行驶条件及时调整转向助力倍数,而且在结构上也远比液力和气力式助力转向系统轻巧简便,特别适合于小轿车。

电子控制动力转向系统可分为:电动式动力转向系统、电子-液力式转向系统、电动-液力式转向系统。

1)电动式动力转向系统

电动式动力转向系统主要用于轻型汽车,原因是轻型汽车发动机舱自由空间狭小,其转向助动力要求不大。

(1)构造。车速感应式电动动力转向系统主要由转向柱组件、电动机组件与控制系统构成。

①转向柱组件。转向助动力由直流电动机产生,直流电动机安装在转向柱上。

图 26-9 所示为转向柱与直流电动机的关系图。

图 26-10 所示为转向助力器的构造图。转向助力器由转向盘侧输入轴、齿轮箱侧输出轴以及扭杆所构成。操纵转向盘时,扭杆轻微扭转,在输出轴与输入轴之间将产生滑动。同时,即使扭杆损伤时,由于设有手动锁销,也不会导致不能转向。

②电动机组件。设置在转向柱上的电动机组件由蜗轮、电磁离合器、直流电动机构成。图 26-11 所示为电动机组件构造。

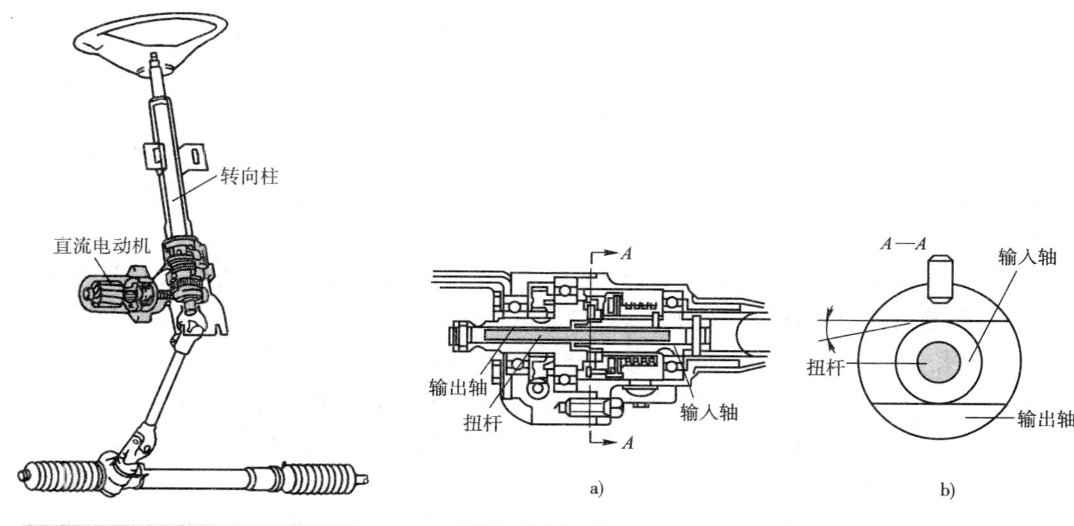

图26-9　转向柱与直流电动机

图26-10　转向助力器

蜗轮与固定在转向柱输出轴上的斜齿轮相啮合，它把电动机的驱动力减速增矩后传递到输出轴上。电磁离合器介于减速器与电动机之间，当离合器断电时，不能把电动机的驱动力传递给输出轴，此时手动转向发生作用。

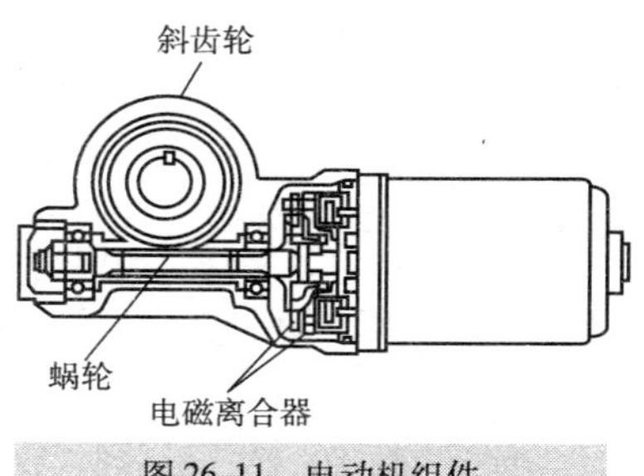

图26-11　电动机组件

③控制系统。由转向传感器、车速传感器、信号控制器（电脑）等构成。

图26-12所示为转向传感器的构造。转向传感器由电位计、集成电路IC部分、电流信号输出部分构成。图26-13所示为电位计构造。

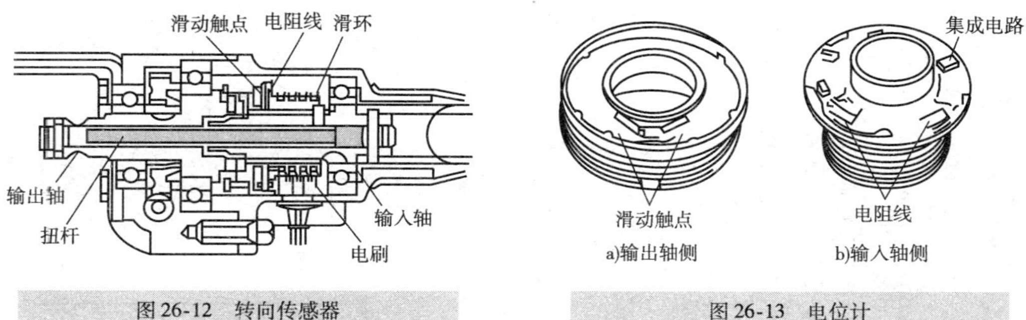

图26-12　转向传感器

图26-13　电位计

电位计实质上是一个滑动可变电阻器，其滑动触点固定在输出轴上，电阻线（滑动部分）固定在输入轴上。当操纵转向盘时，滑动触点在电阻线上边滑动边移动，电位计的电阻值随之发生变化。这种电阻值的变化可转换成电压值的变化，经过集成电路IC处理最终以电流变化的形式，从滑环与电刷构成的电流信号输出部分，把转向盘操纵信号送到信号控制器中。

从该电流输出信号可以判断出转向盘回转方向，即在设定值以上为向右旋回，在设定值以下为向左旋回,并以此来决定电动机的回转方向。

车速传感器置于速度表内,可用数字信号输入车速状态。

转向电动机的电流是流向电动机的驱动电流,它可作为监视电动机反转或异常状态的信号。发电机的电压,可作为检查蓄电池充电状态的信号,以交流发电机L端子电压为输入信号。发动机回转信号,是检查车速传感器状态的信号,从点火线圈端子处输入信号。

信号控制器从各个传感器处接收输入信号,并且可判断转向助动力的大小与方向,向电机发出驱动指令。它是一台微机,一般安装在驾驶席下方。

(2)工作原理。信号控制器可根据车速传感器与转向传感器的输入信号,决定驱动电动机的回转力与回转方向。当车速为0~45km/h时,根据车速决定转向助动力的大小。当系统发生异常时,安全保障机能将发挥作用,切断电动机与电磁离合器电源,转为手动转向状态。根据需要,在控制系统中也可设置故障自诊断系统。

(3)使用实例。图26-14所示为电动式动力转向系统装车实例。图26-15所示为使用实例的控制系统电路。

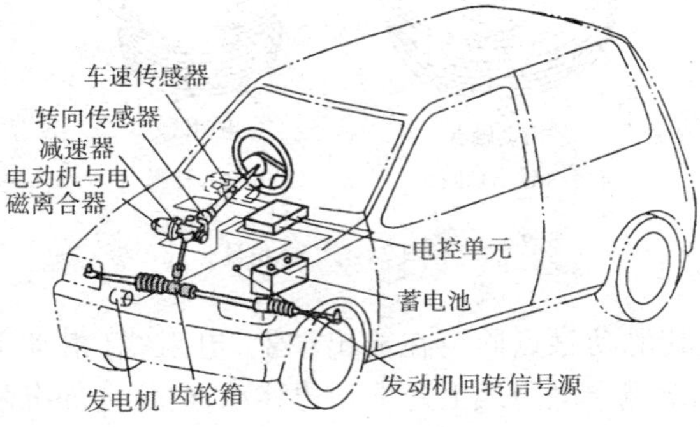

图26-14 使用实例

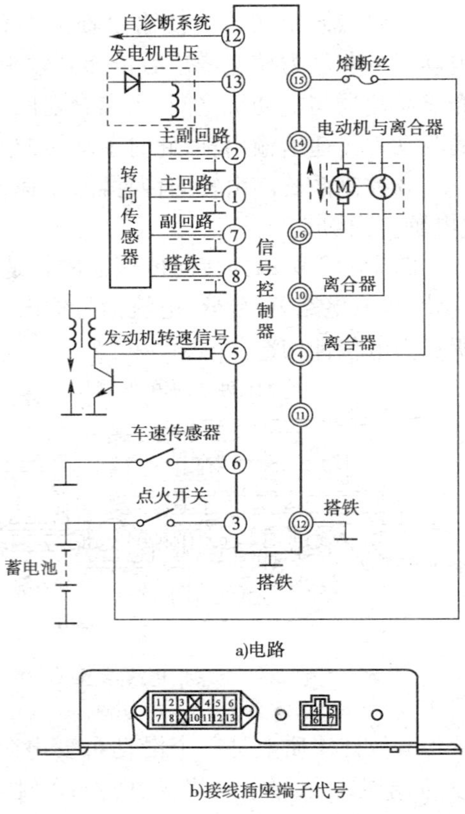

a)电路

b)接线插座端子代号

图26-15 控制系统

2)电子-液力式转向系统

电子-液力式转向系统,可通过控制电磁阀的动作。使动力转向液压控制回路根据车速变化，在低速时操纵力减轻，在中低速以上随手感变化来改变操舵力大小。

(1)构造。图26-16所示为电子-液力式转向系统构造。主要由油泵、电磁阀、分流阀、动力缸、齿轮箱与控制阀等构成。

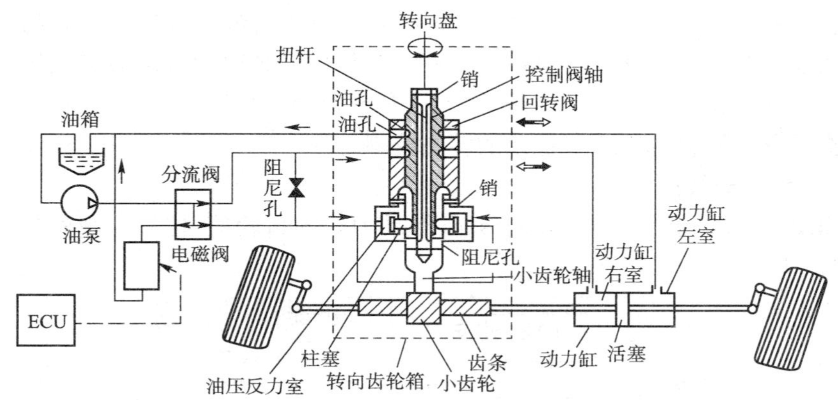

图26-16　电子—液力式转向系统

①转向齿轮箱。扭杆上端与控制阀轴、下端与小齿轮轴用销钉连接，小齿轮轴上端用销钉与回转阀连接，转向盘通过转向轴与控制阀轴连接。因此，转向盘回转力，可通过扭杆与控制阀轴传递到小齿轮。

当扭杆受到转矩作用时，控制阀与回转阀相应发生回转运动。并使各种油孔连通状态发生变化。可控制动力缸的油压流量，变化动力缸左、右室油路通道。在油压反力室受到高压作用时，柱塞将推动控制阀轴。此时，扭杆即使受到转矩作用，由于柱塞推力的影响，也会抑制控制阀轴与回转阀的相对回转。

②分流阀。分流阀的作用是将油泵输出的动力油，分流至回转阀与电磁阀两侧。即使回转阀与电磁阀侧的油压变化，分流阀也可以根据车速与转向状态变化，向电磁阀侧供给一定流量油液。

③电磁阀。电磁阀由滑阀、电磁线圈、油路通道等构成。电磁阀油路的阻尼面积，可随电磁线圈通电电流占空比(通断比)变化。通电电流大时，滑阀被吸引，油路的阻尼增大，流向油箱的回流量增加。车速低时，通电电流大，阻尼大，油液将流回油箱，随着车速升高，电流减小，油液回流量也减少。

(2)工作原理。电子—液力式转向系统具有三种控制状态。电脑(ECU)根据车速传感器信号判断出车辆停止、低速状态与中高速状态，控制电磁阀通电电流。

①停车与低速状态。由于向电磁阀通电电流大。经分流阀分流的油液通过电磁阀回流油箱，故柱塞受到的背压（油压反力室压力)小。因此，柱塞推动控制阀柱的大小，转向盘回转力可在扭杆处产生较大转矩。回转阀被固定在小齿轮轴上，控制阀随扭杆扭转作用相应回转，使两阀油孔连通，油泵输出油压作用到动力缸右室(或左室)，使功率活塞左移(或右移)，产生转向助动力。

②中高速直行状态。车辆直行时，转向偏摆角小。扭杆相对转矩小，回转阀与控制阀连通的油孔开度减小，回转阀侧压力升高。由于分流阀的作用，使电磁阀侧油量增加。同

时,随着车速升高,通电电流减小,电磁阀阻尼减小。油压反力室的反力增大,使柱塞推动控制阀轴力增大。这样,转向力增加了扭杆的转矩作用,柱塞产生的反力使手感增强。

③中高速转向状态。在从存在油压反力的中高速直行状态转向时,扭杆的扭转角更加减小,回转阀与控制阀连通油孔的开度更加减小,使回转阀侧油压进一步升高。随着油压上升,将从固定阻尼孔向油压反力室供给油液。使从分流阀向油压反力室供给一定流量油液,增加了从固定阻尼孔侧供给的油液,导致柱塞推力进一步增强。这样,转向力将随转向角的变化增大,从而在高速时获得稳定的转向控制。

3)电动—液力式转向系统

该系统由电动机—油泵组件、转向传感器、动力转向齿轮箱、信号控制器与功率控制器等构成,如图 26-17、图 26-18 所示。

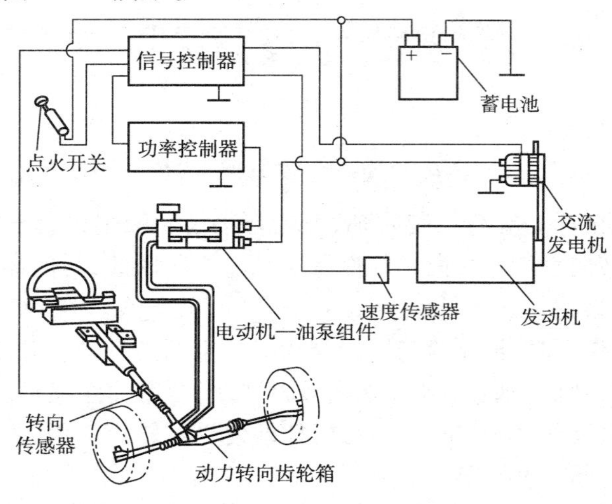

图 26-17　电动－液力式转向系统构造(1)

(1)构造。

①电动机—油泵组件。电动机—油泵组件与电子燃油喷射系统采用的电动燃油泵结构相同,如图 26-19 所示。

②转向齿轮箱。转向齿轮箱与一般动力转向齿轮箱结构大体相同。

③控制系统。在信号控制器(CPU)内,已存储有根据试验获得的不同运行工况下的控制方法,从而可从传感器输入信号判定行驶状况,计算出应向电动机提供的驱动电流,向功率控制器发出驱动信号。同时,控制系统异常时,可向驾驶员发出警报信号,并使安全保障机能发挥作用,确保转向操作处于正常状态。

信号控制器安装在后行李舱内,如图 26-20 所示。功率控制器接受信号控制器指令,调整油泵驱动电动机的供给电流,实现对系统油压的控制。图 26-21 所示为功率控制器内部电路,图 26-22 所示为功率控制器安装位置。

转向传感器可以把转向盘的转动状况转换为电信号,并输出到信号控制器。图 26-23 所示为该传感器安装位置,图 26-24 所示为传感器构造。转向传感器安装在转向柱下端,其内部有光电耦合器。

电动-液力式转向系统使用普通动力转向系统用动力油,要求其低温流动性好。

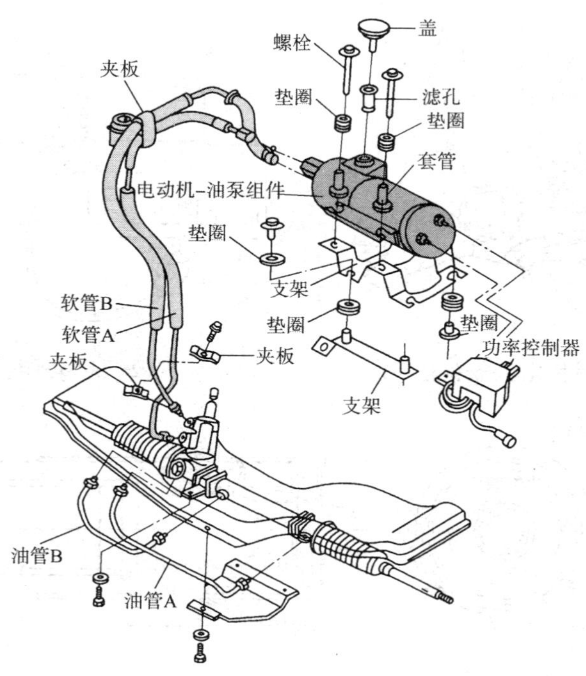

图26-18　电动-液力式转向系统构造(2)

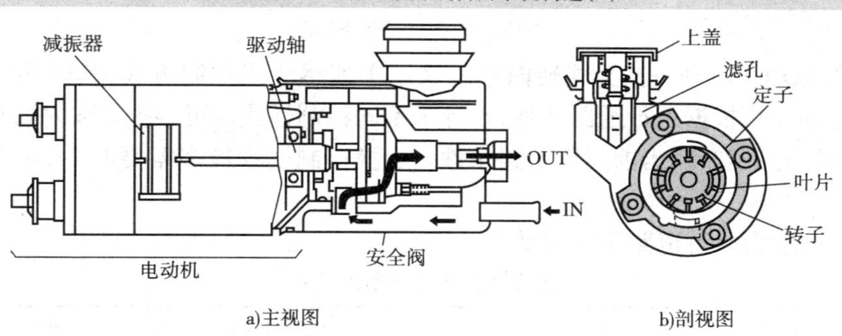

图26-19　电动机-油泵组件构造

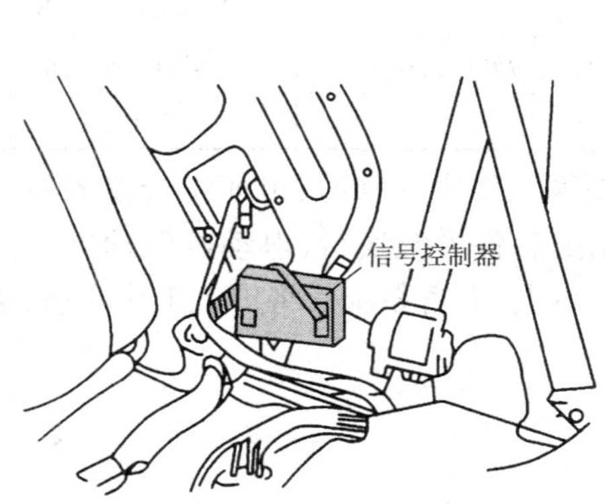

图26-20　信号控制器安装位置

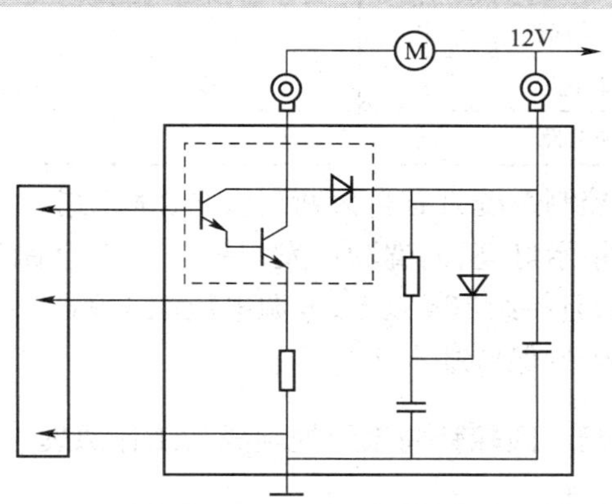

图26-21　功率控制器内部电路

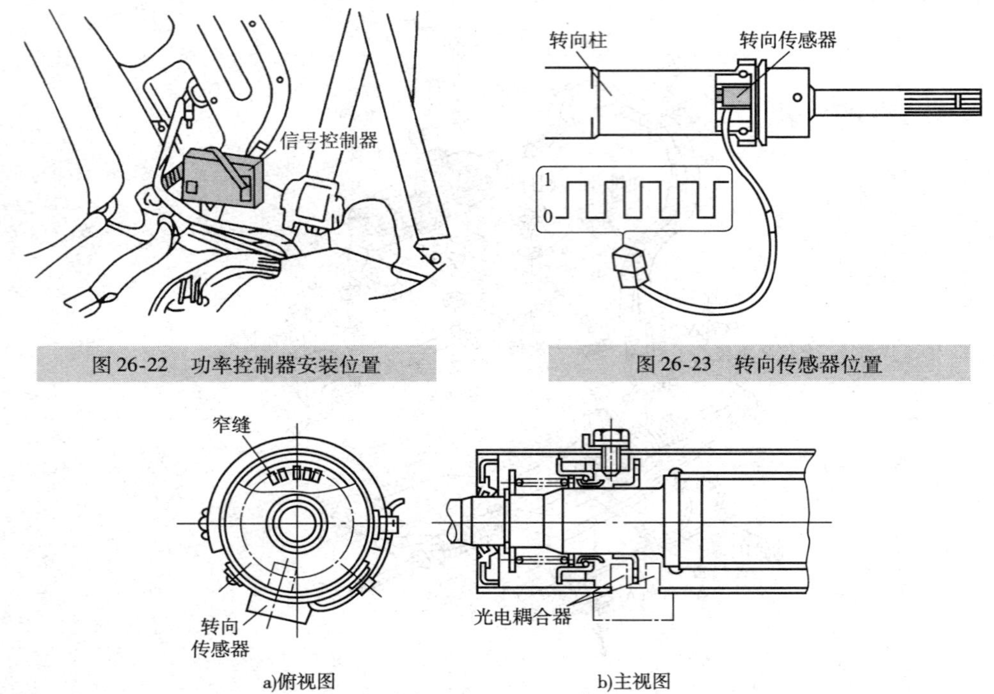

图 26-22　功率控制器安装位置

图 26-23　转向传感器位置

图 26-24　转向传感器构造

(2)工作原理。电动—液力式转向系统采用车速感应式控制方式,其转向助力随车速提高而减小。同时,根据运行道路条件,设计了不同控制模式。可根据20s 内的平均车速与平均转向盘转角判定车辆当前运行道路条件。变换控制模式最多需要 1.1s,可避免助力的急剧变化。

表 26-1 所示为运行道路条件与助力的关系。

运行道路条件与助力关系　　表 26-1

道路条件	车速	转向盘转角	非控制状态转向力特性	助力控制程度
市区街道	低	少—多	速度低导致平均转向力大	100%助力
郊区街道	中	少	适当	较市区街道小
屈曲道路	中	中—多	转向盘转角大,导致转向力亦大	较郊区街道小
高速公路	高	少	轻	助力最小

控制系统具有自诊断与安全保障功能。当控制系统发生异常时,可使组合仪表板上的报警指示灯亮,向驾驶员发出警告。安全保障功能由后备系统实行,电动机驱动电流大于100A,且持续 10s 以上,电源电压低于9V 且持续1s 以上,后备系统都将进入工作状态,确保车辆仍然保持基本运行状态。

3　四轮转向系统的组成与工作原理

如果一辆常规的前轮转向的汽车停在人行道旁两辆车之间,那么这辆车驶出停车位置时,前轮尽量向左转,就不会撞到前面的汽车(图 26-25a)。若同一辆汽车装有四轮转向装置而在驶出停车位置时后轮沿与前轮相同的方向低速行驶，那么它将会撞到前面的汽车（图26-25b）。

若这辆装有四轮转向装置的汽车停在同样的位置，在驶出停车位置时，后轮将沿与前轮相反的方向低速行驶，那么这辆汽车与前面的汽车之间因有足够的距离而不会撞上（图26-25c），但后轮会驶向人行道。如果这辆车与路边靠的位置太近，将会使后右轮碰到人行道凸边。为避免这个问题，后轮转向最大角必须小于前轮转向最大角。四轮转向的汽车与常规前轮转向的汽车相比有一个较小的转向半径，这会改善汽车停车时的机动性。

四轮转向系统中的后轮转向可以根据汽车速度或转向盘的转角来控制。在车速较低或转向盘转角很大时，后轮的转向与前轮相反；当车速较高或转向盘转角较小时，后轮的转向于前轮相同。

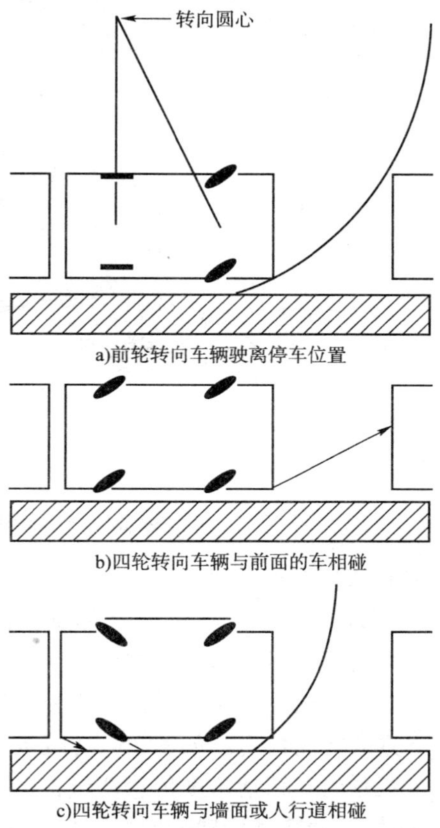

图26-25　带有常规前轮转向系统和四轮转向系统汽车的平行驻车方式

当汽车高速转弯时，离心力驱使车辆后部向侧面移动，这个过程称侧滑。车速和转向的急剧程度决定了侧滑的大小。如果侧滑过大，会使汽车发生横向旋转，从而使驾驶员失去对车辆的控制。在高速行驶时，四轮转向系统使后轮转动方向与前轮相同，侧滑将会减轻，使稳定性得到改善。高速行驶、前后轮转向相同时的转向角要比低速转向相反时的角度小得多。

1）电控四轮转向系统

1992年本田序曲汽车采用了电子控制四轮转向系统。在电子控制的四轮转向系统中，前轮转向器和后轮转向执行器之间没有任何机械连接装置。这个后轮转向执行器是由安装在左后座椅后部的行李舱上的四轮转向控制单元控制，如图26-26所示。电控四轮转向系统的控制单元（ECU）利用转向盘转向速度、车辆行驶速度和前轮转向角的信息来计算并控制后轮转向角。

（1）后轮转向执行器。如图26-27所示，后轮转向执行器包含一个通过球螺杆机构驱动转向齿条的电动机。常规的转向横拉杆是从转向执行器连接到后轮转向臂和转向节处。执行器内的复位弹簧在点火开关关闭时或四轮转向系统失效时将后轮推回直线行驶位置。一个主后轮转角传感器和一个副后轮转角传感器安装在后轮转向执行器的顶端。

（2）输入传感器。

①主后轮转角传感器。主后轮转角传感器位于后轮转向执行器的左侧，如图26-28所示。这只传感器包含一个随循环球螺杆旋转的脉冲环。一个电子传感器直接安装在脉冲环上部。当循环球螺杆旋转时，这个传感器向控制单元发出数字电压信号，显示后轮转角。

②副后轮转角传感器。副后轮转角传感器安装在后轮转向执行器上、与主后轮转角传感器相反的一端，如图26-29所示。副后轮转角传感器含有一根连接在齿条轴上的锥形轴。

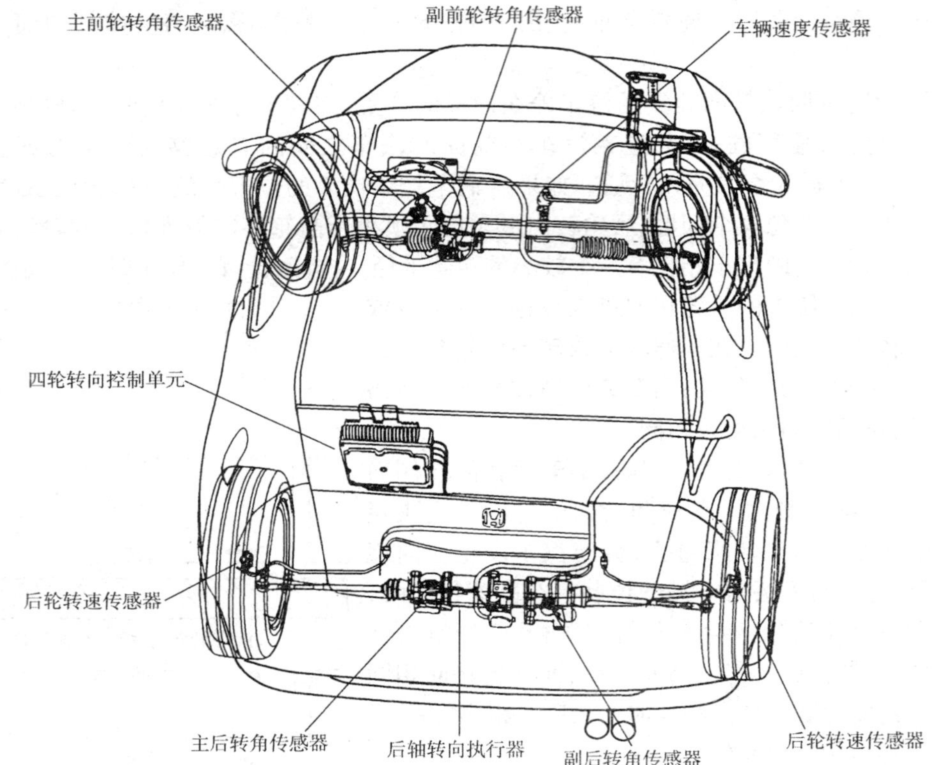

图 26-26　控制单元安装在行李舱的电子控制四轮转向系统

锥形轴与齿条一同水平移动。一根在副后轮转角传感器上的插棒与锥形轴锥面接触。当锥形轴水平移动时,锥面使传感器插棒来回移动。插棒的移动使传感器产生模拟电压信号,将转角信息传送到控制单元。

③主前轮转角传感器。主前轮转角传感器也称转向盘转动传感器,其安装在组合开关下方的转向柱上。如图 26-30 所示,转动速度传感器和转向盘方向传感器安装在主前转角传感器内。转动角度传感器包含一排在传感器下方转动的、变换磁性的磁铁。当转向盘转动时,转动速度传感器向控制单元发送与转向盘转速和前轮转角相关的信号。转动方向传感器包含一个绕转向柱的环形磁铁。这个磁铁有一个 N 极,也有一小部分是 S 极。控制单元利用方向传感器传来的信号确定转向盘的转动方向。

④副前轮转角传感器。副前轮转角传感器安装在前齿轮齿条转向器内。这个传感器含有一个与副后轮转角传感器十分相似的锥形轴,向控制单元发送与前轮转向角相关的信号。

⑤后轮转速传感器。如图 26-31 所示,后轮转速传感器安装在每个后轮上,这些传感器与防抱死制动系统控制单元以及四轮转向控制系统相连接,每个后轮毂上装有一个带槽的环,轮速传感器就直接安装在这些带槽的环的上方。这些传感器包括一个绕有线圈的永久磁铁。当后轮转动时,带槽环上的齿经过永久磁铁,这样就在线圈内产生电压。以 Hz 为单位的电压频率信号经计算机处理以确定轮速。

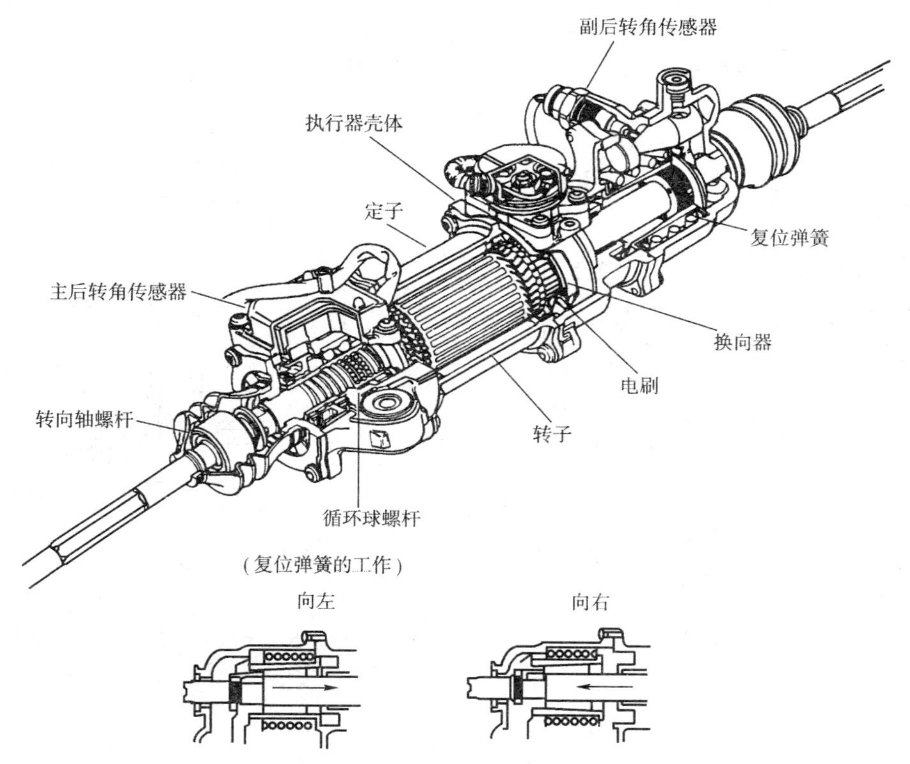

图26-27　电控四轮转向系统的后轮转向执行器

⑥车辆速度传感器。车辆速度传感器将与车辆速度相关的电压信号送到四轮转向系统控制单元。这个车辆速度信号也被送到自动变速器控制单元。

(3)四轮转向系统的工作。

①四轮转向控制单元的工作情况。如图26-32所示,发动机工作时,四轮转向控制单元不断地从所有的输入传感器处收到信息。如果转向盘转动,四轮转向控制单元就会对车辆速度传感器、主前轮转角传感器、副前轮转角传感器、主后轮转角传感器、副后轮转角传感器以及后轮转速传感器传来的信息进行分析,并计算适当的后轮转向角,然后将蓄电池电压输入到后轮转向执行电动机使后轮转向。

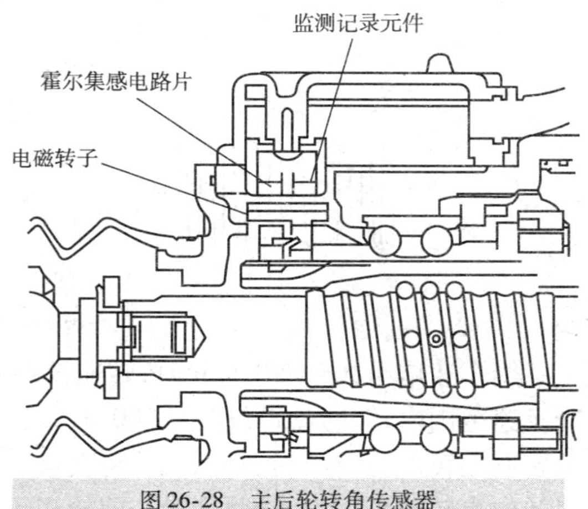

图26-28　主后轮转角传感器

蓄电池电压通过两只大功率晶体管输送到后轮转向执行器电动机处。其中一只大功率晶体管在右转弯时导通,而另一只大功率晶体管在左转弯时导通。主、副后轮转角传感器将反馈信号送到四轮转向驱动控制单元以显示后轮转角已被执行。

②四轮转向工作特性。如图26-33所示,当车速低于29km/h时,如果转动转向盘,后

轮会立即开始向与前轮相反的方向转动;当车速为零时,后轮最大转向角是6°。后轮转向角减小的程度随车速变化,在29km/h时后轮转角几乎为零。

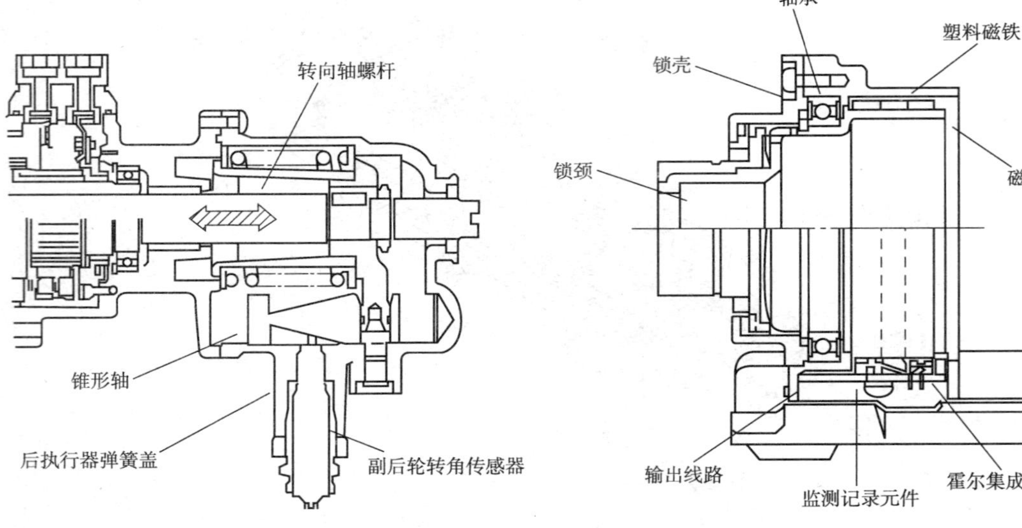

图26-29 副后轮转角传感器

图26-30 含有转动速度传感器和方向传感器的主前轮转角传感器

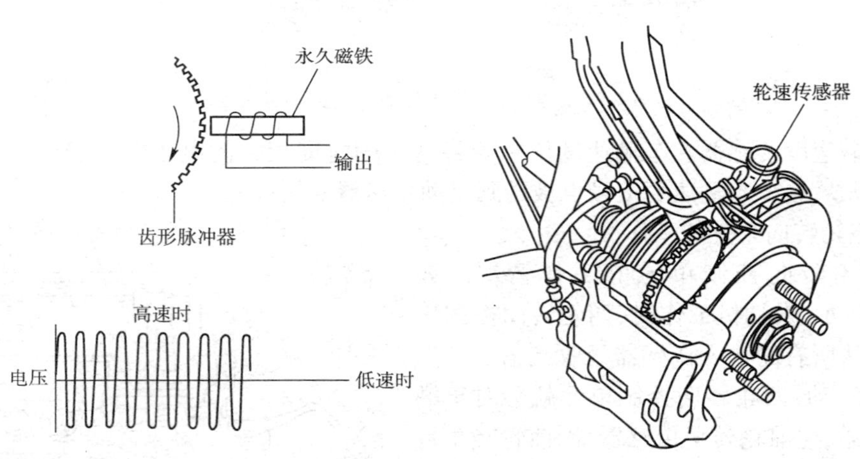

图26-31 后轮转速传感器

当车速增至大于29km/h时,转向盘在最初的200°转角内后轮转向与前轮一致。在这个车速范围内,转向盘转角大于200°时,后轮会转向相反的方向。当车速提高到96km/h并且转向盘转角是100°时,那么后轮将会向与前轮相同的方向转动约1°。在这种车速下,如果转向盘转动500°,后轮将会沿与前轮相反的方向转动大约1°。

2)电子控制液压驱动的四轮转向

在有些马自达轿车上就装有电子控制液压驱动的四轮转向系统。此种系统有一根转向传动轴连接在前轮转向器齿条和后轮转向系统相位控制单元之间,这根转向传动轴在常

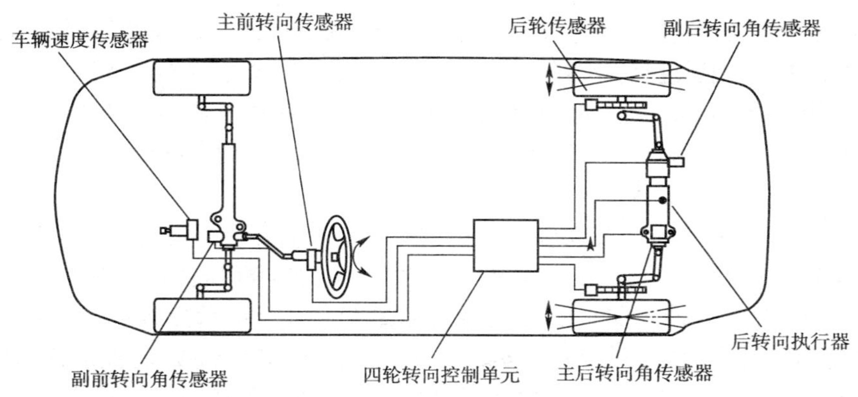

图 26-32　四轮转向控制系统的工作情况

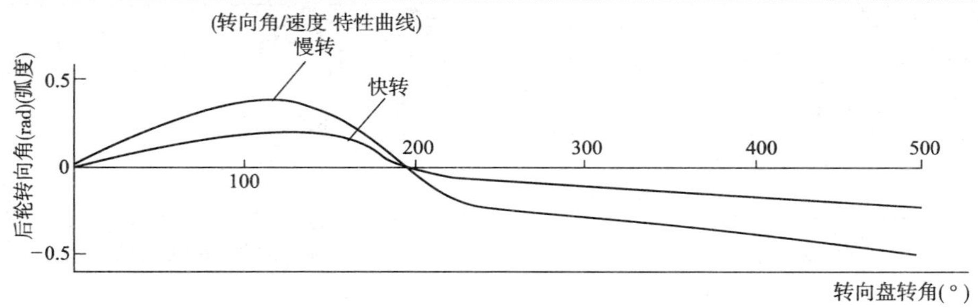

图 26-33　四轮转向工作特性曲线

规的前轮动力齿轮齿条转向器中由齿条驱动。

如图 26-34 所示，后轮转向相位控制单元由步进电动机、控制接头、摇臂、小锥齿轮、主锥齿轮、控制杆和控制阀等组成。

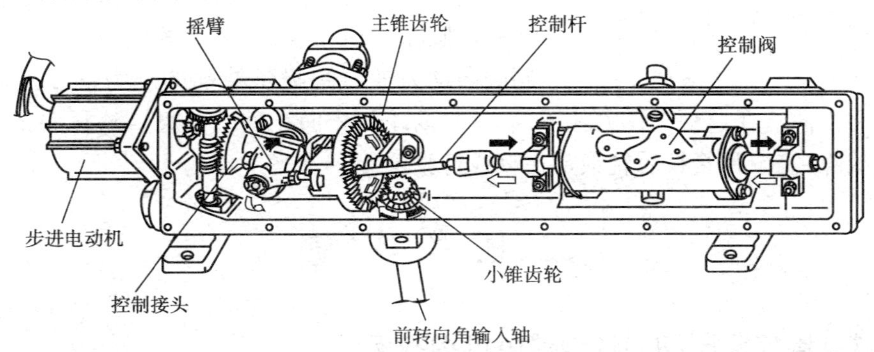

图 26-34　后轮转向相位控制单元

步进电动机由控制单元(ECU)操纵，它从两个速度传感器得到输入信号。在相位控制单元中，有一只小锥齿轮与主锥齿轮相啮合。前桥转向器伸出的转向传动轴与小锥齿轮相连。摇臂和控制杆总成连在控制阀和控制接头之间，而且它穿过主锥齿轮上开的一个孔。当转向盘向任何一个方向转动时，小锥齿轮使主锥齿轮和控制杆沿弧线运动。步进电动机上的小锥齿轮与控制接头驱动轴上相应的齿轮啮合。短轴上的蜗杆与控制接头蜗轮轮齿啮合。当主锥齿轮沿摆过的弧线推动控制杆时,控制接头调整控制杆和控制阀的位置以便准确的调节液体流量。从动力转向油泵传来的液压油通过控制阀到达动力液压缸,液压缸的输出杆控制后转向轮。

当车辆在35km/h以下行驶时,相位控制单元和动力液压缸使后轮的转向与前轮相反。在这种情况下,步进电动机和控制接头调整控制杆位置,使动力转向液压油由控制阀左端的量孔控制,如图26-35所示。

当前轮转向时,后轮转向传动轴使主锥齿轮和控制臂沿弧线运动,从而使得水平的控制杆和控制阀横向运动,并且控制阀调节流向动力液压缸的液压油以控制后轮转向。当车速为15km/h时,后轮转向与前轮相反,最大转角是5°。相反的后轮转向使车辆转向半径减小,提高了低速时的机动性。在35km/h时,步进电动机调整控制接头、控制臂的位置,使得控制阀不再向动力液压缸输油,而后轮保持直线行驶位置。如图26-36所示。

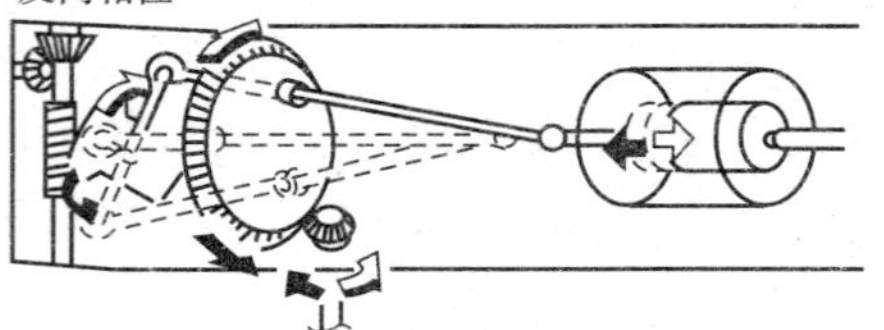

图26-35　后轮转向相位反向时控制接头和控制阀的位置

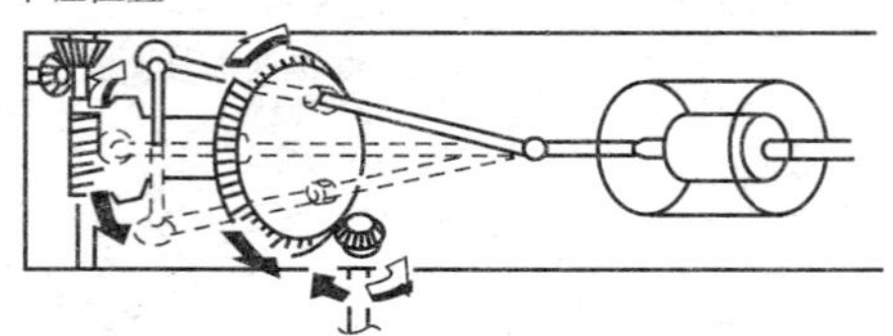

图26-36　在后轮直线行驶的中性位置时控制接头和控制阀的位置

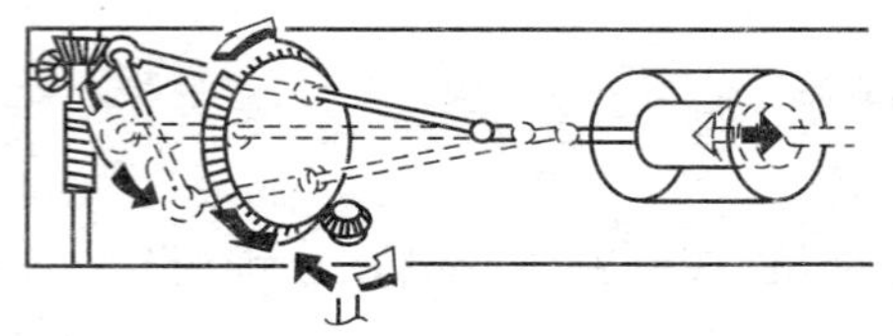
图26-37　后轮转向相位相同时控制接头和控制阀的位置

当车辆以35km/h以上的速度行驶时,电子控制单元(ECU)驱动步进电动机和控制接头调整控制杆和控制阀的位置,使液压油向控制阀的右端流动,如图26-37所示。

当前轮转向时,后轮转向传动轴使主锥齿轮和控制杆沿圆弧运动,从而使水平的控制阀横向运动。控制阀向动力液压缸提供精确的压力油以控制后轮转向的角度和方向。在这种工作方式下,后轮与前轮的转向相同。如果后轮转向系统出现电气或液压故障,定位弹簧将后轮锁定在直线行驶位置。

二、任 务 实 施

项目1　电控液压助力转向操纵机构的拆卸

1　项目说明

拆卸之前要做好准备,操作过程中遵守安全与清洁的规定。

2　技术标准与要求

(1)要先看懂工艺文件,然后准备专用工具和普通工具。

(2)在作业之前汽车装上五件套和翼子板护套。

(3)做好安全防护。

3 设备器材

(1)凯旋轿车一辆。

(2)普通工具一套。

(3)工作台一个。

(4)零件车一个。

4 作业准备

(1)清洁车辆。

(2)清洁工具。

(3)准备作业单。

(4)举升机一台。

5 操作步骤

1)准备相关的专用工具,如图26-38所示。

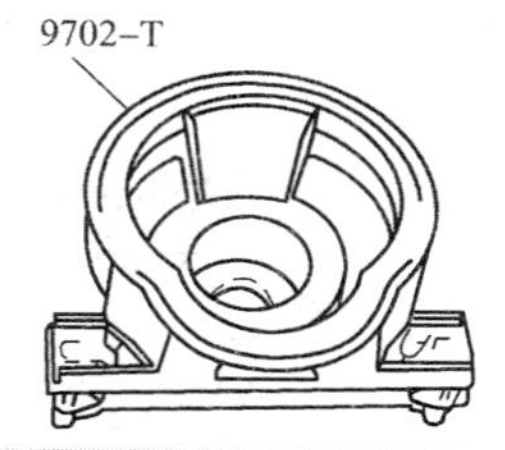

图26-38 中心固定转向盘的卡紧工具9702-T

(1)驾驶员侧安全气囊的拆卸。操作之前先打开点火开关,检查仪表板上的安全气囊工作指示灯是否工作正常(安全气囊指示灯应先点亮然后熄灭),若正常,取下点火开关钥匙后,断开蓄电池,等待至少2min,若安全气囊指示灯工作异常时,需等待10min。

如图26-39所示,用一字螺丝刀插进"a"处的空中,用螺丝刀推U形夹,松开气囊,断开气囊的连接,拆下气囊1。存放处于为引爆状态的气囊一定要遵守安全规范。

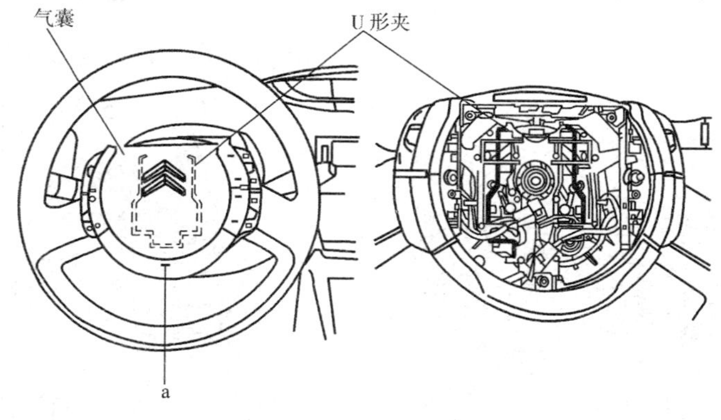

图26-39 凯旋驾驶员侧气囊固定拆卸位置

(2)相关装饰件和插接器的拆卸。

①相关装饰件的拆卸。检查并断开车辆的蓄电池负极电缆,如图26-40所示,拆卸左下盖板,松开转向柱的上、下装饰罩,拆卸下装饰罩。

②相关插接器的拆卸。如图 26-41 所示,松开接头“a”;如图 26-42 所示,松开接头“b”。

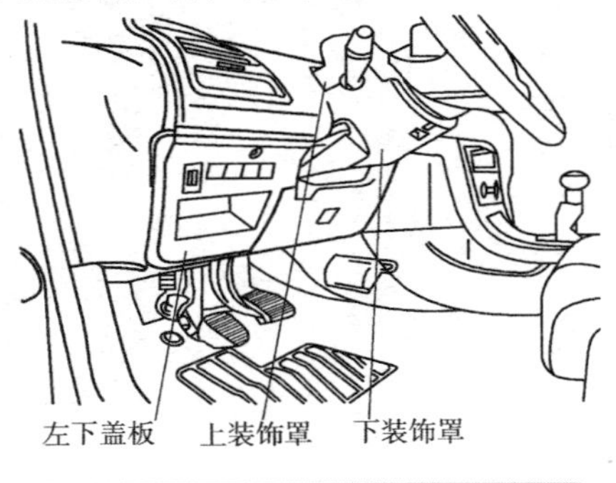

图 26-40 相关装饰件的拆卸

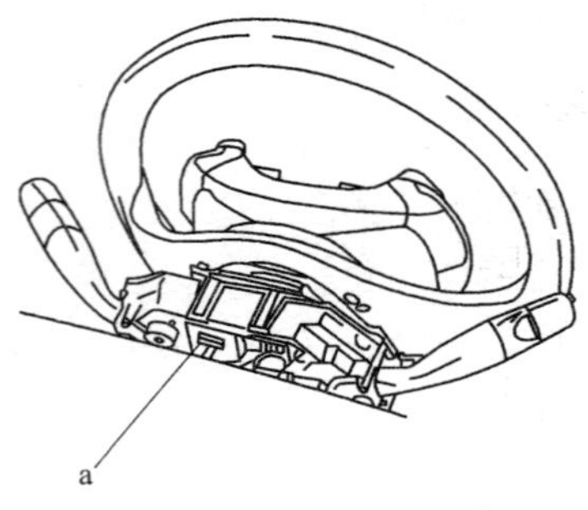

图 26-41 插接器的拆卸

(3)转向盘与转向柱的拆卸。

①转向盘的拆卸。如图 26-43 所示,用套筒扳手拆卸转向盘中心固定螺母;如图 26-44 所示,将专用工具固定在转向盘“c”的中心;如图 26-45 所示,拆卸固定螺栓,取下转向盘;如图 26-46 所示,拆下转向盘角度传感器,拆卸螺栓,拆卸转向盘下的控制模块,拆下转向盘防盗锁。

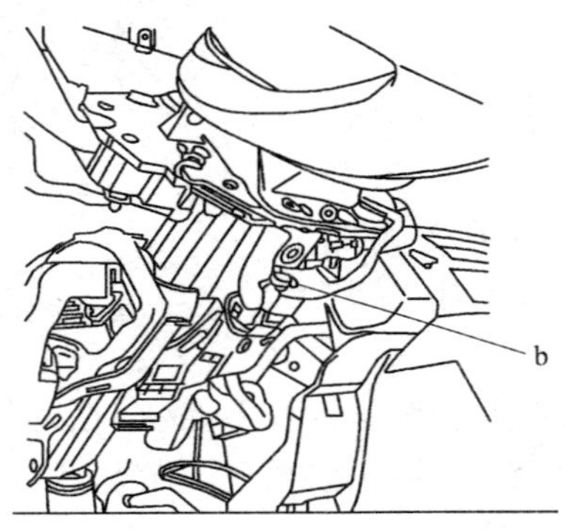

图 26-42 插接器的拆卸

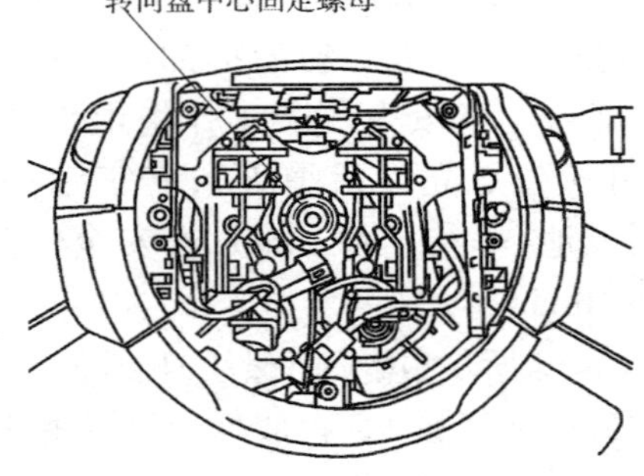

图 26-43 转向盘中心固定螺母的拆卸

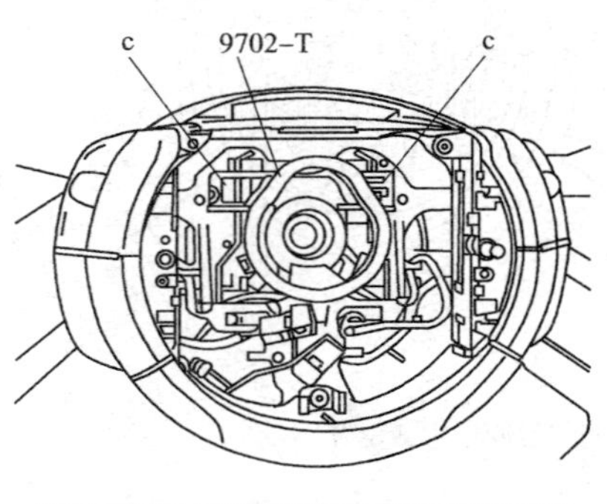

图 26-44 专用工具的安装

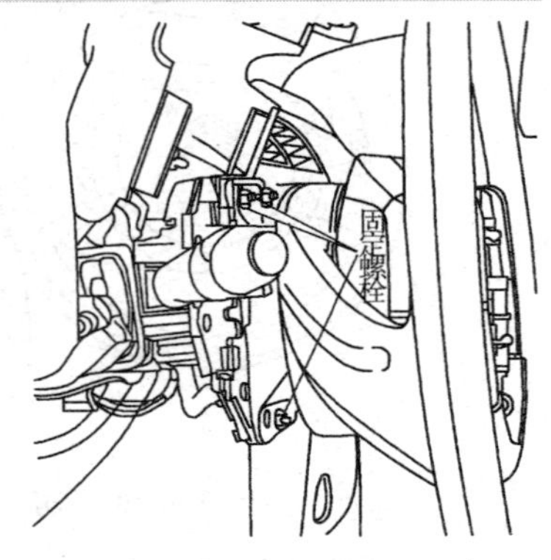

图 26-45 固定螺母的拆卸

②转向柱的拆卸。如图 26-47 所示,拆卸螺栓,拆卸螺母,拆卸螺母,拆下转向柱。

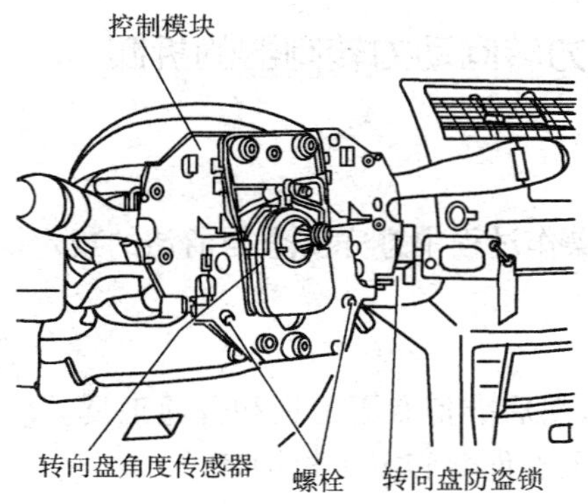

图26-46　转向盘下相关元件的拆卸

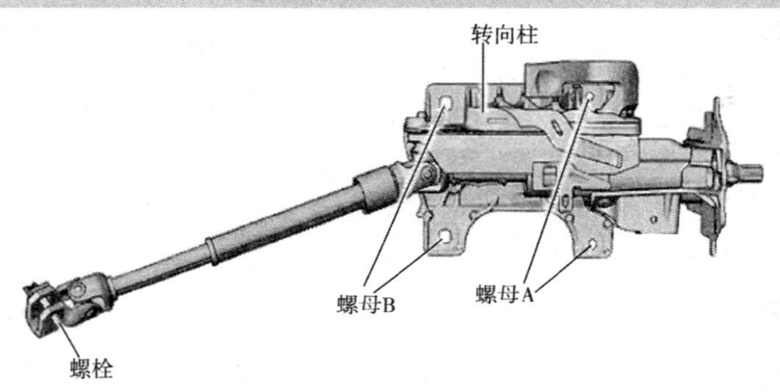

图26-47　转向柱上固定螺母的拆卸

6　记录与分析

电控液压助力转向操纵机构的拆卸作业记录单见表26-2。

电控液压助力转向操纵机构的拆卸作业记录单　　表26-2

姓名		班级		学号		组别	
车型		发动机号		底盘号		作业日期	
作业顺序		过程记录				技术标准	

项目2　电控液压助力转向动力转向器的拆卸

1　项目说明

拆卸之前要做好准备,操作过程中遵守安全与清洁的规定。

2　技术标准与要求

(1)要先看懂工艺文件,然后准备专用工具和普通工具。
(2)在作业之前汽车装上五件套和翼子板护套。
(3)做好安全防护。

3　设备器材

(1)凯旋轿车一辆。
(2)普通工具一套。
(3)工作台一个。
(4)零件车一个。

4　作业准备

(1)清洁车辆。
(2)清洁工具。
(3)准备作业单。
(4)举升机一台。

5　操作步骤

1)相关专用工具的准备

操作之前,如图26-48和图26-49所示,准备好两个专用工具,分别是:转向拉杆球销拔出器1892-T和管夹4153-T(注:两个为一套)。

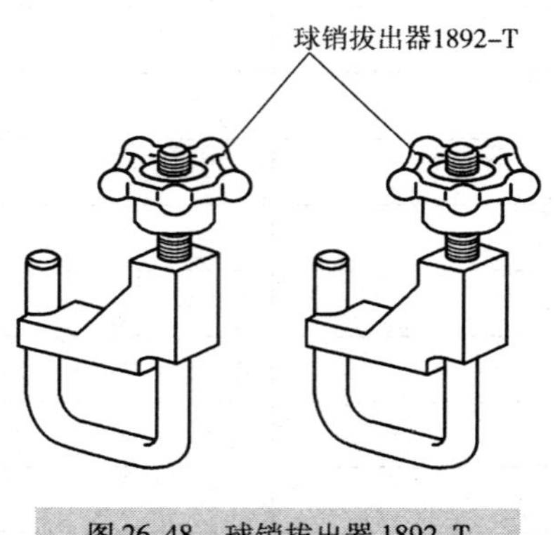

图26-48　球销拔出器1892-T

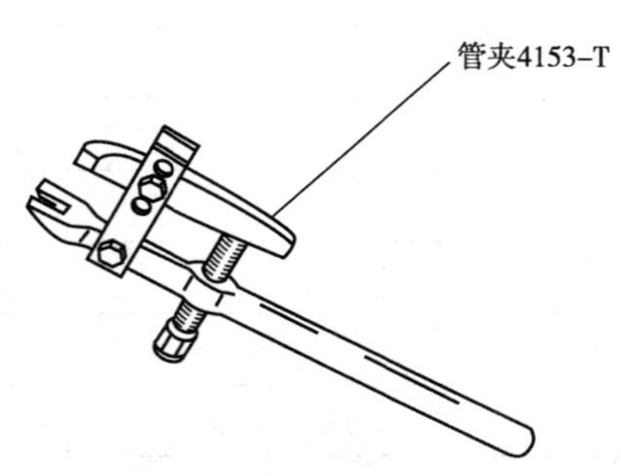

图26-49　管夹4153-T(两个一套)

2)拆卸发动机前托架延长梁

举升车辆并固定,使前轮悬空,并拆下两个前轮。

如图26-50所示,拆卸发动机下护板;拆卸发动机下导流板。

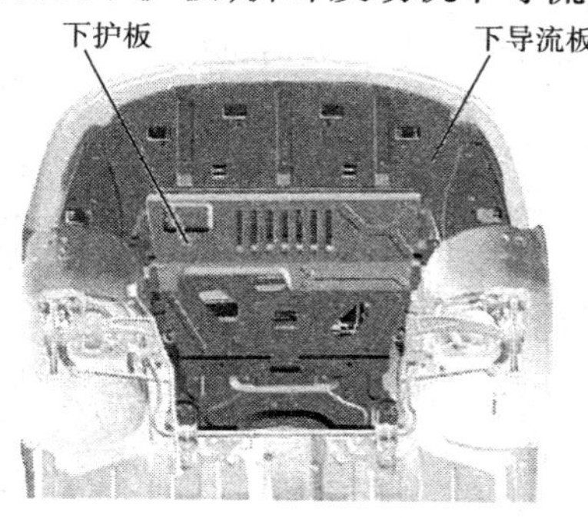

图26-50　拆卸发动机下护板、导流板

如图26-51所示,拆卸螺栓,拆卸横梁,拆卸跨梁,拆卸螺栓。

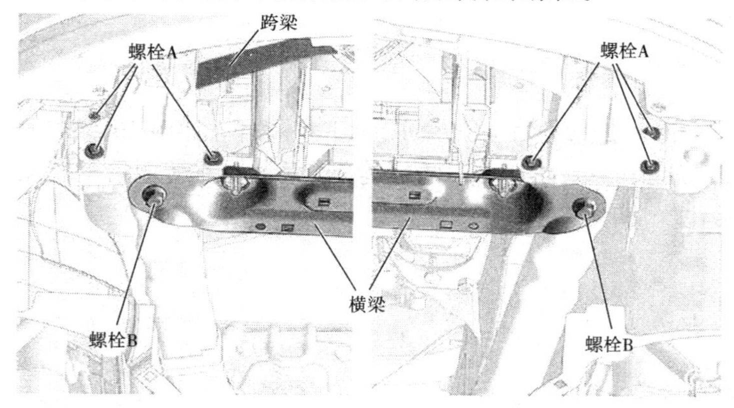

图26-51　拆卸横梁与跨梁

如图26-52所示,拆卸螺栓,拆卸发动机前托架的延长梁。

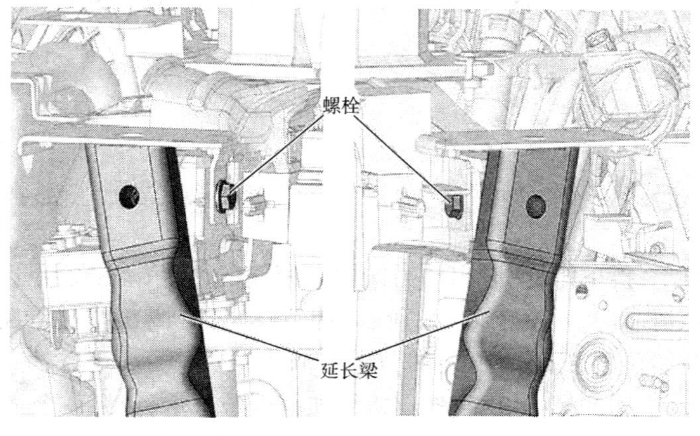

图26-52　拆卸前托架的延长梁

3)拆卸转向器总成

如图26-53所示,拆卸万向节固定螺栓9。如图26-54所示,拆下螺母A,使用专用工具1892-T、脱开转向球销,拆下球销螺母C(如有必要,使用一个6mm的六角扳手将球销螺母C固定),将三角臂转向节下球销脱出,拆下球销螺母B。

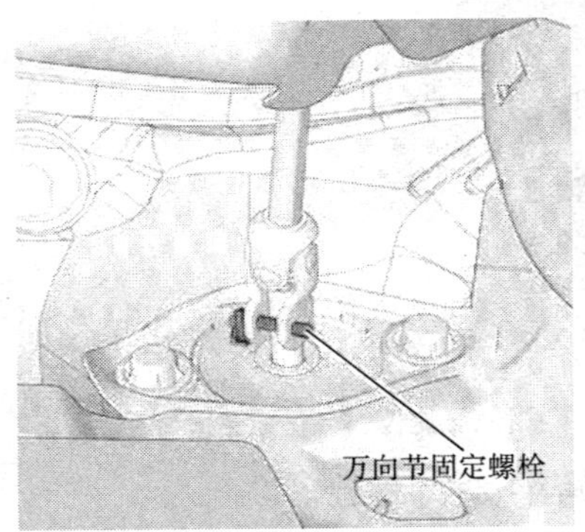

图26-53 拉杆球头的拆卸

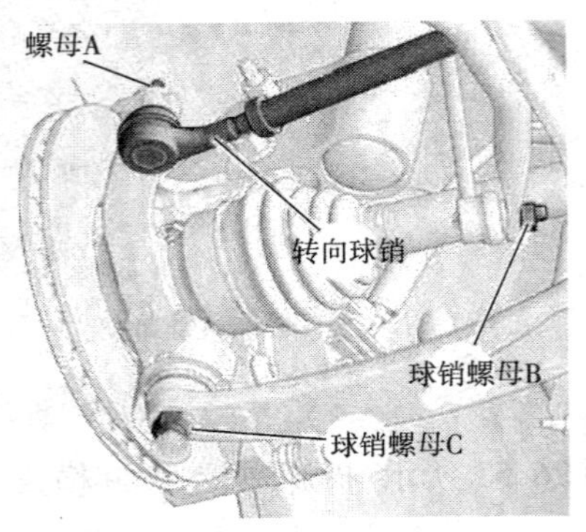

图26-54 固定螺栓的拆卸

如图26-55所示,拆卸螺栓A和螺栓B,拆下扭力杆。如图26-56所示,将动力转向齿条的热护板分开,放到一边,拆下“a”的螺栓,分离出动力转向管的支架,使用专用工具4153-T将管子夹住。

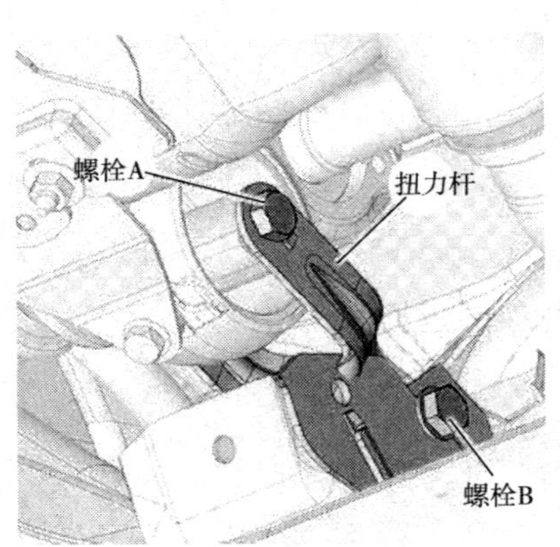

图26-55 拆卸扭力杆

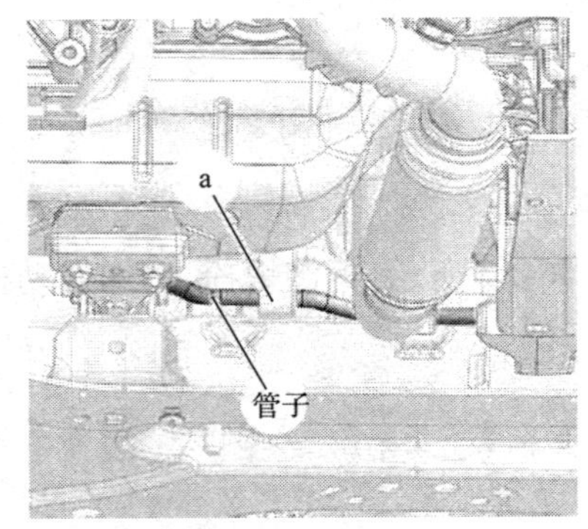

图26-56 分离动力转向管支架

如图26-57所示,拆下螺栓,脱出动力转向分配阀的凸缘(注:使用干净的工具,小心操作分配阀,避免对其损坏)。如图26-58所示,卸下螺母,分离出排气管路的支架(注:将排气管路固定在其初始位置,以避免拉扯排气连接软管)。

如图26-59所示,拆卸螺栓A,将转向机绑在排气歧管上,使用一个举升工具,以便发动机前托架的固定,拆下螺栓B,将前托架与车身分离,约分开几厘米,拆卸前托架和转向器机械部分总成。

图 26-57 螺栓的拆卸

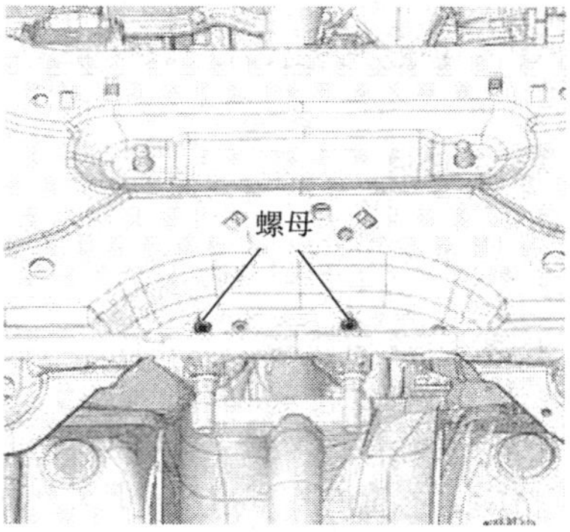

图 26-58 分离排气管支架

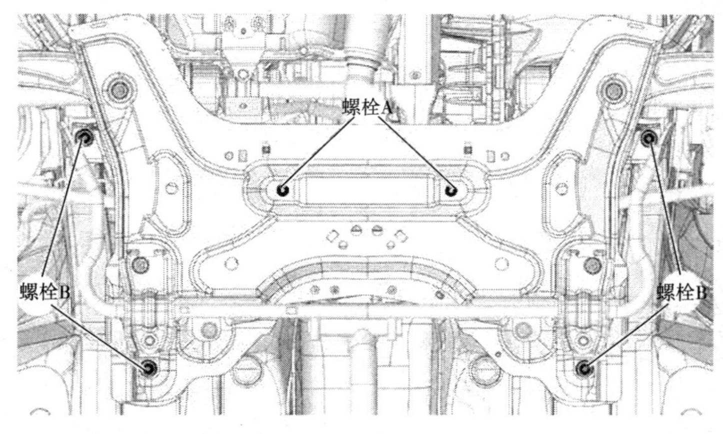

图 26-59 转向器的拆卸

6 记录与分析

电控液压助力转向动力转向器的拆装作业记录单见表 26-3。

电控液压助力转向动力转向器的拆装作业记录单 表 26-3

姓名		班级		学号		组别	
车型		发动机号		底盘号		作业日期	
作业顺序		过程记录				技术标准	

项目3　电控液压助力转向助力泵的拆卸

1 项目说明

拆卸之前要做好准备,操作过程中遵守安全与清洁的规定。

2 技术标准与要求

(1)要先看懂工艺文件,然后准备专用工具和普通工具。
(2)在作业之前汽车装上五件套和翼子板护套。
(3)做好安全防护。

3 设备器材

(1)凯旋轿车一辆。
(2)普通工具一套。
(3)工作台一个。
(4)零件车一个。

4 作业准备

(1)清洁车辆。
(2)清洁工具。
(3)准备作业单。
(4)举升机一台。

5 操作步骤

1)相关专用工具的准备

如图26-60所示,准备专用工具(诊断仪)DIAGBOX。

2)拆卸装备前照灯清洗功能的相关部件

断开车辆蓄电池(注:操作时要避免污染杂质进入管路),拆卸装饰罩,拆卸喷水器清洗液加注管路,举升车辆至合适高度;拆卸前保险杠,右前车轮,右前挡泥板;如图26-61所示,将一个容器置于车窗清洗液储液罐的下方,拆卸在"a"处的电动泵,排空车窗清洗液储液罐,拆卸螺母,拆卸车窗清洗液储液罐。

如果配备大灯清洗功能的车辆,如图26-62所示,拆卸"b"处的电动泵4,如图26-63所示,分离管子A和管子B,拆卸螺栓B,拆下接头A和接头B,拆卸螺栓A。

如图26-64所示,拆卸螺栓C,拆下转向助力泵。

6 记录与分析

电控液压助力转向助力泵的拆卸作业记录单见表26-4。

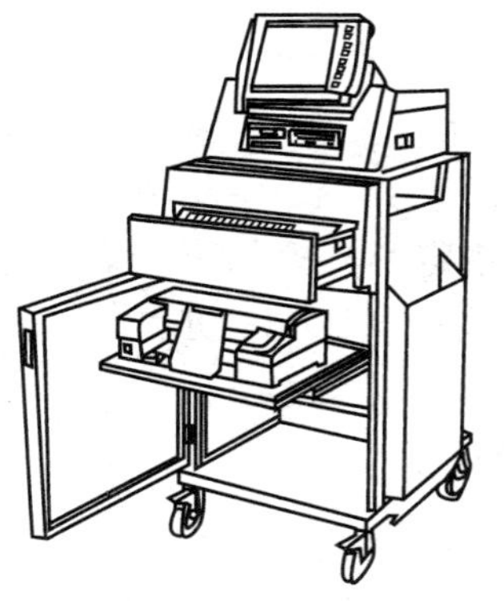
图26-60　诊断仪DIAGBOX

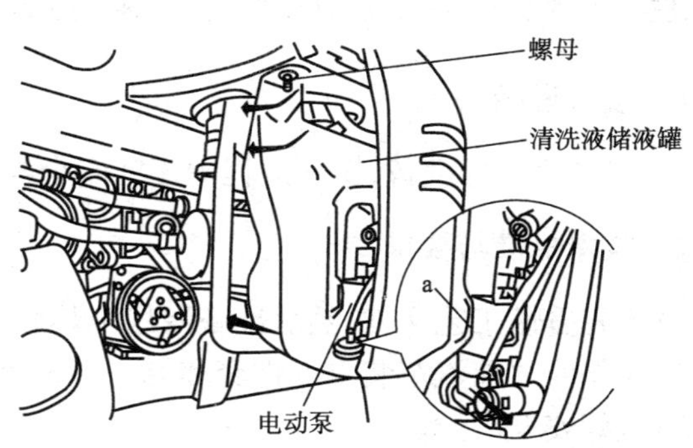

图26-61　拆卸带前照灯清洗的电动泵

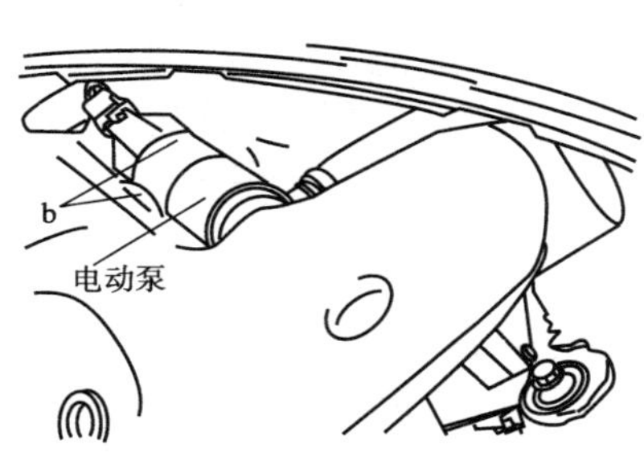

图26-62　车窗清洗电动泵的拆卸

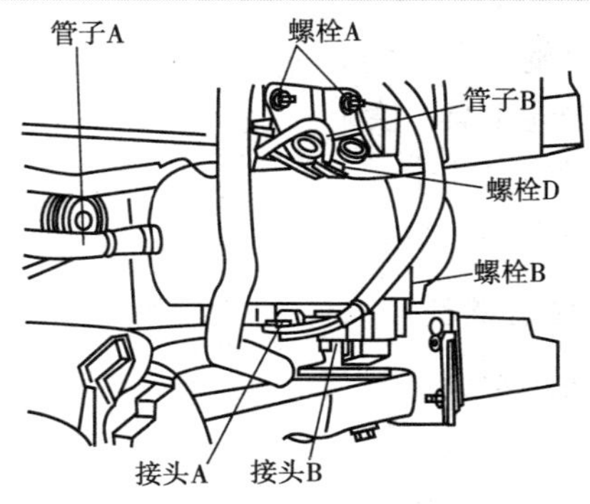

图26-63　拆卸相关的部件和螺栓

图26-64　拆卸转向助力泵的固定螺栓

电控液压助力转向助力泵的拆卸作业记录单　　表26-4

姓名		班级		学号		组别	
车型		发动机号		底盘号		作业日期	
作业顺序		过程记录				技术标准	

项目4 电控液压助力转向助力泵的安装

1 项目说明

拆卸之前要做好准备,操作过程中遵守安全与清洁的规定。

2 技术标准与要求

(1)要先看懂工艺文件,然后准备专用工具和普通工具。
(2)在作业之前汽车装上五件套和翼子板护套。
(3)做好安全防护。

3 设备器材

(1)凯旋轿车一辆。
(2)普通工具一套。
(3)工作台一个。
(4)零件车一个。

4 作业准备

(1)清洁车辆。
(2)清洁工具。
(3)准备作业单。
(4)举升机一台。

5 操作步骤

1)转向助力泵的安装

如图26-63所示,安装转向助力泵。拧紧螺栓A,力矩为22N·m;拧紧螺栓C,力矩为22N·m;拧紧螺栓B;连接管子A和管子B;安装螺栓D并拧紧到20N·m,更换并安装新卡箍,安装车窗清洗液储液罐。

2)安装配备有前照灯清洗功能的车辆部件

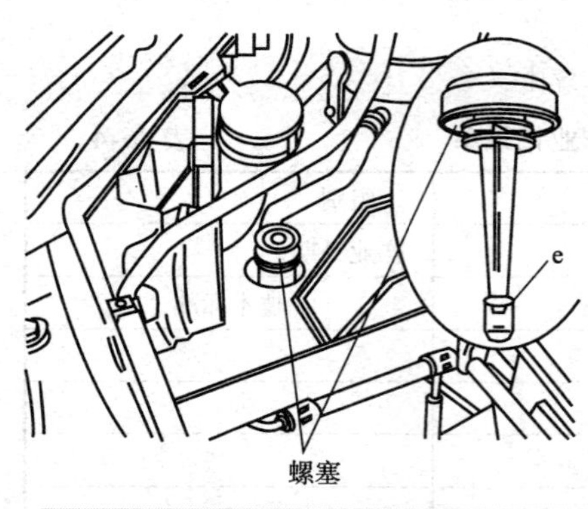

图26-65 加注动力转向液

如图26-62所示,安装电动泵到“b”。如图26-61所示,安装电动泵到“a”处,安装螺母。

3)动力转向液的加注

如图26-65所示,向储液罐加注动力转向液,直到到达螺塞的最大标记处“e”(注:在进行加注和补充时使用新的动力转向液)。

6 记录与分析

电控液压助力转向助力泵的安装作业记录单见表26-5。

电控液压助力转向助力泵的安装作业记录单 表26-5

姓名		班级		学号		组别	
车型		发动机号		底盘号		作业日期	
作业顺序		过程记录				技术标准	

项目5 电控液压助力转向动力转向器的装复

1 项目说明

拆卸之前要做好准备,操作过程中遵守安全与清洁的规定。

2 技术标准与要求

(1)要先看懂工艺文件,然后准备专用工具和普通工具。
(2)在作业之前汽车装上五件套和翼子板护套。
(3)做好安全防护。

3 设备器材

(1)凯旋轿车一辆。
(2)普通工具一套。
(3)工作台一个。
(4)零件车一个。

4 作业准备

(1)清洁车辆。
(2)清洁工具。
(3)准备作业单。
(4)举升机一台。

5 操作步骤

1)转向器总成的装复

如图26-66所示,更换一次性螺母和新的橡胶密封圈,安装好前托架和转向机械之间的开口垫圈,将转向机定位在前托架上,将隔热板固定在转向机上(依装备而定),装上转向机的固定螺栓并拧紧至0.8 N·m,将发动机前托架和转向机构在车身上定位。如图26-59所示,拧紧螺栓B至9.8 N·m,拧紧螺栓A至8 N·m。将排气管支架定位在发动机前托架上,如图 26-58 所示,安装螺母,将动力转向管支架定位在发动机前托架上,安装“a”处螺栓。

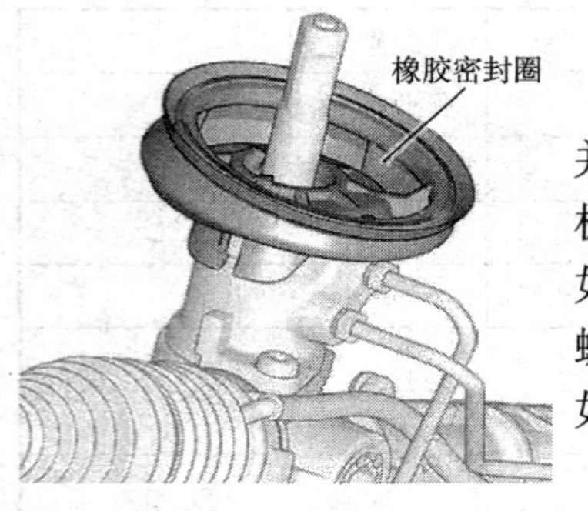

图 26-66　转向器的安装

2)助力转向油管的安装

如图 26-67 所示,放上新的密封圈,再连接凸缘,安装螺栓并拧紧至 2N·m;如图 26-55 所示,安装动力转向齿轮的隔热板,扭力杆,拧紧螺栓 B 至 3.9N·m,拧紧螺栓 A 至 5.4N·m;如图 26-53 所示,连接球销螺母 B 拧紧至 3.6 N·m,连接球销螺母 C 拧紧至 4.2 N·m,连接球销螺母 A 拧紧至 3.5 N·m;如图 26-53 所示,安装螺栓并拧紧至 2.2N·m。

3)发动机前托架延长梁和其他部件的装复

如图 26-68 所示,检查橡胶件和前托架延长梁的状态,如有必要,更换缺陷件。安装前托架延长梁,拧紧螺栓(图 26-52)至 5.1N·m。如图 26-51 所示,安装跨梁,安装螺栓 A,安装横梁,拧紧螺栓 B 至 7N·m;如图 26-50 所示,安装发动机下导流板,安装发动机下护板,安装前车轮,车轮螺栓拧紧到 90N·m。检查并调整前束,进行动力转向回路排气,参见动力转向助力泵装复章节。

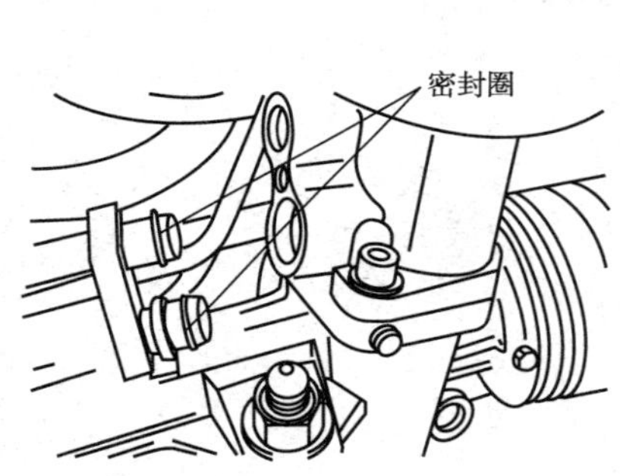

图 26-67　助力转向油管的安装

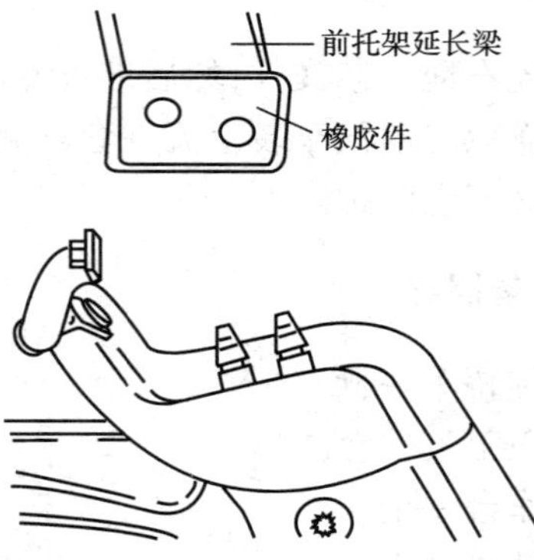

图 26-68　发动机延长梁前托架的安装

6　记录与分析

电控液压助力转向动力转向器的装复作业记录单见表 26-6。

电控液压助力转向动力转向器的装复作业记录单　　表 26-6

姓名		班级		学号		组别	
车型		发动机号		底盘号		作业日期	
作业顺序		过程记录				技术标准	

项目6　电控液压助力转向操纵机构的装复

1　项目说明

拆卸之前要做好准备，操作过程中遵守安全与清洁的规定。

2　技术标准与要求

(1)要先看懂工艺文件，然后准备专用工具和普通工具。
(2)在作业之前汽车装上五件套和翼子板护套。
(3)做好安全防护。

3　设备器材

(1)凯旋轿车一辆。
(2)普通工具一套。
(3)工作台一个。
(4)零件车一个。

4　作业准备

(1)清洁车辆。
(2)清洁工具。
(3)准备作业单。
(4)举升机一台。

5　操作步骤

1)转向柱的装复

如图26-47所示，安装转向柱，安装螺母A，安装螺母B，安装螺栓，把螺母A和螺母B拧紧到22N·m。如图26-69所示，检查转向柱的"a"面和"b"面有无接触，将螺栓(图26-47)拧紧到22N·m。

2)转向柱上其他件的装复

如图26-46所示，安装转向盘防盗锁，安装转向盘下的控制模块，安装螺栓、转向盘角度传感器4。如图26-40所示，安装转向柱下装饰罩，连接转向柱的上下装饰罩。

3)气囊和转向盘的装复

安装驾驶员侧的安全气囊，安装中央固定式集控式转向盘，安装左下盖板(图26-40)，连接蓄电池。

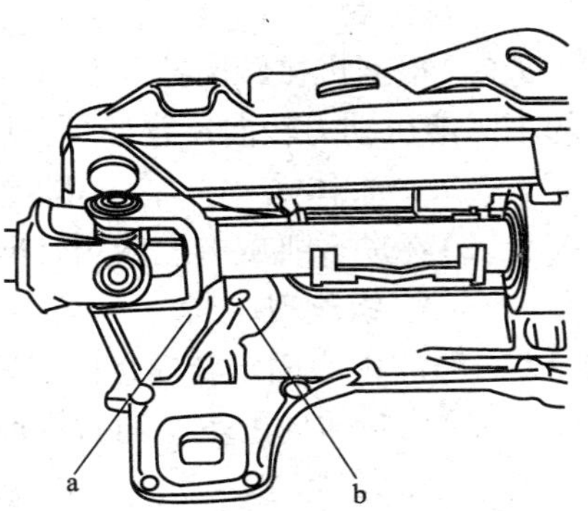

图26-69　检查转向柱的a和b面

6　记录与分析

电控液压助力转向操纵机构的装复作业记录单见表26-7。

电控液压助力转向操纵机构的装复作业记录单 表26-7

姓名		班级		学号		组别	
车型		发动机号		底盘号		作业日期	
作业顺序		过程记录				技术标准	

三、学习评价

1 理论考核

1)分析题

(1)电子控制助力转向系统可分为哪几大结构?各有何特点?

(2)请叙述电控四轮转向的工作过程。

(3)请叙述电动泵的排气过程。

2)判断题

(1)液压助力转向系统在加完助力转向油后,不需要进行排气操作。 ( )

(2)四轮转向系统在工作时前轮和后轮的转动方向始终是一致的。 ( )

(3)电控液力式助力转向系统会根据车速的不同而改变助力水平。 ( )

(4)在进行助力转向系统拆装时可以不用专用工具。( )

3)选择题

(1)根据机械转向器、转向动力缸和转向控制阀三者在转向装置中的布置和连接关系的不同液压动力转向装置还可分( )。

A. 整体式　B. 组合式　C. 分离式　D. 以上都不是

(2)在进行凯旋电控液压转向系统的操纵系统拆装前,需要准备的专用工具有( )。

A. 螺丝刀　B. 套筒扳手

C. 中心固定转向盘的卡紧工具9702-T　D. 手锤

(3)四轮转向的汽车与常规前轮转向的汽车相比有一个( )的转向半径。

A. 较大　B. 较小　C. 相同　D. 有时大,有时小

(4)电子-液力式转向系统具有三种控制状态,它们是( )。

A. 车辆停止　　B. 低速状态

C. 中高速状态　　D. 电磁阀是否通电状态

2 技能考核

“项目1～6　电控液压助力转向操纵机构、转向器、助力泵等的拆装”评分表见表26-8。

电控液压助力转向操纵机构、转向器、助力泵等的拆装项目评分表　　表26-8

序号	评分项目	得分	评分备注
1	5S现场管理： 是否遵守车间安全操作规程？ 是否正确举升车辆？ 是否注意废气排放？ 是否注意保持工作环境清洁？ 穿戴合适的防护用品。 车辆防护操作： 是否使用车辆防护三件套？ 是否使用车辆翼子板保护套？ 是否清洁车辆内部与发动机舱等		（此项共8分，错、漏1项扣2分）
2	操作之前先阅读维修手册		（此项共12分，错、漏1项扣3分）
3	能够正确选择所用工具		（此项共14分，错、漏1项扣2分）
4	能进行正确的拆装		（此项共12分，错、漏1项扣6分）
5	是否按规定时间完成		（此项共4分，不合格不得分）
总　分			

学习任务27　电控悬架系统的结构与拆装

工作情境描述

有一辆带自适应可调悬架系统的车辆，在平直良好路面上低速行驶时表现正常，当车速高于80km/h行驶时，车辆出现车身振抖、转向和制动时难以操控的现象。经维修技师检查诊断为车辆悬架系统故障，现需对其进行拆卸检修。

请你以一名维修人员的身份，按规范要求正确实施该车悬架系统的拆装与检修。

学习目标

通过本任务学习，应能：

1. 正确认识电控悬架系统的组成和功用；
2. 正确理解电控悬架系统主要部件的结构和工作原理；
3. 正确拆装电控悬架系统的主要部件；
4. 制订合理的拆装工艺和贯彻落实5S理念。

学习时间

6学时。

学习引导

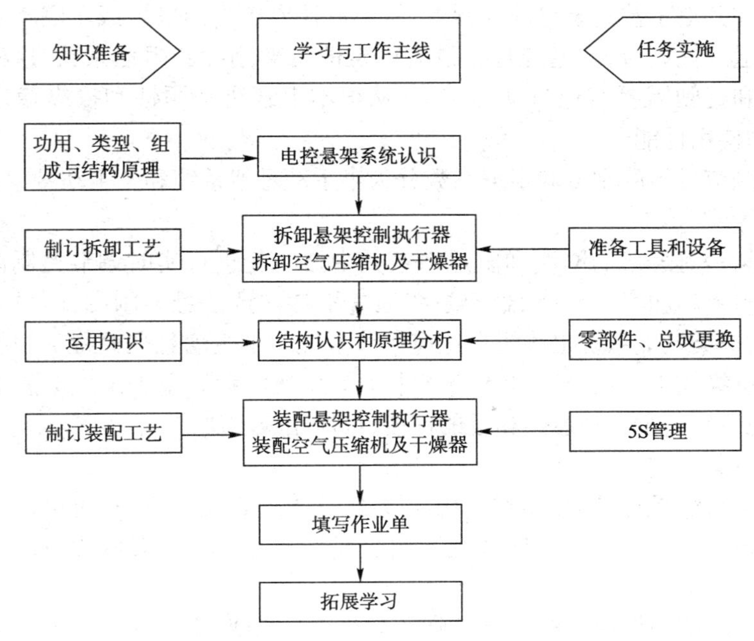

一、知 识 准 备

1　电控悬架概述

1)传统汽车悬架的特点

汽车的悬架一般由弹性元件、减振器和导向元件组成。其作用是连接车身与车轮,以适当的刚性支承车轮,并吸收路面的冲击,改善车辆的舒适性和平顺性;还可以稳定汽车行驶,改善操纵性。在悬架作用下的车辆行驶平顺性与操纵稳定性有着相互矛盾的关系。若想改善汽车的舒适性和平顺性而采用较软的弹性元件,那么就会增加转弯时的侧倾以及加速或制动时的前后颠簸,从而使操纵稳定性变差。同样,若想改善汽车的操纵稳定性而采用较硬的弹性元件,那么将增加汽车对路面不平度的敏感性,从而降低平顺性。如何调整两者之间的关系,有时竟是非常困难的事,只能根据汽车的用途加以调整。

2)被动悬架

对于传统悬架,当其结构确定后,就具有固定的悬架刚度和阻尼系数,在汽车行驶的过程中不能人为地控制调节,称这类悬架为被动悬架。

3)主动悬架

随着电子技术的发展,出现了电控悬架。它是通过电子控制单元(ECU)来控制相应的执行元件,改变悬架特性以适应各种复杂的行驶工况对悬架系统的不同要求,从而使舒适性、平顺性和操纵稳定性同时得到改善。电控悬架可以调节悬架刚度和阻尼系数,突破被动悬架的局限,因此,电控悬架是一种主动悬架。

4)电控悬架

电控悬架在其电子控制装置的控制下,能根据外界接受的信息或车辆本身状态的变化进行动态的自适应性调节,即电控悬架没有固定的悬架刚度和阻尼系数,这样可以随着道路条件的变化和行驶需要实现自动的调节,从根本上解决平顺性和操纵稳定性之间的矛盾,提高汽车的使用性能。

悬架根据调节悬架的刚度和阻尼系数分为半主动悬架系统和全主动悬架系统。

5)半主动悬架

半主动悬架是对悬架的刚度和阻尼系数其中之一能进行实时调节控制的悬架。为了减少执行机构需要的功率,半主动悬架系统通常不考虑调节悬架刚度,而只对悬架的阻尼系数进行调节,这类调节系统也称为自适应调节系统。半主动悬架系统又根据调节阻尼系数的特点分为有级式半主动悬架和无级式半主动悬架两种。由于半主动悬架控制系统较简单,而且有能达到与全主动悬架相近的性能,故应用较广泛。

6)全主动悬架

全主动悬架系统是对悬架的刚度和阻尼系数均能进行实时调节,可以同时提高车辆的平顺性和操纵稳定性。全主动悬架系统采用油气悬架和空气悬架取代被动悬架的弹性元件和减振器。

全主动悬架系统根据控制的介质可分为主动空气悬架、主动油气悬架和主动液力悬架三种。全主动悬架一般包括控制机构和执行机构。控制机构是由 ECU 和传感器等组成的闭环控制系统,通过传感器监测道路条件、汽车的运行状态和驾驶员的需求,按照设定的控制规律向执行机构(空气弹簧、动力源等)适时地发出控制信号,以调节悬架刚度和阻尼系数。

全主动悬架虽然改善了被动悬架的不足之处,但是需要复杂的控制系统和较大外部动力源驱动。在全主动悬架中,用于调节弹簧刚度的系统也称之为空气悬架系统,其实质是实现车高控制与调节。

7)电控悬架的功用

电控悬架的功用可以概括为下面两点:①弹簧弹性系数(刚度)与阻尼系数(减振器)控制。②高度调整功能。

常用的电控悬架实际是电子控制油气悬架或空气悬架,它是用空气弹簧代替金属弹簧,利用液压减振器和空气弹簧中存在的压缩空气进行减振器阻尼系数与悬架刚度的有级调节和车高的自动调节控制。电控悬架系统的结构,会因车型和配置的不同而有所差异,高配置车辆都具有车高调节、悬架刚度和减振器阻尼系数“软、中、硬”有级转换控制的功用。

(1)电控悬架的控制方式。电控悬架通过改变悬架刚度和阻尼系数来提高汽车的操纵稳定性和平顺性,其控制方式有:

①防后坐控制。当车辆在起步和换挡(配备 A/T 的车辆起步和从 N 至 D)时,以及加速行驶中,电控悬架将弹簧刚度和阻尼系数变换到较为“坚硬”状态,抑制车辆的下坐现象,使车辆姿态的变化减至最小,从而改善操纵稳定性。

②高速控制(正常行驶条件)。当汽车在高低不平的路面上行驶时,电控悬架使弹簧刚度和阻尼系数根据需要变成"中等"或"坚硬"状态,以控制汽车车身跳动或前后颠簸,从而改善汽车行驶的稳定性和可控制性,以及乘坐的舒适性。

③防侧倾控制。当汽车急转弯时,电控悬架使弹簧刚度和阻尼系数变成"坚硬"状态,以控制车身的横向倾斜或摇摆,使汽车的姿态变化减至最小,从而改善操纵稳定性。

④防点头控制。当汽车紧急制动时,电控悬架使弹簧刚度和阻尼系数变成"坚硬"状态,以控制车身的前倾,使汽车的姿态变化减至最小,从而改善操纵稳定性。

(2)车高控制。

①自动水平控制。汽车上的乘员和行李质量发生变化,电控悬架能使汽车始终保持一恒定的高度,操纵高度控制开关,使目标车高变换成"正常位"或"高位"。

②高速控制。当汽车在很差的道路上行驶时,控制开关选择在"高位",电控悬架使汽车高度增加,提高车辆的通过性;当汽车高速行驶时,控制开关选择"正常位",电控悬架使车高降低,以减少空气阻力,提高操纵稳定性;

③点火断开控制。当汽车驻车时,点火开关关闭熄火后,乘客或行李的质量减轻,原有车高比目标高度要高,此时,电控悬架会降低车高,从而改善车辆驻车的姿态。

2 电控悬架的组成与工作原理

电控悬架由传感器、电子控制单元(ECU)、执行器等组件,其控制原理图如图27-1所示。不同车型的电控悬架,其控制也有适当的差异,例如丰田的陆地巡洋舰和普拉多两款车型,其具体的控制原理框图如图27-2所示。

传感器包括车高传感器、车速传感器、横摆率和加速度传感器、节气门位置传感器、转向传感器和制动开关、停车灯开关、车门开关等。这些传感器将相关信号转变成电信号传给电控单元,电控单元通过运算处理,控制空气弹簧等执行器进行适应性调节,保持车辆平顺性和操纵稳定性。空气压缩机产生的压缩空气送入空气弹簧的空气室中,ECU根据汽车高度信号,控制压缩机和排气阀充气或排气,使空气弹簧伸长或压缩而达到控制车辆高度。同时ECU根据车速、转向、加速、制动、车高等信号,通过控制阀改变空气弹簧主、副气室间的流通截面,进行弹簧刚度的调节;并通过控制减振器中的旋转阀,通、断油孔改变节流孔的数量,使阀体中减振液的流通快慢发生变化,从而改变减振器的阻尼系数。

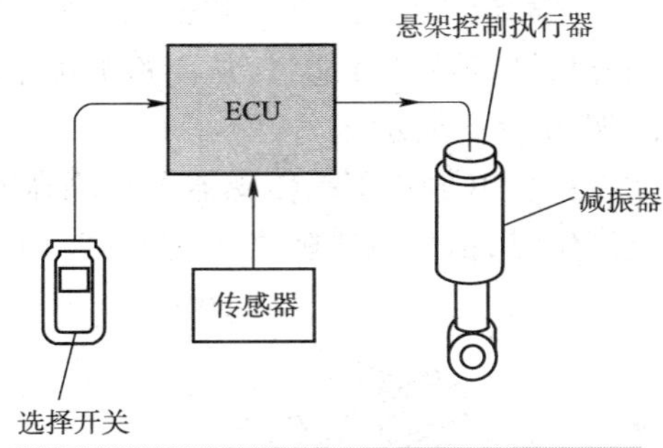

图27-1 电控悬架控制原理图

1)传感器

(1)车高传感器。在每个悬架上都装有一只车高传感器,通过它监测车身与悬架下臂之间的距离变化,从而检测汽车高度和因道路不平坦而引起的悬架位移量。

车高传感器有光电式和可变电阻式两种结构类型。

光电式车高传感器有一个开口圆盘与连杆组合成一个组件一起上下旋转,两个光电传感器在开口圆盘的两侧,车高变化时由于开口圆盘位置的变化,使发光二极管发出的光线

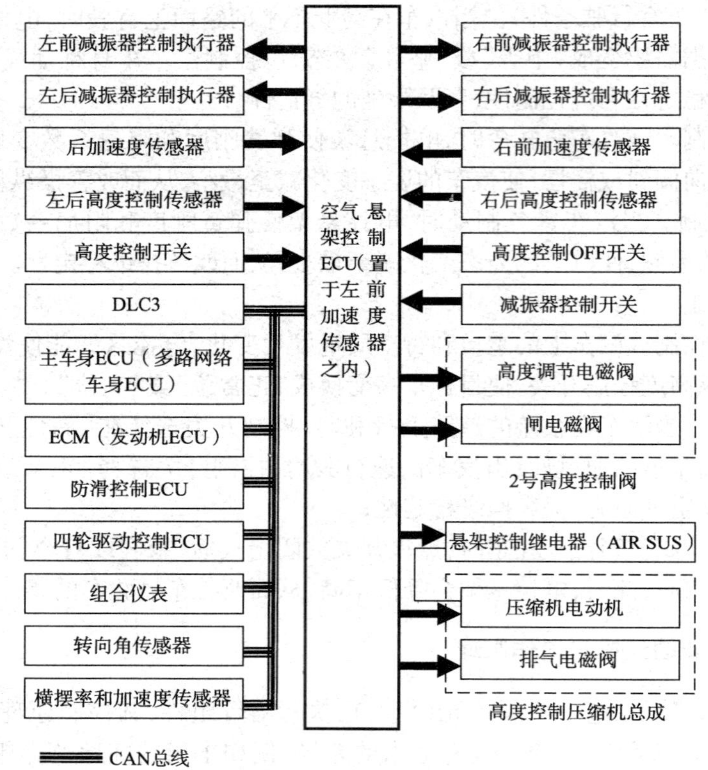

图 27-2　丰田陆地巡洋舰空气悬架系统控制原理框图

被开口圆盘遮挡或通过,从而检测出不同的车高信号,并将它们转换送至 ECU,其结构原理图如图 27-3 所示。

可变电阻式车高传感器把车辆高度变化转变成操纵连杆旋转角度的变化,当车辆变成较高位时,信号电压随之变成较高,当车辆变成较低位时,其信号电压随之降下,其结构原理图如图 27-4 所示。

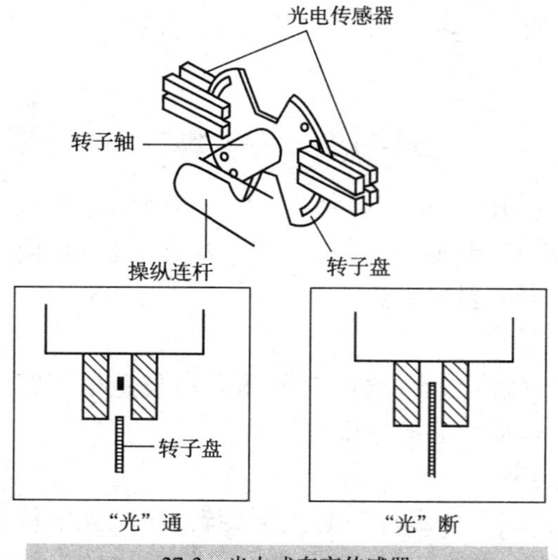

27-3　光电式车高传感器

取消车身高度控制的方法:

①在用千斤顶顶起车辆或用升降机升起车辆之前,确信点火开关处于断开状态。

②如果车辆必须在其发动机运行时升起时,应跨接 TDCL 的 TD 和 EL 端子或者跨接 DLC3(数据链路连接器 3)的 OPB 和 CG 端子以停止空气悬架电子控制模块对车高控制的操纵。

③对于装有高度控制“通”、“断”开关的车辆,应断开其开关(例如 PRADO)。

(2)转向传感器。转向传感器装在转向轴上,用来检测转向时的转向角度和汽车转弯的方向,主要为转弯时提高操纵稳定性防止侧倾,向

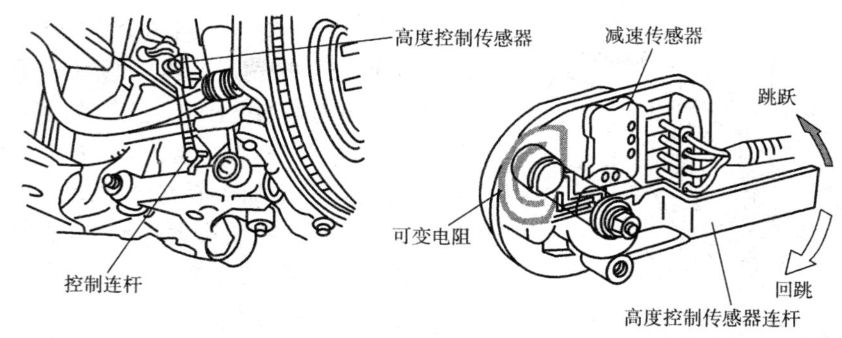

图27-4　可变电阻式车高传感器

ECU提供车辆姿态信号。转向传感器根据其安装位置的不同,其外形结构也不尽相同,但其工作原理是相似的。

如图27-5所示的转向传感器,由一个有槽圆盘和两个光电传感器组成。有槽圆盘随方向一起转动,并在圆盘上开有20个孔,圆盘的两侧由发光二极管和光敏晶体管组成的光电传感器,它们两者之间的光线变化随着圆盘遮挡或通过转换成"通"或"断"信号。当操纵转向盘时,有槽圆盘随着一起转动而引起发光二极管发出的光线"通"或"断"信号,这种信号是与转向盘转动成正比的数字信号,并通过判断两个光电传感器信号的相位差判断转弯方向。此时,当ECU判断转向盘的转动角度和车速大于设定值时,ECU会使弹簧刚度和减振力增加。

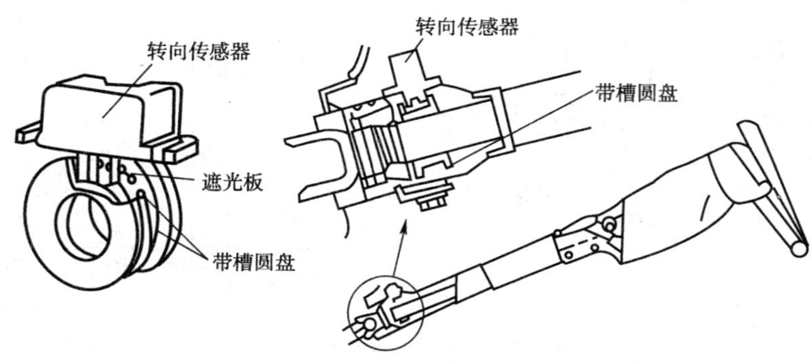

图27-5　转向传感器

如图27-6所示的转向角传感器,安装在转向指示灯开关组件上,并检测转向方向和角度。该传感器装备3只带相位差的光电断续器(光电二极管),通过一个开槽圆盘对光线的遮断和通过来接通和断开光电晶体管,以实现对转向方向和角度的检测。

(3)横摆率传感器。横摆率传感器与加速度传感器具有相似的结构和工作原理。横摆率传感器用于检测车辆在水平面内(前后方向、左右方向)的横向加速度,它为悬架ECU提供车辆是否存在侧倾倾向、在前进方向是否存在车速急剧变化(有无"点头"或"后坐"现象)的姿态信号。悬架ECU获取这类信号后,适时控制调节悬架刚度和阻尼系数。

横摆率传感器的工作原理图如图27-7所示,横摆率传感器安装在行李舱里横梁的右侧横截面上或中控仪表台侧面。横摆率传感器使用音叉形振荡式陀螺仪,各谐振振荡器传感器由一个振荡部分和一个检测部分组成。它们成90°角布置形成一个单位。压电陶瓷元件

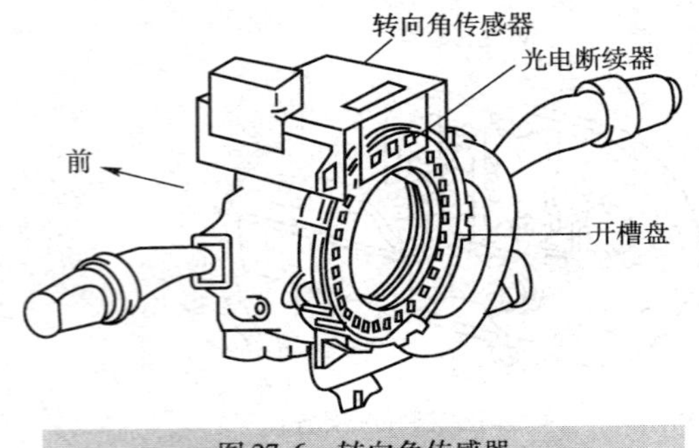

图 27-6　转向角传感器

连接到振荡器和检测电路两个部分上。当车辆受到横向摆振后,振荡器挤压压电陶瓷(压电陶瓷的特性是当向它施加电压时,它变形,当给它施加外力使其变形时,它产生电压)。为了检测横摆速率,对振荡部分施加交流电电压,使其振荡,然后,按照压电陶瓷件的变形大小和方向,从检测部分中检测出横摆速率,该横摆速率是由谐振点周围产生的科里奥利力引起的。

(4)加速度传感器。加速度传感器用于检测车辆在铅垂方向是否存在抖动,为悬架 ECU 提供用于进行悬架阻尼力的控制调节信号。早期的前加速度传感器和前高度控制传感器结合在一起,现前、后加速度传感器都已分体制作了,其外形较小,基本不受安装空间限制,但应注意其安装方向。

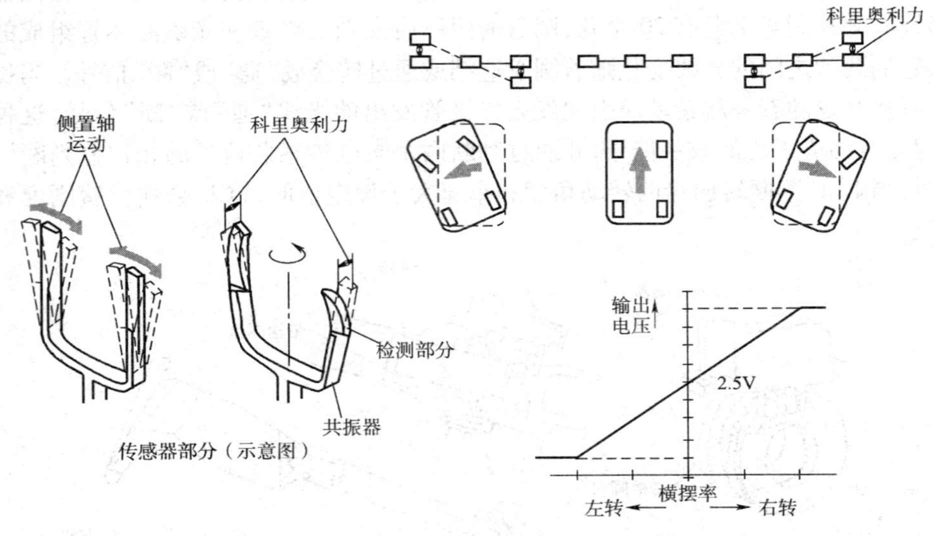

图 27-7　横摆率传感器原理图

加速度传感器的结构如图 27-8 所示,传感器内有一金属膜片,金属膜片两侧紧附着压电陶瓷盘,当车辆出现垂直振动时,金属膜片将带动压电陶瓷盘一同振动,压电陶瓷盘受到挤压变形,加速度传感器把压电陶瓷盘的挤压变形转变成电信号,从而检测出车辆在铅垂方向的加速度。

当接收到车辆的向上加速度(即向上力)时,信号电压就上升,而当接收到向下力时,则信号电压就下降。判断加速度传感器的好坏,可拆下传感器,串联三节 1.5V 的干电池,让 3 号端子连正(+)极,2 号端子连负(-)极,测量 1 号和 2 号端子之间的电压,若传感器静止时电压为 2.5V;传感器垂直振动时电压在 1.0~4.0V 之间变化。

(5)其他传感器和开关。车速传感器安装在车轮上(与 ABS 共用),检测出转速信号,ECU 利用此信号,计算出车身的侧倾程度。

节气门开度传感器可以间接检测汽车加速度信号,ECU 利用此信号作为防下坐控制的

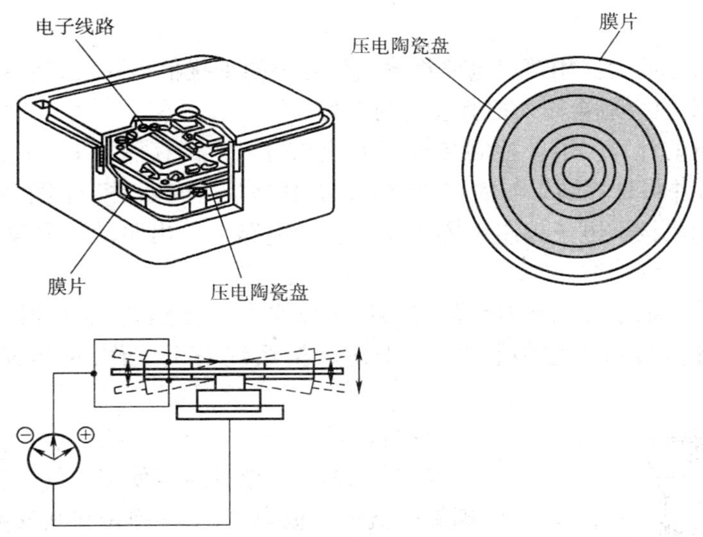

图 27-8　横摆率和加速度传感器

一个工作状态参数。

车门传感器是为了防止行驶过程中车门未关闭而设置的。

高度控制开关用来选择汽车高度,ECU 检测高度控制开关的状态,并相应使汽车高度上升或下降。有的车辆上还有高度控制 ON/OFF 开关,用于停车时的车高控制。

模式选择开关用来选择悬架的“软”、“中”或“硬”状态,ECU 检测到开关的状态后,操纵悬架控制执行器,从而改变减振器的弹簧刚度和阻尼系数。

如图 27-9 所示的阻尼方式选择开关,可以改变减振器的阻尼力。开关位置和设定值的细目要视车型而定,但是,从 COMFORT(舒适)(或 NORMAL(正常))转换到 SPORT(运动)可将阻尼力从软变成硬。

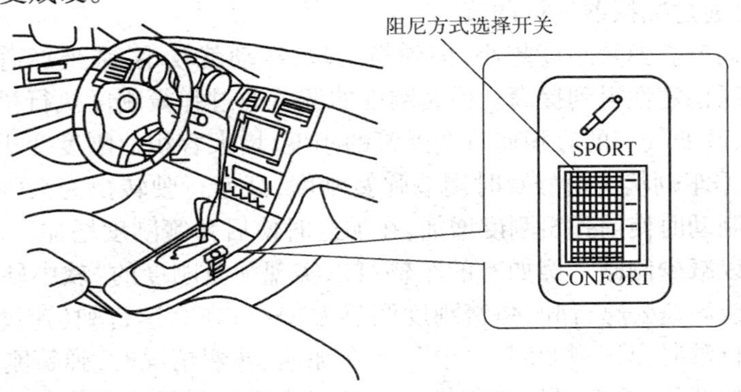

图 27-9　阻力方式选择开关

停车灯开关是踩下制动踏板时,停车灯开关便接通,ECU 接收这个信号作为防止栽头控制所用的一个起始状态。

2)电子控制单元

电子控制单元(ECU)包括一个 8 位微型计算机、输入接口电路和输出驱动电路。其功

能主要有以下几项:

(1)传感器信号放大。用接口电路将输入信号中的干扰信号除去,然后进行放大、变换极值、比较极值,变换为适合输入控制装置的信号。

(2)输入信号的计算。电子控制装置根据预先写入只读存储器 ROM 中的程序对各输入信号进行计算,并将计算结果与内在的数据进行比较后,向执行机构发出控制信号。

(3)驱动执行机构。电子控制装置用输出驱动电路将输出驱动信号放大,然后输送到各执行机构。

(4)故障检测。电子控制装置用故障检测电路来检测传感器、执行器、线路等的故障,当发生故障时,将信号送入控制装置,便于使悬架系统安全工作,也容易确定故障所在位置。

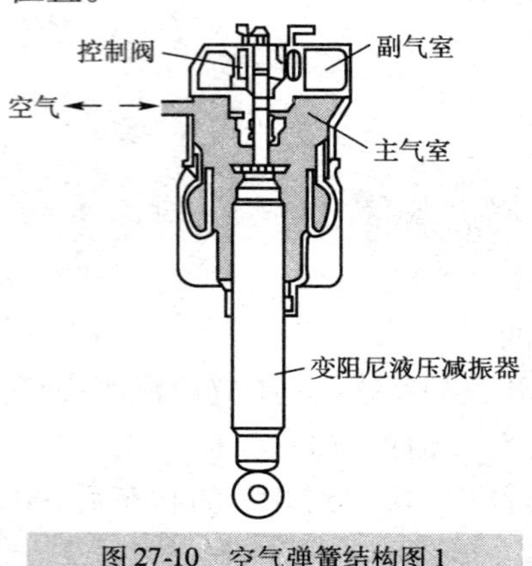

图 27-10　空气弹簧结构图 1

3)执行器

(1)空气弹簧。电控悬架使用空气弹簧代替传统悬架的螺旋弹簧或钢板弹簧,空气弹簧在其气室内装入空气而具有弹性功能,关键是用 ECU 对汽车行驶的状态进行车高、弹簧刚度和阻尼系数的调节,使车辆的性能得到提高。

空气弹簧由主气室、副气室(部分空气弹簧的副气室是低压氮气室)、弹性刚度执行机构(又称汽车高度控制电磁阀)、阻尼转换执行机构(又称悬架控制执行器)和液压减振器等组成。弹簧刚度执行机构可设置在空气弹簧的主气室与副气室之间,这种类型的空气弹簧结构如图 27-10 所示。亦可设置在悬架系统的空气压缩机与空气弹簧的主气室之间,这种类型的空气弹簧结构如图 27-11 所示。在减振器的上部安有阻尼转换执行机构,减振器的内部有阻尼旋转阀,因此弹簧刚度是通过主气室与副气室进行调节,阻尼系数是通过减振器进行调节。

①弹簧刚度调节。弹簧刚度越小,即弹簧柔软,振动就较小,乘坐舒适性、平顺性就越好;弹簧坚硬,操纵稳定性得到提高。弹簧刚度的调节通过弹簧刚度执行机构,开闭主气室与副气室的隔板,改变气室的容积而改变弹簧的刚度,增大容积使刚度变小,减小容积可增加刚度。ECU 根据车辆状态信号及时调节弹簧刚度,高速行驶转换为大刚度,低速行驶转换为小刚度。在制动时使前弹簧刚度增加,在加速时使后弹簧刚度增加。而在转弯时使左右弹簧刚度调节以减少侧倾。例如有的车辆可以实现弹簧刚度的"软中硬"的有级转换控制。在城镇公路或高速公路行驶,弹簧刚度调节为"软";在高速行驶(速度大于 110km/h)或在弯曲道路上行驶时弹簧刚度调节"中";而在加速、转弯情况时,弹簧刚度调节为"硬",以减少汽车高度的变化,提高操纵稳定性。一般减小空气弹簧刚度会使汽车增大侧倾、下坐或栽头,因此弹簧刚度的控制多数情况下是和汽车高度和阻尼系数的调节相结合使用,以便于从总体上改善平顺性。

②车高控制。车高控制是指汽车高度可以根据乘员人数、载质量变化和汽车的状态自动调节,车高控制原理图如图 27-12 所示。就是当乘员人数和载质量增加或减少时,汽车高度自动保持一定,使汽车行驶平稳;当在高低不平的路面上行驶时,为防止发生车架与车身

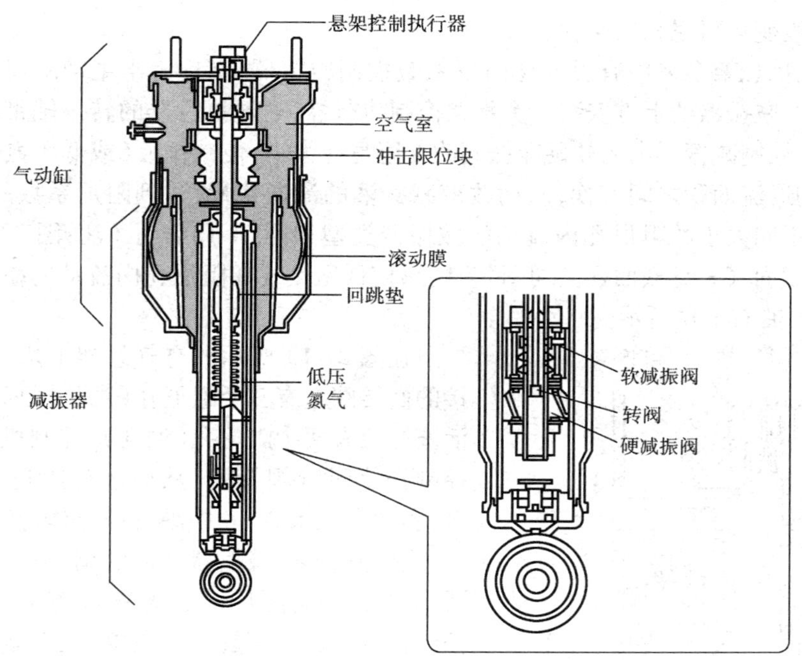

27-11　空气弹簧结构图2

之间的撞击，ECU控制悬架弹簧的行程在一定的范围内；当高速行驶时，为减少空气阻力而降低车高；而当汽车停车后，乘员下车或货物卸完后车高会增加，ECU会控制空气弹簧在几秒将空气少量排出，为保持汽车外形的美观而降低车高保持标准车高。因此，车高控制可以归纳如下功能：自动高度控制、高速行驶时车高控制、驻车时车高控制。

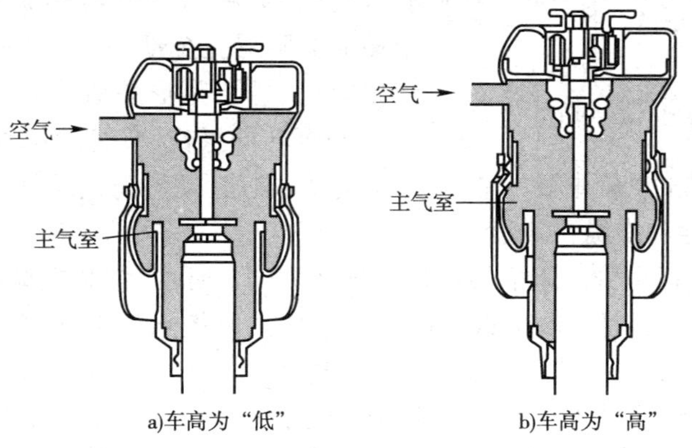

图27-12　车高控制原理

车高控制主要是利用空气弹簧中主气室空气量的多少来进行调节。当ECU接到车高传感器、车速传感器、车门开关等传来的信号，经过处理判断，若是增加车高，则控制执行机构向空气弹簧主气室充气增加空气量，使汽车高度增加；若是降低车高，则控制执行机构打开排气装置向外排气，使空气弹簧主气室的空气量减少而降低汽车高度。

(2)减振器。电控悬架中的减振器一改过去固定阻尼系数的特点，而变为连续变化阻尼系数和有级变化阻尼系数两种。

目前,电控悬架多采用有没变化阻尼系数控制减振器,又称为半主动阻尼控制。这种阻尼控制是在减振器的上方安装一个悬架控制执行器,通过执行器的转子轴带动减振器的回转阀转动,控制减振器内的软硬减振阀改变阻尼孔大小,使减振液(或低压氮气)在最大、中等、最小的通流面积之间变换,从而改变减振液的流通快慢,达到阻尼系数的有级调节。使减振液在不同大小的阻尼孔内流动的减振器类型如图27-13所示(注:图27-13中*A—A*截面、*B—B*截面、*C—C*截面视图同图27-14),使低压氮气在阻尼孔内流动的减振器内部构造如图27-11的右下角所示。

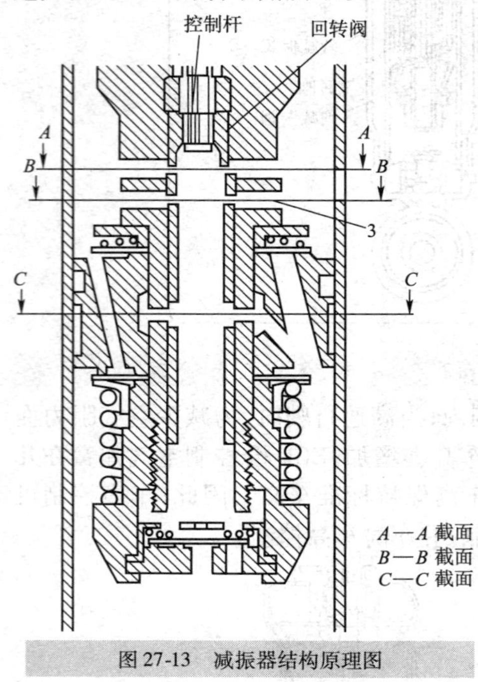

图27-13　减振器结构原理图

在图27-13所示的空气悬架下边,与控制杆连接的回转阀上有三个阻尼孔(油孔),回转阀外面的活塞杆上有两个阻尼孔(油孔),控制机构可以带动控制杆使回转阀旋转,从而改变阻尼孔的开闭组合,实现阻尼系数"软中硬"的有级转换。

这种类型的减振器具体的调节过程如图27-14所示,当需要将阻尼系数调节为"软(低)"状态时,控制杆带动回转阀旋转一角度,三个截面的阻尼孔全部开通,悬架的阻尼系数最小;若需要将阻尼系数调节为"中(运动)"状态时,同样控制杆带动回转阀又旋转一角度,此时只有截面中的小阻尼孔开通,而两个截面中阻尼孔被关闭,悬架阻尼系数处于中间;若需要将阻尼系数调节为"硬(高)"状态时,同样控制杆带动回转阀又旋转一角度,此时三个截面的阻尼孔全部关闭,仅靠减振器中的止回阀产生阻尼,悬架阻尼系数为最大。因此,电控悬架ECU根据转向操作、节气门位置、速度、加速度等信号调节悬架阻尼系数的"软中硬",控制汽车制动、加速、急转弯时产生的汽车姿态变化,从而提高汽车的平顺性和操纵稳定性。

(3)阻尼转换执行机构。阻尼转换机构如图27-15所示,它装在减振器的上部,它由直流电动机、减速齿轮、控制杆、电磁铁和挡块等组成。电控悬架ECU根据接收到的信号,使直流电动机驱动扇形的减速齿轮左右制动,通过控制杆带动减振器中的回转阀旋转,有级地改变阻尼孔的开闭,从而改变阻尼系数即减振阻力。

阻力转换执行机构又称悬架控制执行器,它是用来调节空气弹簧悬架的阻力系数的,如图27-16所示结构的悬架控制执行器依据EMS系统的ECU所发出的指令,使电动机轴带动减振器转阀一起转动,改变减振器内阻尼孔的开闭,使减振器内的低压氮气的流动量发生变化,进而改变悬架阻尼力的大小。该类执行器的电动机可转动120°转角,每15°转角为一个步进级,共分9个步进级去控制阻力孔大小,从而控制悬架在"软"、"硬"之间变化。

(4)弹簧刚度执行机构。弹簧刚度执行机构由刚度控制阀和执行机构等组成。采用图27-10所示空气弹簧结构的EMS系统,其执行机构位于减振器的顶部,与阻尼系数控制

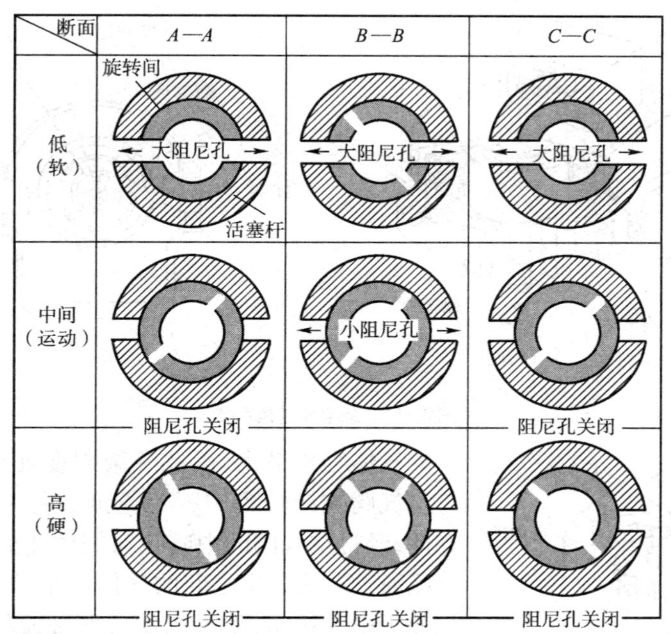

图27-14　阻尼系数调节原理图

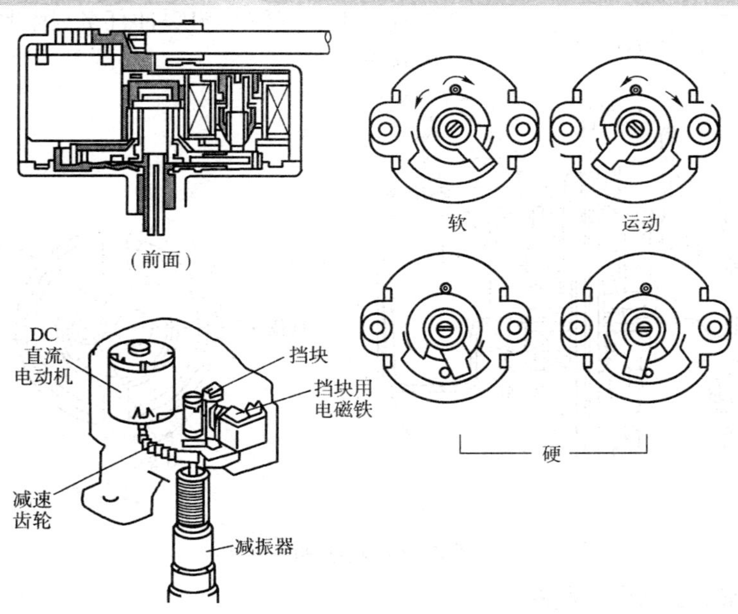

图27-15　阻尼转换执行机构

机构组装在一起，如图27-17所示。刚度控制阀装在空气弹簧副气室的中部，如图27-18所示，它由空气阀、阀体和空气阀控制杆组成，空气阀在截面上有一个空气孔，外部的阀体在截面上有不同大小的空气孔。

当空气阀由电动机驱动的控制杆带动旋转到“软”的位置时，空气弹簧主气室的气体经过空气阀的中间孔、阀体侧面的大空气孔（大通流孔）与副气室的气体相通，此时参与工作

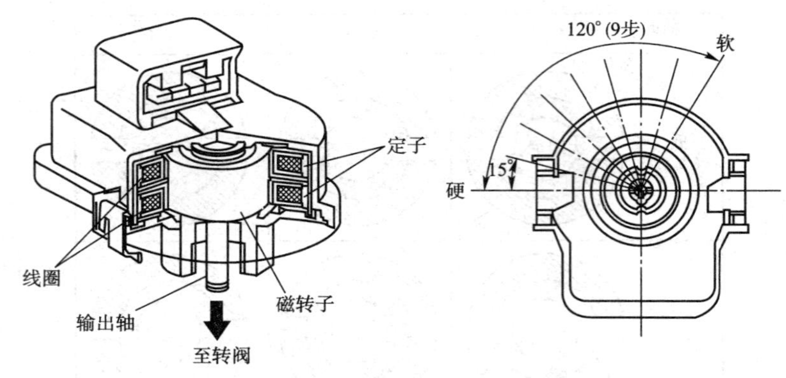

图 27-16 悬架控制执行器

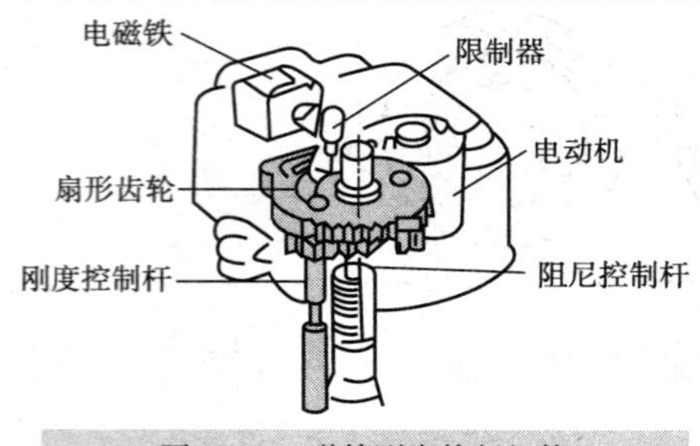

图 27-17 弹簧刚度执行机构

的气体容积最大,因此悬架刚度处于最小状态;若当空气阀被旋转到“中”位置时,主气室与副气室的气体,经过空气阀的中间孔与阀体侧面的小空气孔相互流通,主、副气室之间的气体流量较小,因此悬架刚度处于中等状态;如果当空气阀被旋转到“硬”位置时,主气室与副气室的空气通道被空气阀挡住,此时仅仅靠主气室中的气体承担缓冲任务,因此悬架刚度处于最大状态。

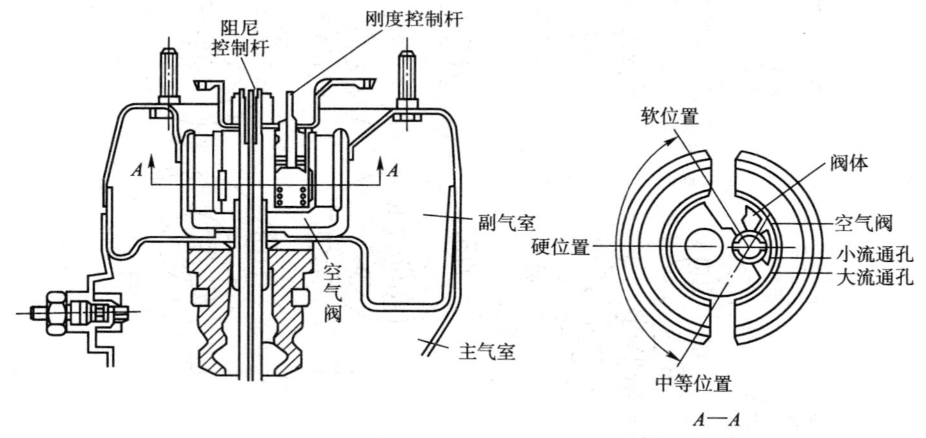

图 27-18 刚度控制阀

4)空气压缩机和高度控制阀

在电控悬架中除上面讲述的一些装置外,还有空气供给装置与调节高度的空气压缩机、高度控制等装置。汽车的高度控制执行机构除上面讲过的空气悬架中的主气室,还有空气压缩机和空气阀等。空气压缩机由驱动电动机、排气阀、干燥器等组成,如图 27-19 所示。高度控制阀是一个二位二通电磁阀,如图 27-20 所示,通过向空气弹簧的主气室内进气和排气,从而控制汽车的高度。

电控悬架 ECU 根据车高传感器送来的信号和控制模式指令,向高度控制阀发出指令。

当车高需要升高时,高度控制阀打开,压缩空气进入空气弹簧的主气室,车身升高;高度控制阀关闭时,空气弹簧主气室的空气量保持不变,车身维持一定的高度不变;当车身需要降低时,压缩机停止工作,高度控制阀打开,此时排气阀也打开,悬架的主气室中的空气通过高度控制阀、管路,最后由排气阀排出,车身高度下降。

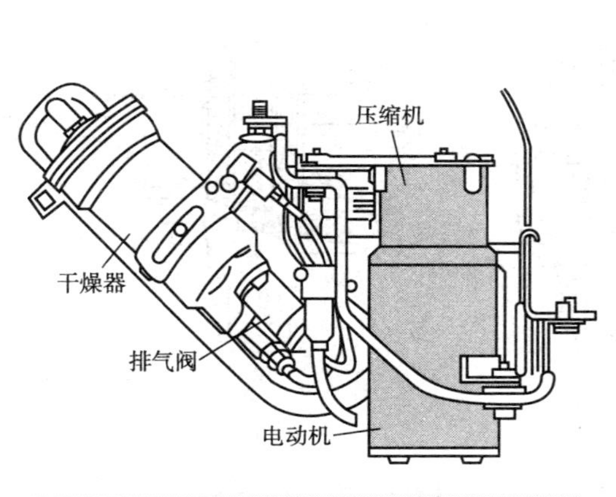

图 27-19　空气压缩机及干燥器图 1

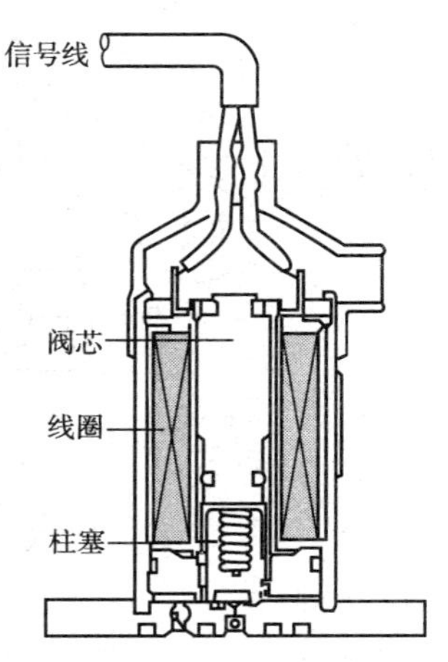

图 27-20　高度控制阀

有些 EMS 系统的空气压缩机和干燥器组件有一个一体化结构,空气压缩机和电动机为提升车高而生产必要的压缩空气,干燥器消除压缩空气中的水分,排气门把压缩空气从气动缸中排放到大气中。这类空气压缩机的结构如图 27-21 所示,与此配用的车高控制电磁阀置于空气压缩机与空气弹簧之间,如图 27-22 所示。

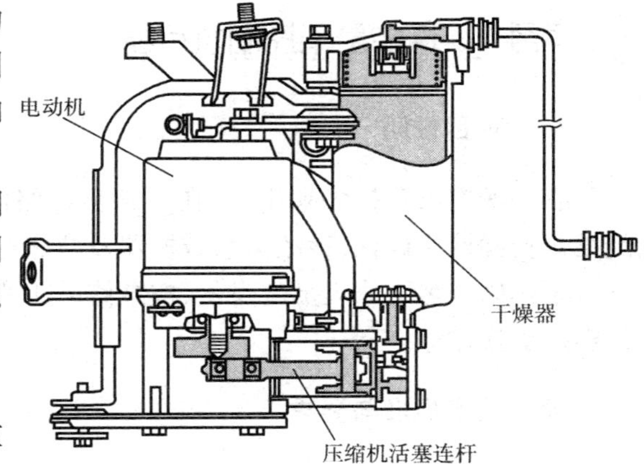

图 27-21　空气压缩机及干燥器图 2

车高控制的实质就是对弹簧刚度的调节控制,它主要依靠高度控制电磁阀来控制压缩空气进入气动缸主气室的空气量得以实现。

5)电控悬架 ECU 的控制逻辑

电控悬架在控制悬架刚度和阻尼系数均有两种或三种控制模式,即“标准、运动、高”模式,而每一种模式又可以根据悬架高度和阻尼系数的大小依次有“软(低)、中、硬(高)”三种状态。模式的选择一般根据路面情况,通过模式选择开关由驾驶员用手来操纵。若选择“标准”模式时,悬架处于低刚度和阻尼系数的“软”状态;当选择“运动”模式时,悬架此时处于中等的刚度和阻尼系数的“中”状态。而在某些模式下,状态之间的转换是 ECU 根据接收的信号自动地调节,从而使汽车维持最佳状态,提高平顺性和操纵稳定性。

同样,车高控制也有“标准、运动、高”三种模式,而且每一种模式又可以根据汽车高低分为“低、中(标准)、高”三种状态。如果选择“标准”或“运动”模式时,汽车高度由 ECU 根据车速在“低”与“中(标准)”之间转换;当选择“高”模式时,汽车的高度会根据车速和路况在“高”与“中(标准)”之间转换。另外,在一般的情况下,车身高度不受乘员人数和载质量增加、减少地影响,由 ECU 控制在所选模式的经常状态高度。

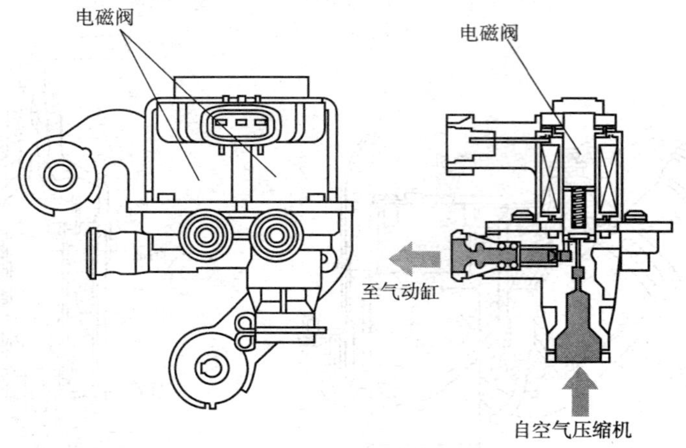

图 27-22　车高控制电磁阀

二、任务实施

项目 1　拆装悬架控制执行器

1　项目说明

有一辆丰田普拉多乘用车,在平直良好路面行驶时,其行驶平顺性差,车身抖动厉害。经维修技师诊断确认,该故障系减振器及减振器控制执行器故障所致,需进行拆卸检修。

请你以一名维修人员的身份,按维修手册的规范要求完成减振器及减振器控制执行器的拆装更换作业。

2　技术标准与要求

(1)要求每 3 ~4 名学员为一个小组,集体完成该项作业。

(2)技术标准。该项作业主要紧固件拧紧力矩,见表 27-1,减振器执行器电动机电阻,见表 27-2。

减振器及执行器紧固力矩(单位:N·m)　　表 27-1

紧固件名称	标准力矩	紧固件名称	标准力矩
减振器执行器连接螺栓	7.8	减振器上支承紧固螺母	34
减振器安装支架紧固螺母	15	减振器下支承紧固螺母	95
车轮紧固螺栓	113		

减振器执行器电动机电阻　　表27-2

检测端子号	检测条件	规定状态(Ω)
1#(FAL+)-2#(FAL-)	始终	6.4~7.2
3#(FBL+)-4#(FBL-)		

3 设备器材

(1)常用工具一套,另加4mm内六角扳手1个。

(2)专用工具1个:SST　09961-00950。

(3)数字万用表1只。

4 作业准备

(1)将拆检车辆安全停放于举升工位。

(2)准备好车辆安全防护用品“五件套”和盛件盘。

(3)准备好作业工单。

5 操作步骤

本操作步骤仅适用于左前减振器及执行器的拆装检修。

(1)断开蓄电池负极端子。断开之前应记录相关车辆信息(如故障码、收音机频道、带记忆功能的座椅位置、带记忆功能的转向盘位置等),断开负极端子90s后再断开车辆其他插接器,防止意外接通SRS系统。

(2)举升车辆,拆卸前轮。

(3)分离左前减振器执行器线束插接器3个卡夹,再断开插接器。

(4)用4mm内六角扳手拆下2个内六角头螺栓和减振器控制执行器,内六角头螺栓位置如图27-23所示。

小心执行器的掉落,若不慎掉落,减振器控制执行器将被损坏无法再次使用,应更换新件。

(5)使用SST拆卸减振器上安装支架紧固螺母。

(6)拆卸减振器下支承紧固螺母,取下减振器。

(7)使用数字万用表检测减振器控制执行器。

(8)按上述拆卸相反顺序安装符合技术要求的减振器及减振器控制执行器。

(9)连接减振器控制执行器插接器及蓄电池负极电缆。

(10)参照维修手册技术要求对空气悬架系统的悬架ECU进行注册、对认证ECU进行代码注册等12大项进行初始化,否则,车辆将无法正常启动和行驶。

6 记录与分析

减振器及减振器控制执行器拆装检修作业记录单见表27-3。

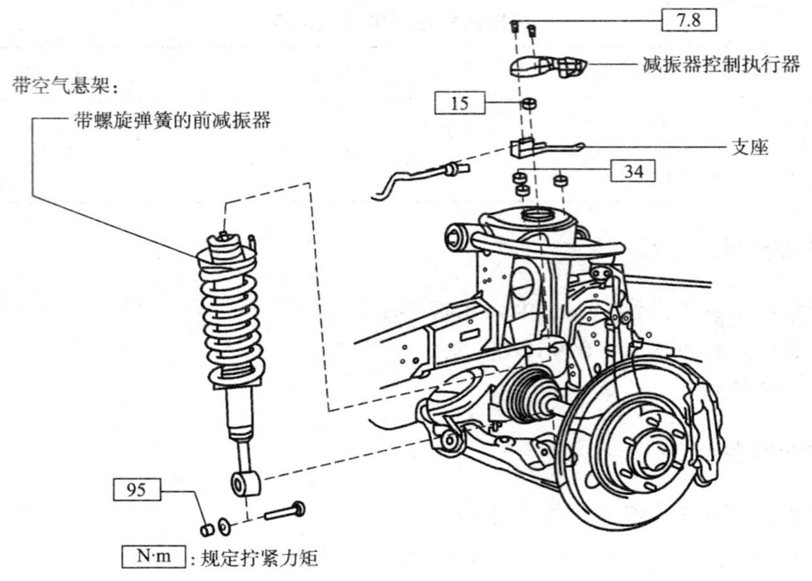

图 27-23　普拉多左前悬架结构图

减振器及减振器控制执行器拆装检修作业记录单　　表 27-3

姓名		班级		学号		组别	
车型		发动机号		底盘号		作业日期	
作业顺序		过程记录				技术标准	

项目2　拆装空气悬架系统高度控制压缩机和干燥器

1　项目说明

有一辆丰田普拉多乘用车,在车辆起步、换挡、加速行驶时存在“后坐”现象,制动时有“点头”现象,转弯行驶时有“侧倾”现象,在平直良好路面行驶时,车身严重抖动,停车熄火后,车身高度不下降。经维修技师诊断确认系车辆空气悬架系统故障,需拆卸检修空气悬架系统高度控制压缩机和干燥器,以及减振器控制执行器等部件。

请你以一名维修技术人员的身份,按规定技术要求完成空气悬架系统高度控制压缩机和干燥器的拆装检修作业。

2 技术标准与要求

(1)要求每 3 ~ 4 名学员为一个小组,集体完成该项作业。

(2)技术标准。

高度控制压缩机及干燥器主要紧固螺栓规定力矩见表 27-4,高度控制排气电磁阀标准电阻见表 27-5。

高度控制压缩机及干燥器主要紧固螺栓规定力矩(单位:N·m)　　表 27-4

连接件名称	规 定 力 矩
空气干燥器与高度控制压缩机连接螺栓	6.4
高度控制压缩机与安装支架连接螺栓	5.9
高度控制滤清器与安装支架连接螺栓	6.4
后保险杠左侧防护器与安装支架连接螺栓	5.0

高度控制排气电磁阀标准电阻　　表 27-5

检 测 端 子	检 测 条 件	规定状态(Ω)
2#(L) - 1#(B)	15 ~ 25℃	10 ~ 14

3 设备器材

(1)常用工具 1 套。

(2)数字万用表 1 只。

4 作业准备

(1)将拆检车辆安全停放于举升工位。

(2)准备好车辆安全防护用品“五件套”和盛件盘。

(3)准备好作业工单。

5 操作步骤

丰田普拉多高度控制压缩机位置图如图 27-24 所示,高度控制压缩机及干燥器零部件位置图如图 27-25 所示。

(1)将车辆高度控制开关置于 OFF,使组合仪表高度控制指示灯显示 OFF。

(2)断开蓄电池负极电缆。断开之前应记录相关车辆信息(如故障码、收音机频道、带记忆功能的座椅位置、带记忆功能的转向盘位置等),断开负极端子 90s 后再断开车辆其他插接器,防止意外接通 SRS 系统。

(3)举升车辆,拆卸左后车轮。

(4)拆卸侧围板左后挡泥板。

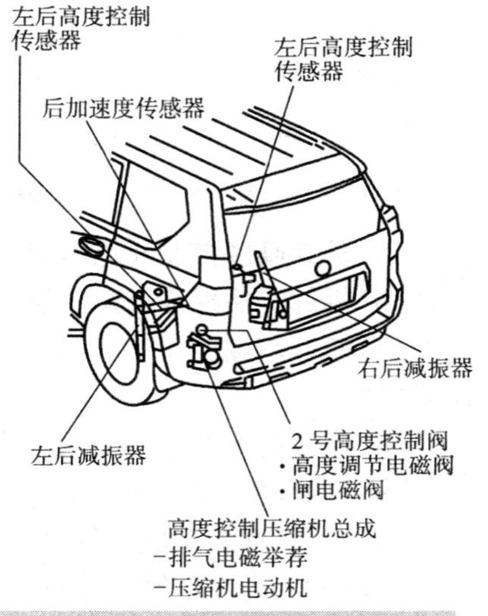

图 27-24　PRADO 型乘用车高度控制压缩机位置图

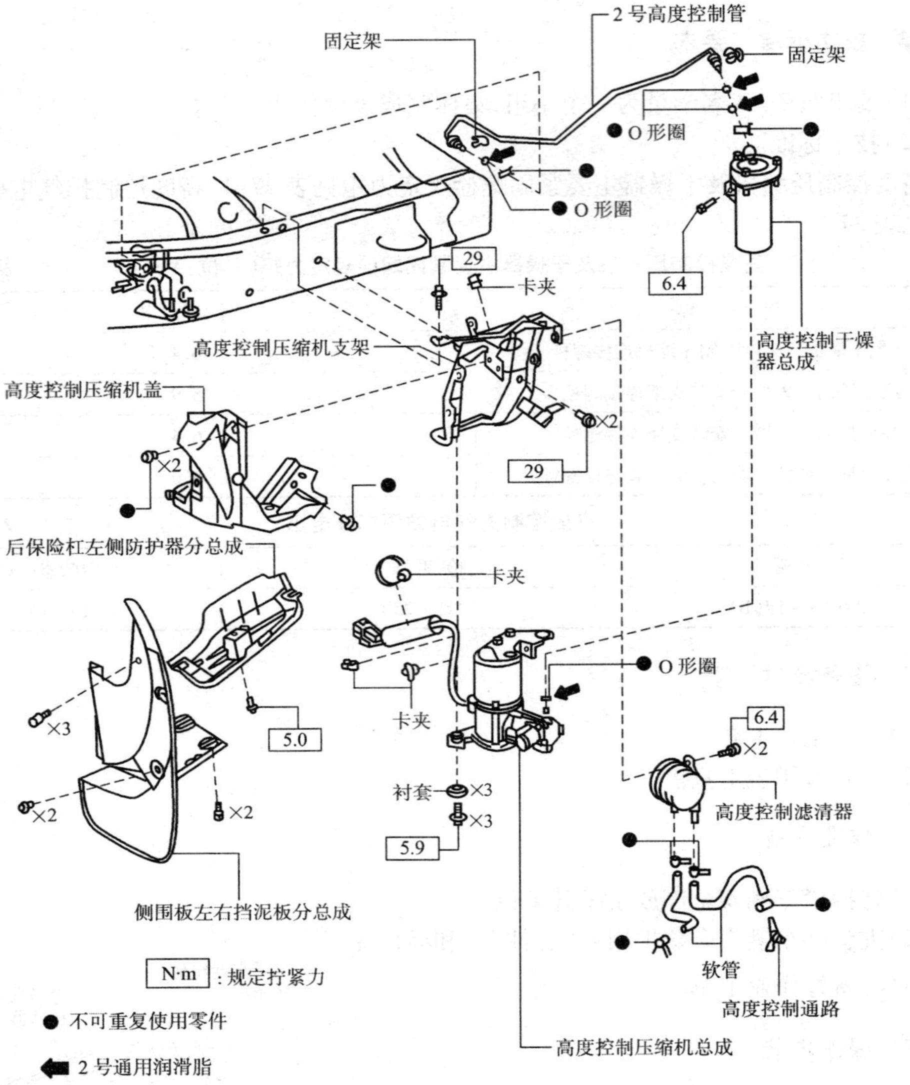

图 27-25　高度控制压缩机及干燥器零部件位置图

(5)拆卸高度控制压缩机罩。

(6)拆卸左后保险杠防护器总成。

(7)断开高度控制滤清器空气软管,拆下滤清器与压缩机支架的紧固螺栓,取下高度控制滤清器。

(8)断开高度控制电磁阀软管及插接器。

(9)拆卸高度控制压缩机总成。

(10)从压缩机总成上分离干燥器总成。

(11)检测高度控制压缩机排气阀电阻并检查排气阀工作情况。

将蓄电池正极引线连接到排气电磁阀插接器的 2 号端子(L),蓄电池负极引线连接到 12 号端子(B)上,能听察到排气电磁阀的工作声响。

(12)检查高度控制压缩机工作情况。将蓄电池正极引线连接到压缩电动机插接器的1号端子(B),蓄电池负极引线连接到2号端子(E)上,能听察到压缩电动机正常运转的工作声响,但注意通电时间不得超过60s,若压缩电动机停止工作,则应立即断电,否则会造成短路并导致压缩电动机锁止,使电流过大而烧毁电动机。

(13)按上述相反顺序和按规定力矩安装各大组件。

(14)参照维修手册技术要求对空气悬架系统的悬架ECU进行注册、对认证ECU进行代码注册等12大项进行初始化,否则,车辆将无法正常启动和行驶。

6 记录与分析

空气悬架系统高度控制压缩机及干燥器拆检作业记录单见表27-6。

空气悬架系统高度控制压缩机及干燥器拆检作业记录　　表27-6

姓名		班级		学号		组别	
车型		发动机号		底盘号		作业日期	
作业顺序		过程记录				技术标准	

三、学 习 评 价

1 理论考核

1)分析题

(1)现在汽车中为什么要使用电控悬架?

(2)在电控悬架系统中,悬架控制ECU为什么要采集节气门位置信号、车速信号、转向信号、制动信号、车门信号等?

(3)电控悬架系统中车高传感器的作用是什么?

(4)电控悬架系统中排气电磁阀的作用是什么?

2)判断题

(1)汽车在转弯时,电控悬架可以增加左右弹簧刚度以使汽车更加倾斜。 (　　)

(2)调节悬架阻尼力的目的是提高车辆的操纵性能。 (　　)

(3)车辆转向行驶时电控悬架系统须调节弹簧刚度,不必调节阻尼力。 (　　)

(4)车辆在严重凹凸不平路面或山路上行驶时,电控悬架系统既调节弹簧刚度又调节减振器阻尼力。 (　　)

3)选择题

(1)电子控制悬架可以实现的功能是(　　)。

A. 改变发动机的功率　　B. 改变车身高度

C. 改变车轮定位的参数　　D. 改变弹簧刚度和阻尼系数

(2)电控悬架系统中的横摆率传感器和加速度传感器为悬架 ECU 提供车辆姿态信号,其目的是让悬架 ECU 能实现(　　)。

A. 车高控制　　B. 防"点头"控制

C. 运动模式控制　　D. 舒适模式控制

(3)悬架 ECU 要实现防"后坐"控制,需获取(　　)信号。

A. P/N 开关　　B. 加速度传感器

C. 节气门位置传感器　　D. 车速传感器

2 技能考核:

"项目 1　拆装悬架控制执行器"的评分表见表 27-7。

拆装悬架控制执行器项目评分表　　表 27-7

基本信息	姓名		学号		班级		组别	
	规定时间	30min	完成时间		考核日期		总评成绩	

	序号	步　　骤	完成情况		标准分	评分
			完成	未完成		
任务工单	1	考核准备: 车辆: 量具:			10	
	2	铺设翼子板布、前格栅布,断开蓄电池负极电缆			5	
	3	拆卸前轮			2	
	4	拆卸减振器执行器			10	
	5	拆卸减振器			5	
	6	数字万用表校对			3	
	7	检测减振器执行器			10	
	8	安装减振器			2	
	9	安装减振器执行器			10	
	10	安装车轮、蓄电池负极电缆,相关系统初始化			8	
安全					5	
5S					5	
沟通表达					5	
工单填写					10	
工艺制订					10	

"项目2　拆装空气悬架系统高度控制压缩机及干燥器"的评分表见表27-8。

拆装空气悬架系统高度控制压缩机及干燥器项目评分表　　表27-8

<table>
<tr><td rowspan="2">基本信息</td><td>姓名</td><td></td><td>学号</td><td></td><td>班级</td><td></td><td>组别</td><td></td></tr>
<tr><td>规定时间</td><td>30min</td><td>完成时间</td><td></td><td>考核日期</td><td></td><td>总评成绩</td><td></td></tr>
<tr><td rowspan="12">任务工单</td><td rowspan="2">序号</td><td colspan="3" rowspan="2">步　骤</td><td colspan="2">完成情况</td><td rowspan="2">标准分</td><td rowspan="2">评分</td></tr>
<tr><td>完成</td><td>未完成</td></tr>
<tr><td>1</td><td colspan="3">考核准备：
车辆：
量具：</td><td></td><td></td><td>10</td><td></td></tr>
<tr><td>2</td><td colspan="3">可靠支撑车辆，关闭高度控制开关（置于OFF位）、断蓄电池负极电缆</td><td></td><td></td><td>5</td><td></td></tr>
<tr><td>3</td><td colspan="3">拆卸左后轮、左后轮护泥挡板、压缩机防护罩</td><td></td><td></td><td>5</td><td></td></tr>
<tr><td>4</td><td colspan="3">拆卸左后保险柜防护器、高度控制滤清器</td><td></td><td></td><td>5</td><td></td></tr>
<tr><td>5</td><td colspan="3">拆卸高度控制电磁阀插接器及软管，拆卸高度控制压缩机总成，并分离干燥器总成</td><td></td><td></td><td>10</td><td></td></tr>
<tr><td>6</td><td colspan="3">数字万用表校对</td><td></td><td></td><td>5</td><td></td></tr>
<tr><td>7</td><td colspan="3">检测高度控制压缩机排气电磁阀电阻及运行情况检查高度控制压缩机运行情况</td><td></td><td></td><td>5</td><td></td></tr>
<tr><td>8</td><td colspan="3">安装高度控制压缩机、干燥器、滤清器</td><td></td><td></td><td>5</td><td></td></tr>
<tr><td>9</td><td colspan="3">安装左后保险柜防护器、压缩机防护罩、左后轮护泥挡板、左后轮</td><td></td><td></td><td>10</td><td></td></tr>
<tr><td>10</td><td colspan="3">安装蓄电池负极电缆，相关系统初始化</td><td></td><td></td><td>5</td><td></td></tr>
<tr><td colspan="2">安全</td><td colspan="5"></td><td>5</td><td></td></tr>
<tr><td colspan="2">5S</td><td colspan="5"></td><td>5</td><td></td></tr>
<tr><td colspan="2">沟通表达</td><td colspan="5"></td><td>5</td><td></td></tr>
<tr><td colspan="2">工单填写</td><td colspan="5"></td><td>10</td><td></td></tr>
<tr><td colspan="2">工艺制订</td><td colspan="5"></td><td>10</td><td></td></tr>
</table>

四、拓 展 学 习

动态悬架系统（KDSS）就其控制方式而言属于电控，但一般不称其为电控悬架，因其既不调节悬架刚度又不调节悬架阻尼力，它只是通过控制横向稳定杆的左右平衡来避免车辆在崎岖不平路面行驶时而引起的后轮悬空问题，从而提高汽车的行驶平顺性。

丰田普拉多所配置的动态悬架系统（KDSS）控制原理框图如图27-26所示。

丰田普拉多KDSS布置图如图27-27所示，布置图中所示零件号名称见表27-9，带蓄压器的稳定器控制器总成的外形及安装位置图如图27-28所示。

蓄压器压力传感器是动态悬架系统（KDSS）中安装于稳定器控制器内的液压传感器，用于检测横向稳定杆控制活塞缸上下腔室内的油液压力，并向稳定器控制ECU提供

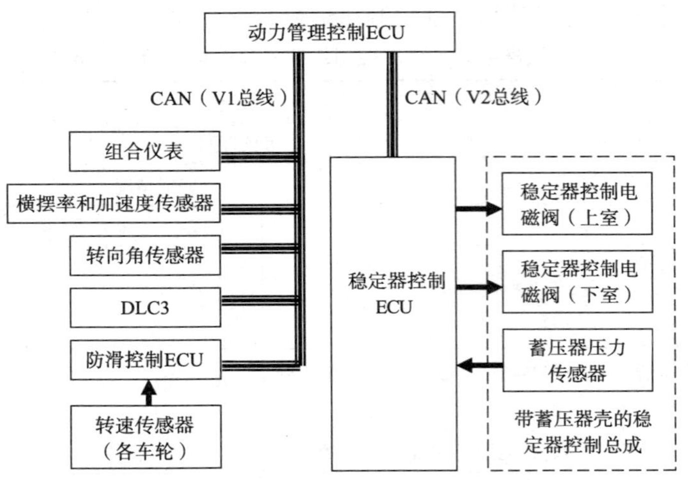

图 27-26　动态悬架系统原理框图

信号,稳定器控制 ECU 再向其电磁阀发出指令调节上下腔室压力,从而改变车辆的行驶平顺性。

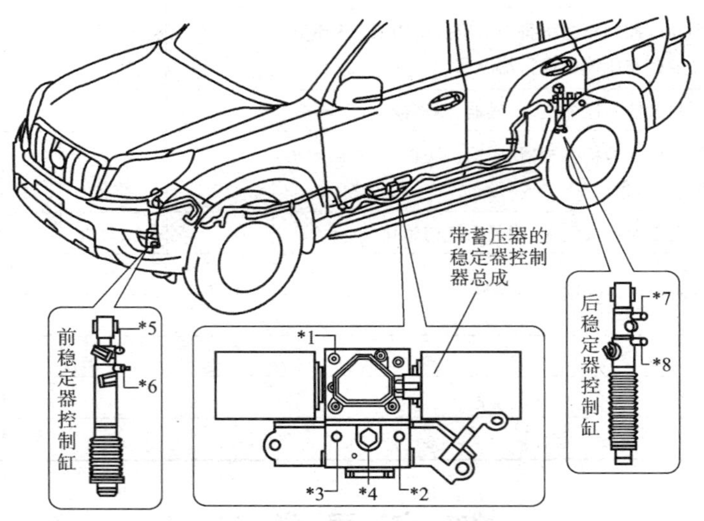

图 27-27　丰田普拉多 KDSS 布置图

丰田普拉多 KDSS 图零件名称　　表 27-9

插图序号	零件名称	插图序号	零件名称
1	带蓄压器壳的稳定器控制放气螺塞	5	前稳定器控制缸上室放气螺塞
2	带蓄压器壳的稳定器控制上室切断阀	6	前稳定器控制缸下室放气螺塞
3	带蓄压器壳的稳定器控制下室切断阀	7	后稳定器控制缸上室放气螺塞
4	稳定器控制蓄压器壳进口	8	后稳定器控制缸下室放气螺塞

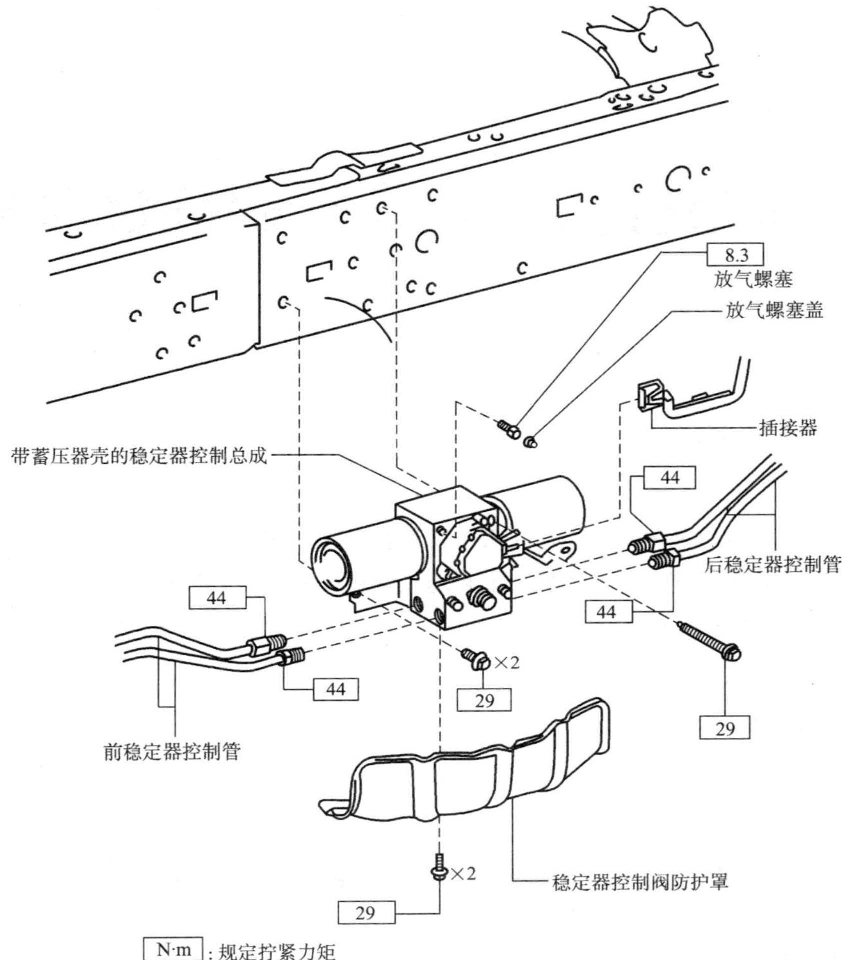

图27-28　稳定器控制器总成安装位置图

学习任务28　汽车拆装综合训练

工作情境描述

现有一辆丰田花冠轿车，因交通事故导致车辆的车身严重变形。该车现已拖至4S店，请你依照维修手册的技术要求，对车上各大总成实施正确拆卸，正确判别可用零件，待车身修复后，将各大总成正确安装在车架上。

学习目标

通过本任务学习，应能：

1. 根据维修资料、手册制订汽车整车及总成拆卸、分解、装配的工艺流程；
2. 正确、安全使用工具和设备，完成汽车整车、总成的分解；
3. 正确进行旧件和废料回收。

学习时间

60学时。

学习引导

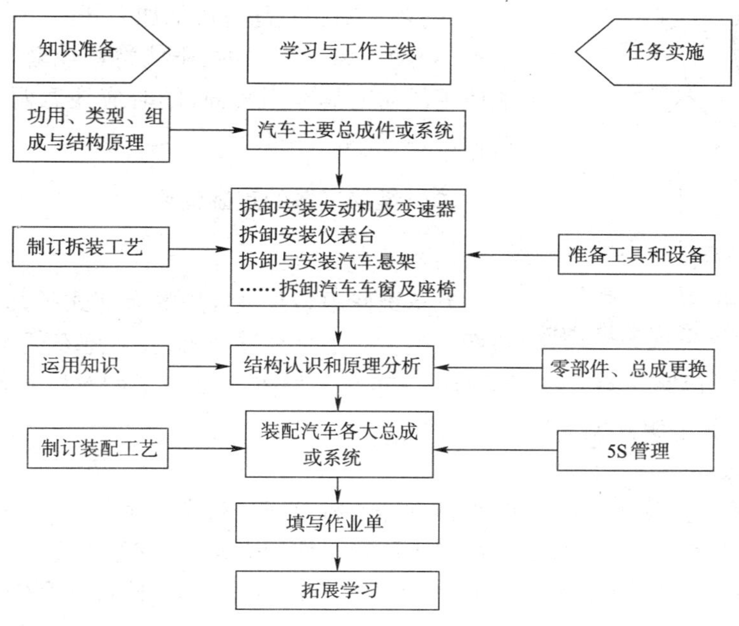

一、知识准备

1 工具的正确使用

1)常用工具的选用原则

汽车维修中使用的常用工具一般包括套筒扳手、梅花扳手、开口扳手、活扳手、滑柄扳手、扭力扳手、棘轮扳手、T形扳手、钢丝钳、鲤鱼钳、尖嘴钳、一字螺丝刀、十字螺丝刀等。

在对汽车各零件的连接螺栓进行拆装时,选用工具的一般原则是:

(1)先套筒、后梅花、再开口,当这些工具没有合适规格时,才选用活扳手。

(2)拆卸大力矩螺栓时使用滑柄扳手,拆卸小力矩螺栓时使用棘轮扳手、T形扳手,紧固螺栓时选用扭力扳手。

(3)拆装软管卡箍时选用宽口钢丝钳或鲤鱼钳。

(4)拆装开口销或销钉类零件时,选用尖嘴钳。

(5)拆卸线束插接器、塑料件连接螺钉时,选用螺丝刀。

2)工具的正确操作

在汽车维修中,正确使用工具可确保人身和设备的安全。对于工具的正确使用应注意如下几点:

(1)无论对螺栓实施拧紧还是松动,均应向怀里拉动工具,不要用推工具的方法。

(2)使用套筒扳手、梅花扳手、开口扳手、活扳手等工具时,工具应完全套入螺栓头或螺母,确保螺栓头或螺母与工具之间无间隙接触,如图28-1所示。

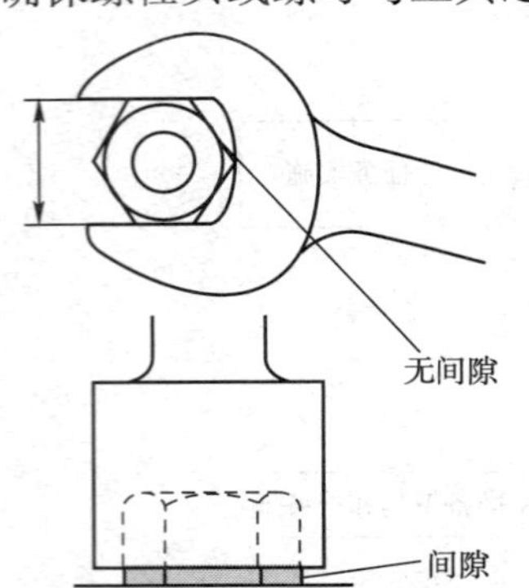

图28-1 工具与螺母之间的无间隙接触

(3)切忌使用手锤敲击振动工具来松动螺栓。

(4)不要对工具随意添加加力杆。

(5)使用风动工具时,不能将常规套筒与其配用,只能使用风动工具专用套筒,同时应注意调节其旋向和转速挡位、不要佩戴手套。

2 维修设备的正确使用

1)举升机

汽车维修用举升机常用的有剪式举升机和柱式举升机两大类。对于每类举升机,在实施车辆举升后,均应对其进行机械锁止,以防止举升机下滑而引起事故。如图28-2所示的双柱液压举升机,在车辆举升后应锁止其电源开关。

2)大修托架

对汽车的发动机及变速器实施大修时,需要将总成从整车上拆卸下来,此时,通常需要一种维修设备,那就是大修托架,如图28-3所示。使用大修托架时,需锁定锁止杆,再踩压脚踏板使液压千斤顶举升,并使顶部的托盘托住待拆零件,以方便拆卸零件与车身的连接螺栓。

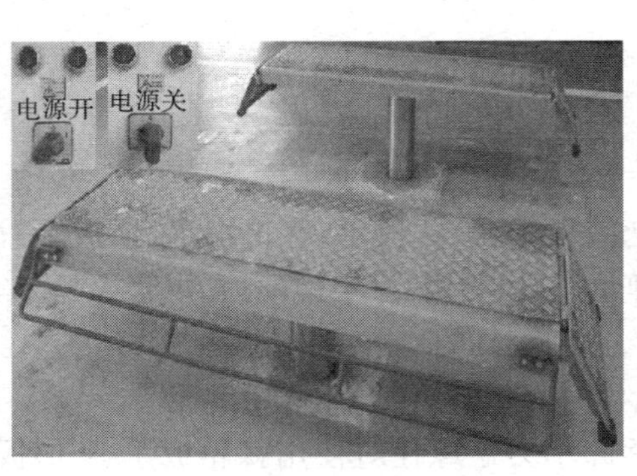

图28-2 双柱液压举升机简图

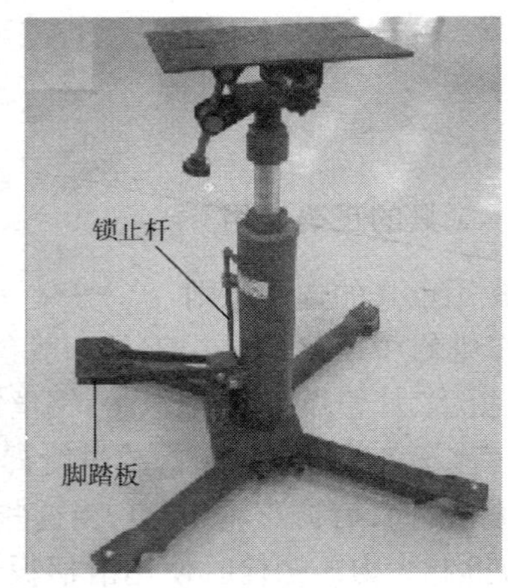

图28-3 大修托架

3 汽车拆装工艺流程的编制

汽车拆装工艺流程的编制应遵循如下原则:

(1)在完全了解汽车结构的基础上,确保拆装作业安全可靠,并遵循"先拆的后装,后拆的先装"的总体原则。

(2)制订拆装工艺流程时,在考虑作业安全的前提下,应从最方便的地方入手,同时兼顾"从上至下,由外向内"的原则。

(3)每一工艺流程应遵循“方便、快捷、有效”的原则，以提高劳动生产效率。

二、任务实施

项目1　拆卸与安装发动机及变速器总成

1　项目说明

现有一辆交通事故车辆(花冠轿车)，其前部车架发生了微量变形，现已拖至4S店。请你以机修人员的身份，按维修手册的技术规范要求，拆卸检修发动机及变速器总成，同时为钣金人员作前期准备工作。

2　技术标准与要求

(1)每8～10名学员为一个小组，在制订好合理的拆装工艺流程后，共同完成该项作业。

(2)要求将发动机总成、变速器总成、转向器总成作为一个整体从车上拆卸下来。

(3)技术标准。按维修手册提供的技术标准，安装总成件时应遵循表28-1所规定的技术要求。

发动机及变速器总成安装主要连接螺栓拧紧力矩(单位:N·m)　　表28-1

连接螺栓名称	规定拧紧力矩	连接螺栓名称	规定拧紧力矩
轮胎螺栓	103	驱动轴锁止螺母	215
转向横拉杆端头与转向节臂球头销锁止螺母	49	横摆臂与转向节下球头销锁止螺母和螺栓	137
排气管接口连接螺栓	43	空调压缩机支座连接螺栓	25
横梁与车身连接螺栓A(低位)	113	横梁与车身连接螺栓B(高位)	157
中间梁与车身连接螺栓	39	转向中间轴紧固螺栓	35
稳定杆连杆锁紧螺母	74	发动机上支承(左侧)隔振垫连接螺栓	80
发动机上支承(右侧)隔振垫连接螺栓	52		

3　设备器材

(1)常用工具:常用工具及工具车一套，如图28-4所示，其工具清单见表28-2。

(2)仪器设备:车辆举升机一台;大修托架一台。

(3)其他器材:零件盛放盘数个。

4　作业准备

(1)将事故车辆停放在车辆举升工位。

(2)备齐所需工具、器材、设备。

(3)准备作业记录单。

图 28-4　常用维修工具及工具车

常 用 工 具 清 单　　表 28-2

工具名称	规格	数量	工具名称	规格	数量
梅花扳手、开口扳手	8～10mm	各 1	套筒	30mm	各 1
	10～12mm			24mm	
	12～14mm			21mm	
	14～17mm			19mm	
	17～19mm			17mm	
	19～21mm			14mm	
快速棘轮扳手		1		12mm	
活扳手	250～300mm	1		10mm	
转换接头	1/2 转 3/4 3/4 转 1/2	各 1	接杆	长、短	各 1
万向接头		1	钢丝钳		1
一字螺丝刀	不同大小	若干	鲤鱼钳		1
十字螺丝刀	不同大小	若干	尖嘴钳		1
手锤	5 磅或 8 磅	1	塑料锤		1

5　操作步骤

以下操作步骤,也是拆卸的工艺流程。

(1)在举升工位处未举升车辆时,打开发动机罩,铺设翼子板布、前格栅布。

(2)断开汽油泵的线束插接器,起动发动机,实施“卸油压”的工作。

(3)举升车辆,拆下发动机底部防护盖板,如图 28-5 所示;随后降下车辆,使车轮着地承受垂直载荷。

(4)断开蓄电池正负极端子(先拆负极再拆正极),并拆下蓄电池及其托架。

(5)排放发动机冷却液,如图28-6所示。

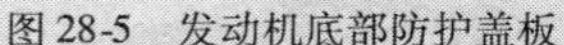
图28-5 发动机底部防护盖板

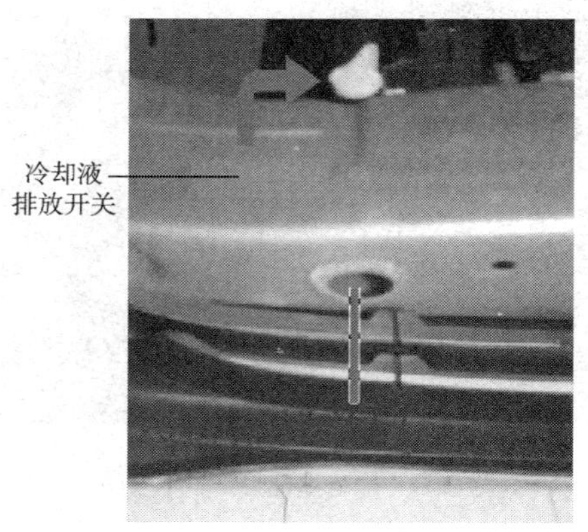

图28-6 发动机冷却液排放位置

(6)拆卸空气滤清器软管及滤清器总成。

(7)分离燃油管分总成。

(8)拆卸手动挡(M/T)车辆的离合器工作缸、换挡杆和换挡杆连接杆锁销;拆卸自动变速器(A/T)的换挡杆拉索(图28-7所示)。

(9)拆卸散热器的冷却液软管、空调散热器软管、真空助力器真空软管等。

(10)分离发动机线束:包含拆卸ECU插接器,如图28-8所示,以及拆卸1号继电器盒线束。

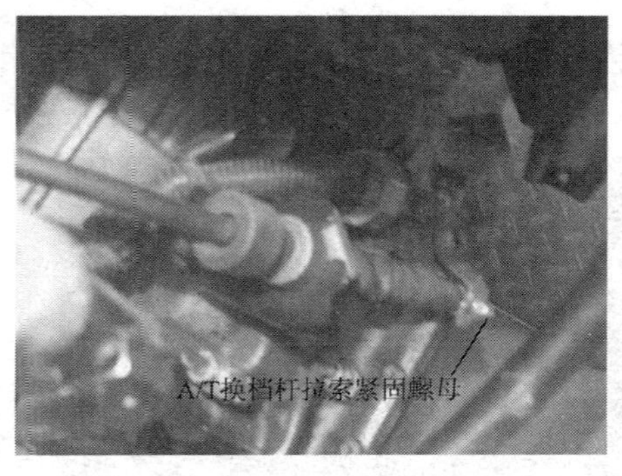

图28-7 花冠A/T换挡杆拉索位置图

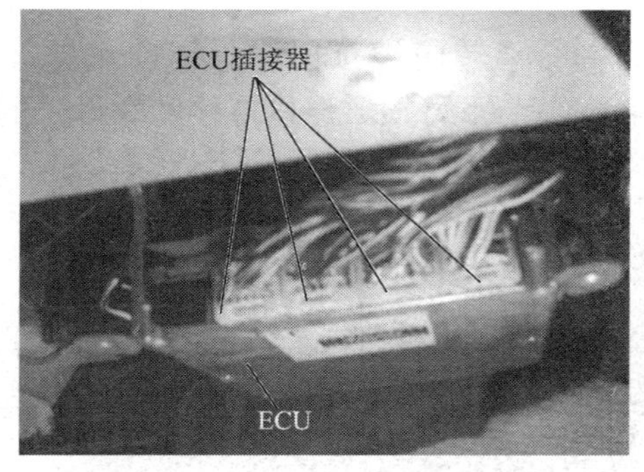

图28-8 ECU及插接器

(11)拆卸传动带,如图28-9所示。

(12)拆卸动力转向储液罐支座连接螺栓(或将其从卡夹上取下),如图28-10所示,并将储液罐挂在发动机上。

(13)拆卸转向中间轴,其紧固螺栓位置图如图28-11所示。

(14)在无风动工具的情况下,拧松前轮轮胎螺母;有风动工具时,可举升车辆后拆卸轮胎螺母。

(15)举升车辆,让车辆轮胎位置与操作人员腰部平齐,并拆下轮胎。

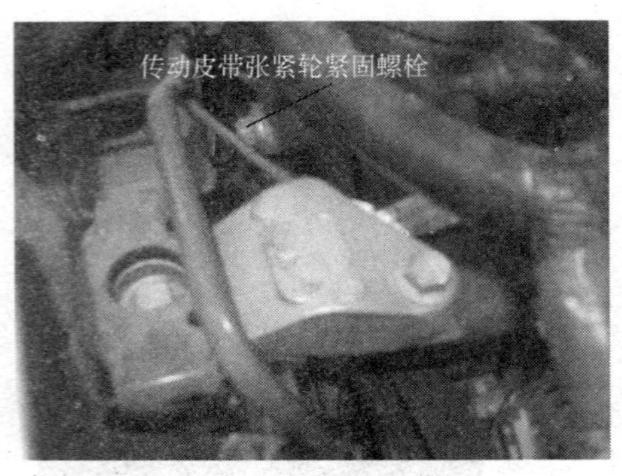

图 28-9　传动皮带张紧轮位置图

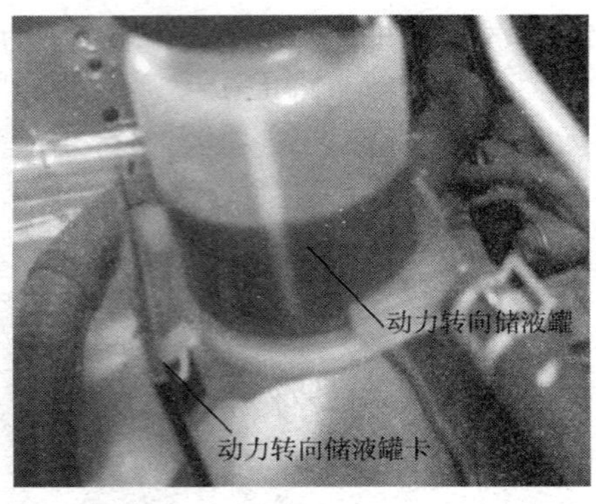

图 28-10　动力转向储液罐安装位置图

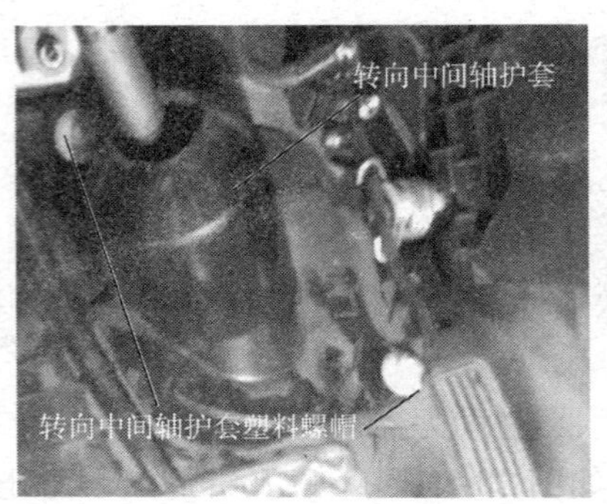

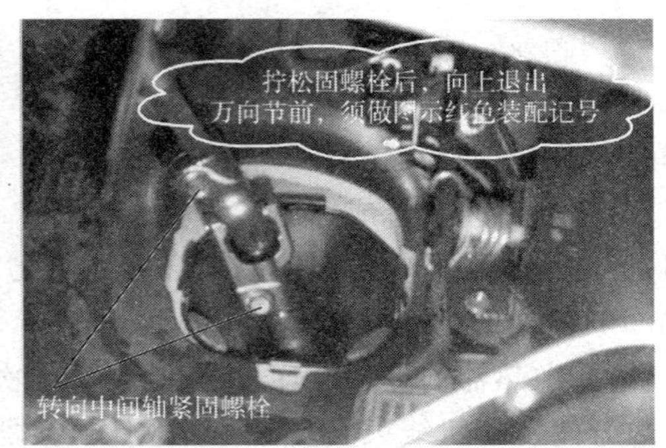

图 28-11　转向中间轴位置图

(16)分离转向横拉杆球头销锁止螺母、稳定杆与连接杆紧固螺母(图 28-12 所示位置)、转向节与下臂横梁连接螺栓和螺母(图 28-13 所示位置)。

图 28-12　稳定杆与连接杆位置图

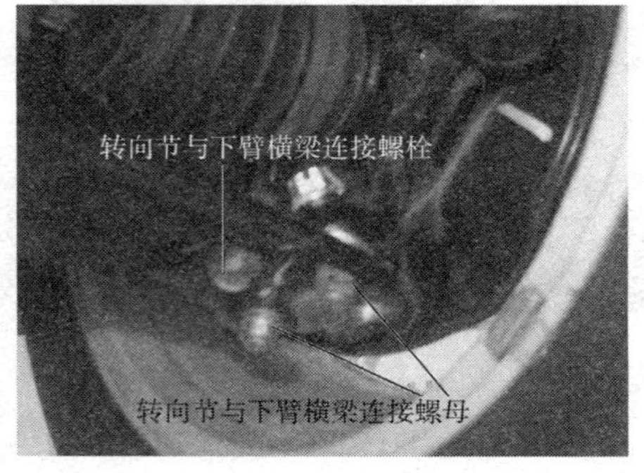

图 28-13　转向节与下臂横梁连接螺栓和螺母

(17)使用錾子类工具(如图 28-14 所示丰田专用工具 SST　09930-00010)解除半轴锁紧螺母(或称轮毂螺母)的锁止状态,并拆下锁紧螺母。

(18)使用塑料锤分离半轴与前制动盘的连接。

(19)将车辆举升至高位,拆卸排气管接口连接螺栓。

(20)拆卸空调压缩机支座连接螺栓,并用绳索将空调压缩机吊在车架上,如图 28-15 所示。

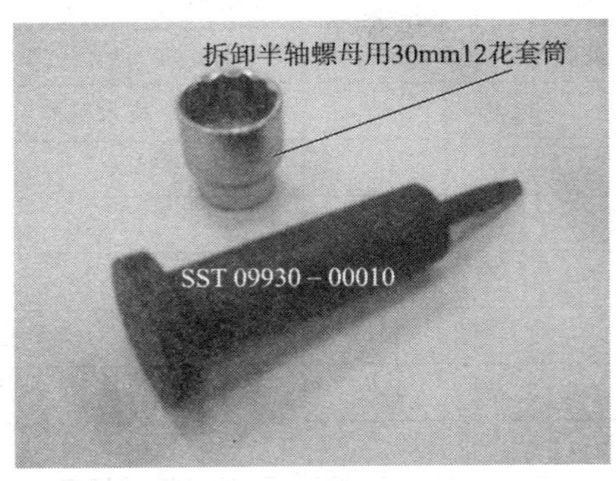

图28-14　拆卸半轴螺母用工具

图28-15　空调压缩机的吊装形式

(21)架设大修托架，并确保托架与前横梁间支撑稳固，且承受一定铅垂载荷，如图28-16所示。

(22)拆卸横梁、中间梁与车身间的连接螺栓。

(23)降下大修托架至低位，再降下举升机至车辆前横梁与托架的托盘相接触，并确保支撑稳固（或取出大修托架，在车辆发动机下面放置一钢架工作台，降下举升机使发动机及横梁可靠支撑在工作台上，注意避免发动机油底壳直接接触工作台）。

(24)拆卸发动机支架连接螺栓，其左前位置图如图28-17所示。

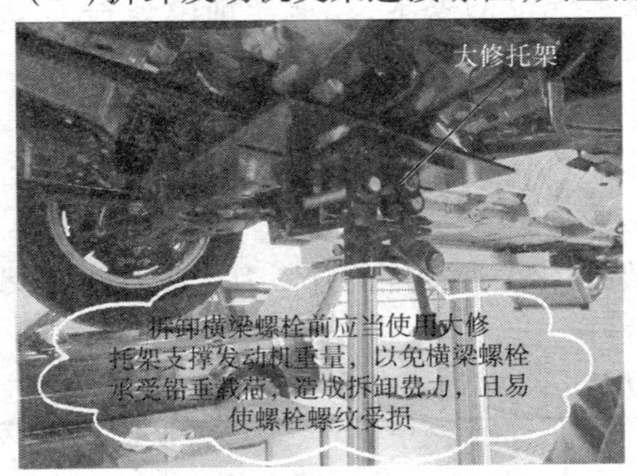

图28-16　拆卸横梁螺栓时的支撑形式

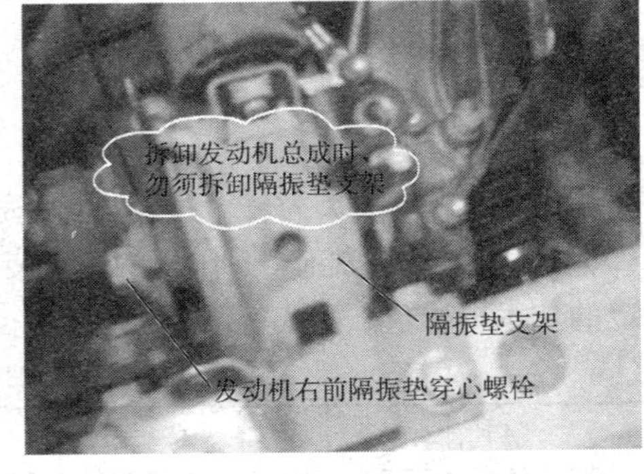

图28-17　发动机左前支撑位置

(25)举升举升机，使车身与发动机分离。

(26)从车下拖出大修托架，确保发动机总成不致从大修托架上掉落。

(27)将发动机总成连同变速器总成、转向器总成作为一个整体，从大修托架上吊至工作台上或适当的地面，并确保发动机油底壳底部不承受铅垂载荷且支撑稳固。

(28)降下举升机至低位，做好其他5S工作。

(29)按上述拆卸步骤的反方向顺序安装发动机及变速器、转向器总成。

6　记录与分析

发动机及变速器总成拆卸与安装项目作业记录单见表28-3。

发动机及变速器总成拆卸与安装作业记录单 表 28-3

姓名		班级		学号		组别	
车型		发动机号		底盘号		作业日期	
作业顺序		过程记录				技术标准	

项目2 拆卸与安装汽车悬架

1 项目说明

有一辆花冠轿车,在行驶过程中总是出现向左侧“跑偏”的现象。现已送入汽车4S店,经维修诊断技师检查,发现转向轮胎出现异常磨损,且左前减振器有漏油现象。

请你以一名维修技师的身份,按标准维修技术规范的要求,完成左前减振器的更换作业。

2 技术标准与要求

(1)每8~10名学员为一个小组,共同完成该项作业。

(2)技术标准。按维修手册的要求,安装前悬架时相关连接件的拧紧力矩应遵循表28-4所规定的技术标准。

花冠车前悬架连接件紧固力矩(单位:N·m) 表 28-4

连接件名称	紧固力矩	连接件名称	紧固力矩
减振器上侧与车身紧固螺母	39	稳定杆连接杆与减振器紧固螺母	74
减振器与转向节紧固螺栓	153	轮胎螺母	103

注:前悬架安装后需实施车轮定位参数检查调整,其相关技术标准,本项目不予阐述。

3 设备器材

(1)常用工具一套,盛件盘1个。

(2)车辆举升机一台。

4 作业准备

(1)将车辆停放在车辆举升工位。

(2)备齐所需工具、器材、设备。

(3)准备作业记录单。

5 操作步骤

(1)在车辆举升工位做好车辆的安全防护。

(2)车轮处于着地状态时,拧松轮胎螺母。

(3)将车辆举升至中位(车轮齐腰胸位置)。

(4)拆卸轮胎螺母,取下车轮。

(5)拆卸制动软管及 ABS 轮速传感器线束支架螺钉,如图 28-18 所示。

(6)拆卸稳定杆连接杆与减振器连接螺母,如图 28-19 所示。

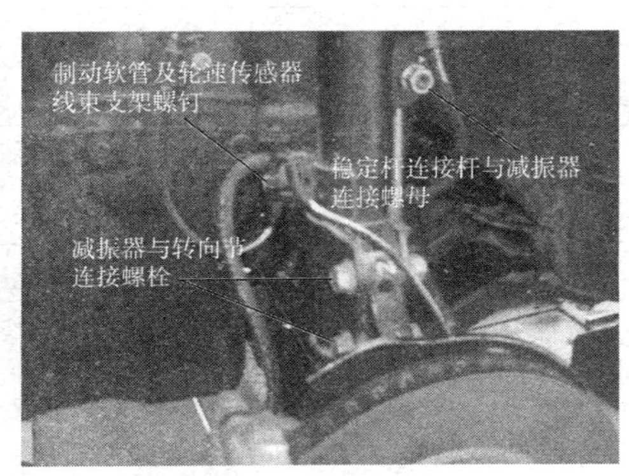

图 28-18 制动软管及 ABS 轮速传感器线束支架

图 28-19 稳定杆连接杆与减振器

(7)拆卸减振器与转向节紧固螺栓,如图 28-19 所示。

(8)将车辆降至低位,拆卸减振器上侧与车身紧固螺母,并取下减振器及螺旋弹簧总成,如图 28-20 所示。

(9)车辆在低位时,安装符合技术要求的减振器及螺旋弹簧总成,并拧紧减振器上侧与车身紧固螺母。

(10)将车辆举升至中位,安装减振器与转向节紧固螺栓(正常情况下,此处两只螺栓属于临时安装,暂不紧固至规定力矩,待车轮定位调整后实施紧固)。

(11)安装紧固稳定杆连接杆与减振器连接螺母。

(12)安装紧固制动软管及 ABS 轮速传感器线束支架螺钉。

(13)安装紧固轮胎螺母。

(14)将车辆降至低位,检测调整车轮定位参数,

图 28-20 前减振器上侧支承紧固螺母

当定位参数符合规定技术要求后,紧固减振器与转向节紧固螺栓。

(15)作业完成,做好其他5S工作。

6 记录与分析

悬架的拆卸与安装项目作业记录单见表28-5。

前悬架拆卸与安装作业记录单 表28-5

姓名		班级		学号		组别	
车型		发动机号		底盘号		作业日期	
作业顺序		过程记录				技术标准	

项目3 拆装组合仪表

1 项目说明

现有一辆花冠轿车,其组合仪表无显示,经4S店维修技师初步检查确认,需要对组合仪表及其线路作进一步检查。

请你以一名维修技师的身份,按维修手册的规范技术要求,正确实施组合仪表的拆装。

2 技术标准与要求

1)每3~4名学员为一个小组,正确实施该项作业。

2)技术标准

(1)转向盘紧固螺母拧紧力矩为50N·m。

(2)喇叭按钮紧固螺钉拧紧力矩为8.8N·m。

3 设备器材

(1)常用工具:带磁性的十字螺丝刀1把;一字仪表螺丝刀1把;12花19mm的套筒1个,短接杆1个。

(2)专用工具:6mm内六角扳手1个,拉器1套;可调式扭力扳手1把。

(3)盛件盘、工作台各1个。

4 作业准备

(1)将车辆安全停放于维修工位。
(2)备齐所需工具和车辆防护用品。

5 操作步骤

(1)打开车门,安装车内5件套,并拉起发动机罩释放杆。

(2)打开发动机罩,安装翼子板布、前格栅布,并断开蓄电池负极。

(3)当蓄电池断电90s后,拆卸喇叭按钮及主安全气囊紧固螺钉,如图28-21所示,拔下气囊插接器和喇叭电源插片,取出喇叭按钮总成,注意放置喇叭按钮总成时,应当使转向盘衬垫向上,同时应避免手指触摸气囊接线插头或用万用表检测气囊插头。

(4)转动转向盘,使转向轮处于直线行驶位置。

(5)用记号笔在转向器轴处作安装记号,如图28-22所示,拆卸转向盘紧固螺母,并用拉器拉出转向盘。

(6)拆卸转向轴管柱罩盖,取下空气囊连接线缆,取下螺旋线管,如图28-22所示。

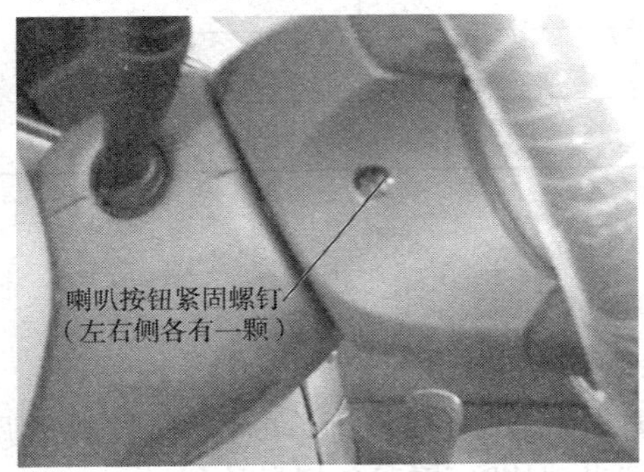

图28-21　喇叭按钮紧固螺钉位置图

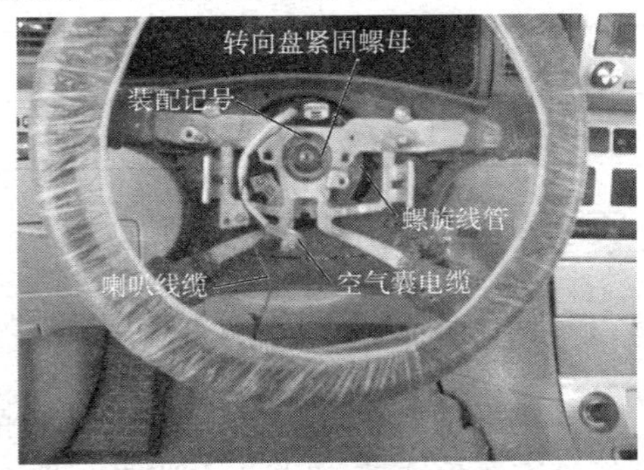

图28-22　转向盘紧固螺母位置图

(7)拆卸组合仪表防护罩紧固螺钉,取下防护罩,如图28-23所示位置。

(8)拆卸组合仪表紧固螺钉,如图28-24所示位置,取下组合仪表线束,取下组合仪表。

图28-23　组合仪表防护罩固定螺钉位置图

图28-24　组合仪表固定螺钉位置图

(9)按上述拆卸反方向实施安装。

6 记录与分析

组合仪表拆卸与安装项目作业记录单见表28-6。

组合仪表拆卸与安装作业记录单 表28-6

姓名		班级		学号		组别	
车型		发动机号		底盘号		作业日期	
作业顺序		过程记录				技术标准	

项目4 更换空调蒸发箱

1 项目说明

一辆花冠轿车空调系统出现制冷不良的故障现象。经维修技师诊断检测,发现空调系统低压管道严重结霜,诊断为空调蒸发器的膨胀阀出现故障,需进行拆卸检修。

请你以一名维修技师的身份,按规范的标准作业流程实施空调蒸发器的拆装作业。

2 技术标准与要求

(1)每3~4名学员作为一个小组,集体完成该项作业。

(2)技术标准。该项作业中主要紧固件的规定力矩应遵循表28-7的规定。

紧固件拧紧力矩 表28-7

紧固件名称	规定力矩(N·m)	紧固件名称	规定力矩(N·m)
转向盘紧固螺母	50	喇叭按钮紧固螺钉	8.8

3 设备器材

(1)常用工具:带磁性的十字螺丝刀1把;一字仪表螺丝刀1把;12花19、12、10mm的套筒各1个,短接杆1个。

(2)专用工具:6mm内六角扳手1个,拉器1套;可调式扭力扳手1把。

（3）盛件盘、工作台各 1 个。

4　作业准备

（1）将车辆安全停放于维修工位。

（2）备齐所需工具和车辆防护用品。

5　操作步骤

（1）打开车门，安装车内 5 件套，并拉起发动机罩释放杆。

（2）打开发动机罩，安装翼子板布、前格栅布，并断开蓄电池负极电缆。

（3）断电 90s 后，拆卸喇叭按钮及安全气囊。

（4）拆卸转向盘。

（5）拆卸转向器轴装饰盖板。

（6）拆卸安全气囊螺旋线管。

（7）拆卸灯光控制开关总成（可参照本学习任务项目 5 中所述刮水器开关总成的拆卸方法）。

（8）拆卸刮水器开关总成（参照本学习任务项目 5 中所述方法）。

（9）拆卸组合仪表装饰罩及组合仪表。

（10）拆卸中央控制台 CD 机装饰板（或称上仪表板装饰板），如图 28-25 所示。

（11）拆卸空调控制总成和 CD 机。

（12）拆卸中央仪表板下装饰板分总成。

（13）拆卸杂物箱门总成，断开乘客侧安全气囊电缆插接器，如图 28-26 所示。

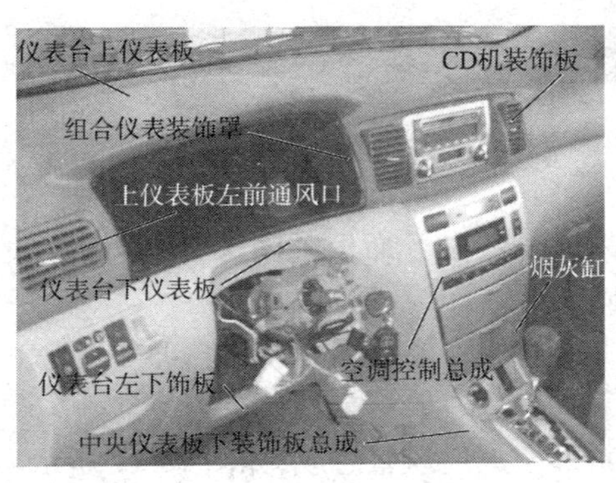

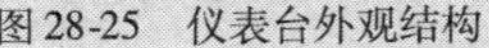
图 28-25　仪表台外观结构

图 28-26　乘客侧安全气囊插接器位置图

（14）拆卸右前立柱饰板，拆卸上仪表板右前通风口，如图 28-27 所示。

（15）拆卸左前立柱饰板，拆卸上仪表板左前通风口。

（16）拆卸仪表台上盖（或称上仪表板）分总成。

（17）拆卸左前防滑板、左前围板侧饰板，如图 28-28 所示。

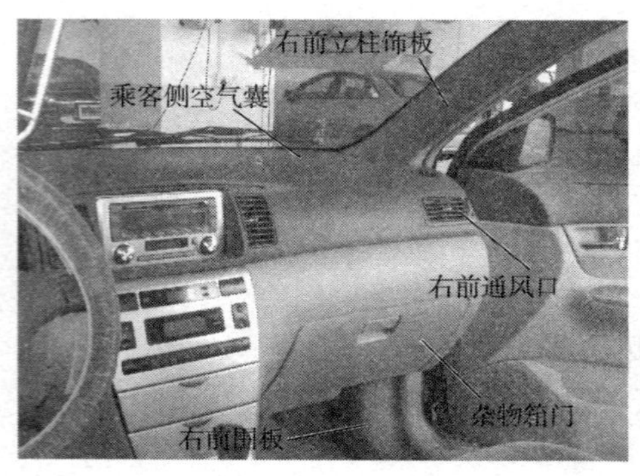

图 28-27　右前立柱饰板位置图

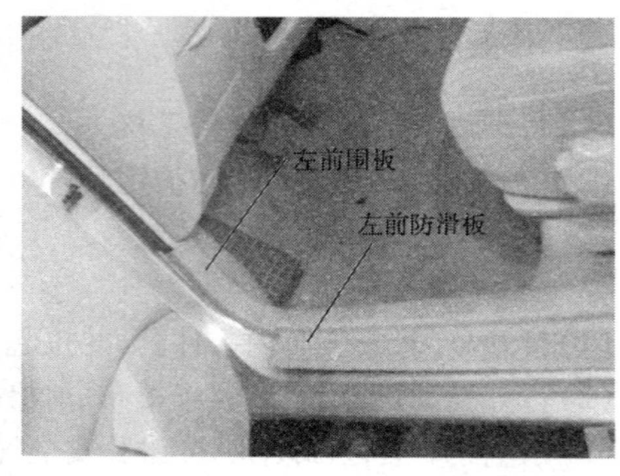

图 28-28　左前防滑板位置图

(18)拆卸右前防滑板、右前围板侧饰板。

(19)拆卸仪表台支架(或称下仪表板)分总成。

①取下驻车制动杆孔盖,如图 28-29 所示位置。

②拆卸中央控制台储物箱内紧固螺钉,如图 28-30 所示位置,取下中控仪表台。

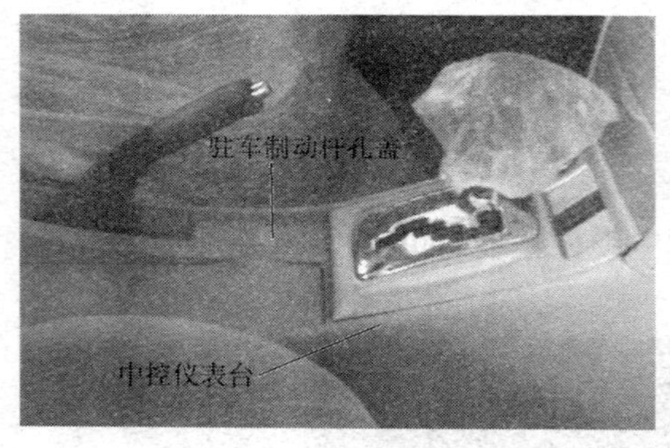

图 28-29　驻车制动杆孔盖位置图

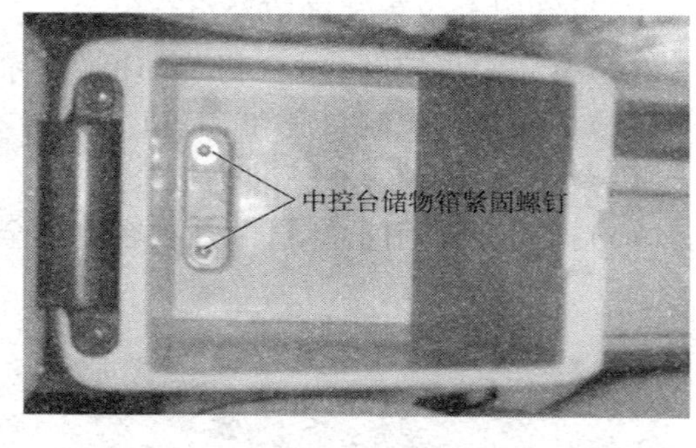

图 28-30　中控台储物箱紧固螺钉位置图

图 28-31　空调通风管位置图

③拆卸仪表台左下饰板紧固螺钉,拆卸仪表板接线盒紧固螺钉。

④拆卸仪表板支架紧固螺钉,取下仪表板支架。

(20)拆卸空调通风管总成,如图 28-31 所示。

(21)拆卸仪表台前围杆支架分总成,如图 28-32 所示位置。

(22)拆卸转向轴支架螺栓和拧松转向中间轴紧固螺栓,其位置如图 28-33 所示。

(23)拆卸仪表板加强杆分总成,如图 28-34 所示位置。

图 28-32 前围杆支架位置图

(24)拆卸鼓风机与车身连接螺栓,如图 28-35 所示位置,并取下鼓风机。

(25)拆卸蒸发器膨胀阀护盖,如图 28-36 所示位置,并拆卸制冷剂管道和膨胀阀。

(26)拆卸空调散热器冷却水管,如图 28-37 所示位置。

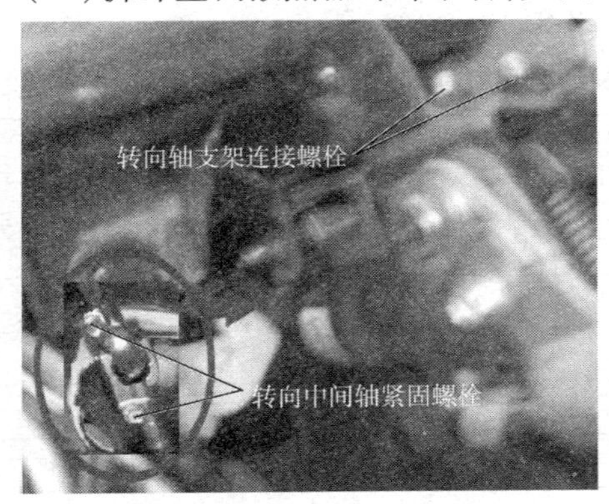

图 28-33 转向轴连接螺栓位置图

图 28-34 加强杆固定位置图

图 28-35 鼓风机支架螺钉位置图

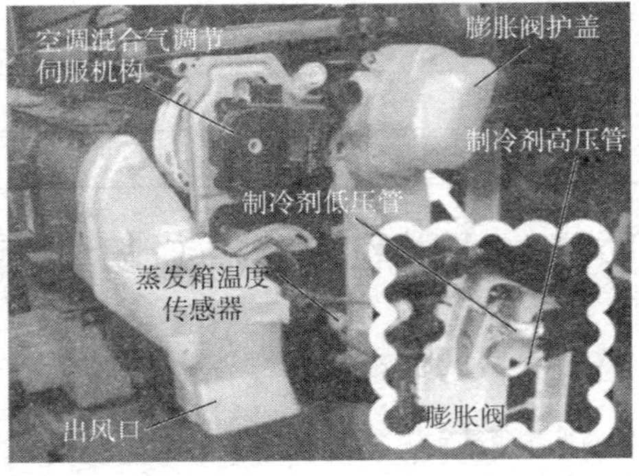

图 28-36 膨胀阀位置图

(27)拆卸蒸发器外壳与车身连接螺栓,取下蒸发器总成。

(28)按上述反方向顺序安装各个部件。

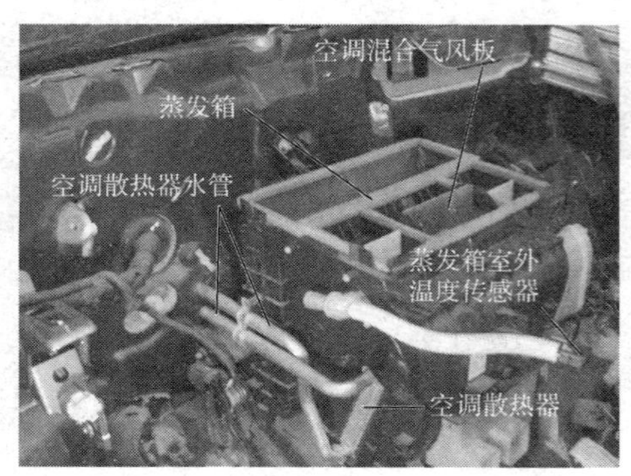

图 28-37 空调散热器位置图

6 记录与分析

空调蒸发箱拆卸与安装项目作业记录单见表 28-8。

空调蒸发箱拆卸与安装作业记录单 表 28-8

姓名		班级		学号		组别	
车型		发动机号		底盘号		作业日期	
作业顺序		过程记录				技术标准	

项目5 更换刮水器总成、喷洗器电动机及控制开关

1 项目说明

一辆花冠轿车某雨天跟随一重型货车行驶,其风窗玻璃上粘满了泥浆,驾驶员意欲通过刮水器装置括拭泥浆,结果发现没有喷洗液喷出,且关停控制开关后,刮水器臂不能回复至最低位置。后经检查发现喷洗液储液罐内有充足的清洗液。经分析认为刮水器电动机、喷洗器电动机及其线路损坏,现需拆卸检修。

请你以一名维修技师的身份,按规范技术要求完成相关的拆装作业。

2 技术标准与要求

(1)要求每3~4名学员为一个小组,共同完成该项作业。

(2)技术标准:刮水器系统中主要连接螺栓的力矩应符合表28-9所规定的技术要求。

花冠车刮水器系统主要连接螺栓力矩　表28-9

序号	连接螺栓名称	标准力矩(N·m)
1	刮水器臂紧固螺母	20.5
2	连杆臂紧固螺栓	5.5

3 设备器材

(1)常用工具:12、14mm套筒扳手各1个,一字螺丝刀、十字螺丝刀各1把。

(2)盛件盘2个。

4 作业准备

(1)将车辆安全停放于维修工位。

(2)备齐所需工具和车辆防护用品。

5 操作步骤

(1)安装驾驶室内“五件套”,并打开发动机罩,安装翼子板布。

(2)拆卸转向轴装饰盖,如图28-38所示位置。

(3)取下刮水器控制开关插接器和刮水器开关总成,如图28-39所示位置。

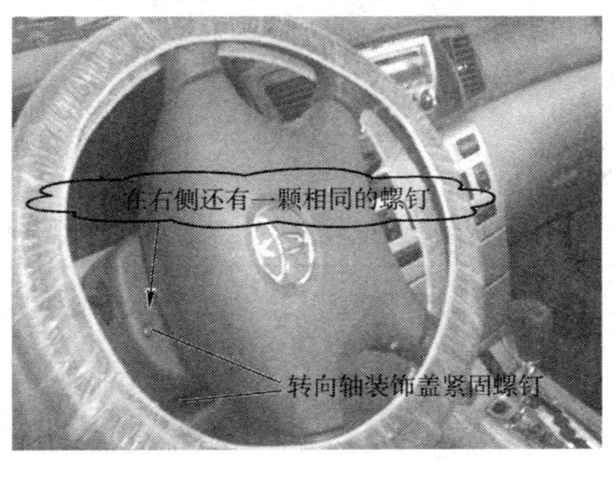

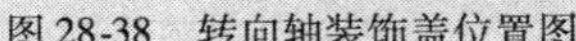
图28-38　转向轴装饰盖位置图

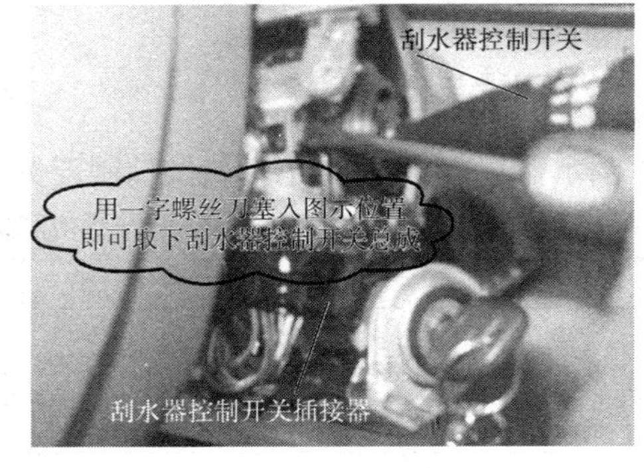

图28-39　刮水器控制开关总成位置图

(4)放下发动机罩(不关严),拆卸刮水器臂紧固螺母,如图28-40所示位置。

(5)再次打开发动机罩,拆卸密封胶条和刮水器电动机防护罩。

(6)取下刮水器电动机插接器,拆卸刮水器电动机连杆臂紧固螺栓,如图28-41所示位置。

(7)拆下右前车轮,再拆卸右前车轮处挡泥板,如图28-42所示位置。

(8)拆卸喷洗器储液罐,如图28-43所示位置。

(9)按上述拆卸反方向顺序实施安装。

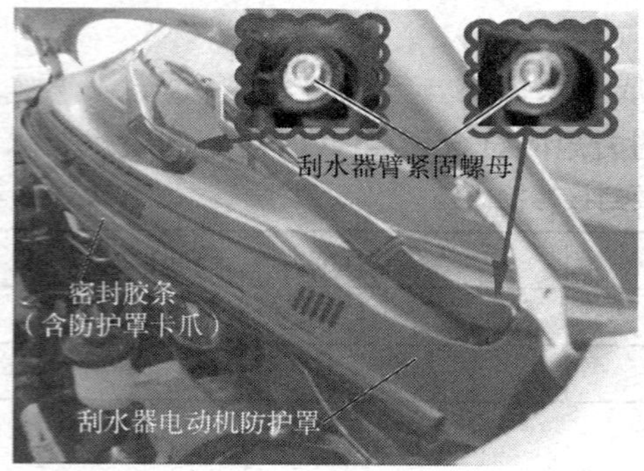

图 28-40　刮水器臂位置图

图 28-41　刮水器电动机位置图

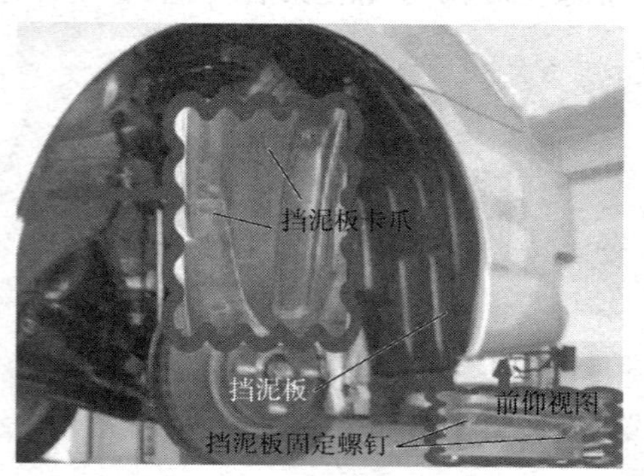

图 28-42　挡泥板位置图

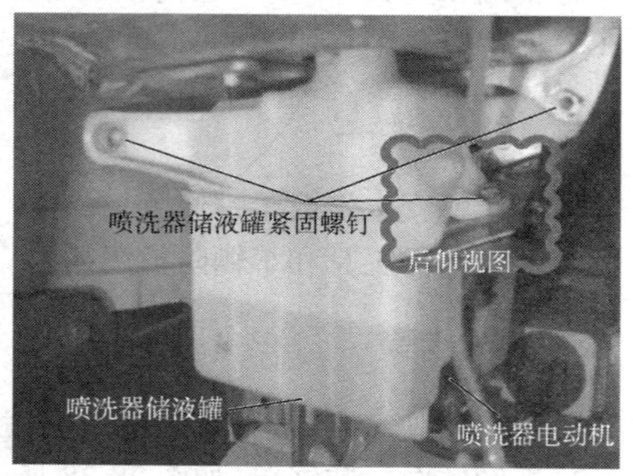

图 28-43　喷洗器储液罐

6　记录与分析

刮水器总成、喷洗器电动机及控制开关的更换项目作业记录单见表 28-10。

刮水器总成、喷洗器电动机及控制开关更换作业记录单　　表 28-10

姓名		班级		学号		组别	
车型		发动机号		底盘号		作业日期	
作业顺序		过程记录				技术标准	

项目6　拆卸与安装整车制动系统

1　项目说明

一辆花冠轿车行驶了10万km,现已出现严重的制动不良现象,需拆卸检修。请你以一名维修技师的身份,按规范要求完成制动系统的拆卸与安装作业。

2　技术标准与要求

(1)要求每3~4名学员为一个小组,集体完成该项作业。

(2)技术标准:整车制动系统相关连接螺栓、螺母的规定力矩应符合表28-11的规定。

花冠轿车制动系统连接件规定力矩　　表28-11

序　号	连接件名称	规定力矩(N·m)
1	前制动钳与支架连接螺栓	34
2	前制动轮缸安装支架与转向节连接螺栓	107
3	后制动钳与支架连接螺栓	47
4	制动液管道连接螺母	15
5	制动主缸与真空助力器连接螺母	13
6	真空助力器与车架连接螺母	13
7	ABS总成(带支架)与车架连接螺母	19
8	制动踏板高度调节锁止螺母(助力器推杆上)	26
9	制动踏板转轴锁止螺母	37
10	比例阀紧固螺栓	5.4
11	ABS轮速传感器紧固螺钉	8

3　设备器材

与本学习任务的项目1要求相同。

4　作业准备

(1)将事故车辆停放在车辆举升工位。

(2)备齐所需工具、器材、设备。

(3)准备作业记录单。

5　操作步骤

(1)安装“五件套”、翼子板布和前格栅布。

(2)举升车辆,拆卸车轮,并拧松半轴锁止螺母。

(3)排净制动主缸、制动轮缸及制动管路内的制动液。

(4)分离制动软管与制动轮缸的紧固螺栓,如图28-44所示位置。

(5)拆卸前轮制动卡钳紧固螺栓,取下制动摩擦片和制动轮缸。

(6)拆卸前制动轮缸安装支架与转向节紧固螺栓,取下安装支架,取下前制动盘。

(7)分离后轮制动轮缸与制动软管的紧固螺栓,如图 28-45 所示位置。

(8)拆卸后轮制动卡钳紧固螺栓,取下制动摩擦片和制动盘。

(9)分离制动主缸与制动管路紧固螺母,拆卸制动主缸与真空助力器连接紧固螺母,取下制动主缸,如图 28-46 所示位置。

(10)拆卸制动踏板转轴销锁紧螺母和真空助力器推杆插销,取下制动踏板。

(11)拆卸真空助力器与车身的安装锁紧螺母,取下真空助力器,如图 28-47 所示位置。

(12)拆卸制动比例阀与制动管路的紧固螺母,拆卸比例阀与车身的紧固螺钉,取下比例阀,如图 28-48 所示位置。

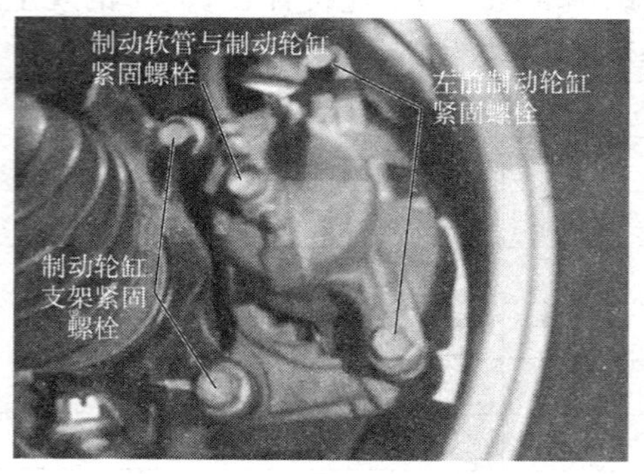

图 28-44　前轮制动轮缸安装位置图

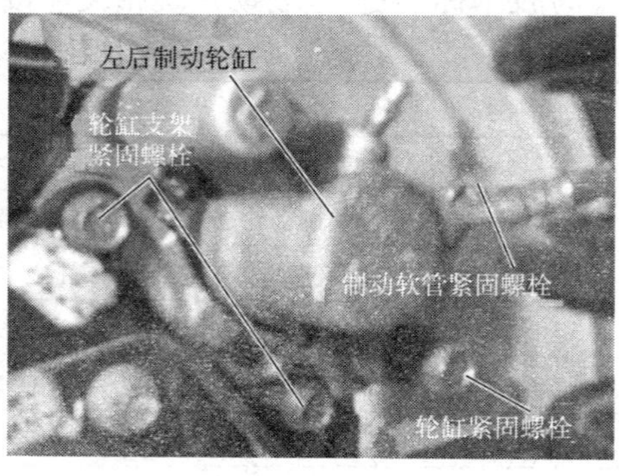

图 28-45　后轮制动轮缸安装位置图

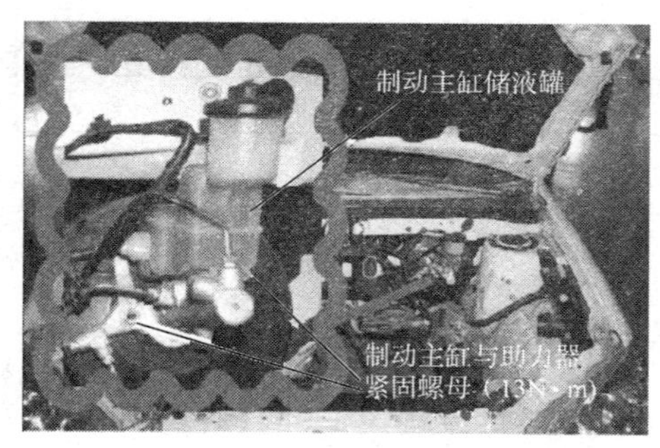

图 28-46　制动主缸安装位置图

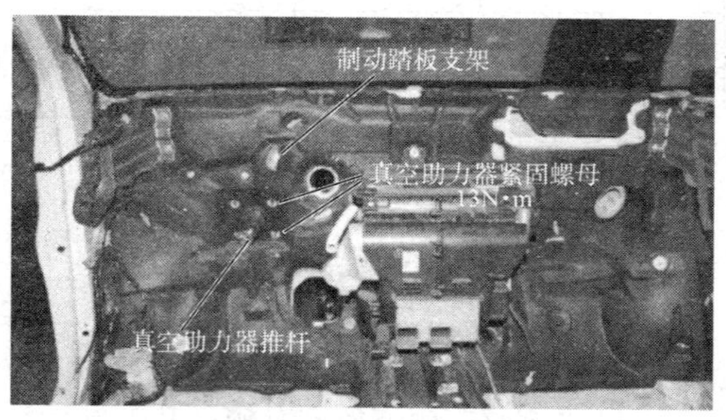

图 28-47　真空助力器安装位置图

(13)拆卸制动管路与 ABS 总成油压分配调节器间的紧固螺母。

(14)拆卸带 ABS 总成(带支架)与车身间的紧固螺母,取下 ABS 总成。

(15)按上述反方向顺序安装制动系统所有零部件。

(16)做好 5S 工作。

6　记录与分析

制动系统的拆卸与安装项目作业记录单见表 28-12。

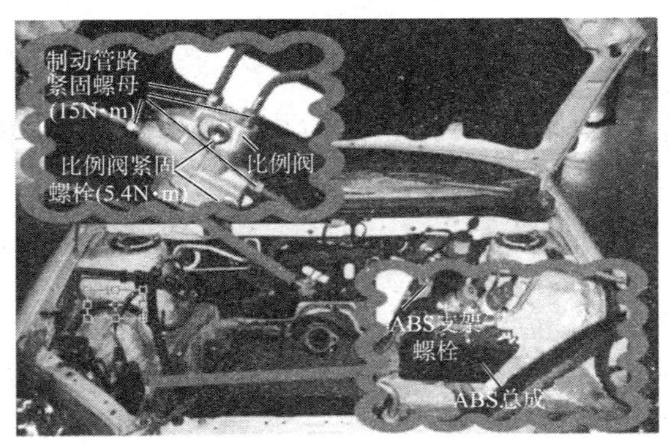

图28-48　比例阀安装位置图

制动系统的拆卸与安装作业记录单　　表28-12

姓名		班级		学号		组别	
车型		发动机号		底盘号		作业日期	
作业顺序		过程记录				技术标准	

项目7　拆装汽车车窗及座椅

1　项目说明

一辆花冠轿车,因意外事故,导致车顶压塌,车身多处漆面受损。现需对车顶进行修复和全车喷漆处理。

请你以一名维修技师的身份,规范地将车内座椅和车窗等部件从车上拆卸下来,以便钣喷维修技师进行后续作业。

2　技术标准与要求

(1)要求每3~4名学员为一个小组,集体完成该项作业。

(2)技术标准:主要连接螺栓拧紧力矩应符合表28-13的规定的技术要求。

车窗、座椅主要连接件紧固力矩　　表28-13

序号	连接件名称	规定力矩(N·m)
1	车窗玻璃升降器与车门连接螺栓	8.0
2	前排座椅与车身连接螺栓	47.0
3	后排座椅靠背与车身连接螺栓	8.0
4	门锁紧固螺钉	5.0

3 设备器材

常用工具:一字螺丝刀、十字螺丝刀各 1 把,10 ~ 12、14 ~ 17mm 梅花扳手或套筒扳手各 1 把(个)。

4 作业准备

(1)将车辆停放于维修工位。

(2)准备 1 个盛件盘。

(3)准备作业工单。

5 操作步骤

下列操作步骤以左前门车窗拆卸与安装为例,加以说明。

(1)拆卸门锁和车窗玻璃升降控制开关总成紧固螺钉,取下控制开关插接器及控制开关总成,如图 28-49 所示位置。

(2)拆卸门锁拉手。

(3)拆卸车门饰板。

(4)拆卸车门密封胶垫和车门外侧装饰条,如图 28-50 所示位置。

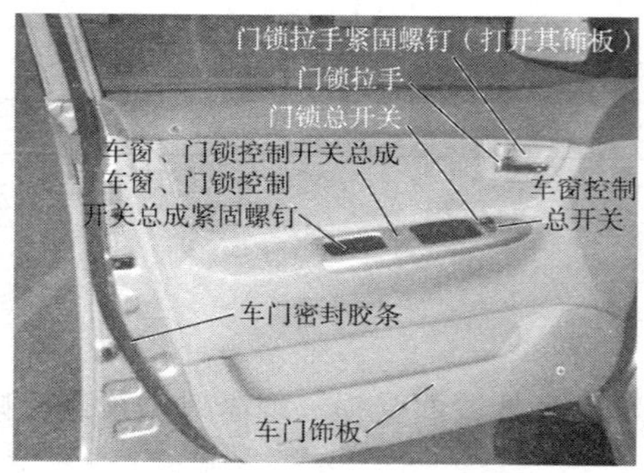

图 28-49　驾驶侧车门位置图

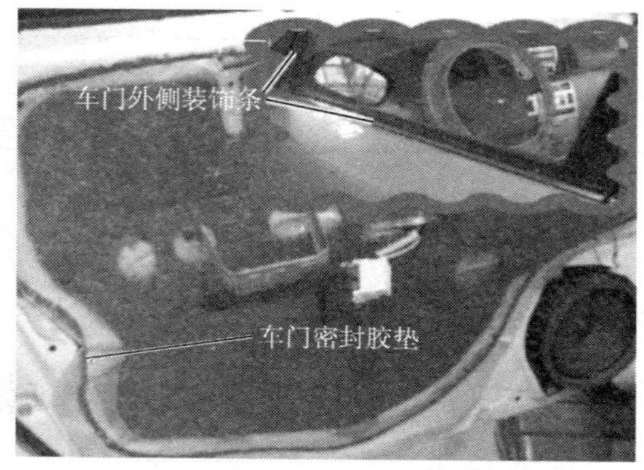

图 28-50　门窗装饰条及内饰件

(5)拆卸音响喇叭,如图 28-51 所示位置。

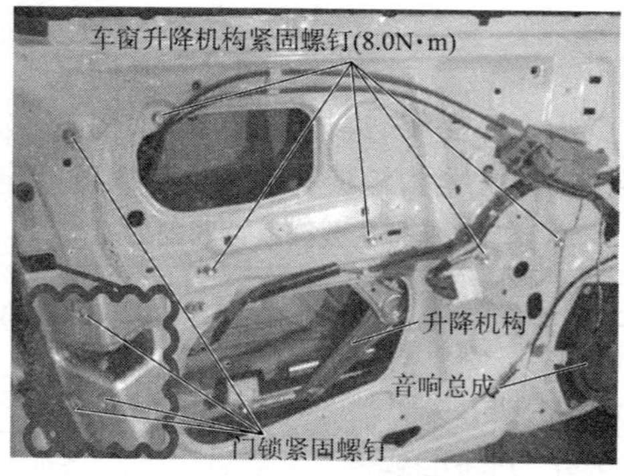

图 28-51　音响总成等安装位置图

(6)拆卸车窗玻璃升降器紧固螺钉,取下车窗玻璃和玻璃升降器。
(7)拆卸门锁总成。
(8)按上述相反顺序实施安装。
(9)作业完成后,做好5S工作。

6 记录与分析

车窗及座椅拆装项目作业记录单见表28-14。

车窗及座椅拆卸与安装作业记录单　　表28-14

姓名		班级		学号		组别	
车型		发动机号		底盘号		作业日期	
作业顺序		过程记录				技术标准	

三、学 习 评 价

1 理论考核

1)分析题

试分析如下拆装工艺流程的合理性,请说明理由,若有不妥,请予更正。

"拆装花冠车组合仪表"项目工艺流程:

(1)铺设"五件套"。
(2)断开蓄电池负极电缆。
(3)拆卸组合仪表防尘罩固定螺钉,并取下防尘罩。
(4)拆卸组合仪表紧固螺钉。
(5)断开组合仪表插接器,取下组合仪表。
(6)连接组合仪表插接器,安装组合仪表紧固螺钉。
(7)安装组合仪表防尘罩固定螺钉。

(8)连接蓄电池负极电缆。

(9)5S 工作。

2)判断题

(1)花冠车轮胎紧固螺栓拧紧力矩是 93N·m。 ( )

(2)转向盘紧固螺栓拧紧力矩为 84 N·m。 ( )

(3)使用万用表检测安全气囊的好坏。 ( )

3)选择题

(1)拆卸刮水器臂总成应选用如下( )所描述的工具。

A. 梅花扳手　　B. 开口扳手　　C. 套筒扳手

(2)拆卸转向节与减振器的紧固螺栓,其正确的方法是( )。

A. 用记号笔在螺栓头上作安装记号,再实施拆卸

B. 使用梅花扳手和套筒扳手实施拆卸

C. 使用两把梅花扳手另附加力杆实施拆卸

2 技能考核

"项目 1　拆卸与安装汽车悬架"的评分表见表 28-15。

拆卸与安装汽车悬架项目评分表　　表 28-15

基本信息	姓名		学号		班级		组别	
	规定时间	30min	完成时间		考核日期		总评成绩	
任务工单	序号	步　骤			完成情况		标准分	评分
					完成	未完成		
	1	考核准备: 车辆: 量具:					10	
	2	铺设翼子板布、前格栅布					5	
	3	拆卸车轮					5	
	4	拆卸减振器连接杆、减振器与转向节连接螺栓					10	
	5	拆卸减振器上支承紧固螺母					5	
	6	安装减振器上支承紧固螺母					5	
	7	安装减振器与转向节连接螺栓					10	
	8	安装减振器连接杆					5	
	9	安装车轮					5	
	10	恢复车辆,试车检验					5	
安全							5	
5S							5	
沟通表达							5	
工单填写							10	
工艺制订							10	

"项目2　拆卸与安装刮水器总成"的评分表见表28-16。

拆卸与安装刮水器总成项目评分表

表28-16

<table>
<tr><td rowspan="2">基本信息</td><td>姓名</td><td></td><td>学号</td><td></td><td>班级</td><td></td><td>组别</td><td></td></tr>
<tr><td>规定时间</td><td>30min</td><td>完成时间</td><td></td><td>考核日期</td><td></td><td>总评成绩</td><td></td></tr>
<tr><td rowspan="12">任务工单</td><td rowspan="2">序号</td><td rowspan="2" colspan="3">步　骤</td><td colspan="2">完成情况</td><td rowspan="2">标准分</td><td rowspan="2">评分</td></tr>
<tr><td>完成</td><td>未完成</td></tr>
<tr><td>1</td><td colspan="3">考核准备：
车辆：
量具：</td><td></td><td></td><td>10</td><td></td></tr>
<tr><td>2</td><td colspan="3">铺设翼子板布、前格栅布</td><td></td><td></td><td>5</td><td></td></tr>
<tr><td>3</td><td colspan="3">拆卸刮水片总成</td><td></td><td></td><td>5</td><td></td></tr>
<tr><td>4</td><td colspan="3">拆卸刮水器电动机防护罩</td><td></td><td></td><td>5</td><td></td></tr>
<tr><td>5</td><td colspan="3">拆卸刮水器电动机及连杆总成</td><td></td><td></td><td>10</td><td></td></tr>
<tr><td>6</td><td colspan="3">安装刮水器电动机及连杆总成</td><td></td><td></td><td>10</td><td></td></tr>
<tr><td>7</td><td colspan="3">安装刮水器电动机防护罩</td><td></td><td></td><td>5</td><td></td></tr>
<tr><td>8</td><td colspan="3">安装刮水片总成</td><td></td><td></td><td>5</td><td></td></tr>
<tr><td>9</td><td colspan="3">实施刮水器运行状况检查</td><td></td><td></td><td>5</td><td></td></tr>
<tr><td>10</td><td colspan="3">恢复车辆</td><td></td><td></td><td>5</td><td></td></tr>
<tr><td colspan="2">安全</td><td colspan="5"></td><td>5</td><td></td></tr>
<tr><td colspan="2">5S</td><td colspan="5"></td><td>5</td><td></td></tr>
<tr><td colspan="2">沟通表达</td><td colspan="5"></td><td>5</td><td></td></tr>
<tr><td colspan="2">工单填写</td><td colspan="5"></td><td>10</td><td></td></tr>
<tr><td colspan="2">工艺制订</td><td colspan="5"></td><td>10</td><td></td></tr>
</table>

四、拓展学习

请依据维修手册要求，结合具体车型，学员自主完成"更换汽车燃油箱"、"更换前照灯总成"、"更换转向器总成"、"更换前风窗玻璃"、"更换后桥总成"等项目的拆装工艺的编制和拆装作业。

参考文献

[1] 栾庭森.汽车防滑控制系统结构与维修[M].北京:机械工业出版社,2007.

[2] 舒华,姚国平.汽车电子控制技术[M].北京:人民交通出版社,2008.

[3] 汤定国.汽车发动机构造与维修[M].2版.北京:人民交通出版社,2011.

[4] 周林福.汽车底盘构造与维修[M].2版.北京:人民交通出版社,2011.

[5] 张浩.汽车底盘电控技术[M].北京:中国劳动保障出版社,2009.

[6] 周林福.汽车拆装[M].北京:人民交通出版社,2011.

[7] 丰田汽车公司.丰田售后服务培训汽车维修教程[M].北京:高等教育出版社,2006.

[8] 李栓成,刘志顺.汽车底盘构造与维修[M].北京:金盾出版社,2007.

[9] 卢胜春.汽车机械维修实训教程[M].北京:化学工业出版社,2007.

[10] 朱建柳,黄立新.汽车底盘构造与维修[M].上海:上海科学技术出版社,2010.

[11] 张士江.汽车底盘电控系统维修[M].北京:机械工业出版社,2010.

[12] 李春明.汽车底盘电控技术[M].北京:机械工业出版社,2009.